U0512460

中国特色哲学社会科学
"三大体系"研究丛书

主编 权 衡 王德忠

# 中国特色社会主义政治经济学研究

沈开艳 等◎著

格致出版社 上海人民出版社

本书由上海社会科学院智库建设基金会资助研究出版

# 总　序

# 发挥国家高端智库优势　推动“三大体系”建设

2016年5月17日，习近平总书记在哲学社会科学工作座谈会上发表重要讲话，从坚持和发展中国特色社会主义必须高度重视哲学社会科学，坚持马克思主义在我国哲学社会科学领域的指导地位，加快构建中国特色哲学社会科学以及加强和改善党对哲学社会科学工作的领导四个方面，全面系统阐释和深刻回答了进入新时代，坚持和发展中国特色社会主义为什么要构建当代中国哲学社会科学体系，怎样构建具有中国特色、中国风格、中国气派的哲学社会科学等一系列重大理论和实践问题。这是一篇体现马克思主义立场观点和方法、闪耀着真理之光的讲话，是新时代繁荣和发展中国特色哲学社会科学的纲领性文件。为响应习近平总书记关于构建中国特色哲学社会科学、推动“三大体系”建设讲话精神，上海社会科学院组织专家学者深入学习习近平总书记讲话精神，开展我国哲学社会科学学科体系、学术体系、话语体系“三大体系”研究阐释工作。

## 科学把握中国特色哲学社会科学“三大体系”建设的重大意义

习近平总书记在讲话中明确指出，哲学社会科学是人们认识世界、改造世界的重要工具，是推动历史发展和社会进步的重要力量，其发展水平反映了一个民族的思维能力、精神品格、文明素质，体现了一个国家的综合国力和国际竞争力。习近平总书记还强调，一个没有发达的自然科学的国家不可能走在世界前列，一个没有繁荣的哲学社会科学的国家也不可能走在世界前列。新形势下，我国哲学社会科学地位更加重要、任务更加繁重，要按照立足中国、借鉴国外，挖掘历史、把握当代，关怀人类、面向未来的思路，着力构建中国特色哲学社会科学，不断推进学科体系、学术体系、话语体系建设和创新。我们认为，为实现以上目标，必须科学理解和把握中国特色哲学社会科学与“三大体系”建设的重要内涵。

构建彰显中国自主知识体系的哲学社会科学。当前，世界正处于百年未有之大变局，我国正处于实现中华民族伟大复兴的关键时期。习近平总书记强调：“面对快速变化的世界和中国，如果墨守成规、思想僵化，没有理论创新的勇气，不能科学回答中国之问、世界之问、人民之问、时代之问，不仅党和国家事业无法继续前进，马克思主义也会失去生命力、说服力。”进入新时代，我们要坚持以习近平新时代中国特色社会主义思想为指导，坚持把马克思主义基本原理同中国具体实际相结合、同中华优秀传统文化相结合，正本清源、守正创新，立足中国实践，形成中国理论，在回答中国之问、世界之问、人民之问、时代之问中，构建彰显中国自主知识体系的哲学社会科学。

聚焦“三大体系”是构建中国特色哲学社会科学的重要内容和方向。坚持和发展中国特色社会主义，需要加快构建中国特色哲学社会科学。构建中国特色哲学社会科学，要坚持马克思主义理论的指导地位，立足于中国发展实践，学习借鉴国外哲学社会科学积极成果，更好形成学科建设、学术研究与社会实践发展紧密结合、融为一体的新局面，为加快构建具有中国特色哲学社会科学学科体系、学术体系、话语体系注入新动力和活力。

形成“三大体系”有机统一、相互支撑、共同发展的学科发展新路径。在推动学科体系、学术体系、话语体系建设中，要坚持学科体系是基础、学术体系是核心，话语体系是表述，三者是一个有机统一、不可分割、相互支撑、共同发展的整体。要进一步夯实和健全我国哲学社会科学发展的学科体系和学术体系，把马克思主义理论学科做大做强，把基础学科做扎实，把优势学科巩固好，把新兴学科、冷门学科、特色学科、交叉学科等发展好。要推动习近平新时代中国特色社会主义思想系统化、学理化研究，把党的创新理论成果与“三大体系”建设融会贯通，深入挖掘新思想蕴含其中的哲理、道理和学理。要聚焦新时代中国改革开放和创新发展实践，突出问题导向，加快理论提炼和总结概括，构建中国自主知识体系的学科体系、学术体系和话语体系。

要加快提升中国国际传播能力建设，深化国际传播理论体系建设和实践创新发展，讲好中国故事，传播好中国声音，向世界展示真实、立体、全面的中国。

## 在国家高端智库工作中推动“三大体系”建设

为深入贯彻落实习近平总书记关于加快构建中国特色哲学社会科学的重要讲话精神和上海市委关于推动上海哲学社会科学大发展大繁荣的战略工作部署，近年来，上海社会科学院立足作为综合性人文社会科学研究机构的学科特色优势和国家高端智库优势，持续推动党的创新理论系统化、学理化研究，持续深化我国和上海发展的重大理论和现实问题研究。

我们注重发挥学科综合优势和国家高端智库优势，不断推动学科发展和智库建设，加快推动中国特色哲学社会科学建设。特别是2023年以来，结合主题教育和大调研活动，进一步发挥国家高端智库优势，加快推动中国特色哲学社会科学学科体系、学术体系、话语体系研究和建设。

一是面对复杂的国际国内环境，必须加快构建中国特色哲学社会科学体系。当前，我国正处于复杂的国际国内发展环境下，解决意识形态巩固的问题、各种思想交锋的问题、经济社会发展的问题、深层次矛盾和风险挑战的问题及全面从严治党的问题，都迫切需要哲学社会科学更好发挥作用。当今中国正日益走向世界舞台中央，中国的思想学术和文化也必须跟上来，不能落后，也不能缺席。这就必须依赖于中国特色哲学社会科学提供有力支撑。

二是建设中国特色哲学社会科学要正确理解学科体系、学术体系、话语体系三者之间关系。哲学社会科学体系是学科体系、学术体系和话语体系的有机统一，其中学科体系是基础、学术体系是核心，话语体系则是表达呈现。近年来，上海社会科学院坚持学科发展与智库建设“双轮驱动”战略，努力推进建设一流的“智库型学府、学府型智库”，坚持和发展马克思主义，立足中国国情与中国优秀传统文化，积极吸收国外哲学社会科学的有益资源，服务中国实践、构建中国理论，努力将党的创新理论成果和重要思想、重要主张等转化为知识话语、研究范式、学术理论，建构中国自主知识体系，融通国内外的新概念、新范畴、新表述，形成更大国际传播力和影响力。

三是发挥国家高端智库优势和实施大调研，把“三大体系”建设与中国实践、中国经验、中国理论的提炼总结相结合。当前中国哲学社会科学体系的构建，必须持续从我国经济社会发展的实践中挖掘新材料、发现新问题、总结新经验，要加强对改革开放和现代化建设的观点总结和理论提炼，这是中国特色哲学社会科学发展的着力点。上海社会科学院在近些年的理论研究和学科建设中，努力发挥国家高端智库的优势，广泛推动社会调研活动，注重从我国改革发展实践中挖掘新材料、发现新问题、提出新观点、构建新理论，注重对习近平新时代中国特色社会主义思想的系统化研究和学理化阐释，形成我国哲学社会科学的特色和优势，在学界推动建设具有领先水平和较强影响力的学科体系、学术体系和话语体系。

四是努力构建系统性和专业性相统一的学科体系、学术体系和话语体系。在“三大体系”建设中，必须重视系统性和专业性相统一。其中，系统性从理论逻辑、历史逻辑及实践逻辑三大逻辑把握。理论逻辑是在顶层设计中坚持和发展马克思主义基本原理，深化拓展马克思主义理论研究和党的创新理论成果的研究阐释；历史逻辑体现在必须更好地传承中华优秀传统文化和思想体系，提出并展现体现中国立场、中国智慧、中国价值的理念、主张和方案；实践逻辑是要求立足于实际发展并解决实际问题。从三大逻辑出发，我院坚持以马克思主义为指导，聚焦十八大以来党的创新理论成果和经济社会发展现实问题，注重学科前沿和学科交叉等研究方法，努力构建中国特色的学科、学术和话语体系。在专业性方面，上海社会科学院设有 17 个研究所，学科门类齐全，传统学科基础好，新兴学科布局早，特色学科发展快，拥有一批学科建设的领军人才，在谋划和推进构建中国特色哲学社会科学方面，也具备较为扎实的基础。

五是在“三大体系”建设中培育更多高水平哲学社会科学人才。推动哲学社会科学大发展大繁荣，关键要素还是人才。中国特色哲学社会科学事业是党和人民的重要事业，构建中国特色哲学社会科学是一项极为繁重的系统科学工程，需要广大哲学社会科学工作者在坚持党的领导、坚持和发展马克思主义的基础上，不断开拓学术研究、倡导先进思想、引领社会风尚。作为“智库型学府、学府型智库”，上海社会科学院在大调研基础上，积极稳妥推进科研管理体制机制改革和优化，加快建立和完善符合新时代哲学社会科学发展规律、体现上海社会科学院优势特色、有利于出高质量成果和高水平人才的科研管理体制机制。

## 以学科发展与智库建设“双轮驱动”推动“三大体系”建设

上海社会科学院创建于1958年，是新中国最早建立的社会科学院，也是上海唯一的综合性人文和社会科学研究机构。成立65年来，上海社会科学院为我国哲学社会科学的繁荣发展作出了积极贡献。

党的十八大以来，在上海市委和市委宣传部的领导下，上海社会科学院守正创新、勇毅前行，加强哲学社会科学大发展，在理论创新研究、服务决策咨询、人才队伍建设、引导主流舆论等方面取得了丰硕成果。

2023年，上海社会科学院认真开展主题教育工作，组织专家学者深入学习党的二十大报告提出的一系列新思想、新观点、新论断，深入研究阐释习近平总书记关于加快构建中国特色哲学社会科学的重要讲话精神，进一步聚焦党的创新理论，注重基础研究与应用研究融合发展、相互促进，注重系统化研究、学理化阐释和学术化表达，全院以构建中国特色哲学社会科学自主知识体系为聚焦点，以中国实践为出发点，以理论创新为着力点，在全国率先开展哲学社会科学“三大体系”建设。院党委举全院之力、聚全院之智，17个研究所齐上阵，全面、完整、系统开展有组织研究；我们也邀请部分全国和上海知名专家一起参与研究，撰写完成了中国特色哲学社会科学“三大体系”研究丛书。这是当前对推动我国哲学社会科学“三大体系”建设和研究做的一次有益探索，以期为促进我国哲学社会科学繁荣发展作出自己的贡献。

衷心希望我院科研工作者在建设社会主义现代化国家新征程中，牢记嘱托、砥砺前行，为不断开创我国哲学社会科学大发展大繁荣的崭新局面作出更大贡献。

上海社会科学院党委书记、研究员　权　衡<br>上海社会科学院院长、研究员　王德忠<br>2023年8月

# 目 录

前 言 /001

## 第一篇 导论

### 第一章 中国特色社会主义政治经济学理论体系的构建意义

第一节 构建中国特色社会主义政治经济学理论体系的必要性和紧迫性 /003
第二节 构建中国特色社会主义政治经济学理论体系的理论意义 /009
第三节 构建中国特色社会主义政治经济学理论体系的现实意义 /012

### 第二章 中国特色社会主义政治经济学理论体系的基本遵循

第一节 中国特色社会主义政治经济学理论体系构建的理论依据 /016
第二节 构建中国特色社会主义政治经济学理论体系的基本原则 /020
第三节 中国特色社会主义政治经济学理论体系建设目标 /025

### 第三章 中国特色社会主义政治经济学理论体系的基本特征

第一节 中国特色社会主义政治经济学的科学性特征 /031
第二节 中国特色社会主义政治经济学的人民性特征 /035
第三节 中国特色社会主义政治经济学的时代性特征 /038
第四节 中国特色社会主义政治经济学的实践性特征 /042
第五节 中国特色社会主义政治经济学的开放性特征 /046

### 第四章　中国特色社会主义政治经济学理论体系的方法论

第一节　研究对象与目的　/050

第二节　研究方法与手段　/055

第三节　研究主线与逻辑　/060

第四节　研究难点与创新　/066

## 第二篇　理论演进

### 第五章　西方政治经济学的理论前沿与发展趋势

第一节　西方马克思主义政治经济学的最新发展　/073

第二节　西方新政治经济学的产生与发展　/083

第三节　西方政治经济学的理论评析与借鉴　/089

### 第六章　中国特色社会主义政治经济学理论的初步探索（1949—2012 年）

第一节　马克思主义政治经济学的中国化探索　/093

第二节　中国特色社会主义政治经济学基础理论的形成　/099

第三节　中国特色社会主义政治经济学的主要学术脉络　/104

### 第七章　中国特色社会主义政治经济学理论的形成与演进

第一节　构建中国特色社会主义政治经济学的全面启动　/111

第二节　中国特色社会主义政治经济学的体系探索　/114

第三节　中国特色社会主义政治经济学的主要论题　/118

第四节　习近平新时代中国特色社会主义经济思想的研究进展　/122

第五节　中国特色社会主义政治经济学的研究特点　/125

# 第三篇 基本关系

## 第八章 社会主义和市场经济的兼容性分析

第一节 社会主义和市场经济结合的理论逻辑 /129

第二节 社会主义和市场经济结合的实践探索 /135

第三节 中国社会主义市场经济理论的确立与创新 /139

第四节 中国社会主义市场经济建设的成就与思考 /142

## 第九章 社会主义市场经济下的政府与市场关系研究

第一节 社会主义市场经济下政府与市场关系演变 /146

第二节 社会主义市场经济下政府与市场关系及边界的主要特征 /150

第三节 在立足国情基础上尊重市场发展规律 /154

## 第十章 基本经济制度下的所有制关系研究

第一节 中国特色社会主义基本经济制度的确立 /160

第二节 基本经济制度下的所有制关系内涵 /165

第三节 发展混合所有制经济完善基本经济制度 /172

## 第十一章 社会主义市场经济下的公平与效率关系

第一节 公平与效率关系之问 /178

第二节 中国对公平与效率关系的探索与实践 /181

第三节 实现公平与效率有机统一的三个重要目标 /184

第四节 构建协调配套的分配制度体系与公平和效率的有机统一 /189

## 第十二章 中国式现代化进程中的增长与发展关系

第一节 经济增长与经济发展的内涵分野与理论沿革 /196

第二节 改革开放以来的中国经济增长：事实与特征 /200

第三节 改革开放至今的中国经济发展：成就与挑战 /202

第四节 中国式现代化建设阶段的增长与发展 /206

**第十三章　社会主义市场经济下的产权关系研究**

第一节　马克思主义产权理论与新制度经济学产权理论比较　/210

第二节　土地产权制度改革与经济高速发展　/214

第三节　国有企业产权制度改革与完善现代企业制度　/221

**第十四章　社会主义市场经济下的生产要素关系与要素市场发展**

第一节　土地要素的特征分析及其市场化配置改革　/227

第二节　劳动力要素的特征分析及其市场化配置改革　/231

第三节　资本要素的特征分析及其市场化配置改革　/236

第四节　技术要素的特征分析及其市场化配置改革　/242

第五节　数据要素的特征分析及其市场化配置改革　/246

第六节　生产要素市场化配置的理论分析　/250

**第十五章　中国特色经济结构关系与产业政策理论**

第一节　经济结构与产业结构关系的理论辨析　/257

第二节　中国产业结构与产业政策的理论与实践　/261

第三节　产业结构升级的国际经验　/267

第四节　新时期中国产业政策的取向与思考　/269

**第十六章　中国特色的中央与地方关系研究**

第一节　一般与特殊：中国特色的中央与地方关系　/272

第二节　中央与地方关系视角下的“土地财政”问题探析　/275

第三节　中国特色中央与地方关系的结构性矛盾及其治理　/281

**第十七章　中国区域与城乡协调发展理论研究**

第一节　资源空间配置与区域协调发展　/285

第二节　中国区域协调发展的推进和实践　/291

第三节　中国城乡关系演进与城乡协调发展　/296

第四节　面向新时代的区域与城乡协调发展　/300

## 第十八章　推进中国高水平对外开放研究

第一节　社会主义国家对外经济关系的理论与实践　/304

第二节　中国对外经济开放格局的形成与成就　/313

第三节　推进高水平对外开放与制度型开放　/319

# 第四篇　理论创新

## 第十九章　从初级阶段理论到新发展阶段理论

第一节　从初级阶段理论到新发展阶段理论的创立背景　/327

第二节　新发展阶段理论的创新内涵　/331

第三节　新发展阶段理论的创新特征　/333

第四节　新发展阶段理论的创新意义　/337

## 第二十章　从科学发展观到新发展理念理论

第一节　科学发展观的科学内涵与时代意义　/342

第二节　新发展理念提出的现实逻辑　/347

第三节　新发展理念的理论创新分析　/350

第四节　从科学发展观到新发展理念的理论贡献　/352

## 第二十一章　以双循环为核心的新发展格局理论

第一节　以双循环为核心的新发展格局理论的来源　/357

第二节　以双循环为核心的新发展格局理论的科学内涵　/361

第三节　以双循环为核心的新发展格局理论的意义与指向　/368

## 第二十二章　从高速增长到高质量发展理论

第一节　中国经济从高速增长到高质量发展　/374

第二节　高质量发展的理论逻辑　/378

第三节　高质量发展的必要性和重要意义　/382

第四节　高质量发展的实现路径　/385

# 第五篇　理论探索

## 第二十三章　中国民营经济发展的理论探索与思考

第一节　改革开放以来民营经济发展的理论探索　/391
第二节　民营经济相关争论的理论辨析　/400
第三节　新时代民营经济高质量发展的理论思考　/403

## 第二十四章　中国特色社会主义政治经济学的体系拓展与创新深化

第一节　中国特色社会主义政治经济学形成的实践与理论逻辑　/406
第二节　中国特色社会主义政治经济学的创新发展　/411
第三节　中国特色社会主义政治经济学的前沿性研究　/418

## 第二十五章　理论体系发展中有待进一步思考的问题

第一节　中国特色社会主义政治经济学理论体系建设的问题　/424
第二节　中国特色社会主义政治经济学理论体系本身的问题　/427
第三节　基于当代中国经济发展现实问题所引发的理论反思　/433

参考文献　/440

后记　/467

# 前 言

当前，中国特色社会主义政治经济学的研究已经发展到亟待明确研究对象、完善理论结构、建构理论体系的历史阶段，只有基于严谨的逻辑体系和可演绎的范畴体系，才具备真正成为一门成熟独立的社会科学的基本要件。在探索过程中，三个基础性问题尤为关键。一是中国特色社会主义政治经济学的基本遵循是什么？这一问题包含理论依据、基本原则和基本目标，是深化理论研究的逻辑起点和基础前提。二是中国特色社会主义政治经济学的基本特征和方法论是什么？这是持续推进系统化、学科化、规范化研究的逻辑路径。三是中国特色社会主义政治经济学的理论范畴、研究对象、主线结构及其理论内涵是什么？这是建设中国特色社会主义政治经济学理论大厦的“筋骨血肉”。本书在尝试对上述三个关键性问题进行探索性、创新性思考的基础上，以中国特色社会主义事业中关于经济建设、改革和发展的实践为素材，通过以特定逻辑主线为中心的范畴体系的演绎，形成对中国特色社会主义市场经济重大问题具有解释力、指引力的一般性原理以及特定领域和特定问题的细分理论，以求实现对中国特色社会主义市场经济发展规律及其背后的矛盾性推动力的认识、分辨与揭示。

中国特色社会主义政治经济学作为一个理论体系，包括诸多规律、原理或理论，且必须是在一定的逻辑规定下，借助一套范畴体系演绎出来的。如果说西方经济学侧重的是经济效率和效益分析，主要研究资源配置效率，以及投入和产出比较下的效益最大化，那么政治经济学则是以解释“生产关系”及其规律为特征的研究，在“经济运行”之外还要考虑解决“经济关系”“生产方式”“利益关系”是否与生产力发展相适应、相匹配。随即提出一系列问题——这些经济的、社会的资源由谁来配置？为谁而配置？如何在各阶层之间配置？不同的配置方式引发的不同社会关系效果是怎样的？从研究范畴来看，围绕上述对象，引申出这一理论体系的研究任务、研究范式、研究方法、始点范畴、核心范畴、研究内容等构成要件。从研究内容来看，这一对象不仅涉及基本经济制度、经济体制、发展动力（路径）的选择等重大问题，还涉及产权、产业、区域、财政、金融、开放等宏中微观各个维度的分析。

不同于西方经济学的抽象人性论假设及实证主义方法论立场，本书对中国特色社会主义政治经济学的思考和研究建立在自觉贯彻辩证主义和历史主义的世界观、方法论的基础上，突出中国特色社会主义政治经济学的科学性、人民性、时代性、实践性、开放性等独特基因，凸显二元辩证和历史唯物的方法论层面的系统观念。辩证性主要体现在：将现实经济运行的各个领域和方面归纳为一系列实践性、对立统一的十大辩证关系，包括但不限于政府与市场关系、政府与企业关系、社会主义初级阶段产权关系、农村土地产权关系、中央与地方关系、产业结构关系、城乡区域关系、公平与效率关系、生产要素协同关系、经济增长与发展关系；并将政府与市场的关系及其映射在基本经济制度中的资源占有公有化和资源配置市场化的关系，作为中国特色社会主义政治经济学理论体系的研究主线。历史唯物性主要体现在理论生成的来源上。来源之一是中国特色社会主义经济运行发展的特征事实，这是从中国特色社会主义道路曲折前进的历史实践和经验探索中提取抽象出来的，正如两个多世纪以前马克思从英国资本主义经济萌芽、发展和成熟的过程中抽象出资本主义经济和市场运行的一般规律一样，任何成熟的社会科学理论或学说大多是建立在典型例证之上的。来源之二是选择性地继承马克思主义经典政治经济学的范畴体系、历史观和方法论，并辩证地梳理其与中国特色社会主义市场经济特征事实在原则上、思想上的匹配性，同时理性客观地评价由时代差异造成的不一致性，以开放包容的研究态度，充分挖掘新时代新阶段理论创新的空间和形式。来源之三是批判地吸收西方主流经济学、西方政治经济学或其他政治经济学理论流派中具有科学性、事实性、普适性、合理性、一般规律性的理论范畴，按照其与中国特色社会主义经济特征事实、实践探索的适配度加以参考借鉴。来源之四是基于中国特色社会主义的经济建设、改革发展实践的原创性理论和观点，是独立于马克思主义政治经济学经典框架、超越西方经济学话语及理论体系的新的内容范畴。本书期望按照上述主线和方法论构建起来的理论体系将是逻辑严密的、具备衍生性的，能够随着社会经济的不断发展而不断演绎发展出新范畴和新理论，从而解释新的实际问题，成为具有极其强大生命力、张力和开放性的理论研究成果。

本书创造性地将生产关系和资源配置关系作为研究对象，切中党和人民对中国特色社会主义政治经济学的终极需求——形成引领中国式现代化持续推进、中国走向社会主义现代化强国的学科与学说。在很长一段时间内，生产关系的定位是从属于、服务于、跟随于生产力，优化生产关系是为了“更好地适应生产力发展的需要”。然而，新中国成立后的大量历史事实证明，在某些特定的历史环境下，生产关系往往是先动的，尤其是中国改革开放以来的历程，更是一部通过上层建筑和生产关系改革进而引发生产方式深刻变革的历史。因此，生产关系和资源配置关系之于生产力，早已不再是被动适应、滞后跟随的关系，中国历史上和现阶段一系列重大改革，归根结底都是为了调整优化经济关系，改革已经成为持续解放和发展生产力的必要途径，生产关系和资源配置关系也能够扮演引领生产力发展、经济发展的作用。因此，本书对中国特色社会主义政治经济学研究的创新，也是着眼于适应新时代的需要，不仅能够发现问题、筛选问题、研究问题、解决问题，更能够作为实践的可能性边界加以参照，着眼于构建能够引领社会主义市场经济强起来的政治经济学。

正如习近平总书记所要求的：“要立足我国国情和我国发展实践，揭示新特点新规律，提炼和总结我国经济发展实践的规律性成果，把实践经验上升为系统化的经济学说，不断开拓当代中国马克思主义政治经济学新境界。”① 从时代紧迫性来看，深入推进中国特色社会主义政治经济学研究，将新中国成立以来人类历史上少有的发展奇迹系统总结出来，为世界发展提供镜鉴，是提升中国理论自信、制度自信、道路自信、话语自信的题中应有之义。从理论紧迫性来看，把马克思主义政治经济学基本原理同改革开放以来新的实践相结合，尤其是将十八大以来党中央围绕中国特色社会主义经济建设提出的一系列重大战略思想和重要理论观点上升为系统化的经济学说，是使中国政治经济学理论保持强大动力、活力、潜力的必然要求。从实践紧迫性来看，完善中国特色社会主义政治经济学研究，不仅为国家的经济决策、经济发展、经济改革提供了理论指导，回应了中国式现代化与中华民族伟大复兴的方向和路径之问，更是聚焦于全球发展和人类命运共同体的世界之问、民众之问、时代之问，从中国和世界的联系互动中探讨人类面临的共同课题的十分艰巨却又不容回避的系统性工程。

① 2015 年 11 月 24 日习近平在中共中央政治局第二十八次集体学习时的讲话。

# 第一篇

# 导 论

# 第一章　中国特色社会主义政治经济学理论体系的构建意义

习近平总书记强调，“要加强研究和探索，加强对规律性认识的总结，不断完善中国特色社会主义政治经济学理论体系，推进充分体现中国特色、中国风格、中国气派的经济学科建设”①。以开拓的精神和气魄推进中国特色社会主义政治经济学理论体系建设，使中国特色、中国风格、中国气派体系化、理论化、学术化，是时代的要求，也是增强中国特色社会主义道路自信之举，更是中国在哲学社会科学领域引领世界话语权、彰显中国智慧之举。

## 第一节　构建中国特色社会主义政治经济学理论体系的必要性和紧迫性

全面构建中国特色社会主义政治经济学理论体系，使其能够有效反映中国国情和实践，并提炼反思现代化建设的历史成就和问题挑战，是更好地解决以政治经济学理论指引中国式现代化建设问题的必然且迫切的要求。立足中国改革开放的动态化进程，持续探索、健全和完善中国特色社会主义政治经济学理论体系，既能够反映出中国的理论自信、制度自信、道路自信、话语自信，也能对当前整个国际经济学学科系统性建构予以补充、完善，乃至纠偏。

### 一、中国经济建设与发展的突破性成就急需新的理论总结和理论指导

新中国成立以来，特别是改革开放以来，中国社会主义经济建设事业已经采取一系列战略性举措，推动一系列变革性实践，取得一系列突破性进展和标志性成就。这些历史性成果以及足以载入史册的人类发展变革已打破西方主流经济学理论范式与解释边界，具体表现在如下方面。

经济实力实现历史性飞跃。2021 年中国 GDP 突破 110 万亿元，达 114.4 万亿元；

① 《习近平主持召开经济形势专家座谈会》，中国共产党新闻网，http://cpc.people.com.cn/nl/2016/0709/c64094-28539271.html。

2022年中国GDP在全球所占份额达18.5%。中国已成为全球第二大经济体、最大工业国和最大货物贸易国，其谷物总产量、制造业规模和外汇储备稳居全球首位，服务贸易、吸引外资和国内消费市场规模居全球第二位，形成全球最大的和成长性最强的中等收入群体。2013—2021年，中国经济以每年6.6%的速度增长，超过同期世界平均增速2.6%和发展中经济体的平均增速3.7%，对世界经济增长平均贡献率达38.6%，高于七国集团国家贡献率之和，中国成为世界经济增长第一动力源。

打赢人类有史以来最大规模的脱贫攻坚战。共同富裕问题有困扰着人类文明的发展。在谋求现代化的进程中，部分国家贫富分化严重和中产阶层坍塌，造成社会撕裂、政治极化和民粹主义盛行；有些国家经济转型不成功，发展停滞不前，掉入所谓的“中等收入陷阱”。中国在继往开来中实现了第一个百年奋斗目标——全面建成小康社会，中国成功实现832个贫困县摘帽、农村贫困人口近1亿脱贫、960余万贫困人口易地搬迁，为绝对贫困历史性破解、全球减贫事业作出巨大贡献。

技术自立自强的步伐越走越快、越来越坚实。党的十八大以来，中国科技投入达到前所未有的程度。全社会研发经费支出由2012年的1万亿元上升至2021年的2.8万亿元，位居全球第二位。研发经费投入力度达2.44%，居发展中国家首位，比欧盟平均水平高出2.2%。中国在载人航天、探月探火、深海深地探测、超级计算机、卫星导航、量子信息等前沿技术上取得重要成就，跻身创新型国家之列。

经济发展的产业根基愈加坚实。中国制造业的规模一直处于世界领先地位，拥有世界排名前列的装备制造业。2021年，中国的制造业增加值达到惊人的31.4万亿元，占据全球制造业总量的近30%，中国连续12年稳坐世界第一制造大国宝座。在全球500种主要工业品中，中国占据超过四成的生产份额，稳居世界首位。中国制造业因其全球领先的产业链配套能力、最完整的产业体系和最齐全的产业门类，具备了强大的韧性和发展潜力，从而能够快速构筑起“防波堤”，这一点在应对新冠疫情等冲击过程中表现得十分突出。

有效市场和政府“双轮”治理模式不断完善。完善社会主义市场经济必须要强化对市场主体的保护、监管和服务。习近平总书记指出：“在社会主义条件下发展市场经济，是党的一个伟大创举。”[①]党的十八大以来，中国坚定不移地推进社会主义市场经济

① 《习近平总书记强调的“伟大创举”》，中工网，https://www.workeron.cn/c/2022-07-11/7007563.shtml。

改革，不断深化“放管服”改革，显著提升营商环境，激发各类市场主体的活力和潜能。截至 2022 年底，市场主体登记在册的数量已达 1.64 亿户，而在过去 10 年中，市场主体数量净增超过 1 亿户，这是全球经济发展史上一次罕见的跨越式进展。同时也要看到，市场主体的数量增加与质量提高不成正比、市场体系不够健全等问题依然存在。中国所创造的这一市场主体增长和发展的奇迹，为中国经济高质量发展注入新的动能，这股力量将持续不断地为中国经济注入新的活力。

开放合作、互惠互利、共同繁荣的全面开放格局形成。作为世界经济重要组成部分的对外贸易持续高速增长，成为中国国民经济中最具活力和潜力的增长点。自 2013 年中国进出口规模第一次达到 4 万亿美元之后，中国连续跨越 5 万亿美元和 6 万亿美元这两个台阶，2021 年进出口规模达到 6.05 万亿美元。自 2017 年起，中国连续五年稳坐世界货物贸易之王宝座，成为全球最重要的贸易大国之一。中国在追求自身发展的同时，也以务实的行动推动全球共同繁荣发展，致力于成为人类社会现代化的推动者。目前，中国提出的“一带一路”倡议已经吸引全球 3/4 以上的国家和 32 个国际组织参与其中，带动近万亿美元的投资规模，形成 3 000 多个合作项目，为沿线国家和地区创造出 42 万个就业机会，帮助近 4 000 万人摆脱贫困。“一带一路”建设促进了全球互联互通，为各国发展带来了无限机遇。

建成全球最大规模的教育、社保和医疗体系。中国在社会保险经办机构改革方面取得重大进展，社会保险基金征缴力度明显加大。全国范围内实现了企业职工基本养老保险的统筹，同时实现了城乡居民养老保险制度的统一，以及机关事业单位和企业的养老保险制度的并轨，在此基础上进一步完善了多层次、多支柱的养老保险体系。建立覆盖全体居民的社会保障体系。失业保险与工伤保险制度的功能得到进一步完善。社会救助全面覆盖所有居民，城乡最低生活保障水平进一步提高。全面推进全民参保计划，基本养老、失业和工伤保险的参保规模分别达到 10.5 亿、2.4 亿和 2.9 亿。就业创业扶持力度不断加大。社保基金运行整体稳定，基金管理力度加大，2022 年三项社会保险基金收入和支出规模为 13.7 万亿元，对社会保险等及时足额支付。城乡居民最低生活保障制度稳步推进。全面加强社会保障制度和体系，以实现全覆盖、基本保障、多层次、可持续发展为目标，从而为人民群众提供更加可靠的基本生活保障和多样化需求保障。

绿色、循环、低碳发展迈出坚实的步伐。随着生态环境保护的历史性、转折性和全局性变化，中国生态环境恶化趋势得到遏制，空气质量在经历历史性转变后，达到世界卫生组织第一阶段的过渡值，中国成为全球改善空气质量速度最快的国家之一。水体环境质量出现明显转折，地表水资源 i—iii 类优良水体断面比例接近于发达国家的水平，同时，地级及以上城市的黑臭水体也得到有效消除，人民群众的饮用水安全得到可靠保障。生态环境状况总体平稳，生态系统服务功能稳步提升。随着时间的推移，土壤环境的质量发生了根本性变化，因此中国出台了第一部旨在防治土壤污染的基础性法律——《中华人民共和国土壤污染防治法》。当前，中国正处于一个至关重要的时期，这个时期的生态文明建设将以减少碳排放为主要战略方向，促进减污和降低碳排放的协同增效，推动经济和社会全面实现绿色转型。

## 二、中国经济的超常发展突破西方经济学的经典理论与认知

在新中国建设发展 70 余年的历程中，中国在经济理论方面也不断创新和发展。中国经济理论不仅推动了经济学“术语的变革”，丰富和发展了社会主义市场经济理论，同时也打破了西方经济学对政府与市场关系、比较优势、经济周期、增长极限等传统认知的束缚。具体表现在以下方面。

避免了西方经济学中理性思维所带来的负面影响。西方经济学的理论逻辑具有鲜明的阶级性、片面性以及不彻底性。在西方经济学领域中，经济理性被视为一种工具理性，即“理性经济人”通过对成本和收益进行精确计算和核算，以实现自身利益的最大化。西方经济理论以自利为核心，忽视了整个人类的整体利益，并以牺牲大多数人的利益为代价来促进少数资本家的利益，导致社会的两极分化；追求个人主义价值观，造成人性扭曲；以追求经济总量的增长为唯一目标，将人类思维束缚于以追求利润为中心的精神桎梏之中；等等。这些都严重制约着经济社会发展。其资本的野蛮生长行为特征，也导致了经济、社会和生态方面的危机。在推进社会主义现代化建设的进程中，中国共产党提出了一项超越西方经济理性思维的方案，即实现共同富裕。社会主义共同富裕不仅保持了共同富裕与经济理性之间的合理张力，同时也超越了西方经济理性经验范式，它是一种基于科学发展观基础的以人为本、追求人的自由发展、注重人与自然和谐相处的新发展道路，体现了在人文关怀、价值理性和认知理性方面的创新。

超越了西方经济学对政府与市场相互作用的传统理解。从制度视角探讨了西方国

家在不同历史阶段政府与市场关系的发展演变过程及原因。在经济学理论研究中，探讨政府与市场之间的相互作用是一项至关重要的议题。在古典政治经济学发展时期，人类社会就出现了政府与市场的“双重失灵”现象，这成为西方经济学家探讨这一领域的最重要理论依据。在西方经济学的观点中，政府和市场之间存在着一种二元对立、相互替代、相互制约的关系，因此政府只能被动地发挥有限的作用。显然，这种认识有其历史局限性。自改革开放以来，中国在经济发展实践和理论探索中，不仅致力于实现市场和政府的有机统一与相互促进，而且强调政府对市场的顶层设计和有效监管，以确保市场在资源配置中发挥决定性作用，同时更好地发挥政府作用，从而弥补市场失灵、开展有效市场建设、克服市场运行的自发性和盲目性，这一举措打破了西方经济学 200 多年来形成的政府与市场二元对立观，有力地推动了经济学的创新发展。

推进了经济学领域的“术语变革”。恩格斯指出：“一门科学提出的每一种新见解都包含这门科学的术语的革命。”[①] 新概念是指那些能够体现学科本质要求并为人们所熟悉掌握的基本概念和原理。经济学的创新与发展，始于对新领域、新概念等术语的彻底颠覆。它们之间既有联系又有区别，共同构成一套完整的理论体系，为中国经济社会发展提供理论支撑。自新中国成立 70 余年以来，特别是自改革开放以来的社会主义经济建设实践中，涌现出一系列新的概念和范畴，这些概念和范畴不仅反映了中国的经验，而且具有经济学的一般价值，包括但不限于社会主义初级阶段、社会主义市场经济、社会主义基本经济制度和分配制度、新发展理念、供给侧结构性改革、高质量发展以及现代化经济体系。这些概念和范畴已被学术界广泛认可，成为经济学创新发展的重要组成部分和坚实基石。

## 三、中国经济建设、发展与改革为构建新的理论体系留下空间

尽管中国社会主义事业取得了全球瞩目的成就，但仍然面临一系列的挑战和难题，需要付出更多的努力。主要表现在：发展不平衡和不充分的问题依然突出，高质量发展也受到许多瓶颈制约；科技创新能力还有待提高；在确保粮食、能源、产业链供应链的可靠性和安全性，以及防范金融风险方面，还需要解决一系列重要问题；在关键领域的改革中，仍有许多棘手的问题需要攻克；对外开放仍需要进一步扩大；等等。

① 马克思：《资本论》（第一卷），人民出版社 2004 年版，第 32 页。

与此同时，在意识形态领域，中国还存在许多具有挑战性的问题。一些地方还不太适应新常态，依旧存在城乡区域发展和收入分配不均的问题，发生了一些社会矛盾和纠纷问题，群体性事件增多。在就业、教育、医疗、托育、养老、住房等多个领域，群众所面临的挑战和问题也日益增多。除此之外，保护生态环境仍然是中国面临的一项艰巨使命。

在出现上述一系列挑战和问题的背景下，中国勇于进行创新和及时调整，提出许多关于社会主义基本经济制度的全新见解；同时，还针对一些重大现实矛盾进行创新性分析和阐述，从而形成一系列有价值的观点，为推动中国改革开放事业提供有力支撑。具体来说，一是以当前经济建设中出现的一系列结构性、整体性问题为背景，提出供给侧结构性改革和经济新常态理论，并倡导创新、协调、绿色、开放和共享等五大发展理念；同时，结合中国经济领域存在的突出矛盾，提出“三去一降一补”总要求，并在此基础上形成一系列具有前瞻性意义的重大决策部署。二是随着中国对外开放的不断深入和经济全球化程度的不断加深，提出一系列全新的经济学思想，其中包括发展更高层次的开放型经济和积极参与全球经济治理，等等。这些创新性成果，不仅在宏观上对中国经济理论产生了重要影响，而且为指导实践提供了理论依据。三是在考虑到中国社会主义经济和社会建设的实际情况后，提出一种全新的经济发展模式和理念。一方面，基于对改革开放以来中国经济增长模式转型过程及其内在动力机制的分析，提出新型工业化道路、信息化带动战略以及可持续发展观等重要命题。另一方面，基于全新的经济发展结构和现状，提出供给侧结构性改革和国际国内“双循环”，这一举措不仅丰富了传统经济学的供需理念，而且为经济发展注入了新的活力。此外，基于对当前经济社会主要矛盾及其解决路径的深刻把握，提出坚持以人民为中心的发展观，构建人类命运共同体等重要思想。在解决贫富差距过大的问题时，党的十八大提出一项战略思想，即“初次分配和再分配都要兼顾效率和公平，再分配更注重公平”，并提出“精准扶贫”等具体政策主张，这一思想突破了传统经济学效率至上、利益优先的狭隘学科范围，将社会、人、民生等范畴纳入经济学的理论与现实关切中。与此同时，针对当前经济建设中日益凸显的环境污染问题，提出“美丽中国”的重大发展战略，将生态治理、生态保护、生态提升与经济行为紧密融合，摒弃了传统经济学中资本与生态的悖论冲突，实现了经济发展与生态建设的有机结合。

针对以上中国经济建设的实践和创新，学术界需要通过不断重复的认知和实践过程，在认识层面加强中国特色社会主义政治经济的实践性、科学性、现实性和时代性，以探究问题为中心，对重要理论和实践问题进行深入研究，从而构建出中国特色社会主义政治经济学理论体系。中国特色社会主义政治经济学理论体系的使命在于探讨社会主义基本经济制度和所有制结构、构建高水平社会主义市场经济体制、城乡融合、区域协调发展、实现共同富裕、新发展理念、新发展格局和中国发展道路等重要议题，提出具有自主性、原创性和系统性的学术知识及观点，并提出经得起实践和历史检验的理论学说，最终应用于指导中国经济建设实践。

## 第二节　构建中国特色社会主义政治经济学理论体系的理论意义

在过去的一个世纪中，为了实现中华民族伟大复兴，中国共产党一直坚持将马克思主义基本原理与中国的具体实际和实践相结合，并与中国的优秀传统文化相结合，不断推进马克思主义政治经济学的中国化，形成了新民主主义革命理论、社会主义改革和经济建设理论、中国特色社会主义改革开放理论、习近平新时代中国特色社会主义经济思想。这些理论指导着中国新民主主义革命、社会主义革命和建设、改革开放和社会主义现代化建设，为新时代中国特色社会主义的伟大胜利和伟大成就奠定了坚实的基础。

### 一、对经典马克思主义政治经济学的传承、创新与扬弃

党的二十大报告提出："拥有马克思主义科学理论指导是党坚定信仰信念、把握历史主动的根本所在。"这一论断为中国特色社会主义政治经济学的生成和发展指明了方向。长期以来，一直在探讨研究当代中国马克思主义经济学的方法论和理论范式，以及如何通过它对中国改革经验和发展道路进行经济学阐释。这次报告中又提出"继续推进实践基础上的理论创新，首先要把握好新时代中国特色社会主义思想的世界观和方法论"，并且就这一论断提出了"七个坚持"，强调了人民群众是历史创造者的基本原理，主体与客体、内因与外因辩证关系的基本原理，尊重客观规律与发挥主观能动性的基本原理，认识与实践辩证的基本原理，联系发展和对立统一的基本原理，等等。这些基本原理贯穿"坚持以人民为中心的发展思想""坚持社会主义基本经济制度""坚持守正创新""坚持问题导向""坚持系统观念和人与人和谐相处、人与自然和谐共生"等一系列理论和观点，同时也构成当代中国马克思主义经济学的方法论。

构建中国特色社会主义政治经济学理论体系，需要从马克思主义政治经济学的基础理论和方法论中汲取理论创新的思想财富。中国的社会主义革命和建设实践孕育了马克思主义政治经济学，这一学科的基础理论作为中国共产党制定路线、方针政策的经济学理论基础，在中国社会主义现代化建设的历史进程中扮演着重要的指导角色。在中国现代化建设的每一个历史转折时期，都会回归马克思主义经济学的基础理论中，以寻找理论创新的思想资源，从而在社会主义实践的基础上，对中国经济学的重大理论研究进行阶段性创新，同时也形成中国特色社会主义政治经济学学科理论的知识体系。

因此，中国特色社会主义政治经济学在传承马克思主义的过程中，逐渐形成了一套系统完备的体系，为理论的构建提供了坚实基石；并且在当代社会条件下不断拓展并深化自身的研究领域，体现出时代特点。该学说的理论框架源自马克思主义，与马克思主义经济学有着紧密的联系和相互渗透；尽管具备马克思主义经济学的广泛适用性，然而其核心或中心在于“中国特色”，是对中国改革经验和发展道路的经济学表述；它不是一般意义上的经济学，而是一种特殊形态的经济学。虽然不排斥人类共同文明成果和西方经济学，但它具有独特的发展路径，不仅是指导新时代中国特色社会主义的主流思想，而且在世界百年未有之大变局下的现代经济学理论格局中扮演至关重要的角色。

## 二、对毛泽东思想、邓小平理论、习近平新时代中国特色社会主义经济思想的系统化梳理

随着新民主主义经济和革命理论的兴起，以毛泽东同志为主要代表的中国共产党人不断探索社会主义革命和经济建设理论，开启了马克思主义政治经济学中国化的历史大幕，同时中国特色社会主义政治经济学也不断取得具有突破性的理论成就。在1978年党的十一届三中全会上，中国共产党重新确立了解放思想、实事求是的思想路线，将全党的工作重心转向社会主义现代化建设，作出了具有深远意义的重大决策，实现了党的历史上的重大转折。从此，中国进入改革开放、全面振兴的重要战略机遇期。在改革开放实践中，中国共产党更加自觉地将马克思主义政治经济学的基本原理与中国的国情相结合，不断丰富和拓展马克思主义政治经济学。提出社会主义初级阶段理论、社会主义本质理论、社会主义初级阶段基本经济制度理论和收入分配理论、

社会主义市场经济理论、对外开放理论等一系列基本理论。

习近平新时代中国特色社会主义经济思想的提出，为马克思主义政治经济学在中国的本土化进程开辟了全新的道路。习近平新时代中国特色社会主义经济思想是一个科学严密的系统，既体现出鲜明的时代特点，又蕴含了丰富的历史内涵。自党的十八大以来，中国共产党不断总结新的生动实践，形成了以新发展理念为核心的习近平新时代中国特色社会主义经济思想，其中包括创新、协调、绿色、开放、共享发展的理论，以人民为中心的发展思想，坚持党对经济工作集中统一领导的理论，发展社会主义市场经济，使市场在资源配置中发挥决定性作用和更好地发挥政府作用的理论，中国经济发展进入新常态、深化供给侧结构性改革、推动经济高质量发展的理论，推动新型工业化、信息化、城镇化、农业现代化同步发展和区域协调发展的理论，关于农民承包的土地具有所有权、承包权、经营权属性的理论，关于用好国际国内两个市场、两种资源的理论，关于加快形成以国内大循环为主体、国内国际双循环同步发展和区域协调发展的理论，关于农民承包的土地具有所有权、承包权、经营权属性的理论。这些重要论述深刻揭示了新时代党和国家事业发展面临的重大问题和矛盾，明确了新形势下推进全面从严治党的战略方向。习近平新时代中国特色社会主义经济思想，作为中国特色社会主义政治经济学的最新理论成果，不仅为新时代中国改革开放和经济发展实践提供了有力的指导，同时也为马克思主义政治经济学的发展开辟了全新的领域。

## 三、对中国社会主义建设实践的理论化总结、归纳和提炼

社会主义事业建设实践在基本经济制度层面面临着如何坚持和完善社会主义基本经济制度这一重大理论和实践问题，需要在遵循生产力与生产关系及其相互关系规律的基础上，以公有制为主体、多种所有制经济共同发展为主线，进行经济体制改革。因此，中国特色社会主义政治经济学理论应当总结包括所有制（公有制和非公所有制）的科学内涵、存在基础、实现形式、发展方向和发展目标的社会主义所有制理论。

中国特色社会主义经济建设和体制改革在经济运行层面面临着如何使社会主义市场经济有效运行的挑战。需要解决市场经济中国有经济和国有企业的地位和作用、国有经济战略布局和国有资产管理体制改革、国有企业混合所有制改革、社会主义农村经济和农业农村现代化、中国农村土地制度以及农村新型集体经济等一系列新问题。

在社会结构层面，中国正在构建以公有制为主体、多种所有制共同发展的格局，必须处理好国家与社会关系，坚持党对一切工作的领导以及党的领导方式和执政方式的完善。在社会主义市场经济中，政府与市场的关系、基本生产关系与市场经济运行机制之间的关系，以及社会主义宏观经济运行与调控等方面，都已得到科学认识并形成重大理论创新成果。

中国共产党领导的社会主义实践在经济发展层面上，以坚持和完善社会主义基本经济制度为出发点，聚焦于处理发展与制度的关系、选择发展道路时生产力与生产关系、经济基础与上层建筑的关系等重大问题，创造性地提出并形成新的发展理念，包含社会主义现代化与现代化经济体系、中国特色区域经济协调发展、中国特色工业化、城镇化发展、中国特色绿色发展与生态文明、中国特色社会主义城乡融合发展等重大理论阐述，在此基础上构建出发展经济学的中国特色政治经济学理论范式。

因此，在中国对外经济开放的实践中，中国特色社会主义政治经济学理论应当致力于探讨全球化对中国经济的影响，总结中国开放发展的历程、路径和经验，把握资本主义世界体系的演变和中国经济现代化的历程，寻求全球经济治理的中国方案，推动人类命运共同体和“一带一路”建设，构建开放发展新格局和开放型经济新体制等重大理论，形成以中国对外开放的道路和实践经验为基础的中国特色社会主义对外经济开放理论。

## 第三节　构建中国特色社会主义政治经济学理论体系的现实意义

中国特色社会主义政治经济学聚焦于中国之问、世界之问、民众之问、时代之问，从逻辑原点、研究内容、方法原则、逻辑主线、核心矛盾、理论外延等方面，对中国特色社会主义制度下的经济发展规律进行总结，从人民群众伟大的实践创造中挖掘发展理论的根源和精髓，在国际大格局中对中国特色社会主义实践所遇到的现实问题进行深入考察与解答，通过原创性研究向世界阐释讲述中国经济社会发展故事。

### 一、中华民族伟大复兴需要自主的经济学知识体系

党的二十大报告再次强调，“要加快构建中国特色哲学社会科学学科体系、学术体系、话语体系”，因此在新时代新发展阶段构建中国特色社会主义政治经济学尤为迫切和重要。一方面是因为经济是基础，经济建设是中心；另一方面还由于改革开放以来

中国大量引进、学习、借鉴了西方经济学，这是必要的，也在一定历史阶段是有效的，但是存在盲目迷信、全盘照抄照搬、食洋不化、受西方经济学影响过大的偏差。建立中国特色政治经济学的目的和目标，就是分析、探索、揭示新时代中国特色社会主义道路。进一步说，就是深刻揭示如何实现中华民族伟大复兴和全面建成社会主义现代化强国的规律和路径。中国特色政治经济学要解决的问题就是探索如何实现中华民族伟大复兴和建立社会主义现代化强国的道路及规律。

促成中国式现代化实现的社会制度，是完全不同于西方发达资本主义国家所实现现代化的社会主义新制度，其所走的具体道路、所采取的实现形式，也是完全不同于西方实现现代化所走的具体道路和实现形式。中国式现代化既总结了苏联社会主义现代化建设的经验，又吸取了它的教训，针对苏联社会主义现代化模式的弊端，创造了社会主义市场经济和社会主义制度相结合的社会主义市场经济体系。中国式现代化始终坚持以马克思主义为指导，坚持“四项基本原则”，坚定不移地高举中国特色社会主义旗帜，成功地走出一条具有中国特色的社会主义现代化道路，向世界人民提供了中国道路、中国理论、中国选择、中国方案。实现中华民族伟大复兴是中国式现代化的目的，以中国式现代化推进中华民族伟大复兴离不开马克思主义、离不开习近平新时代中国特色社会主义思想、离不开中国式现代化理论的指导、离不开中国共产党的领导。进入新世纪、跨入新时代、踏上新征程、肩负新任务、面对新课题，必须牢牢把握以中国式现代化全面推进中华民族伟大复兴这一中心任务，必须认真学习习近平总书记关于中国式现代化理论的重要论述，认清中国式现代化的实质、内涵、特点、要求及其伟大意义，坚持中国式现代化理论指导。

## 二、回答新时代中国经济发展时代之问、人民之问、历史之问

党的二十大报告指出，“坚持和发展马克思主义，必须同中国具体实际相结合”“一切从实际出发，着眼解决新时代改革开放和社会主义现代化建设的实际问题，不断回答中国之问、世界之问、人民之问、时代之问，作出符合中国实际和时代要求的正确回答，得出符合客观规律的科学认识，形成与时俱进的理论成果，更好指导中国实践”。时代是思想之母，实践是理论之源。党的十八大以来，以习近平同志为核心的党中央对新中国成立以来特别是改革开放以来中国经济发展的实践成就和历史经验进行了全面分析，明确了中国经济发展的历史方位和根本立场，对社会主义市场经济发展

中根本性、战略性问题进行了深邃思考和全新阐释，深刻回答了中国经济发展的时代之问、人民之问、历史之问，使中国化时代化的马克思主义在21世纪焕发出强大生机和活力。

当前，史无前例的巨变正在全球范围内引起深刻的变革，世界进入新的动荡变革期，逆全球化趋势加剧。面对“如何于变局中开新局，积极应对世界大变局”这一时代之问，以习近平同志为核心的党中央准确把握世界大局，提出进入新发展阶段是中华民族伟大复兴历史进程的大跨越；深刻领悟中国经济社会主要矛盾的演变所带来的全新需求，辩证看待新发展阶段的新机遇与新挑战，准确识别变化，科学应对变化，积极主动地寻求变化，努力实现更高质量发展和高水平安全的良性互动。科学回答时代之问，才能更好地认识新时代、开创新局面。

随着时代和实践的发展，回应人民之问，关键在于倾听人民呼声、回应人民期待。党的十八届五中全会首次提出以人民为中心的发展思想。以人民为中心的发展理念的重要性在党的十九大报告及二十大报告中得到了持续强调和丰富。以人民为中心的发展思想深刻回答了为了谁发展、依靠谁发展、发展成果由谁共享的重大理论问题。民族复兴和人民幸福是中国特色社会主义现代化建设的出发点和落脚点。科学回答人民之问，体现了新时代对党的宗旨认识的再升华，揭示了中国共产党人的初心和使命。

### 三、解答中国式现代化从哪里来、向何处去、怎么走的问题

党的二十大报告提出，“从现在起，中国共产党的中心任务就是团结带领全国各族人民全面建成社会主义现代化强国、实现第二个百年奋斗目标，以中国式现代化全面推进中华民族伟大复兴”。报告阐述了中国式现代化的中国特色和本质要求。

新中国成立以来，“现代化”的内涵也不断扩展，从“从农业国转变为工业国，实现工业、农业、科学文化、国防的四个现代化”，到邓小平提出“中国式现代化”，到新时代习近平总书记提出“全面协调与科学发展的现代化”，再到十八大后提出“全面建设社会主义现代化强国”。这些表述都表明了在不同时期对社会主义现代化理解的深化和升华。因此，需要以“中国式现代化”为关键词，系统梳理社会主义现代化发展的历史经验、理论逻辑、实践探索和实现路径，从经济学角度深入解读中国式现代化的起源、发展和未来方向。

首先，中国特色社会主义政治经济学将探索如何实现市场机制的有效性和政府职

能的有效性的有机结合。在这个过程中，“有效的市场与有为的政府是否存在矛盾”是需要去回答和解决的基本问题之一。在古典政治经济学领域，甚至在马克思的政治经济学批判中，这一问题被哲学理论层面视为城市居民与国家之间的相互作用。这不仅是一个经济哲学上的命题，而且也成为一种政治思想或制度安排。然而，对于其相关议题的探讨，常常受限于一种非此即彼的取舍。在当代语境下，这意味着需要一种新的视角，即从哲学层面对这一概念进行重新审视和解读。中国共产党作为代表最广大人民根本利益的政党，在推进中国式现代化的发展道路上，以国家执政方略的方式，完成了一项超越市民社会内在无形力量的调解任务。

其次，中国特色社会主义政治经济学将以人的现实关切为核心，将其融入对特定的经济规律的深入分析和研究之中。从理论维度而言，它不仅要关注资本自身及其运动过程中所产生的一系列问题，更要关注资本主义制度下资本的内在矛盾及其发展方向。在充分发挥资本对社会财富增长的推动作用的基础上，必须正视资本与劳动之间的对抗关系，减弱资本逻辑作为一种经济权力架构方式的重要性。为了促进资本的有效利润增值，必须遵循市场经济的基本原则，并在规范层面建立一种高效、公正的收入分配体系。

最终，中国特色社会主义政治经济学需要对全球新资本形态的演变特征进行跟踪和分析，以揭示新资本形态内在的矛盾，并在现有经济结构中探索实现资本逻辑的实际可行之路。特别是在数字经济时代，资本主义生产方式下生产过程的智能化和数据化进程呈现出一种独特的形态和限制。在此基础上进一步挖掘新资本形态所具有的“超自然主义”特性，通过这种特殊形式来凸显资本对于人类解放之于世界未来的重要意义及其潜在风险。在新的资本形态下，需要有效地利用资本，以解决资本逻辑的内在矛盾，从而实现资本增值和技术进步，这是人们获得自由时间的必要条件，同时也是构筑社会共同富裕的有效阶梯。这种独特的中国式现代化道路和实践智慧，解决了马克思政治经济学批判中资本和劳动之间无法调和的根本性难题。

# 第二章　中国特色社会主义政治经济学理论体系的基本遵循

构建适应当代中国国情和时代特征的中国特色社会主义政治经济学是建立中国特色哲学社会科学体系的重要内容，也是中国在经济领域树立道路自信、理论自信、制度自信、文化自信的坚实基础和可靠保障。一方面，中国特色社会主义政治经济学是在坚持马克思主义政治经济学基本原理基础上的新境界的开拓，通过对中国经济发展实践的规律性总结和提炼，赋予经典马克思主义政治经济理论以全新的实践特色、理论特色、民族特色、时代特色；另一方面，中国特色社会主义政治经济学是在对西方经济学的庸俗性进行批判的基础上，尝试构建不同于西方经济理论的研究范式与方法论的全新探索，但同时作为政治经济学一般理论，它又大胆吸收了西方经济理论合理阐述市场经济运行一般规律的理论内核。从而，在批判中继承、在继承中发展、在发展中创新，建立起海纳百川、博采各家之长的当代中国特色社会主义政治经济学理论体系。而立足于解释、分析中国现实经济问题，揭示中国特色社会主义发展的规律问题，剖析现实困境下的关键症结及原因机理，解决中国社会主义基本关系中的核心矛盾，是构建中国特色社会主义政治经济学理论体系的基本遵循和目标导向。

## 第一节　中国特色社会主义政治经济学理论体系构建的理论依据

中国特色社会主义政治经济学理论体系渊源于对中国社会主义建设生动实践的总结、归纳和提炼。对中国改革开放实践中遇到的难题与障碍，必须用中国自己的理论加以解决。

### 一、马克思主义的经典传承

中国特色社会主义政治经济学的理论依据来源于马克思主义政治经济学在中国社会主义市场经济发展中的创新发展和运用，它根据马克思主义政治经济学特别是《资本论》的方法与原理，研究社会主义中国经济的本质及其运动规律。中国特色社会主义政治经济学的研究就是要把马克思主义普遍原理和中国实践结合起来，为指导中国社会主义经济实践服务，回答和解决现实问题。这不仅对于指导中国经济建设与经济体制改革具有直接的现实意义，而且使得社会主义政治经济学的普遍原理获得新的发展。

党的二十大报告指出，马克思主义是我们立党立国、兴党兴国的根本指导思想。实践告诉我们，中国共产党为什么能，中国特色社会主义为什么好，归根到底是马克思主义行，是中国化时代化的马克思主义行。拥有马克思主义科学理论指导是中国共产党坚定信仰信念、把握历史主动的根本所在。党的二十大报告还指出，要以科学的态度对待科学、以真理的精神追求真理，坚持马克思主义基本原理不动摇。因此，中国特色社会主义政治经济学的理论来源之一或者说最基本的来源是经典的马克思主义政治经济学基本原理。

与此同时，政治经济学作为一门科学，是以揭示社会经济的运动规律为目的的，社会主义政治经济学揭示的是社会主义经济的运动规律，中国特色社会主义政治经济学揭示的则是中国特色社会主义经济的运动规律，因此中国特色社会主义政治经济学，与一般意义上的社会主义政治经济学的关系是一般与特殊、共性与个性、源与流的关系，当然，实际情况比上述一般道理要复杂得多。一般意义上的政治经济学理论也来源于马克思主义的基本原理，“马克思主义是世界的，也是中国的。只有植根本国、本民族历史文化沃土，马克思主义真理之树才能根深叶茂。马克思主义来到中国，被中国人民所接受，深刻地改变了中国。同时，中国共产党和中国人民在自己的伟大创新实践中又丰富和发展了马克思主义，马克思主义在中国呈现出更多的中国特色、中国风格、中国气派”。[①] 所以，马克思主义的经典传承是构建中国特色社会主义政治经济学的一个重要来源之一。“之一”也就意味着该理论还有其他的来源，那就是中国共产党人的思想积淀和马克思主义中国化的实践成果。

## 二、中国共产党领导人的思想积淀

党的十一届三中全会以来，中国共产党把马克思主义政治经济学基本原理同改革开放新的实践结合起来，不断丰富和发展马克思主义政治经济学，围绕发展中国特色

① 引自《党的二十大报告辅导读本》（人民出版社 2022 年版），曲青山：《开辟马克思主义中国化时代化新境界》。

社会主义经济这一历史课题，就社会主义生产目的、所有制、分配制度、经济体制改革、计划与市场关系、经济运行机制、对外开放和经济全球化等重大问题展开深入探索和实践，在经济社会发展和改革开放诸多方面提出一系列新的理论和理念，形成当代中国马克思主义政治经济学的诸多重要理论成果，初步形成中国特色社会主义政治经济学，用以有效指导中国改革发展的实践，从而不断推动经济建设快速健康发展。

更进一步地，中国共产党领导人对于中国经济理论的思考是不断深化的，“对关系新时代经济发展的一系列重大理论和实践问题进行深邃思考和科学研究，在继承和创新中国特色社会主义政治经济学的基础上，深入把握我国经济发展的基本规律、核心目标、重点任务，强调加强党对经济工作做的全面领导，坚持以人民为中心的发展思想，坚持稳中求进工作总基调，坚持和完善社会主义基本经济制度，立足新发展阶段，贯彻新发展理念，构建新发展格局，推动高质量发展，统筹发展和安全全面深化改革开放，促进全体人民共同富裕，深刻回答了我国经济发展的时代之问、人民之问、历史之问，推动我国经济发展取得历史性成就、发生历史性变革，书写了新时代中国特色社会主义经济发展的崭新篇章。”①

中国共产党领导人还“创造性地提出，加强党对经济工作的全面领导的重大理论观点……丰富发展了马克思主义政治经济学关于经济和政治关系的理论。创造性地提出坚持以人民为中心的发展思想……丰富发展了马克思主义政治经济学关于社会主义经济本质的理论。创造性地提出树立和坚持创新、协调、绿色、开放、共享的新发展理念……深化了我们党对社会主义经济发展规律的认识，丰富发展了马克思主义政治经济学关于经济发展原则的理论。创造性地提出我国经济已有高速增长阶段转向高质量发展阶段的重大论断……丰富发展了马克思主义政治经济学关于经济发展阶段的理论。创造性地提出推进完善社会主义市场经济体制的重要思想……丰富发展了马克思主义政治经济学关于市场经济的理论。创造性地提出供给侧结构性改革的重大方针……丰富发展了马克思主义政治经济学关于生产和需要关系的理论。创造性地提出构建新发展格局的重大战略……丰富发展了马克思主义政治经济学关于社会再生产的理论。创造性地提出推动经济全球化健康发展的重要思想……丰富发展了马克思主义

① 中共中央宣传部、国家发展和改革委员会：《习近平经济思想学习纲要》，人民出版社2022年版，第5—6页。

政治经济学关于世界经济的理论。”①

由此可见，中国特色社会主义政治经济学形成的理论依据还来源于毛泽东思想、邓小平理论、“三个代表”重要思想、科学发展观和习近平新时代中国特色社会主义思想，这些是构建中国特色社会主义政治经济学的指导方针。

## 三、马克思主义中国化的实践成果

中国特色社会主义政治经济学是一个从理论逻辑到实践逻辑再到理论逻辑的体系化过程——中国的改革开放和经济发展是在马克思主义政治经济学的理论逻辑指导下不断推进的，同时又在改革开放和经济发展的实践逻辑中不断概括、总结历史经验进而形成新的经济理论。因此，中国特色社会主义政治经济学理论依据还来源于对中国社会主义建设生动实践的总结、归纳和提炼。

马克思主义科学揭示了人类社会发展规律，指明了人类寻求自身解放的道路，推进了人类文明进程，是我们认识世界、改造世界的强大思想武器。但是，正如恩格斯所深刻指出的那样：“马克思的整个世界观不是教义，而是方法。它提供的不是现成的教条，而是进一步研究的出发点和供这种研究使用的方法。”② 马克思主义的生命力、活力、魅力在于创新，在于同各个国家、各个民族的具体实际和时代特征相结合。③

中国经济发展已经进入新常态阶段，经济与社会发展呈现出与以往不同的新特征，需要中国特色社会主义政治经济学理论体系作为指导，为改革开放提供理论指引与导航。而坚持把马克思主义政治经济学基本原理同中国实际和时代特征相结合，在指导推动经济工作的同时，不断推进马克思主义政治经济学的中国化、时代化，把实践经验上升为系统化的科学理论，这就是马克思主义中国化的实践成果。④ 只有把马克思主义基本原理同中国具体实际相结合、同中华优秀传统文化相结合，坚持运用辩证唯物主义和历史唯物主义，才能在理论层面正确回答时代和实践提出的重大问题，才能确保中国特色社会主义经济理论的科学性和生命力。

① 中共中央宣传部、国家发展和改革委员会：《习近平经济思想学习纲要》，人民出版社 2022 年版，第 6—9 页。

② 《马克思恩格斯全集》（第四卷），人民出版社 1995 年版，第 742—743 页。

③ 引自《党的二十大报告辅导读本》（人民出版社 2022 年版），曲青山：《开辟马克思主义中国化时代化新境界》。

④ 中共中央宣传部、国家发展和改革委员会：《习近平经济思想学习纲要》，人民出版社 2022 年版，第 6 页。

党的二十大报告指出，推进马克思主义中国化时代化是一个追求真理、揭示真理、笃行真理的过程。党的十八大以来，基于国内外形势新变化和实践新要求，通过理论和实践相结合，以习近平同志为核心的党中央创立新时代中国特色社会主义思想，明确坚持和发展中国特色社会主义的基本方略，提出一系列治国理政新理念、新思想、新战略，实现马克思主义中国化时代化新的飞跃，为新时代党和国家事业发展提供根本遵循。

## 第二节　构建中国特色社会主义政治经济学理论体系的基本原则

2015 年底召开的中央经济工作会议指出，要坚持中国特色社会主义政治经济学的重大原则。这一论断指出创新发展是中国特色社会主义政治经济学的一个重要方向，总结、概括、提炼中国特色社会主义政治经济学的基本原则，是构建中国特色社会主义政治经济学理论体系的基本出发点。

### 一、要与中国特色社会主义基本经济制度的本质特征相一致

一个国家的基本经济制度是生产关系适应生产力发展的本质体现；是国家依据社会性质和基本国情，通过法律对社会经济秩序中生产资料归谁所有作出明确规定的经济制度；是社会经济在生产关系中最基本的规定。

新时代中国社会主义基本经济制度的确立、完善和发展是同中国社会主义初级阶段社会现实生产力发展水平相适应的。一方面，社会主义基本经济制度是改革开放理论和实践创新的重要成果。社会主义基本经济制度把社会主义制度和市场经济有机结合起来，是在经济实践中，特别是在改革开放的伟大实践中形成和确立的，是被实践检验拥有巨大优越性的制度，既有利于解放和发展社会生产力、改善人民生活，又有利于维护社会公平正义、实现共同富裕。另一方面，社会主义基本经济制度也是新时代经济改革发展的根本遵循。社会主义基本经济制度需要随着实践的发展不断完善。党的十八大以来，以习近平同志为核心的党中央坚持和完善社会主义基本经济制度，在巩固和发展公有制经济、发展混合所有制经济、支持民营经济健康发展、健全按劳分配和按要素分配机制、深化供给侧结构性改革、发挥市场在资源配置中的决定性作用等方面，取得了一系列新的重要理论和实践成果，把社会主义制度和市场经济很好结合起来，从而形成了习近平新时代中国特色社会主义经济思想。

因此，中国特色社会主义政治经济学理论体系的构建是必须与中国基本经济制度的本质特征相一致的，包含与基本经济制度的内涵、任务和原则相一致的诸多具体方面，例如：解放和发展社会生产力原则，共同富裕原则，发展社会主义市场经济原则，公有制为主体、多种所有制经济共同发展原则，社会主义分配原则，独立自主同扩大开放、参与经济全球化相结合原则，改革发展稳定三者统一的原则，等等。

## 二、要与社会主义市场经济改革的目标和方向相一致

建设具有中国特色的社会主义市场经济国家是中国经济运行的根本指向，从计划经济体制到市场经济体制，体制改革仍在不断深化、不断前进。中国要构建高水平社会主义市场经济体制，那么社会主义市场经济改革的目标和方向是什么？党的二十大报告明确指出，要坚持和完善社会主义基本经济制度，毫不动摇巩固和发展公有制经济，毫不动摇鼓励、支持、引导非公有制经济发展，充分发挥市场在资源配置中的决定性作用，更好发挥政府作用。要深化国资国企改革，加快国有经济布局优化和结构调整，推动国有资本和国有企业做强做优做大，提升企业核心竞争力。要优化民营企业发展环境，依法保护民营企业产权和企业家权益，促进民营经济发展壮大。要完善中国特色现代企业制度，弘扬企业家精神，加快建设世界一流企业。要支持中小微企业发展。要深化简政放权、放管结合、优化服务改革。要构建全国统一大市场，深化要素市场化改革，建设高标准市场体系。要完善产权保护、市场准入、公平竞争、社会信用等市场经济基础制度，优化营商环境。要健全宏观经济治理体系，发挥国家发展规划的战略导向作用，加强财政政策和货币政策协调配合，着力扩大内需，增强消费对经济发展的基础性作用和投资对优化供给结构的关键作用。要健全现代预算制度，优化税制结构，完善财政转移支付体系。要深化金融体制改革，建设现代中央银行制度，加强和完善现代金融监管，强化金融稳定保障体系，依法将各类金融活动全部纳入监管，守住不发生系统性风险底线。要健全资本市场功能，提高直接融资比重。要加强反垄断和反不正当竞争，破除地方保护和行政性垄断，依法规范和引导资本健康发展。

这些就是中国经济体制改革的目标、任务和方向。因此，构建中国特色社会主义政治经济学的理论体系必须充分体现这些目标、任务和方向，使这一理论体系能与健全完善社会主义市场经济体制这一总体方向相一致，符合市场决定资源配置的市场经

济一般规律，让市场在所有能够发挥作用的领域都充分发挥作用，推动资源配置实现效益最大化和效率最优化。改革开放以来，中国取得经济快速发展和社会长期稳定两大奇迹的一个关键因素，就是通过理论、实践、制度上的创新，确立了社会主义市场经济体制，把社会主义制度优越性同市场经济一般规律有机结合起来。①

## 三、要与马克思主义政治经济学的立场观点方法相一致

马克思主义政治经济学是马克思主义三大组成部分之一，构建中国特色社会主义政治经济学的理论体系需要坚持马克思主义，更需要将坚持和发展马克思主义同中国具体实际相结合。“我们坚持以马克思主义为指导，是要运用其科学的世界观和方法论解决中国的问题，而不是要背诵和重复其具体结论和词句，更不能把马克思主义当成一成不变的教条。我们必须坚持解放思想、实事求是、与时俱进、求真务实，一切从实际出发，着眼解决新时代改革开放和社会主义现代化建设的实际问题，不断回答中国之问、世界之问、人民之问、时代之问，作出符合中国实际和时代要求的正确回答，得出符合客观规律的科学认识，形成与时俱进的理论成果，更好指导中国实践。”“马克思主义基本原理是科学真理，具有普遍适用性，但各个国家的具体国情不同，绝不能把马克思主义当成一成不变的教条。更为重要的是，马克思主义政党所肩负的使命任务、所从事的事业，都是前无古人的，在开创性实践中遇到的大量崭新课题，没有也不可能从马克思主义经典著作中找到现成答案。”②

既然这样，应该坚持马克思主义的什么本质精髓呢？毫无疑问，那就是马克思主义的立场、观点和方法。在构建中国特色社会主义政治经济学学科的过程中，必须遵循马克思主义的立场、观点、方法这一基本原则。马克思主义的立场就是人民的立场。必须坚持人民至上，人民性是马克思主义的本质属性。具体而言，包括：人民主体性是中国特色社会主义政治经济学的首要原则，辩证唯物主义和历史唯物主义是中国特色社会主义政治经济学的方法论原则，生产资料公有制主导性是中国特色社会主义政治经济学的基础性原则，等等。特别是在推进以实践为基础的理论创新过程中，在把握新时代中国特色社会主义思想世界观和方法论的过程中，必须坚持人民至上的人民

① 引自《党的二十大报告辅导读本》(人民出版社2022年版)，穆虹：《构建高水平社会主义市场经济体制》。

② 引自《党的二十大报告辅导读本》(人民出版社2022年版)，田培炎：《推进马克思主义中国化时代化必须坚持“两个结合”》。

性，“人民的创造性实践是理论创新的不竭源泉”，形成为人民所喜爱、所认同、所拥有的理论，使之成为指导人民认识世界和改造世界的强大思想武器。①

## 四、要能用来解释、分析中国现实经济问题

社会主义政治经济学的生命力来源于中国实践，所以中国特色社会主义政治经济学必须要能用来分析中国经济现状，解决中国经济问题，指导中国经济发展。

中国改革开放的历史是随着实践的推进不断探索、不断优化的历史，所谓的“摸着石头过河”，那就是前人没有过的经历、前贤没有过的理论在中国的改革开放中遭遇了，实践是丰富多彩的，它超越了理论，同时为科学理论的形成提供了养分。反过来，科学的理论又能够在未来的经济运行与发展中指导实践。实践没有止境，理论创新也没有止境。如果中国特色社会主义政治经济学理论不能用来解释、分析和指导中国的实践，那将是纸上谈兵的教条，终将无一用处。

所以，当前所要构建的这样一种理论，是马克思主义的中国篇章，贯穿其中的一个基本点就是中国的问题必须从中国的基本国情出发，由中国人自己来寻找理论解答，它一定来自经济实践又高于经济实践最终能指导经济实践。“只有聆听时代声音，回应时代呼唤，认真研究解决重大而紧迫的问题，才能真正把握住历史脉络、找到发展规律，推动理论创新”②，并以新的理论指导新的实践。这也就是中国共产党在认识和把握新时代中国特色社会主义思想的世界观和方法论中所提到的：“要以更加积极的历史担当和创造精神为发展马克思主义作出新的贡献，反对各种形式的本本主义、教条主义，既不能无视快速变化的实际，刻舟求剑、封闭僵化，也不能一切以外国的东西为圭臬，照抄照搬、食洋不化。”③

因此，中国特色社会主义政治经济学理论体系要能解释、分析、回答诸如此类的问题——能否解释中国改革开放40多年来的发展经验和教训？如何解释创新发展、协

① 参见《党的二十大报告辅导读本》（人民出版社2022年版），黄坤明：《把握好习近平新时代中国特色社会主义思想的世界观和方法论》。

② 引自《党的二十大报告辅导读本》（人民出版社2022年版），黄坤明：《把握好习近平新时代中国特色社会主义思想的世界观和方法论》。

③ 参见《党的二十大报告辅导读本》（人民出版社2022年版），黄坤明：《把握好习近平新时代中国特色社会主义思想的世界观和方法论》。这篇文章还指出，“守正才能不迷失方向、不犯颠覆性错误，创新才能把握时代、引领时代。守正与创新相辅相成，体现了‘变’与‘不变’、继承与发展、原则性与创造性的辩证统一”，说的就是同一个道理。

调发展、绿色发展、开放发展、共享发展的五大发展理念？如何研究“经济全球化”背景下即开放格局下的政治经济学？如何实现中国式的现代化？如何解释和分析中国式现代化是人口规模巨大的现代化，是全体人民共同富裕的现代化，是物质文明和精神文明相协调的现代化，是人与自然和谐共生的现代化，是走和平发展道路的现代化？如何看待中国经济体制改革？因为众所周知，中国的经济体制改革许多只要是涉及“经济关系”层面的，就属于政治经济学的研究范围。

## 五、要能揭示中国经济发展的矛盾运动和规律性趋势

如何揭示当代中国特色社会主义经济发展的规律性问题？所谓科学，就是发现和揭示客观规律，政治经济学同样如此，中国特色社会主义政治经济学归根到底也是要揭示规律的，揭示的是在现有经济体制框架下的中国经济运行规律。

习近平总书记对关系新时代党和国家事业发展的一系列重大理论和实践问题进行了深邃思考和科学判断，就新时代坚持和发展什么样的中国特色社会主义、怎样坚持和发展中国特色社会主义，建设什么样的社会主义现代化强国、怎样建设社会主义现代化强国，建设什么样的长期执政的马克思主义政党、怎样建设长期执政的马克思主义政党等重大时代课题，提出了一系列原创性的治国理政新理念新思想新战略，科学回答了新时代坚持和发展中国特色社会主义的总目标、总任务、总体布局、战略布局和发展方向、发展方式、发展动力、战略步骤、外部条件、政治保证等基本问题，并根据新的实践对经济等各方面作出理论分析和政策指导，以全新的视野深化对共产党执政规律、社会主义建设规律、人类社会发展规律的认识，为推进中国特色社会主义事业提供科学思想指引。这些精辟的论述说到底都是在思考、探索和揭示社会主义中国经济运行和发展中的规律性问题。

说到对社会主义经济运行规律的探索，那么我们不可避免地会思考这样一些问题，比如，从初级阶段到中级阶段再到高级阶段是不是规律？而如今，我们从社会主义初级阶段迈向新时代新阶段，它与整个社会主义发展阶段是一种什么关系？有一些什么样的规律性特征特点？再比如，从“让一部分人先富起来”到“走向共同富裕”是不是社会主义经济运行的规律？从私有制到公有制，到混合所有制有没有规律？“新常态”下的中国经济从生产方式的视角来审视有没有规律？从注重三驾马车的需求侧改革到注重生产要素的供给侧改革是不是规律？从“封闭经济”走向“开放经济”是不

是规律？说到在开放格局中的政治经济学（可以被称作国际政治经济学，或开放政治经济学）问题，马克思在著作中谈得不多，这是因为马克思所处的时代全球化开放形态还不明显，甚至还没有“经济全球化”的概念，传统政治经济学研究宏观调控问题较少考虑国外市场，但现在经济全球化、开放性条件下，开放已经成为经济运行与发展的一个内生变量，必须要研究和考虑开放因素。

## 第三节　中国特色社会主义政治经济学理论体系建设目标

### 一、构建政治经济学理论体系的时代要求

时代是思想之母，实践是理论之源。当代中国正在经历中国历史上最为广泛而深刻的社会变革，也正在进行人类历史上最为宏大而独特的实践创新。中国特色社会主义新时代是一个迫切需要科学理论而且一定能够产生科学理论的时代。①

中国特色社会主义政治经济学的理论体系是在世界百年未有之大变局的大背景下产生的，时代呼唤着这样的理论体系。党的二十大报告指出，当前世界百年未有之大变局加速演进，新一轮科技革命和产业变革深入发展，国际力量对比深刻调整，中国发展面临新的战略机遇。同时，世纪疫情影响深远，逆全球化思潮抬头，单边主义、保护主义明显上升，世界经济复苏乏力，局部冲突和动荡频发，全球性问题加剧。世界之变、时代之变、历史之变正以前所未有的方式展开，和平赤字、发展赤字、安全赤字、治理赤字加重，世界进入新的动荡变革期。任何理论都是时代的产物，所谓“时势造物”，这正是当今国际局势对构建中国特色社会主义政治经济学理论体系提出的时代要求之一。

中国特色社会主义政治经济学的理论体系需要顺应中国改革开放的时代潮流。在未来很长一段时期，中国将继续深化改革开放。深入推进改革创新，坚定不移扩大开放，着力破解深层次体制机制障碍，不断彰显中国特色社会主义制度优势，不断增强社会主义现代化建设的动力和活力，把中国制度优势更好转化为国家治理效能。中国的改革开放很大程度上就是一部鲜活的中国特色社会主义政治经济学史，这一理论体系的构建不能游离改革开放的大环境。

中国特色社会主义政治经济学的理论体系需要切合中国的基本国情。在新的时代

① 《党的二十大报告辅导读本》(人民出版社2022年10月)，曲青山：《开辟马克思主义中国化时代化新境界》。

条件下推进理论创新，首先要把中国基本国情及其发展变化的阶段性特征了解深、了解透。中国的基本国情是，中国仍处于并将长期处于社会主义初级阶段，同时中国已经进入新发展阶段，拥有继续前进更为坚实的物质基础、更为完善的制度保证、更为主动的精神力量，已迈上全面建设社会主义现代化国家新征程；中国仍然是世界最大发展中国家，同时中国经济实力、科技实力、综合国力跃上新台阶，国际影响力、感召力、塑造力显著提升；中国社会主要矛盾已经转化为人民日益增长的美好生活需要和不平衡不充分的发展之间的矛盾，着力解决不平衡不充分的发展问题成为解决这一矛盾的主要方面。只有紧密结合基本国情，理论创造才会更加符合实际，理论成果才会更加有效管用。①

中国特色社会主义政治经济学需要聚焦现实问题。党的二十大报告指出，问题是时代的声音，回答并指导解决问题是理论的根本任务。今天我们面临问题的复杂程度、解决问题的艰巨程度明显加大，这给理论创新提出了全新要求、开辟了广阔空间。要坚持问题导向，增强问题意识，将分析解决重大现实问题作为理论创新的着眼点和生长点。聚焦实践中遇到的新问题，紧密跟踪亿万群众在前沿性探索中碰到的新困惑、前进道路上不期而至的“黑天鹅”“灰犀牛”事件；聚焦改革发展稳定存在的深层次问题、反复出现的共性问题、久治不愈的顽瘴痼疾、牵一发而动全身的复杂敏感问题；聚焦人民群众急难愁盼问题，特别是就业、教育、医疗、托育、养老、住房等影响人民群众获得感幸福感安全感的民生问题。②聚焦现实问题、回答现实问题，就是时代赋予中国特色社会主义政治经济学理论的历史使命。

中国特色社会主义政治经济学需要总结实践经验。理论创新的目的是揭示规律、发现真理，以更好地指导实践。社会活动的规律往往隐藏在纷繁芜杂的社会现象背后，要发现它的真容，不仅需要实践的逐渐演进和积累，而且需要艰苦的思想理论探索和概括。正如马克思所说的：“在人类历史上存在着和古生物学中一样的情形。由于某种判断的盲目性，甚至最杰出的人物也会根本看不到眼前的事物。后来，到了一定的时候，人们就惊奇地发现，从前没有看到的东西现在到处都露出自己的痕迹。”所以，中

---

① 中共中央宣传部、国家发展和改革委员会：《习近平经济思想学习纲要》，人民出版社 2022 年版，第 32 页。

② 《党的二十大报告辅导读本》（人民出版社 2022 年版），田培炎：《推进马克思主义中国化时代化必须坚持“两个结合”》。

国特色社会主义政治经济学的研究必须要增强历史思维，以深邃的历史眼光和宽阔的历史视野回望过去、审察得失，深入探究沉淀在历史深处的客观规律。① 总结实践经验、揭示经济规律同样也是时代赋予中国特色社会主义政治经济学理论的历史使命。

## 二、构建政治经济学理论体系的历史使命

"一个民族要走在时代前列，就一刻不能没有理论思维，一刻不能没有正确思想指引。"② 理论体系的构建不是为了构建而构建，它是肩负着重大的历史使命的。中国特色社会主义政治经济学理论体系构建的历史使命是什么？说到底，就是习近平总书记指出的，要"自觉认识和更好遵循经济发展规律，不断提高推进改革开放、领导经济社会发展、提高经济社会发展质量与效益的能力和水平"③。

构建社会主义政治经济学理论体系的历史使命，在于把马克思主义普遍原理和各国具体实践结合起来，在于为指导社会主义国家经济实践服务，回答和解决现实问题。这不仅对于指导中国经济建设与经济体制改革具有直接的现实意义，而且使得社会主义政治经济学的普遍原理获得新的发展。建立能够凝结新中国成立 70 余年，尤其是改革开放 40 多年的实践和理论创新成果，可以提出具有主体性、原创性、问题导向的理论观点，用于阐释中国特色社会主义经济建设规律，且易于为国际社会所理解和接受，甚至能引导国际学术界展开研究和讨论的政治经济学体系，是当前中国的迫切需要。基于上述认识，中国特色社会主义政治经济学研究的历史使命包含四个主要方面。

一是解释中国现实。中国的改革开放和快速的经济发展是 20 世纪下半叶以来的世界重大事件，中国共产党领导人民群众选择了一条适合中国国情的改革开放道路和经济发展道路，取得了举世公认的成功；与此相对应，"中国模式""中国道路"在国际上的影响力日益增大，成为学术界探讨的热点问题，中国学者提出的概念、分析范式和理论观点逐渐得到国际学术界的重视，其影响力日益扩大，学术话语权不断提升。这些均为中国特色社会主义政治经济学理论体系的形成提供了丰富的营养和坚实的基础。基于中国经验，中国特色社会主义政治经济学既可以对传统政治经济学进行系统反思，

---

① 《党的二十大报告辅导读本》（人民出版社 2022 年版），田培炎：《推进马克思主义中国化时代化必须坚持"两个结合"》。

② 《党的二十大报告辅导读本》（人民出版社 2022 年版），曲青山：《开辟马克思主义中国化时代化新境界》。

③ 《习近平：更好认识和遵循经济发展规律　推动我国经济持续健康发展》，《人民日报》2014 年 7 月 9 日。

也可以对西方经济学进行系统检视，以消除其中不合理不科学的概念、分析范式和意识形态或制度偏见，提出新的分析概念和框架，将其上升到经济学理论的高度，形成新的经济学思维和经济政策思维。

二是解决中国问题。理论的升华来自实践、高于实践，但也往往滞后于实践，中国自己的政治经济学理论往往在气象万千、生机勃勃和复杂多变的现实面前，或趑趄不前，或嗫嚅无语。中国是一个地域辽阔、发展不平衡的人口大国，并且在短短的几十年里经历了其他国家几百年才能完成的市场化和工业化进程，其所面临的问题空前复杂；尤其是在当前“新阶段”“新理念”“新格局”和经济高质量发展背景下的错综复杂的国内结构性问题无法再单纯依靠“摸着石头过河”的办法来解决了，“牵一发而动全身”的系统性问题需要有效的顶层设计来解决。而顶层设计离不开系统的理论指导，而这套理论是要契合中国实际，才能解决中国问题的。但是现阶段也应看到，中国政治经济学仍有大量的研究聚焦于局部性、对策性问题，部分已经成为“政策解释学”，而对根本性、全局性问题关注较少，大视野下融会贯通的研究更为稀缺，理论研究呈现顾此失彼的局面，面临低层次和碎片化的局限。可见，解决中国问题对知识储备要求之高，超过了现有的所有经济理论，这是中国问题的复杂性和全球化时代里事物联系的普遍性所导致的，也是构建中国特色社会主义政治经济学的亟待解决和所难解决之处。

三是聚焦主要矛盾。党的二十大报告指出，进入新发展阶段，中国社会主要矛盾已转化为人民日益增长的美好生活需要和不平衡不充分的发展之间的矛盾，国内经济“三期叠加”，国际局势深刻变化，安全风险和不确定性骤增。构建以国内大循环为主体、国内国际双循环相互促进的新发展格局，坚定走高质量发展之路，是适应中国发展新阶段要求的重大战略抉择。因此，构建中国特色社会主义政治经济学理论体系，要适合当前中国建设高水平社会主义市场经济体制的历史使命，围绕实现高质量发展的主题，贯彻新发展理念，善于运用改革思维和改革办法，加快推进有利于提高资源配置效率的改革、有利于提高发展质量和效益的改革、有利于调动各方面积极性的改革，加快形成新发展格局的制度框架和政策体系。

四是揭示发展规律。党的二十大报告指出：“万事万物是相互联系、相互依存的。只有用普遍联系的、全面系统的、发展变化的观点观察事物，才能把握事物发展规律。”当代中国经济建设和改革开放的实践蕴含着经济制度、经济发展、经济运行的一般规律，对此学者们应该有高度的理论自信和理论自觉。在西方经济学中，有一系列核心范畴，如效用、无差异曲线、有效需求等，以此为起点，西方经济学家提出一系列基本理论规律，如“经济人”假设、边际递减规律、有效需求不足、私有制富有效率等。中国特色社会主义政治经济学也要提炼形成一系列基本规律，一方面，可以对马克思主义政治经济学中的重要规律进行丰富和发展，如劳动、剩余劳动、剩余价值、资本、所有制、股份制、按劳分配、竞争、价值规律等；另一方面，要基于实践的发展提出新的发展规律，如产权、混合所有制经济、公有制实现形式、公平、效率、共同富裕等，这些规律的形成、发展和内涵的清晰与中国特色市场经济发展过程密切相连，对现实具有很强的解释力。

## 三、构建政治经济学理论体系的研究目标

党的十八大报告指出，要推进马克思主义中国化、时代化、大众化，深入实施马克思主义理论研究和建设工程，建设哲学社会科学创新体系，坚定中国特色社会主义新的道路自信、理论自信、制度自信。这就需要理论界构建一套中国特色社会主义理论体系，而中国特色社会主义政治经济学是其中最重要的组成部分之一。习近平总书记多次指出要加强中国特色社会主义政治经济学的研究。因此，构建中国特色社会主义政治经济学的理论体系，形成一套对新中国成立以来尤其是改革开放以来的中国实践加以理论解释的相对完整的政治经济学理论体系，是政治经济学的最终研究目标。中国特色社会主义政治经济学是中国独有的创新理论，它诞生于中国、发展于中国、服务于世界，为中国和世界社会主义市场经济实践提供理论支撑和科学指导。所以，中国特色社会主义政治经济学，最终要成为具有中国特色、彰显时代精神的科学理论，它能指导当代中国不断解放和发展生产力，成为引领社会主义市场经济持续健康发展的行动指南。

从学理层面分析，构建中国特色社会主义政治经济学理论体系框架的目标在于，在明确“何为中国”“何为特色”的基础上，以高度的理论自信和理论自觉，构建科学规范的中国特色社会主义政治经济学话语体系。

关于“何为中国”，中国的情况是先成立中国共产党，然后通过新民主主义革命建立新中国，最后在国家的推动和保护下发展社会主义经济，这是当代中国经济学的前提；“国家”在中国也是一种“普照”的光，它是中国政治经济学的“核心范畴”。这

是中国特色社会主义政治经济学的逻辑起点。

关于“何为特色”，我们强调中国社会主义以及中国特色社会主义政治经济学的特色，主要存在于两个方面。一是与传统社会主义和传统社会主义政治经济学相区别。中国特色社会主义强调，建设社会主义要走自己的路。毛泽东在研读《苏联社会主义经济问题》和苏联版《政治经济学教科书》的过程中，针对苏联存在的问题提出了一些正确的见解，但总体上还没有脱离传统社会主义的框架；改革开放以来，中国共产党以巨大的政治勇气和理论勇气对传统计划经济体制进行改革，形成中国特色社会主义政治经济学，与资本主义和其他各种主义相区别。像“资本社会主义”“国家资本主义”等说法、“只有民主社会主义才能救中国”等论断，完全是用西方资本主义理论和传统社会主义理论解释中国的经济社会实际，看不到中国特色社会主义与资本主义以及其他各种主义的区别。

如何构建中国特色社会主义政治经济学话语体系？这一目标可分解为四大方面。一是中国特色社会主义政治经济学话语体系要植根于中国改革开放和经济发展的丰厚土壤，系统展示中国特色社会主义发展道路和发展经验，并上升到理论高度。二是系统提炼、归纳自改革开放以来党的重要文献和经济学界提出的一系列重大理论创新，形成基本理论命题：以改革开放以来的重大理论创新——经济新常态的理论、发展理念的新论断、市场与政府关系的新论断、基本经济制度的新论断、开放发展的新论断——构成中国特色社会主义政治经济学的内核。三是提出一系列重要理论概念和范畴，作为中国特色社会主义政治经济学的骨架，诸如，社会主义可以与现代市场经济有机融合，计划与市场都是资源配置的手段，市场在资源配置中起决定性作用和更好发挥政府作用，以及创新、协调、绿色、开放、共享五大发展理念，等等。四是构建中国特色社会主义政治经济学话语体系需要借鉴现代经济学中的科学成分，要讲国际社会能够听懂的话语，即构建当代中国政治经济学的话语体系，这也是借鉴现代经济学中科学范畴和分析范式的价值之所在。

# 第三章　中国特色社会主义政治经济学理论体系的基本特征

中国特色社会主义政治经济学是马克思主义时代化、中国化的理论成果，不断根据时代、实践、认识发展而发展的历史，不断吸收人类历史上一切优秀思想文化成果，不断探索时代发展提出的新课题、回应人类社会面临的新挑战，展现了强大的理论生命力。中国特色社会主义政治经济学站在时代前沿，洞察时代风云，把握时代脉搏，坚持以辩证唯物主义和历史唯物主义科学世界观方法论认识世界、改造世界，坚持把人民利益作为党领导经济工作的根本出发点和落脚点，坚持实践导向、着眼客观实际，坚持以我为主、为我所用，博采众长、去粗取精，呈现出鲜明的科学性、人民性、时代性、实践性和开放性特征。

## 第一节　中国特色社会主义政治经济学的科学性特征

### 一、坚持马克思主义的科学世界观、方法论

拥有马克思主义科学理论指导是中国共产党坚定信仰信念、把握历史主动的根本所在。① 中国特色社会主义政治经济学始终以马克思主义作为根本指导。恩格斯指出："马克思的整个世界观不是教义，而是方法。它提供的不是现成的教条，而是进一步研究的出发点和提供这种研究使用的方法。" ② 区别于西方经济学，中国特色社会主义政治经济学以历史唯物主义和辩证唯物主义作为基本方法论，也作为马克思主义政治经济学"科学性"的具体体现。

依照历史唯物主义的世界观，马克思主义政治经济学通过对生产社会化和资本社会化发展趋势的分析，得出了公有制必然取代资本主义私有制的结论。中国特色社会

① 习近平：《高举中国特色社会主义伟大旗帜，为全面建设社会主义现代化国家而团结奋斗》，《求是》2022 年第 21 期。

② 《马克思恩格斯选集》（第四卷），中共中央马克思恩格斯列宁斯大林著作编译局编译，人民出版社 1995 年版，第 742—743 页。

主义政治经济学同样用生产关系与生产力的相互关系发展来解释中国社会经济变迁，同样将生产资料所有制作为分析整个生产关系体系的基础，进而解释、揭示社会主义市场经济的生产关系和运行机制，其坚持生产力与生产关系的辩证统一。①

依照历史唯物主义的方法论，政治经济学的逻辑结构不是纯粹抽象思辨的产物，而是在梳理总结历史规律的基础上形成的。中国特色社会主义政治经济学形成于中国波澜壮阔的社会主义伟大实践，将马克思主义基本原理运用于中国的特殊国情和经济社会关系，从特殊上升到一般的抽象化，实现了历史和逻辑的辩证统一。

依照历史唯物主义的实践论，系统化的科学概念、范畴、原理和逻辑结构，需要经受历史实践的检验。中国特色社会主义政治经济学理论体系的重要特点是紧密结合中国社会主义建设实践，其重大理论创新和改革发展总体战略、总体方案相辅相成，实现了认识世界和改造世界的辩证统一。②

根据辩证唯物主义，中国特色社会主义政治经济学从中国经济社会的实践出发，抽象出家庭联产承包责任制、社会主义市场经济、新发展理念、高质量发展、现代化经济体系、新发展格局、国内国际双循环、供给侧结构性改革、新型举国体制等概念范畴，进行广泛的理论创新，实现了具体与抽象的辩证统一。③

进入新时代，贯彻新发展理念、着力推进高质量发展、推动构建新发展格局、全面深化改革、实行积极主动的开放等社会主义新实践，为中国特色社会主义政治经济学的理论探索带来了新问题、新挑战。党的二十大报告提出继续推进理论创新的科学方法，即必须坚持人民至上、必须坚持自信自立、必须坚持守正创新、必须坚持问题导向、必须坚持系统观念、必须坚持胸怀天下。这些依旧是中国特色社会主义政治经济学的基本立场和方法论的重要体现。

## 二、深入提炼和总结中国经济发展实践的规律性成果

中国特色社会主义政治经济学是植根于中国土壤、立足于当代中国国情和中国发

① 参见刘灿：《深化学科认知与构建中国特色社会主义政治经济学理论体系》，《政治经济学评论》2021年第1期。

② 中国宏观经济研究院课题组：《中国特色社会主义政治经济学理论体系的几个基本问题》，《宏观经济研究》2018年第1期。

③ 参见刘谦、裴小革：《中国特色社会主义政治经济学理论体系构建若干问题研究》，《经济纵横》2021年第11期。

展实践所产生的政治经济学，它一方面揭示了市场经济、社会化大生产和经济全球化条件下开放经济的一般规律；另一方面也揭示了处于社会主义初级阶段的中国经济的特殊运动规律，是指导中国经济建设和改革开放的根本理论。①

党的十八大以来，以习近平同志为主要代表的中国共产党人，从治国理政新理念、新思想、新战略的高度，对中国特色社会主义政治经济学的思想内涵和理论意义作了新的阐释。2014 年 7 月，习近平总书记在对经济新常态“大逻辑”进行阐释时，提出“各级党委和政府要学好用好政治经济学”“自觉认识和更好遵循经济发展规律，不断提高推进改革开放、领导经济社会发展、提高经济社会发展质量和效益的能力和水平”②。

针对中国当代发展中的突出矛盾和问题，习近平总书记在党的十八届五中全会上，提出战略性、纲领性、引领性新发展理念。创新、协调、绿色、开放、共享这五大发展理念，集中反映了中国特色社会主义政治经济学对经济社会发展规律认识的深化，这一新发展理念是在深刻总结国内外发展经验教训和深刻分析国内外发展大势的基础上形成的。其中，创新发展注重的是解决发展动力问题，协调发展注重的是解决发展不平衡问题，绿色发展注重的是解决人与自然和谐相处问题，开放发展注重的是解决发展内外联动问题，共享发展注重的是解决社会公平正义问题。

新发展理念回答了关于发展的目的、动力、方式、路径等一系列理论和实践问题，阐明了中国共产党关于发展的政治立场、价值导向、发展模式、发展道路等重大政治问题，是党的十八大以来中国对经济社会发展提出的许多重大理论和理念中最重要、最主要的一个系统性理论体系。③完整、准确、全面贯彻新发展理念，是关系中国发展全局的一场深刻变革。

新发展阶段的中国特色社会主义政治经济学，强调加强党对经济工作的全面领导，坚持以人民为中心的发展思想，坚持稳中求进工作总基调，坚持和完善社会主义基本经济制度，立足新发展阶段、贯彻新发展理念、构建新发展格局、推动高质量发展，统筹发展和安全，全面深化改革开放，促进全体人民共同富裕。这些实践分别丰富并发展了马克思主义政治经济学关于经济和政治关系的理论、关于经济发展原则的理论、

---

① 周文：《关于中国特色社会主义政治经济学理论体系的若干探讨》，《中国高校社会科学》2021 年第 3 期。

② 习近平：《更好认识和遵循经济发展规律推动我国经济持续健康发展》，《人民日报》2014 年 7 月 9 日。

③ 《深入贯彻新发展理念》，载《习近平谈治国理政》第四卷，外文出版社 2022 年版，第 170—171 页。

关于市场经济的理论、关于生产和需要关系的理论、关于社会再生产的理论及关于世界经济的理论等，全面开拓了政治经济学的理论视野，使其在“育新机”“开新局”中找到中国经济发展的新优势和新路径。①

## 三、系统回答新时代中国经济发展的重大问题

党的十八大以来，以习近平同志为核心的党中央全面审视国际国内新的形势，通过总结实践、展望未来，创新、全面、系统地回答了新时代坚持和发展什么样的中国特色社会主义、怎样坚持和发展中国特色社会主义这一重大时代课题。习近平总书记多次对马克思主义政治经济学的系统化创新作出指示。

2015 年 11 月，习近平总书记在十八届中央政治局第二十八次集体学习时提出“把实践经验上升为系统化的经济学说”，要求形成“对我国经济发展实践的规律性成果的思想提炼和理论总结”。他指出中国特色社会主义政治经济学的系统内涵包括坚持以人民为中心的发展思想、坚持新的发展理念、坚持和完善社会主义基本经济制度、坚持和完善社会主义基本分配制度、坚持社会主义市场经济改革方向和坚持对外开放基本国策等方面的主要理论。

2016 年 7 月，习近平总书记明确提出要“推进充分体现中国特色、中国风格、中国气派的经济学科建设”②。2017 年 12 月，习近平新时代中国特色社会主义经济思想的提出再度概括“系统化的经济学说”的理论要求，并提出坚持加强党对经济工作的集中统一领导、坚持以人民为中心的发展思想、坚持适应把握引领经济发展新常态、坚持使市场在资源配置中起决定性作用、更好发挥政府作用、坚持适应中国经济发展主要矛盾变化完善宏观调控、坚持问题导向部署经济发展新战略、坚持正确工作策略和方法等七个“坚持”的原则。这些是对党的十八大至十九大的五年间中国经济发展理论的系统化。

2020 年 8 月 24 日，习近平总书记指出，“我们要运用马克思主义政治经济学的方法论，深化对我国经济发展规律的认识，提高领导我国经济发展能力和水平”，他还指出：“改革开放以来，我们及时总结新的生动实践，不断推进理论创新，在发展理念、所有制、分配体制、政府职能、市场机制、宏观调控、产业结构、企业治理结构、民

---

① 顾海良：《新发展阶段中国特色社会主义政治经济学的理论升华》，《经济日报》2020 年 9 月 16 日。

② 习近平：《坚定信心增强定力 坚定不移推进供给侧结构性改革》，《人民日报》2016 年 7 月 9 日。

生保障、社会治理等重大问题上提出了许多重要论断”。[①] 这些重要论断构成了“系统化的经济学说”的学理基础。

党的十九大以来，中国特色社会主义政治经济学理论体系构建工作正式“破题”，同时引起学术界的热烈探讨。比如，沈开艳认为应以中国特色社会主义经济运行中的生产资料占有公有制（或共同占有）与资源配置的市场化（市场性）之间的对立统一关系为主线，开展对改革开放以来中国经济建设之中一系列二元对立关系的研究，重点关系包括所有制关系、分配关系、劳资关系、央地关系、政府与市场关系等。[②] 洪银兴提出以基本经济制度、社会主义市场经济、新发展理念、经济全球化理论分别引领社会主义初级阶段的经济制度、经济运行、经济发展和对外经济关系四个层面，由此形成中国特色社会主义政治经济学的逻辑体系。[③] 顾海良认为新发展阶段的经济运行应当考察生产、消费、分配、交换等不同经济运行环节中的关系及其与整体经济运行的联系。[④] 乔榛认为经济制度、运行机制、经济增长、收入分配是生产力发展机制的基本要素，也是实现生产力发展的重要支点，可以构建起理论体系的基本框架。[⑤] 此外，也有学者指出需要更加深刻地认识马克思关于国际分工、世界市场和国际经济体系的理论，总结构建中国特色社会主义开放型经济体系的经验，等等。[⑥]

## 第二节　中国特色社会主义政治经济学的人民性特征

### 一、坚持把人民利益作为理论研究的根本出发点和落脚点

通过批判资本主义经济关系过程，马克思合乎逻辑地推导出未来社会的基本经济特征，马克思主义政治经济学体现出无产阶级对未来社会的向往和为之奋斗的决心。在社会主义社会建立起来后，马克思主义政治经济学又提供了建设新社会的理论武器，反映了广大人民群众的根本利益。[⑦]

---

① 习近平：《正确认识和把握中长期经济社会发展重大问题》，《求是》2021 年第 1 期。
② 沈开艳：《建设中国特色社会主义政治经济学理论体系的构想》，《毛泽东邓小平理论研究》2017 年第 1 期。
③ 洪银兴：《关于中国特色社会主义政治经济学理论体系建设的几个问题》，《人文杂志》2017 年第 12 期。
④ 顾海良：《新发展阶段中国特色社会主义政治经济学的理论升华》，《经济日报》2020 年 9 月 16 日。
⑤ 乔榛：《中国特色社会主义政治经济学的理论体系构想》，《学习与探索》2017 年第 2 期。
⑥ 刘灿：《深化学科认知与构建中国特色社会主义政治经济学理论体系》，《政治经济学评论》2021 年第 1 期。
⑦ 同上。

马克思主义政治经济学从来都不是一门价值中立的科学，这是由它的本质属性决定的。具体而言，中国特色社会主义政治经济学是以人民为中心的政治经济学，代表了全体中国人民的根本利益，服从于人民的福祉和共同富裕。① 人民性是马克思主义的本质属性，党的理论来自人民、为了人民、造福人民，人民的创造性实践是理论创新的不竭源泉。一切脱离人民的理论都是苍白无力的，一切不为人民造福的理论都是没有生命力的。要站稳人民立场、把握人民愿望、尊重人民创造、集中人民智慧，形成为人民所喜爱、所认同、所拥有的理论，使之成为指导人民认识世界和改造世界的强大思想武器。②

以人民为中心的发展思想不仅是党工作的价值取向，而且是社会主义经济发展规律，即在社会主义生产资料的公有制基础上，只能把满足全体人民的物质文化需要作为生产的直接目的和发展的根本动力。坚持人民在经济社会中的主体地位。这是马克思主义历史唯物主义的基本思想，人民群众是物质财富的创造者，也是精神财富的创造者，还是历史的创造者，必须始终尊重和发挥人民群众的积极性和创造性。③

中国共产党“坚持倾听人民心声，汲取人民智慧，始终把实现好、维护好、发展好最广大人民根本利益作为一切工作的出发点和落脚点，让发展成果更多更公平惠及全体人民”④。由此产生的中国特色社会主义政治经济学坚持“以人民为中心的发展思想，坚持发展为了人民、发展依靠人民、发展成果由人民共享”。

## 二、强调发展为了人民、发展依靠人民、发展成果由人民共享

中国特色社会主义政治经济学的理论指导，贯彻以人民为中心的发展思想，完善分配制度，健全社会保障体系，强化基本公共服务，兜牢民生底线，解决好人民群众急难愁盼问题，让现代化建设成果更多更公平惠及全体人民，在推进全体人民共同富

---

① 洪银兴：《关于中国特色社会主义政治经济学理论体系建设的几个问题》，《人文杂志》2017 年第 12 期。

② 习近平：《高举中国特色社会主义伟大旗帜，为全面建设社会主义现代化国家而团结奋斗》，《求是》2022 年第 21 期。

③ 胡钧：《以人民为中心的发展和中国特色社会主义政治经济学理论体系的构建》，《改革与战略》2017 年第 11 期。

④ 习近平：《在庆祝中华人民共和国成立六十五周年招待会上的讲话》，《十八大以来重要文献选编》（中），中央文献出版社 2016 年版，第 81 页。

裕上不断取得更为明显的实质性进展。[①]

中国特色社会主义政治经济学认为人民是历史的创造者，坚持充分发挥人民主体作用，尊重人民首创精神，紧紧依靠人民推动改革。没有人民的支持和参与，中国特色社会主义事业的任何改革都不可能取得成功。同时，一切经济理论只有通过人民群众的生产实践检验，才能不断发展，并展现出强大的生命力。“只有坚持以人民为中心的发展思想，坚持发展为了人民、发展依靠人民、发展成果由人民共享，才会有正确的发展观、现代化观。”[②]

广大人民群众共享改革发展成果，是社会主义的本质要求。中国特色社会主义政治经济学追求的发展是造福人民的发展，追求的富裕是全体人民共同富裕。[③]特别是在历史性地解决绝对贫困问题的过程中，中国坚持党的领导，坚持发挥中国社会主义制度集中力量办大事的政治优势，坚持精准扶贫方略，用发展的办法消除贫困根源，坚持调动广大贫困群众积极性、主动性、创造性，激发脱贫内生动力，形成中国特色反贫困理论，该理论成为中国特色社会主义政治经济学的重要理论组成。

面对新的征程，习近平总书记指出要坚持发展为了人民、发展成果由人民共享，努力在推动高质量发展过程中办好各项民生事业、补齐民生领域短板。要更加聚焦人民群众普遍关心关注的民生问题，采取更有针对性的措施，一件一件抓落实，一年接着一年干，让人民群众获得感、幸福感、安全感更加充实、更有保障、更可持续。[④]

## 三、注重在发展中保障和改善民生，坚定不移走共同富裕的道路

共同富裕是社会主义的本质要求，是中国式现代化的重要特征。实现共同富裕不仅是经济问题，而且是关系党的执政基础的重大政治问题。[⑤]党的十九届五中全会特别指出：“我们不能等实现了现代化再来解决共同富裕问题，而是要始终把满足人民对美好生活的新期待作为发展的出发点和落脚点，在实现现代化过程中不断地、逐步地解决好这个问题。”[⑥]

---

① 习近平：《在第十四届全国人民代表大会第一次会议上的讲话》，《人民日报》2023 年 3 月 14 日。

② 习近平：《把握新发展阶段，贯彻新发展理念，构建新发展格局》，《求是》2021 年第 9 期。

③ 习近平：《在中共中央召开的党外人士座谈会上的讲话》，《人民日报》2015 年 10 月 31 日。

④ 《民心是最大的政治》，载《习近平谈治国理政》第四卷，外文出版社 2022 年版，第 60 页。

⑤ 习近平：《把握新发展阶段，贯彻新发展理念，构建新发展格局》，《求是》2021 年第 9 期。

⑥ 习近平：《全党必须完整、准确、全面贯彻新发展理念》，《求是》2022 年第 16 期。

中国特色社会主义深入研究不同阶段的目标，分阶段促进共同富裕：到“十四五”末，全体人民共同富裕迈出坚实步伐，居民收入和实际消费水平差距逐步缩小。到2035年，全体人民共同富裕取得更为明显的实质性进展，基本公共服务实现均等化。到21世纪中叶，全体人民共同富裕基本实现，居民收入和实际消费水平差距缩小到合理区间。

正确认识和把握实现共同富裕的战略目标和实践途径，成为中国特色社会主义政治经济学研究的重要原则性问题。总的思路是，坚持以人民为中心的发展思想，在高质量发展中促进共同富裕，正确处理效率和公平的关系，构建初次分配、再分配、三次分配协调配套的基础性制度安排，加大税收、社保、转移支付等调节力度并提高精准性，扩大中等收入群体比重，增加低收入群体收入，合理调节高收入，取缔非法收入，形成中间大、两头小的橄榄型分配结构，促进社会公平正义，促进人的全面发展，使全体人民朝着共同富裕目标扎实迈进。①

在新发展阶段，中国特色社会主义政治经济学不仅要以促进全体人民共同富裕作为理论构建的总体方向，还要具体研究针对性更强、覆盖面更大、作用更直接、效果更明显的举措，用以解决好同人民群众生活息息相关的教育、就业、医疗卫生、社会保障、社会稳定等民生问题，使人民获得感、幸福感、安全感更加充实，更有保障，更可持续。②同时，中国将更加注重全面调动人的积极性、主动性、创造性。社会主义的制度优势就在于通过解放和发展社会生产力，为各行业各方面的劳动者、企业家、创新人才、各级管理者和服务者创造更好发挥作用的舞台和环境，进而促进人的全面发展及社会和谐发展。

## 第三节　中国特色社会主义政治经济学的时代性特征

### 一、立足中国特色社会主义进入新时代的历史方位

中国特色社会主义政治经济学是改革开放以后，中国共产党不断推进马克思主义中国化，并用以指导实践的理论产物。这一理论体系继承了马克思主义经典理论及其第一次中国化，在马克思主义经典作家未尝论述、过去也没有实践和认识的领域，发展出许多适应当代中国国情和时代特点的重要成果。

---

① 习近平：《扎实推动共同富裕》，《求是》2021年第20期。

② 习近平：《二〇一八年春节前夕赴四川看望慰问各族干部群众时的讲话》，《人民日报》2018年2月14日。

当代中国正在经历人类历史上最为宏大而独特的实践创新，改革发展稳定任务之重、矛盾风险挑战之多、治国理政考验之大都前所未有，世界百年未有之大变局深刻变化前所未有。[①] 面对新形势下大量亟待回答的理论和实践课题，中国特色社会主义政治经济学需要不断地时代化、当代化，才能科学地阐释党和国家事业发展的目标任务和大政方针；只有从中国和当今世界最新的发展变化出发，审时度势，才能为新时代坚持和发展中国特色社会主义提供理论指导。

在 2017 年 7 月 26 日省部级主要领导干部专题研讨班上，习近平总书记指出："党和国家事业发生历史性变革，我国发展站到了新的历史起点上，中国特色社会主义进入了新的发展阶段。"[②] 2020 年 8 月 24 日，习近平总书记在经济社会领域专家座谈会上，以两个百年奋斗目标为历史坐标，指出"十四五"时期将开启全面建设社会主义现代化国家新征程，中国将进入新发展阶段。[③] 中国特色社会主义进入新发展阶段的重大判断，标志着马克思主义理论创新的时代要求更加迫切、实践基础更加坚实，成为中国特色社会主义政治经济学的最新成果。

中国特色社会主义政治经济学牢牢把握中国当前经济发展的历史方位。新发展阶段是中华民族伟大复兴历史进程的大跨越，是中国人民从站起来、富起来到强起来的历史性跨越。这一跨越连接着"两个百年"的奋斗历程。

一方面，新发展阶段建立在党的第一个百年奋斗历程所实现的历史性成就和历史性变革之上。经过百年奋斗，中国人民的前途命运发生了根本改变，成为国家、社会和自己命运的主人，其对美好生活的向往不断变为现实；中国仅用几十年时间就走完发达国家几百年走过的工业化历程，创造了经济快速发展和社会长期稳定两大奇迹。

另一方面，中国特色社会主义政治经济学指出当前党和人民事业所处的前进阶段。当前中国全面建成小康社会，历史性地解决了绝对贫困问题，开启了全面建设社会主义现代化国家新征程。党的十九大对实现第二个百年奋斗目标作出分两个阶段推进的战略安排。这是中国特色社会主义政治经济学理论体系构建的根本战略依据。

---

① 习近平：《更好把握和运用党的百年奋斗历史经验》，《求是》2022 年第 13 期。

② 习近平：《高举中国特色社会主义伟大旗帜，为决胜全面小康社会实现中国梦而奋斗》，《人民日报》2017 年 7 月 28 日。

③ 习近平：《正确认识和把握中长期经济社会发展重大问题》，《求是》2021 年第 1 期。

## 二、提出统筹中华民族伟大复兴战略全局和世界百年未有之大变局

习近平总书记关于新发展阶段的论述指出，要辩证认识和把握国内外大势，统筹中华民族伟大复兴战略全局和世界百年未有之大变局，深刻认识中国社会主要矛盾发展变化带来的新特征新要求，标志着党带领人民进行社会主义探索的实践实现了新的历史性跨越。

从中华民族伟大复兴的战略全局的高度出发，中国特色社会主义政治经济学明确了新发展阶段的最终指向——在中国特色社会主义道路上，通过从全面建成小康社会到基本实现现代化，再到全面建成社会主义现代化强国，让中华民族以更加昂扬的姿态屹立于世界民族之林。

对两个大局的深刻把握，成为新时代中国特色社会主义政治经济的基本出发点。党的十九大以来，中华民族伟大复兴的战略全局与世界百年未有之大变局呈现出交织激荡的深刻复杂形势，这是过去从未有过的。世界大变局正加速演变，全球经济版图的深刻变化、新一轮科技革命和产业变革带来的新陈代谢和激烈竞争、国际力量对比的革命性变化，以及全球治理体系的不适应、不对称，都是前所未有的。从国内来看，一方面，世界经济复苏乏力，局部冲突和动荡频发，全球性问题加剧，世界进入新的动荡变革期。另一方面，中国继续发展既有多方面优势条件，也面临不少挑战和阻力。中国改革发展稳定面临不少深层次的躲不开、绕不过的矛盾，来自外部的打压遏制随时可能升级。中国发展进入战略机遇和风险挑战并存、不确定性因素增多的时期，各种“黑天鹅”“灰犀牛”事件随时可能发生。①

习近平总书记明确指出，当前和今后一个时期，中国发展仍然处于重要战略机遇期，但机遇和挑战都有新的发展变化，机遇和挑战之大都前所未有，总体上机遇大于挑战。② 对于重要战略机遇期，“新发展阶段论”认为危和机并存、危中有机、危可转机，机遇更具有战略性、可塑性，挑战更具有复杂性、全局性，挑战前所未有，应对好了，机遇也就前所未有。③

① 习近平：《高举中国特色社会主义伟大旗帜，为全面建设社会主义现代化国家而团结奋斗》，《求是》2022 年第 21 期。

② 习近平：《把握新发展阶段，贯彻新发展理念，构建新发展格局》，《求是》2021 年第 8 期。

③ 习近平：《新发展阶段贯彻新发展理念必然要求构建新发展格局》，《求是》2022 年第 17 期。

## 三、坚持正确的战略策略，为新时代经济工作确立战略坐标

中国特色社会主义政治经济学认为新发展阶段就是全面建设社会主义现代化国家、向第二个百年奋斗目标进军的阶段。这在中国发展进程中具有里程碑式的意义。全面建成社会主义现代化强国，总的战略安排是分两步走：从 2020 年到 2035 年基本实现社会主义现代化；从 2035 年到 21 世纪中叶把中国建成富强民主文明和谐美丽的社会主义现代化强国。

中国特色社会主义政治经济学的理论体系不仅需要纯粹的理论研究，还需要对接国家发展战略，解决和回答完成“治国理政”所面临的重大问题。从中国发展现实需要和人民群众的热切期待出发，党中央提出了解决中国所面临的突出矛盾和问题的总体战略，明确坚持党的基本理论、基本路线、基本方略，统筹推进“五位一体”总体布局、协调推进“四个全面”战略布局，全面深化改革开放，立足新发展阶段，完整、准确、全面贯彻新发展理念，构建新发展格局，推动高质量发展，推进科技自立自强，保证人民当家作主，坚持依法治国，坚持社会主义核心价值体系，坚持在发展中保障和改善民生，坚持人与自然和谐共生，协同推进人民富裕、国家强盛、中国美丽。①

其中，构建以国内大循环为主体、国内国际双循环相互促进的新发展格局是应对新发展阶段机遇和挑战、贯彻新发展理念的战略选择，是立足实现第二个百年奋斗目标、统筹发展和安全主动作出的战略决策。只有加快构建新发展格局，才能夯实中国经济发展的根基、增强发展的安全性和稳定性，才能在各种可以预见的和难以预见的狂风暴雨、惊涛骇浪中增强中国的生存力、竞争力、发展力、持续力，确保中华民族伟大复兴进程不被迟滞甚至中断，胜利实现全面建成社会主义现代化强国目标。

把握新发展阶段、贯彻新发展理念、构建新发展格局，是由中国经济社会发展的理论逻辑、历史逻辑、现实逻辑决定的，三者紧密关联。进入新发展阶段明确了中国发展的历史方位，贯彻新发展理念明确了中国现代化建设的指导原则，构建新发展格局明确了中国经济现代化的路径选择。②

① 《在庆祝中国共产党成立一百周年大会上的讲话》，载《习近平谈治国理政》第四卷，外文出版社 2022 年版，第 10 页。

② 习近平：《把握新发展阶段，贯彻新发展理念，构建新发展格局》，《求是》2021 年第 9 期。

## 第四节 中国特色社会主义政治经济学的实践性特征

### 一、坚持中国共产党对中国特色社会主义事业的全面领导

中国特色社会主义最本质的特征是坚持中国共产党领导。加强党对经济工作的领导，全面提高党领导经济工作的水平，是坚持民主集中制的必然要求，也是中国政治制度的优势。①经济建设是党的中心工作。坚持党对经济工作的集中统一领导，是加强党的全面领导的题中应有之义，也是中国特色社会主义制度实际运行的最大优势。

党的十八大以来，中国共产党创立了新时代中国特色社会主义思想，明确了坚持和发展中国特色社会主义的基本方略，提出了一系列治国理政新理念、新思想、新战略，为新时代党和国家事业发展提供了根本遵循。②特别是党的十九届四中全会在深入总结中国社会主义经济建设经验的基础上，把"按劳分配为主体、多种分配方式并存""社会主义市场经济体制等"同"公有制为主体、多种所有制经济共同发展"等一同确立为社会主义基本经济制度，反映出中国共产党对社会主义经济建设规律的认识达到一个新高度。

党的十九大对习近平新时代中国特色社会主义思想的核心要义和基本方略作了阐释。2017 年 12 月，中央经济工作会议对习近平新时代中国特色社会主义经济思想作出系统化概括。③这一经济思想是中国特色社会主义政治经济学的最新发展，是全面的创新、系统的创新——既包括诸如新发展理念、全面深化改革理论、市场决定作用理论、新发展格局等理论内容的创新，也包括辩证思维、底线思维、补齐短板思维等思维方式的创新，形成了一整套从微观到宏观、从理论到方法再到范式的创新体系，作出了许多原创性贡献，成为指引中国经济高质量发展、全面建设社会主义现代化国家的行动指南。

习近平新时代中国特色社会主义经济思想是中国特色社会主义政治经济学的最新成果，是对中国经验、中国方案、中国道路作出的政治经济学理论概括和提炼，促进

---

① 习近平：《中国共产党领导是中国特色社会主义最本质的特征》，《求是》2020 年第 14 期。

② 习近平：《高举中国特色社会主义伟大旗帜，为全面建设社会主义现代化国家而团结奋斗》，《求是》2022 年第 21 期。

③ 顾海良：《中国特色社会主义经济学的时代篇章——新时期中国共产党对马克思主义经济学的创新》，《经济理论与经济管理》2011 年第 7 期。

了中国特色社会主义政治经济学的理论创新，提升了中国特色社会主义政治经济学的理论高度。①

## 二、聚焦经济发展不平衡不充分的深层次现实矛盾

社会主义初级阶段的根本任务是解放和发展生产力，准确把握与生产力发展水平相对应的社会主要矛盾是社会主义政治经济学的重要使命。经过改革开放带来的生产力的巨大发展，人民日益增长的物质文化需要同落后的社会生产之间的矛盾得到巨大改善。随着社会主义进入新发展阶段，“我国社会主要矛盾已转化为人民日益增长的美好生活需要和不平衡不充分的发展之间的矛盾”。② 这是党根据中国社会主义初级阶段不断变化的新特点作出的重大战略判断。中国社会主要矛盾的变化，虽然没有改变中国社会主义所处历史阶段的判断，却是关系全局的历史性变化。③

中国特色社会主义政治经济学所要解决的社会主要矛盾，已经不再是社会生产力相对落后的总量性问题，而是经济发展的不平衡不充分的结构性问题；已经不再是相对简单的物质文化需要问题，而是随着社会经济发展不断动态演进的多层次、多元化、个性化的美好生活需要问题。而“人民美好生活需要日益广泛，不仅对物质文化生活提出了更高要求，而且在民主、法治、公平、正义、安全、环境等方面的要求日益增长”④。发展的不平衡与不充分，是中国新发展阶段面临诸多问题的总特征。

中国特色社会主义政治经济学聚焦于实现新时代中国社会经济的充分、平衡发展，其中包括：实现发达地区与落后地区之间、东中西部之间、城乡之间发展的进一步平衡，实现各地域之间、各行业之间资源分配的进一步平衡，实现国家在政治、经济、文化、社会、生态各领域之间治理的进一步平衡，实现不同社会结构人群之间财富收入分配的进一步平衡。同时，社会经济发展注重发展质量和高效益。中国特色社会主义政治经济学深刻认识社会主要矛盾的变化，深刻认识人民对美好生活的向往，深刻

---

① 周文：《新中国 70 年中国经济学的创新发展与新时代历史使命》，《中国高校社会科学》2019 年第 5 期。

② 习近平：《决胜全面建成小康社会，夺取新时代中国特色社会主义伟大胜利》，《习近平谈治国理政》第三卷，外文出版社 2020 年版，第 9 页。

③ 习近平：《更好把握和运用党的百年奋斗历史经验》，《求是》2022 年第 13 期。

④ 习近平：《决胜全面建成小康社会，夺取新时代中国特色社会主义伟大胜利》，《习近平谈治国理政》第三卷，外文出版社 2020 年版，第 9 页。

认识经济长期向好的基本面，增强解决发展不平衡不充分问题的系统性、针对性和理论自信。①

## 三、聚焦国际国内环境深刻复杂变化和风险挑战

当前，世界之变、时代之变、历史之变正以前所未有的方式展开。一方面，和平、发展、合作、共赢的历史潮流不可阻挡，人心所向、大势所趋决定了人类前途终归光明。另一方面，多重挑战和危机交织叠加，世界经济复苏艰难，发展鸿沟不断拉大，生态环境持续恶化，和平赤字、发展赤字、安全赤字、治理赤字加重，人类社会面临前所未有的挑战。②

新时代中国特色社会主义经济学，不仅要建立完善的理论体系，更需要有解决实际问题的能力；不仅能对现实问题作出深刻洞察，更要对人类社会的未来趋势作出前瞻性研判。③从深刻把握两个大局出发，中国特色社会主义政治经济学辩证认识和把握当前复杂现象下的本质，深刻认识中国社会主要矛盾变化带来的新特征新要求，深刻认识错综复杂的国际环境带来的新矛盾新挑战。④

立足时代特征，中国特色社会主义政治经济学将聚焦全面用好中国发展的重要战略机遇期，关注机遇和风险问题，为较长时间应对外部环境变化作好理论准备，力求“准确识变、科学应变、主动求变，勇于开顶风船，善于转危为机”。⑤

应对国际国内环境的复杂变化，中国特色社会主义政治经济学提出战略实施方案：推动高质量发展，促进全球发展繁荣；加快构建新发展格局，不断扩大高水平对外开放，持续放宽市场准入，让开放的大门越开越大。随着中国现代化产业体系建设的不断推进，中国为世界提供更多更好的中国制造和中国创造，为世界提供更大规模的中国市场和中国需求。同时，中国将坚定支持和帮助广大发展中国家加快发展，助其实现工业化、现代化，为缩小南北差距、实现共同发展提供中国方案和中国力量；推动

① 习近平：《新发展阶段贯彻新发展理念必然要求构建新发展格局》，《求是》2022 年第 17 期。

② 习近平：《高举中国特色社会主义伟大旗帜，为全面建设社会主义现代化国家而团结奋斗》，《求是》2022 年第 21 期。

③ 周文：《新中国 70 年中国经济学的创新发展与新时代历史使命》，《中国高校社会科学》2019 年第 5 期。

④ 习近平：《正确认识和把握中长期经济社会发展重大问题》，《求是》2021 年第 1 期。

⑤ 习近平：《新发展阶段贯彻新发展理念必然要求构建新发展格局》，《求是》2022 年第 17 期。

共建“一带一路”高质量发展，加快全球发展倡议落地，培育全球发展新动能，构建全球发展共同体。①

## 四、聚焦新时代经济高质量发展与重大现实问题

理论的生命力在于不断创新。中国特色社会主义政治经济学立足当代中国国情和发展实践，深入研究世界经济和中国经济面临的新情况新问题，揭示出中国特色社会主义的新特点新规律。其现实意义在于服务国家重大战略，回应重大实践问题和时代课题，认真研究解决重大而紧迫的问题，真正推动理论创新，为丰富和发展21世纪马克思主义贡献中国智慧。

中国特色社会主义进入新时代，党的十九大报告强调中国经济已由高速增长阶段转向高质量发展阶段，正处在转变发展方式、优化经济结构、转换增长动力的攻关期，建设现代化经济体系是跨越关口的迫切要求和中国发展的战略目标。②这一重大判断，对中国特色社会主义政治经济学的深化研究提出新的重大问题导向。

在中国特色社会主义政治经济学理论体系中，高质量发展是全面建设社会主义现代化国家的首要任务。必须完整、准确、全面贯彻新发展理念，始终以创新、协调、绿色、开放、共享的内在统一，来把握发展、衡量发展、推动发展；必须更好统筹质的有效提升和量的合理增长，始终坚持质量第一、效益优先，大力增强质量意识，视质量为生命，以高质量为追求；必须坚定不移深化改革开放、深入转变发展方式，以效率变革、动力变革促进质量变革，加快形成可持续的高质量发展体制机制；必须以满足人民日益增长的美好生活需要为出发点和落脚点，把发展成果不断转化为生活品质，不断增强人民群众的获得感、幸福感、安全感。③

党的二十大报告强调要坚持以推动高质量发展为主题，把实施扩大内需战略同深化供给侧结构性改革有机结合起来，增强国内大循环的内生动力和可靠性，提升国际循环质量和水平，加快建设现代化经济体系，着力提高全要素生产率，着力提升产业链供应链的韧性和安全水平，着力推进城乡融合和区域协调发展，推动经济实现质的

① 习近平：《携手同行现代化之路——在中国共产党与世界政党高层对话会上的主旨讲话》，《人民日报》2023年3月16日。

② 《决胜全面建成小康社会，夺取新时代中国特色社会主义伟大胜利》，载《习近平谈治国理政》第三卷，外文出版社2020年版，第23—24页。

③ 习近平：《在参加十四届全国人大一次会议江苏代表团审议时的讲话》，《人民日报》2023年3月6日。

有效提升和量的合理增长。[①] 为此，中国特色社会主义政治经济学必须把构建高水平社会主义市场经济体制、建设现代化产业体系、全面推进乡村振兴、促进区域协调发展和推进高水平对外开放等内容作为新时代的研究重点。

## 第五节　中国特色社会主义政治经济学的开放性特征

### 一、科学继承马克思主义政治经济学的理论精髓

马克思主义中国化的历史一再表明，中国特色社会主义政治经济学就是在中国共产党人自觉继承马克思主义政治经济学的基础上不断创新的结果。习近平总书记指出，要坚持和运用马克思主义立场、观点、方法，坚持和运用马克思主义关于世界的物质性及其发展规律，关于人类社会发展的自然性、历史性及其相关规律，关于人的解放和自由全面发展的规律，关于认识的本质及其发展规律等原理，坚持和运用马克思主义的实践观、群众观、阶级观、发展观、矛盾观，真正把马克思主义这个看家本领学精悟透用好。[②]

守正才能创新。马克思和恩格斯把政治经济学建立在以客观经济规律为依据的坚实基础上，使政治经济学成为真正的科学，为中国特色社会主义政治经济学的构建提供了大量的理论资源。马克思主义政治经济学分析现实问题的方法论等，是研究社会主义生产关系的一般性规律的理论基石。

习近平曾指出，在发展社会主义市场经济的实践中，我们必须深刻地学习和掌握《资本论》中阐述的科学原理，并运用其指导发展社会主义市场经济的伟大实践。[③] 马克思主义政治经济学所包含的商品、价值、使用价值、价格、货币、价值规律、商品流通、社会再生产等概念，以及马克思主义经典作家对未来社会形态提出的按劳分配、共同富裕、计划调节等概念，都是对不同历史时期市场经济共同特征及社会主义基本内涵的准确抽象和高度概括。[④]

马克思主义是不断发展的、开放的、实践的理论，始终站在时代前沿。马克思主

① 习近平：《高举中国特色社会主义伟大旗帜，为全面建设社会主义现代化国家而团结奋斗》，《求是》2022 年第 21 期。

② 《习近平在纪念马克思诞辰 200 周年大会上的讲话》，《人民日报》2018 年 5 月 4 日。

③ 习近平：《对发展社会主义市场经济的再认识》，《东南学术》2001 年第 4 期，第 26—38 页。

④ 刘谦、裴小革：《中国特色社会主义政治经济学理论体系构建若干问题研究》，《经济纵横》2021 年第 11 期。

义理论不是教条，而是行动指南，必须随着实践的变化而发展。新时代新实践赋予中国特色社会主义政治经济学一系列新的课题。这一学科不仅研究新时代的经济运行特征和问题，更重要的是从基本经济关系层面研究全面深化改革带来的社会权利、利益关系的变化，揭示生产力和生产关系变化的经济规律。①

在构建理论体系的过程中，中国特色社会主义政治经济学着力解决马克思主义政治经济学一般原理与特殊原理、经济制度特殊性与经济运行一般性的关系，既坚持马克思主义政治经济学一般原理，也牢牢立足于中国经济发展现实。此外，认清马克思主义政治经济学特殊原理的正确性，既要认识到资本主义与社会主义在制度上的根本区别，也要看到两者在生产力、经济结构、经济体制、企业管理、对外经济关系等方面的共同点，使中国特色社会主义政治经济学理论更加贴近经济现实，更具指导意义。②

## 二、充分汲取中华优秀传统文化的养分精华

坚持和发展马克思主义，必须同中华优秀传统文化相结合。习近平总书记指出："独特的文化传统，独特的历史命运，独特的国情，注定了中国必然走适合自己特点的发展道路。"③中国特色社会主义政治经济学坚持把马克思主义基本原理同中国具体实际相结合、同中华优秀传统文化相结合。这就需要深入了解中国历史和传统文化，并对中国古代治国理政的探索和智慧进行积极总结。

中华优秀传统文化源远流长、博大精深，蕴含的天下为公、民为邦本、为政以德、革故鼎新、任人唯贤、天人合一、自强不息、厚德载物、讲信修睦、亲仁善邻等，是中国人民在长期生产生活中积累的宇宙观、天下观、社会观、道德观的重要体现，同科学社会主义价值观主张具有高度契合性。④

在漫漫历史长河中，中华民族还产生了道、儒、墨、法等各家学说，它们无不蕴含着深刻而又丰富的经济思想。有别于西方的经济学分析，中华民族的经济思想蕴含

① 刘灿：《深化学科认知与构建中国特色社会主义政治经济学理论体系》，《政治经济学评论》2021 年第 1 期。

② 胡莹、郑礼肖：《改革开放以来我国政治经济学（社会主义部分）教材的发展沿革——兼论对构建中国特色社会主义政治经济学理论体系的启示》，《经济学家》2020 年第 2 期。

③《习近平在布鲁日欧洲学院的演讲》，《人民日报》2014 年 4 月 2 日。

④ 习近平：《高举中国特色社会主义伟大旗帜，为全面建设社会主义现代化国家而团结奋斗》，《求是》2022 年第 21 期。

着具有自身特色的世界观、价值观等，形成了中国特殊的价值模式、伦理模式。

中国特色社会主义政治经济学理论体系的构建，能够坚定历史自信、文化自信，坚持古为今用、推陈出新，把马克思主义思想精髓同中华优秀传统文化精华贯通起来、同人民群众日用而不觉的共同价值观念融通起来，不断赋予科学理论鲜明的中国特色，不断夯实马克思主义中国化时代化的历史基础和群众基础。①

## 三、借鉴吸收世界各国经济发展经验

中国特色社会主义的发展过程不同于西方传统资本主义社会的发展，也有别于苏联与东欧社会主义国家的历史道路。中国的改革开放与社会主义市场经济的确立是对苏联政治经济学教科书中的社会主义的“扬弃”。但社会主义国家也不可能闭关自守，实行锁国政策，中国特色社会主义理论也不可能闭门造车。在马克思主义中国化的过程中，中国就大量借鉴了不同制度、不同国家社会经济发展与改革的重要教训与经验。

中国特色社会主义经济的发展是在经济全球化的时代背景中进行的，并成为经济全球化过程中世界经济发展的一个重要组成部分。对中国特色社会主义发展进程的把握离不开对世界政治经济格局与历史进程的理解。为了研究社会主义国家对外经济关系中的客观规律性，我们就不得不去考虑当代资本主义经济生活的规律性，不得不去考虑当代资本主义国家在同社会主义国家发展对外经济关系中的客观规律性。②

因此，中国特色社会主义政治经济学，理所应当对政治经济学资本主义部分的理论有所承接，并对当今世界资本主义的发展和全球经济的变化有足够的研究与思考。中国特色社会主义政治经济学就是对经济全球化背景下中国经济发展经验的系统化的理论总结式学说。当然，虽然在必要时会与当代资本主义进行比较分析，但中国特色社会主义政治经济学的研究对象始终是中国的社会主义事业。

不仅如此，中国特色社会主义政治经济学十分关注中国与世界经济的关系。这一理论体系在原则上提倡以公平公正为基础的竞争，倡导各国共建开放合作、开放创新和开放共享的世界经济；坚持多边贸易体制的核心价值和基本原则，促进贸易和投资

① 习近平：《高举中国特色社会主义伟大旗帜，为全面建设社会主义现代化国家而团结奋斗》，《求是》2022 年第 21 期。

② 于光远：《开展马克思主义政治经济学社会主义部分的历史的研究》，《学术月刊》1983 年第 10 期。

自由化、便利化，推动经济全球化朝着更加开放、包容、普惠、平衡、共赢的方向发展；同时加大对最不发达国家的支持力度，让发展成果惠及更多国家和民众。①

### 四、借鉴西方经济学的有益成分

中国特色社会主义政治经济学不仅要科学继承马克思主义政治经济学、毛泽东经济思想以及包含在邓小平理论、“三个代表”重要思想、科学发展观经济思想中的“理论精髓”，而且要广泛借鉴现代西方经济学中的有益成分。“西方经济学关于金融、价格、货币、市场、竞争、贸易、汇率、产业、企业、增长、管理等方面的知识，有反映社会化大生产和市场经济一般规律的一面，要注意借鉴”。②

正如马克思对西方古典政治经济学的批判性吸收，中国的政治经济学尤其在进入21世纪以后，通过批判性地借鉴和吸收新古典经济学和凯恩斯主义经济学等西方经济学的优秀成果，提升了自身理论的科学性和严密性。包括资源配置理论、二元结构理论、中等收入陷阱理论、全要素生产率理论、可持续发展理论、知识经济理论、国家创新体系理论、经济全球化理论等西方经济学理论，都对理解中国特色社会主义有借鉴意义。③

对西方话语体系的科学辨析和理性批判，也是构建中国特色社会主义政治经济学理论体系、消除基于“西方中心论”的话语对于中国社会主义事业的歪曲和误判的重要理论任务。同时，中国特色社会主义政治经济学不是封闭的，而是开放的、不断发展的。中国特色社会主义政治经济学自改革开放以来的发展证明，对于外国的各种经济学说和理论，不应当妄自菲薄，也不应当妄自尊大地拒绝对其进行研究和借鉴。正如有观点指出，西方经济学说的借鉴应该汇入经济学中国学派构建这一更高层次的目标，经济学中国学派应立足中国实践综合吸收各种已有思想，积极寻求基础理论的突破，超越已有经济学说，提升自身的国际话语权。④

---

① 习近平：《开放合作 命运与共》(2019年11月5日)，《人民日报》2019年11月6日。

② 习近平：《不断开拓当代中国马克思主义政治经济学新境界》，《求是》2020年第16期。

③ 参见洪银兴：《关于中国特色社会主义政治经济学理论体系建设的几个问题》，《人文杂志》2017年第12期。

④ 程霖、张申、陈旭东：《选择和创新：西方经济学中国化的近代考察》，《经济研究》2018年第7期。

# 第四章 中国特色社会主义政治经济学理论体系的方法论

研究方法是在研究中提出新理论、新观点，揭示事物内在规律的工具和手段。任何一项研究都离不开研究方法的支撑，学科理论的发展与研究方法的创新密不可分，甚至可以说，一切理论探讨都可以归结为对其研究方法的科学探讨。① 党的二十大报告指出："我们要善于通过历史看现实、透过现象看本质，把握好全局和局部、当前和长远、宏观和微观、主要矛盾和次要矛盾、特殊和一般的关系，不断提高战略思维、历史思维、辩证思维、系统思维、创新思维、法治思维、底线思维能力，……提供科学思想方法。"在阐述如何把握好习近平新时代中国特色社会主义思想的世界观和方法论时，中宣部指出："系统观念是辩证唯物主义的重要认识论和方法论，是具有基础性的思想和工作方法。……只有坚持系统观念，用普遍联系的、全面系统的、发展变化的观点观察事物，才能把握事物发展规律。我国是一个发展中大国，仍处于社会主义初级阶段，正在经历广泛而深刻的社会变革，推进改革发展、调整利益关系往往牵一发而动全身，尤其需要坚持和运用系统观念处理好各方面关系、统筹好各方面利益、调动好各方面积极性。"②

## 第一节 研究对象与目的

### 一、资源配置效率和资源配置关系：西方经济学与政治经济学研究对象的区别

在学科分类中，经济学是一个学科大类，无论是西方经济学，还是政治经济学都遵守一致的经济学前提假设，也就是资源的稀缺性。正因为资源是稀缺的，才需要配置资源。在研究资源配置问题上，西方经济学和政治经济学有着不同的目标导向，从而在研究对象上出现分野。

---

① 参见邬焜等：《自然辩证法新编》，西安交通大学出版社 2000 年版。

② 黄坤明：《把握好习近平新时代中国特色社会主义思想的世界观和方法论》，载《党的二十大报告辅导读本》，人民出版社 2022 年版。

以新古典经济学为代表的当代西方经济学主要研究资源配置的效率问题，鲜有研究资本主义社会的固有矛盾，特别是劳资关系矛盾的，而马克思认为，正是这一固有的不可调和的矛盾成为导致资本主义生产方式走向灭亡的根本。即便是托马斯·皮凯迪（Thomas Piketty）的《21 世纪资本论》这一被看作西方学者用政治经济学的思维方式和研究方法来解释西方贫富差距问题的巨著，也只是观察到资本主义社会贫富差距的结果，但对造成结果的生产方式本质特性未作更多研究。这或许是西方经济学越来越走向技术化、数理化，而缺少思想性、思辨性、价值判断的最根本原因。因此，西方经济学说到底研究的是经济运行中资源配置的效率问题。毋庸置疑，在研究资源配置效率的问题上，西方经济学无论是研究方法还是研究手段、技术工具，都是值得学习和借鉴的。

政治经济学研究什么？生产力还是生产关系，或者是否应该包括生产力？虽然目前学术界仍然存在争论，但为大多数学者所接受的是把生产力与上层建筑联系起来研究生产关系，具体包括生产、分配、流通、消费，以及经济运行和经济发展中的生产方式及经济关系，更进一步地就是生产关系基础上的资源配置关系。应该明确，政治经济学不同于西方经济学的地方就是其研究对象的“生产关系”特征，或者考虑到“生产关系”和“生产力”结合条件的“经济关系”及“生产方式”，而不单纯研究“经济运行”，否则就变成西方经济学了。政治经济学作为研究“关系”的学问，从资源配置的角度来看，就应该是研究资源配置的公平问题和关系问题，即这些经济的、社会的资源由谁来配置？为谁而配置？如何在各阶层之间配置？不同的配置方式引发的不同社会关系效果是怎样的？在明确了研究对象的基础之上，再引申出政治经济学理论体系的研究任务、研究范式、研究方法、始点范畴、核心范畴、研究内容等构成要件。

基于这样的认识与思考，我们得出：中国特色社会主义政治经济学理论体系的研究对象是由生产力与生产关系之间的矛盾而拓展深化的资源配置关系，简而言之，即中国特色社会主义经济运行中的生产资料占有的公有制（或共同占有）与资源配置的市场化（市场性）之间的对立统一关系。以此对立统一关系为主线，展开中国特色社会主义政治经济学的逻辑主线就是对改革开放以来中国经济建设之中一系列二元对立关系的研究。

## 二、生产关系和资源配置关系：马克思主义政治经济学的传承与创新

马克思主义政治经济学从来就主张“从当前的国民经济的事实出发”，即从实际的和现实的经济关系和经济问题出发。因此，中国特色社会主义政治经济学要以中国经济社会发展的重大实践问题和理论问题为导向，紧紧扣住中国经济社会的趋势性变化和阶段性特征，以显著的中国意识与中国智慧，对“实现什么样的发展、怎样发展”问题作出新的系统阐释。

基于以上指导思想，中国特色社会主义政治经济学的研究对象可以更进一步地具体界定为：由生产力与生产关系之间的对立统一关系而拓展深化的资源配置关系，即中国以公为制为主体、多种所有制经济成分共同发展的社会主义基本经济制度与市场在资源配置中起决定性作用的社会主义市场经济体制之间的关系。中国特色社会主义政治经济学研究的是中国的社会主义市场经济体制下的资源配置关系和经济运行活动，中国特色社会主义政治经济学研究对象的确立，意味着中国特色社会主义经济作为一种特殊的制度形态和发展模式，成为一门可以研究的规范性学科，其不同于以历史性、暂时性为特征的过渡经济学。所以，在传承的基础上，重点是对社会主义市场经济体制运行的基本概念、基本规律、运行机制、基本态势、基本特点等予以清晰界定，为深入分析社会主义运行实践奠定基础；不仅要研究生产力问题或资源配置问题，而且更主要的是研究生产关系问题，进而提出中国特色社会主义政治经济学的理论基本构成，并构筑中国特色社会主义政治经济学的基本概念、分析方法以及主要内容。

## 三、研究范畴的时间、空间、性质、特征四维界定

与以往的或现有的政治经济学学科的区别在于，本书的目的是在明确“何为当代”“何为中国”“何为特色”的基础上，以高度的理论自信和理论自觉，构建科学规范的中国特色社会主义政治经济学的理论体系和话语体系。因此关于研究对象的范畴可以从四个维度作出明确界定。

第一，在时间维度上，紧扣“当代”二字。根据惯常的理解，在中国历史中，从1840年鸦片战争到1919年“五四”运动为近代时期；从1919年到1949年新中国成立为现代时期，从1949年至今为当代时期。所以，当代中国政治经济学便是从新中国成立70多年来，特别是20世纪80年代初改革发展的实践中挖掘新材料、发现新问

题、提出新观点。从时间线索来看，1949—1978 年是计划经济体制时期、1978—1984 年是中国经济体制改革的重启和试点阶段、1985—1992 年为经济体制改革全面展开阶段、1992—2003 年进入全面建设社会主义市场经济时期、2004—2011 年为完善社会主义市场经济体制的改革攻坚时期、2012 年以来被划为市场经济体制改革进入“深水区”与经济“新常态”时期。而就政治经济学理论的重心而言，更重要的时间段是 1978 年十一届三中全会决定改革开放之后的时期。因此，研究的时间维度将侧重在改革开放之后，同时适当兼顾改革开放之前的历史。

第二，在空间维度上，紧紧把握“中国”这一国家范围。中国共产党在诞生之后，领导新民主主义革命取得伟大胜利，成立新中国，然后在国家的推动和保护下发展社会主义经济，这是当代中国政治经济学的核心要义和逻辑起点。因此，植根于中国经济建设与改革开放的丰厚土壤，系统展示中国特色社会主义发展道路和发展经验，是当代中国政治经济学的基本要求。如此，具有中国特色的社会主义政治经济学，不是研究别的社会主义国家如朝鲜、古巴等的政治经济学，而是紧扣“中国”这一研究范围的政治经济学；况且中国特色的社会主义政治经济学也不一定适用于别国的国情，在空间维度上它不是放之四海而皆准的绝对真理。

第三，在性质维度上，坚持“社会主义”（当代马克思主义）原则。发展社会主义的政治经济学，必须坚持马克思主义经济学的基本立场——以人民为主体、以人民利益为中心的基本原则——辩证唯物主义和历史唯物主义，以及马克思主义政治经济学特有的分析问题的基本方法——矛盾分析法。

第四，在特征维度上，围绕中国的国情特色展开，围绕社会主义社会的初级阶段，具体而言进一步聚焦党的十八大以来经济社会发展的新阶段。当代中国政治经济学的一个重大突破就是明确中国还处于社会主义初级阶段，这个阶段的社会主义本质是：公有制为主体、多种所有制经济共同发展构成社会主义初级阶段的基本经济制度，按劳分配为主体、多种分配方式并存构成社会主义初级阶段的基本分配制度，改革成为社会主义经济制度自我完善、自我推动发展的强大动力。目前，中国经济发展进入新常态新阶段，而政治经济学的研究需要始终立足于社会主义初级阶段的基本国情，牢牢把握经济社会发展新阶段新特征，从实际出发为制定经济政策、进行战略谋划提供理论支撑。

综上所述，当代中国特色社会主义政治经济学是诞生于中国本土的、基于中国国情、具有时代烙印的政治经济学，它要讲中国故事，体现中国智慧，用中国的理论来总结和概括经济发展的中国道路。中国共产党在领导各族人民群众开展经济建设的过程中，产生过正反两方面经验，取得了一系列重要成果，包括：关于社会主义本质的理论，关于社会主义初级阶段的理论，关于基本经济制度的理论，关于社会主义市场经济的理论，关于生产要素参与收入分配的理论，关于经济新常态的理论，关于树立和落实创新、协调、绿色、开放、共享的发展理念的理论，关于供给侧结构性改革的理论，以及集大成的习近平新时代中国特色社会主义经济思想，等等。习近平总书记曾经列举出中国在探索社会主义建设道路过程中所提出的独创性观点，包括：统筹兼顾、注意综合平衡，以农业为基础、工业为主导、农轻重协调发展等重要观点；关于树立和落实创新、协调、绿色、开放、共享的发展理念的理论；关于中国经济发展进入新常态的理论；关于推动新型工业化、信息化、城镇化、农业现代化相互协调的理论；关于用好国内国际两个市场、两种资源的理论；关于促进社会公平正义、逐步实现全体人民共同富裕的理论；等等。当前要发展当代中国特色社会主义政治经济学，就要在注意把握上述四大维度的前提下，深入研究和归纳总结这些理论创新成果，使其成为全新的中国特色社会主义政治经济学研究的主要内容和核心范畴。

## 四、研究目的

我们为什么要研究中国特色社会主义政治经济学的理论体系？在明确了构建这一体系的基本遵循，以及研究对象之后，可以认为，构建中国特色社会主义政治经济学的理论体系是一项浩瀚宏大的工程，其主要目的包括以下五方面。

第一，再造中国社会主义政治经济学的理论基础。一是以中国基本经济制度的演进为主线，对已有的碎片化、零散化的中国政治经济学以及中国特色社会主义初级阶段理论进行梳理。二是梳理中国政治经济学的理论脉络，包括改革开放以前的前期探索与之后的理论争鸣。

第二，提出科学规范的二元辩证分析研究法。一是批判地集成马克思主义政治经济学矛盾分析法的理论渊源。二是对照中国特色社会主义道路、理论和制度，对传统矛盾分析法进行修正和改进，形成具有创新性的二元辩证分析法。

第三，剖析中国特色社会主义政治经济学的核心问题。从中国社会主义市场经济的基本辩证关系——资源占有的公有化和资源配置的市场化——出发，一是对社会主义市场经济体制运行的基本概念、基本规律、运行机制、基本态势、基本特点等予以清晰、体系化的界定，二是对关于社会主义本质、社会主义初级阶段基本经济制度、社会主义基本分配制度、五大发展理念等重大问题的诸多条块状的理论成果进行系统化和体系化处理。

第四，构造中国特色社会主义政治经济学的理论主体。分专题、分章节地对由基本辩证关系衍生而出的若干具体辩证关系进行探讨，包括所有制关系、政府市场关系、中央地方关系、产业结构关系、城乡区域关系、公平与效率关系、要素协同关系、经济增长与发展关系、产权关系等。

第五，总结中国特色社会主义政治经济学理论的规律性与应用性。一是提炼和归纳中国特色社会主义政治经济学所反映的基本经济规律，将其与“政策解释学”划清界限。二是结合当前中国经济发展面临的阶段性转换和一系列新特征，论证中国特色社会主义政治经济学作为一门规范科学，对未来新问题的适应性和引领性。

## 第二节　研究方法与手段

构建一套科学合理的理论体系，首先需要解决方法论问题。从中国特色社会主义政治经济学这一学科来讲，需要明确研究对象的性质、研究方法和研究手段等问题。

### 一、方法论的基础：研究对象的生产关系特性

中国共产党把马克思主义政治经济学基本原理同中国经济建设实际结合起来，已经形成了关于社会主义本质、社会主义初级阶段基本经济制度、社会主义基本分配制度、五大发展理念等重大问题的诸多理论成果，而如何把这些条块状的理论系统化、体系化，是界定中国政治经济学研究内容体系需要思考的核心问题，尤其是不同条块的理论之间如何实现逻辑自洽？不回答清楚这些最基础的问题，就无法建构科学合理的理论体系。

针对上述问题，本书认为，应该以中国社会主义市场经济的基本辩证关系为出发点，研究由基本关系衍生而出的若干一对一对的具体的辩证统一关系；以这些具体关系为载体，对社会主义市场经济体制运行的基本概念、基本规律、运行机制、基本态势、基本特点等予以清晰且体系化的界定；不仅要研究生产力问题或资源配置效率问题，而且更加侧重研究生产关系或资源配置关系问题。

在前文的分析中，中国社会主义市场经济的基本辩证关系已经被总结为资源占有的公有化和资源配置的市场化，即“社会主义”中国的基本经济制度是公有制，也就是由全民所有（政府作为国家权力的行使者代表“全民”），演变为对社会资源的公共占有（公有化）；而中国又是“市场经济”国家，资源的配置方式必然是市场化。这一基本辩证关系映射在现实经济运行的各个领域和方面，形成了一系列实践性的辩证关系。这一研究对象与西方经济学相比，在理论体系和语境表述上与主要解决资源配置效率问题的宏微观经济学划定了清晰界限；与传统政治经济学相比，中国特色社会主义政治经济学设置了明确的主线，并收放自如——大到可以纳入中国经济改革发展的大部分问题和矛盾，小到可以分割成具体专题进行深入研究，解决了中国政治经济学存在的主线不清晰、头绪混乱、体系不全、内容碎片化等缺陷。

## 二、方法论的核心：二元辩证的对立统一

二元辩证分析法是马克思主义矛盾分析法与中国社会经济具体实际相结合的应用，它不仅贯穿《资本论》研究的始终，是马克思主义方法论的核心，也是认识事物最有效的手段。作为唯物辩证法认识事物和分析事物的根本方法，二元辩证分析法对于研究社会现象具有相当的适用性。它不仅能说明现在，而且能洞悉未来，尤其是对宏观的、复杂的社会现象和社会问题的研究有独到作用。二元辩证分析法包括：一分为二看问题、普遍性与特殊性相结合、具体问题具体分析、坚持两点论和重点论的统一。因此，二元辩证分析法是认识事物、解决矛盾的常用方法，也是马克思主义哲学的基本原理。运用二元辩证分析法来剖析和研究中国特色社会主义在建设与发展中遇到的障碍与问题，不仅有助于更加深刻地理解中国特色社会主义道路、理论和制度，而且有助于继续运用马克思主义基本原理指导当代中国的实践，从而有利于当代中国政治经济学的发展。

因此，阐明基于辩证唯物主义与历史唯物主义的二元辩证分析法是中国特色社会主义政治经济学的基本研究方法。对立统一的二元辩证分析法是构建中国特色社会主义政治经济学体系框架和理论大厦的方法主线。其原因在于：中国特色社会主义经济体制的基本特征是能将一些看似对立、矛盾的二元关系进行和谐统一，共同为解放与发展生产力服务。例如，公有制和非公有制经济并非天然和谐，二者之间客观存在矛盾；然而社会主义初级阶段的基本经济制度则从体制机制上实现了二者之间的相互促

进、相互补充、相互融合。再如，改革开放最重要的成功经验就是社会主义制度与市场经济的结合，即在社会主义条件下发展市场经济，或者说是社会主义性质的市场经济；而利用市场经济的同时又超越市场经济，把“对立统一”的公有制与市场经济有机结合，这就是社会主义市场经济“矛盾对立与和谐统一”并存的实质。

## 三、方法论的手段：科学抽象法

从方法论范式形成的角度看，构建中国特色社会主义政治经济学应采用如下步骤，按顺序、分阶段展开。

第一是要梳理已有理论。这种梳理既包括从学说史视角理解政治经济学的“源”与“流”，进而明确政治经济学的演变过程、学科属性和方法论特征，也包括从学科比较视角分析政治经济学和主流经济学面临的理论危机，进而为不同学科的交叉融合提供依据。对已有政治经济学以及主流经济学的理论梳理，实质是为构建中国特色社会主义政治经济学提供学术渊源。

第二是要比照中国实践。即检视中国经济实践与已有理论之间的“匹配性”，任何经济理论创新均导源于实践过程与已有理论的“背离”，在理论梳理之后，需要基于翔实的国情调研等形成对中国实践的准确认识，依靠大数据和多部门的协同形成中国经济格局的可靠案例库和数据库，进而抽象出中国经济发展的若干特征事实，将此与已有的政治经济学或主流经济学进行比照，由此确定中国实践与已有理论之间的耦合部分和背离部分。显然，这一工作本质是为构建中国特色社会主义政治经济学提供实践来源。

第三是要汲取不同经济学的比较优势。政治经济学的特征在于理论批判、制度分析、系统审视和社会关怀，而西方主流经济学在方法论的型式化方面具有比较优势。在经济全球化背景下，不同经济理论正处在新综合、新超越的重要时期，应在汲取各个经济理论比较优势的基础上形成更具综合性，也更具实践解释力的理论体系。

第四是要推进逻辑建构。中国特色社会主义政治经济学需要立足于一组概念进行逻辑推演，而立足于“政府—市场”关系可以为这一理论构建提供可能的方向，中国经济发展的制度因素以及经济绩效均可置于一个系统的分析框架之中，中国经济发展与其他经济体发展的异同之处也可立足于此框架进行阐释。

第五是要形成学术影响。即探究中国实践“理论化”的长期检验以及国际价值。

中国特色社会主义政治经济学建构之后，需要利用中国经济的大样本、长时期数据进行检验，如果检测结果是令人满意的，则建构的理论学说即可作为指引中国经济战略和政策选择的依据。在全球层面，上述理论建构也可增强国际经济理论的多样性，并对发展中大国的经济实践提供借鉴作用。

就具体研究手段来看，首先，中国当代政治经济学既涉及作为资源配置轴心的生产关系，也涉及此机制背后的产权制度和交易制度，同时还涉及经济制度背后的国家理论和公共选择问题，资源配置—经济制度—社会制度形成了中国特色社会主义政治经济学的多个向度矢量。这意味着此理论在研究对象上具有综合性、系统化特征，从研究对象的综合特征出发，中国特色社会主义政治经济学必须考虑经济学、政治学、哲学、法学等学科的交叉融合，单纯的马克思主义政治经济学或主流经济学与上述理论建构的研究对象在特征上并不完全耦合。

其次，中国特色社会主义政治经济学是对本土经济实践的理论“再现”，它应遵循概念提出、假说构建、实证检验、政策含义的逻辑实证主义，然而经济运行的所有因素未必可以被型式化，据此依照问题导向来确立研究工具和方法才是合适的。方法论应服务于或服从于解释对象，在可被变量化的领域应采用主流经济学的方法，但在不可变量化的领域也不应牺牲“真实世界”的丰富性来“削足适履”。当代中国政治经济学可以综合采用数理分析、计量分析、案例分析、比较分析等多种方法，以此凸显研究工具的多样性和逻辑呈现的立体化。

## 四、方法论的要求：以宏观为主，宏中微观相统一

传统政治经济学侧重从系统视角阐释不同经济维度之间的关联，而不是将经济体系中的单个部分割裂出来作局部均衡分析。正是导源于分析视角的系统特征，政治经济学很少存在微观经济学和宏观经济学的区分，也导致政治经济学长期存在宏观部分缺乏微观基础的缺陷。正因如此，有必要构建中国政治经济学中微观经济学、宏观经济学的表达范式，建立中国政治经济学的宏微观经济运行分析、预测、决策模型，使政治经济学真正落地、适用、好用。

例如，在“政府与市场关系”这一核心研究领域，当代中国政治经济学理论体系可划分为三大层面。在微观层面上，探索具有充分自主权利的市场主体以及能够发挥资源配置基础性作用的价格体系；在中观层面上，探索各类要素市场和产品市场以及

不断衍生出来的产权市场所组成的现代市场体系；在宏观层面上，探究既能熨平短期波动，又能促进长期增长的丰富多样的政府宏观调控手段。因此，社会主义政治经济理论是微观、中观和宏观相结合，政府与市场相补充的系统性理论体系。相应地，实践经验的现状是，微观层面市场主体地位的确立取得了长足进展，但价格体系特别是要素价格体系扭曲的问题未能得到根本改观；中观层面的市场体系建设相对滞后；宏观层面的短期调控手段娴熟，但缺乏长期调控的机制化建设——以上诸多矛盾与问题几乎都与政府—市场关系的扭曲有关，其中既有政府管理过宽、过多的问题，又有政府管得过松与缺位的问题。这些问题的更正与改善都有赖于中国特色社会主义政治经济学的归纳性与前瞻性研究。

## 五、研究范式：对立统一基础上的经济关系

以“资源占有的公有化和资源配置的市场化”这一基本对立统一关系为逻辑主线，将其映射在现实经济运行的各个领域和各个方面，形成一系列实践性辩证关系，构成中国特色社会主义政治经济学研究的研究范式，其内涵将包括但不限于：（1）政府与市场关系。西方主流经济学认为二者非此即彼、相互对立，但中国改革开放的成功实践则证明政府与市场是可以互补的；因此，从中国处理政府与市场关系的实践中提炼出一套完整理论，是中国特色社会主义政治经济学的特色。（2）政府与企业关系。在中国经济体制改革转轨时期，政府与企业之间的关系是政府与市场关系的直接反映，“政企分开”要求对政府和企业之间的关系构建一个新的模式，使政府和企业在国民经济运行中都能找到最佳位置，从而进一步促进国民经济持续、快速、健康的发展。（3）社会主义初级阶段产权关系。产权理论源自西方，却是眼下与中国社会财富及经济前景最为利害相关的因素。对非公有制经济产权保护不公不力，已经导致国家财富外流、内需持续萎缩、投资国进民退、经济脱实入虚等问题，甚至有可能导致“双创”战略受阻和经济中低速增长状态长期停留，因而必须正视“产权平等保护”这一被传统政治经济学长期忽视的重要问题。（4）农村土地产权关系。这是中国特色社会主义经济所特有的产权关系。随着社会经济向更高层次发展，农村土地的所有权归集体、经营权归农民、流转权归政府的三权分离的土地权利格局的问题日益显现。产权不清晰、权利主体不突出、农民土地使用权受约束、“同地而不同权”“同地而不同价”，这些不利于形成城乡统一的生产要素市场。（5）中央与地方关系。中央与地方关系是确保中

国“天下大治”“长治久安”的根本，也是中国特有的政治之道和政治经济关系，因而需要正确分析政治、行政资源的支配权在中央和地方之间的分配。（6）产业结构关系。“市场选择还是政府选择”是发展中国家产业结构关系的基本矛盾，在中国产业体系的建立、发展与升级过程中，政府产业政策的必要性和重要性、市场选择的决定性作用等问题贯穿始终。（7）城乡区域关系。城乡关系是中国现代化进程中最重要的基本关系之一，正确处理城乡和区域间关系，是中国现代化必须解决的难题。只有将以往抽取型、隔离性二元结构，变为良性的互助型、开放性二元结构，才能真正统筹好城乡区域关系，破解二元结构难题。（8）公平与效率关系。从坚持“绝对公平”到“效率优先、兼顾公平”以及“更加注重公平”，反映了中国分配体制由按劳分配向按要素分配过渡的动态过程，党和政府正是通过公平和效率的关系的嬗变，来更好地推动社会主义全面小康建设和社会主义和谐社会建设。（9）生产要素协同关系。其中的劳动与资本关系是最能体现政治经济学学科特质的对立统一关系。在“科学技术是第一生产力”的论断与创新性社会建设的目标下，对“资本—劳动—技术”的三元对立与协调也需要加以重新审视与探索。随着时代的发展和经济活动领域的拓展，生产要素从传统的土地、劳动和资本扩展到现在的土地、劳动、资本、技术、数据等范围，其中的协同关系更复杂，也更重要。（10）经济增长与发展关系。从“经济增长方式从粗放型向集约型转变”，到全面协调可持续的科学发展观与转变经济发展方式，再到“创新、协调、绿色、开放、共享”的发展新理念，现在到经济的全面高质量发展，对增长与发展关系的正确总结正是基于自新中国成立以来对经济发展规律的深刻认识。

以上这些基于二元对立统一关系的具体研究对象，是当代中国政治经济学理论体系的基石，也是中国特色社会主义政治经济学的主要研究内容。

## 第三节　研究主线与逻辑

### 一、由政府与市场关系构成的研究主线

中国的基本经济制度表明，公有制在中国是占主体地位的，所谓公有制就是生产资料归劳动者共同所有的形式。在生产资料公有制的条件下，人们建立起新型的生产关系共同占有生产资料进行共同劳动，并共同占有产品。社会化大生产条件下的社会主义公有制是生产资料的全民所有制和集体所有制，从资源配置的角度讲，由于政府是行使国家权力的部门，因此公有制从形式上看就是中央政府和地方政府运用权力对

经济资源（生产资料）的拥有或公共占有，这种形式的资源占有是“公有化”的。另一方面，中国又是一个市场经济国家，市场在资源配置中起决定性作用，这就意味着资源的配置方式必然是市场化的，基于这样的逻辑分析，可以认为，当前中国经济制度中最主要的经济关系就是资源占有的公有化和资源配置的市场化之间的关系，表现在现实经济运行中就是政府与市场的关系。这也构成了中国特色社会主义政治经济学理论体系的研究主线。

关于政府与市场关系这一主线，习近平新时代中国特色社会主义经济思想表明：“坚持社会主义市场经济改革方向，核心问题是处理好政府和市场的关系。处理好政府和市场关系，实际上就是要处理好在资源配置中，市场起决定性作用还是政府起决定性作用这个问题……提出使市场在资源配置中起决定性作用，更好发挥政府作用，这是……对中国特色社会主义建设规律认识的一个新突破，标志着社会主义市场经济发展进入了一个新阶段。”① 更进一步地，习近平经济思想还明确：“在市场作用和政府作用的问题上，要讲辩证法、两点论。使市场在资源配置中起决定性作用和更好发挥政府作用，二者是有机统一的，不是相互否定的，不能把二者割裂开来、对立起来，既不能用市场在资源配置中的决定性作用取代甚至否定政府作用，也不能用更好发挥政府作用取代甚至否定使市场在资源配置中起决定性作用。要用好‘看不见的手’和‘看得见的手’，推动有效市场和有为政府更好结合。”②

在政府与市场关系主线下展开的研究，便是在社会主义市场经济基本制度下全面研究一个复杂的关系体系的集合，包括：所有制关系、劳资关系、分配关系、央地关系、政府与企业关系、城乡关系、新供给与需求关系、产业结构关系、增长与发展关系、公平与效率关系、国际经济关系等。每一对关系中还包括更多的经济现实问题或矛盾，如民营经济发展、收入分配差距、经济产能过剩危机、人工智能下的劳动价值度量等问题，还有学理层面的马克思所说的自由人的联合体的内涵与外延、个人所有制与个人私有制的辨析，这些内容应该在中国特色社会主义政治经济学理论研究和在中国社会主义经济建设实践中获得新内容、新形式和新答案。

① 中共中央宣传部、国家发展和改革委员会：《习近平经济思想学习纲要》，人民出版社 2022 年版，第 78 页。

② 同上书，第 79—80 页。

## 二、对研究主线的历史考察和深层思考

厘清政府与市场的边界问题是贯穿社会主义市场经济体制改革“历史—现在—未来”全过程的主线和要义所在，因此，其自然而然也成为当代中国政治经济学的研究主线。

从1978年改革开放至今，社会主义市场经济体制演进大致可分为四个阶段，而市场力量的觉醒和扩大与政府干预的不断收缩，则是各阶段演进的根本动因。第一阶段是从1978年党的十一届三中全会召开到1992年党的十四大召开之前，为确立社会主义市场经济体制改革目标进行一系列理论和实践探索的时期。这一时期的重要论述包括从“计划经济为主、市场调节为辅”，到“公有制基础上的有计划的商品经济”，再到“计划与市场内在统一的体制”“改革的核心问题，在于逐步建立计划经济同市场调节相结合的经济运行机制”，直到“计划经济不等于社会主义，社会主义也有市场”，从中可以看出中国逐渐实现对政府完全主导与全面干预的摒弃。第二阶段是从1992年党的十四大召开到2002年党的十六大召开之前的社会主义市场经济基本框架建立时期。这一时期通过建立现代企业制度、发展个体私营经济等非公有制经济，全面放开竞争性商品和服务价格，改革宏观调控体制为间接调控，建设开放性经济格局，为市场配置资源构筑了平台。第三阶段是从党的十六大召开到2012年党的十八大召开之前的社会主义市场经济体制不断完善时期。这一时期在微观领域，进一步调整国有经济布局与结构，改善非公有制经济发展的体制环境；在中观领域，进一步规范和发展资本市场，不断完善生产要素价格体系；在宏观领域，逐步健全财政转移支付制度和公共财政制度，深化投资体制改革，推进商业银行股份制改造，进一步转变政府职能，等等，为市场机制发挥作用提供了基本齐备的规则与框架。第四阶段则是党的十八大召开之后，中国经济改革与发展步入新常态时期。这一时期经济体制改革向全面纵深方向推进。特别是十八届三中全会通过的《全面深化市场经济体制改革的若干重大问题决定》，正式提出“市场在资源配置中的决定性作用和更好发挥政府作用”的表述，以及党的十九大提出的“习近平新时代中国特色社会主义思想”和2017年中央经济工作会议正式确立的“习近平新时代中国特色社会主义经济思想”，不仅对新阶段下中国社会面临的主要矛盾作了新的阐述，而且对习近平经济思想的内涵在理论层面作了提升，它们共同构

成中国特色社会主义经济理论的重要组成部分，为当代中国政治经济学作出巨大贡献。

上一轮改革在充分展示社会主义市场经济制度优势的同时，也遭遇阶段性障碍。中国社会主义市场经济体制改革存在两条线索，一条是从市场力量导出的“自下而上”的利益扩散机制，另一条是从政府力量导出的“自上而下”的举国体制。前者使得渐进式改革在局部获取的成功可以在最短的时间内争取到更多的公众参与，通过类似于技术扩散效应的传播方式，使得越来越多的受益公众成为改革的推动力；而后者则在改革的总体方向上加以把握，动员和调配全国之力，集中攻坚或对外部冲击作出迅速反应。在改革初期，由于一致利益的获取相对比较容易，两种机制的结合使得作为改革主体的政府获得日益广泛的社会支持，并通过政府宏观调控弥补市场失灵并加快利益扩散，从而形成发展过程中所特有的制度优势。然而随着改革的不断深入，社会利益团体分化使得“自下而上”的利益扩散机制受到梗阻，同时，举国体制也存在被利益集团俘虏的可能而使公众为之付出巨大的决策失误代价。这时，改革在国资国企、宏观调控、财税体制和金融体制等领域相继出现瓶颈，资源枯竭、环境破坏、腐败蔓延、贫富分化、货币超发和流动性泛滥等一系列经济社会问题相伴产生，将改革推向深水区。

因此，在现阶段，政府与市场关系是中国社会主义经济建设的一对关键性关系，是中国社会主义市场经济体制的核心与渊源。政府与市场之间的关系、边界以及相互作用机理在中国具有特殊性。直至现在中国特色的市场概念并不是西方经济学理论所定义的充分自由与有效竞争的市场，中国政府的主导作用对中国经济发展具有重要作用，虽然中国的市场仍存在较多的不规范和不完善之处，但是该市场处于活跃的实际运作之中，并激发了各种经济力量充分发挥作用，促进经济增长。

## 三、依据逻辑次序构成的研究思路

应当依据“理论原则、理论发展、理论对象、理论特征、理论目标”的逻辑层次顺序，并由一条连贯的研究方法主线贯穿起来，采用“至下而上”和“至上而下”相结合的建构方法，逐步搭建中国特色社会主义政治经济学理论体系的大厦。具体研究框架如图 4-1 所示。

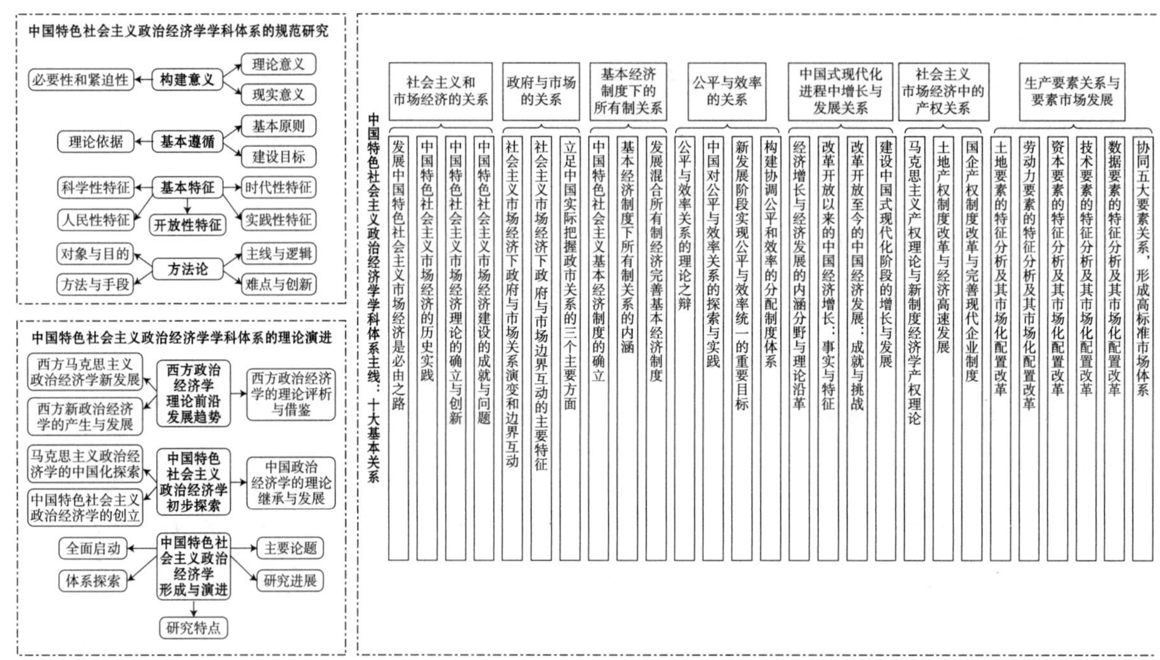
中国特色社会主义政治经济学学科体系的规范研究
必要性和紧迫性
构建意义
理论意义
现实意义
理论依据
基本遵循
基本原则
建设目标
科学性特征
基本特征
时代性特征
人民性特征
开放性特征
实践性特征
对象与目的
方法论
主线与逻辑
方法与手段
难点与创新
中国特色社会主义政治经济学学科体系的理论演进
西方马克思主义政治经济学新发展
西方新政治经济学的产生与发展
西方政治经济学理论前沿发展趋势
西方政治经济学的理论评析与借鉴
马克思主义政治经济学的中国化探索
中国特色社会主义政治经济学的创立
中国特色社会主义政治经济学初步探索
中国政治经济学的理论继承与发展
全面启动
体系探索
中国特色社会主义政治经济学形成与演进
主要论题
研究进展
研究特点
中国特色社会主义政治经济学学科体系主线：十大基本关系
社会主义和市场经济的关系
发展中国特色社会主义市场经济是必由之路
中国特色社会主义市场经济的历史实践
中国特色社会主义市场经济理论的确立与创新
中国特色社会主义市场经济建设的成就与问题
政府与市场的关系
社会主义市场经济下政府与市场关系演变和边界互动
社会主义市场经济下政府与市场边界互动的主要特征
立足中国实际把握政市关系的三个主要方面
基本经济制度下的所有制关系
中国特色社会主义基本经济制度的确立
基本经济制度下所有制关系的内涵
发展混合所有制经济完善基本经济制度
公平与效率的关系
公平与效率关系的理论之辩
中国对公平与效率关系的探索与实践
新发展阶段实现公平与效率统一的重要目标
构建协调公平和效率的分配制度体系
中国式现代化进程中增长与发展关系
经济增长与经济发展的内涵分野与理论沿革
改革开放以来的中国经济增长：事实与特征
改革开放至今的中国经济发展：成就与挑战
建设中国式现代化阶段的增长与发展
社会主义市场经济中的产权关系
马克思主义产权理论与新制度经济学产权理论
土地产权制度改革与经济高速发展
国企产权制度改革与完善现代企业制度
生产要素关系与要素市场发展
土地要素的特征分析及其市场化配置改革
劳动力要素的特征分析及其市场化配置改革
资本要素的特征分析及其市场化配置改革
技术要素的特征分析及其市场化配置改革
数据要素的特征分析及其市场化配置改革
协同五大要素关系，形成高标准市场体系

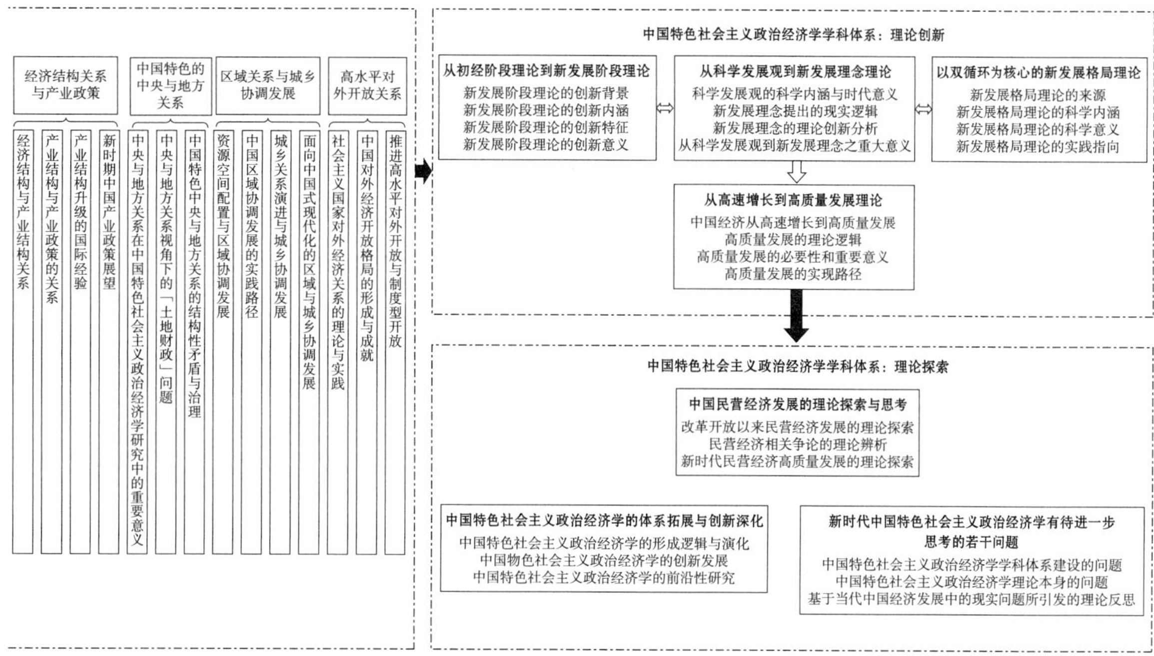
经济结构关系与产业政策
经济结构与产业结构关系
产业结构与产业政策的关系
产业结构升级的国际经验
新时期中国产业政策展望
中国特色的中央与地方关系
中央与地方关系在中国特色社会主义政治经济学研究中的重要意义
中央与地方关系视角下的「土地财政」问题
中国特色中央与地方关系的结构性矛盾与治理
区域关系与城乡协调发展
资源空间配置与区域协调发展
中国区域协调发展的实践路径
城乡关系演进与城乡协调发展
面向中国式现代化的区域与城乡协调发展
高水平对外开放关系
社会主义国家对外经济关系的理论与实践
中国对外经济开放格局的形成与成就
推进高水平对外开放与制度型开放
中国特色社会主义政治经济学学科体系：理论创新
从初经阶段理论到新发展阶段理论
新发展阶段理论的创新背景
新发展阶段理论的创新内涵
新发展阶段理论的创新特征
新发展阶段理论的创新意义
从科学发展观到新发展理念理论
科学发展观的科学内涵与时代意义
新发展理念提出的现实逻辑
新发展理念的理论创新分析
从科学发展观到新发展理念之重大意义
以双循环为核心的新发展格局理论
新发展格局理论的来源
新发展格局理论的科学内涵
新发展格局理论的科学意义
新发展格局理论的实践指向
从高速增长到高质量发展理论
中国经济从高速增长到高质量发展
高质量发展的理论逻辑
高质量发展的必要性和重要意义
高质量发展的实现路径
中国特色社会主义政治经济学学科体系：理论探索
中国民营经济发展的理论探索与思考
改革开放以来民营经济发展的理论探索
民营经济相关争论的理论辨析
新时代民营经济高质量发展的理论探索
中国特色社会主义政治经济学的体系拓展与创新深化
中国特色社会主义政治经济学的形成逻辑与演化
中国物色社会主义政治经济学的创新发展
中国特色社会主义政治经济学的前沿性研究
新时代中国特色社会主义政治经济学有待进一步思考的若干问题
中国特色社会主义政治经济学学科体系建设的问题
中国特色社会主义政治经济学理论本身的问题
基于当代中国经济发展中的现实问题所引发的理论反思

图 4-1　具体研究框架

## 第四节 研究难点与创新

### 一、构建政治经济学理论体系需要突破的研究难点

虽然，在新时代新阶段中国特色社会主义政治经济学迎来了其理论发展和理论体系建构的春天。但就研究本身而言，其难度依然非常之大。

一是传统政治经济学带有不少思维惯性的限制。例如，在构建中国特色社会主义政治经济学理论体系过程中，如何对传统马克思主义政治经济学扬弃，或者说使马克思主义政治经济学中国化、时代化。又如，怎样将中国特色社会主义政治经济学与20世纪五六十年代苏联式社会主义政治经济学，以及当代西方新政治经济学等加以明确区分。在思维惯性、条条框框以及既有理论的束缚下，中国特色社会主义政治经济学的创新也会遇到不少困难。

二是对传统政治经济学已经认定的一些基本原理是否可以，以及应当如何在当代经济社会发展的大背景下突破与改造？例如，在数字经济时代、在人工智能高度发达的社会，劳动价值论是否依然适用？在多种所有制经济成分并存的前提下，社会主义社会的剩余劳动索取问题如何被定性？资本主义社会存在经济危机，那么当代中国的产能过剩危机是不是经济危机的一种表现？它是暂时的，还是规律性的现象？这些问题的讨论目前都比较模糊，也使得中国特色社会主义政治经济学的研究愈发艰难。

三是从学理层面讲，中国特色社会主义政治经济学的研究成果不少，但有些是专题性探索，没有清晰的主线和体系，有些是承袭传统政治经济学的逻辑框架，难以适应当代社会发展的需求。不像马克思研究资本主义生产关系那样，主线非常清晰，逻辑一以贯之。当然这样的缺陷与中国经济发展的实践历程相关，新中国成立70多年来，中国经济建设和发展实践是在探索中前进的，因此多少带有碎片化、阶段性特征。可以看到，20世纪五六十年代中国的经济体制是一种状态，八九十年代又是一种状态，进入新时代新阶段后经济运行和发展又开始有了新的变化。无论如何，这给中国特色社会主义政治经济学理论体系的构建带来不小的挑战。

四是同一问题政治经济学和西方经济学的分析方式不同。中国经济改革的实践是在探索中前进的，会遇到许多可能和问题。在分析问题、解决问题的过程中，可能同时需要两种不同的理论，但面对同样的问题政治经济学采用的分析方法和得出的结果

与西方经济学采用的分析方法和得出的结果有时可能迥异。如果一定要清晰地划分政治经济学和西方经济学的界线，可能根本就不存在这条界线。

## 二、构建政治经济学理论体系需要厘清的研究困惑

一是社会主义政治经济学能否采用矛盾分析法？关于研究方法，众所周知，马克思政治经济学留给人类社会最大的遗产之一就是其研究方法的特殊性，马克思用矛盾分析法揭示了资本主义社会生产关系的本质特征。无论是商品二重性、劳动二重性，还是资本二重性，都是通过矛盾运动来推进的，更进一步地，资本主义经济的发展规律和发展趋势就是矛盾运动的结果。那么社会主义政治经济学的研究方法究竟能不能沿用矛盾分析法呢？

与此相关的困惑是，到底如何看待矛盾分析法？现在社会上有种倾向，一谈到“矛盾”似乎就是不好的、贬义的，事实上任何事物、任何社会都存在其自身固有的矛盾，社会就是在矛盾运动中前进，并走向更高级的形态的。在现实生活中，社会主义政治经济学更多强调的是公有制和市场经济的有机结合与完美统一。无论如何，正视社会运动的矛盾正是为了在现有制度形态下设计更好的政策框架以发展经济、施惠民众。

二是如何坚持马克思主义基本原理，以及其在中国的适用性如何？马克思在《资本论》序言里说：“我在本书所要研究的是资本主义生产方式，及其与之相适应的生产关系和交换关系。”①由于马克思的《资本论》是以资本主义生产方式为研究对象的，它所揭示的许多原理对于社会主义生产来说，带有明显的社会历史局限性，其中的一些论断也不完全符合中国特色社会主义的实践。因此，中国特色社会主义经济理论不能照搬马克思主义经典著作中不符合历史发展特征的论断与结论，用以指导中国实践。但这并不意味着要抛弃马克思主义。在如何坚持马克思主义的问题上，应该坚持马克思主义的立场、观点、方法。马克思主义立场就是站在人民大众立场上；马克思主义观点是马克思主义关于自然、社会和人类思维规律的科学认识，是对自然界规律和人类社会实践经验的科学总结，马克思主义方法就是辩证唯物主义和历史唯物主义相统一的方法。

① 《马克思恩格斯全集》(第44卷)，人民出版社2001年版，第8页。

三是中国特色社会主义政治经济学会不会是折中主义的产物？在中国特色社会主义政治经济学问题上，还有一个困惑就是当前国情下研究政治经济学的结果会不会是一个“折中主义”的产物？可能是中国特色社会主义政治经济学同传统马克思主义政治经济学的折中，也可能是社会主义政治经济学同西方经济学的折中，还有可能是政治经济学同意识形态的折中，等等，这些都是围绕理论体系建设所产生的困惑。

## 三、本书的研究创新

本书可能的研究创新大致体现在五个方面，当然，真正的理论创新是很难的，本书所谓的创新也仅限于在推进中国特色社会主义政治经济学理论体系构建方面所进行的深化研究工作。

一是理论创新。本书将中国特色社会主义政治经济学的研究对象定位为资源配置的关系，包括社会资源由谁来配置，为谁而配置，怎样在不同阶层之间进行配置，不同的配置会引发什么样的社会效果，等等；并由此引申出政府和市场的关系、产权关系、劳资关系、中央地方关系、城乡关系、公平与效率关系等中国社会主义市场经济所特有的、急需解决的问题体系。其创新之处在于：（1）与西方经济学相比，中国特色社会主义政治经济学在理论体系和语境表述上与主要解决资源配置效率问题的宏微观经济学划定了清晰的界限；（2）与传统政治经济学相比，中国特色社会主义政治经济学设置了明确的主线，并收放自如——大到可以将中国经济改革发展的大部分问题和矛盾纳入其中，小到可以分割成具体的专题进行深入研究，解决了中国政治经济学存在的主线不清晰、头绪混乱、体系不全、内容碎片化等缺陷。

二是观点创新。本书将中国特色社会主义政治经济学的焦点问题之一聚焦于“政府与市场的关系问题”，并且对这一相对抽象的概念进行具象化、落地式解读。从理论层面，本书提出并深入探讨新型的“合作互补”式政府—市场关系，探索政府职能转型与体制机制创新的有效路径，为破除改革现阶段“深水区”遭遇的梗阻寻求突破口。具体落实到实践层面，本书着重关注以下几个问题：（1）在规范实现宏观调控目标和政策手段机制化方面，如何走出宏观政策短期与长期目标冲突的两难选择？（2）在推进国资国企改革方面，如何建立能发挥国有经济的活力、控制力和影响力的新思路？（3）在优化财税体制改革方面，如何健全区域之间、中央与地方之间、开发与保护之间在公共服务均等化意义上的财政转移支付机制？在深化金融体制改革方面，如何大力倡导发展为实体经济提供服务与支持的虚拟经济？

三是工具创新。本书在研究方法和分析工具上进行了创新性尝试。例如，借鉴统计学的综合指标体系分析法，利用主成分分析（PCA）、层次分析法（AHP）、多目标决策法（MCDM）等手段对市场与政府的相对作用强弱，以及市场经济运行的绩效结果进行测度，进而对政府—市场关系进行量化考察；对中国社会主义市场经济模式在全球的地位及特征给予精确判断。再如，从经济思想史的角度出发，利用习近平治国理政思想的基本内容、内在逻辑、发展理念等新思想，新观点，新论断，对中国政治经济学的核心思想逐渐形成、中国政治经济学学术话语权的提升进行提炼和总结。

四是文献资料创新。为了突出中国特色社会主义政治经济学对西方主流经济学、西方政治经济学、传统马克思主义政治经济学、现当代中国政治经济学的发展，创新，借鉴和扬弃，本书在文献资料的考据和梳理方面尽量做到全面覆盖、分类比较。系统梳理了西方政治经济学前沿理论和发展趋势，总结了西方政治经济学六大领域的研究成果：（1）运用数理方法对价值与剩余价值理论作出的分析与研究；（2）资本主义劳动过程理论的新发展；（3）资本主义经济危机理论的进一步发展；（4）发达国家与发展中国家关系等国际经济关系的理论；（5）资本主义与社会主义的新理论；（6）政治与经济一体性研究。系统梳理了中国政治经济学前沿理论和发展趋势。在方法论方面，关注到国内学者所认为的"政治经济学具有自成一套完整体系的方法论，必须关注自身方法论的独特性"观点，审慎采用西方主流经济学的分析方法和工具；同时，并不摒弃所有学科普适性的方法论，一部分学者已经在政治经济学数理化、基本假设等领域开始了实践，本书在此基础上尝试对西方的研究工具和研究方法进行借鉴和超越。在研究对象方面，争鸣的观点分析已愈发深入，深度剖析了"生产关系"这一广义研究对象内部的层次、关联和相互作用机制。在学科建设方面，关注到国内学者着眼于学科建设的流派化、体系化、创新化，从学科内部发展的情况着手，梳理现有学科内部的流派情况，分析目前理论体系框架的缺陷，对学科未来创新发展方向提出建议，并讨论学科地位弱化的原因及对其的巩固办法。

五是话语体系创新。本书力求在理论与实践的良性互动中推进政治经济学的创新发展。立足于中国特色社会主义建设实践，深入研究世界经济和中国经济面临的新情况新问题，建构政治经济学的"中国话语"，为世界经济健康持续发展提供"中国方案"，为经济学创新发展贡献"中国智慧"。西方经济学关于政府和市场的理论不同程度地存在建构性特点。它们有的主张微观由市场决定、宏观由政府主导，形成所谓的新古典综合经济，或混合经济；有的认为市场和政府可以轮流“唱戏”，萧条时让政府救市，常态下由市场执政。此外，还有各执一词的干预派、自由派等。本书依据中国改革实践和经济增长经验，首先确认市场在资源配置中发挥决定性作用，同时探索在这个前提下更好发挥作用的体制机制，力图构建一个独特的、有着很大创新空间和前景的理论框架。对此展开研究并加以阐述，不仅可以彰显中国特色、增强理论自信和道路自信，而且可以对人类经济思想宝库作出可贵贡献。

综上所述，相对于已有的研究，本书的独到价值和意义在于，针对如何解决社会主义市场经济改革过程中政府与市场之间的关系问题，寻找到一个新的分析角度或理论框架，即，把研究的问题归结为：在市场决定资源配置条件下如何更好发挥政府作用。总之，由于角度拓新、框架重构，本书对于如何解决社会主义市场经济改革过程中政府与市场的关系这一旷日持久、难以突破的问题，有着更为科学的方法论支撑和翔实的分析内容，由此得出的研究结论和政策建议也具有更好的现实意义和应用价值。

# 第二篇

# 理论演进

# 第五章 西方政治经济学的理论前沿与发展趋势

西方马克思主义政治经济学和西方新政治经济学是西方政治经济学发展的两个重要分支，二者在理论基础、分析方法和价值取向上都有鲜明的特征。西方马克思主义政治经济学和西方新政治经济学的发展对世界范围内政治经济学的发展，以及对中国政治经济学理论体系的建构都产生了重要影响。本章将主要介绍并比较西方马克思主义政治经济学和西方新政治经济学理论，在此基础上提出西方政治经济学理论对中国建构政治经济学理论体系的借鉴意义。

## 第一节 西方马克思主义政治经济学的最新发展

西方马克思主义，也被称为新马克思主义，是以西方发达国家为主要阵地，研究马克思主义理论的一个重要分支。本节将主要评述20世纪60年代以来，一批有国际影响力的马克思主义和非马克思主义经济学者对马克思主义经济学经典理论的再阐释，并介绍西方马克思主义新流派的主要观点和方法。

### 一、西方马克思主义政治经济学的理论争鸣

20世纪30年代以来，诞生于19世纪的经典马克思主义理论面临挑战。马克思主义经济学理论分析的重心开始转向西方，西欧和北美成为马克思主义政治经济学的中心。20世纪西方马克思主义经济学研究的新趋势，主要体现为运用现代经济学的分析方法重新解读和阐释马克思的经典理论。

#### （一）劳动价值论的新发展

马克思的劳动价值论不同于古典学派、新古典学派的价值理论，马克思运用历史唯物主义分析方法创立科学的劳动价值论，并提出剩余价值理论，为揭示资本主义社会生产关系的本质和资本主义经济的运动规律提供了基础。从20世纪30年代开始，一批著名的马克思主义经济学家在比较历史上不同学派价值理论的基础上，重新阐释

马克思劳动价值论的重要意义。

莫里斯·多布（Maurice H. Dobb，也译作莫里斯·道布）首先提出价值理论的建构方式“能概括说明在一切可能的情况下稀有资财与一定目的之间必然存在的关系的那种方程式组”。① 他分析了成本价值论、效用价值论的虚假性，以及早期劳动价值论的不完全性和矛盾性，强调马克思劳动价值论重在揭示价值的本质是人与人之间的一种社会关系的表现，“通过在整个社会的劳动分工过程中，生产各部门之间所发生的支配人类劳动的形式和方式，而赋予物品的一种属性”②。

保罗·斯威齐（Paul M. Sweezy）在《资本主义发展论》中指出：“价值理论构成近代政治经济学的传统起点。”③ 对于价值的研究，既要关注产品数量交换关系，即价值的量问题，更要关注隐藏在数量关系背后的由历史条件决定的生产者之间的关系，即价值的质问题。④ 价值质的分析对价值量的分析具有决定意义。斯威齐分别从质的方面和量的方面分析价值理论，在价值和劳动的质的关系上，他坚持抽象劳动是价值的实体，商品之所以有价值和使用价值两个因素，就是由生产商品的劳动具有具体劳动和抽象劳动二重性决定的。撇开劳动的具体形式的差别，把所有劳动都还原为抽象劳动，抽象劳动等于“劳动一般”，抽象劳动的总和形成可供社会利用的劳动力总量，社会劳动力的总量和发展水平决定社会的财富生产能力。斯威齐提到价值量的方面涉及社会劳动力在不同领域的配置问题，“价值量问题比单纯的交换率问题更广泛，它所研究的，包括社会劳动力在一个商品生产者社会的各种不同生产领域之间如何进行数量配置”⑤。斯威齐进一步讨论了供求关系理论与劳动价值论的关系，“关于价格决定的竞争性供求理论，不但同劳动理论没有分歧，它反倒成为劳动理论的一个主要的——即使有时候是未被人承认的——组成部分”⑥。

### （二）对利润率下降趋势的讨论

在劳动价值论和剩余价值论的基础之上提出的利润率趋向下降规律是马克思理论

① 莫里斯·道布：《政治经济学与资本主义》，松园、高行译，生活·读书·新知三联书店出版社 1962 年版，第 2 页。
② 同上书，第 54 页。
③ 保罗·斯威齐：《资本主义发展论——马克思主义政治经济学原理》，陈观烈、秦亚男译，商务印书馆出版社 1997 年版，第 60 页。
④ 同上书，第 42 页。
⑤ 同上书，第 66 页。
⑥ 同上书，第 65 页。

的重要组成部分。从利润率的构成来看，利润率与剩余价值率成正比、与资本有机构成成反比。在剩余价值率不变的条件下，技术进步和竞争压力使资本家不断扩大固定资本规模，导致资本有机构成提高，利润率趋于下降。自 20 世纪 60 年代以来，西方马克思主义理论家围绕资本主义利润率的动态变化趋势，从理论推导和经验研究方面进一步讨论利润率的变动趋势和影响其变动的原因。

在理论层面，除了关注资本有机构成和剩余价值率两个重要变量外，技术进步、劳动生产率、真实工资率、就业状况、非生产性劳动占比等一些新的变量进入利润率变动趋势的讨论。1961 年，置盐信雄提出“置盐定理”，证明在实际工资率不变的前提下，新技术的采用会导致利润率上升。

尽管对利润率变动趋势的经验研究未获得统一的结论，但是从研究视角和方法上扩展了对利润率变动规律的认识。爱德华·沃尔夫（Edward N. Wolff）利用美国 1947—1967 年 87 个部门的投入产出表计算发现，一般利润率的变动未必与资本有机构成的变动负相关，而是主要取决于劳动生产率与实际工资的相对变动。他进一步估算发现，1967—1976 年美国的利润率下降是实际工资增长超过劳动生产率增长所致。弗莱德·莫斯利（Fred Moseley）区分了生产性资本和非生产性资本，经计算得到 1947—1976 年美国的资本有机构成和剩余价值率分别增长 41% 和 19%，利润率下降 15%，利润率下降是资本有机构成提高导致的。热拉尔·杜梅尼尔（Gérard Duménil）和多米尼克·莱维（Dominique Lévy）的研究表明，自第二次世界大战后到 20 世纪 80 年代初，美国行业利润率（排除高资本密集型行业）下降的主要原因是资本生产率下滑，以及劳动生产率的增长率较实际工资的增长率更大幅度的下滑。

### （三）对转形问题的新观点

马克思主义政治经济学理论争鸣的一个核心问题是转形问题，即从价值中推导出生产价格，说明利润的真正来源。马克思认为有两个总量关系始终成立，“一切不同生产部门的利润的总和，必然等于剩余价值的总和；社会总产品的生产价格的总和，必然等于它的价值的总和”①。

转形问题之争聚焦于马克思的两个总量相等命题。19 世纪 90 年代，欧根·冯·庞巴维克（Eugen von Böhm-Bawerk）质疑《资本论》第一卷与第三卷之间存在矛盾和

① 《马克思恩格斯文集》（第七卷），中共中央马克思恩格斯列宁斯大林著作编译局编译，人民出版社 2009 年版，第 193 页。

内部不一致；20世纪60年代以来，皮埃罗·斯拉法（Piero Sraffa）、保罗·萨缪尔森（Poul Samuelson）、伊恩·斯蒂德曼（Ian Steedman）分别运用实物量分析方法、投入产出分析和线性规划方法解释转形问题，认为价值分析只是一种“不必要的迂回”。面对转形问题的论战，拉迪斯劳斯·冯·鲍特基维茨（Ladislaus von Bortkiewicz）肯定了劳动价值论，认为马克思关于商品价值转化为生产价格的方法需要进一步修正和完善。

1. 新解释学派

20世纪70年代后期，以邓肯·弗里（Duncan K. Foley）和热拉尔·杜梅尼尔（Gérard Duménil）为代表的新解释（new interpretation，NI）学派强调货币和劳动时间之间的关系。通过重新定义劳动价值论的相关范畴，使之与货币直接相联，以期重新解释马克思的劳动价值论。该学派的出现，开启了一条不同于鲍特基维茨—斯拉法传统的研究路径，推动转形问题研究脱离新李嘉图主义，为解决价值转形问题提供了新思路。

新解释学派将价值转形视为商品增加价值（净产品）的再分配，试图以“货币价值”沟通价值体系和生产价格体系。弗里、杜梅尼尔等人提出的，在商品生产总体层面的“劳动时间的货币表示”（monetary expression of labor time，MELT），即“一个时期内国内净产品的现行价格与经济中耗费的活生产劳动的比率”①，是新解释学派解决价值转形问题的切入点。新解释学派利用这一概念在劳动时间和货币价格之间进行转换，以此进一步定义劳动力价值和剥削率。正如弗里所言：“‘新解释’的本质是，它提出了一个在任何实际的经济（不论在周转时间或联合生产活动方面的生产体系多么复杂）中可操作的（前面提到的测度问题）并且是清晰的测度劳动时间的货币表示的方法。”②

新解释学派维护了马克思劳动价值论的核心观点，反驳了新李嘉图主义的二元体系观点。通过提出“货币价值”这一概念范畴，构建了劳动价值论的量化模型，使得价值体系和价格体系得以沟通。对于实证研究而言，“新解释”学派所定义的分析框架，为在统计数据和经验层面分析马克思劳动价值论所揭示的经济关系提供了路径。

2. 跨期单一体系

跨期单一体系（temporal single system，TSS）学派，也称分期单一体系，在新解释学派和共时单一体系的基础上发展起来。跨期单一体系学派认为，传统的转形问题

① 邓肯·弗里：《劳动价值论的最新发展》，高伟、张苏译，《政治经济学评论》2008年第1期，第31页。
② 同上书，第32页。

分析建立在价值与价格的二元独立体系上，是将价值与价格割裂开来的“双体系”框架，实际上马克思的价值体系和生产价格体系之间存在本质联系。该学派强调价值体系和生产价格体系在时间维度下的统一，利用新解释学派提出的“劳动时间的货币表示”将两个体系合并为一个体系，即“单一体系”。

转形问题的传统解法以同期方式把价值和价格相联系，跨期单一体系学派认为价值体系和生产价格体系的转化内含时间顺序，投入的价值和价格先于产出的价值和价格而决定。在该学派建立的价值方程中，本期商品的价值由上一期投入品的价值与劳动投入决定。通过在价值方程和生产价格方程中引入“时间”因素，跨期单一体系学派建立跨期决定模型，这一模型将同期的价值价格二元体系综合为跨期的价值价格单一体系，克服了同期决定模型的缺陷，证明了马克思转形问题的两个总量相等命题的正确性。

### （四）经济危机理论的新进展

马克思的经济危机理论是马克思主义经济理论的重要组成部分。马克思认为，生产过剩的经济危机根源于资本主义生产方式，是资本主义基本矛盾的产物。两个重要的马克思主义经济学流派——积累的社会结构理论和法国的调节学派——提供了解释资本主义长期经济发展的分析框架。这两个学派以马克思历史唯物主义方法为基础，汲取现代宏观经济学理论，解释资本主义长期经济发展，强调制度体系和制度结构在资本积累过程和资本主义发展中的重要影响，深化了对资本主义经济危机的认识。

#### 1. 马克思的经济危机理论

资本主义经济危机表现为周期性爆发的生产过剩危机，经济危机的发生始于资本家为了追逐剩余价值盲目扩大投资。随着资本积累的增长和劳动生产率的提高，资本有机构成提高。一方面，资本对劳动力的需求相对地，甚至是绝对地减少；另一方面，劳动力的供给日益增多，造成大批工人失业，产生相对过剩人口。相对过剩人口的存在，抑制了实际工资的上升，工人的劳动强度提高，劳动条件趋于恶化。伴随资本积累的增长，社会财富分配两极分化，“这种分配关系，使社会上大多数人的消费缩小到只能在相当狭小的界限以内变动的最低限度。其次，这个消费力还受到追求积累的欲望，扩大资本和扩大剩余价值生产规模的欲望的限制”[①]。有支付能力的需求增长无法

① 马克思：《资本论》（第三卷），中共中央马克思恩格斯列宁斯大林著作编译局译，人民出版社2004年版，第273页。

赶上生产扩张的速度，生产力越发展就越与消费关系所借以建立的狭隘基础发生冲突，导致商品生产与实现之间的矛盾，从而爆发生产过剩的经济危机。只要以资本主义生产关系为基础，经济危机就无法从根本上消除。

2. 积累的社会结构理论

积累的社会结构理论（social structures of accumulation，SSA）是发源于美国的马克思主义经济学研究的一个重要流派。“积累的社会结构”是包括政治、经济、文化、意识形态、国内和国际等协调各种矛盾冲突的制度的集合，它调节着资本积累，维护着资本主义生产关系的再生产。资本积累是建立在一定的制度结构之上的，积累的社会结构是资本积累所必需的复合制度的全集，决定了积累主体、条件和动力，从而影响资本主义的发展。

积累的社会结构理论认为，资本主义经济的长周期性波动与资本主义积累的各类制度结构有关。积累的社会结构影响资本积累过程，当有利于资本积累的制度结构存在时，有利于资本主义经济的繁荣发展，当积累的社会结构不再适应资本主义经济社会发展的要求时，一个新的积累的社会结构体系将代替旧的积累的社会结构体系，重新发挥协调资本主义经济中各种矛盾冲突的作用。积累的社会结构，从创建、完善到崩塌，直至形成新的制度结构的过程，周而复始；与此同时，资本主义经济也在经历繁荣与萧条的周期性更迭。

积累的社会结构理论借鉴凯恩斯主义、老制度主义和长波理论，进一步发展马克思主义的阶级关系理论和经济危机理论，但是积累的社会结构理论学派在许多方面不同于传统马克思主义学派，它更强调历史和制度因素、不同阶级和利益集团的斗争，以及其他可以引起制度的结构性变革的因素。

3. 法国调节学派

法国调节学派在马克思主义经济学理论的基础上，借鉴凯恩斯主义、熊彼特经济学、法国年鉴学派的思想，以积累体制和调节方式等为核心概念建立分析框架，解释资本主义经济的历史演进。积累体制是指维持资本主义再生产所形成的协调生产与消费平衡的制度体系。一定的积累体制需要一定的调节方式，调节方式是为了维持积累体制的稳定性，在处理各种矛盾时所依据的程序、行为规范的复合体。法国调节学派把积累体制分为外延型积累体制、缺少大规模消费的内涵型积累体制、包含大规模消费的内涵型积累体制，这三种积累体制分别对应“旧调节”“竞争性调节”和“垄断性调节”三种调节方式。

法国调节学派将资本主义经济危机分为周期性危机和结构性危机。周期性危机是资本主义经济在其自身发展过程中积累的各种矛盾引致的非均衡问题，在现有的积累体制下，可以通过资本主义的自我调节来解决；结构性危机源于现有的积累体制与资本主义积累过程之间产生的矛盾，必须通过建立新的积累体制来解决。

## 二、西方马克思主义政治经济学的新流派

在西方资本主义经济关系中，资本主义具体的生产方式和交换方式不断发生新的变化，如何全面认识和解释当代资本主义经济发展，对马克思主义经济学研究提出新的命题。在不同流派的交流互鉴中，产生了一批新的马克思主义经济流派。它们在吸收和继承马克思经典理论的基础上，对马克思主义经济学的概念、范畴和体系进行扩充和创新，运用马克思主义来分析和解释全球经济社会发展所面临的重大问题和现实中的各种矛盾，实现了对马克思主义经典理论的回归，推动了马克思主义经济学的创新与发展。

### （一）分析的马克思主义

20 世纪 70 年代兴起的分析的马克思主义，也被称为理性选择马克思主义，是英美地区马克思主义研究的重要流派。分析的马克思主义流派以方法论上的个人主义为基础，运用分析哲学、博弈论和一般均衡分析框架，通过对生产力、生产关系，剥削、阶级等马克思基本理论进行重新阐释，试图为马克思主义理论提供“微观基础”，重构马克思主义理论。

分析的马克思主义的代表人物之一柯亨（Gerald Allan Cohen）运用分析哲学的方法，对历史唯物主义的概念和原理进行清晰阐释和严密论证，以捍卫马克思的历史唯物主义。他对生产力和生产关系、社会的物质性和社会性、商品和拜物教、使用价值和交换价值、经济基础和上层建筑等马克思主义理论的基本概念和历史唯物主义的核心命题进行了澄清。柯亨详细阐述了功能解释的含义与结构，论证了功能解释方法的合理性以及功能解释与历史唯物主义的紧密联系，认为马克思的核心解释是功能的解释。

分析的马克思主义的代表人物之二约翰・罗默（John E. Roemer）以博弈论为基础，把剥削放在不同的历史条件下加以考察。他以财产关系为基础，建立了独立于劳动价

值论的一般剥削理论，将马克思主义的剥削理论作为一种特例。罗默认为，阶级关系、剥削地位直接来源于生产性资产分配上的不平等，财产关系决定社会生产关系。罗默在“阶级剥削对应原理”中提出：阶级是由个体最优化行为而内生决定的，个体的阶级地位与个体所拥有的资产数量之间严格对应。在达到经济均衡时，凡出卖劳动力而实现最优化的均是被剥削者，凡雇佣劳动力而实现最优化的均是剥削者。

在分析的马克思主义者看来，传统马克思主义更多地采取了整体主义、结构主义的解释模式，因而其结论多为宏观原理，但要使这种宏观原理的科学性得到更好的辩护，必须求助于个人主义的解释模式。分析的马克思主义者将个人主义原则引入马克思主义研究中，用以探究宏观理论背后的微观机制，从而为马克思主义经济学建立“微观基础”。

### （二）空间马克思主义

资本主义的空间扩张和地理上的不平衡发展导致资本主义矛盾的空间呈现。空间马克思主义将地理空间因素纳入对资本主义生产、积累和扩张的分析中，在资本主义生产方式下探讨空间与资本的关系，补充和完善资本主义矛盾及危机的形成机制，重新解释城市化过程及其带来的不平等后果，为马克思主义政治经济学的发展打开新视野。

亨利·列斐伏尔（Henri Lefebvre）提出空间生产理论，他从日常生活批判走向历史唯物主义，开启了马克思主义研究的空间转向。列斐伏尔认为当代社会已经由空间中事物的生产转向空间本身的生产，强调空间在社会再生产中的作用，“生产的社会关系把自身投射到某个空间上，当它们在生产这个空间的同时，也把自身铭刻于其中”①。

大卫·哈维（David Harvey，也译作戴维·哈维）将地理学与马克思主义相结合，阐明地理环境在资本主义危机形成和解决过程中所起的作用，建构出历史地理唯物主义理论。哈维认为，空间格局的生产在资本积累的动态中是一种建构性环节，他在阐明与资本过度积累、货币与金融体系相关的资本主义的“第一块”危机和“第二块”危机的形成过程的基础上，提出资本主义的“第三块”危机，即在不平衡的地理发展的框架中发生的危机。哈维提出“空间修复”的概念，即通过地理扩张、重组和时空

① 亨利·列斐伏尔：《空间的生产》，刘怀玉等译，商务印书馆出版社2022年版，第189页。

转移，吸收资本过度积累而产生的资本剩余。“空间修复”虽然通过不平均的地理发展为资本过度积累寻求空间性解决方案，从而转化或推迟了危机的发生，但却无法解决资本主义生产方式的内在矛盾。

20 世纪以来，西方资本主义国家普遍进入城市化进程，资本主义城市化的快速发展伴生各种矛盾和不平等。哈维认识到地理学分析的局限性，并重新运用马克思主义的观点和方法来分析资本主义城市运行逻辑，他指出“城市化是一种个体活动的模式化，个体活动通过集聚形成一种能够调动、提取和集中大量社会指定剩余产品的经济社会一体化模式”①，从城市权角度分析城市内部贫富分化和地理空间不平衡发展问题，揭示了社会进程与空间形式的相互渗透关系。

### （三）生态学马克思主义

生态环境与人类的生存发展紧密相关，日益严峻的生态问题对人类的生存与发展提出挑战。20 世纪 70 年代，生态学马克思主义学派崛起，在马克思主义原理和分析方法的基础上，结合现代生态学理论，揭示了资本主义生产方式下生态危机产生的原因和生态危机的本质，探索解决危机的途径，并提出生态学社会主义的思想。

本·阿格尔（Ben Agger）认为资本主义生产领域的危机已转移到消费领域，生态危机取代了经济危机。本·阿格尔继承并发展了威廉·莱易斯（William Leiss）的生态学马克思主义思想，他明确定义“异化消费”的概念，并指出异化消费根源于资本主义生产方式下的异化劳动。异化消费是导致生态危机的直接根源，异化消费使人们获得虚假的幸福和满足，维持了资本主义扩大再生产，而生产无限扩张超越了生态环境的承载力，导致资本主义生态危机。

詹姆斯·奥康纳（James O’Connor）运用历史唯物主义的方法来阐述人类与自然界之间的辩证关系，重新认识自然在人类社会发展中的重要性，阐明社会劳动在人类历史与自然历史之间的调节作用，由此提出“自然、劳动、文化”的三位一体关系，填补了马克思历史唯物主义的“理论空场”，将历史唯物主义理论扩展到自然界。奥康纳提出资本主义的“双重矛盾”和“双重危机”理论。资本主义的第一重矛盾是资本主义的生产力与生产关系之间的矛盾，第二重矛盾是资本主义的生产力和生产关系与生产条件之间的矛盾，二者分别对应生产过剩导致的经济危机和生产不足导致的经济危

---

① 戴维·哈维：《社会正义与城市》，叶超、张林、张顺生译，商务印书馆出版社 2022 年版，第 258 页。

机。奥康纳指出，生态学马克思主义对资本主义矛盾和危机的阐释，聚焦于资本主义的生产力和生产关系通过损害或破坏自身的社会及环境条件，威胁到资本获得利润的能力，带来了经济危机的潜在威胁，从而揭示出资本主义积累、经济危机、生态危机之间的内在联系。①

约翰·贝拉米·福斯特（John Bellamy Foster）系统地重建马克思的生态思想，阐明马克思的唯物主义自然观及其与唯物主义历史观之间的关系。福斯特认为，马克思把对劳动过程的理解根植于新陈代谢概念之中，利用新陈代谢概念来描述劳动过程中人和自然之间的物质变换关系。马克思的新陈代谢概念既有特定的生态意义，也有广泛的社会意义，既是指自然和社会之间实际的新陈代谢，也用于描述一系列已经形成的但是在资本主义条件下总是被异化地再生产出来的复杂的、动态的、相互依赖的需求和关系。② 马克思运用“断裂”的概念，表达资本主义社会中人类对形成其生存基础的自然条件的物质异化。③ 人类和土地之间的新陈代谢断裂，与城乡分工相联系的新陈代谢断裂，以及全球层面上的新陈代谢断裂，是“新陈代谢断裂”的主要表现。

### （四）世界体系的马克思主义

资本积累和扩张不仅限于一个国家内部，也存在于世界范围内，影响整个世界的发展格局。一批国际政治经济学家以资本积累理论和帝国主义理论为基础，结合发展经济学中的观点和方法，分析世界范围内资本主义主要矛盾的表现形式和发生机制，揭示出资本主义制度和资本主义全球扩张所形成的世界性的资本主义生产体系、不平等的国际经济秩序是世界经济不平衡发展的根源。

依附理论是描述国际政治关系的一种重要理论，各种理论流派对依附理论均有论述且观点各异。安德烈·甘德·弗兰克（Andre Gunder Frank）、萨米尔·阿明（Samir Amin）作为激进主义依附论的代表，以资本积累理论和帝国主义理论为基础，论证了西方发达中心国家与发展中的外围国家之间的依附关系及其成因，探索了外围国家发展的出路。

弗兰克提出的“宗主卫星论”指出，发展中国家发展滞后，既源于历史上的殖民

---

① 詹姆斯·奥康纳：《自然的理由——生态学马克思主义研究》，唐正东、臧佩洪译，南京大学出版社2003年版，第265—267页。

② 约翰·贝拉米·福斯特：《马克思的生态学——唯物主义与自然》，刘仁胜、肖峰译，高等教育出版社2006年版，第175—176页。

③ 同上书，第181页。

压迫，也由现今发达国家与发展中国家在国际经济中的不平等交换所致。宗主卫星关系不仅存在于发达国家与发展中国家之间，也存在于发展中国家内部，导致发展中国家不可能取得真正的发展。阿明基于“中心外围”分析框架，提出不平等交换理论。中心国家为了抑制利润率下降趋势，向外围国家进行资本输出，把专业化的特定形式强加给外围国家，在外围国家建立出口部门。外围国家对中心国家存在商业依附、金融依附和技术依附，中心国家占有外围国家产生的剩余，这是一种有利于中心国家进行原始积累的机制，外围国家出口部门发展所产生的国内市场是有限且不完整的。

伊曼纽尔·沃勒斯坦（Immanuel Wallerstein）提出的“世界体系理论”，以马克思主义的基本观点和方法为基础，汲取市场经济理论、依附理论、历史分析方法、经济周期分析方法，对16世纪到20世纪世界体系的发展演变和结构特征进行长时段的研究。他从经济、政治、文明三个维度揭示了资本主义世界体系的不平等。经济是资本主义世界体系的核心，资本主义世界经济呈现“中心—半边缘—边缘”轴心式的劳动分工结构。“中心”通过不平等交换关系，利用“边缘”提供的原材料和廉价劳动力生产高附加值的产品，从而加速资本积累；“边缘”为整个资本主义世界经济提供廉价劳动力、原材料和初级产品，经济剩余从“边缘”流向“中心”；“半边缘”则介于两者之间：这是资本主义世界经济体系的运作机制。在政治层面，国家的形成和国家体系的出现是世界体系的重要标志，国家之间的不平等地位是世界经济体系不均衡发展的重要反映。世界体系之内包含多种文化，文化在世界体系中起着深层作用。

## 第二节　西方新政治经济学的产生与发展

政治与经济彼此关联、相互影响，决定了政治学与经济学之间存在内在的联系。20世纪60年代，西方学者将独立的政治学与经济学重新融合，形成以政治领域的经济分析和经济领域的政治分析为研究支柱的西方新政治经济学，该流派的产生和发展对整个政治经济学的发展具有重要的推动意义。

### 一、西方新政治经济学的特征与理论起源

自19世纪70年代“边际革命”开始，经济学与政治学分离，相继成为独立的学科，古典政治经济学开始衰落，“政治经济学”逐渐被“经济学”所取代。19世纪90年代，马歇尔通过综合“边际革命”的成果，创建了新古典经济学。新古典经济学注

重分析微观企业和个体的经济行为，力图把政治经济学变为仅研究既定制度下资源配置的“纯经济学”，这也导致新古典经济学的内在局限性。自 20 世纪 60 年代以来，西方社会科学发展的整体化趋势，促使政治学与经济学再次结合，诞生了西方新政治经济学。

### （一）西方新政治经济学的基本特征

西方新政治经济学认为政治与经济之间存在不可分割性，强调政治学和经济学的整合研究，分析政治过程需要使用经济学的方法，研究经济问题需要考虑其背后的政治因素，这一观点提供了一个全新的理解政治经济过程的视角，从而深刻地反映出政治与经济之间相互依赖、相互作用的关系。在学科层面，西方新政治经济学实现了政治学与经济学的有机融合；在分析方法层面，西方新政治经济学实现了历史和制度主义分析与经济主体的理性选择分析相结合，打通了政治分析与经济分析的分割状态。

“政治领域的经济分析”与“经济领域的政治分析”是新政治经济学的两大支柱。“政治领域的经济分析”将经济学的分析方法应用于政治领域，重点阐明兼具自利和利他两种动机的政治主体如何参与政治决策并作出理性选择，并逐渐形成社会选择理论、公共选择理论、寻租理论、官僚理论等重要理论体系和流派。“经济领域的政治分析”源于制度主义的复兴，以新制度经济学的兴起为重要标志，政治、制度、历史、文化等非经济因素被纳入分析框架，以讨论这些被新古典经济学所忽视的因素对经济的影响。西方新政治经济学将个体的理性主义与社会整体的制度、历史、结构主义分析相结合，为分析政治经济现象提供了新的洞见。

### （二）西方新政治经济学与古典政治经济学、新古典经济学的渊源

18 世纪 70 年代，亚当·斯密（Adam Smith）所著的《国民财富的性质和原因的研究》问世，标志着古典政治经济学理论体系的形成。古典政治经济学是在批判和吸收重商主义和重农主义观点的基础上，着重讨论经济增长和分配问题，把政治经济学的研究从流通领域转入生产领域，提出劳动价值论，同时也认识到生产和分配过程中人与人之间社会关系的对立。西方新政治经济学承袭古典政治经济学的研究传统，以政治与经济的互动关系为逻辑起点，分析政治与经济、国家与市场、个人利益与社会利益的互动关系。

新古典经济学从古典政治经济学的分析框架中走出，转向研究微观个体和企业在

市场中的最优决策行为。新古典经济学以边际效用和边际产出等概念为核心，大量使用数学工具分析经济现象，使经济学达到科学化、精准化。与此同时，新古典经济学在研究中也舍弃了历史和社会整体视角，回避了制度、组织、权力、结构等因素对经济活动的影响，导致高度抽象的新古典经济学分析框架与现实世界的偏离。

西方新政治经济学以新古典经济学的分析框架和分析方法为建构基础。新古典经济学重视对微观经济主体行为的刻画，采用方法论上的个人主义，建立理性选择模型分析个体和企业的行为决策及市场均衡的形成。西方新政治经济学以新古典经济学的微观视角为基础，将"经济人"的自利假设从市场决策领域扩展到政治决策领域，将个体追求利益最大化的理性选择模型运用到政治主体的行为分析中，提出公共选择理论、政党竞争理论、官僚理论和利益集团理论。

西方新政治经济学打破了新古典经济学的研究局限。新古典经济学将制度等因素视为外生变量，经济活动发生在既定的制度背景下。西方新政治经济学打破这一限定，把制度作为研究对象，分析制度形成和演变的机制，以及制度对人的行为和经济效率的影响，克服了新古典经济学把制度因素排除在经济学体系之外的缺陷，使新古典经济学的研究范围得以拓展。

## 二、西方新政治经济学的主要流派与观点

运用新古典经济学的分析框架和分析方法研究政治行为和政治决策是西方新政治经济学研究的一个重要领域。该部分将主要介绍和评述公共选择理论的研究视角、研究内容和研究方法，重点介绍公共选择学派的核心思想以及西方新政治经济学对政治决策、政党竞争、利益集团行为的刻画。

### （一）公共选择理论

以詹姆斯·布坎南（James M. Buchanan）为代表的公共选择学派，将方法论上的个人主义、"经济人"假设和理性选择模型引入政治主体行为和政治决策过程的分析中，试图说明政治过程如何通过设计一定的规则，从所有个体的理性选择中求解社会集体选择的结果，并协调社会利益关系的过程。

公共选择是通过集体行动和政治过程来决定公共物品的需求和供给，是对资源配置的非市场选择。公共选择理论认为，政治决策过程类似于政治市场交易，选民是政治市场的需求方，选民通过投票选择能够最大化自身效用的政党或政策，政党是政治

市场的供给方，政党追求的目标是当选执政。为了实现政治支持最大化，政党会制定赢得多数选票的政策方案。选民和政党在各自的目标和约束条件下作出理性选择，实现政治过程的一般均衡，这一模式构建了政治过程的经济学分析框架。

1. 政党竞争与中间选民定理

传统政治理论认为，政党和政治家的目标是使社会利益最大化。安东尼·唐斯（Anthony Downs）提出，政党和政治家也是追求自我利益的经济人，其追求的目标是政治支持最大化。他在“理性选民假说”中提出，政治市场上的选民是理性的经济人，选民基于成本收益分析，倾向于选择与自己立场最为接近的政党，以实现自己的预期效用最大化。

哈罗德·霍特林（Harold Hotelling）最早将空间竞争理论用于政治行为分析来解释两党竞争问题，唐斯在此基础上进一步提出“中间选民定理”。“中间选民定理”假定选民具有单峰偏好，选民偏好呈对称分布，政党为了赢得竞选，在政策制定上会尽可能地靠近中间选民的偏好，两党的政策选择最终会与中间选民的政策偏好一致。

2. 政府与官员行为理论

政治家建立官员机构体系，并通过官员机构体系建立经济社会管理体系，但是官员具有不同于政治家的行为动机。为了解释官员机构的性质和官员行为，威廉·尼斯坎南（William A. Niskanen，Jr.）提出官员预算最大化模型。在这一模型中，薪金、福利津贴、公共声誉、权力等进入官员的效用函数且与预算正相关。追求预算最大化成为官员机构运转的动机之一。

政府干预的初衷是为了弥补“市场失灵”，当政府的干预措施无法使社会资源配置效率达到最佳状态且造成新的扭曲或效率损失时，就会出现“政府失灵”。政府失灵论认为，导致“政府失灵”的原因主要来自三个方面：一是政治家和官员具有追求个人利益或所属集团利益的倾向，当个人利益与社会公共利益存在偏离时，其政治决策可能偏离社会公共利益；二是政府在公共品供给中居于主导地位，导致公共品供给缺乏竞争，政府供给部门缺少提高供给效率和效益的压力，容易造成政府公共品供给效率低下；三是信息不完全、有限理性导致公共政策失误，政府矫正市场失灵的各种政策措施之间可能相互抵消，使政策效力大打折扣。

政府管制行为与寻租理论。乔治·施蒂格勒（George J.Stigler）、萨姆·佩尔茨曼（Sam Peltzman）在对政府管制行为的研究中发现，政府管制限制了市场竞争，扭曲了价格机制，降低了资源配置效率。而且，政府经济管制可能产生寻租和设租行为。“租”是一种超额收入，寻租是一种非生产性活动，能给行为主体带来特殊地位或垄断权，以维护既得利益或对既得利益进行再分配。

寻租理论的思想最早源于戈登·塔洛克（Gordon Tullock），于20世纪70年代由安妮·克鲁格（Anne O. Krueger）正式提出。布坎南进一步发展了寻租理论，布坎南的寻租理论主要探讨寻租产生的条件、寻租的三个层次、政治分配与寻租。利益集团的寻租行为主要包括三种形式：一是通过游说或贿赂等手段直接获取租金；二是通过各种手段改变政策环境来间接获取租金；三是在表面上进行生产性投资活动，但其真正目的是达到政府所确定的某种标准并据此获得政府的补贴性租金。

3. 利益集团理论

曼瑟尔·奥尔森（Mancur Olson）认为集体行动具有不同于个体行动的逻辑，集体行动中存在“搭便车问题”和机会主义行为，导致个人的理性选择产生集体的非理性结果，从而难以实现集体利益最大化，因此存在集体行动的困境。奥尔森指出，即使集团中的所有个人是理性的、寻求自身利益的，并且集团中的所有人采取行动实现他们共同的利益或目标后都能获利，也不能推出集团成员会自愿地采取行动实现他们共同的目标，除非一个集团中人数很少，或者存在强制手段或其他某些特殊手段，以使个人按照集团的共同利益行事。

埃莉诺·奥斯特罗姆（Elinor Ostrom）以公共池塘资源的使用为例，说明个体在面对集体物品时的选择模式，她提供了一种解决集体行动困境的方案。面对公共资源系统的不确定性和复杂性，理性人会基于预期收益、预期成本、共同的行为规范和个人对未来收益贴现率的评估，作出行为决策。在公共资源的使用中要达成合作，必须进行一定的制度设计，或是通过国家强制力来保证或是在企业内部通过协商来维持集体行动并对违规行为作出惩罚。奥斯特罗姆提出，可以通过自主治理组织来解决集体行动的困境，其中的关键是要克服制度供给、可信承诺和相互监督三个问题。

### （二）新制度经济学

新古典经济学把制度当作既定的变量，考察在既定制度下的稀缺资源配置问题。从长期来看，制度是在发生变化的，制度是影响资源配置和经济增长绩效的重要因素。西方新政治经济学研究的一个重要领域就是将制度因素引入对经济问题的探讨之中，分析制度和政治因素对经济活动的影响。

1. 制度与制度变迁理论

个体的活动总是在一定的制度下进行的。制度决定了协调人们行为的社会规则和准则，它减少了不确定性，降低了交易成本，对个体活动具有激励和约束作用。道格拉斯·C. 诺斯（Douglass C. North，也译作道格拉斯·诺思）指出“制度是一系列被制定出来的规则、守法程序和行为的道德伦理规范，它旨在约束追求主体福利或效用最大化利益的个人行为”①，“制度提供了人类相互影响的框架，它们建立了构成一个社会，或更确切地说一种经济秩序的合作与竞争关系”②。青木昌彦把制度视为一种博弈均衡，他认为制度是浓缩信息的载体，具有内生性、耐久性、共享性和均衡多重性。③

正规制度与非正规制度相互联系构成制度矩阵。正规制度包括法律、产权制度和正式合约，非正规制度则是人们之间发生相互作用时所遵守的行为规范、准则、习俗和惯例，其受到文化、价值观、伦理道德的影响。正规制度可以增进非正规制度的有效性，也可能修正，或者取代非正规制度，非正规制度能够修正、补充正规制度，影响正规制度作用所产生的结果。

制度是决定长期经济绩效的基本因素。国家通过界定和实施产权决定一个经济的基本激励结构，相对价格或偏好的变化导致制度变迁。制度变迁的方式主要有两种：一种是诱致性制度变迁，另一种是强制性制度变迁。诱致性制度变迁源于有关群体对新制度下潜在获利机会作出的反应，这是一种自下而上的，自发的、渐进式的制度变迁过程。强制性制度变迁是国家主导的制度变迁。国家具有制度供给的规模优势，可以以最快的速度推进制度变迁，减少了制度变迁的时滞和成本。

制度变迁是渐进式的，具有路径依赖性，即制度变迁方向和路径的选择受制于过去的制度轨迹，而路径依赖性的产生源于制度结构的报酬递增机制。诺斯认为制度变迁与技术变迁具有共性，技术变迁中规模经济、学习效应、协作效应、适应性预期等四个自我增强机制对于解释制度变迁具有一定的适用性。他同时也指出，由于政治与经济的相互作用，影响制度变迁的行为者众多，以及正规制度与非正规制度之间复杂的相互作用，制度变迁的路径依赖性比技术变迁更为复杂。④

---

① 道格拉斯·C. 诺思：《经济史中的结构与变迁》，陈郁、罗华平、黄永山、柴宁译，上海三联书店、上海人民出版社 1994 年版，第 225—226 页。

② 同上书，第 225 页。

③ 青木昌彦：《比较制度分析》，周黎安译，上海远东出版社 2001 年版，第 187 页。

④ 道格拉斯·C. 诺斯：《制度、制度变迁与经济绩效》，刘守英译，上海三联书店出版社 1994 年版，第 138 页。

2. 产权与交易费用理论

罗纳德·科斯（Ronald H. Coase）在《社会成本问题》中表述的核心思想，后被概括为“科斯定理”，该定理反映了产权制度安排与资源配置效率的关系。“科斯定理”指出，只要产权是明确的，在交易费用为零的情况下，无论初始产权如何配置，市场均衡的最终结果都会实现资源配置的帕累托最优。在交易费用不为零的情况下，不同的产权界定和分配会带来不同的资源配置效率。“租值耗散理论”阐述了产权制度安排与资源或财产价值的关系。本来有价值的资源或财产，鉴于其产权未界定清楚，在竞争中其价值会下降，甚至完全消失。

科斯首次将“交易费用”引入经济分析，用于解释企业的产生。交易费用（交易成本）是达成一笔交易所要花费的成本，主要由搜寻成本、信息成本、谈判议价成本、签约成本与监督成本构成。市场交易和企业内部交易作为两种可以相互替代的交易形式，均会产生一定的交易费用。企业之所以存在，是因为企业内部交易相较于市场交易具有更低的交易费用。奥利弗·威廉姆森（Oliver E. Williamson）对“交易费用”的研究进一步系统化。他将交易费用分为事前交易费用和事后交易费用，事前交易费用的高低与产权的明晰度有关，事后交易费用涉及保持长期交易关系、变更交易事项、取消交易协议所付出的成本，有限理性、机会主义、环境的不确定性、小数目条件以及信息不对称，是交易费用的主要影响因素。

## 第三节　西方政治经济学的理论评析与借鉴

西方马克思主义政治经济学和西方新政治经济学作为西方政治经济学的重要代表，尽管两者的理论承袭、研究范式和价值取向不同，但是都对西方政治经济学的理论创新、研究视域和研究方法的拓展产生了重要影响，也为中国特色社会主义政治经济学的建构和发展提供了参考和借鉴。

### 一、西方政治经济学的理论评析

#### （一）西方马克思主义政治经济学的理论评析

西方马克思主义政治经济学研究以马克思主义理论为基础，从资本主义发展的现实背景出发，一方面通过对马克思原著文本进行深入细致的研究，进一步阐释和肯定马克思主义政治经济学理论的巨大历史贡献；另一方面运用马克思主义的基本原理回答西方资本主义出现的新现象、新问题，既增强了马克思主义经典理论的解释力，也开创出马克思主义研究的新道路。

西方马克思主义政治经济学不断创新与发展的理论意义表现在三个方面。

首先，西方马克思主义政治经济学进一步阐释马克思主义的经典思想，促进了马克思主义理论的巩固和发展。西方马克思主义学者以历史的视角和比较的方法对马克思的劳动价值论进行再阐释，对资本平均利润率的变动趋势进行再讨论，使马克思主义理论的核心思想得到进一步明确和巩固；通过与西方主流经济学就价值价格转形问题展开多轮理论交锋，加强了马克思主义与非马克思主义之间的交流与对话，推动了马克思主义研究的新发展。

其次，汲取现代经济理论和分析方法，对马克思主义的基本概念、命题和理论进行补充与完善，使马克思主义政治经济学的理论体系更加完备。例如，积累的社会结构理论和法国调节学派吸取了凯恩斯的经济思想，在马克思经济危机理论的基础上，对资本主义经济危机作出新的解释；再如，分析的马克思主义者将个人主义原则引入马克思主义研究中，探索宏观理论背后的微观机制，为马克思主义经济学建立“微观基础”。

最后，在马克思主义基本原理的基础上，结合现代生态学、地理学的理论，扩充了马克思主义经济学的研究视域，为全面认识当代资本主义、分析西方资本主义新特征新问题提供了新的视角，并进一步发掘出马克思主义理论对于解决当代全球经济社会问题的重要意义。

当然，当代西方马克思主义政治经济学也面临两个不容忽视的缺陷。第一，不同流派思想多元，在经济理论上各成体系、难以融合。西方马克思主义理论表达、研究方法呈现多元化倾向，使马克思主义经济学研究对象、研究方向过于分散、难以统一，这削弱了马克思主义剖析资本主义社会的能力。第二，部分地曲解和偏离了马克思主义经济学的本质。西方马克思主义政治经济学的研究中有两种倾向，一些西方学者力图重构重建马克思主义，将非马克思主义的理论和方法纳入对马克思主义经济学的研究之中，试图沟通马克思主义经济学和西方主流经济学，实际上可能曲解和偏离马克思的基本理论。

### （二）西方新政治经济学的理论评析

西方新政治经济学承袭了古典政治经济学的研究思路，以政治和经济的内在关联为逻辑起点，既在政治学的分析中引入新古典经济学的分析框架，又在新古典经济学的研究中引入制度和政治因素，揭示了经济政策形成背后的政治约束，打破了政治学与新古典经济学的研究界限，扩大了政治学和经济学的研究视域。

西方新政治经济学的跨学科特征，促进了政治经济学新的理论体系和研究方法的形成。以新古典为代表的主流经济学表现出“纯经济学”的研究倾向，但是在现实世界中政治和经济问题相互交织，在单一的学科框架中难以得到充分地解决。基于此，西方新政治经济学采取跨学科的研究方法，运用经济学理论和方法来分析政治问题，通过政治学理论来探讨经济过程，互相借鉴各自学科的研究成果，形成对政治和经济的整合研究。

西方新政治经济学开拓了政治经济学的研究方法。相比传统政治经济学，西方新政治经济学在分析中使用了大量的数学分析工具，使新政治经济学的逻辑表达更加清晰和严谨；数学模型的构建清晰地阐明了政治经济相互关联的过程。西方新政治经济学在国家、市场、利益集团等政治经济学核心范畴的分析中，强调对历史比较分析和组织制度分析的运用。在讨论制度存在与变迁、经济绩效与经济发展的关系时，既恢复了古典政治经济学的研究传统，也突破了新古典经济学研究的局限，对西方新政治经济学的兴起和发展起到了重要的推动作用。

西方新政治经济学仍处于发展之中，学界对于西方新政治经济学的研究对象、研究范围的认识尚未达成共识。迪帕克·莱尔（Deepak Lal）和海拉·明特（Hyla Myint）把新政治经济学看作政治经济学发展的一个新阶段，认为新政治经济学的要旨是把经济学原理应用于政治科学研究的领域。安德鲁·盖保尔（Andrew Gamble）认为新政治经济学的主要内容包括国际政治经济学、国家理论、比较政府产业关系、公共选择这四个方面。另外，西方新政治经济学也试图统一政治分析和经济分析，认为经济人的自利动机同样适用于政治主体，将政治过程类比市场交易。新政治经济学的这种简单假设，过分强调自利动机和成本收益计算在个人行为中的支配作用，淡化个体从事政治活动和经济活动的差别，从而忽视人的社会属性和利他主义精神在集体选择中的作用。

## 二、西方政治经济学的理论借鉴

西方马克思主义政治经济学和西方新政治经济学为推动世界范围内政治经济学的发展作出了重要贡献，二者在研究视角、研究对象、研究方法上的创新，为中国特色社会主义政治经济学的发展提供了重要参考，有助于中国特色社会主义政治经济学的建构和发展。

第一，坚持马克思主义不动摇是建构中国特色社会主义政治经济学的基本原则。中国特色社会主义政治经济学是马克思主义政治经济学中国化的重要理论成果。中国特色社会主义政治经济学研究以马克思主义基本原理为价值取向和研究根基。构建中国特色社会主义政治经济学体系，要在坚持马克思主义基本理论的基础上，以马克思主义基本立场、观点、方法来鉴别西方马克思主义政治经济学和西方新政治经济学理论，有选择地吸收和借鉴西方马克思主义政治经济学和西方新政治经济学的理论精髓。

第二，研究和阐释中国的发展现实是建构中国特色社会主义政治经济学的核心任务。西方马克思主义政治经济学和西方新政治经济学的发展均是以西方发达国家的政治经济体制、历史文化为背景的，它们立足于发达国家的现实，其理论主要用于解释西方成熟市场经济条件下的政治经济社会问题。而中国目前仍是一个发展中国家，中国的历史文化也不同于西方，要对中国的发展作出合理的解释，就要创建以中国的经济社会制度、经济社会发展特征为基础的政治经济学，即中国特色社会主义政治经济学。中国特色社会主义政治经济学的建构和发展要扎根于中国，并对世界范围内政治经济学的发展作出原创性贡献。

第三，汲取西方政治经济学所长是建构中国特色社会主义政治经济学的必要条件。西方马克思主义政治经济学和西方新政治经济学在研究内容、研究方法上都有拓展和创新。一方面，中国特色社会主义政治经济学要从更深层次挖掘马克思主义政治经济学的理论内涵，利用马克思主义基本原理解释和回答中国发展的现实问题；另一方面，其也要借鉴西方马克思主义政治经济学、西方新政治经济学在分析问题时所使用的理论模型和计量分析工具，使中国的政治经济学在理论体系建构上更加完备，这也有助于中国特色社会主义政治经济学与西方马克思主义政治经济学、西方新政治经济学进行交流和对话。

# 第六章　中国特色社会主义政治经济学理论的初步探索（1949—2012 年）

中国特色社会主义政治经济学的理论渊源，可以追溯到以中国共产党成立为标志的马克思主义中国化的开端。以毛泽东同志为主要代表的中国共产党人在新民主主义革命、社会主义改造和社会主义计划经济建设过程中，将理论联系中国实际、联系中国社会主义的道路选择，总结并指导社会主义革命与建设事业。党的十一届三中全会以后，社会主义经济理论和实践取得重大进展，中国特色社会主义政治经济学的理论体系得以形成。社会主义本质论、社会主义初级阶段理论、社会主义市场经济理论和科学发展观理论在改革开放的实践中逐渐形成、充实。

中国特色社会主义政治经济学立足于社会主义初级阶段基本国情，坚持符合社会生产力的、以公有制为主的基本经济制度，围绕针对政府与市场关系进行的渐进式改革及发挥市场在资源配置中的基础性乃至决定性作用，解放思想、实事求是，开展大量的学术探讨与理论探索，形成与中国特色社会主义实践紧密结合的一系列经济思想、理念和理论成果。上述理论成就为党的十八大以后习近平新时代中国特色社会主义经济思想的形成提供了充分的理论基础，为中国特色社会主义政治经济学的进一步发展提供了理论依据。

## 第一节　马克思主义政治经济学的中国化探索

### 一、马克思主义政治经济学在中国的早期传播

中国特色社会主义政治经济学本质上是对马克思、恩格斯、列宁经济思想的继承和发展。近代中国一度沦为半殖民地半封建社会，众多仁人志士的主张与方案都未能挽救民族于危难。十月革命一声炮响，给中国送来了马克思列宁主义。陈独秀、李大钊等人积极传播马克思主义，倡导运用马克思主义改造中国社会。从 1921 年中国共产党成立到 1949 年新中国成立，中国人民在中国共产党的领导下，推翻了帝国主义、封

建主义和官僚资本主义的统治，建立了人民当家作主的中华人民共和国，并逐步走上社会主义道路。

中国特色社会主义政治经济学最早应该追溯到新民主主义经济理论。[①]1938 年 9 月，毛泽东在党的六届六中全会上明确提出“要学会把马克思列宁主义的理论应用于中国的具体的环境”[②]。此后，如何将马克思主义政治经济学与中国实际相结合，并用以解释和指导中国实际，就成为当时中国共产党和马克思主义经济学家面临的重要任务。

抗日战争时期，毛泽东同志创造性地提出新民主主义经济纲领，并指出“在中国的条件下，在新民主主义的国家制度下，除了国家自己的经济、劳动人民的个体经济和合作社经济之外，一定要让私人资本主义经济在不能操纵国民生计的范围内获得发展的便利，才能有益于社会的向前发展。”[③]他撰写的《矛盾论》《实践论》等至今对中国特色社会主义政治经济学具有重要指导意义。

值得注意的是，中国学者对社会主义经济理论的介绍，远远早于苏联《政治经济学教科书》的出版。1934 年，沈志远的《新经济学大纲》成为中国本土第一部马克思主义政治经济学教科书。该书不但包含马克思《资本论》的主要内容，还包含列宁《帝国主义论》的主要内容，同时论述了当时其他经济学教科书很少论述的社会主义经济。该书此后经过不断修订，从原有的 32 万字增加到 1949 年的 62 万字，成为当时许多高等学校政治经济学主要教科书。

王亚南根据马克思主义的方法论和理论观点，对中国的商品与商品价值、货币、资本、利息与利润、工资、地租、经济恐慌的历史与现实形态进行全面研究，成为政治经济学中国化的成功典范。[④]他与郭大力对《资本论》的翻译研究也是对马克思主义政治经济学中国化的重要贡献。1946 年开始，许涤新在周恩来的鼓励下，运用唯物史观和马克思主义政治经济学的基本立场与观点，分析从原始社会一直到新民主主义社会的政治经济学原理，尤其以中国作为研究对象。[⑤]中国政治经济学的近代启蒙，正是在马克思主义中国化的过程中实现的。

---

① 逄锦聚：《中国特色社会主义政治经济学论纲》，《政治经济学评论》2016 年第 5 期。

② 《毛泽东选集》（第二卷），人民出版社 1991 年版，第 534 页。

③ 《毛泽东选集》（第三卷），人民出版社 1991 年版，第 1060—1061 页。

④ 王亚南：《中国经济原论》，经济科学出版社 1946 年版。

⑤ 许涤新的《广义政治经济学》由生活·读书·新知三联书店分别于 1949 年 9 月出版第一卷、1950 年 6 月出版第二卷、1954 年出版第三卷。第一卷讲述前资本主义生产方式，第二卷讲述资本主义、帝国主义、殖民地和半殖民地经济，第三卷讲述中国新民主主义经济。

## 二、毛泽东思想与马克思主义政治经济学中国化

随着中国社会主义制度的确立和社会主义建设的展开，以毛泽东同志为主要代表的中国共产党人把选择中国自己的社会主义道路问题提上重要议程。1956年4月，毛泽东明确提出："现在（社会主义革命和建设时期）更要努力找到中国建设社会主义的具体道路。"①他针对性地提出破除迷信，反对教条主义，反对"硬搬"苏联模式那一套，提出独立思考中国自己的社会主义建设道路问题，把马克思主义基本原理同中国社会主义建设的具体实际结合起来。

同月，毛泽东发表《论十大关系》，该讲话被认为是中国特色社会主义政治经济学的开创之作。讲话针对发展中国经济建设的任务与问题，提出社会主义社会的基本矛盾、统筹兼顾、协调发展理论，以及主张以农业为基础、以工业为主导、农轻重协调发展的观点。

《论十大关系》成为起草党的八大政治报告的指导思想。毛泽东在修改八大政治报告稿时指出："我国不但在民主革命的过程中有自己的许多特点，在社会主义改造和社会主义建设的过程中也带有自己的许多特点，而且在将来建成社会主义社会以后还会继续存在自己的许多特点。"②陈云也提出："以计划生产为工农业生产的主体，按照市场变化而在国家计划许可范围内的自由生产是计划生产的补充。"③

1956年9月，党的八大总结了"一五"期间的实践和反对冒进的经验，提出在综合平衡中稳步前进的经济建设方针。陈云根据毛泽东的建议提出"三个主体、三个补充"的观点，在一定程度上突破了苏联的高度集中统一的计划经济模式，同时涉及发挥非公有制经济成分合法存在的作用。周恩来在关于第二个五年计划的报告中也明确指出："价值规律在我国经济生活中还起着一定的作用，在某些方面更起着重要的作用。"④

1956年初，毛泽东提到"必须执行促进生产力发展的任务""社会主义革命的目的是为了解放生产力"，而社会主义生产资料所有制的变革"必然使生产力大大地获得解

① 《毛泽东年谱》（第三卷），中央文献出版社2013年版，第577页。

② 《建国以来毛泽东文稿》第6册，中央文献出版社1992年版，第143页。

③ 《陈云文选》（第三卷），人民出版社1995年版，第13页。

④ 杨河：《1956：探索中国特色社会主义道路的开篇之年》，《红旗文稿》2016年第3期。

放”。① 在 1957 年 2 月发表的《关于正确处理人民内部矛盾的问题》一文中，毛泽东作出“我们的根本任务已经由解放生产力变为在新的生产关系下面保护和发展生产力”② 的重要论断。他提出社会主义基本矛盾和两类矛盾理论，包括：社会主义基本矛盾不同于资本主义，是非对抗性的；社会主义制度可以通过改革和调整生产力与生产关系、经济基础与上层建筑之间的关系，得到自我完善和发展。

1958 年，毛泽东三次研读并批注斯大林的《苏联社会主义经济问题》。1959 年 12 月—1960 年 2 月，毛泽东组织学习小组仔细研读苏联《政治经济学》教科书的社会主义部分，采取边读书边谈话方式，逐章逐节进行阅读。其间，毛泽东结合苏联和新中国社会主义革命和建设的历史与现实进行批注，并发表多次谈话，其中包括对发展社会主义商品经济和运用价值法则的独创性见解。③

新中国成立后，毛泽东在批判分析苏联政治经济学的基础上，对中国的社会主义经济制度和计划经济体制的运行作了系统性、创新性理论思考。这些观点是对马克思主义政治经济学的创造性发展，为后续中国特色社会主义政治经济学的形成开辟了道路。④ 同时，毛泽东思想中的矛盾分析方法以及群众路线、调查研究、实事求是等具有中国特色的思想路线，为中国政治经济学的长期发展注入了生命力。

## 三、构建政治经济学社会主义部分的学术争鸣

20 世纪五六十年代围绕政治经济学社会主义部分理论体系的讨论，是中国社会主义经济理论研究的第一次高潮。在毛泽东思想的指导下，国内学者开始突破苏联范式，对社会主义政治经济学诸多理论问题进行中国化的学术探索。1959 年，孙冶方首次提出以马克思《资本论》的“程序”构建社会主义经济理论体系。⑤ 此后，国内学界基本赞同以《资本论》体系为基础的“生产—流通—再生产”框架作为中国社会主义经济

---

① 《毛泽东文集》(第七卷)，人民出版社 1999 年版，第 1 页。

② 同上书，第 218 页。

③ 参见周新城：《毛泽东经济思想初探：学习〈毛泽东读社会主义政治经济学批注和谈话〉》，《政治经济学评论》2015 年第 6 期。

④ 参见张宇：《毛泽东对中国特色社会主义政治经济学的探索》，《高校马克思主义理论研究》，2016 年第 2 期。

⑤ 孙冶方：《论价值——并试论“价值”在社会主义以至于共产主义政治经济学体系中的地位》，《经济研究》1959 年第 9 期。

理论体系设计的首选方案。①

除了各地组织的集体编纂教材外，1955年中央宣传部委托薛暮桥、孙冶方和于光远编写中国的政治经济学教科书。于光远在《政治经济学社会主义部分探索》一书中对社会主义政治经济学的体系框架、研究对象、中心问题、发展规律和按劳分配等内容提出自己的主张。②相比之下，薛暮桥更重视从实际出发构建理论，其合著成果尝试以整体国民经济的社会主义建设为主要框架。③孙冶方的研究始于1961年，直至1976年其整理完成《〈社会主义经济论〉提纲》，该书大纲分为"生产过程""流通过程""全社会总生产过程"和"消费篇"四篇，共计二十五章，形成较为完备的体系框架。④

值得注意的是，在主流学术界强调生产关系对生产力发展的适应和推动的同时，有学者作出新的中国化探索。范文澜认为，不同民族的生产力与生产关系存在一定的差别，生产关系一定要适合生产力是普遍规律，但其具体表现形式上也会是复杂而曲折的。⑤李平心深入研究生产力自身的内在矛盾和运动规律，反驳了"把生产关系绝对化，把生产力简单化，认为生产力始终要依赖生产关系才能增长，生产力不能有任何相对独立的运动"的观点。⑥

学界对价值规律的代表性研讨，最能反映当时中国政治经济学学科的独立思考。1956年10月，薛暮桥的《计划经济与价值规律》一文，开启了围绕社会主义商品生产的客观必然性、计划经济和价值规律的关系问题的讨论。⑦1957年，孙冶方指出利润是企业经营优劣最集中的表现，中心指标能反映生产的实际情况，能推动企业管理。⑧1959年4月举行的第一次全国经济理论讨论会，对商品生产和价值规律在社会主义计划经济中的地位予以客观肯定。1962年，《人民日报》的理论文章还提出以成本

① 如王亚南：《关于应用〈资本论〉体系来研究政治经济学社会主义部分的问题》，《经济研究》1961年第5期。

② 参见于光远：《政治经济学社会主义部分探索》，人民出版社1995年版。此外，还可参见骆耕漠：《社会主义制度下的商品和价值问题》，中共中央党校（内部材料），1957年。

③ 薛暮桥、苏星、林子力：《中国国民经济的社会主义改造》，人民出版社1959年版。

④ 孙冶方：《社会主义经济论稿》，人民出版社1985年版。

⑤ 范文澜：《生产关系一定要适合生产力性质》，《光明日报》1957年2月28日。

⑥ 李平心：《论生产力与生产关系的相互推动和生产力的相对独立增长——七论生产力性质》，《学术月刊》1960年第7期。

⑦ 薛暮桥：《计划经济与价值规律》，《人民日报》1956年10月28日。

⑧ 孙冶方：《从"总产值"谈起》，《统计工作》1957年第13期。

和利润二者并重，作为评价企业经济效果的主要指标。①

在社会主义分配制度问题上，1959 年全国第一次经济理论讨论会肯定了按劳分配和计件工资，肯定了物质利益原则在社会主义社会的作用，纠正了 1958 年否定社会主义按劳分配原则的社会言论。②1962 年，沈志远提出“按劳分配”具有相对稳定性，重视“按劳分配”原则、重视群众的物质利益，是“政治挂帅”的一个重要方面。③

从 20 世纪 60 年代初起，在薛暮桥、于光远、孙冶方的共同主持下，经济学界举行了多次关于速度与比例、社会主义再生产、农轻重关系、经济核算与经济效果的座谈会，引起的热烈讨论都得出比较符合客观实际的结论。这一历史阶段的理论研讨，为改革开放以后政治经济学体系研究的重新繁荣提供了基础。④

## 四、中国政治经济学学科化的探索与实践

1955 年 7 月经全国人大一届二次会议审议通过由周恩来、陈云同志主持制定的第一个五年计划。在此之前，中国政治经济学已经开始建立自己的学科体系。1954 年 1 月，鉴于中国经济理论滞后于社会主义建设实践，许涤新撰写并出版了《广义政治经济学》第 3 卷，该书首次以中国新民主主义经济为研究对象，成为中国社会主义政治经济学学科化的前奏。⑤

1954 年 8 月苏联俄文版《政治经济学教科书》出版，8 个月后由人民出版社出版中文版。该书第三篇首次系统地阐述了“社会主义的生产方式”（即政治经济学社会主义部分），其中设专章论述了“中华人民共和国的经济制度”。该书关于社会主义部分的研究对象、理论体系甚至具体观点，一时成为中国社会主义政治经济学体系构建的蓝本。

1959 年冬，毛泽东提出要编写中国自己的政治经济学教材。同年 12 月初，中共中央宣传部指示北京、上海、武汉和天津等地编写《政治经济学（社会主义部分）》教科书，以适应当时广大群众学习经济理论的迫切要求。最终，由姚耐等主编的“上海

---

① 参见杨润瑞、李勋：《试论工业企业的经济核算》，《人民日报》1962 年 7 月 19 日。

② 参见张春桥：《破除资产阶级法权思想》，《解放》1958 年第 6 期，转引自《人民日报》1958 年 10 月 13 日。

③ 沈志远：《关于按劳分配的几个问题》，《文汇报》1962 年 8 月 30 日。

④ 王立胜：《中国特色社会主义政治经济学理论体系构建的历史演进》，《经济纵横》2017 年第 12 期。

⑤ 许涤新：《广义政治经济学》第 3 卷，生活·读书·新知三联书店 1954 年版。

本”《政治经济学〈社会主义部分〉》教材，于1961年9月由上海人民出版社公开出版发行，供华东地区高等学校文科学生使用。作为新中国第一部政治经济学教材，该书不少章节借鉴了苏联教科书的范式，但也针对中国的实际情况进行了调整，较好地体现了毛泽东对于中国政治经济学教材的设想。①

最后，在全国各省市编写的14个版本的教科书中，于光远等编写的教材和姚耐等编写的“上海本”成为推荐教材。这两本教材详细介绍了社会主义“三大改造”的经验，增加了对中国“生产资料所有制的社会主义改造”的初步总结。②1961年，庞季云等主编的《中国社会主义经济问题》出版，供高等学校理科学生使用，与“上海本”作为高等学校教材一并使用直到1966年。③

## 第二节　中国特色社会主义政治经济学基础理论的形成

### 一、社会主义本质论的正本清源

社会主义本质论的主要理论观点包括“社会主义的根本任务是解放和发展生产力”“贫穷不是社会主义”“发展是硬道理”“三个有利于”标准等。这些是中国特色社会主义政治经济学理论体系的根本基石。这一理论是中国共产党总结、反思新中国前三十年社会经济发展历史而形成的根本性理论突破。

1977—1978年，中国共产党和理论界开始针对当时经济领域存在的混乱思想进行讨论。1978年3月，邓小平指出，“科学技术是生产力，这是马克思主义历来的观点”，认为“现代科学技术的发展，使科学与生产的关系越来越密切了。科学技术作为生产力，越来越显示出巨大的作用”④。1978年12月，党的十一届三中全会提出：“实现四个现代化，要求大幅度地提高生产力，也就必然要求多方面地改变同生产力发展不相适应的生产关系和上层建筑，改变一切不适应的管理方式、活动方式和思想方式，因而是一场广泛、深刻的革命。”⑤

什么是社会主义，如何建设社会主义？1980年5月，邓小平同志对中国特色社会

---

① 姚耐等：《政治经济学（社会主义部分）》，上海人民出版社1964年版，目录第1页；张生：《社会主义的“中国经验”：1961年沪版〈政治经济学教材〉编写始末》，《史林》2016年第3期。

② 胡莹、郑礼肖：《改革开放以来我国政治经济学（社会主义部分）教材的发展沿革——兼论对构建中国特色社会主义政治经济学理论体系的启示》，《经济学家》2020年第2期。

③ 庞季云等：《中国社会主义经济问题》，上海人民出版社1961年版。

④ 《邓小平文选》（第二卷），人民出版社1994年版，第87页。

⑤ 中共中央文献研究室编：《改革开放三十年重要文献选编》（上），人民出版社2008年版，第15页。

主义政治经济学最基本的理论问题予以回应。他首次提及:“社会主义经济政策对不对,归根到底要看生产力是否发展,人民收入是否增加。这是压倒一切的标准。空讲社会主义不行,人民不相信。”①1992年,邓小平在南方谈话中对社会主义本质作了系统表达:“社会主义的本质,是解放生产力,发展生产力,消灭剥削,消除两极分化,最终达到共同富裕。”至于判断社会主义的性质,具体就是看“是否有利于发展社会主义社会的生产力,是否有利于增强社会主义国家的综合国力,是否有利于提高人民的生活水平”,而“改革也是解放生产力”②。

社会主义本质论对马克思主义社会生产力理论的当代诠释,成为中国特色社会主义政治经济学形成的重要标识。对社会主义本质的正本清源,明确了中国特色社会主义必须坚决执行和实现的社会主义根本原则,即“一个公有制占主体,一个共同富裕”③。有了社会主义本质论,中国特色社会主义政治经济学才能将市场经济从资本主义制度中剥离出来,得出“计划经济不等于社会主义,资本主义也有计划,市场经济不等于资本主义,社会主义也有市场”④的结论,才能厘清社会主义经济制度与经济体制、经济运行之间的整体关系,才能把社会主义基本制度与市场经济结合起来,从而“发挥社会主义制度的优越性和市场配置资源的有效性,使全社会充满改革发展的创造活力”⑤。

解放和发展社会生产力是中国共产党人接力探索、着力解决的重大问题。习近平总书记指出:“我们要勇于全面深化改革,自觉通过调整生产关系激发社会生产力发展活力,自觉通过完善上层建筑适应经济基础发展要求,让中国特色社会主义更加符合规律地向前发展。”⑥

## 二、社会主义初级阶段理论的破题与发展

社会主义初级阶段是当代中国最重要的、最基本的现实国情。中国特色社会主义经济学既是以社会主义初级阶段经济关系为对象和内容特征,也是以社会主义初级阶

① 《邓小平文选》(第三卷),人民出版社1993年版,第313—314页。
② 同上书,第379—380页。
③ 同上书,第111页。
④ 同上书,第373页。
⑤ 中共中央文献研究室:《十七大以来重要文献选编》(上),中央文献出版社2009年版,第800页。
⑥ 习近平:《在纪念马克思诞辰200周年大会上的讲话》,人民出版社2018年版,第18页。

段经济关系为研究根据和立论基础。[①] 党的十一届三中全会以后，中国共产党恢复解放思想、实事求是的思想路线，通过对社会主义本质的再认识和对基本国情的正确分析，得出中国还处于社会主义初级阶段的科学论断，逐步形成社会主义初级阶段理论。

1981 年 6 月，党的十一届六中全会通过的《中共中央关于建国以来党的若干历史问题的决议》，第一次明确提出中国处于社会主义初级阶段，并对社会主义初级阶段的主要矛盾作了规范性表述："在社会主义改造基本完成以后，我国所要解决的主要矛盾，是人民日益增长的物质文化需要同落后的社会生产之间的矛盾。"[②] 此后，党和国家的工作重点随之转移到以经济建设为中心的社会主义现代化建设上。

1982 年，党的十二大再次指出中国社会主义社会现在还处于初级阶段，并把"物质文明还不发达"作为这一阶段的根本特征。[③]1987 年，党的十三大报告首次系统论述社会主义初级阶段，并指出"必须经历一个很长的初级阶段，去实现别的许多国家在资本主义条件下实现工业化和生产的商品化、社会化、现代化"[④]。党的十三大报告还第一次系统阐述党在社会主义初级阶段建设有中国特色的社会主义的基本路线。

1997 年，党的十五大第一次系统地、完整地论述党在社会主义初级阶段的基本纲领。2002 年，党的十六大根据中国社会主义初级阶段的发展实际，提出"三步走"战略和在 21 世纪前 20 年全面建设小康社会的奋斗目标[⑤]。2007 年，党的十七大报告指出："当前我国发展的阶段性特征，是社会主义初级阶段基本国情在新世纪新阶段的具体表现。强调认清社会主义初级阶段基本国情，不是要妄自菲薄、自甘落后，也不是要脱离实际、急于求成，而是要坚持把它作为推进改革、谋划发展的根本依据。"[⑥]

社会主义初级阶段理论的成立还为中国特色社会主义基本经济制度及其理论的确立创造了条件。在社会生产力尚不发达、社会主要矛盾长期存在的情况下，中国特色社会主义需要允许、鼓励不同水平和发展层次的社会生产力，需要发展兼容多种所有制、以公有制为主体的所有制结构。

1997 年 9 月，党的十五大首次提出"基本经济制度"概念，即"公有制为主体、

---

① 顾海良：《从"第二次结合"到"系统化的经济学说"——新中国 70 年社会主义政治经济学"历史路标"论略》，《学习与探索》2019 年第 8 期。

② 中共中央文献研究室：《十一届三中全会以来重要文献选读》（上），人民出版社 1987 年版，第 344 页。

③ 中共中央文献研究室：《十二大以来重要文献选编》（上），人民出版社 1986 年版，第 26 页。

④ 中共中央文献研究室：《十三大以来重要文献选编》（上），人民出版社 1991 年版，第 10 页。

⑤ 中共中央文献研究室：《十六大以来重要文献选编》（上），人民出版社 2005 年版，第 14 页。

⑥ 中共中央文献研究室：《十七大以来重要文献选编》（上），人民出版社 2009 年版，第 11 页。

多种所有制经济共同发展，是社会主义初级阶段的一项基本经济制度"，其中"非公有制经济是我国社会主义市场经济的重要组成部分。对个体、私营等非公有制经济要继续鼓励、引导，使之健康发展"。①2000年，党的十五届五中全会提出要适应社会生产力发展的要求，继续调整和完善所有制结构；要为各类企业发展创造平等公正的环境，支持、鼓励和引导私营、个体尤其是科技型小企业健康发展。2003年，党的十六届三中全会进一步提出股份制是公有制主要实现形式的论断。

2007年，党的十七大报告指出："坚持和完善公有制为主体、多种所有制经济共同发展的基本经济制度，毫不动摇地巩固和发展公有制经济，毫不动摇地鼓励、支持、引导非公有制经济发展，坚持平等保护物权，形成各种所有制经济平等竞争、相互促进新格局。"中国特色社会主义市场经济的实践证明，允许个体、私营等非公有制经济发展，能够有效发展社会生产力，有力促进中国社会主义初级阶段国民经济的持续发展。

## 三、社会主义市场经济理论的创立与完善

习近平总书记指出："在社会主义条件下发展市场经济，是我们党的一个伟大创举。我国经济发展获得巨大成功的一个关键因素，就是我们既发挥了市场经济的长处，又发挥了社会主义制度的优越性。"②社会主义市场经济理论是社会主义政治经济学当代发展的重大成就，是中国特色社会主义实践中最具特色的发现，是中国特色社会主义政治经济学的核心理论。

1978年以前，由于固守苏联的社会主义经济建设经验和苏联版政治经济学教科书，中国的社会主义经济建设始终没有突破"社会主义经济就是计划经济"这一层面。1982年党的十二大提出社会主义经济要"以计划经济为主、市场调节为辅"，突破了市场经济理论和实践的"禁区"。1984年党的十二届三中全会通过的《中共中央关于经济体制改革的决定》指出，社会主义初级阶段的经济是"以公有制为基础的有计划的商品经济"，打破了商品经济和计划经济的对立，彻底转变了长期以来对社会主义经济本质的认识。

以江泽民同志为核心的第三代党中央领导集体，坚持党的基本理论和基本路线，

---

① 中共中央文献研究室：《十五大以来重要文献选编》（上），人民出版社2000年版，第20—22页。

② 《习近平关于社会主义经济建设论述摘编》，中央文献出版社2017年版，第64页。

坚持改革开放，与时俱进地确立了社会主义市场经济体制，丰富和发展了中国特色社会主义经济理论。1992 年，党的十四大明确提出“我国经济体制改革的目标是建立社会主义市场经济体制”，并明确在社会主义市场经济体制下，市场对资源配置起基础性作用，同时市场经济要有宏观调控。①1993 年，党的十四届三中全会审议并通过《中共中央关于建立社会主义市场经济体制若干问题的决定》，把党的十四大确定的改革目标和基本原则系统化、具体化，形成中国建立社会主义市场经济体制的总体规划和行动纲领。自此以后，坚持社会主义市场经济改革方向，就成为经济体制改革最重要的理论和实践问题。②

1997 年，党的十五大提出社会主义初级阶段的基本经济制度，在分配制度方面还相应提出“坚持按劳分配为主体、多种分配方式并存的制度”“允许和鼓励资本、技术等生产要素参与收益分配”。2002 年，党的十六大又进一步明确提出完善社会主义市场经济体制的任务。

在此过程中，中国特色社会主义政治经济学对政府与市场关系的认识，也是一个对不断发展的经济现实进行理论提炼的过程。党的十五大提出：“使市场在国家宏观调控下对资源配置起基础性作用。”党的十六大提出：“在更大程度上发挥市场在资源配置中的基础性作用。”党的十七大提出：“从制度上更好发挥市场在资源配置中的基础性作用。”党的十八大提出：“更大程度更广范围发挥市场在资源配置中的基础性作用。”党的十八届三中全会提出“使市场在资源配置中起决定性作用和更好发挥政府作用。”社会主义市场经济理论对全面深化改革、推动社会主义市场经济发展具有十分重大的作用。③

## 四、科学发展观的理论演进

“实现什么样的发展、怎样发展”的问题，是贯穿中国特色社会主义政治经济学的重大课题。“发展才是硬道理”“中国解决所有问题的关键是要靠自己的发展”“要善于

① 《江泽民文选》（第一卷），人民出版社 2006 年版，第 226 页。

② 周文：《新中国 70 年中国经济学的创新发展与新时代历史使命》，《中国高校社会科学》2019 年第 5 期。

③ 参见王立胜、周绍东：《为何以及如何编写〈中国特色社会主义政治经济学思想史〉》，《经济理论与政策研究》2017 年第十辑；张宇：《中国特色社会主义政治经济学的科学内涵》，《经济研究》2017 年第 5 期。

把握时机来解决我们的发展问题”等邓小平理论中的发展理念及其在中国经济改革中的实践，成就了中国特色社会主义政治经济学的主导性论题。①

在把中国特色社会主义经济建设推向21世纪的进程中，以江泽民同志为核心的第三代党中央领导集体提出“三个代表”重要思想，并作出“发展是党执政兴国的第一要务”的重要论断，把发展问题看作社会主义现代化建设的根本所在，把发展问题同党的性质、党的执政基础紧密地联系起来。②

进入21新世纪，以胡锦涛同志为主要代表的中国共产党人，从国家发展的全局出发，总结中国发展实践，借鉴国外发展经验，适应新的发展要求，提出科学发展观。科学发展观的第一要义是发展，牢牢抓住发展这个党执政兴国第一要务，聚精会神搞建设，一心一意谋发展，着力把握发展规律，创新发展理念，转变发展方式，破解发展难题，提高发展质量和效益。

科学发展观的核心是以人为本。要以实现人的全面发展为目标，始终把实现好、维护好、发展好最广大人民群众的根本利益作为党和国家一切工作的出发点与落脚点，尊重人民主体地位，发挥人民首创精神，切实保障人民群众的经济、政治和文化权益，走共同富裕的道路，让发展的成果惠及全体人民、由人民共享。

科学发展观的基本要求是全面协调可持续。科学发展观以经济建设为中心，全面推进经济建设、政治建设、文化建设、社会建设，实现经济发展和社会全面进步；统筹城乡发展、区域发展、经济社会发展，统筹人与自然和谐发展，统筹国内发展和对外开放，推进生产力和生产关系、经济基础和上层建筑相协调，推进经济、政治、文化和社会建设的各个环节及各个方面相协调；实现经济发展和人口、资源、环境相协调，坚持生产发展、生活富裕、生态良好的文明发展道路，建设资源节约型、环境友好型社会，使人民在良好的生态环境中生产和生活，实现经济社会永续发展。③

## 第三节　中国特色社会主义政治经济学的主要学术脉络

### 一、计划经济体制转型时期的理论体系构建

1978年党的十一届三中全会召开以后，党和国家的工作重点逐渐转到经济建设上。

① 《邓小平文选》(第三卷)，人民出版社1993年版，第265、365页。

② 《江泽民文选》(第一卷)，人民出版社2006年版，第307页。

③ 中共中央文献研究室:《科学发展观重要论述摘编》，中央文献出版社、党建读物出版社2009年版。

1980年1月，党中央提出要把经济发展当作中心。党的十四大以前，中国经历了从计划经济为主、市场调节为辅到社会主义有计划的商品经济，再到计划与市场内在统一的经济体制改革过程。

改革开放的实践打开了新的经济活动领域，对全新现实问题进行崭新研究的呼唤，也很快引起理论界的关注，中国的社会主义政治经济学也进入一个蓬勃发展时期。其间，除了党中央领导集体的理论创新外，政治经济学领域也经历了三场较大的讨论，形成了中国社会主义经济理论研究的第二次高潮，推动了社会主义市场经济理论的最终确立。依据张卓元的概括，其过程可划分为三个阶段：第一阶段是1979—1981年，这一阶段的主题是尊重价值规律、引入市场经济，其间，1979年全国第二次经济理论研讨会发挥了重要作用；第二阶段是20世纪70年代末80年代初关于社会主义经济是不是商品经济的争论，到1984年党的十二届三中全会确立社会主义经济是公有制基础上的有计划的商品经济；第三阶段是20世纪80年代后半期到1992年市场与计划两种调节手段的争论，以市场为取向的改革最终得以确立。①

在社会主义经济理论体系的构建问题上，继承20世纪五六十年代孙冶方倡导的思路，许涤新借鉴《资本论》的逻辑，设计出“社会主义生产过程—社会主义流通过程—社会主义生产总过程与剩余产品分配—社会主义时期的阶级问题”的研究框架。②薛暮桥强调“理论与实践相结合”，“把社会主义生产关系当作一个过程来研究”，以中国社会主义发展和建设的内在逻辑建立理论体系。③于光远倡导从经济社会发展的矛盾关系入手揭示经济社会发展的基本规律，并借鉴毛泽东“从矛盾入手”的编写思路和“十大关系”的内容架构。④其后，厉以宁参考西方经济学“个体分析—局部均衡—一般均衡”的框架组织，以“国民经济运行—企业经济活动—个人经济行为—宏微观经济协调—社会与个人协调—发展目标与战略”为主线，尝试重构社会主义理论。⑤至90年代初，吴敬琏、刘吉瑞对于如何建立适应于社会主义有计划商品经济的竞争性市场

---

① 张卓元：《“社会主义市场经济论”形成始末》，《北京日报》2009年8月10日。

② 许涤新：《论社会主义的生产、流通与分配——读〈资本论〉笔记》，人民出版社1969年版。

③ 具体的逻辑为“社会主义建设—社会主义改造—社会主义经济制度（公有制和按劳分配）—调节方式（商品货币和价格）和管理体制—经济社会发展（现代化和阶级斗争）”。参见薛暮桥：《中国社会主义经济问题研究》，人民出版社1979年版。

④《中国社会主义经济问题》编写组：《中国社会主义经济问题》，人民出版社1979年版。

⑤ 厉以宁：《社会主义政治经济学》，商务印书馆1986年版。

体制问题作出全面论述。①

在具体研究领域，政治经济学也出现代表性成果。卓炯较为系统地论述社会主义与商品经济的关系，在国内较早提出“社会主义非搞商品经济不可”的观点。②雍文远等人形成社会主义政治经济学的始点范畴（商品）、主体经济范畴（资金）、基本经济范畴［社会必要产品，即（$V+M$），劳动者所得和剩余产品价值］的理论核心，以再生产过程的生产、流通、分配和消费四个环节为主线，建立起社会主义政治经济学的理论框架。③关于所有制问题，陈宗胜较早地将中国所有制改革的目标模式概括为一种“混合经济”，即公有制居于相对主体地位，私人经济、个体经济、国家资本主义经济等共同存在并融合生长。④于光远在对社会主义初级阶段经济问题的研究中，得出复合性的社会主义所有制形式将很有可能占据更重要的地位。⑤

总体而言，这一时期的政治经济学理论研究主要以矛盾分析法为研究方法，以中国的经济实践为基础，研究生产关系适应生产力规律、社会主义基本经济规律、国民经济有计划发展规律、社会主义制度下的价值规律、按劳分配规律、社会主义物质利益规律、社会主义再生产规律、经济管理和对外经济关系等社会主义经济规律。也有学者着眼于社会主义社会的内部矛盾，把社会主义生产关系当作过程来研究，其重点包括社会主义建设、社会主义改造、社会主义经济制度、调节方式和管理体制、经济社会发展等内容。⑥

## 二、确立社会主义市场经济体制以后的学科发展

社会主义市场经济体制的改革和完善，是中国特色社会主义政治经济学中最具开拓性的理论主题。1992 年，社会主义市场经济体制确立，使由政府主导的计划经济模式向供需决定的市场经济转变。自新中国成立以来由行政权力决定资源配置和社会运行机制的局面，逐步实现转轨，转向发挥市场配置资源的“决定性作用”。李铁映指出中国特色社会主义市场经济理论的创立具有双重突破意义，它“不仅突破了传统的计

---

① 吴敬琏、刘吉瑞：《论竞争性市场体制》，中国财政经济出版社 1991 年版。

② 卓炯：《论社会主义商品经济》，广东人民出版社 1981 年版。

③ 雍文远主编：《社会必要产品论》，上海人民出版社 1986 年版。

④ 陈宗胜：《论所有制改革的目标模式》，《南开经济研究》1987 年第 3 期。

⑤ 于光远：《中国社会主义初级阶段的经济》，中国财政经济出版社 1988 年版。

⑥ 张晖明、任瑞敏：《方法论的格式化与社会主义政治经济学的发展境遇——基于新中国成立以来政治经济学的发展历程的讨论》，《复旦学报》（社会科学版）2020 年第 1 期。

划经济理论，而且突破了传统的市场经济理论”①。吴敬琏、刘国光等都对社会主义市场经济取代“有计划的商品经济”进行了理论辨析。②

中国经济学界开始真正突破社会主义与市场经济不兼容、不相融的传统理论“教条”，开辟出中国特色社会主义市场经济理论研究繁荣发展的新局面，在经济体制改革目标模式与道路、价格改革、股份制改革、国有经济战略性重组等重大问题上取得重要成果，在理论层面巩固了社会主义市场经济体制改革目标。③

在众多研究方向中，最突出的两条主线是以所有制改革为核心的经济制度研究与市场经济实现经济稳定、快速增长的发展方式研究。中国学术界对马克思产权理论的研究始于20世纪90年代，这一时期相关著作和文章大量涌现，代表学者有程恩富、吴宣恭、吴易风、林岗等。至党的十八大以前，学术界对于马克思所有制理论的当代内涵与价值、公有制与私有制在国民经济中的地位、“生产资料私有制的社会化”等问题一度出现争议。主流的观点认为：“市场经济与公有制是可以联系在一起的。初级阶段社会主义的中国，必须有大量的非公有制经济的存在和发展，但是绝不能因此否认公有制主体地位的存在及其必要性。”④

中国特色社会主义政治经济学对经济增长与经济发展方式的选择，本质上是正确、科学地选择发展生产力的战略方向与具体路径。1981年2月—1989年3月，北京的理论界一共举行49次经济发展战略座谈会，对中国“三步走”“翻两番”等战略的制定产生了重要影响。其间，还出现关于中国进入21世纪以后的工业化道路的激烈争论。90年代的中国经济学界开始反思当时主要靠资本资源等要素投入推动而不注重提高效率的规模扩张缺陷，国家提出从粗放型增长方式向集约型增长方式转变的任务。21世纪初，鉴于经济高速增长付出的资源环境代价过大，中国提出要从高投入、高消耗、高排放、低效率的粗放式增长方式，向低投入、低消耗、低排放、高效率的资源节约型增长方式转变的任务。⑤2008年国际金融危机对中国经济的冲击，迫使中国加快转变经济增长和发展方式，此后中国实现经济的持续、较快增长，得到经济学界的广泛

① 李铁映：《社会主义市场经济理论的形成和重大突破——纪念中国共产党第十一届三中全会20周年》，《经济研究》1999年第3期。

② 刘国光：《关于社会主义市场经济理论的几个问题》，《经济研究》1992年第10期。

③ 胡莹、郑礼肖：《改革开放以来我国政治经济学（社会主义部分）教材的发展沿革——兼论对构建中国特色社会主义政治经济学理论体系的启示》，《经济学家》2020年第2期。

④ 《袁恩桢文集》，上海人民出版社2003年版，第395页。

⑤ 张卓元：《在科学发展观指引下不断增强和谐社会的物质基础》，《中国工商管理研究》2007年第2期。

认同。①

2002年，党的十六大提出全面建设小康社会的目标。随着党的十七大、十八大对全面建设小康社会的目标要求进一步扩充，经济学界从小康社会理论和指标体系研究方面入手，逐渐扩大研究范围。其中，对农村地区全面建设小康社会的研究比较突出，也有一些研究对人口问题、生态文明建设，循环经济、区域协调发展方面作了拓展。

全面建设小康社会的提出，回应了中国社会主义的发展方向，也引起经济学界对社会主义收入分配问题的进一步关注，出现了大量对"效率优先、兼顾公平"和经济增长与收入分配关系的讨论。②特别是进入21世纪后，鉴于中国居民收入分配差距逐步扩大，基尼系数突破0.4的警戒线。经济学家中主张效率优先、兼顾公平和主张效率与公平兼重的观点同时存在，各有拥趸。③

## 三、构建有中国特色的社会主义政治经济学体系

20世纪80年代至90年代中期，中国的社会主义经济理论体系不断变革创新，新的理论问题与争鸣不断出现。中国社会主义政治经济学的理论体系更加贴合社会主义建设实践，更加体现鲜明的中国特色。在脱离"苏联范式"而还未引进西方经济学的情况下，构建有中国特色的社会主义政治经济学恰逢其时，符合时代的要求。那些逻辑主线较为成熟、理论框架经过时间考验的中国经济学教材，能反映出这一时期中国特色社会主义政治经济学理论体系的整体历史面貌。

1980年，蒋学模主编的《政治经济学教材》由上海人民出版社出版，此后该教材的内容及观点随着社会主义经济建设和改革的不断深化而修订。洪银兴、魏杰以社会主义初级阶段的经济关系为研究对象，以大力发展商品经济为基点，按照总论、微观

---

① 房维中:《扩大固定资产投资应当慎之又慎》,《中国经济报告》2009年第1期；张卓元:《积极的财政政策要同深化改革相结合》,《理论动态》2009年第6期。

② 高保中:《收入分配与经济增长稳态转换》，社会科学文献出版2014年版；高霖宇:《中国收入分配差距与经济增长的关系研究》，经济科学出版社2013年版；陆万军:《收入分配对经济增长的影响机理与传导机制》,《经济学家》2012年第5期；陈刚、李树:《中国的腐败、收入分配和收入差距》,《经济科学》2010年第2期。

③ 晓亮:《"效率优先，兼顾公平"的提法不能改变》,《经济研究资料》2003年第12期；于祖尧:《中国经济转型时期个人收入分配研究》，经济科学出版社1997年版，第42页；刘国光:《不能迷信"效率优先，兼顾公平"的口号》,《经济研究资料》2003年第10期。

经济、经济发展、宏观经济的分篇编写《社会主义政治经济学》。[①] 刘诗白主张："政治经济学研究生产关系，并不只是直接生产中的关系，而且还包括分配关系、交换关系和消费关系。"[②]

1993 年 8 月，由国家教委社科司组编，吴树青、谷书堂、吴宣恭主编的《政治经济学（社会主义部分）》出版，该教材突出了邓小平的建设有中国特色的社会主义的理论，还大胆借鉴西方经济学及其他社会主义国家经济学的有益成分。[③]2011 年 5 月，马克思主义理论研究和建设工程重点教材《马克思主义政治经济学概论》正式出版。该教材的社会主义部分，立足于改革开放的实践，尝试采用以中国话语表达的政治经济学理论总结中国发展经验，较为系统地阐述中国特色社会主义经济理论的基本内容，并对不少理论问题提出新见解。[④]

进入 20 世纪 90 年代，中国学者开始在世界视野下考虑"中国经济学"的体系构建问题。随着改革开放的不断深入和西方经济学迅速传入，"中国经济学"是否坚持以社会主义经济学为中心、是否延续马克思主义政治经济学的理论范式一度成为争论焦点。国内主流政治经济学家多数坚持"必须遵循马克思主义道路""坚持唯物辩证法和历史唯物主义"，认为"中国的经济学应当在马克思主义经济学基础上吸收和借鉴当代西方经济学的合理成分，参与创立一种新的经济学理论，就像马克思当年吸收和借鉴资产阶级古典经济学那样"[⑤]。

2007 年党的十七大提出"中国特色社会主义理论体系"，这一主题受到广泛关注，相关研究文献迅速增加。其中，杨承训较早提出"构建中国特色社会主义经济学"，并以"社会主义本质"为核心范畴来构建理论体系。[⑥] 张宇将基本理论体系概括为"社会

---

① 洪银兴、魏杰编：《社会主义政治经济学》，中国青年出版社 1989 年版。

② 刘诗白：《政治经济学》（第 5 版），西南财经大学出版社 1998 年版，导论第 8 页。

③ 胡莹、郑礼肖：《改革开放以来我国政治经济学（社会主义部分）教材的发展沿革——兼论对构建中国特色社会主义政治经济学理论体系的启示》，《经济学家》2020 年第 2 期。

④ 刘树成：《中国特色政治经济学的基础建设——〈马克思主义政治经济学概论〉编写原则和特点》，《经济研究》2012 年第 10 期。这一时期，面向高等院校的政治经济学教材还主要包括陈征和黄家驹（1992）、张维达（2000）、程恩富（2000）、于良春（2001）、逄锦聚等（2002）分别主编的《政治经济学》以及伍柏麟（2003）主编的《社会主义市场经济学教程》，卫兴华、张宇（2007）所著的《社会主义经济理论》，等等。

⑤ 高鸿业：《对如何发展中国经济学的一些思考》，《高校理论阵线》1997 年第 2 期；刘诗白：《中国经济学构建的若干问题》，《经济学家》1997 年第 1 期；张仁德：《也谈中国经济学向何处去》，《经济学动态》1999 年第 3 期。

⑥ 杨承训、郭军：《中国特色社会主义经济学》，人民出版社 2009 年版。

主义经济的本质理论、社会主义初级阶段的基本经济制度、社会主义分配理论、社会主义市场经济理论、中国特色经济发展理论、经济全球化和对外开放理论”六部分内容。[①] 在党的十八大以前，卫兴华（2007，2011）、张宇（2007）、何炼成（2008）、王文寅（2008）、刘国光（2009）、黄泰岩（2009）、张维闵（2009）等分别从不同角度探讨了如何构建“中国特色社会主义经济理论体系”。这些研究总体上以社会主义初级阶段经济关系为研究对象，突出解放生产力和发展生产力、社会主义初级阶段基本经济制度、社会主义市场经济体制、社会主义经济发展和社会主义改革开放等主导理论。[②]

① 张宇：《中国特色社会主义经济理论体系的发展与创新》，《教学与研究》2007 年第 11 期。

② 顾海良：《从“第二次结合”到“系统化的经济学说”——新中国 70 年社会主义政治经济学“历史路标”论略》，《学习与探索》2019 年第 8 期。

# 第七章　中国特色社会主义政治经济学理论的形成与演进

中国特色社会主义政治经济学是近年来学术界研究的一大热点，明确当前的理论前沿，可为本书系统开展理论体系的探索提供坚实基础。本章将从以下五部分展开。第一部分梳理中国特色社会主义政治经济学研究热潮形成的基本情况，包括党中央一系列重要论述和思想号召，以及近年来学术发展的整体表现。第二部分重点探讨学术界关于中国特色社会主义政治经济学在理论体系构建层面的探索成果，包括其原则、特征、研究对象、理论主线、理论基础和研究方法等。第三部分重点考察中国特色社会主义政治经济学在一系列具体问题上的研究进展，并以供给侧结构性改革研究、中国特色社会主义基本经济制度研究和中国特色反贫困研究为主要代表。第四部分主要围绕习近平新时代中国特色社会主义经济思想这一中国特色社会主义政治经济学的重要成果进行讨论，讨论内容包括学术界对其思想体系的概括，以及对其创新贡献的提炼。第五部分则是对当前的研究情况进行总结和评述。

## 第一节　构建中国特色社会主义政治经济学的全面启动

### 一、中国特色社会主义政治经济学的系统化新起点

党的十八大后，党中央形成一系列重要观点，确定了构建中国特色社会主义政治经济学的战略要求，为中国特色社会主义政治经济学的发展指明了方向。2015 年 11 月 23 日，习近平总书记在中共中央政治局第二十八次集体学习时指出："要立足我国国情和我国发展实践，揭示新特点新规律，提炼和总结我国经济发展实践的规律性成果，把实践经验上升为系统化的经济学说，不断开拓当代中国马克思主义政治经济学新境界。"[①]2016 年 7 月 8 日，习近平总书记在主持经济形势专家座谈会时指出："坚持和发展中国特色社会主义政治经济学，要以马克思主义政治经济学为指导，总结和提炼我

① 《习近平：立足我国国情和我国发展实践　发展当代中国马克思主义政治经济学》，《人民日报》2015 年 11 月 25 日。

国改革开放和社会主义现代化建设的伟大实践经验，同时借鉴西方经济学的有益成分，中国特色社会主义政治经济学只能在实践中丰富和发展，又要经受实践的检验，进而指导实践。要加强研究和探索，加强对规律性认识的总结，不断完善中国特色社会主义政治经济学理论体系，推进充分体现中国特色、中国风格、中国气派的经济学科建设。”①2018 年 5 月 4 日，习近平总书记在纪念马克思诞辰 200 周年大会的重要讲话中提出，“从《共产党宣言》发表到今天，170 年过去了，人类社会发生了翻天覆地的变化，但马克思主义所阐述的一般原理整个来说仍然是完全正确的”，他强调“四个坚持和运用”，特别是坚持和运用马克思主义立场、观点、方法，“真正把马克思主义这个看家本领学精悟透用好”②。2021 年 5 月 9 日，习近平总书记在给《文史哲》编辑部全体编辑人员回信中指出：“增强做中国人的骨气和底气，让世界更好认识中国、了解中国，需要深入理解中华文明，从历史和现实、理论和实践相结合的角度深入阐释如何更好坚持中国道路、弘扬中国精神、凝聚中国力量。”③2021 年 7 月 1 日，习近平总书记在庆祝中国共产党成立 100 周年大会上的重要讲话中，首次提出“坚持把马克思主义基本原理同中国具体实际相结合、同中华优秀传统文化相结合”④。2022 年，习近平总书记在中国人民大学考察时强调，“要坚持把马克思主义基本原理同中国具体实际相结合、同中华优秀传统文化相结合，立足中华民族伟大复兴战略全局和世界百年未有之大变局，不断推进马克思主义中国化时代化。加快构建中国特色哲学社会科学，归根结底是建构中国自主的知识体系”⑤。

由此可见，伴随着中国经济的崛起和中国特色社会主义建设事业的不断成功推进，对构建适合中国发展需要的、独立自主的经济学理论体系的诉求愈加强烈，这不仅是未来进一步指导中国经济发展的实践需要，更是树立大国自信、提升中国话语权的理论需要。也正是在这样的时代背景下，中国特色社会主义政治经济学逐渐成为近年来国内学术界的一大研究主题。换言之，该学术现象的形成，具有其历史必然性。

---

① 《习近平主持召开经济形势专家座谈会》，《人民日报》2016 年 7 月 9 日。

② 《习近平在纪念马克思诞辰 200 周年大会上的讲话》，《人民日报》2018 年 5 月 5 日。

③ 《习近平给〈文史哲〉编辑部全体编辑人员回信》，《人民日报》2021 年 5 月 11 日。

④ 《在庆祝中国共产党成立 100 周年大会上的讲话》，《人民日报》2021 年 7 月 1 日。

⑤ 《坚持党的领导传承红色基因扎根中国大地　走出一条建设中国特色世界一流大学新路》，《人民日报》2022 年 4 月 26 日。

## 二、中国特色社会主义政治经济学探索的整体情况

从中国经济研究发展情况来看，自2013年，尤其是2016年以后，中国特色社会主义政治经济学已经成为经济学研究的一大热点和重心，主要表现在三个方面。

第一，从高水平经济学期刊来看，《经济研究》《中国社会科学》《管理世界》等都先后邀请知名经济学家进行笔谈。例如，《经济研究》在2016年第3期设“中国特色社会主义政治经济学的发展和创新笔谈”专栏。《中国社会科学》在2018年9月设“习近平新时代中国特色社会主义经济思想笔谈”专栏。《管理世界》在2022年第6期设“深入学习贯彻习近平总书记重要讲话精神　加快构建中国特色经济学体系”专栏。这一方面显示出中国经济学高水平研究平台及学者对于中国特色社会主义政治经济学的重视，另一方面也让参谈学者对后续研究的深入开展起到重要的先导和引领作用。其他众多期刊也纷纷开设相关专栏，同时诸多高校、学会也以中国特色社会主义政治经济学为主题开展了高质量研讨。

第二，从经济学期刊文献数量来看，自2016年起，中国特色社会主义政治经济学相关研究的数量显著提升。根据中国知网（www.cnki.com）数据统计，以“中国特色社会主义政治经济学”为主题的“学术期刊”研究，在2015年为10篇，2016年突增至270篇，2017年为359篇，2018年为424篇，2019年为256篇，2020年为228篇，2021年为227篇，2022年为171篇，可见截至目前已经经历一个小的高潮（高潮集中期为2017—2018年），其中不少文章都颇具影响力，下载次数和被引次数较高。在“中国特色社会主义政治经济学”的大主题下，据中国知网统计，这些研究还涉及“习近平新时代中国特色社会主义经济思想”“以人民为中心”“新发展理念”“供给侧结构性改革”等子主题。

第三，从学术专著来看，全国图书馆参考资讯联盟（www.ucdrs.net）显示，以“中国特色社会主义政治经济学”在书名栏中进行搜索，共有图书109本，其中2016年以后最为集中，2016—2022年分别为10本、29本、22本、24本、7本、7本、6本。如果以“中国特色社会主义政治经济学”在全部字段中、经济学分类下进行搜索，数量则更为庞大，为2 238本，主要集中在2016—2022年，其数量分别为83本、102本、101本、108本、68本、46本、40本，其中不少研究以“中国经济学”“当代中国马克思主义政治经济学”“中国特色社会主义经济理论体系”“中国特色发展道路的政治经济学”

等为主题。另外，2021年国家教材委员会办公室公布首批中国经济学教材编写计划，其中就包括《中国特色社会主义政治经济学》以及另外8本经济学教材。

## 第二节 中国特色社会主义政治经济学的体系探索

2015年12月21日结束的中央经济工作会议提出，“要坚持中国特色社会主义政治经济学的重大原则”。这是“中国特色社会主义政治经济学”首次在中央层面会议上出现。随后，2016年7月8日习近平在主持经济形势专家座谈会时对“坚持和发展中国特色社会主义政治经济学”作出重要阐述，这一阐述与2015年11月23日关于“上升为系统化的经济学说”等表述相结合，共同形成关于“中国特色社会主义政治经济学”几大重要概念界定要素，即凸显中国特色，坚持以马克思主义政治经济学为指导，并且具有从经验到理论、从思想到学科的层次要求。自此，学术界关于中国特色社会主义政治经济学在概念方面的分歧明显减少，故而向更深层次的体系层面展开深入研究。

### 一、中国特色社会主义政治经济学的重要原则与理论特征

在已有经济学体系的基础上，提出中国特色社会主义政治经济学，亟待解决的一个关键问题即建立该学术体系与已有学术体系的区别与联系，这就涉及关于中国特色社会主义政治经济学的原则与特征的讨论。

有观点强调，中国特色社会主义政治经济学兼具民族性与国际性，民族性主要体现为其基本立场、基本观点、基本方法具有立足于基本国情和基本实践的特殊性，而其世界性主要表现为该学术体系应该包含人类共同的价值追求，具有世界范围经济学理论的一般性与普遍性，同时也应该和其他理论与实践开展相互学习和借鉴。①同时，坚持科学性、人民性、实践性、发展性、开放性是中国特色社会主义政治经济学的本质要求。②有观点认为，中国发展社会主义市场经济必须坚持中国特色社会主义政治经济学的八个重大原则：一是科技领先型的持续原则，强调解放和发展生产力；二是民生导向型的生产原则，强调以人民为中心的发展思想；三是公有主体型的产权原则，强调两个“毫不动摇”，以此作为保证人民共享发展成果的制度性保障；四是劳动主体型的分配原则，强调消灭剥削、消除两极分化，逐步实现共同富裕；五是国家主

① 逄锦聚：《中国特色社会主义政治经济学的民族性与世界性》，《经济研究》2016年第10期。
② 逄锦聚：《构建和发展中国特色社会主义政治经济学的三个重大问题》，《经济研究》2018年第11期。

导型的市场原则，强调使市场发挥决定性作用和更好发挥政府作用；六是绩效优先型的速度原则，强调转变经济发展方式，以提质增效为中心；七是结构协调型的平衡原则，着力加强供给侧结构性改革；八是自力主导型的开放原则，强调善于统筹国内国际两个大局。①有研究从科学内涵的视角，对中国特色社会主义政治经济学的特征和原则进行把握。其指出，第一，中国特色社会主义政治经济学是当代中国马克思主义政治经济学，是马克思主义政治经济学基本理论与当代中国经济建设实践相结合的产物；第二，中国特色社会主义政治经济学是对中国特色社会主义经济建设实践经验的总结和概括，应揭示中国特色社会主义经济的本质特征和运动规律；第三，中国特色社会主义政治经济学是中国特色社会主义理论体系的重要组成部分，中国特色社会主义理论体系的基本理论，也同样适用于中国特色社会主义政治经济学；第四，中国特色社会主义政治经济学是社会主义政治经济学的新发展和新形态，回答了中国这样一个处于社会主义初级阶段的大国在工业化、信息化、市场化、全球化背景下发展社会主义经济的问题；第五，中国特色社会主义政治经济学是人民的政治经济学，坚持把增进人民福祉、促进人的全面发展、朝着共同富裕方向稳步前进作为发展经济的出发点和落脚点；第六，中国特色社会主义政治经济学是发展社会主义市场经济的政治经济学，要求将社会主义基本制度与市场经济相结合，既发挥社会主义制度的优势，又发挥市场经济的长处。②还有观点是从学科定位的角度加以论述，其指出：中国特色社会主义政治经济学继承了马克思主义政治经济学的范式，并依据中国特色社会主义经济建设和改革开放的实践进行了理论创新；同时，中国特色社会主义政治经济学是马克思主义经济学中国化，研究的是马克思主义经济学形成时尚未出现的社会主义，是社会主义初级阶段，也是中国特色社会主义的成功实践；此外，中国特色社会主义政治经济学立足于中国的经济发展实际，主要面向的是中等收入发展阶段，以实现“两个一百年”为奋斗目标。③

## 二、中国特色社会主义政治经济学的研究对象和理论主线

在明确中国特色社会主义政治经济学的原则与特征基础上，一个重要问题就是要

① 程恩富：《要坚持中国特色社会主义政治经济学的八大重大原则》，《经济纵横》2016年第3期。
② 张宇：《中国特色社会主义政治经济学的科学内涵》，《经济研究》2017年第5期。
③ 洪银兴：《以创新的理论构建中国特色社会主义政治经济学的理论体系》，《经济研究》2015年第4期。

解决其研究的内容为何，以及基于研究内容所形成的研究主线。这成为中国特色社会主义政治经济学的实际构成。学界对该问题也进行了较多探讨。

有观点认为，中国特色社会主义政治经济学是研究中国社会主义初级阶段的生产方式及与之相适应的生产关系和交换关系，具体而言就是社会主义初级阶段的社会生产力和由生产、分配、交换、消费这四大环节所构成的生产关系，包括经济制度、经济体制、经济运行、经济改革、经济发展、对外经济关系等，研究它们的相互关系及其在社会再生产中表现的规律性。而研究这些问题的主线，即在于发展经济，满足需要。① 有观点强调，中国特色社会主义政治经济学研究的不是一般意义上的社会主义经济，也不是其他国家的社会主义经济，而是中国特色社会主义经济，是在新中国社会主义建设的基础上，经过改革开放实践而形成和发展起来的中国社会主义经济，包括中国特色社会主义的经济制度、经济运行、经济发展和对外开放，以及在此基础上形成的各种具体经济现象，其主要任务是总结中国特色社会主义经济建设实践经验，揭示中国特色社会主义经济的运动规律。② 有研究认为，中国特色社会主义政治经济学应该研究中国独特的现代化强国道路建设问题，立足于中国现代化建设的实际，总结概括中国经济以及世界经济发展的重大历史经验教训，探索中国现代化发展和高质量发展的经济规律，开拓发展观、发展目标、发展任务、发展模式、发展动力、发展战略和发展型式的新境界。③

## 三、中国特色社会主义政治经济学的理论基础与研究方法

中国特色社会主义政治经济学根植于马克思主义经济学，但又立足于中国本土，以开放的思维和视角，批判地面向古今中外各种经济思想。但如何厘清其中的关系及层次，从而推动形成具有中国特色的研究方法，也成为学界探讨的焦点。

有观点将中国特色社会主义政治经济学的理论来源归纳为五个方面：一是马克思主义经典作家的著作，论证了“剩余价值理论同样适用于中国特色社会主义市场经济”；二是苏联东欧社会主义建设的理论遗产，介绍了苏联特色社会主义实践和东欧国

① 逄锦聚：《中国特色社会主义政治经济学论纲》，《政治经济学评论》2016 年第 5 期。
② 张宇：《努力探索和完善中国特色社会主义政治经济学理论体系》，《政治经济学评论》2017 年第 2 期。
③ 任保平：《创新中国特色社会主义发展经济 阐释新时代中国高质量的发展》，《天津社会科学》2018 年第 2 期。

家试图在计划中注入市场元素的探索历程；三是中国传统文化所提供的与西方文化相区别的价值模式和伦理模式；四是非马克思主义经济学所提供的“工具取向”的合理内容；五是中国特色社会主义建设的理论成果对中国特色社会主义政治经济学的产生发展进行的提炼。① 有观点认为，中国特色社会主义政治经济学有三个维度的理论溯源，其根本源头是马克思主义政治经济学，直接来源是对毛泽东思想的继承和发展，历史借鉴是对苏联经验教训的吸收。②

在研究方法上，大多数研究都强调历史唯物主义的基本方法。例如，有观点认为，中国特色社会主义政治经济学的方法应该至少包括三个层次：一是方法论（或称哲学）的层次，即马克思主义辩证唯物主义和历史唯物主义；二是理论研究层次，即抽象的方法、历史与逻辑统一的方法、规范分析和实证分析相结合的方法；三是现象描述或技术层次的，如统计方法、数学方法等。从这个意义上讲，一方面，西方主流经济学忽视了辩证唯物主义和历史唯物主义的方法论；另一方面，其所界定的条件有些从根本上与中国国情不相吻合；因此，应以批判的眼光加以研究并借鉴。③ 有观点主张，中国特色社会主义政治经济学就是运用马克思主义政治经济学方法分析当代中国的经济现实，而最根本的方法就是历史唯物主义方法，其核心是生产关系适应生产力发展的原理。类似地，还有观点指出，中国特色社会主义政治经济学要突出历史分析、实证分析、比较研究和定性与定量相结合的方法，特别要尊重运用辩证法，具体问题具体分析。④ 有研究指出，中国特色社会主义政治经济学要坚持马克思主义政治经济学的方法论原则，包括科学抽象法、矛盾分析法、中介分析法、一般特殊个别的辩证法、历史唯物主义合力论、经济运行的生理学与经济发展的病理学、人类社会发展的最终目标和实现手段的选择，以及逻辑批判与逻辑一致性原则等。⑤

与西方经济学之间的关系，是很多学者讨论的一个焦点。有观点认为，西方经济学是由理论、方法和哲学基础构成的松散体系，或是由形式、内容和结构构成的理论

① 王立胜、郭冠清：《论中国特色社会主义政治经济学理论来源》，《经济学动态》2016 年第 5 期。
② 杨承训：《中国特色社会主义政治经济学的理论溯源和生成背景》，《毛泽东邓小平理论研究》2016 年第 2 期。
③ 逄锦聚：《中国特色社会主义政治经济学论纲》，《政治经济学评论》2016 年第 5 期。
④ 杨承训：《中国特色社会主义政治经济学的理论溯源和生成背景》，《毛泽东邓小平理论研究》2016 年第 2 期。
⑤ 蔡继明、靳卫萍：《构建中国特色社会主义政治经济学的方法论原则》，《国家行政学院学报》2016 年第 2 期。

体系，对待西方经济学，应该做到：一是祛除西方经济学那些明显带有政治倾向性和利益偏向性的内容；二是对西方经济学与中国国情不符的内容加以改造和运用；三是将西方经济学中的一些积极的理论成果直接拿来分析中国经济问题，主要是描述市场经济的共性或不同社会制度下构成市场经济的共同基础。①

## 第三节　中国特色社会主义政治经济学的主要论题

### 一、供给侧结构性改革研究

2015年11月10日，习近平总书记在主持召开中央财经领导小组第十一次会议时首次提出“供给侧结构性改革”，他指出，“在适度扩大总需求的同时，着力加强供给侧结构性改革，着力提高供给体系质量和效率，增强经济持续增长动力，推动我国社会生产力水平实现整体跃升”②，此后供给侧改革成为中国经济发展进入“新常态”、应对经济结构性问题并提高社会生产力水平的主要举措。因此，供给侧结构性改革的内涵、意义、举措等成为中国特色社会主义政治经济学研究的一大落脚点。

有观点指出，供给侧结构性改革具有丰富的内涵，其主攻方向是着力提高供给体系的质量和效率，增强供给结构对需求变化的适应性和灵活性，而当前的重点就是抓好“三去一降一补”五大任务，重要手段是优化要素配置和提高全要素生产率，以改革为途径，以创新为动力，最终使得供给能力更好满足人民日益增长的物质文化需求。故而从这个意义上讲，供给侧结构性改革是马克思主义政治经济学基本原理同中国经济发展的具体实际相结合的最新成果，为世界经济持续健康发展提供了中国智慧和中国方案。③有研究认为，供给侧结构性改革是适应和引领经济新常态的必然要求，是助力需求端结构调整的必然要求，是顺应中国推进城镇化发展的客观要求，也是转变经济增长方式的必然要求。在如何推进供给侧结构性改革的问题上，核心是转变以往以投资需求为核心的经济增长方式，解决好产能的结构性过剩问题，发挥创新对拉动发展的乘数效应，并且通过宏观调控体系有计划、多维度地全面注重风险，通过稳定的宏观政策、精准的产业政策、灵活的微观政策、落实的改革政策以及服务质量托底社

---

① 方福前：《论建设中国特色社会主义政治经济学为何和如何借用西方经济学》，《经济研究》2019年第5期。

② 《习近平：全面贯彻党的十八届五中全会精神　落实发展理念推进经济结构性改革》，《人民日报》2015年11月11日。

③ 赵宇：《供给侧结构性改革的科学内涵和实践要求》，《党的文献》2017年第1期。

会政策，确保供给侧结构性改革的推进和实现，从而解决中国经济中存在的长期结构性问题。① 有研究认为，供给侧结构性改革面临五大时代背景，包括生产成本不断上升、产品供需错配、资本边际效率下降、杠杆率较高、市场机制运行不畅，故而，提出供给侧结构性改革，就是以供给侧为改革突破口，着力于制度、机制和技术三个层面，促进产业转型升级，实现从传统产业向现代产业的转变，矫正要素配置扭曲，实现从要素驱动向创新驱动的转变，改革行政管理体制，实现从政府管制体制向市场调节机制的转变。② 有研究认为，中国当前开展供给侧结构性改革，是因为当前矛盾的主要方面在供给侧，存在有效供给不足和无效产能并存的问题，更需要从供给侧发力，尤其要通过改革来充分释放供给侧的动力和活力。所以，要通过"降成本"来寻求供给侧改革的经济发展动力，而降成本即等于提高效率，因为提高全要素生产率从一定意义上说是节省要素投入，其成本在于制度创新。通过"补短板、去产能和去库存"来提高供给体系的质量和效率，依靠科技创新、精细化的治理体系和文化，规范市场秩序补市场供给的短板，清理无效和低端产能以及落后产能、污染产能。并且，要通过"去杠杆和降成本"来释放企业活力，解决企业金融债务过高问题，并降低企业成本。③

## 二、中国特色社会主义基本经济制度研究

党的十九届四中全会审议通过的《关于坚持和完善中国特色社会主义制度、推进国家治理体系和治理能力现代化若干重大问题的决定》，从政治上、全局上、战略上对社会主义基本经济制度作出新的概括，即"公有制为主体、多种所有制经济共同发展""按劳分配为主体、多种分配方式并存""社会主义市场经济体制"三项制度并列。所以，如何将社会主义基本经济制度坚持好、巩固好、完善好，使其更加成熟定型，便成为学界热议的焦点。

有观点认为，党的十九届四中全会对社会基本经济制度作出的新概括，是以中国社会主义初级阶段社会经济关系为基本事实、以改革开放以来特别是党的十八大以来中国特色社会主义经济关系发展为实践过程、以马克思主义政治经济学基本原理的当

① 胡鞍钢、周绍杰、任皓：《供给侧结构性改革——适应和引领中国经济新常态》，《清华大学学报（哲学社会科学版）》2016 年第 2 期。

② 冯志峰：《供给侧结构性改革的理论逻辑和实践路径》，《经济问题》2016 年第 2 期。

③ 洪银兴：《准确认识供给侧结构性改革的目标和任务》，《中国工业经济》2016 年第 6 期。

代发展为思想指导的。其最突出的理论创新，在于把社会主义市场经济体制概括为社会主义基本经济制度的内涵，其基础是党的十八大以后习近平总书记提出的“坚持社会主义市场经济改革方向”①。有观点指出，中国特色基本经济制度是中国共产党在长期探索中形成的，其包含的生产资料所有制、收入分配制度和资源配置机制，既体现社会主义制度的优越性，又同中国社会主义初级阶段生产力发展水平相适应，该制度既不同于传统僵化的计划经济体制，更区别于当代西方资本主义市场经济体制。其价值立场在于坚持马克思主义的辩证唯物史观，历史方位在于坚持马克思主义科学社会主义的发展观，目标取向在于坚持马克思主义政治经济学的制度观。②有观点认为，扩展社会主义基本经济制度内涵的新概括，是中国社会主义经济建设实践的经验总结和理论升华。首先，从产权制度分析，生产关系必须符合生产力发展状况是一切社会的共同规律，在中国初级阶段社会主义国家背景下，坚持以公有制为主体、允许多种所有制经济并存，是对生产关系进行调整以适应生产力发展的结果。其次，从分配制度分析，按劳分配为主体的分配制度，有助于逐步走向共富共享，能相对公平有效地满足人民物质文化生活的需要。最后，从调节制度分析，把社会主义根本经济政治制度和市场经济体制有机结合起来，可显示与资本主义性质和类型的市场经济体制的本质区别。③有研究认为，改革开放以来中国特色社会主义基本经济制度可分为如下阶段：1978—1991年基本经济制度改革探索时期，1992—2001年从社会主义计划经济体制向社会主义市场经济体制的转轨变型时期，2002—2018年社会主义基本经济制度逐步深化改革时期，以及2019年至今社会主义基本经济制度进一步完善时期。其价值在于，构成了当代中国马克思主义政治经济学的重大理论创新成果，彰显了中国特色社会主义制度的显著优势，指导了新时代中国特色社会主义经济建设。④有研究指出，改革开放以来为了推动社会主义市场经济体制的建立完善，中国理论上曾经将经济体制与经济制度分置，而进入新时代，社会主义市场经济体制上升为社会主义基本经济制度的重要组成部分，使得体制和制度再次合为一体，实则这正是生产方式与生产关系的结

---

① 顾海良：《基本经济制度新概括与中国特色社会主义政治经济学新发展》，《毛泽东邓小平理论研究》2020年第1期。

② 刘伟：《中国特色社会主义基本经济制度是中国共产党领导中国人民的伟大创造》，《中国人民大学学报》2020年第1期。

③ 程恩富、张福军：《要注重研究社会主义基本经济制度》，《上海经济研究》2020年第10期。

④ 彭玉婷、李正图：《中国特色社会主义基本经济制度理论溯源和逻辑架构》，《江西社会科学》2020年第12期。

合。从这个意义出发，在进一步推动市场经济体制和社会主义基本经济制度的有机结合过程中，应不断完善中国特色宏观调控体系，做强做优做大国有企业，巩固国家作为公有制经济出资人的地位，同时推动市场经济朝向现代化经济体系的方向迈进。①

### 三、中国特色反贫困研究

2021年2月25日，习近平总书记在全国脱贫攻坚总结表彰大会上的讲话指出："我们立足我国国情，把握减贫规律，出台一系列超常规政策举措，构建了一整套行之有效的政策体系、工作体系、制度体系，走出了一条中国特色减贫道路，形成了中国特色反贫困理论。"② 由此，"中国特色反贫困理论"的科学命题正式提出，促使学界从诸多维度对中国的反贫困问题和中国特色反贫困理论的科学内涵、主要内容、主要贡献等形成探讨。

从中国特色反贫困的实践研究来看，有观点认为，中国共产党在马克思反贫困理论的指导下，将社会主义制度作为贫困治理的制度基础，形成了三阶段的逻辑进路。一是在社会主义初步探索时期，是以无产阶级推翻压迫、消灭贫困，通过革命推翻旧制度、破除不合理的生产关系，来建立社会主义制度和探索社会主义治贫之道的。二是在中国特色社会主义建设时期，通过解决温饱、实现小康、达到世界中等国家发达国家水平的"三步走"和内陆地区支持沿海地区率先发展与沿海地区反哺内陆地区的"两个大局"来解放和发展生产力，直至中国彻底摆脱温饱问题。三是在中国特色社会主义新时代，习近平总书记提出精准扶贫、精准脱贫基本方略，通过注重内生动力的培育、多维的治贫方式、注重整体性和系统性的治贫战略、多元化的治贫治理模式，全面消除绝对贫困和区域性整体贫困。③ 有研究认为，习近平总书记关于扶贫工作的重要论述是新时代扶贫理论实践创新的根本遵循，该理论的实践研究完善了中国扶贫理论，完善了脱贫攻坚顶层设计及其政策体系，也深化了精准扶贫的内涵，使脱贫攻坚管理水平不断提高，满足了讲好中国扶贫故事、增强中国软实力和参与全球治理话语权的需要。④

---

① 周绍东、张宵：《政治经济学视野下的市场经济体制与社会主义基本经济制度》，《学习与探索》2020年第12期。

② 习近平：《在全国脱贫攻坚总结表彰大会上的讲话》，《人民日报》2021年2月26日。

③ 郑继承：《中国特色反贫困理论释析与新时代减贫战略展望》，《经济问题探索》2021年第1期。

④ 黄承伟：《论中国新时代扶贫理论实践研究》，《华中农业大学学报（社会科学版）》2019年第1期。

从中国特色反贫困的理论构建来看，因为习近平有关减贫的论述是中国新时代反贫困实践的根本遵循，所以很多关于理论体系构建问题的探讨也与习近平思想研究密切相关。有观点认为，中国反贫困实践所取得的成就具有一般理论价值，其中，邓小平从生产方式中生产力角度开创性地探讨了贫困的基本机理、基本规律，提出中国特色社会主义反贫困的基本制度和基本道路，习近平则在马克思主义反贫困思想指导下，充分汲取国内外反贫困理论优秀成果，系统阐述了新时代中国特色社会主义反贫困思想，构成中国特色社会主义理论的有机组成部分。① 有研究认为，“精准扶贫”是中国贫困治理的重大理论创新，其既是中国古代民本主义思想的当代体现，又是新中国成立后中国历代领导人反贫困思想的延续与发展，也是马列主义贫困治理思想的中国化体现，最终目的是让全体中国人民从根本上摆脱贫困，过上富足美好生活。② 有观点认为，习近平提出的“精准扶贫”作为中国当前解决贫困问题的基本方略，主要回答了“扶持谁、谁来扶、怎么扶”三大主题，并形成精准识别、精准帮扶、精准管理、精准考核的扶贫体系，故而在实践中对从顶层设计到基层实践都有良好推动。③ 有观点认为，习近平扶贫论述对马克思反贫困理论实现了原创性贡献，其从中国特色发展全局确定脱贫攻坚的战略地位，丰富了马克思主义关于反贫困定位的理论认识；深刻总结的“六个坚持”宝贵经验，丰富和发展了马克思主义反贫困路径；并且，从携手消除贫困、共建人类命运共同体的高度指明全球减贫合作的方向，丰富和发展了马克思主义世界历史理论。④

## 第四节　习近平新时代中国特色社会主义经济思想的研究进展

2017 年 12 月 18—20 日，中央经济工作会议正式提出“习近平新时代中国特色社会主义经济思想”，会议指出，“5 年来，我们坚持观大势、谋全局、干实事，成功驾驭了我国经济发展大局，在实践中形成了以新发展理念为主要内容的习近平新时代中国特色社会主义经济思想”“习近平新时代中国特色社会主义经济思想，是 5 年来推动我

---

① 李正图：《中国特色社会主义反贫困制度和道路论述》，《西川大学学报（哲学社会科学版）》2020 年第 1 期。

② 白维军：《论精准扶贫的理论来源、实践基础与创新发展》，《内蒙古社会科学（汉文版）》2019 年第 1 期。

③ 张赛群：《习近平精准扶贫思想探析》，《马克思主义研究》2017 年第 8 期。

④ 黄承伟：《中国减贫理论新发展对马克思主义反贫困理论的原创性贡献及其历史世界意义》，《西安交通大学学报（社会科学版）》2020 年第 1 期。

国经济发展实践的理论结晶，是中国特色社会主义政治经济学的最新成果，是党和国家十分宝贵的精神财富，必须长期坚持、不断丰富发展”①。由此，习近平新时代中国特色社会主义经济思想（或简称“习近平经济思想”）成为新时代中国特色社会主义政治经济学的一个核心构成，也成为近年来学术界热议的一个论题。

## 一、习近平新时代中国特色社会主义经济思想的思想体系

2022 年中央宣传部、国家发展改革委组织编写《习近平经济思想学习纲要》，归纳总结出习近平经济思想十三个方面的基本内容：（1）加强党对经济工作的全面领导；（2）坚持以人民为中心的发展思想；（3）进入新发展阶段；（4）坚持新发展理念；（5）构建新发展格局；（6）推动高质量发展；（7）坚持和完善社会主义基本经济制度；（8）部署国家重大发展战略（乡村振兴、区域协调发展、以人为核心的新型城镇化战略）；（9）坚持创新驱动发展；（10）大力发展制造业和实体经济；（11）坚定不移全面扩大开放；（12）统筹安全和发展；（13）坚持正确工作策略和方法。②在明确这一基本内容的基础上，学术界的探讨更多在于进一步梳理各内容之间的逻辑关系，并建立思想体系。

有研究指出，习近平经济思想是以新发展理念为主要内容，反映了党对新的历史阶段中国经济规律的新认识，揭示了经济社会发展的客观规律；以供给侧改革为发展主线，破解了新常态下“如何干”的难题；坚持使市场在资源配置中起决定性作用和更好发挥政府作用，实现了社会主义与市场经济结合的新突破，故而创造性地搭建出“党、政府、市场”三位一体的治理体系；它是马克思主义经济思想、中国特色社会主义理论的继承和发展，是新时代唯物史观的中国化。③有研究同样指出，新发展理念是习近平经济思想的主要内容，同时 2017 年 12 月中央经济工作会议明确提出的“七个坚持”则是习近平经济思想的基本内容，是对以习近平同志为核心的党中央推动中国特色社会主义经济发展实践的总结归纳，也是对习近平经济思想基本内容的科学概括，它从根本上回答了新时代要怎样坚持和发展中国特色社会主义经济的问题。④有研究

---

① 《中央经济工作会议在北京举行　习近平李克强作重要讲话》，《人民日报》2017 年 12 月 21 日。

② 何立峰：《深入学习贯彻习近平经济思想》，《人民日报》2022 年 6 月 22 日。

③ 郭冠清：《论习近平新时代中国特色社会主义经济思想》，《上海经济研究》2018 年第 10 期。

④ 邸乘光：《论习近平新时代中国特色社会主义经济思想》，《新疆师范大学学报（哲学社会科学版）》2019 年第 1 期。

认为，习近平经济思想的理论内涵在于，辩证地理解经济和政治的关系，突出中国特色社会主义的最大优势；围绕“强起来”目标，致力于巩固和完善社会主义基本制度；以新发展理念为主要内容；坚持马克思主义历史主体观，突出以人民为中心；科学判断影响经济发展的短板，突出加强民生建设；科学界定政府和市场的关系，并对新时代中国特色社会主义经济发展的运行机制作出解释；强调现代化经济体系建设，突出发展实体经济。①

## 二、习近平新时代中国特色社会主义经济思想的创新贡献

很多研究着重于对习近平经济思想的意义和创新进行提炼。有研究指出，习近平经济思想的理论创新在于，以新时代社会主要矛盾的变化来研判经济发展现实，以“以人民为中心”的思想理念引领经济造福人民，以历史性成就和深层次变革推动经济高质量发展，以问题意识和实践导向制定和部署经济发展战略，以更高层次的开放性经济推进中国深度融入世界。②有研究认为，首先，习近平经济思想立足于从“三期叠加”到经济“新常态”的判断，准确地把握住中国经济发展面临的新机遇和新挑战；其次，习近平经济思想强调提高经济质量和效益，从根本上转变了传统的速度为上的经济发展观，而且还在发展哲学层面起到价值引领作用，具有深刻的实践指导意义；再次，习近平经济思想在经济体制改革的核心问题、产权的制度规范以及制定完备的市场经济运行规则等方面作出了积极探索，在法制上为制度建设提供了保障；最后，习近平经济思想确立了参与全球经济治理的主导权的目标，有助于整合全球资源，制定国际贸易规则，谋划合作共赢，体现出习近平经济思想的空间张力。③

还有研究认为，习近平经济思想的创新来自其创新思维：一是坚持问题导向，始终直面和解决中国改革开放和经济发展中的问题；二是坚持唯物辩证法，把握整合和局部的辩证关系、对立统一的辩证关系，部署推进全面深化改革，深刻分析中国面临的开放环境，深刻认识、适应、把握、引领经济发展新常态，三是坚持路线，继承以往，集成优势，追求突破；四是提出“中国梦”这一创新目标，形成鲜明的目标指向和

① 侯为民：《习近平新时代中国特色社会主义经济思想的历史维度和理论内涵》，《思想战线》2018年第2期。

② 张雷声：《论习近平经济思想中国特色社会主义经济思想的理论创新》，《马克思主义理论学科研究》2018年第2期。

③ 裴长洪、李程骅：《习近平经济思想的理论创新与实践指导意义》，《南京社会科学》2015年第2期。

强烈的使命意识。[①] 有研究认为，习近平经济思想的创新性在于转向对高质量发展的经济规律和自然规律的研究，其创新体现在思想、制度和经济运行三个层面。在思想层面，指出创新是引领发展的第一动力，协调是经济持续健康发展的内在要求，绿色是永续发展的必要条件和人民生活高质量发展的重要体现，开放是国家繁荣发展的必由之路，共享是中国特色社会主义的本质要求。在制度层面，实现了社会主义市场经济理论的突破，引领了基本经济制度和基本分配制度理论政策创新，进一步完善了新时代中国特色社会主义经济制度。在经济运行层面，则从经济体制改革角度分别研究了需求侧和供给侧的运行，努力实现转变经济发展方式。[②]

此外，还有一些研究专门讨论了习近平经济思想的具体内容，如以人民为中心的政治经济学、反贫困经济思想、“两山”理论、高水平开放思想、乡村振兴思想，等等。

## 第五节　中国特色社会主义政治经济学的研究特点

新时代以来，中国经济学界在党中央的重要思想指引下，立足于中国实践，对中国特色社会主义政治经济学展开了丰富研究，截至目前，形成了三个主要特点。

第一，中国特色社会主义政治经济学的体系研究积累丰硕。由于中国特色社会主义政治经济学在内涵与外延、科学性与必要性以及名称提法上得到确认，所以一方面具有不同理论背景的学者，尤其是马克思主义政治经济学学者和运用西方经济学开展研究的学者，都集合在中国特色社会主义政治经济学研究这一面旗帜下，分歧逐渐弱化，并高度重视体系层面的构建，在研究对象、研究目的、研究方法、理论来源、思想体系、创新价值等多维度都作出积极探索，这也从更为立体的层面勾勒出中国特色社会主义政治经济学的基本轮廓，有助于已有理论和实践“上升为系统化的经济学说”。

第二，在研究的主要问题上，目前学界多关注新时代以来的重要提法，学者们积极将研究和重大理论与现实问题导向相结合，一方面更好地阐释论证党的重要思想，形成一系列观点和成果，从而有助于理解和深化重要认识，并为未来实践明确思想指引；另一方面，对一些具体问题，如前文总结梳理的供给侧结构性改革、中国特色社

① 王立胜：《习近平经济思想的创新思维》，《当代世界与社会主义》2016 年第 5 期。
② 洪银兴：《中国特色社会主义政治经济学发展的最新成果》，《中国社会科学》2018 年第 9 期。

会主义基本经济制度、反贫困理论和新发展理念、新发展阶段、新发展格局等进行专题探讨，从而在新的理论视野下加深对中国现实经济问题的把握。经济学研究领域的政治经济学研究特征在不断强化。

第三，目前研究还存在一定程度上的体系构建与具体理论脱节、具体理论研究与提炼薄弱以及主题分散等情况，在未来的研究中，应进一步加强各领域研究的交叉融合，同时重视经济学说史研究，一方面强化对扎根于中国本土的经济问题的探索，另一方面把握经济理论体系发展形成的规律，有效加快形成中国自主的经济学知识体系。

# 第三篇

# 基本关系

# 第八章　社会主义和市场经济的兼容性分析

党的二十大报告指出，贯彻新发展理念，实现高质量发展，必须“坚持社会主义市场经济改革方向”，并“充分发挥市场在资源配置中的决定性作用，更好发挥政府作用”。这些重要论述不仅擘画了中国特色社会主义市场经济的发展蓝图，同时明确了新时期市场与政府的基本关系，从而引领了高水平社会主义市场经济体制的实践方向。

自党的十一届三中全会以来，探索符合中国国情且能推动生产力进步的社会主义和市场经济的融合方案始终是党和国家的重要任务。经过十余年的实践，党的十四大正式提出建立“社会主义市场经济体制”的改革目标，在此之后中国紧紧围绕这一目标开展经济建设，并取得举世瞩目的发展成就。随着中国特色社会主义进入新时代，党的十八届三中全会高瞻远瞩，提出“使市场在资源配置中起决定性作用和更好发挥政府作用”，实现了中国特色社会主义市场经济理论的创新和飞跃。

基于此，本章着重在中国特色社会主义市场经济体制框架下分析社会主义和市场经济的兼容性。通过对中国市场经济改革历程及社会主义市场经济理论的梳理，充分探讨社会主义基本制度与市场经济有机结合的必要性和可能性，同时清楚认识社会主义基本制度与市场经济之间的矛盾、差异、对立和冲突，为新时期深化中国特色社会主义市场经济改革提供理论支撑。

## 第一节　社会主义和市场经济结合的理论逻辑

### 一、社会主义与市场经济兼容性的理论基础

#### （一）兼容性本质上不是充要条件，而是求同存异

谈及社会主义和市场经济的兼容性，首先需要明确的是这里探讨的兼容性并非严格意义上的充分必要条件，而是实践中的求同存异。就概念而言，在一定的社会发展阶段，社会主义规定一个国家的社会性质，而市场经济则界定该国经济运行的具体模式，是以二者本身便是具有不同内涵的理论范畴，历史经验也多次表明二者没有相互

决定的必然联系。中国早在先秦时期就已有市场的萌芽，[①]有宋一代市场经济伴随商业和手工业的迅速成长而趋于成熟，[②]但繁荣且漫长的市场经济演进历程并没有在中国直接催生出社会主义制度。新中国成立后，1956年“三大改造”的完成便已标志社会主义制度的确立，但直到1978年末，市场经济才重回中国经济发展的视域。国际上亦不乏此类史实，实行社会主义制度的国家并非一定采用市场经济模式，苏联在斯大林时期用高度集中的计划经济体制代替列宁时期利用国家资本主义恢复发展经济的模式，相反推行市场经济模式的国家也并非都建立了社会主义制度，目前绝大多数市场经济体仍然是资本主义性质的国家和地区。因此，本章在探讨社会主义和市场经济之间的兼容性时，在研究伊始便要破除二者相互决定的观念。

既然社会主义与市场经济不是彼此的充分必要条件，那么二者之间理应存在求同存异的空间。社会主义和市场经济的差异是探讨二者兼容性的前提。具体而言，一方面，社会主义规定了一个国家在一定时期内的社会性质，进而决定了社会的基本经济制度，而基本经济制度又相应地规定了该国国民经济在生产、分配、交换和消费领域的诸多生产关系，后者形成了一套适应社会主义发展的完整经济基础，但这一经济基础与市场经济所需要的生产关系难免存在不一致，从而使得社会主义和市场经济的兼容出现一系列兼容性问题，例如，社会主义坚持按劳分配的基本原则，而市场经济下的分配主要依赖于以价格体系为核心的效率尺度。另一方面，社会主义和市场经济在某些底层逻辑上具有相通之处，市场经济的隐含要求是每个人必须通过劳动才能获得财富，并且每个人参与生产和劳动的机会是相同的，而社会主义恰恰是通过生产资料的公有化占有来保证个人的劳动权利，从而最终实现人的自由全面发展的，因此从这个角度来看，社会主义和市场经济的逻辑一致性为二者的兼容提供了可能。

站在求同存异的立场可以看到，尽管社会主义和市场经济之间存在显著差异，但二者之间亦存在相互协调的潜能，因此本质上可将社会主义和市场经济视作一对矛盾，并且中国自改革开放以来的社会主义市场经济探索也为这对矛盾的解决提供了一组极具中国特色的实践佐证。

---

① 《史记·货殖列传》记载“（各地物产——编者注）皆中国人民所喜好，……，故待农而食之，虞而出之，工而成之，商而通之”，该记载中出现的商人表明先秦时期市场交易已诞生。

② 《望海潮·东南形胜》描绘了北宋时期钱塘地区（今杭州）“市列珠玑，户盈罗绮，竞豪奢”的景象，该词提及的珠玉珍宝交易表明在北宋时期江南地区的市场已颇为繁华。

### （二）社会主义与市场经济可兼容的理论论述

之所以社会主义和市场经济在中国会成为一对矛盾，归根结底是因为中国正处于社会主义初级阶段的基本国情。在社会主义初级阶段，中国不平衡不充分的发展现状制约了社会主义的实现形式，社会主义制度尚不能直接采用劳动者的自由联合和按需分配等社会主义高级阶段的生产和分配方式，而必须借助市场及商品货币关系才能有效地在全社会范围内配置资源，因此社会主义和市场经济的关系是中国特色社会主义制度绕不开的核心命题，妥善处理社会主义与市场经济这对矛盾，也自然地成为深化认识中国现阶段基本国情的关键环节，以及迈向社会主义现代化强国的重要助推力。

1. 社会主义与市场经济的对立性

既然现阶段社会主义和市场经济在中国构成一对矛盾，那么二者之间必然存在对立性。所属范畴的差异是二者对立性的根本原因，资源占有的公有化和资源配置的市场化是二者对立性的主要表现。此处需要明确的是，无论在哪种社会制度下，资源的占有方都会凭借资源的所有权要求相应的分配权，并且分配制度和过程要向资源占有方自身的利益倾斜。[①] 在社会主义初级阶段，社会主义的性质确立了中国的基本经济制度，规定了中国现阶段采取公有制为主体、多种所有制经济共同发展的所有制结构，而公有制的主要实现形式是国有经济和集体经济，因此公有制下生产资料主要由国家和集体代表人民所占有，相应地在分配作为劳动成果的消费资料的过程中国家和集体则优先保证人民的利益。同时为保证公平性，公有制范围内的分配将遵循按劳分配的基本原则。劳动报酬在初次分配中的比例是体现社会主义公有制坚持按劳分配原则的重要指标，自 2000 年以来，劳动报酬在中国初次分配中的比重大约保持在 50%，[②] 这表明按劳分配在中国国民经济的分配体系中始终居于主要地位。不过为了更好地发挥社会主义制度的优越性，这一比例在未来还可以进一步提升。

---

① “一国土地，一旦完全成为私有财产，有土地的地主，像一切其他人一样，都想不劳而获，甚至对土地的自然生产物，也要求地租。……劳动者要采集这些自然产物，就必须付出代价，取得准许采集的权利；他必须把他所生产或所采集的产物的一部分交给地主”，而“资本所有者，虽几乎没有劳动，却希望其利润与其资本保持一定的比例”（亚当·斯密：《国富论》，商务印书馆 2015 年版，第 43 页）。《哥达纲领批判》也指出“消费资料的任何一种分配，都不过是生产条件本身分配的结果。而生产条件的分配，则表现生产方式本身的性质”（《马克思恩格斯全集（第十九卷）》，人民出版社 1963 年版，第 23 页）。因此分配权本质上是从属于所有权的，进而是从属于一定历史发展阶段的生产方式的。

② 刘伟、蔡志洲（2017）测算出 2004 年和 2013 年劳动者报酬（包括收支）在中国初次分配总收入中的占比分别为 47% 和 50.8%。王霞（2023）测算出 2000—2019 年劳动报酬在初次分配中的平均比重为 50.6%，2020 年达到 52.7%。

囿于社会主义初级阶段的生产力发展水平，中国现阶段公有制范围内的资源配置通常借助商品货币关系实现，因此事实上借助了市场的配置手段。对于市场经济而言，尽管生产资料和消费资料并非由市场所占有，但在市场中配置资源时需遵循竞争、供求、价格等市场机制，并且所有参与市场的主体均有被分配资源的平等权利。在分配原则方面，虽然按劳分配是适应社会主义公有制的制度安排，但是市场按照个人劳动量被社会所承认的比例来分配成果，并且个人劳动量被社会所承认的比例会受到劳动效率的直接影响，这与按劳分配原则下根据个人劳动量直接分配成果的初衷也存在一定的差异。鉴于此，社会主义和市场经济这对矛盾的对立性可进一步概括为社会资源的公有制占有及与之相适应的分配关系与社会资源市场化配置的原则之间的矛盾。

2. 社会主义和市场经济的统一性

如果社会主义和市场经济之间仅存在对立性，那么二者将不存在兼容的可能性，故而统一性才是二者得以兼容的关键。前述兼容性辨析已经提及，社会主义保证了劳动者拥有平等参与劳动和平等分配资源的权利，这与市场经济的基本原则是一致的。关于市场经济要求平等劳动权利的命题，亚当·斯密在《国富论》第一卷第十三章有这样的论述，即在分工产生以前的原始社会时期，劳动的全部生产物都归劳动者所有，并且“只要包含等量劳动的商品，都可以相互交换”①，这就表明在市场经济产生的最初期，劳动者平等参与劳动并按劳动量的大小交换劳动成果的规则就已经被确定下来，并且由于此时私有制尚未出现，所以这一准则应成为市场经济的基本准则而不受所有制结构的影响。充分认识市场经济暗含的劳动者享有平等劳动的权利，对于社会主义与市场经济的兼容性认定具有重要意义，一方面这条原则赋予市场经济的独立内涵并不受所有制结构的束缚，另一方面它使得社会主义与市场经济这对矛盾最终得以成立。

除了基础逻辑存在一致性，社会主义与市场经济的统一性还表现在矛盾主要方面和次要方面会相互转化。具体而言，当效率成为特定领域在特定时期的主要考量时，市场及其配置原则将上升为矛盾的主要方面。在中国计划经济体制末期，计划的时滞严重阻碍了微观经济活力的释放，以“扩大企业自主权”为核心的国有企业改革冲破了计划经济的桎梏，② 市场机制的引入推动中国经济运行效率大幅提升，从而为20世

① 尽管《国富论》开篇便提到分工引起劳动生产率的提升，但第一章并没有关于分工产生之前的劳动历史的讨论。

② 吴敬琏的《中国经济改革进程》记载1979年底，全国试点扩大自主权的企业达到4 200个，1986年6月扩大到6 600个，1981年扩大自主权试点在全国工业企业全面铺开。

纪 80 年代中国经济体制改革提供强大的推动力。反之，如果经济体因历史、政策、文化等因素不可逆地产生垄断或自然垄断，并且资源逐渐向少数市场主体集中时，社会主义则将上升为矛盾的主要方面，此时应通过合理的制度安排确保资源配置的公平性。1999 年，为适应国内通信市场的快速发展，国务院批准“中国电信改革方案”，2000 年中国移动通信集团有限公司和中国电信集团公司相继成立，2002 年中国电信集团公司拆分出中国网络通信有限公司，2008 年后者与中国联合通信有限公司合并成立中国联合网络通信集团有限公司。通信商的市场化改革破除了中国传统通信市场的自然垄断格局，在推动通信市场蓬勃发展的同时也激励通信技术的长足进步。在 6G 技术的孕育时代，通信领域的市场化改革将进一步提升通信资源配置的有效性，确保人民群众能够共享通信技术进步的最新成果。

3. 对社会主义和市场经济矛盾的解决

自改革开放以来，伴随中国经济的持续增长，社会主义和市场经济这对矛盾也在不断演进。从历史的角度看，凡生产和劳动的机会较为均等的领域，市场配置资源的效果都较为理想，并且对于社会主义的发展也起到很好的促进作用。在基本消费品领域，计划经济年代中国基本消费品的生产与供给相对不足，销售环节实行凭票购买制度，随着市场经济体制改革的推进，中国基本消费品领域的市场化程度不断提升，短缺现象亦随之降低。第一阶段为 1982—1984 年，对手工业小商品价格分三批放开，交由市场调节；① 第二阶段自 1993 年 4 月 1 日起，取消粮票和油票，实行粮油商品敞开供应，② 票证制度的枷锁得以彻底打破。在生产资料领域，计划经济时期企业无须采购生产原材料，其产品也无法自主定价，全部生产过程都严格地处于计划之下，因此企业的生产积极性不高，其创新绩效存在严重扭曲。1982 年 2 月，国家物价局放开两种原材料供给渠道，允许国营企业部分地在市场上采购，从而在价格“双轨制”下开始放开生产资料的定价。③ 基本消费品和生产资料的市场化改革极大地增强了中国经济的微观活力，并有效缓和了社会主义和市场经济的矛盾，为人民总体生活水平实现从温饱到总体小康，再到全面小康的历史性跨越提供了重要保障。

---

① 资料来源：刘伟，《改革开放初期中国开启价格改革的历程》，2017 年。

② 资料来源：国务院，《关于加快粮食流通体制改革的通知》，1993 年 2 月 15 日。

③ 资料来源：罗纳德·哈里·科斯：《变革中国：市场经济的中国之路》，中信出版社 2013 年版，第 124 页。

但不可否认的是，一定时期内社会主义和市场经济矛盾的暂时调和并不意味着这对矛盾得到彻底解决，随着中国社会经济的发展，生产和劳动机会均等的划分标准不断提升，公有制和市场经济的界限也变得越来越模糊，进而导致辨识社会主义和市场经济这对矛盾的主要方面是什么的难度不断提升。例如，在中国房地产市场中，1998年房地产业的内资企业共有 19 960 家，其中国有企业和集体企业共计 12 496 家，占比高达 62.6%，而到 2021 年，内资企业数上升至 101 374 家，但国有企业和集体企业的比例下降至不足 2%。[①] 过去 25 年间房地产业的非公有制资本份额大幅上升，其与公有制资本涉及领域和具体业务的交织和重叠部分必然显著扩大，因此很难再单纯地在房地产业中对社会主义和市场经济进行机械划分，并且新的历史阶段下二者的短暂调和一定会被新的兼容性问题所打破，从而使得这对矛盾变得更加尖锐和深刻。从根本上解决这对矛盾的唯一方法是生产力的发展，当中国社会生产力达到足够高的水平，以至于个人劳动不再需要借助商品货币关系而直接计入社会劳动，劳动者可以按照个人需要直接分配社会总产品时，市场将不再具有存在的意义，社会主义与市场经济这对矛盾也就相应不复存在，届时中国特色社会主义的建设便已经达到超越社会主义初级阶段而迈向更高发展阶段的水平。

## 二、中国特色社会主义市场经济的发展趋势

鉴于社会主义与市场经济的矛盾将伴随中国社会主义初级阶段的国情而长期存在，因此它必然从属于中国现阶段人民日益增长的物质文化需求与不平衡不充分的发展之间的社会主要矛盾，并且其本质仍然是生产力与生产关系的矛盾。社会主义市场经济体制作为生产关系，应当不断深化改革以适应中国社会生产力的发展水平，因此在中国特色社会主义建设新时期，在全面建成社会主义现代化强国的新发展阶段，完善中国特色社会主义市场经济成为贯彻新发展理念，构建新发展格局，实现高质量发展的主要目标任务。

中国特色社会主义市场经济不仅符合社会主义和市场经济的一般规律，同时还将对中国的现代化事业产生三个方面的重要意义。首先，社会主义市场经济体制作为中国的基本经济制度，在中国现代化建设全局中起着引领性作用，党的十九届四中全会

① 数据来源：国家统计局，《中国统计年鉴（2022）》。

将社会主义市场经济体制上升为社会主义基本经济制度，这既是习近平新时代中国特色社会主义思想的重大理论创新以及中国现代化建设的理论指引，也是对改革开放以来中国社会主义市场经济建设取得的辉煌成就的充分肯定，以及对新时期中国深化经济体制改革的殷切期望。其次，社会主义市场经济体制是催生创新的基础性制度，创新在中国现代化建设全局中居于核心地位，而创新的实现离不开市场机制的激励作用，因此完善中国特色社会主义市场经济体制、发挥市场在资源配置中的决定性作用，将有利于最大限度地激发市场主体的创新活力，从而推动中国社会主义制度不断走向完善。最后，中国特色社会主义市场经济为新发展格局提供了制度保障，在新发展格局下，国内大循环承担了“双循环”的主体地位，而国内大循环恰恰是构建在市场经济体制之上的，没有畅通的市场经济体制作为支撑，国内大循环将失去循环的基本条件而走向崩塌割裂，国内国际双循环相互支撑的格局也就无从谈起。

新时期推动中国特色社会主义市场经济体制的不断完善，不仅有助于中国保持经济增长的良好态势，培育和激发经济增长的新动能，而且可以进一步推动中国分配制度的持续完善，让创造财富的源泉充分涌流的同时使发展成果更好地惠及人民群众。值得注意的是，新时期发展和完善中国特色社会主义市场经济体制必然面临更加复杂的形势，二者在兼容过程中也必然出现更多问题，因此其难度和挑战也会相应上升。但长期的历史实践证明，社会主义市场经济体制是适应中国社会主义初级阶段基本国情的有效制度，同时也是中国式现代化的本质要求之一和中国发展进步的关键所在。因此，完善中国特色社会主义市场经济是全面建成社会主义现代化强国的必由之路。

## 第二节　社会主义和市场经济结合的实践探索

### 一、中国社会主义市场经济的历史实践

中国特色社会主义市场经济体制从来不是与生俱来的经济范式，而是经过长期实践探索得出的科学规律。在社会主义“三大改造”完成之后，中国根据当时的国内国际环境，逐渐确立计划经济体制，并且依靠计划经济体制迅速实现生产力的恢复和发展，为国民经济建设打下坚实的基础。但随着社会生产力的发展，计划经济体制资源配置效率低、激励扭曲等弊端逐渐显露，从而推动中国经济运行体制向市场经济转变。计划经济向市场经济转变的核心是资源配置权的变革，计划经济主要通过计划的编制和执行来配置资源，必要时辅以行政手段，而市场经济则主要通过竞争、价格、供求

等市场机制来配置资源，二者在资源配置方式上存在直接对立。不仅如此，由于观念的束缚，计划经济在当时被认为是实现社会主义的唯一方式，实行市场经济不是走社会主义道路，因此社会主义与市场经济在兼容之初面临着客观性质差异和主观认知制约两方面的巨大考验。

党的十一届三中全会拉开了中国改革开放的大幕，经济体制改革问题也来到社会最前沿，可以明确的是，中国市场化改革并非单一线条的改革，而是由点及面的顺次改革，改革领域由最初的农村和土地制度改革，逐渐扩展到国有企业、价格、金融市场、财税乃至外贸等社会经济的各个领域，并且改革也经历了从简单试点到建立和完善社会主义市场经济体制的演进过程，但无论处于哪个阶段，改革过程中社会主义和市场经济的矛盾，以及资源占有和配置的矛盾，是贯穿改革始终的主线。

中国经济体制改革是从农村地区开始的，而农村改革的核心是土地制度改革，计划经济时代农村地区的土地主要掌握在以公社、大队、生产队等为代表的集体手中，因此产品分配也相应地由集体主导，尽管这样的机制设计可以在一定程度上保证劳动的公平性，但随着时间的推移，集体掌握土地资料并主导分配的模式逐渐沦为“平均主义”分配模式。当“平均主义”导致生产生活难以为继时，1978 年 11 月 24 日安徽省凤阳县凤梨公社小岗村的 18 户农民签订“分田到户”的“生死状”，将农村最为重要的土地资料从集体下分至农户，与此相关的劳动力及相应生产资料的配置权也重新回到农户手中。家庭联产承包责任制的确立和推广突破了计划经济在土地所有权基础上形成的关于劳动和分配的陈规旧矩，从而调动了广大农村地区的生产积极性。

农村和土地制度的改革促进了中国农业的恢复发展，也有力地带动了 20 世纪 80 年代中国的城市改革，有关城市经济体制改革的方向成为当年中国社会各界讨论的重要话题。以吴敬琏为代表的经济学家认为，城市改革应从市场入手，放开计划对于市场价格的管控，强化市场定价机制，发挥价格信号对生产和消费的调节作用。在计划经济年代，中国没有形成完整的生产和生活资料市场，两类资料的定价、分配和使用均由计划严格控制。1979 年，国有企业获许以不超过计划价格的 20% 销售计划外产品，① 价格“双轨制”的格局开始形成，随后煤炭、钢铁、橡胶、有色金属、水泥、玻璃、汽车等生产资料，烟酒、纺织品、手表、彩电以及一系列小商品等生活资料的计

① 资料来源：国务院，《关于扩大国营工业企业经营管理自主权的若干规定》，1979 年 7 月 13 日。

划价格逐渐实施“双轨制”，计划外产品形成的增量市场不仅及时消化了产能并畅通了社会再生产之路，同时也倒逼计划内的存量进行改革。1992 年 9 月 1 日，国家物价局将 571 种生产资料定价权和 22 种产品定价权分别下放给企业和省级物价部门，价格“双轨制”走向尾声，主要生产资料和生活资料的价格走向“并轨”。纵观 1979—1992 年中国价格改革的历程，不难发现虽然市场机制的引入给计划经济下相对稳定的国民经济带来一定的冲击，其中不乏“价格闯关”失败引发的通货膨胀压力，但通过计划对产品定价和流通管制的放松，产品的配置权利被让渡至市场，市场的竞争、价格和供求机制逐渐发挥出其效率优势，为社会主义市场经济的建立作出巨大贡献。同时需要看到的是，价格“双轨制”本身是不完整、不健全的价格体系，它一方面扭曲市场价格信号，另一方面则产生一定的“寻租”空间，这体现了 20 世纪 80 年代改革开放初期渐进式改革的特征。而在改革开放 40 多年后的今天，中国原油、天然气等部分产品的价格仍处于政府管控之中，为充分发挥市场在资源配置中的决定性作用，在确保国家安全和经济社会发展稳定的前提下，合理渐进地放开这部分产品的市场定价权应成为新时期完善社会主义市场经济体制的焦点命题。

与价格改革思路相对的是，以厉以宁为代表的经济学家认为城市经济体制改革应首先推动产权制度改革，在公有经济中引入非公有制成分，通过非公有制经济带动公有制活力的提升。厉以宁认为即使价格管控放开，但作为政府“代理人”的国有企业仍可能凭借自身所有制优势而忽视市场价格，导致市场化改革带来的资源配置效率提升被抵消。在 1978 年党的十一届三中全会召开之后，城市经济体制改革逐渐展开，改革初期以扩大企业自主权为中心。1984 年，党的十二届三中全会通过《中共中央关于经济体制改革的决定》，标志着中国经济体制改革的重心由农村转向城市，国企改革在扩大自主权的基础上进一步深化，开始探索政企分开、所有权和经营权分离的方案。1986 年，厉以宁适时提出“公有制为主体，多种经济成分共同发展”的混合所有制模式，这一命题在当时或许显得过于“超前”，但而后国企的股份制改革进程却或多或少沿着这一路径推进。直到 1994 年，党的十四届三中全会通过的《关于建立社会主义市场经济体制若干问题的决定》正式提出建立现代企业制度，国企改革的目标得以最终确立。价格改革和产权改革触及计划经济的不同方面，且本质上二者是针对社会主义和市场经济的矛盾展开的改革思路分异，前者侧重于强调市场机制在资源配置中的效率，而后者侧重于突出资源所有权对资源配置权具有决定作用，因此二者对于解决资源占有的公有制与资源配置的市场化之间的矛盾具有同等重要的作用，中国价格改革和产权改革并进的改革进程实际上就是二者思路具有一致性的有力表征。

其他领域的市场化改革也在逐次展开。在金融领域，股市、汇市和债市的成立标志着金融市场化改革取得阶段性成果。1990 年 11 月 26 日和 12 月 1 日，上海证券交易所和深圳证券交易所相继成立，二级市场得以正式确立；1994 年 4 月，中国外汇交易中心在上海成立，全国统一的银行间外汇市场成立，人民币汇率走向并轨；1997 年 6 月，中国人民银行决定在全国银行间同业拆借中心开办银行间债券交易业务，债券市场正式放开。在财税领域，1994 年，税种和分税制改革，纠正了中央和地方在财权和事权上的扭曲，1995 年和 1998 年分别推行国税和地税征管改革，与税制改革形成良好的配套。在外贸领域，1979 年 1 月 31 日，蛇口工业区的成立赋予深圳外贸改革试点以主动性，紧接着中国"点—线—面"式的开放进程逐步扩大外贸范围，相应地也推动外贸体制改革，2001 年 12 月 11 日中国成功加入世界贸易组织（WTO），助力中国外贸市场化改革成效上升到新的高度。

从中国改革开放以来的市场化探索进程可以看出，中国社会主义市场经济体制的建立和发展并非一帆风顺，在二者的兼容过程中，市场经济的相关原则总是会在一定程度上与社会主义制度产生摩擦，从而使得中国社会主义市场经济的发展遇到重重挑战，但不可否认的是，正是在二者相互结合的实践过程中出现的兼容性问题，以及对资源占有和配置权的反复探索，才推动中国对于社会主义市场经济的认识不断深化和创新，最终探索出具有中国特色的社会主义市场经济道路。

## 二、新时期完善中国特色社会主义市场经济的新探索

党的十八大以来，中国特色社会主义进入新时代，社会主义市场经济体制也出现新发展。最显著的特征是市场在资源配置中的地位不断提高，市场结构趋于完善，消费品的市场化率不断提升，继 2011 年政府放开大米、小麦等农产品收购价格之后，2013 年 3 月，国家发改委公布油价调整机制改革方案，大幅缩短成品油计价和调价周期，并调整国内成品油价格挂靠油种，[①] 进一步加速国内成品油的市场化进程。2014 年 5 月，工信部和国家发改委下发联合公告，决定所有电信业务资费均实行市场调节

① 资料来源：国家发改委，《国家发展改革委关于进一步完善成品油价格形成机制的通知》，2013 年 3 月 26 日。

价，① 电信服务价格彻底放开。2015 年 10 月，中共中央、国务院提出深化重点领域价格改革，适时放开竞争性领域或环节价格和非基本公共服务价格，② 更大程度地发挥市场决定价格作用。能源、电力、通信等领域的全国统一大市场逐渐形成，区域间、产品间的市场分割程度降低。其次，资本市场限制正在逐渐放开，非公有制资本在全社会投资中的占比稳步提升，部分行业的资本准入门槛进一步降低，2021 年 8 月，创业板 IPO 发行价格区间上限取消，③ IPO 定价机制的完善为全面注册制的实施打下坚实基础，2023 年 2 月 17 日，股票发行注册制在全国范围内正式实施。④ 此外，2021 年 9 月 3 日，面向创新性中小微企业的北京证券交易所（简称北交所）成立，这是中国继 20 世纪 90 年代成立沪深两所之后时隔 30 年再次设立证券交易所，北交所在支持中小微企业直接融资方面发挥了重要作用，一级市场和二级市场的活跃度不断提升，为中国资本市场的发展创造出更加广阔的空间。在外汇市场中 1996 年中国实现人民币经常项目可兑换，而后开始推进人民币资本项目可兑换，⑤ 2015 年 10 月 31 日，上海自贸试验区宣布试点人民币资本项目可兑换，逐步提升资本项目的可兑换程度。中国经济的稳步发展、市场开放程度的不断提升促使人民币在国际外汇市场持续走强，2016 年 10 月 1 日，人民币正式加入 SDR 货币篮子，并且 2022 年人民币 SDR 权重由 10.92% 上升至 12.28%。最后，市场中以数据为代表的新型要素的作用不断提高，新要素为新时期中国经济增长注入新的动能，同时也改变传统要素市场的运行格局，推动中国按劳分配为主、多种分配方式并存的分配制度进一步完善。这些新的改革探索，极大地丰富了中国社会主义市场经济的实践经验，深化了新时期社会主义和市场经济的矛盾的认知，从而推动中国特色社会主义市场经济理论持续创新。

## 第三节　中国社会主义市场经济理论的确立与创新

### 一、社会主义市场经济理论的确立与演进历程

伴随着改革开放的进程，中国对社会主义市场经济的理论探索从发轫走向成熟。

① 资料来源：工信部、国家发改委，《关于电信业务资费实行市场调节价的通告》，2015 年 4 月 10 日。

② 资料来源：中共中央、国务院，《关于推进价格机制改革的若干意见》，2015 年 10 月 12 日。其中竞争性领域包括成品油、电力、天然气、交通运输等，非基本公共服务领域包括教育、医疗、养老等。

③ 资料来源：证监会，《创业板首次公开发行证券发行与承销特别规定》，2021 年 8 月 6 日。

④ 资料来源：证监会，《首次公开发行股票注册管理办法》，2023 年 2 月。

⑤ 资料来源：中国人民银行，《人民币国际化报告（2015）》，2015 年 6 月 11 日。

改革开放之前，计划经济和市场经济可谓“水火不容”，并且这二者在当时具有明显的意识形态色彩，人们普遍认为市场和商品货币关系是资本主义的，计划经济才是社会主义的，计划经济和市场经济是完全对立的。在改革开放之初，市场经济刚刚起步，对于已在计划经济体制下前进20年的中国社会来说，其对市场经济一方面是向往，另一方面是忌惮，向往的是市场经济可以带来经济的快速增长和人民生活水平的提升，忌惮的是市场经济可能颠覆中国经济体制。

1982年党的十二大明确“计划经济为主，市场调节为辅”的方针，①表明20世纪80年代初中国对于市场经济的认识已经打破计划经济与市场经济“对立论”的坚冰，从排斥抗拒市场转变为引入市场机制，社会主义市场经济理论取得阶段性创新。随着改革开放的不断推进，市场在资源配置中的作用不断增强，市场经济与计划经济的关系也在以前的“主”与“辅”的基础上发生了变化，1984年党的十二届三中全会提出建设“有计划的商品经济”，随后1987年党的十三大进一步提出建设“计划与市场内在统一的有计划的商品经济”，“有计划的商品经济”的判断突破了计划经济与市场经济“主辅论”的限制，市场经济的地位得到进一步提升。此后，市场经济展现出资源配置效率的巨大优势，1992年初邓小平南方谈话打破了市场经济姓“资”还是姓“社”的意识形态禁锢，为市场经济地位的确立作好了思想和舆论准备。同年10月，党的十四大正式提出建立“社会主义市场经济”体制的目标，这一论断彻底突破了“主辅论”“覆盖论”等表述下计划经济与市场经济孰轻孰重的思维惯性，提出将社会主义与市场经济相结合的改革目标，从而结束了长达15年的计划与市场之争。1993年，社会主义市场经济载入《中华人民共和国宪法》，1994年党的十四届三中全会勾勒出社会主义市场经济的基本框架，中国特色社会主义市场经济理论体系得以最终形成。

围绕中国特色社会主义市场经济体制的建设，1997年党的十五大将“公有制为主体、多种所有制经济共同发展”确立为中国社会主义初级阶段的基本经济制度，同时指出应“使市场在国家宏观调控下对资源配置起基础性作用”，从而明确了中国市场化改革中的所有制结构和资源配置方式，在社会主义市场经济中赋予非公有制经济合理的地位，也为解决资源所有权和配置权的矛盾提供了理论支撑。20世纪末，中国已初步建成社会主义市场经济，进入21世纪后，中国步入经济高速发展阶段，党的十六大

---

① “计划经济为主，市场调节为辅”最早在1981年由党的十一届六中全会通过的《关于建国以来党的若干历史问题的决议》提出。

和十七大分别提出在更大程度上和从制度上更好地发挥市场在资源配置中的基础性作用，不断深化市场基础性作用的科学定位。

中国特色社会主义市场经济理论体系对改革开放以来中国在社会主义制度下发展市场经济的实践探索进行了系统性总结和升华，是马克思主义中国化的重大理论成果，它创造性地解决了社会主义和市场经济的矛盾，极大地丰富了市场经济的理论内涵，在中国经济体制改革进程中具有里程碑式的重要意义，并为社会主义建设提供了具有鲜明的中国特色的发展道路。

## 二、新时期中国特色社会主义市场经济的理论创新

自党的十四大确立社会主义市场经济的改革目标以来，社会主义市场经济理论对中国经济发展的指导作用不断增强，其本身也在根据中国社会主义市场经济的实践不断完善。党的十八大指出“更大程度更广范围发挥市场在资源配置中的基础性作用，经济体制改革的核心问题是处理好政府和市场的关系”，充分肯定市场在资源配置中的地位，同时点明政府和市场的关系在新时期中国特色社会主义市场经济体制中起到决定性作用。

随着中国特色社会主义进入新时代，2013 年党的十八届三中全会指出经济体制改革的核心问题是“处理好政府和市场的关系，使市场在资源配置中起决定性作用和更好发挥政府作用”，这是自社会主义市场经济理论体系建立 20 年以来取得的最重大的理论创新，是社会主义市场经济认知的巨大飞跃，标志着中国特色社会主义市场经济理论的成熟，因此对于全面深化改革具有战略性意义。2017 年党的十九大指出中国社会主要矛盾转化为人民日益增长的美好生活需要和不平衡不充分的发展之间的矛盾，随后 2019 年党的十九届四中全会将社会主义市场经济体制首次与所有制和分配制度并列为中国的基本经济制度。社会主义市场经济成为中国的经济基础，其与所有制和分配制度形成统一整体，为资源占有权和配置权的矛盾的彻底解决提供制度性保障。2022 年，党的二十大提出构建高水平社会主义市场经济体制，将坚持和完善基本经济制度、发挥市场在资源配置中的决定性作用、更好发挥政府作用、推进国资国企改革、深化要素市场化改革、健全宏观治理体系等领域有机聚合，赋予了社会主义市场经济理论体系新的内涵。

新时期中国特色社会主义市场经济理论的创新，全面总结了党的十八大以来中国

市场化改革的实践成果，深化了对社会主义市场经济规律的认知，因此对于在新发展阶段更好地解决社会主义与市场经济的兼容性矛盾具有决定性意义。

## 第四节　中国社会主义市场经济建设的成就与思考

### 一、中国市场经济建设的历史成就及主要原因

改革开放以来，中国经济实现了超过 40 年的持续增长，创造了人类社会经济增长的奇迹。国内生产总值从 1978 年的 0.37 万亿元上升至 2021 年的 114.37 万亿元，增长超过 300 倍，年均增长率超过 14%。① 同期世界 GDP 总量上升了 10 倍，② 年均增长率仅为 5.7%，不及中国年均增速的 1/2。在人均 GDP 上，中国同样取得相当瞩目的成就，从 1978 年的 382 元增长到 2021 年的 80 848 元，③ 达到世界和中等发达经济体的平均水平。④ 市场化改革带来财政收入的大幅提升，从 1978 年的 1 132.26 亿元增长至 2022 年的 202 554.64 亿元。⑤ 固定资产投资水平也稳步提升，2021 年较 1981 年增长 570 余倍。⑥ 在对外贸易方面，中国的经常账户自改革开放以来总体保持顺差平稳增长态势，外汇储备自 2006 年起连续 17 年稳居世界第一位。⑦ 凡此种种，都离不开社会主义市场经济体制的建立与完善，可以说没有市场经济改革，上述所有的经济成就是无法实现的，而中国取得这些历史成就归根结底是因为社会主义市场经济体制的确立与发展，以及与之相适应的生产关系变革，适应了中国自改革开放以来的社会生产力发展需要，尤其是打破了传统计划经济体制对微观主体的束缚，通过资源配置方式的改革持续释放经济增长活力，最终造就中国经济增长的奇迹。

### 二、社会主义市场经济下的新问题与新思考

在看到成就的同时，也同样需要正视社会主义市场经济发展过程中暴露出的问题，

① 数据来源：国家统计局，《中国统计年鉴（2022）》。增长率数据为计算数据，为与世界同期数据进行比较，此处采用名义增长率。

② 数据来源：世界银行数据库，1978 年和 2021 年世界 GDP 总量分别为 8.66 万亿元和 95.53 万亿元。

③ 数据来源：根据《中国统计年鉴（2022）》计算而得，为名义数据。

④ 数据来源：IMF 预测。

⑤ 数据来源：国家统计局，《中国统计年鉴（2022）》。

⑥ 同上。

⑦ 资料来源：《中华人民共和国中央人民政府，我国外汇储备规模连续 17 年稳居世界第一》，2022 年 6 月 23 日，http://www.gov.cn/xinwen/2022-06/23/content_5697393.htm。

妥善处理这些问题关系未来中国市场经济发展的成败。第一个问题是市场主体权利问题。社会主义市场经济是竞争经济，也是法治经济，各类市场主体的合法权利理应受到保护，但目前部分企业，尤其是中小微企业在财税政策、信贷支持、法律保障等方面的权益还未得到充分保障，以至于中小微企业在市场竞争中天然处于弱势地位，这变相地导致不公平的市场竞争。第二个问题是市场机制完善问题。供求、价格、风险等机制均为市场经济的重要机制，新时期的市场充满不确定性，参与市场竞争必然意味着承担损失风险，部分市场主体抱着“稳赚不赔”的观念参与市场竞争，必定导致风险意识、责任意识和危机意识的淡薄。第三个问题是部分领域市场化程度不足的问题。对于金融、能源等领域，传统认知要求必须公有资本占主导，随着市场经济的发展完善，适时适当引导非公有制资本进入，提高资本整体运营效率，亦不失为一种可以尝试的市场化改革路径。第四个问题是市场分割问题。市场可能因地理位置而发生分割，也有可能因为政策壁垒而发生分割，前者可以随着相关基础设施的完善而逐渐一体化，而后者则依赖于全国统一大市场的建立，只有在全国统一大市场中，区域间、行业间的政策一致性才能不断提升，人为市场分割因素才能逐渐消除。

在中国特色社会主义新时期，创新的核心地位不断增强，故可以通过进一步解放生产力来推动社会主义市场经济体制的完善，同时社会主义市场经济已经成为囊括产品市场、要素市场、外贸市场等多个市场在内的统一体，因此市场化改革政策更需要兼顾各个市场之间的相互影响与联动，提升政策的统筹性。

与此同时，市场在资源配置中决定性地位的确立，标志着市场配置资源的原则成为新时期中国特色社会主义市场经济体制的基本原则，但市场原则的增强与既有的资源配置格局必然产生冲突，过去 40 多年中国曲折复杂的市场化改革进程便是最好的例证，并且二者之间的矛盾在全面深化改革的阶段还表现出逐渐尖锐的态势。这种态势有三个方面的具体表现。第一，市场的决定性作用与部分产品的市场化程度不足的矛盾，尽管自 20 世纪 80 年代中国推行价格改革以来，中国政府已经放开绝大部分生产和生活资料的市场化定价权，但在能源、电力、矿产、烟草、通信、金融等领域，市场机制发挥的作用仍然十分有限。第二，市场机制的运行与部分要素市场不健全的矛盾，平稳畅通的产品市场运行离不开合理健全的要素市场，而目前中国的劳动力、资本、土地等要素市场仍未充分市场化，要素市场的准入门槛、政策壁垒、区域分割等问题仍然存在，从而对市场发挥资源配置的决定性作用形成掣肘。第三，公平竞争与市场主体地位不平等的矛盾，虽然国企改革已经打破计划经济时代政企不分僵局，但不可否认的是相较于非公有制企业，国有企业仍然可以更加容易地获取大量且优质的市场资源，这与公平竞争的市场机制是对立的，也将极大地挫伤非公有制企业生产和创新的积极性。

对于上述资源占有和配置权的矛盾日益尖锐问题，需持有辩证统一的观点并努力创新解决方案。诚然，一方面，能源、电力等产品领域，以及资本、土地等要素领域都是关系国计民生和社会发展的核心领域，也是极容易形成市场垄断的领域，政府给予重点管控是保障社会主义公平性和经济稳定健康发展的必然要求；但另一方面，发挥市场在资源配置中的决定性作用意味着不能简单地以市场容易失灵为由限制市场机制的建立与运行。显然，解决上述领域内资源占有和配置权的矛盾的关键，已不再是讨论是否需要市场，而是如何引入市场，这一点和政府与市场的关系问题紧密联系。在中国特色社会主义新时期，处理好政府与市场的关系不仅需要创新市场发挥决定性作用的手段，而且需要更好地发挥政府在保障市场公平竞争、维护市场秩序等方面的作用，同时还需要减少政府对市场资源配置过程和机制的干预。

# 第九章　社会主义市场经济下的政府与市场关系研究

政府与市场作为资源配置方式的两种基本方式，在促进经济增长和推动社会进步等领域分别扮演重要角色。关于政府与市场关系的研究，是市场经济条件下政治学、社会学、经济学研究的传统命题。在不同历史时期，经典理论家对政府与市场关系认识的侧重点均有不同，其理论观点也有较大变化。长期以来，国内外学者一直试图从不同角度求证最优政府与市场关系。尽管在西方经济学标准的理论之中有"非排他性"和"非竞争性"公共产品由政府提供，而"排他性"和"竞争性"公共产品由市场提供，但是具体到某个国家某个发展阶段，政府与市场关系有着特定的形式与内容。社会主义市场经济体制改革的本质与方向是中国必须分清政府与市场的边界以及两者之间的关系，这是中国建立中国特色政治经济学不容回避的重大议题。厘清政府与市场的关系是贯穿社会主义市场经济体制改革"历史—现在—未来"全阶段的主线和要义所在，因此，自然而然也将成为中国特色社会主义政治经济学的核心问题。

本章关于中国特色社会主义政治经济学框架中社会主义市场经济下政府与市场关系的研究，以 1978 年改革开放为起始点，分别探究：1978—1991 年社会主义市场经济探索时期政府与市场的关系，1992—2012 年社会主义市场经济体制初步建立时期政府与市场的关系，2013 年至今这一时期政府与市场关系的演变——从无所不包的全能型政府到政府为主、市场为辅，再到市场在资源配置当中起决定性作用，政府更好发挥作用。研究沿着时空立体化历史图谱主线展开，对社会主义市场经济下政府与市场的关系演变和边界互动进行了理论分析和实践考察，并加以评价。应该说，社会主义市场经济下的政府与市场关系，依存于中国特色社会主义市场经济制度，既有传统政府与市场理论的基因，同时又附带中国特色社会主义的制度特色，内生于中国市场经济转型过程，是一个创造市场完善市场的过程。总体上，市场经济发展的阶段水平是中国塑造其政府与市场关系的一个重要考量。政府是市场培育者、守护者、约束者，政府推动市场建设带有明显的渐进性、局部性和增量性特征，同时在社会主义市场经济中，政府和市场的关系具有许多新的特点和复杂情况，具有经济、社会、文化，以及宏观与微观、生产力与生产关系等多种维度，同时，有别于传统教科书范本的职能划分，中国政府本身往往具有政治职能和经济职能双重属性。在这些特质下，中国社会主义市场经济逐步完善的每一步，无不是探索政府和市场的关系如何处理，二者如何展开更合理的分工协作，而不是简单划界限、各自撇清干系。因此，无法用西方传统政府与市场关系理论解读中国社会主义市场经济下政府与市场的关系。

中国改革发展实践表明，社会主义市场经济下中国政府与市场关系渐次优化的产物为中国取得巨大经济增长成效，基于此，寻求中国经济发展可持续的有效路径，依然会遵循政府与市场关系的不断调整、完善、丰富这一脉络。当前在政府与市场的关系上，仍然存在不少问题与矛盾，迫切需要政策制定者、市场主体和经济学者共同努力，探索政府与市场之间的动态最优关系和边界。

进一步正确认识社会主义市场经济下的政府与市场关系，必须立足中国是发展中国家这一事实，以及社会主义初级阶段国情和中国基本经济制度，尊重市场发展规律。正如习近平总书记所说，“看不见的手”和“看得见的手”都要用好，“该放给市场和社会的权一定要放足、放到位，该政府管的事一定要管好、管到位”。

## 第一节　社会主义市场经济下政府与市场关系演变

### 一、1978—1991 年：社会主义市场经济初步探索时期的政府与市场关系

在对社会主义市场经济初步探索时期的政府与市场关系演变及边界互动进行考察前，我们先对改革开放前 1949—1978 年过渡时期的二者关系进行简要梳理，为改革开放后政府与市场关系的研究辅以基础。改革开放前的政府与市场关系的主基调是不断强化政府调控，最终实现全面计划经济。1949—1953 年是国民经济恢复时期，出于稳定局势及恢复经济的需要，政府与市场的关系是接替存续关系，在允许市场配置资源的同时，政府加强调控，政府与市场的关系体现为和谐共处。1953—1956 年，政府开展“一化三改”，自此政府开始占据市场资源主导地位，1956—1978 年，政府配置资源占据绝对主导。总体来说，在这一阶段，二者关系调处及边界划定是政府处于绝对的调控地位，包揽经济发展和人民生活的一切方面。资源配置几乎完全由政府通过计划手段进行。这种关系在推动工业化迅速发展等方面曾起到重要的积极作用，但随着条

件的变化，计划经济的弊端，如比例失衡、资源浪费、激励约束机制缺乏等问题越来越成为经济正常运行的羁绊，改革开放就是要破解这一难题。

1978年党的十一届三中全会确立了以“计划经济为主，市场调节为辅”的基本原则，其本质是在计划经济框架中引入并扩大市场调节，就此拉开政府与市场关系及边界互动的新探索。加快政府自身的改革步伐，促进市场的发育，成为这一时期政府与市场关系改革实践的重要内容。具体措施包括：通过价格政策调整和流通体制改革下放决策权限，扩大农户生产经营权和企业自主权，适度放开价格，培育价格机制等引入市场调节，培育市场，等等。总体来看，这一时期政府与市场关系的变革是在原有计划经济体制总体格局未变的态势下展开的，全能型政府的边界虽有所收敛，也就是说市场边界虽有所外扩突破，但是政府仍占据绝对主体地位，政府的主导功能更多的不是去弥补市场，而是“政府替代”。

1984—1991年，先是1984年10月党的十二届三中全会通过《中共中央关于经济体制改革的决定》，该决定指出社会主义计划经济“是公有制基础上的有计划的商品经济”，将市场调节的范围明确为主要是部分农副产品、日用小商品和服务修理行业的劳务活动，市场地位得到提升。其后，党的十三大又明确提出，“社会主义有计划商品经济的体制，应该是计划与市场内在统一的体制”，政府要运用经济、法律以及行政手段去稳定市场社会等大环境。这一阶段建立了计划与市场内在统一的体制。这种新体制的特点：一是运用计划调节和市场调节两种形式和手段，保持国民经济的协调发展；二是必须把计划工作建立在商品交换和价值规律的基础上；三是新的经济运行机制。总体来说应当是“政府调节市场，市场引导企业”的机制。这样，市场与计划就内在统一地结合起来了。政府计划与市场“双轨”运行，并开始尝试相互磨合与衔接，成为这一时期政府与市场关系的一大特色。

纵观社会主义市场经济初步探索时期的政府与市场关系，可以看到对于政府和市场各自作用范围的认识不断取得新的进展：物和人的流动开始为城乡二元制逐渐松绑，政府对经济的管控开始由大包大揽转向有选择地放手，消费资料领域先行的市场机制开始传递到生产资料领域，政府开始有意识去加强市场的监管与秩序维持，简单的行政命令开始加入经济与法律手段。政府与市场泾渭分明的资源配置分割格局被打破，但总体上还是全能型政府，市场仍处于萌芽摸索阶段。

## 二、1992—2012 年：社会主义市场经济体制初步建立时期的政府与市场关系

以邓小平南方谈话和十四大召开为标志，中国政府与市场关系的改革进入一个系统性、全面性的崭新历史阶段。这一时期时间序列是 1992—2012 年，缘起是 90 年代初期经济体制中农村改革和城市改革成效明显，传统的计划体制已经成为经济发展的巨大束缚，政府与市场的关系迫切需要调整。相较于前一时期的市场机制引入传统社会主义的摸索试错，这一时期更加注重从体制层面对政府与市场关系的科学界分。

1992 年，邓小平在南方谈话中提出“两种经济手段说”，即计划和经济都是市场手段。同年 10 月党的十四大召开，会上提出正确认识和处理计划与市场的关系是关系整个社会主义现代化建设全局的重大问题的核心。以此为标志，政府与市场关系的改革进入一个系统性、全面性的崭新历史阶段。1993 年 11 月召开的党的十四届三中全会，就政府与市场向纵深领域拓展提出具体要求：就政府而言，要转变政府职能以履行对经济的管理职责，同时建立健全国家宏观调控体系，紧紧围绕财税体制、金融体制、外贸投资体制等进行深入改革；就市场而言，要培育和发展市场体系，推动价格改革和商品经济，将金融、劳动力、房地产和信息市场等作为重点发展对象。1997 年 9 月，党的十五大在总结十四大以来市场经济建设方面取得成就的基础上，明确了党的社会主义初级阶段的基本纲领，并提出“坚持和完善社会主义市场经济体制，使市场在国家宏观调控下对资源配置起基础性作用”，就政府的权责范围明确政府不能直接干预企业经营活动。一系列措施进一步发挥市场对资源配置的基础性作用。2002 年 11 月，党的十六大提出“在更大程度上发挥市场在资源配置中的基础性作用”，同时对健全现代市场体系与界定新的政府职能作出进一步说明，科学发展观应运而生。政府职能的转变变得更加科学合理，全能型政府开始向效能型政府转变。可以看出，政府职能导向从管理者向服务者转型，部分职能开始让渡给市场。2002 年 10 月，党的十六届三中全会提出“增强企业活力和竞争力，健全国家宏观调控，完善政府社会管理和公共服务职能，为全面建设小康社会提供强有力的体制保障”。2012 年 11 月，党的十八大提出更大程度、更广范围发挥市场在资源配置中的基础性作用。同时，强调“经济改革的核心是处理好政府和市场的关系，更加尊重市场规律，更好发挥政府作用”。

纵观这一个时期政府与市场的关系，为适应社会主义市场经济体制的内在要求，政府职能重心转向培育市场发育和成长，催生各类市场主体。与此相适应，政府计划

加快实现从指令性计划向指导性计划的转变。在建立社会主义市场经济初期，由于中国的市场发育还不成熟，市场体系并不完善，市场机制不健全，市场竞争不公平、不透明，因此在微观经济放开与激活的同时，需要政府适当加强宏观调控。党的十六大以后，针对长时间存在的片面追求增长速度、增长方式粗放、民生领域矛盾凸显和市场经济在社会公平、公共服务、生态保护等方面的固有缺陷，政府政策持续发力。这一时期，政府与市场关系由过去突破旧体制到创建新体制，由政策调整转为制度创新，由单项改革转为系统全面的制度安排和设计。改革在全面推进的基础上，重点由过去的以增量改革、产品市场改革为主，转向以存量改革、要素市场改革（即资金市场和劳动力市场）为主，国有企业改革、建立资金市场和劳动力市场、转变政府职能，成为 1992 年以后改革的三大主要任务。而加入世界贸易组织、财政转型和转变发展方式，则成为促进市场化改革的动力。20 世纪末，中国已基本建立起市场经济的主要框架。这一时期，一方面，政府主动地改革与完善政治、法律等方面的制度结构，运用各种调控手段来确保市场经济中生产、交换和分配等环节的市场秩序的稳定性，兼顾效率与公平；另一方面，政府不断优化自身功能，以实现与市场的有机结合，而市场迅速发育且向纵深发展，市场力量由小到大、由弱到强，市场机制得到建立，市场成为独立的体制性因素和社会经济资源配置的基础性力量。

### 三、2013 年至今：社会主义市场经济体制初步完善阶段的政府与市场关系

社会主义市场经济体制初步完善阶段的时间序列是 2013 年至今。这一阶段中国进入全面深化改革的攻坚期，由于市场在资源配置当中的作用有效性发挥受市场发育不充分、市场体系不健全等因素制约，需要进一步理顺政府与市场关系。2013 年 11 月党的十八届三中全会通过的《中共中央关于全面深化改革若干重大问题的决定》再次强调，经济体制改革是全面深化改革的重点，核心问题是处理好政府与市场的关系，使市场在资源配置中起决定性作用和更好发挥政府作用。这一时期，以习近平同志为核心的党中央对中国特色社会主义建设规律的认识实现新突破，这尤其表现在对政府与市场辩证关系的把握上。2014 年 5 月 26 日，习近平总书记在主持中共中央政治局第十五次集体学习时曾特别强调，“不能用市场在资源配置中的决定性作用取代甚至否定政府作用”。在政府和市场作用问题上要讲辩证法和两点论，“看不见的手”和“看得见的手”都要用好，努力形成市场作用和政府作用有机统一、相互补充、相互协调和

相互促进的格局，推动经济社会健康持续发展。党的十八届四中全会通过的《中共中央关于全面推进依法治国若干重大问题的决定》(以下简称《决定》)明确提出，深入推进依法行政，加快建设法治政府。完善行政组织和行政程序法律制度，推进机构、职能、权限、程序、责任法定化，推行政府权力清单制度，坚决消除权力设租寻租空间。在十八届三中全会以后，十八届四中全会强调市场的决定作用，《决定》对下一步政府职能转变与市场体系建设提出具体的要求，划分各自发挥作用的边界，意义重大。这一阶段的改革着力攻克政府与市场领域阻滞改革发展的硬骨头。强调市场在资源配置中的决定性作用，市场的作用越增强和扩大，政府调控和引导的职责也越大。这一阶段政府与市场的关系向更加有机统一、相互补充、相互协调、相互促进的方向发展。

纵观这一时期政府与市场的关系，政府与市场之间的分工更加明晰，政府从宏观层面把握资源配置，市场从微观层面决定资源配置。政府职能从管理型向服务型转变，更加精准地简政放权于市场，实施和推进以优化机构设置和职能配置为主的机构改革。市场配置资源由基础性作用向决定性作用转变。

## 第二节　社会主义市场经济下政府与市场关系及边界的主要特征

### 一、内生于中国市场经济转型过程

社会主义市场经济下的政府与市场关系变化及边界变动，内生于中国市场经济转型过程，始终围绕政府与市场的权力与职能消长而展开，在不同历史阶段，政府和市场的关系存在不同的特点，总体上，市场经济发展的阶段水平是中国塑造其政府与市场关系的一个重要考量。

中国改革开放的历程不仅是经济社会变迁的历程，也是一个创造市场、完善市场的过程，从改革开放前计划经济时期，政府对几乎所有经济活动进行干预的全能型政府到改革开放之后，在双轨制改革路线下，市场开始发展起来，政府职能进行转换，从政府为主、市场为辅，到政府调控市场，市场在资源配置当中起基础性作用，再到市场在资源配置当中起决定性作用，更好发挥政府作用，科学合理地确定改革顺序和着力点；逐步放开市场和物价；从体制外到体制内；从微观到宏观；从试点经济特区、沿海开放城市到全方位开放。这些改革既坚持市场的方向，又逐步推进，避免了社会强烈的震动。在党的十四大明确建立社会主义市场经济体制的目标后，改革步伐加快，到20世纪末初步建立起社会主义市场经济体制。随着公众市场意识、竞争意识的不断增强，市场逐步在资源配置中发挥基础性作用。党的十六大、十八大后，更提出市场在资源配置中的作用从“基础性”向“决定性”转变，要在 2020 年建立完善的社会主义市场经济体制。政府在改革中逐渐给市场发展空间，市场经济得以不断完善。这个进程是市场经济转型的进程，政府与市场关系的调整和优化内生于这个过程。

## 二、政府是市场培育者、守护者、约束者

中国的市场化进程是在政府主导下推进的，政府既是市场的培育者又是市场的守护者和约束者，政府推动市场建设的主要路径为不断深化带有明显的渐进性、局部性和增量性特征的改革，最大限度降低改革阻力和成本，保证经济与社会转型的平稳推进，创造出中国奇迹，形成中国特色社会主义市场经济发展模式。政府并不仅仅是市场的培育者，还是市场活动的守护者、组织者和监管者，充当守护者、组织者和监管者角色的政府是为了规范市场的行为，为市场交易活动提供良好的环境，同时加强市场监管、维护市场秩序。

与欧美的市场经济自下而上的发展历程不同，中国的市场体制是自上而下逐渐培育起来的，中国政府是市场的培育者，中国市场改革带有明显的渐进性、局部性和增量性特征。改革的顺序首先是放开和搞活农产品市场，对农业主要产品的粮食等实行最低保护价。通过对农产品进行最低价保护，形成农产品市场，逐步破除计划配置农产品的传统体制；确定政府对农产品市场的干预范围，确保农产品市场是一个有效的市场。其次，逐步放开工业品市场。这个过程采用双轨制，由此形成工业品市场竞争的局面，加快了中国轻工业化的进程，对于奠定“中国制造”地位具有关键的作用。其后，不断开放市场，“加入世界经济大循环”。在各级政府的大力推动下，逐步开放市场政策，逐步从东南沿海、向中西部地区开放国际市场，而中国在新一轮全球化浪潮中及时加入世界贸易组织，抓住了历史机遇。为利用外资弥补国内市场资本缺口，实现中国经济跨越式发展提供了契机。

在政府培育市场的过程中，通过经济体制、政治体制、文化体制、社会体制和生态文明体制等各个方面改革的全面深化，以及国有企业、财税体制、金融体制、土地制度、对外开放等重点领域改革的不断深入，政府与市场逐渐形成固定的合作机制与模式。一方面，政府为市场的发展提供制度支持与法律保障；另一方面，主体通过缴纳税费等给政府提供财力支持。市场的健康发育和稳定发展增加了政府的财政收入，

为公共服务提供了重要保障。不仅如此，市场的发展奇迹还彰显政府的制度优势，进一步巩固政府的政治合法性。

恰当确定改革顺序和着力点；正是这种“摸着石头过河”加不断“试错”的改革方式，为中国兼具特殊性、复杂性和艰巨性的经济转轨和体制转型打开了关键突破口。说到底，渐进式增量改革本质上是政府引导下的、循序渐进的市场培育之路，因为需要由政府整体把握改革的推进速度、改革的时机选择等关键问题，而非在时机尚未成熟之际将一切全盘交由市场。不断地试验、反复地总结，通过渐进积累量变，并适时推进必要的突破性质变，最终形成一条有中国特色的市场建设与经济发展模式。

## 三、社会主义市场经济下的政府与市场关系更为复杂多元

在社会主义市场经济中，政府和市场的关系具有许多新的特点和复杂情况。政府与市场的关系具有经济、社会、文化，以及宏观与微观、生产力与生产关系等多种维度。比如，从微观上看市场配置资源起决定作用，从宏观上看，政府发挥主导作用。又如，从政府体系内部看，科学发展、社会和谐、政治动员、计划协调、统筹兼顾、宏观调控、微观管制、制度创新、国有资产管理等都体现政府职能。中央政府与地方政府又具有不同职能，中央政府职能为宏观调控，地方政府职能为地方发展、公共服务、市场监管、社会管理、环境保护。地方政府既是具有宏观调控的一级行政组织，又是政治实体，还担当招商引资等类似企业家的角色，从而使政府与市场的关系呈现出不同于众的复杂结构。又如国有企业，既是独立的商品经营者又在一定程度上承担着重要的社会责任和战略任务。政府作用的主体不仅局限于市场规则的制定者和宏观经济的调节者，而且是全民所有的生产资料所有权和社会公共利益的总代表，能够集中更大资源调控经济运行。政府作用的目标不局限于维护市场秩序，还包括保持宏观经济稳定、加强和优化公共服务、保障公平竞争、加强市场监管、维护市场秩序、推动可持续发展、促进共同富裕、弥补市场失灵。政府作用的内容不局限于财政政策、货币政策，还包括计划规划、统筹协调、市场监管、国有资产管理、产业政策等的作用。这些都大大超越西方市场经济的实践经验。

## 四、厘清边界不是划清界限

中国社会主义市场经济逐步完善的每一步，无不是探索政府和市场的关系如何处

理，二者如何展开更合理的分工协作，而不是简单划界限、各自撇清干系。当前理论界仍然存在或政府有效或市场有效这样完全对立和冲突的观点。认为市场是配置资源最有效的方式的观点者认为，任何对市场的干预都会带来市场的扭曲和资源的浪费，使得市场偏离帕累托最优。政府的干预会干扰价格信号和企业行为，例如，政府的投资会带来对私人投资的挤出，政府的限价（最低或者最高）政策阻碍了市场均衡的实现；此外，还有政府的一些指导政策，这是通过人为的手段来干预资源的流动，这些在市场最有效支持者看来都是对市场的干扰。而且，政府也是自私的，存在寻租行为，在市场支持者看来，政府并非是完全利他的，也是利己的，政府实施政策也是为了实现自身利益的最大化，而非市场主体利益的最大化，并且政府掌握支配资源的权利，就有了寻租的机会，影响了市场上的竞争。他们同时认为，政府调控经济的能力有限，暂且不论政府的能力问题，政府在调控经济之前需要收集市场信息来为决策提供支持，这一搜寻过程不仅需要时间，而且需要成本，在收集信息之后，政府需要决策和实施决策，这些都需要时间，因此政府的措施存在时滞，这带来的后果是政府的措施并不一定有效。即使不考虑这些，对于政府是否具备能力收集所需的全部信息，并且作出能够带来市场最优的决策，都是值得怀疑的。在政府最有效的观点者看来，由于市场存在天然的缺陷，存在垄断、外部性、公共物品和不完全信息的情况会导致市场失灵。即在市场无法有效配置资源的情况下，需要政府对市场行为进行干预，或者当宏观经济陷入萧条时，依靠市场自身的作用来使经济恢复是不可能的或者是需要很长时间的，政府干预经济则可以减少“痛苦的时间”。更为极端的观点认为市场存在不足，政府需要干预市场，甚至消灭市场。

事实上，社会主义市场经济理论和实践均表明，政府和市场两大主体都有各自功能最优的一面，也有各自失灵的领域，在认识二者关系方面，不应过度强调二者的对立和冲突。在中国特色社会主义市场经济条件下，国家对经济的调节，更多地来自经济发展的内在要求，有些方面通过国家的行政干预予以实现，同时中国有社会主义制度优势，在全社会范围内遵循社会共同利益共享原则进行合理配置资源。社会主义市场经济体制在本质上也要求政府调节和市场调节二者内在统一。

当然，理顺政府和市场的关系不是简单划界限、各自撇清干系，根本目的是明确分工合作，改革前进的每一步，无不是探索政府和市场的关系如何处理，两者如何展开更合理的分工协作。

## 第三节 在立足国情基础上尊重市场发展规律

正确认识社会主义市场经济中政府和市场的关系，必须从中国实际出发，并把握好三个主要方面。

### 一、不能用西方传统政府与市场关系理论解读中国的政府与市场关系

#### （一）西方传统政府与市场关系理论

有关政府与市场配置资源的作用，以及二者之间的关系，西方经济学家至今尚未形成较为一致的看法。实际上从经济学开山鼻祖亚当·斯密在《国富论》中的论述开始，西方主流经济学的理论嬗变始终存在政府与市场二元对立的倾向。这种对立为政府和市场赋予典型化抽象，将政府与市场看作完全平行、非此即彼的两极。

重商主义者在政府与市场的关系上，主张建立强有力的政府，帮助市场提高贸易水平和工业水平，即政府干预远远大于市场调节，政府在二者关系中居于主导地位。

古典政治经济学派主张国家应当对经济活动采取自由放任的态度，认为政府应尽可能少地干预经济活动。在亚当·斯密之后，让·巴蒂斯特·萨伊（Jean-Baptiste Say）、纳索·威廉·西尼尔（Nassau William Senior）、约翰·穆勒（John Stuart Mill）等古典经济学家在政府与市场问题上基本秉承了亚当·斯密的自由放任主义基本内核。其中，萨伊提出“供给能够自动创造出需求”或“生产开辟了对产品需求”的论断，把市场机制完美性提升到“规律”的高度。新自由主义学派坚持市场对资源配置的唯一调节作用，反对政府干预，认为政府自身也存在政府行为短期化、政府规模不断膨胀、政府活动的低效率等失灵状况，因此，即使市场有缺陷，也只能通过明晰产权等措施加以解决。古典经济学派具有长远贡献的理论包括收益递减理论、消费者主权理论、资本积累理论、市场调节机制理论等。收益递减理论认为，在市场经济中，发生收益递减、利润递减的原因之一，正是市场有限。消费者主权理论认为，在自由竞争的市场里，经济体系的主导者是消费者的需求。以生产为手段，以消费者的需求获得满足为目的，这便是消费者主权理论之根据。西方经济学家都把消费者主权看作生产者（企业）和消费者都能得到效益和满足的有用概念，这是市场经济理论中确定不移的原则。资本积累理论认为，资本积累是经济增长的源动力，顺从市场对资源的配置，保持资本积累的良性循环，会更好地促进经济增长。市场调节机制理论的核心思想是

论证自由竞争市场经济模式是资源最佳配置的唯一方式。通过市场提供一个由私利追求通达社会利益最大化的路径。每一个私人在实现利益最大化的同时，实现社会利益的最大化。

### （二）西方传统政府与市场关系理论无法完全解读中国政府与市场的关系

古典理论在研究资源配置时把政府排除在外。在新古典经济学的分析范式中，政府不过是市场体系的附庸，充当的是“守夜人”角色。事实上，政府职能所涉及的并不只是市场失灵及其辩护，政府的经济活动范围可能会而且通常超出效率。新古典经济学只研究市场如何形成价格，对资源配置的研究局限于交换领域，把价值生产或价值创造排除在外。尽管西方主流经济学对于我们正确处理政府与市场的关系有一定的借鉴作用，但该理论体系无法完全解读中国当前政府与市场的关系。

中国是发展中国家，在讨论政府与市场的关系中，还有一个重要的背景是二者互动如何共同推动经济发展。与西方不同，中国政府，特别是地方政府还具有直接推动经济发展的职能，这是西方国家政府所没有的。

比如，针对房地产市场，西方经济学对房价问题的分析非常简单明了，即供求决定价格。因为西方房地产市场是完全的、自由的市场经济体制下的市场。而对于中国的房地产价格问题，一定要从政治经济学的角度进行研究，不能单纯以供求决定价格理论加以分析。

中国的房地产市场涉及中央政府与地方政府的关系、地方政府和房地产开发商的关系、地方政府和银行等金融机构的关系、银行和开发商的关系、开发商和消费者的关系等，各方利益相互交错、融合，这些用西方传统经济学理论无法解释。

具体而言，从中国房地产市场中的中央政府和地方政府关系来看，中央政府更多的是关注房地产业的长期发展、房地产周期性调整可能带来的金融风险、保持宏观经济稳定增长，地方政府更多的是关注地方发展、土地财政收入、房地产税收的损失等。中央政府的效用水平取决于全社会经济发展带来的收益和社会总福利水平的提高。地方政府需要全力协调配合中央或者上级政府的目标，而这种配合是通过政绩考核等机制得以贯彻执行的。地方政府能否有效地行使这些职能，既取决于地方政府人员的自觉，更取决于外在的制度环境。在以 GDP 为导向的政绩考核制度下，地方政府会优先选择最能促进 GDP 增长的经济活动、社会职能，这是实现其政绩最大化的先决条件。地方政府无论是行政管理、招商引资，还是公共物品的提供都需要人力、物力和财力的支持，地方政府的所有行为都受到财政收入的约束。地方政府与房地产之间最直接的利益关系就是，可以从土地出让以及房地产交易中获得财政收入，而这种利益关系的确立又与现行的土地、财税制度密切相关。地方政府相当一部分财税收入和卖地、商品房投资销售休戚相关。因此，地方政府相比于中央政府对房地产行业有更强的依赖性。中央政府对土地资源有着最高行政垄断权，它通过增加建设用地供给来满足城市发展需求，同时帮助地方发展经济。但由于信息不对称、土地使用权的转移和权利的地方化，中央政府不可能完全掌握地方发展的真实成本。中央政府总是需要面临经济发展和社会稳定的取舍，中央政府主张“房住不炒”，以期维持宏观经济健康运行，控制系统性风险，但是，地方政府更多着眼于财政收支平衡和地方经济发展，可能与中央政府的导向不一致，若中央政府对地方政府主导的土地财政采取调控手段，那么地方政府将面临是否配合的问题。总而言之，受制于房地产市场中的央地关系，现行土地财政制度一定会影响与地价关系较为密切的房价。

从地方政府和房地产开发商之间的关系来看，房地产开发商的目标是土地交易利润最大化。城市房价上涨越快，土地扩张带来的利润就会越高。地方政府对房地产开发商偏向性配置进一步激化以房地产企业为主导的地价，进而地价影响房价。房企的特殊运行机制使得房企可以从房地产行业获取高额收入，房地产开发商将自身利益与地方政府财政贡献挂钩，愿意配合地方政府实施土地财政。

从房地产开发商和银行等金融机构关系来看，在房地产的融资方式中，除了使用自有资金外，房地产开发商通过金融市场银行贷款取得项目运营资金是一种重要的融资方式。取得资金后，房地产开发商将其用于土地款项支付及房地产建筑。在项目完成后，房地产开发商交付地产。房产需求方通过银行贷款申请购买房地产产品，地产商用出售地产所获款项支付银行贷款和利息。从整个周期来看，商业银行的房地产贷款支持着整个资金链的运转，并从中取得利息收入，在这个过程中房地产业与银行业实现了共赢。银行一方面通过房地产开发贷款为房地产开发企业注入营运资金，另一方面又通过购房按揭贷款为房地产销售市场提供资金支持。对于商业银行来说，即使银行借给房企的贷款利率较低，也能够将贷款成本转嫁给房地产开发商，所以银行愿意配合房企，优先选择房企作为自己的贷款客户。房地产开发贷款对房地产价格有显著影响。

## 二、从中国实际出发把握三个主要方面

### （一）尊重市场规律

市场经济的一般规律核心是价值规律的作用，通过市场机制的供求竞争和价格的波动调节生产、配置资源。中国经济体制改革的目标是要建立社会主义市场经济体制，因此在处理政府与市场关系中应遵循一个基本原则，那就是要发挥市场机制在资源配置中的决定性作用。所谓市场经济是指由市场机制配置资源的经济。市场是指交换的场所、渠道和纽带，而市场机制是指在市场交易关系中形成的以价格、供求和竞争三位一体的互动关系为基础的经济运行和调节的一套有机系统。若要让市场机制在资源配置中起决定性作用，那么就必须满足资源配置遵循产权规则、决策分散化、自由和平等竞争、价格协调微观决策等条件。

社会主义市场经济体制既不是自由放任的原始市场经济，也不是政府过度干预的经济，而是市场这只“看不见的手”与政府这只“看得见的手”进行有机结合的经济体制。在社会主义市场经济条件下，让市场在资源配置中发挥决定性作用，一个很重要的前提条件就是市场机制必须是有效的。但市场化改革仍然任重道远，正如习近平总书记指出的那样，“我国社会主义市场经济体制已经初步建立，但仍存在不少问题，主要是市场秩序不规范，以不正当手段谋取经济利益的现象广泛存在；生产要素市场发展滞后，要素闲置和大量有效需求得不到满足并存；市场规则不统一，部门保护主义和地方保护主义大量存在；市场竞争不充分，阻碍优胜劣汰和结构调整，等等”。因此，培育一个有效的市场机制，关键是坚持社会主义市场经济改革方向。着力解决市场体系不完善、政府干预过多和监管不到位等问题，大幅度减少政府对资源的直接配置，推动资源配置依据市场规则、市场价格、市场竞争实现效益最大化和效率最优化。

### （二）立足国情和发展阶段

现实的市场不是抽象的，而是具体的，总是存在于一定时间和空间之中并受技术、经济、法律、政治和历史文化等各种因素的影响。中国是发展中大国，仍处于社会主义初级阶段。人均收入处于世界中等收入国家水平，总人口数已经超过 14 亿，幅员辽阔，东中西部区域发展不平衡，同时长期存在城乡二元结构。在体制转轨过程中，特定的改革发展模式以及独特的国情和制度，无论是从运行方式还是体制机制方面看，中国政府和市场的关系有着独特的中国特色。当前，中国已进入发展的关键时期、改

革的攻坚时期和社会矛盾频发时期。随着经济体制深刻变革、社会结构深刻变动、利益格局深刻调整、思想观念深刻变化，中国的发展既蕴涵巨大的发展潜力和发展空间，也承受来自人口、资源、环境等方面约束的巨大压力；中国的发展既面临前所未有的宝贵机遇，也面临各种严峻挑战。正确认识政府与市场的关系，必须立足基本国情和发展阶段这一基本现实。

此外，中国是转型中的国家。自 1978 年改革开放以来，中国的资源配置和经济发展转变不断加快。中国经历了经济体制更新、经济增长方式转变、经济结构提升、产业升级替换的过程。这一转型过程通过市场化、工业化、全球化、城市化演进。推动从传统计划经济向社会主义市场经济体制转型，从传统农业社会向现代工业社会转型，从封闭社会向资源全球流动的开放社会转型并进入全球经济体系，城市化率不断提升。市场机制尽管在提高资源配置效率方面发挥很重要的作用，但很难完全处理好经济转型所面临的诸如社会公平、可持续发展、国家安全等经济社会问题，而这正是需要更好地发挥政府的作用的领域。

实践证明，中国经济体制改革能够取得如此巨大的成就，根本原因在于正确处理政府与市场的关系，逐步放松对市场的管制，缩减政府干预经济的权力。这是根据中国社会主义初级阶段国情作出的正确选择，也是中国必须长期坚持的正确选择。中国还处在社会主义初级阶段，生产力还很落后，发展也不平衡，正确处理政府与市场的关系，必须立足于特殊的国情和发展阶段，既要充分发挥市场机制在资源配置中的决定性作用，又要更好地发挥政府的作用。

### （三）毫不动摇坚持基本经济制度

生产资料所有制的性质和结构是一国的基本经济制度，是社会主义经济制度的核心与基础，也是决定政府和市场关系的主要因素。当前，中国的基本经济制度是公有制为主体、多种所有制经济共同发展，按劳分配为主体、多种分配方式并存的社会主义市场经济体制。中国社会主义基本经济制度的完善和发展，体现了鲜明的中国特色；同中国社会主义初级阶段社会生产力发展水平相适应，充分体现了社会主义制度优越性。

正确认识社会主义市场经济中的政府与市场关系。必须毫不动摇坚持中国的基本经济制度，因为它能够最大限度地解放生产力、发展生产力和保护生产力，需要依托社会主义市场经济，因为社会主义市场经济是社会主义初级阶段实现资源优化配置的最有效方式，是提高效率的根本途径。公有制经济和多种所有制经济等多元主体只有通过健全的市场体系和完善的市场机制才能相互联系、相互融合，实现共同发展。公有制经济和多种所有制经济等多元主体只有通过规范的市场秩序和良好的市场环境，才能依法平等使用资源要素，公开公平公正参与竞争，同等受到法律保护。在社会主义市场经济条件下，实行按劳分配必须通过市场才能实现；实行多种分配方式，就需要健全劳动、资本、土地、知识、技术、管理、数据等生产要素由市场评价贡献、按贡献决定报酬的机制，因而多种分配方式与市场经济具有天然的联系，而且只有市场经济有效运行、价格真实反映要素的稀缺，按要素分配才能实现公平与效率。

总之，中国发展出的政治经济学所要解释的一个根本的问题，是处理好政府和市场的关系。习近平总书记指出，“看不见的手”和“看得见的手”都要用好，“该放给市场和社会的权一定要放足、放到位，该政府管的事一定要管好、管到位”。要完善宏观调控、加快转型升级，更重要的是激发市场活力。

自 1978 年改革开放 40 多年来，中国实现了经济总量从 1978 年的不足 1 500 亿美元增长到 2022 年的突破 17.9 万亿美元，还是在新冠疫情反复的大背景下，其年均增长率超过 9%，创造了世界经济发展史上的奇迹。中国经济发展获得巨大成功的一个关键因素，是在发展过程中，从培育市场到市场在配置资源中起决定性作用，政府更好发挥作用，创造性地将市场这只“看不见的手”和政府这只“看得见的手”紧密结合起来，既发挥出市场经济的长处，又发挥出社会主义制度的优越性，从而推动中国经济持续快速稳定增长。当前，在政府与市场的关系上仍然存在不少的问题与矛盾，迫切需要政策制定者、市场主体和经济学者共同努力，探索政府与市场之间的动态最优边界。在中国特色社会主义市场经济下，塑造良好的政府与市场关系注定依然是一个不断调整、改进、优化、完善的历史过程。

# 第十章　基本经济制度下的所有制关系研究

基本经济制度决定和体现一个国家的本质特征和发展方向，而所有制是基本经济制度的基础和决定因素。在中国社会主义基本经济制度中，公有制为主体、多种所有制经济共同发展反映了生产资料的归属关系，不仅规定了中国社会主义基本经济制度的性质，也对分配制度和市场经济体制起到决定性作用。改革所有制关系和调整所有制结构，是中国经济体制改革的关键和重大课题。梳理基本经济制度下所有制关系的发展历程，理解当前基本经济制度下所有制关系的内涵，明确基本经济制度的实现形式与发展方向，对科学理解中国特色社会主义基本经济制度具有重要意义，也是在实践中坚持与贯彻基本经济制度的必要前提。

在内容安排上，本章第一节以生产资料所有制为主线，梳理中国基本经济制度经历的两次重大变革，回顾中国特色社会主义基本经济制度的确立过程。第二节基于当代视角重新审视基本经济制度下所有制关系的内涵，以公有制为主线，考察这一主体的基础、地位以及公有制经济与非公有制经济的相互关系。第三节着重分析当前以混合所有制为基本经济制度重要形式的内在逻辑，并对其需要解决的核心问题进行探讨。

## 第一节　中国特色社会主义基本经济制度的确立

生产资料所有制是一个社会经济制度的基础，是决定一个社会基本性质和发展方向的根本因素。自新中国成立 70 余年来，在中国共产党的领导下围绕生产资料所有制，中国基本经济制度经历了两次重大变革，确立了公有制为主体、多种所有制经济共同发展的社会主义初级阶段基本经济制度，成为中国特色社会主义的根基与支柱。

### 一、1949—1978 年：全面公有制的传统社会主义基本经济制度建立

这一时期中国主要借鉴苏联的发展经验，认为只有公有制才能最大程度地促进

生产力的发展，社会主义的优越性就在于确立生产资料的公有制，进而不断扩大公有制在国民经济中的占比。基于此，中国建立了全面公有制的传统社会主义经济制度，这一时期又可细分为向全面公有制过渡（1949—1956 年）和探索高级公有制形式（1956—1978 年）两个阶段。

### （一）多种所有制并存向全面公有制过渡阶段（1949—1956 年）

1949 年 3 月，毛泽东在党的七届二中全会上提出五种经济成分（所有制）并存的所有制结构（经济制度）设想，“国营经济是社会主义性质的，合作社经济是半社会主义性质的，加上私人资本主义，加上个体经济，加上国家和私人合作的国家资本主义经济，这些就是人民共和国的几种主要的经济成分，这些就构成新民主主义的经济形态”。[①] 在国营经济的领导下，这五种经济成分统筹兼顾，分工合作，共同促进新民主主义经济的发展。1949—1952 年是国民经济恢复期，按照新民主主义的经济纲领，中国政府通过没收官僚资本发展国营经济，国营经济比重迅速扩大，占据事关国计民生的要害部门。在全国工业（不包括手工业）总产值中，国营企业从 1949 年的 34.2% 上升到 1952 年的 52.8%（合作社营、公私合营工业占 8.2%），私营工业从 63.3% 下降至 39%。国营经济成为中国逐步过渡到社会主义的主要物质基础。

随着国民经济的恢复，1952 年毛泽东提出：“从中华共和国成立，到社会主义改造基本完成，这是一个过渡时期。党在这个过渡时期的总路线和总任务，是要在一个相当长的时期内，逐步实现国家的社会主义工业化，并逐步实现国家对农业、对手工业和对资本主义工商业的社会主义改造。”[②]1954 年，党的七届四中全会正式批准总路线，全国开始进行对生产资料私有制的社会主义改造，全面实现公有制。其中，对农业和手工业的社会主义改造，毛泽东强调采取从低级到高级逐步过渡的合作化路径；对资本主义工商业则实行和平赎买，把资本主义私有制变为社会主义公有制。中国通过没收官僚资本主义与和平赎买民族资本主义经济，建立了社会主义全民所有制，到 1956 年底，对个体农民，个体手工业和民族资本主义工商业的社会主义改造基本完成，建立了社会主义劳动群众集体所有制，将五大经济成分转变为两大经济成分，确立了社会主义公有制的主体地位，标志着中国建立了以生产资料公有制为基础的社会主义经济制度，中国经济进入全面公有制时代。

---

① 《毛泽东选集》（第四卷），人民出版社 1991 年版，第 1433 页。

② 中共中央文献研究室：《建国以来重要文献选编》（第 4 册），中央文献出版社 1993 年版，第 700—701 页。

## （二）迈向高级公有制形式的探索阶段（1956—1978 年）

在苏联社会主义所有制理论中，公有制为二元形式，即高级形式的全民所有制加上初级形式的合作化集体所有制，而如何实现社会主义迅速向共产主义的过渡，关键就在于如何迅速迈向单一的高级形式的全民所有制，把集体所有制提高到全民所有制的水平。

在社会主义改造完成后，中国社会主要矛盾转化为先进的社会主义制度同落后的社会生产力之间的矛盾。公有制结构与计划经济配合，短期内能够集中力量办大事，为中国国民经济的初期恢复和工业体系的建立作出巨大贡献。但"左"的错误很快占据上风，在经济实践中表现为不断强化生产关系升级对生产力发展的反作用，在全面公有制确立之后，为实现向共产主义制度的快速过渡，过分追求所有制的"升级"，追求"纯而又纯"的公有制形式。1958 年，中共中央肯定了人民公社之"一大二公"，是过渡到共产主义的一种最好的组织形式，并通过《中共中央关于在农村建立人民公社问题的决议》，至当年年底，全国 74 万多个农业生产合作社改组成 2.6 万多个人民公社，参加公社的农户有 1.2 亿户，占全国总农户的 99% 以上，全国农村基本上实现人民公社化。

在此期间，虽然经过一些局部调整，但直到改革开放前，这一单一公有制结构没有发生根本改变。1956—1978 年的社会主义建设时期，国营经济比重上升到 77.6%，集体经济比重下降至 22.4%，国营经济取代集体经济成为公有制的主要实现形式。同时，与单一公有制结构相伴随的是单一的经营方式，国有只能国营，集体所有只能集体经营。① 单一公有制的建立推动了国民经济的恢复和发展，使得新中国在较短时间内建立了比较完整的工业体系和国民经济体系，为后续改革奠定了坚实的物质基础。但片面追求高级形式的公有制经济，超出生产力的发展水平，违背客观经济发展规律，导致经济活力不断减弱。这种适应于高度社会化的生产力水平的生产方式显然超出当时中国的生产力水平，从长期来看不仅削弱了人民的生产积极性，也降低了经济的整体产出，使中国经济进入全面"短缺"的时代。

历史实践证明，高度单一的公有制结构与超前的高级公有制形式并不适合当时中国国情与发展阶段。生产力落后的国家过早、过快地追求单一的高级公有制经济，存

① 简新华：《改革以来社会主义所有制结构理论的发展》，《学术月刊》2000 年第 3 期，第 34—39 页。

在欲速不达的弊端，这一做法导致中国经济效率低下、长期短缺和濒临崩溃。

## 二、1978 年至今：中国特色社会主义基本经济制度的确立与完善

经典著作中的所有制思想是行动指南和方向，是世界观和方法论，而不是教条主义和现成方案。中国公有制并非建立在高度发达的生产力对资本主义私有制扬弃的基础上，必须通过兼容非公有制经济的方式以最大限度激活社会生产力。因此，改革和调整传统所有制关系，建立科学的所有制结构，成为改革生产关系、冲破传统计划经济体制的关键。与市场经济改革同步，这一时期又可分为两个阶段。

### （一）以非公有制经济发展为补充的阶段（1978—1992 年）

以邓小平同志为核心的第二代党中央领导集体，在新的历史条件下把马克思列宁主义、毛泽东思想推向前进，实现马克思主义所有制中国化的历史性飞跃：一是从根本上突破传统计划经济体制下的社会主义所有制理论，为中国所有制改革指明方向；二是通过对社会主义初级阶段所有制问题的新探索，取得一系列理论上的重大突破，并形成较为成熟的具有中国特色的社会主义所有制理论体系。

党的十一届三中全会以后，重新确立解放思想、实事求是的思想路线，公有制经济保持基础性的地位，但允许个体经济作为补充成分发展。1981 年，《中共中央关于建国以来党的若干历史问题的决议》指明“我国的社会主义制度还是处于初级阶段”，提出生产力的多层次性决定了生产关系的多层次性，生产关系的改革必须符合生产力的发展状况，为适应和促进生产力的发展，可以适当发展一些劳动者个体经济，作为国有经济和集体经济的补充。1982 年，党的十二大报告明确提出：“由于我国生产力发展水平总的说来还比较低，又很不平衡……在农村和城市，都要鼓励劳动者个体经济在国家规定的范围内和工商行政管理下适当发展，作为公有制经济的必要的、有益的补充。”随着个体经济迅速发展和生产规模的扩大，家庭内部的劳动力不能满足生产的需要，急需从家庭外部吸纳劳动力，于是雇工劳动方式开始出现，私营经济随之形成。个体经济及私营经济技术门槛低、所需资金少、承担风险小的优势在这一过程中得到充分发挥，在解决就业、方便人们生活、繁荣经济等方面作出重要贡献，非公有制经济也在数量和比重上得到快速增长。1987 年，党的十三大系统论述了社会主义初级阶段问题，进一步指出以往单一和僵化的所有制经济结构，严重阻碍了生产力的发展，要按照发展生产力和商品经济的内在要求，继续在公有制为主体的前提下，发展包括

私营经济在内的多种所有制经济，将私有经济的性质从“必要的”提升为“必要的和有益的”，私人经济的范围也从劳动者的个体经济增加为“个体经济和私营经济”。同时，在改革开放格局基本确定的大背景下，外资经济也得以生成和发展，共同丰富了社会主义市场经济的主体形式，促进了社会主义市场经济体制的建立和发展。

### （二）以公有制为主体，多种所有制经济共同发展的阶段（1992 年至今）

党的十四大指出，“在所有制结构上，以公有制包括全民所有制和集体所有制经济为主体，个体经济、私营经济、外资经济为补充，多种经济成分长期共同发展，不同经济成分还可以自愿实行多种形式的联合经营”①，这一论述明确了公有制经济与非公有制经济的主体和补充关系，以公有制为主体、多种所有制形式为补充的所有制格局开始形成。在这一阶段，虽然非公有制经济得到肯定，但发展速度仍然较慢，1992 年在国民经济中的比重仅为 13.4%。

1997 年，党的十五大强调“继续调整和完善所有制结构，进一步解放和发展生产力，是经济体制改革的重大任务”，指出“公有制为主体、多种所有制经济共同发展，是中国社会主义初级阶段的一项基本经济制度。这一制度的确立，是由社会主义性质和初级阶段国情决定的：第一，中国是社会主义国家，必须坚持公有制作为社会主义经济制度的基础；第二，中国处在社会主义初级阶段，需要在公有制为主体的条件下发展多种所有制经济；第三，一切符合‘三个有利于’的所有制形式都可以而且应该用来为社会主义服务”②，提出非公有制经济同样是社会主义基本经济制度和社会主义市场经济的重要组成部分，并肯定其在社会主义初级阶段存在和发展的历史必然性。2002 年，党的十六大再次强调进一步坚持和完善中国社会主义基本经济制度，并首次提出“两个必须毫不动摇”的指导方针，即“必须毫不动摇地巩固和发展公有制经济”“必须毫不动摇地鼓励、支持和引导非公有制经济发展”。1999 年和 2004 年的两次宪法修正案也以国家最高法律的形式明确了各种所有制经济在中国社会制度中的法律地位、权利和作用。非公有制经济和公有制经济不再是对立存在的，而是共融于社会主义市场经济的两个部分，非公有制经济的发展迎来黄金时期。

2013 年，十八届三中全会发布《中共中央关于全面深化改革若干重大问题的决定》，在提出“使市场在资源配置中起决定性作用”的同时，强调要坚持和完善基本经

① 中共中央文献编辑委员会：《江泽民文选》（第一卷），人民出版社 2006 年版，第 227 页。

② 《中国共产党第十五次全国代表大会文件汇编》，人民出版社 1997 年版，第 21 页。

济制度，并指出“公有制为主体、多种所有制经济共同发展的基本经济制度，是中国特色社会主义制度的重要支柱，也是社会主义市场经济体制的根基。公有制经济和非公有制经济都是社会主义市场经济的重要组成部分，都是中国经济社会发展的重要基础”，为激发各种所有制经济的活力和创造力，又进一步提出“必须毫不动摇巩固和发展公有制经济，坚持公有制主体地位，发挥国有经济主导作用，不断增强国有经济活力、控制力、影响力。必须毫不动摇鼓励、支持、引导非公有制经济发展，激发非公有制经济活力和创造力”。不仅使公有制的实现形式进一步多样化，也破除非公有制经济发展的体制障碍，使得各种所有制经济能够平等参与市场竞争。党的十九大报告把“坚持和完善我国社会主义基本经济制度”和“两个毫不动摇”，写入构建新时代坚持和发展中国特色社会主义的基本方略。

2019 年，党的十九届四中全会通过《中共中央关于坚持和完善中国特色社会主义制度推进国家治理体系和治理能力现代化若干重大问题的决定》，将“公有制为主体、多种所有制经济共同发展”“按劳分配为主体、多种分配方式并存”“社会主义市场经济体制”共同明确为中国特色社会主义基本经济制度的内容。

## 第二节　基本经济制度下的所有制关系内涵

改革开放以来，中国确立了与生产力水平相适应的公有制为主体、多种所有制经济共同发展的基本经济制度，所有制结构趋于合理，带来经济腾飞。随着生产力水平的发展，中国经济步入新发展阶段，社会主要矛盾发生变化，围绕基本经济制度的讨论重新引起社会各界的关注，在实践中继续贯彻中国所构想的基本经济制度，仍需要政治经济学学者们不断探究和研究一系列相关重要问题。其中，如何理解基本经济制度下所有制关系的内涵是理解基本经济制度的关键，也是在实践中贯彻基本经济制度的前提。

### 一、社会主义公有制的生产力基础分析

社会主义公有制是指生产资料归全体劳动人民共同占有的形态，是社会主义生产关系和社会主义制度的基础，没有公有制就没有社会主义。在马克思经典理论中，生产社会化是公有制的生产力基础，公有制在本质上符合社会化大生产的要求，顺应了生产力和社会发展的客观趋势。马克思认为，生产社会化包括生产资料使用的社会化、

生产过程的社会化与产品的社会化，是与生产“个人化”“分散化”相对立的生产集中化、大型化。正因如此，资本主义否定了封建生产关系下自给自足的家长制经济，建立了生产资料资本主义私有制，在生产社会化的过程中，单个资本的规模通过资本积累和资本集中而得以扩大，资本主义的发展就是生产社会化水平不断提高的过程。而“猛烈增长着的生产力对它的资本属性的这种反作用力，要求承认生产力的社会本性的这种日益增长的压力，迫使资本家阶级本身在资本关系内部可能的限度内，越来越把生产力当作社会生产力看待”①。生产社会化的发展必然导致对资本主义私有制自身的扬弃，只有通过联合起来的个人对全部生产力的占有，即社会所有制，才能适应现代生产力的客观要求。根据一般规律，社会主义公有制应建立在高出资本主义大机器生产的生产力水平物质基础上。虽然落后国家可以跨越资本主义的“卡夫丁峡谷”直接建立起先进的社会主义生产关系，但由于生产力并没有达到“消灭私有制”的发展程度，公有制对私有制的取代必然是一个长期而曲折的过程，且必须借鉴资本主义的一切积极成果。

在现实中，生产的社会化是一个相当复杂的经济现象，要经历从简单协作到工场手工业，再到机器和大工业的发展等若干重要的演化过程和发展阶段，即使是已经建立公有制的国家也会出现与之相应的多种公有制存在形式与实现形式，马恩没有也不可能涉及生产力落后国家实行社会变革后的公有制形式问题。② 在不断的摸索中，中国公有制的存在形式与实现形式不断丰富，拓展了公有制形式的内涵。鉴于生产的社会化程度不足，新中国成立之初，中国的公有制存在形式借鉴了苏联的二元模式——高级形式的全民所有制与初级形式的集体所有制，在实现形式上以传统社会主义模式中国营形式与集体经营形式为主，短期内虽取得较大发展，但超越生产力发展水平的公有制形式却对长期生产力造成巨大的破坏，在此期间中国对更高形式一元公有制的探索也以失败告终。显然，在生产社会化程度不高的情况下，应充分借鉴多种所有制实现形式，以适应特定生产社会化程度下的生产力条件。改革开放以后，“左”的错误得到纠正，伴随着所有制结构的调整，公有制存在形式与实现形式也日趋多元。公有制经济存在形式不仅包括国有经济、集体经济，还包括混合所有制经济中的国有成分和集体成分。与此同时，租赁、承包、合作制、股份制等先后成为公有制的实现形式。

① 《马克思恩格斯文集》(第三卷)，人民出版社 2009 年版，第 557 页。

② 于光远:《政治经济学社会主义部分探索（六）》，人民出版社 1995 年版，第 103 页。

党的十五大报告明确提出："公有制实现形式可以而且应当多样化……要努力寻找能够极大促进生产力发展的公有制实现形式。股份制是现代企业的一种资本组织形式……资本主义可以用，社会主义也可以用。"随着生产社会化程度不断提高，作为"过渡形式"，混合所有制成为中国社会主义基本经济制度的重要实现形式，股份制也已成为当前公有制的主要实现形式。

## 二、中国公有制的主体地位与内涵分析

在中国基本经济制度下，公有制在所有制结构中占主体地位，坚持公有制的主体地位是社会各界的普遍共识。首先，公有制是社会主义先进性、优越性的代表，既适应社会化大生产的需要，也体现社会公平。社会主义公有制取代资本主义私有制，具有历史的必然性。其次，以公有制为主体与中国发展所处阶段、生产力水平相适应，以公有制为主体是中国国情与马克思主义基本理论结合的结果。再次，公有制经济是社会主义制度的重要支柱，也是社会主义市场经济的根基。只有确保公有制的主体地位，才能有效避免贫富分化，实现共同富裕。公有制经济是公有制的存在形式，包括国有经济、集体经济以及混合所有制经济中的国有成分和集体成分，作为主体控制着国民经济的命脉，不仅保证了国家财政收入，也保证了人民共享现代化成果，它是社会主义发展方向性和稳定性的基本保障，也是中国经济独立、社会安定团结的重要保障。

近年来，随着中国发展阶段的变化，内外部环境也同步变化，使得公有制经济呈现出新的特征，需要重新对公有制的主体地位进行准确认识。特别是：（1）如何看待以公有制为主体的含义在不同阶段的变化？（2）用什么样的指标来衡量公有制的主体地位？（3）如何保障公有制经济的主导作用？这些不仅是当下面对的现实问题，也是亟待解决的理论难题。

首先，应以动态的视角重新认识公有制主体地位的含义。对于公有制为主体的含义，传统观点强调公有资产在社会总资产中占优势以及国有经济在国民经济中的主导作用，但经济发展必然伴随着经济结构转型升级，囿于静态视角的观察也会导致公有制失去主体地位的错误认识。部分学者曾指出，国有企业产值在传统工业、传统服务业中比重下降，部分部门和领域的公有制占比已不足50%，公有制主体地位被动摇。但现实中，所有制结构具有阶段性特征，在不同的经济发展水平上，公有经济应具有不同的规

模与形态，在特定阶段，公有经济和非公有经济比例也存在最适结构，不同地区、不同领域、不同产业可以有所不同。事实上，公有经济并未失去控制力，而是适应产业转型升级的需要，进一步向价值链上游移动。从国际竞争力与国内影响力来看，国企不仅没有下降，反而进一步巩固。在 2022 年世界 500 强企业中，来自中国内地和中国香港的企业已占据 136 席（超越美国 124 席，成为世界第一名），其中大多数为国资控股。诚然，公有制经济占比下降的趋势必须保留底线，但不能忽视环境与条件的发展，不能简单地根据公有资产占比是 49% 还是 51% 就贸然判断公有制地位丧失与否。

其次，对于公有制经济主体地位的衡量应综合考察各类型社会资产。党的十五大报告明确提出“公有资产在社会总资产中占优势”，以“资产”作为公有制主体地位的衡量显然符合政府思路，而且便于核算公有资产的实际规模，但在实践中却存在巨大困难，因为政策文件只从质的规定上对公有制的主体地位作了说明，没有明确具体的量的指标，缺乏公认的判断标准。学者们虽普遍认同公有资产应该而且需要在社会总资产中占优势，但测算中仍存在巨大分歧。经过多年的混合所有制改革，中国企业大多成为现代企业制度下的股份公司，这固然放大了公有资本对生产资料的支配能力，有利于增强公有制的实力，但造成统计上的困难，公有制和非公有制经济的划分方法显然已无法显示实际情况。此外，社会总资产包括经营性资产、资源性资产、公益性资产和其他资产，经营性公有资产是公有制经济的主要存在形式也是不争的事实，但是对于资源性资产和非营利性的行政事业性国有资产等是否包括在内，则争议较大。目前，随着国有资产管理报告制度的确立，公有制经济除了企业和自然资源，还包括公益性资产的观点逐渐获得广泛的认可。虽然公有制经济在经营性资产中所占比重在改革开放后大幅下降，但综合考虑经营性资产、资源性资产、公益性资产的情况，显然公有制经济仍牢牢占据主体地位。在这种结构性的情况下，部分公有制经济比重的下降并不代表其他部分公有制经济比重的下降，甚至可能是公有制比重的整体上升。

再次，公有制经济主导作用的发挥以公有制主体地位为保障。公有制的主体地位是实现公有制经济主导作用的量的保障，公有制经济的主导作用是公有制主体地位的质的体现。公有制主导作用的发挥可依据对应公有资产类型分为三类：第一类为经营性企业，通常由国资相对控股，以市场为导向，追求经营利润和企业价值，以产业发展为主业，实行商业化运作，以国有资产的保值增值为主要目标；第二类为资源类企业，由国资绝对控股，具有功能型目标，保障国家经济安全，维护资源价格稳定，具有协助政府稳定经济的职能；第三类为公共服务类企业，由国资绝对控股，以协助提供公共服务、实现社会效益为主要目标。在三类企业中，经营性国企通过充分发掘国有资本的灵活性、增殖性和流动性等特征，优化国有资本配置，为公有制经济发挥主导作用提供物质基础；而资源类与公共服务类国企主要配合政府经济目标的实现与对市场有序运行的引导，在不同阶段承担政府所赋予的战略任务或重大专项任务，辅助政府进行宏观调控，引导非公有制经济健康发展，进而保证社会公平，使广大人民都能共享经济发展成果，充分彰显社会主义制度的优越性。公有制主导作用的发挥通过公有制经济对市场活动的直接参与，不仅降低了政府对市场运行的直接介入，适应了社会主义市场经济的总体要求，而且使公有制经济成为“政府—市场”互相配合的重要桥梁。

## 三、公有制经济与非公有制经济关系研究

公有制与非公有制经济的关系是基本经济制度下的一对基本矛盾，如何理解这一关系是理解基本经济制度的关键，也是在实践中贯彻基本经济制度的重要前提。

### （一）公有制与非公有制经济间的矛盾并非社会主要矛盾

公有制和非公有制经济之间客观存在矛盾，核心在于生产资料所有者对“剩余”占有的合理性和科学性，但这一矛盾并非当前中国社会的主要矛盾。所有制作为生产关系的组成部分，一定要适应生产力发展水平。在马克思看来，只有在生产力高度发展的基础上才有可能消灭私有制，但中国处于并将长期处于社会主义初级阶段是基本国情，公有制为主体、多种所有制经济共同发展是适合中国生产力发展水平的必然选择。党的十九大报告指出，中国社会主要矛盾已转化为人民日益增长的美好生活需要和不平衡不充分发展之间的矛盾，这与中国生产力水平多层次、不平衡有关，大力发展生产力仍是当前阶段党和国家的工作重心和根本任务。而现阶段，公有制经济本身的发展还是不完善的，不能解决社会中存在的所有问题，这就需要积极发展非公有制经济，以弥补公有制经济的不足，调动经济发展的活力。非公有制经济具有不可替代的积极作用：有利于充分发掘和动员中国庞大的民间生产资源，包括人力、财力、物力、土地、技术、知识等，促进经济增长；有利于拓宽就业门路，吸纳大量劳动力就业，增加劳动者收入和国家财政收入；有利于满足人民群众多样化的物质文化需求；有利于高新技术产业和文化产业发展，推动知识创新；有利于调动人民群众创业的积

极性，等等。个体和私营等非公有制经济从小到大、从弱到强，不断发展壮大，从“有益补充”到“组成部分”，从“重要基础”到“共同发展”，从“重要力量”到“重要主体”，非公有制经济已成为建设和发展中国特色社会主义的一支重要力量，形成与公有制经济相互促进的良好发展态势，不能因存在矛盾而把它们人为对立起来。社会是运动中的多层次、多方面的矛盾统一体，集中力量解决占支配地位、起决定作用的主要矛盾，也有助于带动其他矛盾的解决，而社会主义初级阶段公有制与非公有制间的矛盾本质上是在生产力发展水平尚不发达的特定历史条件下的范畴，这一从属于发展问题的次要矛盾必将随着生产力的不断发展而得到解决。

### （二）公有制经济与非公有制经济相互促进、共存共荣

公有制经济与非公有制经济不是对立的，而是互补的，没有二者的共同发展，就没有中国特色社会主义。市场经济是建立在众多主体参与竞争的基础之上的，单一的公有制结构往往会导致垄断，使经济失去活力，发展非公有制经济，形成具有多样性的所有制结构，才能增强市场竞争，进而发挥市场机制功能。

公有制经济与非公有制经济都是服务于社会主义市场经济发展的重要主体，只是社会分工不同。国有企业主要集中于关系国家安全、国民经济命脉和国计民生的重要行业和关键领域、重点基础设施以及前瞻性战略性产业，民营经济主要分布在竞争性领域和行业；国有企业是国家实施宏观调控的重要手段，具有协调、控制、统筹的作用，引领着国民经济健康发展，非公有制则能带动更多劳动者就业，促进社会和谐稳定，优化公有制经济内部关系；公有制经济在资产存量上占据优势，非公有制经济在经济贡献上占据优势。在社会主义市场经济中公有制主体地位的凸显是以非公有制经济发展，且二者之间存在分工互动和相互增强为条件的。从特征来看，公有制企业特别是国有企业经营模式稳定，具有凝聚力强、能自觉承担社会责任等优点，非公有制企业因与个人利益紧密结合的天然属性，对发展具有强烈的内驱力，能最大限度调动广大生产经营者的积极性和创造性，更易于把握市场经济动向，具有反应灵敏、经营灵活、自我调适快等长处，易于引进和吸收国外先进技术和管理经验，促进国际经济合作，带动新兴产业与行业的快速发展。公有制经济能够引导非公有制经济树立正确价值取向、承担社会责任，非公有制经济也能激活公有制经济活力。可见，二者“相辅相成、相得益彰”，是取长补短、互相促进、“你我共进”的正和关系，而非彼此割裂、相互替代、“你进我退”的零和关系，更不是“相互排斥、相互抵消”。

### （三）坚持“两个毫不动摇”的原则与“三个有利于”的判断标准

公有制为主体、多种所有制经济共同发展的基本经济制度建立，是中国所有制关系改革取得显著成效的重要标志。但如何继续深化所有制改革，坚持和完善基本经济制度仍是一项长期而艰巨的任务，特别是近年来“私营经济离场论”“公有制经济比重下降”等“左”的观点重新抬头，使得公有制与非公有制经济的关系问题重新成为各界关注的焦点。必须明确的是，早在30年余前，邓小平就针对种种“左”的思想和观念障碍，提出建立怎样的所有制结构、实行怎样的基本经济制度，根本在于是否符合“三个有利于”标准。改革开放的实践也证明非公有制经济是极富活力、发展迅速的经济成分，公有制经济与非公有制经济共同发展，促进了中国生产力的发展，促进了中国综合国力的增强，促进了人民生活水平的提高。对于非公有制的态度不应是提防和限制，而应是鼓励和引导，使之健康发展，保障公有经济与非公有制经济具有公平竞争的环境，让企业不因所有制的不同而享受不同的市场待遇或者处于不同的市场竞争地位。公有制经济和非公有制经济之间的公平竞争关系是完善基本经济制度的关键。对于这一关键问题，应始终坚持贯彻“两个毫不动摇”的原则。党的十六大报告提出“两个毫不动摇”的原则，给各类所有制经济发展提供了平等竞争的政策空间，后经中央多次重申，这一创新论断从根本上消除了公有和私有“二元对立”的问题，是对多种所有制经济在中国特色社会主义经济中以现代企业制度为载体促进生产力发展的肯定，也是对马克思主义经典思想的创新性继承和回归。党的十八大以来，习近平总书记多次指出“坚持权利平等、机会平等、规则平等，废除对非公有制经济各种形式的不合理规定，消除各种隐性壁垒”①，以及“非公有制经济在我国经济社会发展中的地位和作用没有变，我们毫不动摇鼓励、支持、引导非公有制经济发展的方针政策没有变，我们致力于为非公有制经济发展营造良好环境和提供更多机会的方针政策没有变”②，均是对“两个毫不动摇”的进一步深化与诠释。立足于新发展阶段，坚持“两个毫不动摇”的原则与“三个有利于”的判断标准，仍是正确认识与处理公有制与非公有制关系问题的重要依据。

---

① 《中共中央关于全面深化改革若干重大问题的决定》，《人民日报》2013年11月16日。

② 习近平：《毫不动摇坚持我国基本经济制度　推动各种所有制经济健康发展》，《人民日报》2016年3月9日。

## 第三节 发展混合所有制经济完善基本经济制度

混合所有制经济是基于公有制经济与非公有制经济在同一时空“并存”的现实，由不同性质和形式的所有制经济实体，依托产权市场、资本市场和企业并购市场等平台，以资本为纽带，依据现代产权制度和现代企业制度构成并逐步发展起来的经济形态。

党的十八届三中全会明确提出混合所有制是中国特色社会主义基本经济制度的重要实现形式，强调积极发展混合所有制经济：“国有资本、集体资本、非公有资本等交叉持股、相互融合的混合所有制经济，是基本经济制度的重要实现形式，有利于国有资本放大功能、保值增值、提高竞争力，有利于各种所有制资本取长补短、相互促进、共同发展。允许更多国有经济和其他所有制经济发展成为混合所有制经济。”①

### 一、发展混合所有制经济的内在逻辑

作为社会主义基本经济制度的重要实现形式，混合所有制进一步发展了生产资料的社会化和劳动成果占有的社会化，反映和代表了国家、企业、个人的利益与意志。积极发展混合所有制经济是发展社会生产力的必然要求，是由中国社会经济发展的理论逻辑、历史逻辑、现实逻辑共同决定的。

#### （一）发展混合所有制经济是向共产主义迈进的必经环节

积极发展混合所有制经济是对马克思主义所有制理论的继承和发展。股份制是混合所有制经济最主要的实现形式，其在马克思时代就已出现，并不属于所有制、社会制度的性质，作为现代企业的基本形式，它只是一种资本组织的方式或手段，马克思对这一新的经济形式的性质、功能和作用进行了比较充分的论证。马克思将股份制定位为“过渡点”。在他看来，共产主义社会以社会所有制为基础。社会所有制是建立在社会化生产基础上的联合的、社会的劳动者个人所有制，需要满足生产社会化的高度发达与劳动者直接自由地占有生产资料两个条件。股份制正是由资本主义生产方式转化为联合生产方式的过渡形式。“在股份公司内，职能已经同资本所有权相分离，因而劳动也已经完全同生产资料的所有权和剩余劳动的所有权相分离。资本主义生产极度

---

① 《中共中央关于全面深化改革若干重大问题的决定》，人民出版社2013年版，第8—9页。

发展的这个结果，是资本再转化为生产者的私有财产所必需的过渡点，不过这种财产不再是各个互相分离的生产者的所有财产，而是联合起来的生产者的财产，即直接的社会财产。另一方面，这是再生产过程中所有那些直到今天还和资本所有权结合在一起的职能转化为联合起来的生产者的单纯职能，转化为社会职能的过渡点。”①“那种本身建立在社会生产方式的基础上并以生产资料和劳动力的社会集中为前提的资本，在这里直接取得了社会资本（即那些直接联合起来的个人的资本）的形式，而与私人资本相对立，并且它的企业也必须为社会企业，而与私人企业相对立。这是作为私人财产的资本在资本主义生产方式本身范围内的扬弃。”②股份制使个人资本取得社会资本的形式，使资本的组织形式更好地适应生产社会化的发展趋势，也使私有制在自身框架中实现对自身性质的扬弃，是在继承私有制对经济发展优势的基础上向更高级公有制经济过渡的一种形式。以股份制为载体的混合所有制经济是中国基本经济制度下公有制和非公有制经济融合的经济形式，适应了生产力社会化发展和经济利益分享化的要求，也是向共产主义迈进的必经环节。

### （二）发展混合所有制经济是社会主义初级阶段生产力发展的历史要求

积极发展混合所有制经济既是在中国特殊国情下所有制关系过渡发展的历史要求，也是改革开放以来党在所有制问题上持续进行理论创新和实践探索的结晶。社会主义生产关系是在一定物质基础上建立起来的，马克思所设想的社会主义是资本主义生产方式自身扬弃的产物，应首先在商品经济和生产力高度发达的欧美国家内产生。“要坚持马克思主义，坚持走社会主义道路。但是，马克思主义必须是同中国实际相结合的马克思主义，社会主义必须是切合中国实际的有中国特色的社会主义。”③中国是在半殖民地、半封建制度的基础上建立社会主义制度的，在生产力水平不发达的情况下，中国建立的社会主义只能是初级阶段的社会主义，需要一个很长的过渡期去完成资本主义发展的原始积累，去实现别的国家在资本主义条件下实现的工业化和生产的商品化、社会化、现代化。这决定中国不能实行单一的公有制，而是需要在公有制为主体的条件下，让多种所有制经济共同发展，各种所有制经济之间的混合也成为必然的发展趋势。改革开放40余年来，公有制经济蓬勃发展，主体地位日益巩固，发展质量和经

① 《马克思恩格斯文集》（第七卷），人民出版社2009年版，第495页。
② 同上。
③ 《邓小平文选》（第三卷），人民出版社1993年版，第63页。

营效益大幅提升，资产规模不断扩大，控制力、影响力和抗风险能力进一步增强，成为社会主义现代化建设的中坚力量；非公有制经济作为社会主义市场经济的重要组成部分，是国民经济发展强劲动力与稳定增长点，促进了产业结构的调整和升级，为社会创造大量就业机会，增加了社会资本，在满足人民需要方面发挥了重要作用。发展混合所有制经济的条件日趋成熟。随着中国的基本经济结构不断调整和优化，作为迈向高级所有制形态的“过渡形式”和推进社会化大生产进程的科学方法，发展混合所有制经济在促进国民经济整体发展和社会进步的同时，也有助于解决改革过程中存在的各种社会矛盾和问题，[①]它已成为壮大中国社会主义市场经济体制根基的重要任务与“社会主义基本经济制度的重要实现形式”。

### （三）发展混合所有制经济是中国参与全球化竞争与应对价值链重塑的现实要求

混合所有制是全球化时代市场经济条件下生产资料社会占有的客观要求，在一定范围内适应了全球化时代社会生产力的发展。随着新一轮技术革命的推进，国际分工的利益分配格局将会重构，中国既面临新的挑战，也具有难得的历史机遇，必须进一步对国有企业进行改革，发展混合所有制经济，激发企业活力和创造力。国务院发布的《关于国有企业发展混合所有制经济的意见》指出，“应对日益激烈的国际竞争和挑战，推动我国经济保持中高速增长、迈向中高端水平，需要通过深化国有企业混合所有制改革，推动完善现代企业制度”。[②]党的十九大报告进一步提出深化国有企业改革，发展混合所有制经济，培育具有全球竞争力的世界一流企业。[③]混合所有制改革适应中国应对国际市场竞争和经济转型升级的需要。一方面，在国有企业中引入非国有资本，能够借助非公资本与生俱来的优势促进国有企业提升公司治理的水平、激发国有企业的市场活力，同时可借助国有资本的信誉优势帮助社会资本消除隐性壁垒、拓宽市场空间、提升企业竞争力。权责明晰、流转通畅、归属明确的现代混合所有制企业有利于实现不同所有制主体优势互补、协调融合、共同发展，能有效扩大中国企业的市场影响力和国际竞争力，进而提高参与全球化竞争的适应性。另一方面，发展各类创新

① 张卓元：《积极发展混合所有制经济　促进各种资本优势互补共同发展》，《经济理论与经济管理》2014年第12期，第5—9页。

② 国务院，《关于国有企业发展混合所有制经济的意见》（国发〔2015〕54号），2015年9月24日。

③ 习近平：《决胜全面建成小康社会　夺取新时代中国特色社会主义伟大胜利——在中国共产党第十九次全国代表大会上的报告》，《人民日报》2017年10月28日。

主体有机融合与各种创新资源高效协同的混合所有制经济是重要的时代趋势。在科技革命深入推进、国际竞争日益激烈的时代，一国要获得持久的竞争力，必须适应当今世界新技术快速迭代的潮流，因而创新能力至关重要。相较于其他所有制形式，混合所有制由于产权主体多元与分配方式多样，更能在发挥资本作用的同时，激发人力资源的创造性劳动，有利于技术产权由市场评价贡献、按贡献决定报酬，使创新成果以作价、折股等方式参与企业创新，更有效地把传统资本和人力资本及创造性劳动结合起来，促进科研成果向现实生产力转化，提高资源配置效率，推动经济高质量发展，助推中国从“加工大国”向“创新大国”的跃升。

## 二、混合所有制改革的核心问题

混合所有制改革的目的在于使不同所有制主体按照市场机制实现优势互补、交叉融合，强调不同所有制资本或不同所有制的经济形式共同发展，因而改革的核心是创造公平的竞争环境与完善的市场体系。

### （一）混合所有制中公有制经济和非公有制经济的关系

混合所有制是“基本经济制度的重要实现形式”，它既是作为主体的公有制的“主要实现形式”，又是非主体的非公有制的“重要实现形式”，是有效打开公有制经济和非公有制经济共同发展格局、发挥各种所有制资本比较优势的关键。《中共中央关于全面深化改革若干重大问题的决定》明确提出“鼓励非公有制企业参与国有企业改革，鼓励发展非公有资本控股的混合所有制企业”“国有资本投资项目允许非国有资本参股”“废除对非公有制经济各种形式的不合理规定，消除各种隐性壁垒”。[①] 但混合所有制企业中既有国家的代理人，又有私人利益的代表，如何有效处理二者的关系，就成为一个重要的问题。在现有讨论中，国家利益被过多地强调，防止国有资产流失、实现国有资产保值增值等涉及的都是这个问题，而如何保障非国有参与者的利益，以及如何选择有资质的企业家等问题，则没有得到充分讨论。推进混合所有制改革另外一个非常突出的问题是“混而未改”，也就是虽然从股权上完成了国有和非国有股份的混合，但是公司治理结构、国资委管理方式并没有发生根本性变化，国资委还将国有控股的混合所有制企业与国有企业一样进行管理。这两种情况造成非公有制企业的观望

① 《中共中央关于全面深化改革若干重大问题的决定》,《人民日报》2013 年 11 月 16 日。

态度，虽然希望通过参股国企获得更多的市场和资源，但又担心混合后无法摆脱政府行政性干预，缺乏话语权，不能正常参与公司决策程序，自身利益会因此而受损。处理混合所有制中公有制经济和非公有制经济的关系，关键在于如何保障二者的平等地位，应依据不同混改的具体情况分类加以处理：对于战略性产业与关系国计民生的传统国有控股企业，允许非公有制公司参股，但不应放弃国资的控股地位；对于传统竞争性领域的企业，可借鉴英国的“黄金股”模式，在一般情况下国有股份不参与投票，只针对重大问题实施否决权，将企业经营的具体决策交予市场化聘用的职业经理人，消除非公有资本对控制权的担忧；对于新建投资项目，如新兴高科技产业，可依据行业特性由国有资本控股或由非公有资本控股。

### （二）健全产权交易市场，提升混合所有制经济效率

产权是各种生产要素的生命和精髓。产权交易是混合所有制改革中的重要实现形式和关键环节，产权交易的质量同步影响着混改的成效。中国产权交易市场的设立与发展即与国企改革相同步，意在为产权交易中各方主体提供一个公开、公平、公正的市场化流转平台，推动“归属清晰、权责明确、保护严格、流转顺畅”的现代产权制度改革。不同于传统交易市场，产权交易的各意向方获取信息的效率截然不同，易因信息不对称而出现道德风险与逆向选择，应由政府主导进一步健全相关市场、激发产权市场活力。从政策层面可以引导形成产权市场服务投资基金的良好生态环境，包括：研究制定土地市场交易管理制度，建立符合现代化大生产与市场经济运作规律的土地经营权流转市场；鼓励国有基金投资和退出，通过产权市场衔接好基金投资退出和国资流转的规范性要求；有效推进全流程平台化、电子化交易，推进产权交易大数据库和信息化建设，全面引入信息手段，加大统一信息化监管平台建设，建立健全全社会层面的市场经济主体数据库、产权交易平台数据库、中介服务机构数据库等，形成产权流转的闭环管理体系；推进实物资产证券化，鼓励产权交易机构探索服务中小企业投融资方向的结构化融资产品，吸引金融机构围绕产权市场设立专项投资基金；探索建立一体化的中介机构服务库，为交易前标的的评估、审计、审查等提供更为专业化的服务，将精通产权业务的律所、会计师事务所、评估机构、银行等机构纳入其中，建设资源共享的产权交易生态链，形成涵盖产权界定、价格评估、流转交易、担保、保险等业务的综合服务体系，解决交易前后由专业性原因导致的问题；围绕国企混改、重点产业引导性投资、企业重组或破产重整等有利于提升实体经济活力和重点领域发

展的项目提供资金和产业资源。另外，政府应继续加强产权保护。从党的十六大就开始对各种所有制经济进行产权保护，而在当今知识经济的时代，知识产权、数据产权等新生产要素已成为促进生产力发展的重要资源，客观上要求政府加快相关立法，切实保障产权交易市场的有序运行。

### （三）健全资本市场，完善混合所有制经济发展的金融环境

资本市场是连接实体经济与社会资本的纽带，也是推动混合所有制经济发展的重要动力和支撑平台。股份制是混合所有制改革的主要载体，“通过集中而在一夜之间集合起来的资本量，同其他资本量一样，不断再生产和增大，只是速度更快，从而成为社会积累的新的强有力的杠杆。”① 在资本集中过程中，投资主体的多元化和股份制形式，使资本市场与混合所有制经济具有天然的内在逻辑必然性，良好的资本市场生态能提供适合混合所有制经济各行业类型与发展阶段的融资需求，完善的规章制度有助于加强对混合所有制企业的内部治理与外部监督，公允价格形成机制也有助于优化混合所有制的资源配置效率。国务院发布的《关于进一步提高上市公司质量的意见》明确提出“鼓励和支持混合所有制改革试点企业上市”。当前，通过资本市场进行混合所有制改革的主要路径包括公司上市、引进战略投资者、资产重组及员工持股，而其中出现的共性问题主要表现为将混改政治任务化与信息不对称下的道德风险，导致企业经营业绩无法改善，反而造成国有资产流失和中小股东权益受损。对于这一现状，一方面，应明确混合所有制改革是方式、路径和手段，最终目的是实现公有制经济与非公有制经济优势互补、资源共享，推动社会生产力提高与经济高质量发展。通过对混合所有制认识与理解的转变，改善资本市场与混合所有制改革的互动方式，真正发挥资本市场对混改企业的治理效应。另一方面，应深化资本市场改革，加大资本市场基础制度建设力度，完善金融法律法规体系，为资本市场的功能健全提供坚实支撑，在制度设计上充分重视资本市场多元化生态，明确各市场主体的权利和义务关系，持续推进改革不断深化，健全资本市场功能，从而为混合所有制经济发展不断注入资本市场活力。通过明确混合所有制改革目的与完善资本市场建设，构建新的金融服务实体经济的机制，探索产业链、供应链领域资本要素市场新的、有效的运行模式，促进混合所有制经济中各类资本优化布局，提升产融结合的切实效果。

---

① 《马克思恩格斯文集》（第五卷），人民出版社 2009 年版，第 724 页。

# 第十一章　社会主义市场经济下的公平与效率关系

公平与效率如何选择是发展中的一个重要命题，既有理论思辨，也有历史的启示。面对公平与效率之问，中国将马克思主义基本原理同发展实践紧密结合，逐步探索形成社会主义市场经济下公平与效率相兼顾、相促进、相统一的发展之路。

本章以公平与效率的理论研究为起点，在总结国内外实践经验的基础上，阐明中国在新发展阶段实现公平与效率有机统一的总体思路和制度建设方案。第一节主要辨析各个学派的公平与效率理论，讨论公平与效率关系的三种实践模式；第二节概括和总结中国在经济社会发展过程中对公平与效率关系的探索与实践；第三节从收入分配格局、收入分配秩序、收入分配差距三个方面，分析中国在新发展阶段实现公平与效率有机统一的目标建构和总体思路；第四节全面阐述中国实现公平与效率有机统一的分配制度建设路径。

## 第一节　公平与效率关系之问

公平与效率是一个历久弥新的理论命题，不同学派的理论探索推动着人类对公平与效率的认识向更高更深层次发展。现实中，各国面对公平与效率之间的平衡，基于不同的价值理念，选择不同的发展道路，形成不同的增长与分配模式，为回答公平与效率之问提供了重要的经验和启示。

### 一、公平与效率关系的理论之辩

#### （一）公平与效率的内涵

效率反映资源的有效利用程度，是衡量产出增长和财富创造的指标。公平是社会依据达成共识的正义原则，对分配的正当性作出的判断，强调社会成员对分配方式或分配结果的接受程度。

公平作为协调不同群体之间利益关系的规范和准则，与一个社会的意识形态、价值伦理、经济发展阶段有关。在不同的社会形态中，尽管公平的判断标准有所不同，但是作为社会存在的反映，公平有其客观的内涵。公平的内涵通常包括机会平等、规则正义和结果平等三个层面。首先，机会平等要求每一个社会成员不因外在的、个体无法控制的因素，导致生存和发展机会的缺失。要求每个人都享有平等参与竞争和向上流动的机会。其次，规则公平要求从市场准入到市场交易，所有市场主体都遵守统一的游戏规则，社会有责任确保所有社会成员的努力和要素投入都平等地获得收益。最后，要保持结果平等。狭义上的结果平等是指分配结果的均等化，广义上的结果平等是指社会的分配差距处于一个相对合理的范围内，避免分配差距过大。

### （二）公平与效率关系的辩证性

历史上不同学派都提出了重要的公平思想，为认识公平与效率的关系提供了线索。功利主义学派将最大限度地增进社会总福利视为公平，哲学家约翰·B. 罗尔斯（John Bordley Rawls）则认为收入和财富不平等可以存在，但是关于不平等的制度安排要求每个人都能从中得到好处，尤其要保证最少受惠者的最大利益。西方新自由主义学派强调“效率之上”，主张完全竞争市场达到的“帕累托最优状态”是最有效率，也是最公平的。政府通过行政手段对市场竞争过程和结果进行干预，将打破市场带来的均衡结果，导致效率损失，这种做法本身带来了不公平、不公正，维护自由竞争的市场机制是实现公平与效率的关键。

从马克思主义政治经济学视角来看，效率与公平的对立统一性是从生产力与生产关系的辩证关系中衍生出来的。效率是生产力水平的客观反映，公平是生产关系的实现状态，在社会历史进程中公平与效率关系不断变化是生产力与生产关系矛盾运动的结果。首先，效率是公平的基础，效率决定公平的基本特征和实现程度。按照效率原则调节生产和分配关系有利于增加经济激励，调动生产者的积极性，提升经济活力，促进生产力的发展，为公平的实现提供物质基础。但是，如果在经济发展中片面追求效率至上，忽视公平关系的处理，将导致社会成员在利益分配上处于不和谐的状态，不利于生产要素的有效配合以及社会需求的释放，对效率的提升产生消极甚至是破坏作用。

其次，适度的公平会促进效率的提高，片面地追求结果公平可能抑制效率。公平的分配可以协调社会成员之间的利益关系，促进社会稳定，为人们彼此合作、提高生产效率提供了分配基础。但是，公平的标准需要与社会生产力水平相适应，只能在现有生产力可及的范围内实现公平。如果不顾及经济发展程度追求超前的公平标准，将会侵蚀效率，增大经济社会运行成本，不利于生产力的发展，反过来阻碍公平的实现。

## 二、市场经济条件下公平与效率关系的三种实践模式

一个社会能够在多大程度上平衡公平与效率的关系，取决于对公平与效率的价值判断和政策选择。历史上，公平与效率关系的实践模式大致分为三种，分别是自由市场经济模式、福利国家模式和东亚模式。这三种模式产生于不同的制度背景和发展条件下，也产生了不同的影响。分析和比较这三种实践模式为进一步认识公平与效率的关系，建立促进公平与效率协调统一的政策体系，提供了经验和启示。

### （一）自由市场经济模式

以美国为代表的自由市场经济模式，追求效率为先，强调激励，尤其在20世纪80年代自由化改革的推动下，制度和政策的再分配功能被弱化。在经济领域和社会保障领域，强调市场作用和个人责任，国家只负责老弱病残等弱势群体的生计保障。税收的再分配作用被弱化，美国个人所得税最高边际税率从20世纪80年代的70%降至当今的37%，遗产税的最高税率从20世纪60年代的77%降至当今的40%。激烈的市场竞争伴随“马太效应”，导致贫富分化和中产阶层萎缩，2021年美国税后国民收入不平等和个人净财富不平等的基尼系数分别为0.46和0.83，对社会稳定造成不利影响。①

### （二）福利国家模式

以北欧国家为代表的福利国家追求高度的分配公平，以高收入、高税收支持高福利的实现。北欧国家为全民提供制度完备、福利水平高、覆盖全生命周期的社会福利和保障体系，高福利体系通过实行高额累进税制和建立完备的税收征缴体系得以维持。尽管福利国家实现了高度公平的分配，贫富差距极低，但是维持该模式的社会成本也极高。一方面，在该模式下劳动者的工作激励不足，对经济效率产生损害；另一方面，刚性的社会福利需求容易导致“高福利陷阱”。一旦经济增速放缓、税收下降，政府的福利支出负担会明显加重，高福利的可持续性得不到保证，公平与效率的平衡也会受到冲击。

① 数据来源：World Inequality Database，http://wid.world/data。

### （三）东亚发展模式

东亚模式的核心在于强调增长与分配的协调，公平与效率的统一在这种协调关系中得以实现。首先，提高产业结构与就业结构的协调性。通过产业结构调整升级推动经济增长，引导劳动力向高附加值产业、高收入地区流动与产业结构升级需求相匹配，劳动者的收入与劳动生产率实现共同增长。日本在1961—1970年实施的“国民收入倍增计划”通过产业结构高度化，提高社会劳动生产率；通过扩大投资和发展中小企业，拉动就业，促进国民收入增长。其次，注重发展的协调性。为了抑制城乡发展差距扩大，采取系列政策和措施以提高分散小农的组织化程度，实现传统农业耕作方式向专业化现代化生产方式转变，提高农业生产率，增加农民的农业收入；强调农业与第二、三产业的融合发展，扩大农民的非农收入；在城市化进程中，发展农村社会事业，提高农民生活质量，防止乡村边缘化，实现城乡融合发展。最后，在经济发展中注重调控分配差距，加强民生保障。日本从20世纪50年代开始征收房产税，配合累进性遗产税，加强对社会财产差距的调控；新加坡在20世纪60年代启动实施“居者有其屋”计划，最高时约有80%以上的人口居住在政府提供的组屋中。普惠性的住房政策使新加坡居民拥有安居之所，也抑制了因住房而产生的贫富差距。

公平与效率的实践模式表明，效率不是发展的唯一目标，公平同样不可忽视且公平应当建立在经济发展可承受、财力可持续的基础之上。仅重视效率而忽视发展机会和分配结果的平等，效率的提升会受阻，对长期经济发展和社会稳定不利；以高水平的福利和保障体系作为支撑的高度公平状态，具有较高的经济社会成本，经济效率也会受到侵蚀；因此，公平与效率并非取舍关系，而是平衡关系。自由放任的市场机制无法直接实现公平与效率的统一，政府在平衡公平与效率的关系上扮演着不可替代的作用。政府与市场相结合，统筹协调公平和效率关系是发展的必由之路。

## 第二节　中国对公平与效率关系的探索与实践

中国对公平与效率关系的探索和实践是具体的、历史的，是不断调整和打破旧的公平与效率平衡关系，又不断建立新的公平与效率平衡关系的过程。中国从计划经济走向社会主义市场经济，不断总结实践经验，深化对公平与效率关系的认识，主动适应公平与效率关系的变化，逐步形成了公平与效率相兼顾、相促进、相统一的发展之路。

## 一、中国对公平与效率关系的历史探索

### （一）从平均主义到效率优先

在计划经济时期，中国坚持“平均主义”的分配原则。尽管这一时期中国实现了分配上的平等，但是这种分配方式难以体现劳动贡献的差别，无法对劳动者产生足够的激励，造成生产效率低下问题，损害了分配的公平性。

党的十一届三中全会确立了改革开放的发展战略，改革的重点之一就是打破分配上的平均主义，拉开收入差距，提高生产效率。党的十四大确立了“建立社会主义市场经济体制”的改革目标，明确提出“在分配制度上，以按劳分配为主体，其他分配方式为补充，兼顾效率与公平”。

党的十五大报告提出“坚持效率优先、兼顾公平”，表明中国在公平与效率关系的处理原则上已初步确立效率的优先性。党的十六大报告明确了在分配领域实现公平与效率目标的具体路径，强调初次分配注重效率，再分配注重公平，市场作用与政府调节职能相结合，即“初次分配注重效率，发挥市场的作用，鼓励一部分人通过诚实劳动、合法经营先富起来。再分配注重公平，加强政府对收入分配的调节职能，调节差距过大的收入”。

### （二）从效率优先到公平与效率并重

2000年后，中国居民收入差距快速攀升，2003—2006年中国居民收入差距的基尼系数处于0.47—0.48的历史高位，收入差距的快速扩大和持续高位运行表明中国在发展过程中出现了公平与效率关系的失衡。为了扭转这种趋势，党中央对公平与效率的关系和实现路径都提出新的定位，党的十七大明确提出，“初次分配和再分配都要处理好效率和公平的关系，再分配更加注重公平”，将提升分配公平的重点放在“逐步提高居民收入在国民收入分配中的比重，提高劳动报酬在初次分配中的比重”两个方面。

在市场化改革初期，中国的生产力并不发达，社会物质财富并不丰裕，强调效率优先、兼顾公平有其历史必然性。随着改革进程的推进，中国的产品和要素市场逐步发展起来，市场经济的发展充分调动了生产要素的积极性，潜在的生产力得到释放。由于强调效率优先，在一定程度上忽视了公平，居民之间收入差距迅速拉大。针对因公平与效率关系失衡导致的矛盾和问题，党中央及时纠正这种发展趋势，明确公平对于

中国发展的重要性，提出实现公平的关键举措，为中国统筹公平与效率关系打下基础。

### （三）着力维护和促进社会公平正义

党的十八大确立了中国在经济社会发展中的公平取向，提出“公平正义是中国特色社会主义的内在要求”，以“逐步建立以权利公平、机会公平、规则公平为主要内容的社会公平保障体系”为重点，从制度上保证人民平等参与、平等发展权利。具体到收入分配领域，“着力解决收入分配差距较大问题”，“初次分配和再分配都要兼顾效率和公平，再分配更加注重公平”，既强调初次分配和再分配兼有协调公平与效率关系的职能，又突出再分配对于公平的保障作用。

党的十九大指出“我国社会主要矛盾已经转化为人民日益增长的美好生活需要和不平衡不充分的发展之间的矛盾”，社会主要矛盾的变化推动中国转变经济发展方式，实现更高质量、更有效率、更加公平、更可持续的发展，不断满足人民日益增长的美好生活需要。从促进社会公平正义来看，不仅需要解决分配问题，更需要重视在发展中补齐民生短板，增进民生福祉。

党的二十大明确了中国式现代化的内涵，指出“中国式现代化是全体人民共同富裕的现代化”，并“把实现人民对美好生活的向往作为现代化建设的出发点和落脚点，着力维护和促进社会公平正义，着力促进全体人民共同富裕，坚决防止两极分化”。促进全体人民共同富裕作为公平与效率有机统一的具体目标，全面融入中国式现代化建设中，让现代化建设成果更多更公平惠及全体人民。

## 二、新发展阶段公平与效率的有机统一：实现全体人民共同富裕

从消除绝对贫困到全面建成小康社会，中国开启全面建设社会主义现代化国家新征程。党和国家把促进全体人民共同富裕摆在更加重要的位置，共同富裕是新发展阶段中国实现公平与效率有机统一的具体体现。

共同富裕是中国特色社会主义的本质要求，是中国式现代化的重要特征。实现全体人民共同富裕，既要把“蛋糕”做大做好，又要把“蛋糕”切好分好，体现了效率与公平、发展与共享的统一。

首先，共同富裕的物质基础和前提条件是整个社会物质财富的极大丰富，这必须依靠生产力的不断发展，经济效率和质量的不断提升。把共同富裕建立在经济发展和财力可持续的基础之上，在高质量发展中促进共同富裕，全面夯实共同富裕的物质基础。

其次，共同富裕强调发展的公平性和发展成果的全民共享性。发展的公平性要求解决发展的不平衡、不充分问题，重点在于增强发展的均衡性和协调性，缩小城乡之间、区域之间的发展差距，实现城乡融合发展和区域协调发展；发展成果的全民共享强调发展成果更多更公平惠及全体人民，重点在于保障和改善民生，增进民生福祉，着力解决好人民群众急难愁盼问题，实现好、维护好、发展好最广大人民根本利益。

最后，共同富裕的成效体现为"人民群众获得感、幸福感、安全感更加充实、更有保障、更可持续"。促进全体人民共同富裕与以人民为中心的发展思想高度统一。随着中国经济发展水平的不断提高，人民群众对于美好生活的追求不断提升，既包括物质生活资料的富足，也包括精神领域的富有和人的全面发展，既追求物质文明，也追求社会文明和生态文明。单一的指标已不能充分反映中国的发展和进步，也无法体现人民群众对于改革发展的满意度和认可度。以人民群众的"获得感、幸福感、安全感"作为评价共同富裕进展的衡量尺度，把实现人民对美好生活的向往作为现代化建设的出发点和落脚点，符合中国始终坚持的人民立场。

全面建成小康社会是中国实现共同富裕的关键一步。自党的十八大以来，中国把打赢脱贫攻坚战作为全面建成小康社会的关键目标和重要任务，举全党全国之力，决战决胜脱贫攻坚，走出了一条符合中国国情的减贫道路，到 2020 年底，现行标准下 9 899 万农村贫困人口全部脱贫，832 个贫困县全部摘帽，12.8 万个贫困村全部出列，区域性整体贫困得到解决，中国如期完成消除绝对贫困的艰巨任务。脱贫攻坚战的伟大胜利，体现了社会公平正义的根本要求。随着中国全面建成小康社会、开启全面建设社会主义现代化国家新征程，中国把促进全体人民共同富裕作为中国式现代化建设的重要目标：到 2035 年，"全体人民共同富裕取得更为明显的实质性进展"；从 2035 年到本世纪中叶，"全体人民共同富裕基本实现"。

## 第三节　实现公平与效率有机统一的三个重要目标

协调公平与效率关系的重点在分配领域。中国调整优化分配关系的三个重要目标是调整国民收入分配格局、规范收入分配秩序、缩小分配差距。这三个目标从中国发展的全局着眼，统筹协调分配关系，在宏观层面优化分配格局，在微观层面改善分配机制，既关注分配结果的合理性，更重视分配过程的公平性，体现了中国在新发展阶段实现公平与效率有机统一的目标建构和总体思路。

## 一、改善国民收入分配格局

国民收入分配格局反映了国民收入在政府、企业、居民之间的分配关系，对国民经济运行具有重要影响。中国的国民收入分配格局可以分两个阶段来看：第一个阶段是1992—2007年，在这一阶段中国企业部门的可支配收入占比从19%上升至24.6%，政府部门的可支配收入占比从10%上升至16.3%，居民部门的可支配收入占比从71%下降至59.1%；第二个阶段是2008—2020年，在这一阶段中国逐步调整国民收入分配格局，企业部门的可支配收入占比从25.1%下降至22.9%，政府部门的可支配收入占比从15.5%下降至8.1%，居民部门的可支配收入占比从59.4%上升至69%。①尽管中国居民部门的可支配收入占比上升，但是从国际比较来看，中国居民部门的可支配收入占比在世界主要经济体中处于中等偏低水平，这也制约了居民部门消费能力的增长。

导致中国居民部门收入占比偏低的原因之一是劳动报酬分配不合理。劳动报酬是中低收入阶层最主要的收入来源。作为一个人口大国，中国的劳动力资源相对丰裕，劳动力市场长期处于供大于求的状态，劳动者工资水平整体偏低、增速缓慢。中国劳动报酬占GDP的比重从1996年的53.4%下降到2007年的39.7%，尽管2020年回升至52.8%，但是与发达国家相比，中国劳动报酬在初次分配中的比重仍然偏低。②

理顺政府、企业、居民部门的分配关系是形成合理收入分配格局的重要方面。要实现居民部门收入占比的提高，需要更好地发挥政府与市场的合力。一方面，通过提高劳动报酬在初次分配中的比重，扩大居民收入来源，增加居民的财产性收入，提高居民部门的初次分配收入占比；另一方面，通过加大税收和社会保障的调节力度，降低居民部门的税费负担，完善社会保障体系，增进民生福祉，进一步提高居民部门的可支配收入占比。

## 二、规范收入分配秩序

收入分配秩序反映分配规则的公平性，是居民评价分配公平性的一个重要维度。首先，收入分配秩序的规范性体现在收入的决定过程，主要是看收入的高低能否反映

① 资料来源：国家统计局，《中国统计年鉴（2022）》。

② 资料来源：作者根据《中国统计年鉴（1997）》《中国统计年鉴（2008）》《中国统计年鉴（2022）》提供的“劳动者报酬”和“国内生产总值”数据，计算劳动者报酬占国内生产总值的比重得到。

劳动的付出，能否体现市场对要素投入数量和质量的公平评价。再者，收入分配秩序的规范性与收入分配制度的健全程度有关。如果缺乏有效的收入分配监管，就会出现一些不规范的收入和隐性收入，随意压低、克扣工资的情况也会发生，这会对正常的收入分配秩序造成冲击，降低居民的分配公平感。

当前，中国分配领域存在的分配秩序不规范主要表现在两个方面。

第一，国有企业的分配制度不健全。在金融、石油、石化等关系国计民生的重要领域，政策规定民间资本和外国资本不能自由进入，这些行业因此获得行政性垄断地位和垄断收益。由于未受到严格的利润分配和内部管理约束，这些行业的国有企业对内部职工发放了较高的工资，以及较高的补助、奖金和福利，导致行政性垄断行业与非行政性垄断行业之间的收入差距。国家统计局的资料显示，2021 年中国城镇非私营单位就业人员平均工资为 106 837 元。① 在所有行业中，带有行政性垄断特征的行业的就业人员平均工资明显偏高。其中，金融业非私营单位就业人员平均工资达到 150 843 元，是全国平均水平的 1.41 倍；电力、热力、燃气及水生产和供应业非私营单位就业人员平均工资达到 125 332 元，是全国平均水平的 1.17 倍。② 行政性垄断收益进入国有企业内部职工的工资和福利，既损失了市场效率，又对公平原则造成侵蚀。

第二，部分私营企业的分配行为不合规。在市场经济条件下，私营企业的工资由市场和企业根据效益情况决定。政府为了规范劳动力市场、维护劳动者的权益，通常会结合经济发展情况、物价水平和劳动力市场供求状况，制定当地最低工资标准和工资指导线，对市场工资水平进行引导。但是，一些私营企业不执行国家规定的最低工资标准和劳动力市场工资指导价位，随意延长劳动时间，压低、克扣、拖欠工人工资，对农民工、临时工、劳务派遣工，不落实应有的待遇，这既侵害了劳动者的权益，又破坏了正常的分配秩序。

规范收入分配秩序的意义在于提高分配的公平性。在整个收入分配中，居民除了关注收入分配结果，更在意收入分配规则和过程的公平性与合理性。如果收入分配规则不公正、收入分配秩序存在混乱，收入分配结果的公平性就难以保证。规范收入分配秩序的关键在于建立合理的收入决定制度和严格的收入分配监管制度，使收入的高

---

① 资料来源：国家统计局，《中国统计年鉴（2022）》。

② 资料来源：作者根据《中国统计年鉴（2022）》提供的“城镇非私营单位就业人员平均工资和指数”计算得到。

低体现劳动的付出和要素的贡献，用制度方式保护合法收入，消除不合理收入。对于现有制度下存在的不合理收入，需要加强清理和规范，取缔非法收入，将收入分配建立在合法合规的基础上，这既保证了分配公平，也为居民增收致富提供了正确的激励。

## 三、缩小分配差距

分配差距是评价收入分配公平性最直接的指标。分配差距过大或分配上的平均主义，都不符合公平标准且对效率有损。形成一个合理适度的分配差距，既需要增强发展的协调性和均衡性，也需要政府和市场力量的有机结合。

### （一）增强发展的均衡性与缩小分配差距

2000 年，中国居民收入差距的基尼系数超过国际警戒线 0.4，之后保持上升趋势，2008 年达到峰值 0.491，此后逐渐回落，2021 年中国居民收入差距的基尼系数为 0.466。将居民总体收入差距进一步分解，可以发现城乡收入差距和地区收入差距是中国居民收入差距的主要来源。

中国城乡收入差距的形成和演变与二元经济体制紧密相关。自改革开放以来，中国城乡收入差距经历了阶段性变化：1978 年，中国城镇居民人均可支配收入是农村居民人均可支配收入的 2.57 倍；1978—1985 年，农村家庭联产承包责任制的推广以及农产品价格上涨，使得农民收入大幅提高，城乡收入比从 2.57∶1 下降至 1.86∶1。1985—2005 年的 20 年间，城镇国有企业改革推动了职工工资增长和城镇居民收入水平提高，城乡收入差距快速扩大，2004 年城乡收入比达到 3.08∶1。自 2005 年开始，中央加大对“三农”的扶持力度，一方面取消农业税，提高农业生产补贴和农产品收购价，另一方面不断放松户籍制度，促进农村剩余劳动力到城镇非农部门就业，农民收入增长提速，2012 年城乡收入比下降至 2.88∶1。近年来，在脱贫攻坚政策和乡村振兴战略的推动下，农村居民人均可支配收入增速持续快于城镇居民，2021 年城乡收入比进一步下降至 2.50∶1（图 11-1）。

中国地区收入差距的形成既源于地区之间地理位置、资源禀赋的差异，也与中国早期的发展战略有关。中国东部沿海地区交通便利、商品经济发达，在 20 世纪 80 年代和 90 年代，东部沿海地区在获得引进外资、外贸出口、税收、金融等方面的政策优惠之后，充分发挥制度创新和开放优势，使经济率先发展起来；中西部地区由于自身条件所限和政策支持不足，市场化改革起步较晚，市场经济活跃度和发展速度远不及

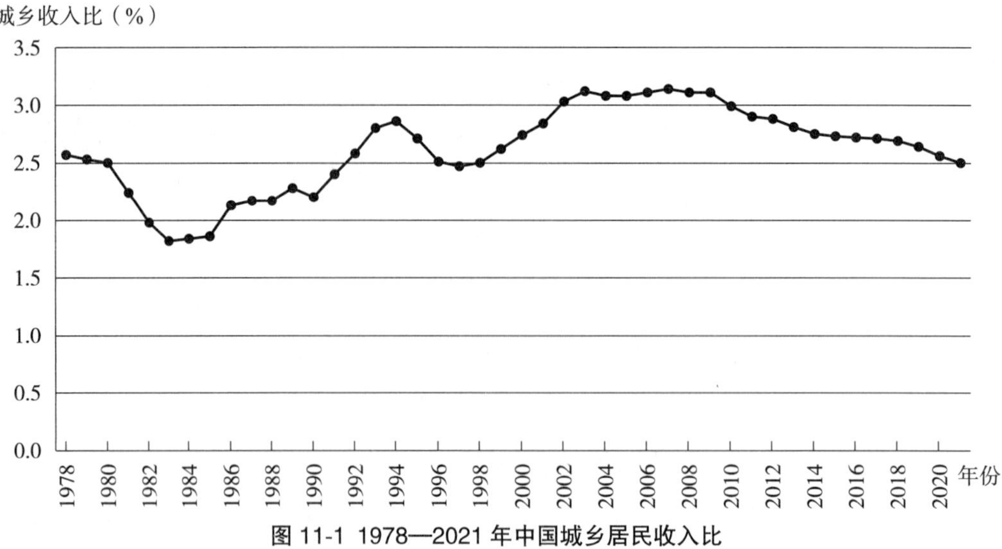


**图 11-1 1978—2021 年中国城乡居民收入比**

注：由于年份是每隔两年显示的，所以 2021 年城乡居民收入比的数据点在图上显示为 2.50，但年份并不显示。

资料来源：国家统计局，《中国住户调查年鉴 2022》。

东部地区。为了扭转区域发展不平衡的局面，从 21 世纪初开始，中国陆续实施西部大开发战略、中部崛起战略、东北振兴战略等区域协调发展战略，对西部、中部、东北地区的经济社会发展进行全方位的规划、引导和支持。东部与中部、西部的人均可支配收入比从 2013 年的 1.55 倍、1.70 倍分别下降至 2021 年的 1.53 倍、1.67 倍，地区收入差距明显缩小。①

发展不平衡、不充分是中国城乡之间、地区之间收入差距形成的根本原因。进一步缩小城乡差距，需要全面推进乡村振兴战略，深入实施新型城镇化战略，推进以人为核心的新型城镇化，加快农业转移人口市民化。构建平衡发展、功能互补的新型城乡关系，畅通城乡要素流动，走城乡融合发展之路，逐步转变二元经济体制。鼓励不同地区发挥比较优势，因地制宜探索致富路径，构建多极点支撑、多层次联动的区域发展格局，发挥东西部协作发展优势，促进各类资源和要素在区域间自由流动和高效集聚，在经济社会互动中增强区域发展的均衡性和协调性。

### （二）形成“橄榄型”分配结构

国际上公认的理想收入分配结构是“橄榄型”分配结构，即中等收入群体在整个

① 资料来源：国家统计局，《中国统计摘要（2019）》和《中国统计摘要（2022）》。

收入结构中占主体、收入极高者和极低者都占比较少的收入分配结构，这种分配结构有利于经济持续增长和社会稳定。

自改革开放以来，中国经济高速发展带来居民收入水平大幅提升，2021 年居民人均可支配收入已达到 3.5 万元。从目前的分配结构来看，20% 低收入组家庭月人均可支配收入为 694.4 元，20% 中间偏下收入组家庭月人均可支配收入为 1 537.1 元。[①] 中国中等收入人口约为 4 亿，从全球来看规模是最大的，但是中等收入人口占总人口的比重约为 30%，与发达国家相比仍存在一定的差距（发达国家的中等收入群体占比通常都在 50% 以上）。

中国向“橄榄型”分配结构转型的关键在于增加低收入群体收入、扩大中等收入群体。低收入群体的受教育程度普遍不高、就业面窄。首先，要加强对该群体的教育和职业培训，帮助其增加就业机会。其次，在制度层面，一方面要进一步完善最低工资制度，加强对企业规范用工的监管，提高低收入群体的就业质量和收入稳定度；另一方面要切实减轻低收入家庭的支出负担，低收入家庭经济基础薄弱，家庭负担重、抗风险能力弱，通过对老年人、残障人士、单亲家庭实施并完善补助政策，缓解低收入家庭的生活负担。通过拓宽社会保障覆盖面，提高保障水平，减轻低收入家庭在医疗、养老、住房等方面的支出负担，增强低收入家庭的经济韧性。

## 第四节　构建协调配套的分配制度体系与公平和效率的有机统一

分配制度是协调公平与效率的政策基石。中国特色社会主义分配制度根植于中国的发展实践，与中国对公平与效率关系的价值取向相适应。“构建初次分配、再分配、第三次分配协调配套的制度体系”是中国在新发展阶段，深刻认识社会主义市场经济的分配规律，结合中国发展实践提出的分配制度建设目标，是促进公平与效率相兼顾、相促进、相统一，实现全体人民共同富裕的制度保障。

### 一、初次分配制度的完善与公平和效率的有机统一

初次分配是收入分配的基础，对分配结果具有决定性影响。坚持“按劳分配为主体、多种分配方式并存”是由中国社会主义初级阶段的生产力水平决定的，与公有制

---

① 资料来源：国家统计局，《中国统计年鉴（2022）》。

为主体、多种所有制经济共同发展相统一，是中国实现公平与效率有机统一的制度基础。

按劳分配为主体、多种分配方式并存的分配制度，是中国在实践中不断建立和完善起来的。在社会主义制度建立以后，中国确立社会主义分配制度，在坚持按劳分配主体地位的同时，不断健全和完善分配方式，从党的十四大提出“以按劳分配为主体，其他分配方式为补充”，到党的十五大提出“按劳分配为主体、多种分配方式并存”“把按劳分配和按生产要素分配结合起来”，中国的初次分配制度基本确立。从党的十六大提出“确立劳动、资本、技术和管理等生产要素按贡献参与分配的原则，完善按劳分配为主体、多种分配方式并存的分配制度”，党的十七大提出“坚持和完善按劳分配为主体、多种分配方式并存的分配制度，健全劳动、资本、技术、管理等生产要素按贡献参与分配的制度”，到党的十八大提出“完善按劳分配为主体、多种分配方式并存的分配制度”“完善劳动、资本、技术、管理等要素按贡献参与分配的初次分配机制”，党的十九大提出“坚持按劳分配原则，完善按要素分配的体制机制”，中国的初次分配制度更加健全完善。党的十九届四中全会明确“按劳分配为主体、多种分配方式并存”为社会主义基本经济制度之一，既表明中国特色社会主义分配制度的性质，又突出完善分配制度对中国特色社会主义经济发展的重要意义。

坚持按劳分配主体地位，是中国实现公平与效率有机统一的根本保证。在社会主义初级阶段，生产力的发展还没有达到社会产品极大丰富的程度，劳动还未成为人们的第一需要，实行按劳分配既鼓励勤劳致富，体现对劳动的尊重和保护，同时也承认劳动者在劳动技能和劳动贡献上的差别。坚持按劳分配主体地位，能够保护劳动所得，提高劳动报酬在初次分配中的比重，同时也对劳动效率的提高产生激励作用。

生产要素按贡献参与分配是市场经济发展的内在要求。由于生产要素属于不同的所有者，要扩大生产能力，必须激励要素所有者将其所拥有的生产要素投入到生产中，这就要求承认生产要素的所有权，由市场机制决定要素价格。随着经济的不断发展和技术进步，新的生产要素不断出现。在分配中，承认知识、技术、管理、数字等新要素在生产中的贡献，不断健全和完善由市场评价贡献，按贡献决定报酬的分配机制，能够对生产要素投入形成正确的激励和引导，使各种生产要素在市场机制下得到有效配置，从而促进生产的发展和效率的提升。

## 二、再分配制度体系建设与公平和效率的有机统一

市场竞争产生的初次分配结果还达不到社会最合意的状态，需要经过再分配的调节，才能实现更为理想的分配结果。从全球来看，发达国家的再分配制度体系更加健全，调节收入差距的能力更强，发展中国家的再分配制度建设相对滞后，调节收入差距的能力有限。不断健全和完善再分配制度体系，是中国调节分配差距、增强民生保障能力，实现公平与效率有机统一的重要环节。

### （一）增强税收对公平与效率的协调作用

税收制度是平衡公平与效率关系的重要政策工具，加大税收对收入和财富差距的调节力度，是当前中国税收制度改革的主要方向。长期以来，中国的税制结构以间接税为主、直接税占比较低，这种税制结构有利于储蓄和积累，对收入和财富差距的调节作用有限。

增强个人所得税的调节能力是近年来中国税收制度改革的重点。2019 年实施的新一轮个人所得税改革，以实施综合与分类相结合的个人所得税制度为重点，提高个人所得税起征点，扩大低档税率级距，设立子女教育、继续教育、大病医疗、住房贷款利息、住房租金和赡养老人等六项专项附加扣除，2022 年新设立 3 岁以下婴幼儿照护专项附加扣除。个人所得税改革既减轻了中低收入群体的税收负担，又加大了对高收入群体的税收调节，个人所得税的再分配作用得以强化。

从目前来看，综合所得仅限于劳动所得，对经营所得、资本所得仍采用分类征税方式，在个人所得税中劳动所得税负明显高于资本所得税负。进一步降低劳动所得税负，将财产租赁、财产转让、利息股息红利等资本所得纳入综合计税范围，平衡劳动所得和资本所得税负，将进一步增强税收调节收入能力，促进税制公平。

财产税是缓解财富不平等的重要政策，也会对中国资本市场和居民的财富积累产生影响。房产是中国居民财产的重要组成部分，房产差距也是财产差距的主要来源。目前，上海、重庆等地开展房产税试点，随着房产税立法的推进和房产税制度的不断完善，房产税将在调控房地产市场、缩小居民财富差距上发挥更大的作用。

### （二）织密社会保障网增进民生福祉

20 世纪 90 年代以来，随着中国市场化改革的推进，企业和单位逐渐剥离社会保障职能，以社会成员互助共济为特征的社会保障体系逐步建立起来，居民在面对年老、

疾病、失业、工伤、残疾、贫困等风险时都能获得相应的保障，社会保障成为社会安全网和经济运行的稳定器。

广覆盖、保基本、多层次、可持续是中国社会保障制度的发展原则。中国在社会保障中推动全民参保，建立多层次、多支柱的保障体系，在保障项目供给上满足人民日益增长的保障需求，使保障待遇紧紧跟上经济增长和居民生活水平提高的步伐，体现了公平与效率相兼顾、相统一的原则。

社会保障制度建设关系民生福祉，关系公平与效率目标的统筹与兼顾。近年来，中国在社会保障制度安排上进行了一系列调整与改革，社会保障制度的统一性、覆盖的全面性、待遇的公平性，均得到显著提升。为了实现社会保障制度城乡统筹，中国于2014年开始在全国范围内建立统一的城乡居民基本养老保险制度，于2016年逐步整合城乡居民基本医疗保险制度。为了取消机关事业单位与企业单位之间养老金的“双轨制”，中国于2015年开始重点推进机关事业单位工作人员养老保险制度改革，逐步实现机关事业单位和企业单位养老保险制度并轨。为了均衡地区之间的保障待遇，中国于2018年着手建立企业职工基本养老保险基金中央调剂制度。

面对当前和未来中国居民对社会保障多层次多样化的需求，中国“坚持应保尽保原则，按照兜底线、织密网、建机制的要求，加快健全覆盖全民、统筹城乡、公平统一、可持续的多层次社会保障体系”，增强社会保障制度维护和促进社会公平的能力，增进民生福祉。未来，中国将进一步提高社会保障统筹层次，更好地平衡地区收支矛盾。通过完善社会保障制度设计，满足新经济新业态中灵活就业人员的保障需求，提高制度转移接续的通畅性和便利性。加强多层次、多支柱社会保障体系建设，更好地应对不断提升的保障需求。

### （三）完善财政转移支付保障基本公共服务均等化

中国地区之间存在公共服务差距，基本公共服务均等化是中国推进共享发展、促进社会公平的一个重要目标。自分税制改革以来，中国通过建立以一般转移支付为主、专项转移支付为辅，纵横结合的转移支付制度，推进区域均衡发展和基本公共服务均等化。

为了弥补欠发达地区的财政资金缺口，中央持续扩大转移支付规模，优化转移支付结构，保证不同地区居民发展机会均等，促进地区间基本公共服务的平等共享。农村义务教育学生营养改善计划、国家基本药物制度补助项目，都是在中央对地方转移支付的支持下推进的。2022年中央对地方转移支付近9.8万亿元，主要向中西部地区和基层倾斜。从效果来看，转移支付使地区财力差距下降50%以上。①

转移支付在平衡地区发展的同时，也存在一定的效率损失，流向中国西部、东北等欠发达地区的转移支付资金，所取得的整体使用效率不及东部地区。②要保证转移支付既有利于缩小地区差距，又不损失经济效率，既要求中央与地方的财政事权和支出责任的划分科学合理，也要求财政体制能够对地方政府的行为形成有效的激励和约束，激发地方经济发展的内生动力。通过建立权责清晰、财力协调、区域均衡的中央和地方财政关系，完善财政转移支付制度，优化转移支付结构，规范转移支付项目，提高财政转移支付资金的使用效率，实现公平与效率相促进、相统一。

以“对口支援”和“生态补偿”为主要形式的横向转移支付同样起到均衡地区财力、缩小地区差距的作用，是纵向转移支付的重要补充，也是推动区域间协作、实现互利共赢的重要方式。目前，横向转移支付尚未实现制度化、规范化，中央政府在横向转移支付中起主导作用。未来，需要进一步建立规范的横向转移支付制度，增强纵横转移支付的配合性，共同促进区域均衡发展，保障基本公共服务均等化。

## 三、第三次分配的发展与公平和效率的有机统一

在中国的分配体系中，除市场机制决定的初次分配和政府主导的再分配之外，还存在以社会力量为主体的第三次分配，即居民和企业在道德力量的驱动下通过自愿捐赠，实现社会资源从相对富裕者向相对贫困者的流动与转移。第三次分配作为社会内部自发形成的分配调节机制，能够进一步协调分配关系，适应经济社会发展的要求，成为初次分配和再分配的有益补充。近年来，在中国发展战略的引导下，慈善捐赠资源主要流向扶贫开发、教育、医疗、健康等领域，成为中国反贫困、推动基本公共服务均等化的重要助力。

第三次分配的发展以慈善捐赠事业的发展为基础。根据《世界慈善捐赠指数2022》提供的数据，2017—2021年中国位居全球捐赠指数增长幅度最显著的国家和地区排

---

① 吕冰洋、李钊、马光荣：《激励与平衡：中国经济增长的财政动因》，《世界经济》2021年第9期，第3—27页。

② 中国财政科学研究院2018年地方财政经济运行调研课题组：《从转移支付透视区域分化——地方财政经济运行调研报告》，《财政科学》2019年第5期，第10—49页。

名的第二位。2020 年，中国社会捐赠总量为 1 534 亿元，占国内生产总值的比重约为 0.15%。从捐赠结构来看，企业是第一大捐赠主体，捐赠占比达到 70% 以上，居民个人捐赠占比仅为 25%，包含政府部门、社会组织等在内的其他捐赠主体，捐赠占比为 4.2%，① 这与慈善事业发达国家的捐赠结构有所不同。以美国为例，2020 年美国个人捐赠占比达到 69%，是最重要的捐赠主体；第二大捐赠主体是基金会，捐赠占比达到 19%；遗产捐赠和企业捐赠占比仅为 9% 和 4%。对于中国而言，激发居民个人捐赠潜力是扩大社会捐赠规模、促进第三次分配发展的关键。

中国居民个人捐赠水平不高，这主要与经济发展程度、传统文化和价值观，以及慈善捐赠环境和制度建设有关。首先，经济发展程度决定收入水平，收入是捐赠的基础。中国仍是一个发展中国家，尽管人均 GDP 超过 1.2 万美元，但是城乡之间、地区之间仍存在一定的发展差距，居民之间收入差距的基尼系数仍在 0.46 的水平上，加之社会保障体系不完善，居民具有较强的储蓄意愿且更愿意将积累的财富用于家庭内部、亲友之间的经济风险防范，因而捐赠意愿和捐赠支出也相应减少。

其次，中国传统文化和价值观在一定程度上导致慈善互助资源在以熟人为中心的封闭体系内流动，社会捐赠并非居民之间收入转移的主要部分。中国社会结构呈现一种典型的"差序格局"，个体生活在以自我为中心的圈层体系中。这种社会结构导致居民之间互助关系的建立和捐助资源的流动主要发生在熟人内部，发生在亲友之间的互助行为和转移支付比例远高于社会捐赠。

最后，慈善捐赠环境和制度建设不充分，导致慈善资源未被充分挖掘。一方面，公众与慈善组织之间的信任尚未充分建立，妨碍了捐赠意识向捐赠行为的转化。对慈善组织的信任是公众自愿捐赠的前提，也是捐赠者与慈善组织保持长期捐赠关系的基础。由于中国慈善组织运作的透明度和慈善信息的开放度达不到公众的要求，因而中国居民与慈善组织之间并未建立充分的信任关系。另一方面，捐赠激励机制落实不到位，无法有效拉动居民个人捐赠。中国相当一部分居民对慈善捐赠税收优惠政策缺乏了解，导致税收优惠政策对慈善捐赠的激励作用发挥不充分。

总体来看，第三次分配是初次分配和再分配的有益补充，有助于进一步协调公平与效率的关系。中国发展第三次分配需要从四个方面加以推进。第一，建立合理有序

---

① 杨团、朱建刚：《中国慈善发展报告（2022）》，社会科学文献出版社 2022 年版，第 28 页。

的收入分配格局。在鼓励居民勤劳致富、增加收入的同时，使收入分配更趋公平化、合理化，这将为社会捐赠的形成构筑有利的分配基础。第二，完善慈善捐赠制度体系。健全和落实慈善捐赠税收优惠制度，将有助于降低捐赠成本，增强捐赠激励；完善慈善组织监管体系，确保慈善资源筹集和使用的规范性，将提高慈善组织的公信力，消除居民个人捐赠的顾虑。第三，在社会中根植“共享”理念。中国传统文化中的“仁爱”“互助”精神是慈善行为产生的道德基础，在弘扬中国传统慈善互助精神的基础上，培育和践行“共享”理念，使居民的慈善意识和互助行为超越亲情血缘地缘边界，促进慈善资源在全社会范围内流动。第四，对不同阶层的捐赠意愿和捐赠需求进行因势利导。尊重捐赠者的捐赠意愿，拓宽以政府部门、慈善组织、网络平台、工作单位、社区为代表的多种捐赠入口，创新和丰富捐赠形式，保护捐赠者隐私及其对捐赠资源使用的知情权和监督权。以社会捐赠规模的扩大和捐赠资源的有效配置，更好发挥第三次分配对初次分配和再分配的补充作用。

综上所述，公平与效率是发展的两个重要目标，中国始终在探索适合自己的公平与效率协调发展之路。中国从计划经济走向社会主义市场经济，打破分配上的平均主义，主动适应公平与效率关系的变化，明确公平与效率相兼顾、相促进、相统一的原则；在实践中，中国打赢脱贫攻坚战，消除绝对贫困，全面建成小康社会，开启全面建设社会主义现代化国家新征程，把促进全体人民共同富裕作为中国式现代化建设的重要目标，公平与效率相统一的原则得到深刻践行。在新发展阶段，中国在分配领域设定一系列公平与效率协调目标，形成促进公平与效率有机统一的总体思路。通过构建初次分配、再分配、第三次分配协调配套的制度体系，以系统性和整体性的制度安排，保证社会主义市场经济下公平与效率相兼顾、相促进、相统一，这是中国对公平与效率之间的有力回答，彰显了中国特色社会主义制度优势。

# 第十二章 中国式现代化进程中的增长与发展关系

2022年10月，党的二十大报告明确提出，实现高质量发展是中国式现代化的本质要求之一，“高质量发展是全面建设社会主义现代化国家的首要任务”。2022年末的中央经济工作会议再次强调，坚持发展是党执政兴国的第一要务，发展必须是高质量发展。深刻理解和贯彻落实这些重要论断，努力在实现高质量发展上取得新突破，以高质量发展全面推进中国式现代化，是新时代建设社会主义现代化强国的重大理论和实践命题。

事实上，党的十九大就已经将中国经济发展阶段界定为由高速增长阶段转向高质量发展阶段。党的十九届五中全会进一步指出，“十四五”时期经济社会发展要以推动高质量发展为主题，必须把发展质量问题摆在更为突出的位置，着力提升发展质量和效益。因此，不难看出，如果将之前较长一段时期内中国经济的成长历程定义成高速增长阶段，那么近年来这种情形正在发生变化，未来中国式现代化的建设聚焦于高质量发展，其内涵远超出增长所能涵盖的范畴，这必然要求增长与发展这一对关系将重新作出调整。

在这一章，我们首先对经济增长与发展这一对概念的内涵进行剖析，并回顾其在一个较长的时间段内演进与沿革。随后，我们基于中国经济增长与发展的事实，从全球比较的视野对之进行回顾，梳理中国取得的成就和当前存在的挑战。在上述理论和事实的基础上，本章还对中国现代化建设目标的历程和当前的新要求进行整理，最后提出建设中国式现代化过程中增长与发展的协调路径。

## 第一节 经济增长与经济发展的内涵分野与理论沿革

### 一、经济增长与经济发展的内涵分野

#### （一）经济增长的内涵

经济增长是经济学研究的核心问题之一，如何推动和保持一国经济的持续增长，

不论是对学者还是政策制定者而言，都是一个绕不开且永恒的议题。经济增长通常是指一个国家人均产出（或人均收入）水平的持续增加。在狭义上主要是指国内生产总值（GDP）的增长。一般而言，国家或经济体在经济发展初期会经历较高的经济增长率，例如，日本在20世纪60—80年代GDP年平均增速保持在8%左右；而中国在加入世界贸易组织后的10年里，GDP年平均增速保持在10%以上。发达经济体的GDP增速则相对较慢，其GDP增长率保持在2%—3%的水平上（如美国、英国等），甚至会出现负增长情况。

影响经济增长的因素有很多，一般认为投资量、劳动量、生产率水平等因素能直接影响经济增长；此外，国家政府也可以通过采取一系列相关政策间接地推动宏观经济增长。例如，历史上三次工业革命都极大地提高了工业生产率水平，从而广泛推动各参与国的经济发展水平，最终改变世界格局。自2000年以来，中国拥有的人口红利优势为经济发展创造了有利的人口条件，使整个国家的经济发展呈现出高储蓄、高投资和高增长的局面。从间接路径来看，大萧条后的美国加强政府对市场的干预并采取一系列扩张性政策，推动了美国经济的复苏；战后的日本通过减少政府补贴、增加财政盈余等举措，抑制了高通胀，推动了生产恢复，从而创造出后来经济腾飞的奇迹。

### （二）经济发展的内涵

20世纪50年代前后，传统发展理论认为经济发展表现在总产出的增加、人均收入的提高、人民生活质量的改善等多个方面，即经济增长必然会带来全社会福利水平的提高。但在60年代以后，一些国家的现实表现却与理论不符，即虽然这些国家的国民生产总值保持较高增速，但社会、政治、文化等领域却并未得到相应改善，贫富差距日益恶化。因此，后来的学者尝试从不同层面来理解经济增长与经济发展。一般认为，经济增长聚焦于生产的商品和劳务总量的增加，即社会总体财富的增长，而经济发展则侧重于经济增长带来的产业结构优化、生活质量提高、生态环境保护、技术进步和体制变革，意味着社会经济层面的全面改善。经济增长偏重于数量概念，表示产出的增长和总体财富的增加，而经济发展则既包含数量又包含质量，不仅强调产出的增长，而且更为强调结构上的变化和体系、分配上的变革。显然，经济增长不等于经济发展，它仅是经济发展内容的一部分。

## 二、经济增长与经济发展的理论沿革

### （一）经济增长的理论变迁

古典经济增长理论主要由亚当·斯密、大卫·李嘉图（David Ricardo）、汤姆斯·马尔萨斯（Thomas Malthus）等人对经济增长问题的看法和观点构成。斯密认为，分工程度与资本积累的数量在很大程度上决定劳动效率的提高，故而推动经济增长主要取决于市场分工效率与资本累积程度。古典经济增长理论强调资本、技术、土地等要素以及分工在经济增长中的作用，但由于时代限制，古典经济理论更多注重从思想理论层面进行定性分析，而缺乏定量分析。

阿尔弗雷德·马歇尔（Alfred Marshall）、约瑟夫·A. 熊彼特（Joseph A. Schumpeter）、哈罗德（R. Harold）、多马（E. Domar）、罗伯特·M. 索洛（Robert M. Solow）等在古典经济增长理论的基础上进一步完善，提出新古典经济增长理论。索洛等人认为，储蓄率的调整可以实现人均最优消费和最优资本存量的“黄金律”增长。但在其模型中，储蓄引起暂时增长，资本收益递减最终迫使经济达到稳定状态，这一稳定状态下经济增长只取决于外生技术进步。在新古典经济增长理论中，生产函数是一个黑箱，一边导入资本、劳动和技术等生产要素，一边导出产出，却没有探究其中具体的生产过程。

而之后的新经济增长理论，也被称为内生经济增长理论，将经济增长归因于规模收益递增和内生技术进步，解决了新古典增长理论假定规模报酬不变以及增长率外生的缺陷。这一阶段主要的代表性人物有阿罗（Arrow）、罗默（Roemer）和卢卡斯（Lucas）等。在新古典经济增长理论中，经济增长取决于外生的技术进步，储蓄只会导致经济的暂时增长。而在新经济增长理论中，由于实际利率可以无限高于目标实际利率，从而促使人们从事那些可以使得实际利率高于目标利率的技术研究和创新活动，就可以使得经济和人均收入无限增长，人们创新的能力越强和实际利率越高，经济增长率也就越大。新经济增长理论使人们认识到知识、技术对经济的增长具有非常重要的作用，只有能够带来技术进步的生产要素投入的增加才能推动经济持续发展。

### （二）经济发展理论的演化路径

相比于经济增长理论的沿革，经济发展理论的产生和演进更多地与欠发达经济体相关。1940 年，克拉克（Clark）所著并出版的《经济进步的条件》一书，将经济发展的特征归纳为劳动力先由第一产业向第二产业转移，然后再向第三产业转移的演进过程。其学说与古典政治经济学家威廉·配第（William Petty）的理念相结合，形成“配第—克拉克定理”，代表着现代发展经济学的起源。

关于推动经济发展的动力来源，学者们也给出不同的解释。保罗·罗森斯坦（Paul Rosensteir）、哈罗德、华尔特·W. 罗斯托（Walt W. Rostow）等人强调资本积累对经济发展的促进作用；丁伯根（Tinbergen）、刘易斯（Lewis）、霍利斯·B. 钱纳里（Hollis B. Chenery）等人认为单纯的市场作用难以应对经济发展中遇到的各种问题，因此强调计划化的重要性；而来自阿根廷的经济学家普雷维什（Prebisch）则强调进口替代工业化对发展中国家的重要性，其贸易条件恶化论凸显出国际结构的不平等。结构主义学派的思路在发展经济学演进的初期占据主导地位，该思路继承了古典学派分析发展问题的理论传统，在政策上强调资本积累、工业化、计划化和实行进口替代，突出计划化的重要性。

但是，实践情况是，按照结构主义的理论从而奉行计划化和政府多方干预的发展中国家经历了一段时期的发展后并未顺利达到预期目标，反而面临种种困难，因此批评也随之而来。瓦伊纳（Viner，1952）反驳了贸易条件长期恶化和进口替代的观点，他认为与其实行进口替代工业化，还不如把技术进步引向农业，通过提高生产率扩大出口。约翰逊（1975）指出，在经济史上找不到完善的计划和完善的市场的例证，发展中国家市场不完善是由不熟悉市场机制、缺乏信息等原因所致，改革特定市场，可以使发展中国家的市场更加接近理想形态。

现实的经验迫使经济学家对结构主义的增长理论和政策主张进行重新评价和修正，斯蒂格利茨（1983）得出经济发展过程中市场效率的一般结论，考虑到风险和信息不对称的存在，现实经济总是受制于帕累托低效率，这在欠发达国家更加普遍；巴丹（1984）认为对结构主义的批评仅注意改进配置效率的制度，但欠发达国家的制度不完善与概念化的“市场不完全”并非同一个问题。在这类安排中主导方居于支配地位，另一方被迫依附。他们强调人力资本投资，同时也重视对贸易和外交的利用，并使实证分析方法得到大步发展，这些对于发展中国家的经济发展都具有一定的指导意义。

激进主义学派（又称新马克思主义学派）对新古典主义持彻底的批判态度，它大量吸收马克思主义的经济思想，运用马克思主义的历史唯物主义方法论和社会主义理论揭示发达国家对发展中国家的国际剥削关系。这一学派认为，帝国主义和殖民主义的存在是不发达国家不发展的根源，只有挣脱帝国主义、殖民主义统治的枷锁，才能真正为其发展创造必要的条件，这也是马克思主义学派与西方正统的经济发展理论根本区别所在。

## 第二节　改革开放以来的中国经济增长：事实与特征

### 一、1978年至今中国经济增长的总体状况

第一次鸦片战争以后中国经济日益衰败，在全球经济中所占的份额不断下降。据经济史学家麦迪森估算，“从1840年到1950年，中国GDP从占世界总量的1/3下降到了1/20。在日本的人均收入提高了3倍、欧洲提高了4倍，而美国提高了8倍的同时，中国的人均收入却下降了”，并且“1949年中国经济总量占世界的比重不足5%，国民总收入按当年汇率折合239亿美元，按5.4亿人口计算，人均44.26美元，是美国人均国民收入的1/20，英国的1/11，法国的1/6”。① 经过新中国成立70多年的发展，特别是改革开放40多年的发展，中国创造了世所罕见的经济增长奇迹。目前中国经济总量已稳居世界第二位，并成为世界第一制造业大国、第一大货物贸易国、第一大外汇储备国、第二大外国直接投资目的地国和来源国。改革开放40多年以来，中国经济增长对世界经济增长的年均贡献率高达30%左右。

改革开放40多年以来，中国创造了经济高速增长的奇迹，实际GDP由1978年的3 678.7亿元增长至2022年的1 197 250.4亿元，增长了39倍，年均增长率达9.4%。1978—2022年的42年间，中国从业人数从40 152万人增长至73 351万人，增长了33 199万人，增长了1.83倍。非农就业人口从11 835万人增长至约55 748万人，增长了4.7倍。第三产业就业人口从4 890万人增长至约35 208万人，增长了7.2倍。城镇就业人口从1978年的9 514万人增长至约45 931万人，增长了4.8倍；乡村就业人口从30 638万人减少至约27 420万人，减少了10.5%左右。②

### 二、中国经济增长的动力来源解构

针对中国高速经济增长的动力源泉以及影响因素，研究者认为中国经济增长主要依赖于以下几个方面的推动。第一是经济二元转换。劳动力从农业向工业的大规模持续转移形成快速的工业化，既缓解了改革开放过程中的种种摩擦，又优化了产业结构

① 安格斯·麦迪森：《世界经济千年史》，北京大学出版社2003年版，第133页。

② 数据来源：国家统计局，《中国劳动统计年鉴》。

并推动经济的快速增长。第二是市场机制的逐步确立。中国的经济体制改革基本上是沿着有利于经济效率的轨迹向前推进的。体制改革的突破性进展，使计划经济体制初步转变为社会主义市场经济体制，释放出被传统体制压抑的生产力，使资源配置效率向生产可能性曲线靠近。市场配置资源的范围日益扩大，层次由浅入深，基础性作用显著增强，提高了资源配置效率和全要素生产率。第三是大国优势的发挥。大国优势也是中国经济快速发展的特殊因素之一。中国作为一个大国，国内地区间发展差距很大，因此，缩小与发达国家的技术结构差距首先在中国东南沿海地区展开，然后采取阶梯递进的方式逐步挖掘中西部地区的经济发展潜力，从而使中国经济能够保持持续快速增长。

从特殊的增长路径来看，由于“中国既是发展中国家又是转型国家，发展中国家的问题与转型经济的问题交织在一起，互相制约，更加复杂”①。中国经济增长是在特殊的“双重制度变迁”路径下实现的，既要实现体制转轨，又要实现经济增长。中国的经济改革比苏联和东欧国家更复杂和更艰难，因为中国必须面对体制转轨和经济发展两个难题，而后者仅需要对体制进行转轨。体制转轨为经济增长创造了良好的基础条件，而经济增长则依赖于劳动力大规模由农业向工业转移。而且劳动力的转移不是像发展经济学家所设计的那样由农村向城市转移，而是独创了乡镇企业，通过乡镇企业既转移了劳动力，又提高了收入水平，形成平均化的消费模式，在收入水平提高的情况下，对耐用消费品的需求快速增长又引发消费革命，以消费诱导投资，带动整体需求增长，从而既能吸纳来自农业的劳动力转移，又能通过深化分工和学习效应等动态效率，提升工业部门自身的生产率，形成生产与消费、工业与整体经济的良性循环。

从特殊的增长动力来看，一个国家的经济能否实现可持续发展，关键在于有没有一个支持经济增长的良好动力系统。这一动力系统能够有效地激发各种增长要素发挥其最大能量，并且能够根据环境以及自身条件的变化妥善地调整经济增长策略，使经济增长动力始终维持在一个良性状态。作为由传统的计划经济向市场经济体制转型的发展中国家，中国正经历着从二元经济向工业化和现代化转变的历程，根据发展经济学家钱纳里和赛尔奎因（M. Syrquire）等提出的经济发展阶段的划分标准，21 世纪以来中国经济处于经济起飞阶段，故而有很大的增长潜力和增长空间。在这一系列增长

① 厉以宁：《中国经济双重转型之路》，中国人民大学出版社 2013 年版，第 8 页。

因素中，经济体制的改革以及制度创新可以为经济增长提供环境动力，国内需求的扩大、储蓄转化为投资以及投资效率的提高可以为经济增长提供内在动力，外资的利用及外贸可以为经济增长提供外在动力，技术进步、文化教育以及人力资本水平的提高可以形成新的生产力，推动中国经济持续稳定地增长。

从特殊的增长机制来看，作为一个发展中国家，人口众多、地域辽阔使得中国具有得天独厚的内需市场和分工体系，中国经济增长具有大国优势。新中国成立以后，国民经济在传统计划经济框架中运行，尽管中国的综合国力有了很大提高，建立了较为完整的工业体系，为以后的发展打下了基础，但是这种经济模式有其固有且无法克服的弊端：资源过于集中，其分配和使用效率大为降低，从而造成资源严重浪费；人为压低个人收入和消费，导致经济增长缺少动力，劳动效率低下，生产力发展受到严重阻碍。改革开放以后，中国实行渐进式市场经济体制改革，逐步改革经济生活中不符合经济发展规律的制度、生产经营方式，走出一条有中国特色的经济发展之路。渐进式改革造就一种特殊的增长机制，即效率型的增量增长机制。渐进式改革的特点不是慢，而是先不取消效率低的旧体制，同时大力促进效率高的新体制发展，也就是暂时不动效率低的存量，同时大力发展效率高的增量，通过效率高的增量扩张加速经济增长。

## 第三节　改革开放至今的中国经济发展：成就与挑战

### 一、中国经济发展取得的成就

改革开放以来，中国经济发展取得有目共睹的成就，但是单纯的经济增长不足以完全反映一国的发展成果。联合国开发计划署在《1990 年人文发展报告》中提出人类发展指数（Human Development Index，HDI），从健康生活、教育、美好生活等三大维度衡量联合国各成员国的经济社会发展水平。自 1990 年该指标数据统计核算以来，中国的联合国人类发展指数在 22 年间上升了 20 个百分点，增长率达 40%。2011 年，中国人类发展指数达到 0.7 的世界平均水平，2012 年起超越 0.7 门槛，成为 HDI 高指数国家。截至 2021 年最新数据，中国的国民平均寿命约为 78 岁，受教育年限为 14 年，均高于世界平均水平。

接下来，我们从脱贫、教育、医疗等重要方面对中国在经济社会发展方面取得的成就进行回顾。

第一，中国在脱贫方面取得巨大成就。截至 2020 年底，中国现行标准下的农村贫困人口实现全部脱贫，区域性整体贫困得到解决，这是世界减贫事业的重要里程碑。2013—2020 年，全国农村贫困人口累计减少 9 899 万人，年均减贫 1 237 万人，贫困发生率年均下降 1.3 个百分点。贫困人口收入水平显著提高，2021 年，脱贫县农村居民人均可支配收入为 14 051 元，比上年名义增长 11.6%，实际增长 10.8%，名义增速和实际增速均比全国农村快 1.1 个百分点。国家脱贫攻坚普查结果显示，中西部地区 22 省（包括自治区、直辖市）建档立卡户全面实现不愁吃、不愁穿，且义务教育、基本医疗、住房安全和饮水安全均有保障。从不同贫困区域来看，区域性整体减贫成效显著，贫困地区基本生产生活条件明显改善，特别是贫困人口相对集中、贫困程度相对较深的集中连片特困地区、国家扶贫开发工作重点县等地区也同全国一起如期完成脱贫攻坚任务。

第二，中国的教育事业取得跨越式发展。改革开放 40 多年以来，中国创造了一个穷国办大教育的奇迹，这主要体现在四个方面。首先，全面实施免费义务教育。1982 年，全国农村适龄儿童入学率只有 62.6%，到 2002 年全国仍然有 8 507 万文盲，其中 2 000 万是青壮年文盲。2006 年 9 月 1 日，《中华人民共和国义务教育法》正式实施，从法律层面确立了义务教育经费保障机制，保证了义务教育制度的实施。2007 年春开始中国免除全国农村义务教育学杂费，2008 年秋全国城市义务教育阶段实行免除学杂费。其次，各级各类教育获得跨越式发展。在改革开放之初的 1978 年，中国小学升初中的比例只有 60.5%，中等职业教育学生数占高中阶段教育的比例不足 6%，高等教育毛入学率仅为 1.55%；在改革开放 40 年后的 2018 年，中国小学升初中的比例为 95.2%，提高了 34.7%，中等职业教育学生数占高中阶段教育的比例为 39.53%，扩大了 6.5 倍，高等教育毛入学率为 48.10%，扩大了 31 倍。而 2020 年中国小学升初中的比例为 99.50%，提高了 39%，中等职业教育学生数占高中阶段教育的比例为 39.96%，扩大了 6.5 倍，高等教育毛入学率为 54.40%，扩大了 35 倍。① 再次，大力推进素质教育。从 20 世纪 80 年代后期开始，中国基础教育中片面追求升学率、择校热等问题日益严重。1999 年，中共中央、国务院颁布《关于深化教育改革　全面推进素质教育的决定》，官方和民间一起探索适合学生的教育方法和模式。2016 年教育部发布的《中国学生发

① 数据来源：国家统计局、中华人民共和国教育部，《2018 年全国教育事业发展统计公报》。

展核心素养》也对深化基础教育阶段的素质教育起到积极的推动作用。最后，中国教育对外开放取得重要进展。改革开放伊始，邓小平提出派遣留学生“要成千成万地派，不是只派十个八个”，① 从而形成大规模出国留学的热潮。1978 年中国仅有 860 人出国留学，改革开放 40 多年间，出国留学规模也随着中国经济规模的发展而迅速扩大，改革开放 40 年后的 2018 年，中国出国留学人员为 66.21 万人，2022 年出国留学规模预计可达 83.05 万人。② 在招收外国留学生方面，从新中国成立之初全国只有来自东欧五国的 33 位来华留学生到当前超过 50 万留学生在中国学习，中国已经成为亚洲最大的留学生目的地之一。

第三，中国的医疗事业获得长足进步。1949 年，中国人口的平均预期寿命仅为 35 岁，而到 2022 年增至 77.93 岁，婴儿死亡率由 200‰ 降至 8.1‰，孕产妇死亡率由 150/10 万下降到 14/10 万。③ 改革开放以来，为满足人民群众对健康需求的快速增长和适应经济体制改革需要，中国在四个方面进行不断探索。首先，增强医疗卫生机构活力。在医疗卫生机构推广多种形式的责任制，赋予医院获得更多自主权，并引入企业管理方法进行经营管理，拓宽卫生筹资渠道，完善补偿机制。其次，增加医疗卫生资源供给，允许民间资本举办医疗机构、提供医疗卫生服务，推动医疗卫生服务在多个方面取得快速发展，医疗装备和技术水平逐渐同国际接轨。再次，改革医疗保障制度，增加医疗卫生投入。在全国建立覆盖全体城镇职工、社会统筹和个人账户相结合的基本医疗保险制度，逐步建立以大病统筹为主的新型农村合作医疗制度，大幅增加卫生防疫经费投入，在全国建设各级疾病预防控制中心。最后，协同推进医药卫生体制改革。2009 年发布的《关于深化医药卫生体制改革的意见》提出切实缓解看病难、看病贵的五项重点改革措施和建立健全覆盖城乡居民的基本医疗卫生制度的长远目标。截至 2022 年，中国医疗卫生机构有 103.3 万个，床位数有 766 万张，卫生技术人员有 1 155 万人。④

## 二、未来中国经济发展领域面临的内外部挑战

尽管中国在经济发展领域取得的成就堪称人类历史上的奇迹，但就发展程度和发

① 邓小平：《在听取教育部关于清华大学工作问题汇报上的讲话》，中国政府网，1978 年。

② 数据来源：国家统计局。

③ 李恒：《我国人均预期寿命提高到 77.93 岁》，中国政府网，2022 年。

④ 数据来源：国家统计局。

展结构而言，仍然存在有待进一步完善之处，具体体现在三个方面。

第一，中国面临严峻的贫富差距挑战。在经济取得快速增长的同时，中国民众没有均等地享有发展成果，导致贫富差距较大。改革开放初期，中国的基尼系数保持在0.3左右，此后呈不断上升的趋势，到2008年达到0.49后有所下降。截至2022年，中国的基尼系数下降至0.47，高于发达国家0.24—0.36的水平。① 中国整体贫富差距水平可以从下面四个维度来理解。一是城乡间的收入差距。改革开放以来，中国城乡人均可支配收入差距由1978年的171元上升至2022年的36 883元，城乡收入比超过1979年的2.52。② 二是区域间的收入差距。中国区域间发展水平仍存在较大差距，区域间的不平衡发展没有得到根本性改善，东部最发达地区的人均GDP与西部最贫困地区的人均GDP之间的差距在2022年已扩大到13.19万元以上（北京人均GDP为19.03万元，西藏人均GDP为5.84万元），③ 且这种差距还可能继续扩大。如果以城镇居民人均可支配收入进行衡量，则2022年东部最发达地区已超过西部最贫困地区5.29万元以上，前者是后者的2.98倍之多（上海人均可支配收入为7.96万元，西藏人均可支配收入为2.67万元）。④ 三是行业间的收入差距。行业间的收入差距体现在部分带有垄断性质的行业以及高新技术行业的从业人员收入过高，具体特征表现为准入门槛较高、专业性强、能够获得较高的利润等。2021年信息传输、计算机服务和软件业是平均工资最高的行业，平均工资为205 536元，而农、林、牧、渔业是平均工资最低的行业，为59 246元，二者之间的收入差距在2021年达到14 290元。⑤ 四是财产差距不断增大。近年来中国财产逐渐向少数人聚集，在2022年胡润公布的中国富豪榜中，前25人的财富都在100亿美元以上，占2022年中国GDP的2.64%。⑥

第二，中国区域间发展水平还很不平衡。改革开放以来，中国实施的是以东部沿海地区为发展重点的区域非均衡发展战略，这在初期很大程度上激发了经济发展活力，但同时也带来区域结构性失衡问题。从经济发展角度来看，中西部地区人均GDP指标与东部地区的绝对差异不仅没有下降，还呈现扩大趋势。区域间差距过大问题还体现

① 数据来源：国家统计局。
② 同上。
③ 同上。
④ 同上。
⑤ 同上。
⑥ 数据来源：胡润研究院，《2022胡润百富榜》。

在区域间基本公共服务水平方面，其中医疗卫生、社保、教育等领域的区域间基本公共服务差距更为显著。由于区域协调发展战略在地方层面的协调合作机制一直没有得到完善，目前中国的区域协调组织缺乏政策的集体约束力，无法形成稳定的制度结构，迫使地方政府更多地追求地方的短期利益，而缺乏区域长期合作的积极性。

第三，中国经济发展面临的外部环境日益复杂。改革开放以来中国取得的重大经济发展成就在很大程度上得益于对全球化的融入，中国把握各种机会、借助外部资源享受了全球化浪潮带来的红利。但是，近年来随着中国实力的增长，发达国家对可能挑战其国际地位的新兴大国加大防范力度，通过把控国际媒体及信息源对中国实施对抗式的“二元对立”解读；因而中国未来的经济发展不得不面临更加复杂的国际环境。

## 第四节　中国式现代化建设阶段的增长与发展

### 一、新中国成立以来中国社会主义现代化建设的阶段性目标沿革

新中国成立以来，中国共产党就一直积极探索适合于中国的现代化图景。在 1964 年 12 月 20 日—1965 年 1 月 4 日的第三届全国人民代表大会第一次会议上，“四个现代化”的现代化设想首次形成。周恩来提出，“要在不太长的历史时期内，把我国建设成为一个具有现代农业、现代工业、现代国防和现代科学技术的社会主义强国”①。党的十一届三中全会以来，以邓小平同志为主要代表的中国共产党人以“中国式的现代化”为目标进一步展开探索，要求“现在搞建设，也要适合中国情况，走出一条中国式的现代化道路”②，从而提出“小康社会”的奋斗目标。在 1987 年党的十三大确定“到本世纪末人民生活达小康水平”的奋斗目标后，历届党代会依据国情和形势发展，不断对小康社会的内涵作出新的刻画。2012 年党的十八大提出“确保到二〇二〇年实现全面建成小康社会宏伟目标”，将新要求发展为“经济持续健康发展”“人民民主不断扩大”“文化软实力显著增强”“人民生活水平全面提高”“资源节约型、环境友好型建设取得重大进展”。2013 年党的十三届全会通过《中共中央关于全面深化改革若干重大问题的决定》，提出“推进国家治理体系和治理能力现代化”，这一目标随后在党的十九届四中全会上得到系统部署，现代化的内涵被进一步丰富。2017 年，党的十九大提出 2035 年基本实现社会主义现代化和 2050 年建成社会主义现代化强国的目标，特别是针

① 《建国以来重要文献选编》(第十九册)，中央文献出版社 1998 年版，第 483 页。

② 《邓小平文选》(第二卷)，人民出版社 1994 年版，第 163 页。

对社会主义现代化强国，作出“富强、民主、文明、和谐、美丽”的描绘。2020年党的十九届五中全会通过《中共中央关于制定国民经济和社会发展第十四个五年规划和二〇三五年远景目标的建议》，描绘了2035年中国的现代化景象：经济实力、科技实力、综合国力将大幅跃升，基本实现新型工业化、信息化、城镇化、农业现代化，建成现代化经济体系，基本实现国家治理体系和治理能力现代化，建成文化强国、教育强国、人才强国、体育强国、健康中国，广泛形成绿色生产生活方式，形成对外开放新格局，平安中国建设达到更高水平，人的全面发展、全体人民共同富裕取得更为明显的实质性进展，等等。这一规划和目标已经涵盖经济、政治、文化、社会和生态方方面面。

在现代化建设实践中，中国探索形成了指导现代化建设的一系列发展理念。尤其是改革开放以来，中国坚持“发展就是硬道理”，提出“判断的标准，应该主要看是否有利于发展社会主义社会的生产力，是否有利于增强社会主义国家的综合国力，是否有利于提高人民的生活水平”的“三个有利于”，解放思想，实事求是，积极推动社会主义经济体制改革。党的十八届三中全会提出以创新、协调、绿色、开放、共享的新发展理念引领发展，其中，创新发展注重的是解决发展动力问题，协调发展注重的是解决发展不平衡问题，绿色发展注重的是解决人与自然和谐问题，开放发展注重的是解决发展内外联动问题，共享发展注重的是解决社会公平正义问题。新发展理念的形成，系统回答了中国长远发展的关于发展的目的、动力、方式、路径等一系列重要理论与实践问题，形成了对中国现代化建设的科学指引。

## 二、中国式现代化建设目标对增长与发展提出的新要求

党的二十大报告指出，中国式现代化是人口规模巨大的现代化、全体人民共同富裕的现代化、物质文明和精神文明相协调的现代化、人与自然和谐共生的现代化、走和平发展道路的现代化。这表明中国式现代化目标不再将狭隘的经济增长作为唯一目标，而是将经济增长作为基础，以促成其与文化、环境相协调的全国人民，乃至全人类的共同发展目标。为体现中国式现代化的上述内涵，必须将增长和发展统一起来，这就要求未来中国在建设中国式现代化时必须坚持高质量发展。也正是因为这一点，二十大报告提出，高质量发展是全面建设社会主义现代化国家的首要任务。由此可以预见，中国在建设中国式现代化时将以高质量发展来协调增长与发展这二者之间的关系。

## 三、中国式现代化建设进程中增长与发展的具体协调路径

第一，增长和发展应有利于发挥中国巨大人口规模的优势。人口规模巨大是中国建设中国式现代化需要面临的基本国情，这既是压力和挑战，也是优势和动力。经济增长进行的商品生产和服务供应需要投入人力资本要素，同时商品和服务消费本身也需要有足够的消费者进行购买，巨大的人口规模既为生产提供了充足的生产要素，同时也造就了中国的超大市场规模和超大消费能力。然而，如何为如此巨大规模的人口提供充分的就业、教育及医疗机会，并满足其日益增长的物质文化生活需要，也从发展层面给中国式现代化建设提出重大挑战。协调围绕人口巨大规模形成的优势和挑战，需要牢牢把握国内大需求这一战略基点，加大力度推动全国统一大市场建立，推动供给侧和需求侧之间的协调发展，稳定市场主体的经济预期，促进出口优先战略向国内大需求战略转变。

第二，增长和发展应有利于实现共同富裕目标。改革开放以来，为了破除计划经济下平均主义带来的“大锅饭”问题，中国经济一直遵循“效率优先，兼顾公平”的原则，鼓励“让一部分人先富起来”。但是，在中国贫富差距日益扩大、各类不平衡问题凸显的当下，上述工作重心应有所调整，既要通过持续的经济增长继续做大蛋糕，也要采取适当的平衡策略，让全体人民参与并充分享受建设成果，以此缓解收入不平等矛盾。中国式现代化应当以推动居民收入增长和经济增长同步为目标，一方面扩大人力资本投入，完善职业技能培训，帮助劳动者获取对口社会需求的人力资本，鼓励劳动者在勤劳创新致富中提高效率，形成劳动、资本、土地、知识、技术、管理和数据等生产要素按贡献参与分配，以便更好地支撑高质量增长；另一方面需要继续完善收入再分配制度，推动公共服务均等化，试行财产税和资产税，优化社保体系覆盖面。同时，还要积极探索三次分配推动共同富裕的创新机制，多渠道发展基于自愿和公益性的慈善捐赠事业，使得不同参与者能够实现利益共享。此外，为了缩小地区间差距，应鼓励产业梯度转移，在欠发达地区培育新的增长点，从产业布局、转移就业、消费扶贫、带教培养等多方面对欠发达地区进行扶助，缩小其与发达地区的差距。

第三，增长和发展应同时有利于物质生活改善和精神文化建设。中国式现代化的建设既需要物质文化筑基，更需要精神文化铸魂，这便明确了增长和发展之间的分工。高质量经济增长为物质生活改善提供充足的商品和服务基础，同时也为精神文化建设

奠定良好的物质基础；而相应的精神文明工作和文化事业全面发展战略则旨在丰富人们的内在精神世界，引导积极向上的社会理念。为了做到社会文化效益和经济效益的统一，需要提高国家文化软实力，结合人民物质生活大幅改善后的需求，最大限度地满足其精神文化需要。要积极繁荣发展文化事业和文化产业，完善文化产业规划和政策，加强文化市场体系建设，扩大优质文化产品供给。同时，要强化民族文化自信，重新阐释中华传统文化中的宝贵精神内核，在全球范围内推广中国文化，扩大中国传统历史文化在全球的影响力，为全球性多元化的文化整合作出重大贡献

第四，增长和发展应有利于生态文明建设。生态文明建设不仅限于中国式现代化的需要，更是具有全球意义的事业。生态文明是人类自身赖以生存与发展的基础，生态文明的完善能够更好地改善人类生存条件，能够满足人们对美好生活环境的追求，进而实现人类和自然相和谐的可持续发展。然而，作为更高层次的文明追求，生态文明需要有强大的物质水平提供支撑，这就需要有先进的生产力加以保障，因此只有促进经济的高质量增长才能实现这一保障。以中国式现代化为发展导向的生态文明建设需要从政府、市场、社会三个维度协同推进。一方面，要不断完善绿色发展顶层设计，发挥政府引导作用，健全生态及环境保护制度；另一方面，必须有效发展、有效配置资源的市场机制作用，完善能源和资源价格的市场形成机制，为生态治理搭建高效运作的平台。与此同时，还要有效发挥社会治理功能，建立起合理配置生态资源的社会结构与机制，引导多元化的社会主体参与生态文明治理，吸引更多的社会组织进行生态文明实践。

第五，增长和发展应有利于实现国际间联动和全球话语权的提升。中国式现代化不是封闭的现代化，而是综合利用全球资源，同时为全球发展注入新动能的现代化。在这个过程中，既要通过改善国际大循环的质量来提高中国对全球要素进行资源配置的水平，打造中国的新型比较优势，谋求更广阔市场空间范围内的经济增长，又要借助国际合作与共赢模式，走和平发展、互惠互利的道路，让包括欠发达国家在内的各个国家共享中国大市场机遇。因此，中国在建设中国式现代化时，需要在更大范围、更宽领域、更深层次上扩大对外开放，吸引更高水平的外国先进生产要素，如资金、技术和人才等，使之与国内要素相匹配来为中国经济发展水平贡献力量。在全球化受阻、不确定性因素增加的背景下，中国需要稳住与发达国家之间的贸易格局，积极开拓与发展中国家的经济往来与合作，强化供应链安全保障，努力提升中国在全球贸易投资中的话语权。

# 第十三章　社会主义市场经济下的产权关系研究

产权是所有制的重要内容，通过保护占有主体的利益，起着维护社会基本所有制与生产关系的作用，是社会经济结构稳定的重要法权支柱和基础。产权的界定给主体以自由活动的空间，主体一旦获得由法律所赋予的对权利内涵明确界定的财产支配权利，就可以在权利所容许的空间范围内发挥自主性和获得行动的自由，与经济利益直接相关，对主体使用与经营财产的积极性有重要激励。完善基本经济制度也内在要求建立归属清晰、权责明确、保护严格、流转顺畅的现代产权制度。

在理论层面，对马克思主义产权理论和新制度经济学产权理论的差异比较，有助于加深对产权理论的认识与理解；在实践层面，土地产权制度改革与国企产权制度改革作为改革开放以来“中国道路”下宝贵的“中国经验”，也具有极高的理论价值与实践价值。

## 第一节　马克思主义产权理论与新制度经济学产权理论比较

马克思主义产权理论是中国特色社会主义政治经济学的基础理论之一。马克思主义认为，所有权是产权的集合，是人们对生产条件以及生产成果的排他性占有和处置的权利，是一定的所有制关系在法律上的表现。所有制是所有权的经济内容，所有权是所有制的法律肯定和表现形式，但具有相对的独立性。所有权必须服从经济活动规律并为所有权主体带来经济利益，其具有复合结构、可分性与历史性，在不同的历史条件下所有权权能结构的表现形式由特定历史环境下所有制关系和生产力发展水平所决定。而新制度经济学产权理论是现代西方经济学中的热门理论，自 20 世纪 80 年代起在中国理论界广泛传播，具有重要的影响力。新制度经济学派的产权理论同样针对由物的存在及其使用所引起的人与人之间的行为关系，其实质是私人谋取自我利益的社会性制度约束，产权安排包含一组权利束，确定了相应于物的每个人的行为规范，每个人都必须遵守与他人之间的相互关系，或者承担不遵守这种关系的成本。

马克思主义产权理论和新制度经济学产权理论具有相似的研究范畴，通过比较二者的差异，有助于加深对产权理论的认识与理解，也有助于探索产权理论对中国经济发展的借鉴作用，推进中国基本经济制度下的产权改革不断向前。

## 一、马克思主义产权理论与新制度经济学产权理论的内涵差异

马克思主义政治经济学与新制度经济学中的产权理论虽然都是通过排他性界定人与物的关系而发生的人与人的社会关系，但二者的范式基础并不相同。马克思主义产权理论是马克思主义经济学范式的产物，在主体假设上，用物质生产活动中形成的“社会人”取代了西方经济学的“经济人”，强调用辩证法分析替代新古典经济学的个体边际分析，基于历史唯物主义强调“逻辑—历史”方法，借助“抽象力”动态揭示经济现象的本质和规律。而新制度经济学产权理论根植于新古典经济学范式，沿用和承袭了新古典经济学诸如理性人、偏好、均衡和最大化分析的核心假定、方法和工具，偏重于静态均衡分析，同时汲取美国制度学派强调制度研究的传统，将二者加以交汇而形成。

### （一）二者的理论前提不同

新制度经济学产权理论从“经济人”的主体假设出发，将资本主义私有制视作天然合理并永恒存在的绝对形式，以此为默认前提对产权进行分析，指出产权的产生源于资源的稀缺性，因为物品相较于人类需求的稀缺性，才需要界定产权，确定人与人之间围绕物品的行为和交易规则，进而以最大化为目标进行资源交换和配置。而在马克思主义产权理论中，作为主体的人是社会关系的总和，而资本主义私有制也仅具有历史的暂时性，终会被更高形式的所有制取代，在理论前提方面是基于历史长跨度的所有制动态变化视角的。另外，马克思主义产权理论虽承认稀缺性，但认为所有制和所有权的前提是劳动关系，即劳动者与生产资料的结合关系，所有制就是关于劳动者和生产资料的支配权和所有权的制度规定，产权形成的直接原因是自然分工向社会分工的转变。

### （二）二者的研究目的与理论侧重不同

马克思主义产权理论重在强调社会公平。虽然马克思主义产权理论从一般意义上分析和肯定了产权对于生产、交换、分配的作用或功能，但强调的是资本所有权所内

含的人与人之间的对抗性质，并认为这种对抗性质的成长将导致资本所有权关系的解体。特别是，马克思从唯物史观的视角探索了资本主义私有制与私有产权为新的公有制与公有产权所取代的历史必然性，指出私有产权制度是私有制下所有权的反映，不可能保障人民的公平权利，也不可能带来共同富裕。公有产权制度取代私有产权制度具有历史必然，唯有如此才能实现资源在全社会范围的优化配置，从而适应整体社会生产力的不断发展的要求。同时，所有权权能具有可分性，在一定条件下可以分解为所有、占有、使用等诸种权能，可以在不同市场主体间通过权能分离实现经济利益共享，实现公平之下对效率的兼顾。

而新制度经济学产权理论则侧重于强调经济效率，强调产权对生产、交换、分配的约束功能和激励功能，并认为通过产权界定和自由交易可以协调人们的经济关系，从而达到效率的最大化。新制度经济学的出发点隐含地将资本主义私有制视为永恒，研究在这一基本制度下如何通过界定、变更和安排产权的结构，来引导人们形成合理的预期，降低或消除市场机制运行的交易费用，实现资源的配置效率，促进经济增长。其研究重点在于产权是否完全，其中所有权为包含使用权、收益权、转让权等在内的完全产权，研究将这种排他性的专用权分配给何种市场主体，以及如何在经济上保证这种专用权的有效率行使。

### （三）二者的理论范围不同

在马克思主义理论体系中，产权不是一个孤立的范畴，是所有制关系在国家法律等上层建筑形式上的确认，属于宏观概念。产权随生产力的发展而不断变化发展，始终贯穿生产、交换、分配和消费诸环节并发挥作用，“在每个历史时代中所有权以各种不同的方式，在完全不同的社会关系下面发展着”①。如果把所有权作为第一层次的产权概念，那么基于中国改革的实践，企业经营权、企业收益权、土地承包权、土地经营权等可以作为第二层次的产权概念提出，由此构成一整套宏观产权制度安排。而新制度产权理论是针对微观主体而言的，是在既定的外部环境下如何通过具体法律层面对特定物品的一组权利束的界定来实现资源配置效率，将产权作为经济制度中最基础的一项制度安排，特别强调特定产权界定的清晰性与完备性。

---

① 《马克思恩格斯全集》（第四十六卷），人民出版社 2003 年版，第 198 页。

## 二、马克思主义产权理论与新制度经济学产权理论在社会主义市场经济中的互补性分析

虽然马克思主义产权理论与新制度经济学产权理论的内涵有诸多不同，但这些差异并非无法兼容，反而在中国当下的经济实践中呈现出理论互补性。

一是在理论侧重上，从社会分工角度出发的马克思主义产权理论，意图解决社会不公平问题；而新制度经济学产权理论从稀缺性角度出发，意图提高经济效率，二者并不存在无法调和的矛盾。当前中国仍处于社会主义初级阶段，需要在经济建设中兼顾公平与效率，忽视社会公平与共同富裕，无法体现社会主义相对于资本主义的优越性，忽视效率，同样难以有效保证社会主义对生产力的促进，无法创造与资本主义同等或更高的生产力，也无法体现社会主义相对于资本主义的优越性。在实践中适当引入新制度经济学产权理论可以提高中国特色社会主义产权制度下的资源配置效率。

二是在理论范围上，马克思主义产权理论处于宏观层面，本质上反映的是生产关系的总和，与新制度经济学微观层面的产权制度安排并不冲突，而是相互补充的。微观制度层面借鉴新制度经济学的产权界定理论不仅不会与宏观的产权制度安排发生冲突，反而是对中国特色社会主义市场经济制度的有益补充，有助于充分激活各类市场主体的主观能动性，对于提高社会主义市场经济的效率具有重要意义。

三是在理论适用的时间跨度上，二者虽然都以制度为关注重点，但对时间跨度长短的侧重并不相同。具体来看，马克思主义产权理论重在揭示人类一般历史进程，是基于长历史跨度的、为人类指明未来社会一般发展方向和抽象发展规律的理论体系。而新制度经济学产权理论对较短期内揭示制度变迁规律具有更强解释力，对提高经济效率有较强可操作性，有助于人们在短期经济决策中形成稳定的预期。坚持发展的长期方向与重视短期内的微观产权安排在经济决策中的作用并不矛盾，二者可以在社会主义经济建设中实现长短期上的互补。

综上，马克思主义产权理论和新制度经济学产权理论各有内在逻辑与现实经济生活中的实践价值。“产权明晰”是中国社会主义市场经济建设的长期主线，在社会主义市场经济下，经济主体具有自发性、灵活性等行为特征，迫切要求所有权和经营权等产权结构安排规定完备化和界限清晰化。在中国改革开放以来的具体经济实践中，对二者的综合运用也得到充分体现，通过产权关系调整将外部矛盾转化为内部矛盾、优

先解决主要矛盾，对中国土地制度改革与国企改革等起到重要指导作用，在中国经济发展转型中起到关键性作用。

## 第二节　土地产权制度改革与经济高速发展

土地是人类赖以生存和发展的最重要资源，土地制度是一个国家最基础的制度安排，是构成生产关系和一切经济关系的基础。“地者，政之本也”(《管子·乘马》)，在中国传统经济思想中，土地思想始终占据重要地位，早在2 000多年前，孟子即提出：“诸侯之宝有三：土地、人民、政事”(《孟子·尽心下》)。“政治经济学之父”威廉·配第也在300多年前提出“土地是财富之母，劳动是财富之父”的著名论断，古典政治经济学与马克思主义经济学也同样将土地明确为三大生产要素之一。

与世界各国和各地区相比，中国的土地制度独具特色，不仅在所有制层面实行国有制和集体所有制二元并存，而且建立了社会主义公有制基础上的所有权与使用权相分离的土地权利制度。从发展历程来看，中国的土地制度改革实践主要以产权结构上的两层级权能分离为方向，实现了处于第一层级的所有权与处于第二层级的经营权、承包权、使用权等权利的确权与分离，充分发挥出土地的生产要素属性和资本化属性，为中国经济的飞速发展注入巨大的活力，形成具有中国特色的经济发展路径。

### 一、家庭承包经营制度与集体农地三权分置改革

改革开放以来，中国在保持所有制关系不变的情况下，通过“两权分离，强化产权”的调整方式，推动农业经济不断发展，在产权层面实现农地经营权、承包权与所有权分离，以此消除计划经济下集体与农户在生产、分配上的矛盾，落实农村土地劳动者的产权主体地位，让农民真正成为决策、收益的承担者。

土地产权的明确规定是土地高效利用的前提，产权不具备或不明确，主体对该产品就无权加以有效使用、享用、处置。土地制度结构的第一层次是所有制，第二层次是权利构成。由于第一层次是锁定的，改革只能在第二层次上寻求突破，即通过两权分离，扩大使用权的权能，调动土地使用者的积极性，提高土地利用效率。农村集体土地产权关系改革的第一阶段即为经营权、承包权与所有权的分离，在土地所有权不变的前提下，以完善和强化土地用益物权为重点，以保护土地使用者的土地权利为方向，逐步实行并完善家庭联产承包责任制。通过农户替代生产队成为生产、经营决策

的基本单位，在不改变土地集体所有制属性下，赋予农户对农地的经营权、收益权和转让权，为充分调动农民生产积极性，为推进农业生产、增加农民收入和维护农村稳定打下制度基础。

家庭联产承包责任制改革始于农地所有权与经营权的分离。经营权是以资产所有权和法人财产权为基础派生的一种财产权利，由所有权和法人产权所决定并制约。20世纪70年代末80年代初的包产到户，从贫困地区发轫，1982年中央1号文件予以认可，1984年在全国普遍推行，当年底全国99%的生产队、96.6%的农户已实行包产到户。这一产权关系改革不仅是农民因生存动机而进行的“均分田地”，而且是在村社内部自发兴起的一场重构土地产权合约的改革。在包产到户以后农地制度变迁的动力源中，来自上级政府（特别是中央政府）的强制性影响力相对较弱，而作出具体制度安排选择和变迁的社区导向较强。传统体制下中央政府对土地所有制构造的控制与对利益格局的支配，让位于社区结构（包括各个利益主体的实际力量和利益）的影响。在这一轮改革中，通过农户对生产队组织的替代，重建了农户作为农业生产与收益分配等经济决策的基本单位的地位。通过“交够国家的，留足集体的”承诺，农户取得土地使用权和收益剩余索取权，既保障了国家与集体的所有权在新制度安排下的利益，也使剩余索取权机制在生产中的激励作用得以实现。村社一级有了更大的经营自主权，每个村子在不违背政府规划思路的前提下，都充分考虑自身的实际情况，为中国农村基层在经济发展中随结构和资源条件的变化自主调整土地制度安排的形式打下合法的制度基础，农地经营更加朝向与社区资源禀赋和结构特征相适应的方向变化。更为重要的是，这一改革在不危及基本经济制度的前提下，实现对第二层次产权的分离，成功解决在高度集中的计划经济下农户与国家、集体间围绕所有权与经营权产生的矛盾，既保障了国家与集体的利益，又充分激发出农民的生产积极性，为农业发展奠定了坚实基础。1991年，《中共中央关于进一步加强农业和农村工作的决定》明确提出，“把以家庭联产承包为主的责任制、统分结合的双层经营体制，作为我国乡村集体经济组织的一项基本制度长期稳定下来”。

与国家、集体以及农户之间在土地利益上的再调整相比，加强经营权与承包权的保护，即用益物权的强化是一个更为关键而困难的事情。随着农地家庭承包制的确立，农地承包经营权逐渐物权化、长期化、法律化和制度化，农户与集体之间的权责利界定进一步明晰，农地产权制度化发展成为主线。20世纪80年代中后期至90年代，在坚持土地集体所有和不改变土地农业用途的前提下，农村土地承包经营权流转机制逐步建立，经发包方同意，允许承包方在承包期内，对承包标的依法转包、转让、互换、入股。经过1994年的二轮延包、1997年的土地延包和2003年《中华人民共和国农村土地承包法》的实施，农民与土地的承包关系进一步稳定化和长期化，明确承包期为“长期不变”，经法律明确的承包权与经营权经济价值大幅提高。2002年颁布的《中华人民共和国农村土地承包法》明确提出“国家实行农村土地承包经营制度”，标志着农民的土地承包经营权进入被法律保护阶段，2003年党的十六届三中全会更加强化这一表达——“土地家庭承包经营是农村基本经营制度的核心”。《中华人民共和国农村土地承包法》和《中华人民共和国物权法》规定的承包经营权作为财产权，使原来的发包和承包关系从一种合约关系变成农民对承包地的物权。随着国家全面取消农业税，承包农户的土地负担减轻，加上各项惠农补贴政策，种地变得有利可图，原来因土地负担重而放弃土地的农民纷纷回到村里要求承包土地。为进一步增强对承包权、经营权的保护，2007年颁布的《中华人民共和国物权法》规定：“农村集体经济组织实行家庭承包经营为基础、统分结合的双层经营体制。农民集体所有和国家所有由农民集体使用的耕地、林地、草地以及其他用于农业的土地，依法实行土地承包经营制度。”自2010年以来，全国土地流转面积呈现较快增长趋势，土地流转面积明显增加，耕地流转主要有转包、出租、股份合作、互换、转让和其他形式，其中转包和出租是最主要的两种流转形式。农户经营土地的规模开始扩大，农民专业合作社、企业、其他主体比例也逐渐增加，农业经营从农户单一主体向农民专业合作社与企业等多主体转变，为农业现代化发展奠定了基础。

### 二、工业化、城市化与房地产市场的繁荣

中国经济的高速增长依赖于高速工业化和快速城市化拉动，而土地正是这两个引擎的发动机。尽管土地稀缺是基本国情，但是城乡不平等的二元土地制度、低价的征地制度和土地供应的政府垄断制度使中国避开了土地稀缺可能导致的高价，反而依靠土地的宽松供应支撑了经济的快速增长。

中国实行的是城乡分治、政府垄断城市土地一级市场的制度，农村土地变为建设用地要通过政府征地转化为国有土地再行出让，地方政府既是土地的管理者，又是土地的经营者。在这套独特的土地制度安排结构中，低价的征地制度和政府垄断下的国

有土地有偿使用制度是最核心的两项制度安排，地方政府因此成为农村土地变为建设用地的唯一决定者与城市土地一级市场的唯一供应商。随着国有土地所有权与使用权的分离，并赋予用地者更长年期和更完整的权利，既增加了土地权利的价值，又使政府的土地所有权价值得以显化和实现。由于征地制度补偿标准依赖于土地原用途收益，使用权价值并未因用途变更而进行重估，使得农村集体土地被征用时其经济价值被大大低估，而土地使用权增值部分的巨大收益主要由地方政府通过土地出让金的形式获取，特别是在 1994 年分税制改革后，这一方式成为地方政府的重要收入来源。

借由在土地一级市场上的垄断地位，地方政府通过征地补偿的低价和土地出让的高价实现城市发展的原始积累，并因此将财政上的央地矛盾转化为地区内部的城乡发展矛盾。通过低价征用集体农地，再以工业用地和建设用地的方式有偿出让，将土地使用权资本化，地方政府强化地方政府介入经济的能力，同时也开启高速经济增长阶段，形成土地与地方财政、投资、金融信贷和房地产市场发展等环环相扣的格局。以土地招商引资推进高速工业化，土地出让收入和土地抵押融资助推快速城市化，逐渐形成一套加快增长的“土地—财政—金融”联动机制。这套发展机制促进了经济高增长，增加了地方财政收入，造就了城市的繁荣。

20 世纪 90 年代初，中国工业化开始加速，掌握土地控制权的各级政府纷纷以土地招商引资作为吸纳制造业企业的主线，以低价土地推动高速工业化，吸引人口流入并增加能带来地方税收的产业。土地收益和土地税费上的优惠是地方政府留住企业的主要工具，入驻园区的企业可使用土地年限达 50 年，企业可以利用土地进行抵押、转租、转让，这既稳定了企业投资预期，也解决了企业发展的融资需求。以非市场价格提供工业用地，使中国工业发展避开了土地稀缺的劣势，使土地成为招商引资和推动工业发展的工具，以土地价格的巨大让步换取相对稀缺的资本、技术和未来税收，这一做法使土地成为推进工业化的重要因素。2000—2016 年，全国综合地价水平、商业地价水平和居住地价水平年均涨幅分别是 8.8%、9.61% 和 12.35%，但工业地价水平年均涨幅仅为 3.5%，远低于商业地价和居住地价的涨幅。① 在这套独特的制度安排下，各地将大量稀缺土地配置于工业用途，保证了工业化的快速发展。

在工业化带动之下，城市化进程大大加快，城市人口不断增多，城市边界不断外

① 刘守英:《土地制度与中国发展》，中国人民大学出版社 2018 年版，第 17 页。

扩，由此带来的巨额住房需求为地方政府土地利益最大化提供了出口。地方政府利用规划控制和修编权，将农村和城市郊区土地尽可能划入城市规划圈，将农民集体土地征为国家所有土地后在市场上出让，从而实现土地价值的最大化。在1998年的住房制度改革后，房地产投资占比稳步提高，不仅城市发展相关税收得以增加，而且建筑业税和土地相关税收也大幅增长。由于建筑业和房地产业的营业税和所得税全部由地方享有，这两大产业创造的税收在地方税收中增幅最大，因此地方政府对发展城市建筑业、房地产业有很大的积极性。自2003年起实行的经营性用地招拍挂制度使城市政府依靠土地出让收入作为财政收入和建设资金来源的特征逐渐明显。以土地出让收益大力推进城市基础设施建设，加速城市边界外扩，并进一步推高房地产价值，这些城市化发展和公共设施提升带来的增值部分大多由购房市民无偿占有，使得市民获得极大的购房激励，更多市民加入购房、炒房大军，并预期城市化的发展会带来更大的增值。伴随住房消费信贷的支持，住房市场需求大增，土地价格上涨的循环初步形成，房地产市场成为政府实现土地出让收入的下游出口，房地产逐渐成为支柱产业。土地出让收入的攀升一方面为地方政府从事城市基础设施建设提供资金来源，另一方面也激励地方政府实行城市扩张，以获得更多土地资本。利用土地的资本化和以地融资，地方政府为城市基础设施建设募集了资金，解决了中国城市发展所需的巨额资本来源，为通过基建拉动经济增长提供了条件，助推了城市化的快速发展，为中国经济发展注入巨大活力。

自2008年以后，中国的城市化进程继续加快，但推进方式发生变化，整体经济更加依赖房地产业。随着一些城市的用地从原来的以新增用地为主转向以存量用地为主，加上农民权利意识的觉醒，征地拆迁的成本大幅上升。在土地成本上升、土地出让收益下降的情况下，各级地方政府城市化的资金来源转向土地抵押融资，它们纷纷建立各类融资平台。地方政府对土地的依赖已变成对土地融资的依赖，土地成为融资工具，土地出让收入是偿债的主要来源，银行是最大的资金供给者。而城市化的模式从依赖招拍挂的土地出让转向依赖土地抵押融资，以土地出让收入为依托、以新还旧的举债的关键在于房地产业繁荣带动的土地出让预期收入增加，在地方财政、金融业与房地产业已高度绑定的情况下，金融风险大大增加。

二元土地制度下的征地制度保障了中国高速工业化和快速城市化的进程，成为中国经济发展方式中最内生的、不可或缺的制度安排，形成了围绕土地收入增加的“低价征地—以地招商—人口聚集—城市扩张—基础设施建设—房地产价格上涨—经济增长”的独特经济发展模式。作为模式中的一环，房价的大幅上涨，既是城市化带来的需求增长的结果，也与中国的土地制度和政府行为密切有关，居民对住房的需求从居住转向投资和投机，其中更是包含对中国未来经济发展的预期，由此加剧了住房供求失衡。因此，中国的房价并非由西方自由市场下简单的供求关系决定，而是中国整体经济发展中的一环，在经济发展稳步向好的情况下，单一供求因素对房价的影响较为有限。

## 三、“同地、同权、同价”与城市反哺农村

土地问题的核心是处理政府和人民围绕土地增值收益的分配关系。经过两权分离与使用权流转改革，土地作为生产要素的价值不断增长，但土地集体所有制与国有制之间的问题却日渐突出，阻碍了土地产权改革的继续进行。地方政府主导下的征地制度，虽然优先解决了城市发展问题，但也导致城乡之间发展的不平衡，农民基本被排在农地的非农用途之外，未充分分享受土地产权制度改革后的发展成果。同时，土地使用权的过度资本化也带来农业与工业、房地产业间的矛盾，甚至威胁到国家粮食生产安全。当前，中国经济已进入工业反哺农业、城市支持农村的发展阶段，亟须重视土地产权制度改革后产生的城乡发展不均衡问题，推进工业化、城市化与农业现代化协调发展。

### （一）“同地、同权、同价”，打破土地一级市场的政府垄断

建立两种所有制土地权利平等的制度，改变同一地块因所有制不同而权利设置不同的格局，赋予两种所有制的土地平等参与工业化和城市化的权利，赋予集体所有土地与国有土地同等的占有权、使用权和收益权，对两种所有制土地所享有的权利予以平等保护，实现宪法和相关法律保障下的同地、同权。以用途管制为唯一的准入制度，允许集体建设用地进入土地使用权交易市场，打破地方政府独家垄断供地的格局，建立统一土地市场下的地价体系，实现同一交易平台、不同主体平等供地，既保证农民可以长期分享土地增值收益，也使得地方政府可以获得企业税收和土地使用费。同时，推广地方农民集体建设用地直接进入市场的做法，有利于大量中小企业到广大中西部地区落户，促进制造业向中西部地区转移，保持中国制造业在全球的竞争优势。

### （二）尊重农民土地财产权利，让农民以地权形式分享工业化和城市化的成果

落实土地承包关系长久不变制度，建立土地承包权与土地经营权可分离的制度，设置土地承包权处置权和经营权可抵押权，激活用益物权，真正实现农民土地权利的经济价值。在征地赔偿中，既要充分考虑农民土地财产权利，也要综合考虑土地的现有用途、区位特点及变更用途带来的使用权溢价，按土地市场价格进行补偿，制定配套的非农就业安置计划，并将被征地农民纳入城镇社保体系。让土地出让收益更多向被征地农民倾斜，加大保障房建设，以及教育、农业、农村和民生支出力度，保障原土地所有者获得公平补偿和土地级差地租。探索留地安置、土地入股等多种模式，给被征地村留出一定比例的经济发展用地，由村集体经济组织建造标准厂房、铺面等用于出租，使租金收益以股份形式在村民中分配，确保农民长远生计，促进农村中产阶层的兴起。

### （三）降低地方政府对土地融资的过度依赖，防范系统性金融风险

征地制度下用途变更带来的土地使用权溢价极大促进了中国经济的高速增长，但是也导致中国经济对土地的过度依赖。随着经济增速放缓，土地出让、地方债务、土地抵押和融资平台、房地产等都面临风险，征地拆迁的成本逐渐提高，导致土地出让的纯收益不断下降。同时，地方政府债务问题严重，不少地方债务是由土地出让收入担保的，而地方政府融资平台举借的债务资金主要投向回收期较长的公益项目或准公益性项目，持续获得现金流的能力较差，其资金募集已逐渐从基础设施投资转变为借新还旧，形成地方政府债务风险与银行业系统性风险。应尽快启动土地财产税改革，保证地方政府稳定的收入来源，减轻其对土地融资的过度依赖；硬化财政约束，推进预算公开制度，加大预算透明度，严格控制城市建设项目数量，逐步化解金融风险。

### （四）探索更有效耕地保护制度安排，保障国家粮食安全

出于对粮食安全的担忧，1997 年中央即实行耕地总量动态平衡制度、基本农田保护制度等严格的耕地保护制度，但长期的土地财政在拉动经济发展的同时也侵蚀侵占了大量优质农地，特别是造成粮食主产区从东部地区向中西部地区的转移。当前，应科学研究区域产业布局，实行国家粮食安全和区域耕地保护挂钩，建立国家粮食安全保护机制，使粮食安全和耕地保护做到目的明确、责任清楚、补偿公平、行之有效。围绕基本农田指标异地置换的原则、方式和补偿机制等出台政策，设立国家耕地保护

基金，既可以解决工业化、城市化快速发展地区的用地需求，又有利于基本农田保护面积大的地区获得一定的货币补偿，确保国家粮食安全。

## 第三节　国有企业产权制度改革与完善现代企业制度

作为中国城市经济体制改革的核心，国有企业的产权改革逻辑与其特殊的历史起源及发展历程紧密相关。改革开放以来，国有企业从最初的放权让利、租赁制以及承包制改革、到“抓大放小”推动地方中小国有企业体制改革，再到构建以产权为基础的现代股份制企业，以及重构国有资产和资本管理体制，都涉及产权制度改革这一核心问题。在改革的发生机制上，土地制度改革在一定程度上体现“自下而上”的实践动力，而国企改革则与市场经济体制改革同步，表现为“自上而下”地有组织推进。在渐进式改革中，产权制度改革将国企本身蕴含的政府与市场这一宏观层面的矛盾逐步转化为微观层面的企业内部治理矛盾。

总体来看，国企改革以政企分开、产权明晰为主要改革方向，大体经历了扩大企业自主权（经营自主权）、两权分离（所有权与经营权），以及建立现代企业制度（产权明晰）三个阶段，形成了具有中国特色的国有企业改革路径与经验。

### 一、以现代产权制度改革为核心的国有企业改革

在计划经济体制下，国有企业由政府直接经营，国家投资建厂、安排劳动、调配生产资料、规定产品流向、收取企业利润，直接任命、管理和约束经理，并为企业项目提供融资等相关支持。在这种特殊的企业结构中所有者是缺位的，其所有者是“国家”（政府）而非自然人，所有权没有明确的代表，企业的法人产权不明确，权、责、利不明晰。作为经理人的官员由上级部门委派，并不拥有剩余索取权，既不会因企业亏损而遭受个人财产损失，也不会因企业盈利而增加自身合法收入，其经营目标由上级部门规定，而非全社会的公共福利决定。因而国有企业不能独立生产，自负盈亏，在更大程度上是一个政治组织而非经济组织，是政府的附属物，缺乏生产积极性和主动性。伴随基本经济制度的改革，国企改革也必须同步推进，成为社会主义市场经济下真正意义上的微观主体。

20 世纪 80 年代中期，中国确立了有计划的商品经济体制，作为经济体制改革的核心环节，国家开始对国企进行放权的改革试点，要求国有企业从行政化管理中摆脱

出来，打破高度集权的国有国营体制。1984年，党的十二届三中全会通过《中共中央关于经济体制改革的决定》，提出“要使企业真正成为相对独立的经济实体，成为自主经营、自负盈亏的社会主义商品生产者和经营者”。改革首先着力于解决国有企业效率低下的问题，重点理顺国家和企业的分配关系，将所有者与经营者之间合约结构中未被清晰界定的剩余索取权明确为两者分享，以此调动企业的积极性、主动性和创造性。1983年、1984年国家以利改税政策将企业上缴利润改为缴纳所得税，以此促进企业经济责任制的建立，以法律形式调整并固定国家与企业之间的分配关系，打破计划经济体制对国有企业的束缚，企业开始成为有盈利动机的经济主体。企业开始面向市场，重视价值规律，生产效率得以不断提高，工业总产值也不断增长，从1979年的1 769.7亿元增长到1984年的2 789亿元，增长了57.6%，同时期国民收入也从4 062.6亿元增长到7 243.8亿元，增长了78%。① 但“放权让利”式改革仍是在计划经济框架下进行的，改革重点是将国家直管的国有企业变为国家与企业共同经营，企业并未成为完全独立的市场主体。在自主经营权有限的情况下，虽然利润留成越来越多，但大多数企业并不追求长期利润最大化，而是将利润用于职工奖金福利的发放。1978年全国职工的平均工资为614元，到1986年增长到1 329元，增长了116%，而同时期的国有企业劳动生产率增幅只有39%。②

为解决国企短期利益最大化的问题，国家进一步扩大企业经营自主权，国企的所有权与经营权逐渐分离。自1987年开始，国有企业推行承包制改革，这一改革在很大程度上借鉴了农村家庭联产承包责任制，国家作为所有者把国有企业的经营权交给承包人经营，其中超出约定额的部分则由承包者所有或双方分成。虽然合同仍有强烈的行政色彩，但承包者之间会为中标而竞争，使约定额在一定程度上接近企业的实际生产能力，缓解信息不对称的情况，使国家和企业的关系由行政化关系逐渐转向以经济利益为核心的市场契约关系。但在农村取得成功的承包制在国企改革中却存在很大缺陷。一方面，作为承包标的物的土地，其质量容易辨认，但对于企业而言则存在信息不对称问题，企业无法分辨经营状况在多大程度上取决于外部环境与内部经营，难以确定有效考核机制。另一方面，农村承包制的决策主体是家庭，成员利益具有一致性，都会为增产增收而努力，不存在逆向选择和激励问题，但国企的决策者并不是独立的

① 数据来源：《新中国六十年统计资料汇编》，中国统计出版社2010年版，第9页。

② 同上书，第8页。

法人主体，而是具有行政职务的国企领导，因而存在严重的内部人控制问题，没有足够的激励约束机制，也无法解决逆向选择问题。承包制下的任期目标责任制并未使经营者得到长期的确定性，难以解决其在承包期内追求短期目标而造成“竭泽而渔”的急功近利局面。1988 年底，85% 的预算内工业企业和 93% 的大中型全民所有制企业签订承包合同，但到 1989 年大中型工业企业固定资产净值率只有 68%，在全部设备中技术水平属于国内先进水平的只有 22%，能达到国际水平的只有 10% 左右。1981—1985 年亏损企业的平均亏损额为 33 亿元，占比为 18%，1989 年亏损企业的亏损额为 128 亿元，亏损比例达 16%，1990 年这一数值达到 286 亿元，亏损比例高达 31%。①

随着社会主义市场经济体制的逐步建立，在 20 世纪 90 年代初，不少政府人员和专家学者都认识到治理模式是比激励更为深层次的问题，由此催生了以公司化为主导的改革，重点针对两个问题：一是选拔具有企业家素质的人领导企业，二是激励和监督企业领导人更好地创造价值。改革重点为政企分开，明确国企改革的目标是使企业真正成为相对独立的经济实体，成为自主经营、自负盈亏，具有一定权利和义务的法人，改革开始深入国有企业内部组织和管理制度中。1993 年，《关于建立社会主义市场经济体制若干问题的决定》提出“建立现代企业制度，是发展社会化大生产和市场经济的必然要求，是我国国有企业改革的方向”，明晰了国有企业的产权关系是其基础。次年，现代企业制度百家试点工作正式启动，国家逐步退出对国企经营的直接管理。2003 年 3 月，以国资委成立为标志，国企改革继续向纵深推进，产权多元化与治理结构改革，使国有产权的主体更加单一，明确了由谁代表国家行使产权，政府目标由“管企业”向“管资本”转变，逐步退出国企的日常经营。市场经济制度的建立与完善，加上资本市场、经理人市场的兴起，为国企改革提供了制度保障，国有资产管理体制改革不断深化，大型国企整体上市并剥离部分社会职能，产权明晰可流转，并接受市场监督。同年 10 月党的十六届三中全会通过《中共中央关于完善社会主义市场经济体制若干问题的决定》，明确了股份制为公有制的主要实现形式，包括中石油、中海油、中国人寿等在内的特大型国企纷纷上市，国有商业银行上市，并引入外部战略投资者，原上市企业的股权分置改革也使非流通股满足可流通的条件，以往分割的股票市场得到统一。建立在产权主体多元化基础上的现代企业制度有效改善了国企治理

① 数据来源：依据《新中国六十年统计资料汇编》相关数据计算。

状况，使得国企经营逐步具备现代公司治理的特征。

为针对性处理国企改革中的产权关系问题，适应社会主义市场经济体制的不断发展，国企改革也逐步与产业结构发展相协调。党的十五届四中全会指出，国有经济要控制的行业和领域主要包括：涉及国家安全行业、自然垄断行业、重要公共产品和服务行业以及支柱产业和高新技术产业中的重要骨干企业。2015 年，中共中央、国务院继续深化国企改革的产业分类思路，颁布《关于深化国有企业改革的指导意见》，明确把国有企业分为商业类与公益类两大类并分别采用不同的改革模式。其中，商业类国有企业实行公司制股份制改革，国有资本可以绝对控股、相对控股，也可以参股；而公益类国有企业则一般采取国有独资形式，但在有些领域也允许非国有企业参与。通过以产权关系改革为主线的国企改革，逐渐政企分开、产权明晰的国有企业已逐渐具备现代企业制度特征，既满足了市场经济共性要求，又满足了社会主义市场经济体制的特性要求，成为社会主义市场经济下的市场主体。

## 二、深化产权制度改革，加强企业内部治理

虽然产权制度改革解决了国企本身蕴含的政府与市场在宏观层面的矛盾，但对于已转化为微观层面的国企内部治理矛盾仍需进一步化解。

### （一）所有权公平行使：去行政化与产权主体关系平等

虽然国企作为市场主体获得了独立地位，但在内部关系上仍存在不平等，突出表现为产权主体地位不平等，在国企内部治理中“民法主体 + 行政管理”模式居主导地位。根据最初的改革设想，通过国企股份制、公司制改革，国有股份如同私人企业一样自由流通，可以形成和巩固资本市场，与有效的证券市场和职业经理人市场相互配合，形成对国有企业的有效外部监督。这一思路意图以政府作为出资人单纯行使股东权利，剥离行政干预职能，但过分强调公司主体的独立性及其外部关系，而忽略公司的内部治理。事实上，国资委出于实现多元目标的考虑，以及对国有资产流失的恐惧，更倾向于行政主导的管理模式，凭借党委人事任免权和监管机构监管权等限制董事会、高管本就有限的职权，攫取本应属于股东会的各项职权，强化国有公司的内部监控，严重制约其他股东对公司治理的参与程度，造成公司治理成本增加和经营效率下降。另外，资本市场也未如预想的一般作为外部市场监督机制而存在。国有企业转化为普通公司法意义上的公司，反而侵蚀了普通公司的公司治理模式，不是国有企业

遵循私有资本市场的游戏规则，而是国有企业扭曲本应遵循市场逻辑的资本市场。这种产权主体地位事实上的不平等，使得私有产权担心混合所有制改革将导致自身被国有资本所控制，在企业治理中丧失话语权，从而严重阻碍国企改革的继续推进。当前，国有资产监管体制改革借鉴新加坡淡马锡模式，由“国资委、被监管企业”两层管理体制变为“国资委、国有资本运营公司、国有企业”三层管理体制，但若政府与企业没有实现真正意义上的分离，即使调整持股比例、增加管理层级，政府仍可凭借行政管理权要求企业依“命令”行事。因此，要真正实现从“管企业”向“管资本”的转变，必须在改变管理层级的同时改变行政化管理方式，改进考核体系和办法，避免政府深入参与控股和参股企业的日常经营，坚持以公平为核心的产权保护制度，保护不同所有制经济组织和自然人的财产权。以动态视角看待国有资产的保值增值问题，促进国有资本在资本市场上的流动，避免国有产权主体在市场流转中受到行政干扰，尊重非国有产权主体的平等地位，使国有经济布局和功能可以灵活调整，利用市场力量让国有资产在流动中更好发挥对国民经济中的主导作用。

### （二）经营中的产权激励：高管身份与薪酬制定

经营者的激励问题即经营者对企业收益权的分享问题。根据现代企业理论，在所有权与经营权分离的条件下，由所有者与经营者的目标函数不一致及信息不对称性产生的“委托—代理”问题是公司治理的关键问题。由于国企高管具有双重身份，他们既是企业的经营者，又是具有行政级别的官员，因而其薪酬激励机制更为复杂。一方面，国企高管的薪酬明显低于市场上同类型的经理人薪酬，难以对高管起到有效激励。另一方面，国企高管薪酬的形成机制也存在问题，部分企业高管通过控制公司董事会，背离企业业绩给自己涨薪，部分高管薪酬有激励但无约束，业绩好，薪酬就涨，业绩跌，薪酬也不降。此外，“明薪”低、“暗薪”高也导致在国企表面的低薪下无法培养出适应市场经济的具有企业家精神的经理人。事实上，国企高管薪资问题仍然是政府与市场矛盾在企业治理层面的细化，解决思路需要从三方面考虑。首先，企业高管薪资规范化、透明化。经理人是一种稀缺的人力资本，尤其需要分享企业的成长收益，年薪制、奖金、股票期权计划、退休金计划等都是可选择的激励形式，但必须予以透明化，限制高管凭借控制权获取非货币收入的途径。其次，企业高管身份的规范化。国企高管具有经理人与官员的双重身份，容易造成民众不满、高管委屈的不对称评价，明确国企高管的经营者身份对于选择一个恰当的标准来衡量高管薪酬水平的高低是相当重要的，在当前针对国企的分类改革中，应根据国企类型赋予高管明确的身份，公益类国企的高管类似于国家公务人员，而对于竞争性产品领域的国有控股企业或国有参股企业的高管，宜采用市场化聘任制度，其岗位与行政级别完全脱钩。三是分类原则。根据国有企业所处行业以及改革模式的差异，同时考虑到国企高管身份的不同，分类分层选择差异化的国企高管激励模式。公益类国企高管管理者有相应的行政级别，其薪酬标准可参考同级别的公务员的薪酬水平，在竞争性产品领域的国企高管应依其职业经理人身份建立市场化薪酬机制，而处于二者之间的自然垄断行业的国企通常既要贯彻国家的产业政策，追求社会目标，又要提高效率，追求利润目标，需要根据实际情况对其不同身份的经营者采用不同的激励机制。

# 第十四章　社会主义市场经济下的生产要素关系与要素市场发展

中共十九届四中全会通过的《中共中央关于坚持和完善中国特色社会主义制度、推进国家治理体系和治理能力现代化若干重大问题的决定》提出“推进要素市场制度建设，实现要素价格市场决定、流动自主有序、配置高效公平”“健全劳动、资本、土地、知识、技术、管理、数据等生产要素由市场评价贡献、按贡献决定报酬的机制”。2020 年 3 月中共中央、国务院发布的《关于构建更加完善的要素市场化配置体制机制的意见》提出土地、劳动、资本、技术、数据五大要素市场化配置和改革方向。党和国家对生产要素参与中国市场经济基本制度提出全新要求，因此，对五大生产要素的经济学概念、特征，以及相互关系进行深入探索，具有非常重要的理论价值和现实意义。

## 第一节　土地要素的特征分析及其市场化配置改革

作为历史最悠久、最传统的生产要素，土地要素市场化改革一直是中国市场化改革的深水区，也是促进经济高质量发展的必然要求。改革开放以来，土地要素市场经历了从无到有、从小到大的发展历程，但仍面临缺乏统一性、开放性、流转性、效率性等多重挑战。当前，在新发展阶段推进中国土地要素市场化进程已成为当务之急，必须以坚守土地公有制为改革的基石和底线，深入落实土地“用益物权”和“担保物权”，提升土地要素的市场化水平。

### 一、社会主义市场经济下的土地要素特征分析

《资本论》指出“土地是人类世世代代共同的永久的财产”，这说明土地要素对经济社会发展具有基础性地位。威廉·配第说：“劳动是财富之父，土地是财富之母。”随着中国经济发展进入新常态，土地作为一种重要生产要素的地位将更加突出，而这一过程又受到诸多因素的制约。相对于劳动力、资金等其他要素的市场化改革进

程，土地要素的市场化改革在改革开放40多年的历程中，一直步伐缓慢、受制度等因素的阻碍较大，且仍然带有计划经济的色彩。这既需要从宏观上进行顶层设计，又需要从微观上细化措施。因此，在土地要素配置中，必须确保市场发挥至关重要的作用，以符合社会主义市场经济的客观规律和要求。当前中国土地要素市场化改革存在诸多制约因素，包括体制机制障碍、利益格局调整困难、政策配套不完善等方面，严重影响土地要素市场化改革进程。在中国改革的“四梁八柱”中，土地要素市场化改革是一项基础而又至关重要的举措，会对整个体系产生连锁反应。具体而言，应重点围绕农村土地制度、农村集体产权制度和农业经营体制三个方面进行顶层设计和配套改革。在深化土地要素市场化改革的过程中，必须始终坚持以问题为导向、以目标为导向、以任务为导向，聚焦更为深刻的战略问题，确立更为系统的改革战略。当前，必须从顶层设计上明确深化土地要素市场化深化改革的总体思路、总体目标和基本原则等一系列重大问题。推进深化土地要素市场化改革，以产权主体决定土地交易方式、市场决定土地价值、实现土地全部有主、土地全部有价、土地流转全部自主有序、配置高效公平、土地市场治理体系和治理能力现代化为目标，有效推进土地市场治理体系和治理能力的现代化。当前中国农村土地产权制度存在一些深层次矛盾，这些矛盾制约农村生产力发展，影响农民增收致富。需要特别强调的是，土地要素的市场化并不等同于土地的私有化。以维护土地所有权制度为核心战略，坚守改革底线，深入探索土地“用益物权”改革和“担保物权”放活，这是推进土地要素市场化改革的必要前提。

当前，中国土地要素市场所面临的显著难题在于城市建设用地的极度紧缺，而农村地区则存在大量未被开发利用的宅基地和其他建设用地。这既不利于农业现代化发展，又影响城乡统筹协调发展。如何通过深化市场化配置土地要素的改革，将农村这部分闲置土地转化为可用于城乡建设的有效用地，是一项迫切需要解决的重大问题，也是提高要素市场化程度的重要挑战。从整体上看，农村建设用地的供给严重不足。尽管城市内部的建设用地紧缺，但仍有相当数量的未被开发利用的存量建设用地存在。因此，对这些存量建设用地开展二次开发利用，不仅可以盘活土地资产，而且有利于促进城乡统筹发展。为了将这部分土地纳入开发建设的轨道，必须深入研究如何建立有效的市场化机制，以确保其得到合理利用。

## 二、建设用地市场的城乡统一发展问题

一是农村经营性建设用地市场尚未形成整体性。由于缺乏统一的法律法规规范，各地对集体经营性建设用地流转方式存在较大争议，甚至出现“一石激起千层浪”的现象。尽管自2020年起开始实施的《中华人民共和国土地管理法》已经消除集体经营性建设用地入市所面临的法律障碍，但在实际操作中，仍然存在相当多的挑战和难题。其中最关键的就是入市对象与入市途径两个问题。就入市对象而言，包括那些符合规划和用途管制的新增集体经营性建设用地，目前尚未有确切的解释，因为这些土地实际上是存量的。同时由于土地征收补偿标准过低以及征地拆迁安置费用不足，大量的失地农民无法得到保障。在市场流转的路径上，流转的具体形式尚未明确，包括直接自由转让、招拍挂出让、租赁、入股或抵押等形式，以及整治置换指标入市等方式。此外，地方政府、农民集体和农民的利益分配比例缺乏明确规定，容易引发矛盾冲突。

二是大多数宅基地的流转都是隐性或自发的，这导致在保障退路和盘活资产之间存在矛盾。最新版本的《中华人民共和国民法典》（2020年5月通过）第399条规定，宅基地的土地使用权不得作为抵押品，这一规定导致现行宅基地财产权的不完整性、处分权的不自由性以及抵押出去的困难性。而当前中国农民对宅基地的价值认知不足。在农村日益空洞化、人口老龄化、职业化的大环境下，有针对性地选择或兼顾宅基地的“居住”和“资产”双向功能，是各地实践中亟待解决的重要问题，因为“最后的退路保障”和“盘活资产流动”之间存在矛盾。

三是在土地征收过程中对于成片开发的范围存在着模糊不清的界定。当前征地工作不可避免地涉及个人和群体的意愿，以及个人和公共利益、流转和征收等方面的矛盾和冲突。在具体的政策设计上是否应该坚持集体所有权还是农民集体土地所有权？在面对公益性用地征地诉求的情况下，哪些土地需要进行征收，哪些土地可以直接进行流转？征地补偿标准是否应按市场价格确定？在集体经营性建设用地进入市场的过程中，是否会进一步增加征地拆迁的复杂程度？征地补偿标准是否过高，农民利益能否得到保障？如何在征地补偿款和直接入市的利益之间取得平衡？这些难题至今仍待攻克。

## 三、产业用地市场化配置效率偏低问题

首先，由于固定的全行业统一供应年限和供应方式难以满足不同行业的差异化需求，因此需要采用更为灵活的供应策略。目前中国工业项目建设大多以政府规划确定的基准地价或招拍挂价格作为土地出让金收入主要来源，而在土地出让过程中却普遍实行“一刀切”的标准。市场配置效率偏低，原因在于两个方面。一是产业用地，特别是工业用地的出让缺乏足够的弹性和灵活性。二是现行工业用地出让制度存在诸多问题，根据《城镇国有土地使用权出让和出让暂行条例》第十二条的规定，工业用地出让的最高年限被规定为50年，然而在实际出让中，多设定为50年，难以与企业的生命周期完美契合。从全国来看，目前大多数地方政府均将工业作为城市建设重点关注对象，因此在一定程度上促进了产业发展。然而，当前中国企业的生命周期仅限于5—30年，其平均寿命仅为15.5年，而经营时间超过30年的企业数量相对较少，一般情况下更难以维持50年之久。在这一时间段内，如果企业还未达到生命终点，那么企业将继续拥有该地块。当企业进入其生命周期的消亡阶段时，尽管土地使用权证书尚未到期，但企业仍有权占据该地块，这可能导致该地块的低效利用和闲置。

其次，对于产业用地的弹性出让、先租后让以及租赁政策实施路径的完善，以及叠加效应的发挥，仍需要进一步加强。尽管受到“租不如用、用不及占”的投资理念的影响，大多数企业仍然倾向于通过出让方式获取土地，以增加其固定资产规模和抵押融资额度，但实际上，以租赁或先租后让方式获取土地的企业并不多见，这些企业通常是那些面临资金压力较大的创新性中小企业和孵化企业。这也导致租赁企业的经营管理能力较差，对新供应土地的开发与利用意愿较低。就新土地供应而言，政府通常会采取一次性收取土地出让金的方式，以便在短期收回土地开发成本的同时减轻财政资金的压力。对于土地存量转型而言，由于高昂的拆迁改建成本，许多难以在短期实现利益平衡，如先租后让、租让结合等方式，因此需要进一步加强资金和政策方面的配套支持。

最后，进一步加强产业用地交易二级市场的建设，是当前亟待解决的重要问题。在二级市场交易规则上，各地颁布实施的土地再转让、出租相关规范性文件总体偏向于原则性规定，需要在操作层面进行更加细致的规定。此外，二级市场的服务功能和信息平台建设尚待进一步完善，如果信息公开不充分，政府监管不到位，就可能导致

“产业地产化”现象的出现。因此，必须从交易规则、市场监管和信息平台等方面全面加强产业用地二级市场的建设。

### 四、土地市场化配套体制机制缺位问题

首先，地方政府垄断一级市场土地要素的供应，从而形成对市场的垄断。目前在中国城市建设用地中工业用地所占比例较大。在土地资源总量有限的情况下，一些地方政府在供应规模、时点和结构偏好等方面存在不合理的游走现象，导致工业、商业服务和居住用地之间出现土地供应紧张和闲置浪费并存的问题。政府对价格、用途、规模、容积率、用途变更等进行“一次性”统筹规划，难以满足真实市场需求，导致区域诉求、产业需求与空间供给脱节，同时也容易引发信息不对称和监管难度大等问题，从而为政府权利寻租提供一定的空间，容易滋生腐败。

其次，确保增值收益分配机制的公正性和科学性是一项相当具有挑战性的任务。迄今为止，对于政府、集体和个人参与收益分配的比例、途径、对象等关键性问题，尚未形成一套普遍认可的分配标准，以供广泛推广。同时，增值收益分配的法律制度不完善，增值收益分配缺乏可操作性。在征地过程中，对于土地用途转换所带来的效益性增值（即级差地租 I）和土地整理再开发的人工增值（即级差地租 II），以及农民集体和农民是否应享有因所有权和承包权而产生的资产价值等问题，至今仍未达成一致意见。

最后，在土地要素交易服务体系和价格决定机制方面，存在不够完善的情况。土地流转中介组织发育滞后，不能有效发挥对土地流转的引导作用。尽管地方政府网站、中国土地市场网、公共资源交易网等主要服务平台主要面向城市，但城乡统一的土地要素有形市场、中介平台、信息和金融服务配套机制尚未同步构建。尤其是农村土地流转市场发育程度低，导致在实际流转中面临价值估计偏差的困境，也出现低价流转、租金价格增值损失等“价格陷阱”。

## 第二节　劳动力要素的特征分析及其市场化配置改革

土地、资金、技术、数据等要素发挥作用均需要依托劳动力作为载体，劳动力要素市场化改革是改善经济结构和收入分配的前提基础，因而要素市场化需要以劳动力要素市场化为中心。劳动力要素市场化配置的关键，在于持续推进户籍制度改革，构

建科学的劳动力收入分配评价机制，完善法律保护与社会保障制度。在社会治理水平提升的进程中促进劳动力要素市场化配置的效率。

## 一、社会主义市场经济下的劳动力要素特征分析

改革开放以来，随着劳动力要素配置市场化进程不断加速，在政府宏观调控和市场机制作用共同推动下，劳动力资源的流动呈现出前所未有的态势。从计划经济时期的国家统包统配，到现在企业和职工都享有用人和择业自主权，通过签订劳动契约实现就业，中国的就业方式发生根本性转变，劳动力要素的市场化配置也取得巨大的进展。

首先，确立了劳动力市场的供需主体地位，并为其提供坚实的基础。随着市场机制在资源配置中的作用不断加强和完善，劳动者作为市场主体参与市场竞争的能力日益增强，成为市场经济运行的主要力量。随着时间的推移，各类用人单位逐渐获得更多的用人自主权，这些自主权和灵活性得到极大的增强，从而为企业注入更多的活力和活力。劳动者也可以根据自身需求自由选择职业和岗位，从而促进就业结构的合理化发展。与此同时，中国政府对高校毕业生和农民工等劳动力供给方的就业择业、流动制度进行了彻底改革，从而为劳动力自主选择提供更为广阔的发展空间。在这种形势下，劳动力供给总量不断增加，供求结构发生重大转变，有效促进了经济增长和产业结构调整，推动了产业结构优化升级。

其次，随着时间的推移，参与劳动力市场的主体变得越来越多样化。在市场化程度不断提高的情况下，劳动力市场中的供需双方不再局限于单一供给一方，而是由多个市场主体共同参与。人力资源服务机构和社会组织除了提供供需主体外，还积极参与招聘、测评、培训和职业介绍等服务，以提供大量的劳动力匹配服务，从而有效降低劳动力配置成本。另外，随着互联网技术在劳动力市场中的应用日益普及，各类网络信息平台和中介服务企业应运而生，这些新型市场主体的出现，使劳动力资源配置效率得到极大提高。

最后，劳动力市场的流动性得到加强。随着经济社会的发展和人口结构的变化，劳动者就业渠道更加多元化，劳动力在城乡间和地区间分布更为广泛，劳动力跨地区跨部门流动明显增多，劳动力流动格局发生显著改变。中国劳动力的流动规模和比重在跨区域、跨行业、跨单位的多个维度上均呈现上升趋势。同时，竞争机制在调节方面的作用逐渐加强，市场对于人力资本的价值越来越关注，劳动力市场上出现以企业

和个人“双向选择”为主的竞争格局，并表现出明显的流动性特征。这些变迁极大地激发了劳动者的积极性，为技术、数据等要素市场的形成提供了最初的推动力。

## 二、户籍制度改革与劳动力要素市场化配置

在劳动力市场中，城乡之间存在明显的分隔。由于中国长期实行“二元”户籍结构，农村剩余劳动力向城镇转移受到严重制约，这成为影响中国工业化进程和现代化建设速度的一个重要原因。城乡劳动力市场的分割，基于先赋身份的差异，直接导致城乡居民在获取就业机会、社会权利和经济利益等方面存在差异。对于农村劳动力而言，他们以农业劳动者或农民工的形式来参加城市生产活动，不能像城市居民那样享受相关待遇。随着城市对大量农村劳动力的需求不断攀升，大量农民工涌入城市，然而，由于户籍制度的存在，农民工在职业选择上受到限制，无法自由发挥自己的潜力。

在空间分布上，劳动力分布呈现出明显的地域性差异。区域性劳动力市场分割带来的制度性成本高于劳动力跨地区流动所带来的预期收益，便会抑制劳动力流动。此外，在不同地区，具有相同特征的人所获得的报酬和享受到的公共资源之间存在巨大的差异，这是一种人为的机会不平等，可能导致中西部地区的某些社会成员终身难以改变对其不利的社会环境，这不仅会抑制积极进取的个人精神，还会对整个社会的稳定和发展产生负面影响。

在不同行业之间，存在明显的分配差距。在垄断和非垄断行业内部，劳动力市场的划分呈现出明显的行政特征，前者受到国家的保护，而后者则缺乏国家的保护，处于近乎完全竞争的状态。由于在税收、投资、信贷等方面享受优惠政策以及较少的竞争机制，垄断行业获得大量的超额利润，这些利润被直接或间接地转化为职工的收入和福利。在国有企业劳动力市场中，内部板块的劳动力资源配置存在扭曲和低效的问题，导致交易费用高低不一，将不可避免地激发一系列寻租和违规行为。

## 三、劳动力要素评价机制与劳动力要素市场化配置

劳动报酬的占比在一段时期内出现下降。近年来，全国居民工资性收入占可支配收入比重出现下降，从 2014 年的 56.6% 降至 2021 年的 55.7%，6 年间下降了近 1 个百分点，尤其是城镇居民工资性收入占可支配收入比重的降幅最大，从 2014 年的 62.2% 降至 2021 年的 60.2%，6 年间下降了 2.0 个百分点。只有农村居民工资性收入占可支配

收入比重出现小幅上升，从 2014 年的 39.6% 升至 2021 年的 40.7%。[①] 长期以来劳动力相对于资本处于相对弱势的地位。近年来，互联网等新技术、新经济、新模式带来的新型就业和灵活就业，也在一定程度上动摇了就业和收入的稳定性。

工资收入在不同行业之间的差距不断扩大。在某些传统的劳动密集型行业，工资增长速度缓慢。数据显示，金融业在 2013 年达到最高的平均工资水平，为 99 653 元；农林牧渔业在同一行业中获得的平均工资最低，仅为 25 820 元。2020 年信息传输、软件和信息技术服务业的年平均工资水平高达 177 544 元，农林牧渔业依旧最低，为 48 540 元。到 2021 年信息传输、软件及信息技术服务业的平均工资增加到 201 506 元，比农林牧渔业行业的平均工资高 3.74 倍。[②]

提高劳动报酬比重，缩小行业性劳动报酬差异，需要协调生产与分配、劳动力与资本、居民部门与非居民部门等多方面的关系。首先，需要建立一个有利于提高劳动报酬增长的政策框架，同时推进就业政策、社会保障政策、职业培训政策、人才流动政策等方面的完善，以提升劳动者的人力资本水平；推进以改善民生为重点的社会建设，促进收入分配制度改革创新，引导劳动要素合理流动。通过实施税费减免、税前列支、工资抵扣以及工资奖补等一系列措施，鼓励企业加大对劳动者工资的分配力度。建立以市场为导向、符合行业特点、兼顾不同地区发展实际的工资总额控制制度，引导用人单位合理确定职工收入结构。其次，应积极完善政府对市场主体的薪酬分配指引，引导企业建立完善的劳动力、管理、技术、知识、数据按创值贡献参与分配机制，引导企业将岗位工资向关键岗位、生产一线岗位、高价值度和高业绩岗位倾斜，以达到优化薪酬结构的目的。制定企业内部薪酬分配制度改革方案，引导企业根据自身特点进行分类改革，建立符合行业特征的工资收入结构。指导企业制定技能人才薪酬分配方案，包括岗位工资、计件奖励、协议工资、岗位分红、股权激励等多种形式，以激发劳动者的积极性。建立健全绩效工资制，提高劳动报酬在初次分配中的比重。建立完善的法制化规范体系，加强对最低工资制度和企业工资协商制度的政府监管机制，同时加强对《中华人民共和国劳动法》和《中华人民共和国劳动合同法》等法律法规的执行力度，以确保工资分配的公正性和透明度；强化对企业违反法律规定的处罚，

---

① 国家统计局发布历年全国居民人均可支配收入数据；“国家发展改革委介绍《乡村振兴战略规化（2018—2022 年）》实施进展情况新闻发布会”，2022 年 9 月 28 日。

② 国家统计局发布历年各行业各岗位平均工资数据，2013—2022 年。

加大对违法行为的制裁力度。消弭那些妨碍公平竞争的限制因素，以防止不正当竞争行为的出现；建立职业资格证书考试考核与工资挂钩的激励机制。加强对工资支付的法制化管理，以适应新经济、新业态、新模式下工资支付的特殊需求。

## 四、社会保障制度与劳动力要素市场化配置

尽管中国在多层次社会保障制度建设方面取得了瞩目成就，但其所面临的内外部挑战却不容乐观。

第一，制度内部的不公平问题一直在不断地凸显出来。同时，在制度间转移支付上存在较大的制度内差异。以养老保险为例，由不同的统筹资金来源导致个人账户缴费的绝对值存在显著差异，再加上政府对各类制度的财政补贴存在差异，因此企业职工基本养老保险、城乡居民基本养老保险以及机关事业单位养老保险的实际发放水平存在巨大的差异。2021 年统筹范围退休人员养老金企业月均养老金为 2 885 元、机关养老金为 4 697 元、事业单位养老金为 4 776 元，而城乡居民养老金只有 170 元，[①] 在制度上存在明显的差距。

第二，制度的稳健性和适应性都存在不足之处。尽管养老保险全国统筹已被列入议事日程，但大多数社会保障项目仍然呈现出地区分割的趋势，改革难度极大，城乡和地区的发展也存在不平衡的现象。同时，基本社会保险、养老服务、长期护理和健康保险等领域尚未建立起有效的协同机制，起常态化的应急机制依然缺位，政策不到位、与现行制度冲突、政策漏洞以及服务性福利不足等问题时有出现。

第三，制度的可持续性和财富基础正面临一系列挑战，需要进行不断探索和创新。城乡居民养老保险采用“个人账户完全积累 + 财政补贴”模式运行，近年来财政补贴总额已超过 2 000 亿元，接近保费收入的 3 倍。然而这种缺乏造血功能的财政兜底保险模式并非长期之计，必然会对公共服务体系的治理效能产生负面影响。

因此，需要将社会保障制度从边缘性配套政策向国家治理体系中心拓展，以充分发挥其作为“稳定器”的重要作用，加强养老保险、养老服务、医疗保障、社会救助、长期照护、健康保险等政策的协同作用。促进多层次社会保障制度的创新与经济发展的良性互动，厘清政府、企业、个人和社会的责任边界，探索社保责任的比例分配方式，完

① 人力资源社会保障部，《2021 年度人力资源和社会保障事业发展统计公报》，2022 年 6 月 7 日。

善税收优惠政策，激发居民参保积极性，鼓励更多企业为员工提供企业年金、商业养老和健康险等多种险种。以可持续发展为导向，促进社保基金管理的模式创新、技术创新。

## 第三节　资本要素的特征分析及其市场化配置改革

如何正确认识和把握资本要素的特性、作用和行为规律，是中国式现代化进程中亟待解答的重大理论问题和现实问题。中国式现代化新道路为何不能避开对资本的运用？社会主义经济制度对资本的运用与资本主义对它的运用有何不同？中国式现代化发展如何跨越运用资本的“卡夫丁峡谷”，成功实现对资本的驾驭？在把握资本的一般本质和行为规律及其在现代化进程中的地位和作用的基础上，急需总结和提炼改革开放以来中国式现代化新道路在实践中对资本的创造性认识，接下来我们就中国式现代化道路利用与规范资本的理论基础、机制保障和实现路径等问题展开分析。

### 一、资本作为生产要素的性质与特征

资本是商品生产过程中一种较为特殊的生产要素，它承载着一种高效配置资源的生产关系，将价值增殖作为最大使命，通过自由市场这一中介推动生产力发展，并通过制度对市场经济主体的信任关系进行约束，使其固化为道德性或法律性机制。

第一，资本是用于商品生产的支配性生产要素。生产性是资本最具一般性意义的本质，正确理解资本与商品生产、市场经济的不可分割性，具有重要的理论价值。资本作为要素，不仅自身参与生产过程，同时还会支配劳动等其他要素的交换买卖，并通过在此过程中形成的合作机制，最大程度地满足生产和再生产的现实需求。资本的这种“黏合剂”作用，带来了各类资源投入的产出率倍增、生产力的突破性扩张、社会生活方式的翻天覆地变化，为开启现代化提供了物质基础。在此过程中，资本的支配性地位体现为它实现了劳动力的“商品化”，将劳动者在内的各类生产要素全部纳入商品交换关系。“一旦劳动力由工人自己作为商品自由出卖，这种结果就是不可避免的。但只有从这时起，商品生产才普遍化，才成为典型的生产形式；只有从这时起，每一个产品才一开始就是为卖而生产，而生产出来的一切财富都要经过流通。只有当雇佣劳动成为商品生产的基础时，商品生产才强加于整个社会；但也只有这时，它才能发挥自己的全部潜力。”①

① 马克思：《资本论》（第一卷），人民出版社2004年版，第677页。

第二，资本是能够带来价值增值的生产要素。大多数思想流派对资本的价值增值性持认可态度，如斯密使用“预蓄资财”①一词描述资本创造收入的属性，萨缪尔森将资本与价值创造之间的关系定义为资本品投入“收益率”②，马克思的“剩余价值”理论详尽阐释了资本增殖的机理③。在马克思的资本理论中，资本以货币的形式存在，并充当组织各类市场资源的中介，从而驱动生产效率和规模大幅度提高。在资本支配的社会生产关系中，劳动力成为可自由买卖的商品，资本家通过占有生产资料进而占有活劳动，导致资本作为生产关系客体的行为形势发生扭曲，造成资本驾驭劳动者的局面。从更深层次的历史影响来看，这种生产关系扭曲在实现生产力前所未有的高速发展的同时，形成并固化了社会财富单一性聚集的趋势，在经济领域表现为生产的平衡性被打破，经济危机频繁发生；在政治领域表现为对绝对竞争的片面追求，社会不平等、不公正加剧。经过代际传导，社会财富分化将向更深层次演变并逐级强化，成为资本主义制度运行的内核。因而资本主导的现代化必然遵循“高人一等”“目中无人”的逻辑。

第三，资本是能够承载一定历史性生产关系的生产要素。根据马克思的资本理论，“资本……是一种历史的生产关系”④。资本主义市场经济下的生产关系，体现为两个方面。一是基于资本归属所产生的剩余价值“占有”关系。剩余价值归谁占有取决于资本归属于谁，占有的多少则却取决于其拥有资本的多寡。二是基于生产要素归属的剩余价值“分享”关系。活劳动以外的土地等其他生产要素的占有者，有可能凭借该要素的稀缺性和不可替代性，获得分享资本所有者剩余价值的条件。而无论是“占有”权还是“分享”权，均为“权利”关系，所以将“权利”关系称为资本主义的基本经济关系并不为过。由于权利关系的存在，因而衍生出两类人类历史上前所未有的社会机制。一是权利保障机制，既包含对资本所有者的财产权保护（即产权）制度，又包含资本所有者对劳动力及其他生产要素所有者应履行的义务，例如劳动者的生命安全权、休息权，生产资料所有者的收入权，社会大众的环境权，以及作为消费者所享有的产品质量权及相关服务权。二是社会信用机制，在资源分工合作、社会生产与再生

---

① 亚当·斯密：《国民财富的性质和原因的研究》（上卷），郭大力、王亚南译，商务印书馆1972年版，第254页。

② 保罗·萨缪尔森、威廉·诺德豪斯：《经济学》，商务出版社1981年版，第475页。

③ 《马克思恩格斯文集》（第五卷），人民出版社2009年版，第176页。

④ 同上书，第878页。

产、收益分配过程中所产生的权利关系以信任为基础，通过设置正式的信用机制（主要是法律、规则等）和非正式的信用机制（主要是道德、社会伦理等），预防投机行为和道德风险等干扰市场秩序的现象发生。

## 二、中国特色社会主义经济体制下的资本个性

第一，社会主义制度下资本遵循政府主导性。政府代表人民权力和社会共同利益，主导并协调资本、劳动、社会之间的主要经济关系和分配关系。社会主义国家不再是统治阶级实施压迫的工具抑或组织社会化大生产的冰冷机器，而是代表人民、动员人民、组织人民实现资本等生产资料共同占有，并以此实现人民物质文化生活水平共同提高的有为机构。资本之所以能够成为“主义”，在于其跨越经济领域主导社会和政府，所以，牢固树立及坚持人民政府主导资本的原则，是社会主义制度对资本的基础性规范。需要突出强调的是，政府主导资本并不等同于政府主导资源配置和经济职能，更非以行使“全能政府”的职能为目的，资本主义的“弱政府”乃至“无政府”以及计划经济的“全能政府”分别是“市场及资本神圣化”和“政府集权化、全能化”的极端。中国特色社会主义现代化政府之“强”，在于有为，有强大的治理能力和依法民主行政的能力，有带领人民群众扬眉吐气的能力。一方面，有为政府应当充分挖掘利用资本作为生产要素的巨大经济发展能力；另一方面，更需要克服资本自我循环过程中可能产生的市场性弊病和经济风险，尤其是避免资本获得远高于劳动等其他生产要素的权力或优势及其带来的一系列经济社会分化。

第二，社会主义制度下资本体现公有主体性。从经济学视角来看，只有确保国有和集体等共有资本成为社会资本中的主体，才能保证政府对资本的主导权，进而驾驭资本为社会发展的总体长远目标服务。在中国，资本构成多样且以公有资本占多数，其中公有资本又以国有资本为主体，此外还有各种类型非公资本共同发展，共同形成多层次的资本市场结构。在资本主义国家，绝大多数资本集中于少部分私人手中。统计数据显示，直至 21 世纪初在 G20 国家中，劳动者通过个人或集体方式所掌握的资本财富，仅占总量的 10% 左右。① 通过比较不难发现，中国社会主义市场经济凭借国家调度资本的目标和体量，不仅能够在宏观调控和经济发展目标上形成与西方市场经济

① 尤里·普列特尼科夫：《资本主义自我否定的历史趋势》，文华摘译，《国外社会科学》2001 年第 4 期，第 80 页。

完全不同的方向，而且在调控经济社会的手段和效果上也是后者难以望其项背的，这一点在1998年亚洲金融危机、2008年全球金融危机，以及2020年以来的全球新冠疫情危机中，中国始终能够独善其身保持稳定并带动地区乃至全球经济复苏的事实中已经充分得到证明。正因如此，进入新发展阶段面临两个百年未有之大变局，以国有资本为龙头的公有资本作为国家经济、人民利益根基的地位只能不断巩固加强而不能有丝毫削弱或动摇。既要鼓励私人资本与公有资本之间的良性互动和竞争，设定公有资本经营和取得利润的合理范围及空间，提升公有资本增强效率和增值的主动性；又要改革创新国有资产的管理运营投资方式，不断推动其效率提升、保值增值，进而带来政府综合调控能力的提高。

第三，社会主义制度下资本具有劳资两利性。通过政府主导资本、国家占有资本为人民共同利益服务，使得社会主义国家的劳资关系从冲突对抗走向共赢、共利的和谐关系。即使在非公经济、外资经济类企业中，劳资两利同样成为可能。不同于资本主义对资本无限扩张的容忍，社会主义基本经济制度为生产资料和劳动者的合理结合创造了条件，建立了平衡分工和利益在劳动要素端和资本要素端分配的制度基础，避免优势过度倾斜而引发激烈矛盾与尖锐对抗。企业家和经营管理者作为社会主义国家人民群众的一个群体，其根本利益与其他劳动者相一致，因而劳资矛盾属于人民内部矛盾而非阶级对立，国家和政府能够扮演劳资双方共同利益协商者的角色对矛盾进行疏解。包括收入再分配政策体系和社会保障体系、劳动者权益保护体系、产权保护体系等在内的制度性法律性规范，均是达成劳资双方互商互信互让的手段。但是能够从根本上解决资本和劳动之间、经济发展与人的发展之间内在冲突的，还是社会主义制度带来的当事双方利益关系的根本性变革。

第四，社会主义制度下资本产生大众福祉性。放任资本逐利的后果是一味地追求利润增长而忽视其中真正传导给公众及社会的价值，也正因如此，不少学者主张严格区分“增殖”与“增值”的内涵，因而产生了资本“有助于推动经济发展，但未必有助于推动人的发展”①的结果。基于对上述规律的认识，社会主义在对资本的驾驭中明确落实以人为本的根本宗旨，将资本参与发展的根本落脚点放在增加人民群众福祉上，保证全体人民更加公平地获得并感受到经济利润扩大的成果，将对美好生活的向往转

① 《马克思恩格斯文集》(第一卷)，人民出版社2009年版。

化为现实成果。社会主义制度下的企业不能为了盈利而盈利，而应当将生产成果的使用价值放在优先地位，在实现商品对人的“有用性”的价值基础上再计算并考量其交换价值，这正是实现“高速度增长”到“高质量发展”转变的经济内核。尤其是在资本高度金融化的现代市场经济条件下，资本找到以金融系统为依托的“钱能生钱”的自主循环扩大渠道，其脱离实体经济、追求虚拟价值的内在冲动前所未有地膨胀起来，这种完全跳过生产过程的生息资本严重撕裂了价值体系和物质体系的内在关联，有可能给整个现代化进程带来功亏一篑的危害。

第五，社会主义制度下资本发展必须坚持党的领导。中国共产党对社会主义产生至今国外对待资本的理论、经验和教训进行了系统总结和反思，辩证地认识资本的积极作用和负面效应，并在新中国成立以来70余年实践经验中摸索出一条社会主义驾驭控制资本的战略性道路。党的十九大以来，以习近平同志总书记为核心的党中央更是在多种场合不断强调要加强党对金融体制深化改革的领导，特别地，随着中国发展内外环境深刻变化的复杂性不断提高，更加强调对资本的特性和行为规律的把握，以及资本的规范健康有序发展。

## 三、当代中国资本市场面临的若干现实挑战

中国社会主义市场经济模式的构建、按生产要素贡献分配方式的提出，在某种程度上汲取了资本逻辑中尊重效率、鼓励竞争的积极因素，体现了社会主义基本制度对资本一般本质和自然属性的承认及包容。但不可否认的是，随着中国资本存量不断充裕、流动性不断增强，资本运动偏离实体经济、背离国家政策目标、扰乱公平竞争与分配秩序时，就演化为野蛮生长、无序扩张的资本了，具体形式包括：价值掠夺型部分金融资本、房地产资本、平台资本等，借助跨行业、多业务、综合性的混业经营模式恶意构筑竞争壁垒，或者通过套娃式多层持股实现跨产业资金腾挪、估值提升，等等；投机套利型以“创投”为噱头借助信用渠道进行滚动式、叠加式融资，最大限度加杠杆，在短期获利后即刻退出；不少金融泡沫型产业实体以多元化经营为名，行违规开展金融业务之实，助长资本“扎堆”“接棒”各种脱实向虚行为的不良苗头；在社会引导型资本挟持下的自媒体、直播平台、“饭圈”经济等，利用虚假、低俗、“上瘾”性信息及扭曲型价值观增加用户黏性的现象愈发普遍；利益竞争型大小资本之间、细分市场之间（券商、资管、保险机构的混业牌照）、政府（地方政府融资平台、国有企

业）与市场（民营企业）之间，均存在由竞争引发的资本增投与浪费。一方面，资本作为生产要素的本质功能被异化，成为自我循环、空转套利的闭环系统，边际生产率不断减少，当前中国增量资本投入产出相较于10年前下降约50%。另一方面，资本配置创新要素的组织功能被弱化，大量创新资源在资本抽逃后沦为沉没成本，后续入场的颠覆性技术、创新性业态将面临更高的监管及资金门槛。

## 四、社会主义市场经济下资本市场健康发展的路径

提高对资本进行引导规范的社会主义制度自觉。正因为资本逐利扩张的自发性动机，才能产生市场经济，从而形成开源节流、开拓创新、积极竞争的企业家精神，社会主义市场经济制度要将这种自发性改造成为理性自觉性。一是坚持风险防范意识不可或缺，深刻认识资本无序扩张、野蛮生长对社会主义基本制度的致命性危害，防范权力利用、联合、勾结资本以寻求行政租金从而侵蚀政府代表人民群众所占有的社会财富的行为发生。二是加大反腐倡廉、构建“亲”“清”政商关系的力度，防范打击官商勾结、钱权交易、贪污腐败等行为，从严治党、依法治国，依据社会主义法制为行政权力和资本行为划清界限。三是提升依法治商、以德治商、放管结合的效能。采取“有偏”的管理制度，对合法、合规、诚信、公平的资本要“放”，最大限度压缩其不必要的行政性租金；对干扰市场秩序、偏离竞争规则、产生负面外部性的资本要“管”，根据其行为后果轻重，采取警告、处罚、整改或追究法律责任等不同手段；对非法经营、违法乱纪的资本，要依法坚决予以取缔并追缴其对社会造成的各类损失。塑造凝聚信任、以德治商的环境和诚信体系建设，培育具有道德担当、兼顾利益公义的社会主义新型资本。

完善价值培育型资本市场体系的基础制度建设。资本市场良性循环的特征在于价值创造型资本是否占据主体地位，应防止投资功能和筹资功能突破各自的底线，增强资本市场尤其是金融市场的价格发现功能和价值创造能力。一是设计资本市场中长期发展战略，立足中国超大规模市场、结构不平衡、科技创新强需求等经济特性，健全直接融资和风险投资市场，使间接融资保持一定体量并稳步增长。二是从各类型资本的专长和需求出发，健全开放动态、均衡发力的“金字塔”式资本市场，兼顾股权市场与债权市场、标准化产品市场与非准化产品市场、场内市场与场外市场、现货市场与期货衍生品市场、公募资本市场与私募资本市场、国内市场与国际（离岸）市场的

协调发展，让不同所有制、不同性质、不同体量、不同专长的资本各得其所、统筹扩张、良性竞争、同频共振。三是积极推动资本市场制度改革，完善资本服务实体经济的功能。稳步推进股票主板市场注册制度和退市制度改革，健全投资者保护和代表人诉讼制度，修订《中华人民共和国公司法》以避免股东权力集中对公司“独立性”和“共有性”的破坏，在重要产业领域加快形成持续稳定的资本投入及其回报机制。

健全积极发挥资本作用的激励和利益分配体系。对资本合法保值增值、按实际贡献大小参与社会分配的权利进行保护，是将资本逐利扩张本性转化为生产力发展动力源的必要条件。一是持续提升国有资本的现代化运营效率和价值创造能力，深化国有企业绩效考核机制、收入及红利分配机制、预决算管理机制改革，真正将人民的公有财富管得住、用得好、有增值，使人民获得更多的国有资本发展红利。二是继续高度重视发挥民营资本及各类非公资本的发展韧性和潜力，将对各类企业产权、自主经营权及企业家合法权益的保护纳入法制化框架，为广大民营企业、中小微企业、自营类市场主体稳定预期、安心经营撑腰打气。三是着眼于构建高标准市场体系的系统集成性，健全产权保护制度，统筹推进公平竞争、竞争审查、司法救济、破产清算等各项现代化市场元素的建设。

明确透明、稳定、可预期的资本监管长效机制。在监管目标上，监管要发挥及时纠偏的作用，当资本作为“参赛球员”遵守规则时，监管应该是“隐形”“待机”的，同时始终保持“竖着耳朵听警报”的状态，一旦市场失灵、违法违规等苗头显现要立刻介入将其拨回正轨。在监管过程上，要重点突出、循序渐进，将灵活包容与公正严肃相结合，疏导与管理相结合，合理把握“放”“管”尺度，提升监管者的公信力和监管政策的预期性。在监管工具上，持续精进监管技术，缩短市场失灵和监管介入的“时间差”，构建事前引导、事中防范、事后监管相衔接的全链条体系。

## 第四节　技术要素的特征分析及其市场化配置改革

加快技术要素市场发展，是加速完善中国社会主义市场经济体制不可忽视的组成部分。2022 年科技部印发的《“十四五”技术要素市场专项规划》，提出现代技术要素市场体系包括统一开放、竞争有序、制度完备、治理完善等元素。到 2025 年，基本形成自由联通的技术交易网络，建成协同开放的技术交易市场服务体系，建立多元完备的技术交易市场体系，最终实现技术要素市场化配置效率大幅提升的目标。

## 一、中国社会主义市场经济下技术要素市场发展特征

中国技术市场的快速发展与经济、科技快速发展紧密相关，在很大程度上得益于政府的高度重视、相关政策的持续供给、技术市场建设规划的不断升级和落实推进。2020 年 3 月，中共中央、国务院印发《关于构建更加完善的要素市场化配置体制机制的意见》，提出从健全职务科技成果产权制度、完善科技创新资源配置方式、培育发展技术转移机构和技术经理人、促进技术要素与资本要素融合发展、支持国际科技创新合作五个方面加快发展技术要素市场。2021 年 12 月，国务院办公厅印发《要素市场化配置综合改革试点总体方案》，提出在技术等要素市场化配置关键环节上实现重要突破，大力促进技术要素向现实生产力转化。

当前中国技术要素市场存在若干发展特征。一是企业的技术交易主体地位不断强化。2021 年全国技术合同成交额达 3.7 万亿元，其中企业技术转让额占九成以上，企业技术输入额占输入额的近八成。二是区域间的交易市场呈现出明显的分化趋势。东部活跃度明显高于中西部，2021 年东部地区的技术成交额占全国的 61.2%，其中七省成交额突破千亿元大关。三是现代技术在技术交易中扮演至关重要的角色。近年来，电子信息、城市建设与社会发展、先进制造领域的技术合同成交数和成交额一直名列前茅，占比分别超过全国技术合同成交总项数和总金额的 50%。① 四是国际技术交易活动频繁。国内企业在积极引进先进制造工艺、现代设计和计算机硬件等技术的同时，对外技术出口也增长迅猛，由 2016 年的 11.6 亿美元上升至 2020 年的 85.5 亿美元，年平均增长率达 51%。②

## 二、中国技术市场的突出问题与建设难点

一是“活劳动”所获得的回报比例相对较低。中国政府财政支持的科研经费仅限于购置设备和支付与科研活动相关的直接费用，而无法支付科研人员的薪酬。相比之下，美国小型企业的创新研究经费（SBIR）和技术转让项目资金（STTR）则主要用于支付科研人员的薪酬。由于科研经费主要流向基础设施和器械设备，导致许多“活劳动”所作出的贡献未能得到应有的回报。

---

① 数据来源：《关于公布 2021 年度全国技术合同交易数据的通知》，科技部火炬中心网站，2022 年。

② 数据来源：海关总署进出口数据，2016—2021 年。

二是技术成果的供需匹配协同度相对较低。目前中国科技成果转化率在10%左右，明显低于发达国家40%的均值，成果转化率低造成市场技术创新供给少，很多技术创新内化到企业内部，技术外溢效应并不充分。政府在高校、科研院所研发投入上的扶持仍然占据主导地位，而企业的实际需求难以得到来自高校、科研院所的满足。

三是技术交易存在数量过多、质量过低等问题。长期以来，中国的专利技术呈现出“申请频繁，创新不足”“专利众多，但质量欠佳”的特征。在短时间内，由于学科边界的限制，加上学术组织、研究项目、研究理念的落后以及高校学科壁垒与制度的惰性，高质量专利技术产出的要求难以被满足。

四是专业技术转移机构的服务水平相对较弱。现有技术经理人资格认证机制不健全。特别是在针对技术转移过程和技术转移后续企业实际需要的技术评估与科技代理等经纪服务、侵权鉴定与打假处罚等司法服务、创业投资与知识产权证券化等金融服务方面，存在相对不足之处。

五是技术要素和资本金融要素的融合还不够充分。质押融资用知识产权在中国知识产权资源拥有量中只占2‰。许多地区对于专利权质押融资金额仍有不高于评估价值30%的政策约束，贷款期限主要集中在1年及2—3年上，相对于发达国家知识产权质押贷款一般在4—5年的做法稍显保守。

## 三、技术要素市场化配置改革的新内涵

中国当前技术市场的总体规模很大，其表现为潜在的技术需求日益增长、潜在的技术供给数量庞大、以技术合同成交额计算的技术市场规模持续扩大。超大规模市场理应具有丰富应用场景和放大创新收益的效应，但是当前技术市场也显露出大而不强的特征，主要根源在于对创新资源的配置能力不足、要素流动和资金融通效率不够，甚至还存在小而全的自我循环现象。2022年4月，中共中央、国务院发布《关于加快建设全国统一大市场的意见》，其目标之一是通过市场促进创新要素在更大范围内有序流动和合理集聚。为此，需要从两个方面实现大市场与强市场并举。

第一，加快提升市场对创新要素和科技资源的配置功能及效率。相对于过往的技术市场建设思路，现代技术市场建设更加强调市场在创新资源配置中的导向性、决定性作用，更需要多重制度的融合创新。一是通过建立和完善系列机制，如知识产权评估及交易机制、公共科技资源开放协调机制、部门间及区域间合作机制等，使市场需

求引导技术要素有序流动、合理配置。二是推动技术要素与资本要素、人才要素等的深度融合配置，以丰富技术市场的流通内容、流通质量。三是将公共科技资源配置进一步市场化，推动国有高校和科研院所的科技资源向产业流动，需要坚持立破并举的原则持续改革、分阶段推进。

第二，促进市场基础制度规则、市场基础设施、市场交易标准的互联统一。一是建立健全统一的技术产权制度、交易制度、知识产权保护制度、知识产权信用管理制度、科研诚信制度、激励机制等，为技术市场的高效运行奠定坚实的体制保障和支撑。二是优化技术交易平台，建立健全全国性技术交易市场，完善国家技术转移体系，完善科技资源开放共享服务体系，最终形成协同高效的市场基础设施网络。三是完善统一的标准体系，促进内外资企业、国有民营企业公平参与中国技术市场标准化工作。

## 四、中国技术要素市场发展的未来路径

加强对科技成果所有权和使用权的改革力度。加强成果产权登记工作，实现科研成果向社会公开。以深化科技成果权属权益改革为着眼点，从源头上建立现代科研院所制度，推进薪酬制度、评聘制度改革，以促进人才的双向流动，从而稳定科技成果的来源、打破藩篱、开辟通道、拓展范围。加强对成果转化工作的组织领导，完善科技创新体系建设。制定国有无形资产管理办法及相关配套措施，开展科技成果所有权改革试点，规范职务科技成果所有权确权实施，以促进科研人员、高校和科研院所在权力和动力上的相互促进和协调。挑选一批在科技成果转化领域具备扎实基础和积极进取精神的高等院校，开展技术转移机构独立市场化运营试点，探索建立宽容监督和灵活考核机制，以促进科技成果的转化。

开拓全新的机制，以促进科技成果的转移和转化。建立以企业为主体、市场为导向、产学研相结合的技术创新体系。以京津冀、长三角、粤港澳、成渝经济区等国家区域发展战略为指导，加强国家技术转移集聚区、东部中心、南方中心、西南中心等的先试作用，建设一批国家技术转移机构，构建中国技术转移服务体系的骨干网络和区域枢纽。在具备条件的城市、国家高新区和特色产业集群中，以新一代电子信息、生物医药、5G 通信、工业互联网、智能制造等领域为中心，举办科技成果直通车“硬科技”专场，以促进“硬科技”成果的流通配置和转化应用。

为市场发展提供专业人才支撑，以加强技术要素的强化。建立国家级科技特派员

制度，实施农村科技人才创业创新行动计划。推行《国家技术转移专业人员能力等级培训大纲》，实施初中级技术经纪人和高级技术经理人等技术转移专业人员的专业培训计划。建立国家级技术转移示范中心。推进技术经理人体系职称评定工作，将专业技术经理人纳入国家职业分类大典，制定技术经理人国家职业技能标准和技能级别，并给予相应的专业技术等级待遇，以促进其职业发展。完善国家技术转移人才培养体系，将大纲、基地、教材和师资有机融合，以促进国家技术转移人才培养基地的高质量发展。

加强资本等关键要素的保障，以促进技术要素市场的完善发展。构建科技创新服务平台和服务体系，为科技成果转化提供支撑服务。加强对科技成果管理和交易的制度保障，推动技术和资本要素的快速融合，探索科技成果资本化的新机制和新模式。构建以产权保护为核心的技术交易风险防控机制。致力于构建一套现代技术交易机制和交易管理制度，将技术、资本和数据要素有机结合，研发出适用于技术交易的全新金融产品，以推动科技成果的资本化和产业化。加速修订知识产权质押融资法律法规，完善知识产权质押的评估和登记机制，畅通知识产权质押的实现途径。

## 第五节　数据要素的特征分析及其市场化配置改革

只有加快培育数据要素市场，才能推进数据资源的整合、统一，提升数据资源的可利用性。要把培育数据要素市场作为推动经济社会发展的重要抓手，抓紧落实市场化、法治化、国际化的改革措施，为数据要素市场提供有力支撑。要加强技术支撑，探索建立全方位的数据要素市场体系，建立数据标准体系，推动大数据的有效应用。要建立完善的政策体系，支持企业创新发展，保护数据资源，促进数据要素市场的公平竞争，构建有效的数据要素市场监管体系。

### 一、数据成为新时代重要生产要素的理论逻辑

在数字经济时代，数据属于关键性的生产要素，同资本、土地、劳动等生产要素密切结合，用于物质资料的生产。数字技术、大数据、人工智能引领新一轮科技革命，引发经济结构重大变革，重塑经济活动的各个环节，推动人类社会生产力整体跃升。人类生产和生活的数字化革命，一方面是指数据化和数字化的生存方式对人的生活发挥越来越大的作用；另一方面是指随着人类社会生产方式数字化革命的发展，数据要

素已由最初在物质资料生产中起辅助作用，逐步提升到在经济发展中起关键性作用。在数字经济时代，数据要素驱动已经成为推动社会生产、交换、分配和消费的基础性动力。数据具有重要性和稀缺性，土地、资本和其他生产要素都要依靠数据生产要素来发挥作用。

作为一种生产要素，数据参与收入分配的途径有两种：一是参与劳动收入分配，二是非劳动收入分配。在第一种情况下，生产创造、加工传播数据都是劳动过程，与其相联系的分配也应该在按劳分配范畴之内。劳动者对商品与劳务生产服务所作出的贡献是基础性的，劳动者是数据要素承载者与数据产品创造者，所以劳动者应得到相应劳动报酬。在数据要素普遍参与到产品开发，产品生产，产品销售等生产环节中时，与之相关的数字劳动生产与管理人员同样能够参与收入分配。第二种情况是数据作为生产过程服务的生产要素，它所得到的收益属于以要素为单位参加分配。数据要素按照在生产中所占的比重以及市场供求关系共享劳动剩余，并与资金、技术、管理等生产要素一起共同参与生产全过程。也就是说，数据要素应与资本、技术、管理和其他生产要素共同配置新创造的价值。

## 二、数据要素与其他生产要素的融合及赋能关系

将数据要素和劳动要素进行整合。一方面可将劳动力有关数据要素运用到企业人力资源管理当中，以提升企业管理水平；另一方面通过训练与学习可促进传统劳动力对数据要素的利用，增强他们的创造能力与生产效率。更为重要的是在数字化水平极高的生产经营场景下，企业能够通过把劳动者技能信息的传统模式转换为数据要素、制造智能机器人、制造劳动要素新形态。以 AI 为主的算法模型学习，还需要很多数据要素供算法模型训练。

将数据要素和土地要素进行整合。在土地资源管理中，可将土地有关数据要素用于资源盘整及动态管理中，依据数据信息中体现出的土地资源禀赋特点及周边配套条件对满足其价值最大化的项目进行甄别及匹配，从而推动土地要素市场全面流转和流通。随着数字孪生技术的不断发展，以“元宇宙”为代表的“新土地”空间在更高层次的数据要素融合替代过程中蓬勃兴起，为市场经济活动提供了更具想象力的空间载体，突破了传统空间资源的有限性框架。

将数据要素和资本要素进行整合。数据要素和资本要素整合后更易形成并拓展实

体经济渠道，平稳赋能企业生产经营过程。运用数据要素开展金融创新，能够推动企业发展。首先是通过对数据要素所携带的企业信息进行分析，找出并确定企业资金需求与资金运行规律，这有利于企业进行资金规划，并使企业获得针对性金融产品。其次，运用数据要素确定企业经营风险、偿债能力及其他指标，从而确定金融产品价格、期限，搞好金融机构风险管理，以达到企业主体信用、物的信用、数据信用三者相统一。通过更加全面深入的企业数据信息对企业信用进行评价，并逐步运用数据信用确定资金投放情况，以降低金融机构对企业主体身份歧视程度，打破物品抵质押增信对科技金融与小微金融发展的限制，提升金融服务实体经济效率。

将数据要素和技术要素进行整合。技术要素与其行业系统、市场主体等实体经济之间的互动发展程度较深，数据要素借助技术要素赋能实体经济乘数效应较为显著。当实体经济遇到发展瓶颈后，通常更加需要创新性技术的支持。将数据要素和技术结合起来，需着力做好两个方面的工作。一是通过嵌入数据要素，对传统技术手段进行优化改造。二是积极普及工业互联网，对区块链、物联网、人工智能、大数据、元宇宙以及 5G 等新型信息技术进行深度开发与运用，使实体经济运行方式与技术手段成为数字化符号。要促进各类技术成果的转化，面向数字要素在经济各个领域的融合应用，建立技术成果迅速向实体经济生产动力转化机制，营造高新技术产业新生态。

## 三、数据要素市场化配置的多重困境

权属界定的困境——数据权属关系没有明确界定。在物权视野下，数据所有权属于一种极特殊物权。数据要素不同于传统物质生产要素，它没有独占性且不会因由某一主体采集而不能被他人采集。这就意味着单位存量数据一旦生成，即能被其他主体无限制地复制、共享与处理。这是多数数据获取者不能对数据进行溯源的主要原因之一。在数据所有权分割视角下，数据产权的归属主体应该是数据生产者还是数据控制者，这一问题面临的争议很大。对数据生产者来说，它是构成数据要素的逻辑出发点，也就是离开了对个体数据的采集、储存、整理与使用，数据产品将不能得到发展，数据要素也不可能构成，所以数据所有权应当归生产数据的个体所有。对数据控制者来说，数据控制者是构成数据要素的实际出发点，也就是离开了数据控制平台企业产品的开发，数据将不可能作为生产要素为生产和生活服务，所以数据所有权应该归数据控制平台企业所有。

分配主体的困境——非劳动收入的分配主体不明确。在数据实际应用中，数据提供者——个人及相关数字产品供应企业——均应该是分配主体并参与数据要素收益分配。一方面，作为数据提供者的个人其实也就是数据要素最初的生产者，个人数据价值越大，数字产品提供企业与平台获利能力越强，所以数据的个人提供者应该是分配主体，应当参与数据要素收益分配。另一方面，有关数字产品的供应企业及平台在数据采集、甄别与挖掘上都有大量投资。因为数据要素经济价值的实现主要源于其海量性，所以数据提供者个人对于数据价值产生的促进作用并不大，是有关数字产品的供应企业和平台的创造性工作与不断的投入，使单纯、隔离的个人数据变成具有强大作用力的数据要素。

数据壁垒的两难选择——数据要素缺乏完善的市场运行机制。只有当数据参与市场化流动，并在企业之间流动且被企业合理合法地利用时，它才会为生产和生活服务，进而参与新价值的创造。数据要素市场化程度在相当程度上就是数据要素共享程度。目前，数据要素介入非劳动收入分配遭遇数据壁垒的两难选择。所谓数据壁垒困境，就是不同企业之间数据彼此独立储存、维护与利用，在数据资源利用上形成“数据孤岛”，从而使生产合作沟通成本增加。

## 四、数据要素市场培育的实践路径

实现对数据要素权属保护和产权的有效激励。首先，从所有权或者持有权上讲，保障与国家安全相关的原生数据产权由国家拥有、与个体相关的原生数据由个体拥有、原生数据衍生出的数据产权由企业及其他数据二次开发者拥有，以激励市场主体对原始数据进行生产动力与二次开发利用。其次，从使用权上看，如果涉及公共数据，对它的使用权应着眼于公共服务治理效能的提高，涉及企业数据的使用权应以保障国家安全为前提更注重数据资源利用效率，涉及个人数据的使用权应有合理限制以避免损害个人隐私。从收益权还是经营权的角度来看，公共数据应当突出公益性与社会性的特征，而不是鼓励数据要素参与增值收益的配置；企业数据资源要根据数据资源二次开发后的价值和其市场价格，参与数据要素增值收益的配置；个人数据要认识数据资源价值，并鼓励以市场化方式、“一起使用，分享收益”方式参与数据要素增值收益的分配。

建立更能反映效率与公平的收入分配机制。从原生数据产生到原生数据二次开发再到衍生数据使用，常常会出现不同主体共同参与数据要素价值增值的情况，所以必须确保不同数据要素拥有主体均具有参与数据要素增值收益分配的正当性和合理性。一方面，数据资源生产者并不因数字劳动而失去生产动力与创造活力，也不因其价值生产活动而无法获得应有收益；另一方面，新的收入分配机制体现了效率，有助于保持资本对数据资源生产、再生产活动投入的内生动力。另外，在数字经济时代，数据要素对先进生产力的推动作用离不开数据、信息、知识、技术等生产条件的支撑，因此对这些生产条件进行调整、优化以平衡其在各成员和各部门之间的拥有及分配，也同样有助于破解分配主体所面临的两难选择。

提升数据要素以市场为导向配置资源的治理效能。首先，建立数据要素共享管理组织机构。其次，强化对数据独享问题的治理，通过数据要素市场自由竞争机制破解数据共享困境，促进数据要素市场化资源配置。再次，加强反垄断、反不正当竞争法的执法。通过推动数据要素的自由流动，逐步打破数据垄断困境，保障市场公平竞争与良性运行。最后，推动市场主体优胜劣汰，扎实做好信息技术企业优胜劣汰工作，剔除适应力不强的市场主体。

## 第六节　生产要素市场化配置的理论分析

中国特色社会主义市场经济生产要素理论要求聚焦深化要素市场化配置改革，在改革开放中全面激发各类要素所有者活力和价值创造力。中国特色社会主义政治经济学中的要素流动、配置效率、市场化改革，并不仅仅只有西方经济学所涉及的简单数量关系，更要求包含制度保障、政策工具等审时度势的科学理论。因此，本节将总结新发展阶段中国特色社会主义政治经济学对要素市场化配置变革与发展的有关理论意蕴，并就要素市场化配置和流动的内涵、目标、障碍、重点进行探索，以期为要素市场配置深化改革提供方向与路径措施。

### 一、五大生产要素参与生产的规律分析

生产要素重要性变化规律指的是，生产要素都是进行生产所必须投入的要素，但在不同经济形态或不同经济发展阶段中，其重要性是有所不同的。其重要性排序如表14-1所示。

**表 14-1　五大生产要素参与生产的重要性变化排序**

| 不同类型经济 | 第一要素 | 第二要素 | 第三要素 | 第四要素 | 其他要素 |
| --- | --- | --- | --- | --- | --- |
| 农业经济 | 土地 | 劳动 | | | |
| 工业经济 | 资本 | 土地 | 劳动 | | |
| 数字经济 | 数据 | 技术 | 资本 | 劳动 | |

人类历史上三次产业革命对生产要素重视程度亦表现出规律性变化。农业经济的首要生产要素就是土地，第二个因素为劳动投入，而其他因素的影响则不显著。工业经济的首要生产要素为资本，以“招商引资”与“资本积累”为首要任务，即“资本才是王道”，土地与劳动均居次要地位，同时技术创新（知识和技术要素）与商业模式（管理要素）的创新显得越来越重要。数字经济的首要生产要素就是数据，尽管数据无法独立于技术（比如计算机和算法）之外发挥作用，但是“数据才是王道”已经得到业界的认可。

## 二、五大生产要素参与分配的机制分析

党的十九届四中全会指出，要“健全劳动、资本、土地、知识、技术、管理、数据等生产要素由市场评价贡献、按贡献决定报酬的机制”。健全生产要素由市场评价贡献、按贡献决定报酬的机制可以从三个方面入手。

一是确立生产要素的所有权归属，并实施严格的产权保护制度。通过对生产要素进行合理的产权划分和有效地配置，实现生产要素按贡献参与收入分配制度改革与创新。确立产权、维护产权是生产要素参与生产并获得收益的先决条件，而生产要素参与收入分配则是在不同要素所有者之间进行的收入分配。中国目前对生产要素进行权利配置还存在许多问题和障碍，必须从产权制度上予以解决。为确保各类产权的平等保护，必须建立最为严格的产权保护制度，并完善相关法律法规，以确立明确的产权权利范围，包括所有权、占有权、支配权、使用权、收益权和处置权，以法律手段实现平等保护。

二是构建一个统一市场，以开放、有序的方式竞争要素。随着经济全球化趋势不断增强，国际间产业转移速度加快，中国要素市场与世界其他国家和地区之间的差距越来越大，这严重制约经济增长。中国的要素市场发展相对滞后，存在城乡、区域、价格和市场等多个方面的分割和扭曲现象，同时还存在各种壁垒。为了实现全国要素

市场的一体化，必须建立一个统一的市场体系。为了实现城乡一体化，需要建立一个统一的劳动力市场和土地市场，同时打破区域和条块分割，打造一个统一的知识产权市场。此外，还需要打破“数据孤岛”，引导和培育数据交易市场，并积极探索建立一个职业经理人市场。

三是坚持问题导向，构建完善要素参与分配机制。健全劳动力参与分配机制及规则，构建适合中国基本国情的劳动力参与分配制度。建立健全资本参与分配的机制，促进资本市场的改革，从而保证在不同时限内，承受不同风险资金能得到合理收益与补偿。完善劳动力参与分配机制，完善政策体系。建立健全土地参与分配机制，建立完善土地增值收益分配机制，这有利于土地资源合理分配与使用。完善能反映知识价值提升的技术人才参与性收入分配机制，保障科研人员享有股权、期权、分红等奖励。健全信息参与分配机制等。建立健全管理参与分配的机制，将员工持股、股权激励、股权分红与其他中长期激励措施有机结合起来，激发不同层级管理人员的活力与创造力。建立健全数据参与配置机制，制定完善数据权属、披露、共享及交易等的规则，促进数据资源有效利用。

## 三、要素市场化配置的内涵与特征

2020 年 4 月 9 日，中共中央、国务院印发《关于构建更加完善的要素市场化配置体制机制的意见》，作为中央关于要素市场化配置的第一份文件，针对土地、资本、劳动力、技术、数据等要素市场化配置给出具体指导意见。作为社会主义经济体制改革的重要组成部分，要素市场化配置改革已成为新时代深化市场化改革的阶段性任务，这也将有利于构建系统更加完备、成熟定型的高水平社会主义市场经济体制。稳定、安全、高效的要素市场机制、交易规则和市场体系的基本特征体现在四个方面。

第一，竞争是必需的先决条件。因此，需要在坚持市场经济基本制度原则的基础上，通过完善市场机制实现资源优化配置，构建与社会主义和谐社会相适应的公平有序的现代市场体系。在新的经济背景下，数字化技术的快速发展为市场资源配置提供了更加智能化和便捷化的条件，但同时也可能导致技术、数据等要素的聚集和垄断，从而对公平竞争造成阻碍。在高标准市场体系中，确保公平竞争是至关重要的前提条件，需要打破所有妨碍商品要素市场化配置和扰乱市场竞争秩序的束缚，减少市场垄断和不当干预，以形成价格机制、竞争机制和供求机制对主体行为的正向激励，从而有效地降低市场交易成本。

第二，统一是需要的前提基础。通过构建一体化的信息化系统平台，使市场运行各环节之间形成有效沟通，促进交易双方信息的充分交流与交换，进而提升整个市场系统的运作效率。在新经济的背景下，高标准市场体系是一个有机整体，其结构完整、层次合理，必须建立在各个市场子系统之间和谐兼容和协同作用的基础上。利用新兴技术构建的数字化信息共享平台和市场交易平台，有助于协调各个市场子系统，实现市场体系整体功能的最大化发挥以及要素资源的最优化配置。

第三，创新是核心的市场驱动力。在新发展阶段，高标准市场体系的要求在于为市场主体提供更多的正向激励，以促进其从事技术创新、管理创新、制度创新等活动，重点在于培养具有创新精神的人才和企业，建立完善的数据资源市场基本制度和标准规范，提升市场基础设施的智能化水平，从而畅通创新网络循环，推动构建创新发展新格局。

第四，开放是必然的客观要求。根据新发展阶段构建更高水平开放型经济新体制需要，高标准的市场体系应在新经济语境下向更广范围、更广领域、更深程度上推进对外开放，转变市场封闭与分割状态。从内部看，城乡之间、地区之间的市场开放度显著增强，并且彼此联结更加畅通，市场要素的配置效率得到前所未有的提升，超大规模的市场优势才有可能充分展现出来；从外部看，只有适应全球经济格局调整、经济治理体系变革等历史趋势，才能够通过自主创新形塑新优势并与高标准国际市场规则体系充分接轨。

## 四、要素市场化配置改革的目标和方向

中共中央、国务院发布的《关于构建更加完善的要素市场化配置体制机制的意见》（以下简称《意见》）明确提出，要素市场化配置改革的主要目的是通过“深化要素市场化配置改革，促进要素自主有序流动，提高要素配置效率，进一步激发全社会创造力和市场活力，推动经济发展质量变革、效率变革、动力变革”。其中，质量变革涉及国民经济发展方方面面的质量，是一次质量体系的全方位变革。效率变革是经济发展追求的主要目标，也是经济增长水平的重要体现。动力变革是实现质量变革和效率变革的前提，是经济高质量发展的关键。围绕上述目标，《意见》瞄准各类要素市场存在的突出矛盾和薄弱环节，有针对性地提出改革思路和具体举措。

健全完善的城乡一体化建设用地市场体系。当前中国已经进入高质量发展的战略机遇期，需要通过深化改革进一步释放扩大开放活力，形成内外联动、互利共赢、共同繁荣的新格局。《意见》强调，必须建立完善的城乡一体化建设用地市场，以促进土地市场的发展。在这种情况下，如何进一步深化户籍管理制度改革？近年来，中国城市化进程呈现出大都市圈和城市群快速扩张的趋势，各类生产要素向这些区域汇聚，推动城市集聚效应的提升，从而提高全要素生产率。当前，各地正在进行农村土地征收与征用补偿机制改革试点，在探索中取得了一些经验，但也存在许多问题，亟待通过深化改革进一步加以解决。为了促进城乡接合部的农村集体土地制度改革，必须建立起一个双向流动通道，使得城乡之间的人员、资金、技术、土地等要素能够无缝衔接，实现城乡之间的无缝衔接。加强农村土地征收管理，规范征地补偿安置办法。《意见》呼吁加快修订和完善土地管理法实施条例，进一步完善相关配套制度，制定并颁布农村集体经营性建设用地入市的指导方针；在土地利用方式上，《意见》强调要坚持节约集约利用每一寸土地，促进经济发展与资源环境相协调，推动建设用地结构优化升级。《意见》建议积极推进存量建设用地的开发利用，进一步深化农村宅基地制度改革试点，加强建设用地整理工作，完善城乡建设用地增减挂钩政策。此外，《意见》还对促进农村土地节约集约利用的政策措施进行具体规定。在土地管理体制方面，《意见》建议加强省级政府在城乡建设用地指标使用方面的主导作用，并探索建立跨区域交易机制，以实现全国性建设用地和补充耕地指标的有效管理。这些政策为地方政府提供了实际可行的规划方案，有效提升了土地利用的效率。

深入推进户籍制度改革，放宽城市落户限制。从人口角度看，户籍是一个国家或地区对居民进行身份识别和管理的凭证，它不仅关系人们的生活质量，更重要的是关系社会稳定。为了适应大都市圈和城市群的发展趋势，《意见》在劳动力市场上强调深化户籍制度改革的重要性，并提出放宽除个别超大城市外的城市落户限制，试行以经常居住地登记户口制度的措施。户籍作为公民进入社会生活必须持有的凭证，是一个人最重要的身份标识，也是居民享有平等权利的基础条件。户籍制度改革的本质在于提供基本公共服务，而非简单地索取一纸文件。《意见》要求全面取消农业户口迁移限制，推进农业转移人口市民化，实现农村一二三产业融合发展。《意见》呼吁建立城镇教育、就业创业、医疗卫生等基本公共服务与常住人口挂钩的机制，以促进公共资源的合理配置，以适应常住人口规模的变化。这是对当前中国经济结构转型升级中出现的一些新问题进行的回应。《意见》所提出的措施，旨在创造一个公正的就业环境，优化国有企事业单位的社会选人用人机制，加强就业援助，加快建立劳动者终身职业技能培训制度，以及完善技术工人的评价选拔制度，这些措施对于重新配置劳动力资源、提升劳动力市场的活力和韧性，应对结构调整和技术进步的冲击，都具有至关重要的积极作用。

完善股票市场的基础制度以确保其稳健发展。党的十八届三中全会通过《中共中央关于全面深化改革若干重大问题的决定》，其中明确提出健全多层次资本市场体系，促进结构优化和功能高效发挥。随着时间的推移，资本市场对经济发展的影响越来越显著，其影响范围也越来越广泛。进一步健全多层次资本市场体系，加快建设统一、开放、透明、高效的监管新体制。《意见》呼吁加强股票市场的基础制度建设，坚持法治化、市场化改革方向，对股票市场的发行、交易、退市等制度进行全面改革和完善。《意见》指出，加快建立现代金融体系。在债券市场方面，强调扩大市场规模、增加市场品种、促进债券市场互联互通，并提出探索公司信用类债券的发行注册管理制度。《意见》明确指出未来一段时期金融市场的重点工作任务。进入高质量发展阶段后，解决中小微企业在融资方面所面临的困难和高昂的成本问题，显得尤为紧迫和必要。《意见》还指出要健全完善现代金融市场体系，支持商业银行设立子公司或参股投资管理公司，为实体经济服务创造良好的环境。《意见》呼吁建立一套多层次、广泛覆盖、差异化、大中小合理分工的银行机构体系，以放宽金融服务业市场准入，促进信用信息的深度挖掘和利用，从而增加对小微企业和民营企业的金融服务供应。同时，《意见》也强调要加强金融监管协调合作。《意见》提出推进绿色金融创新，这将为加速生态文明建设和实现向绿色发展方式的转型提供强有力的支持。《意见》提出，应逐步推进人民币国际化和人民币资本项目可兑换，同时稳步推进证券、基金行业内外双向开放，有序推进期货市场对外开放，逐步放宽外资金融机构准入条件，等等，以促进中国金融业积极有序地融入国际金融体系。

加速推进技术要素市场发展。鼓励企业与大学等研究开发单位开展多种形式的技术要素交易活动，建立国家统一的知识产权交易平台。加速推进技术要素市场的发展，完善职务科技成果产权制度，深化科技成果使用权、处置权和收益权改革，优化科技创新资源配置方式，培育发展技术转移机构和技术经理人，促进技术要素和资本要素的有机融合与共同发展。《意见》指出，要积极推进对外直接投资与交流合作，鼓励企业利用“一带一路”建设的机遇扩大对外开放程度，吸引更多国内外投资者参与中国经济建设。在技术要素市场的发展中，国际科研合作扮演着不可或缺的角色。《意见》呼吁探索新的国际科技创新合作模式，以促进外籍科学家在政府支持的科技项目中扮演主导角色；加强人才引进力度，畅通境外科学家来华就业渠道，为外籍高端人才在华创新创业提供便捷。

加速推进数据要素市场的培育和发展。要加强国家大数据管理能力建设，推动形成统一开放共享的数据体系。党的十九届四中全会明确提出，数据在生产过程中扮演至关重要的角色。《意见》提出一系列重要措施，以促进数据要素市场的快速培育，其中包括推进政府数据共享，制定并发布全新的数据共享责任清单；提高社会数据资源的价值，孕育数字经济的新兴产业、业态和模式。《意见》还从加大财税扶持力度、完善相关政策体系以及鼓励企业创新创业等方面，为数据要素市场化配置提供保障。通过加强对数据资源的整合和安全保护、建立完善的数据隐私保护和安全审查机制等，确保数据的完整性和安全性。这些政策措施具有高度的针对性和实用性，为数字技术和数字经济的进一步发展提供了强有力的支持。

# 第十五章　中国特色经济结构关系与产业政策理论

经济结构的变迁是经济发展的本质。目前，中国经济结构性体制性矛盾仍然突出，发展不平衡不充分问题仍然明显，阻碍高质量发展的因素仍然存在，这些问题的解决不仅需要市场力量的充分发挥，同时还需要产业政策的有效配合。

党的二十大报告指出，为实现新时期高质量发展，中国应将“实施扩大内需战略同深化供给侧结构性改革有机结合起来”，建设“现代化产业体系”，通过产业体系的持续升级来推动经济结构的不断优化。2023 年 5 月，习近平总书记在二十届中央财经委员会第一次会议上再次指出“加快建设以实体经济为支撑的现代化产业体系”，同时“完善新发展阶段的产业政策，把维护产业安全作为重中之重”，由此可见，产业政策在高质量发展过程中发挥改革引导和托底的重要作用。

有鉴于此，本章着重围绕经济结构关系与产业政策展开研究，在明确经济结构含义的基础上评述产业政策的相关争论和国际经验，以此展望新时期中国政府职能与产业政策的优化方向。

## 第一节　经济结构与产业结构关系的理论辨析

### 一、广义与狭义的经济结构定义辨析

在广义上，经济结构的统一概念尚未形成。法国经济学家弗朗索瓦·佩鲁（Fransois Perroux）将经济结构定义为能够在时间和空间中确定经济环境的一组比例和关系，[①] 并且这一定义后来被不少拉美地区的经济学家沿用。美国经济学家霍利斯·B. 钱纳里则将经济结构定义为一个国家的劳动力市场、资本市场及其资源禀赋共同构成的作用关系。[②] 美国经济历史学家道格拉斯·C. 诺斯理解的经济结构主要指可以决定经济绩效

① 资料来源：麦克米伦出版公司，《新帕尔格雷夫经济学大词典》第三版，第 13219 页。

② 同上书，第 1541 页。

和技术增长率的经济和政治制度。① 威格曼（Wegman）和阿克曼（Ackermann）则认为经济结构与商业周期有关，前者认为经济结构是特定商业周期的决定性因素，而后者认为经济结构是在商业周期内短期不变的因素。② 由此可见，不同学者对经济结构持有不同的观点，并且彼此之间因视角的分异很难形成统一。

马克思从生产关系的角度对经济结构进行定义，他在《〈政治经济学批判〉序言》里指出，经济结构是建立在一定物质生产力基础上的社会生产关系的总和，并决定一定的社会意识形态。③ 具体而言，经济结构就是生产、分配、交换、消费等社会生产和再生产各环节中形成的生产关系。这一定义规定了经济结构的基本性质，也反映了经济结构由一定时期的生产力决定，并会对未来的生产力发展产生深远影响。

在狭义上，经济结构通常指代产业结构，也就是说经济结构通常表现为生产领域内产业之间的相互结构关系以及在此基础上形成的产业体系。例如，杨（Young）指出经济结构建构于制造业之上，并且具有高度的分类性和独立性，④ 此处杨实际上将经济结构视为产业结构。西蒙·S. 库兹涅茨（Simon S. Kuznets）则将产业结构视为国民收入和劳动力在各产业间的分布，⑤ 相较于杨重点关注制造业的生产格局，库兹涅茨则将思考的重心放在要素和分配上。马克思在《资本论》第三卷中分析资本主义生产总过程时，着重分析了银行资本、生息资本、金融资本等资本形态，它们与产业资本的关系在本质上决定了产业间的相互关系。

综合以上观点，本章倾向于将经济结构定义为社会再生产过程中各产业之间形成的生产关系，要素配置关系、生产技术联系、产品分配关系等都囊括在这一定义中。

## 二、产业结构在经济结构中的一般性与特殊性

### （一）产业结构具有经济结构的一般性特征

之所以产业结构可以归属于经济结构的范畴，是因为产业结构具有经济结构的一

① 资料来源：道格拉斯·诺斯：《经济史上的结构和变革》，商务印书馆 1992 年版，第 18 页。

② 资料来源：麦克米伦出版公司，《新帕尔格雷夫经济学大词典》第三版，第 13233 页。

③ 资料来源：《马克思恩格斯全集》（第十三卷），人民出版社 1998 年版，第 8 页。原文表述为：人们在自己生活的社会生产中发生一定的、必然的、不以他们的意志为转移的关系，即同他们的物质生产力的一定发展阶段相适合的生产关系。这些生产关系的总和构成社会的经济结构，即有法律的和政治的上层建筑建立其上并有一定的社会意识形式与之相适应的现实基础。

④ 资料来源：麦克米伦出版公司，《新帕尔格雷夫经济学大词典》第三版，第 2531 页。

⑤ 资料来源：西蒙·库兹涅茨：《国民收入及其构成》，NBER 1941 年版。

般性特征，它反映一定经济领域内的生产关系。广义的经济结构是社会再生产的各环节形成的生产关系的总和，其中包括产业、就业、要素配置、收入分配等各类具体的生产关系形式，它体现一个国家或地区在一定时期内所具有的资源禀赋、技术水平等生产力条件，同时对市场规模、生产组织形态、制度等具有决定性作用。相应地，产业结构突出反映产业领域的生产力发展水平，并决定产业的具体组织形态，因此在不同的社会历史发展阶段，产业结构通常与经济结构相适应。在工业革命以前，全世界范围内的生产力发展水平总体达到农耕水平，部分甚至处于奴隶制水平，技术创新的速率非常缓慢，此时经济结构以农业为中心，要素、资源、政策等都集中在农业领域，因此产业整体发展也呈现出典型的以农业为主的产业结构。在工业革命开始之后，工业生产方式逐渐兴起，人口增长、城市化推进、技术水平大幅提高，在新的经济结构下人均收入水平提升、消费需求增长，促使产业之间的要素、资源和政策的配置逐渐向工业倾斜，农业比重下降而工业比重上升，从而形成新的产业结构。产业结构随经济结构的不断演进，即构成配第—克拉克（Petty-Clark）定律的核心观点。鉴于此，包含于一定时期内一个国家和地区的产业结构必然具有经济结构的一般性特征。

### （二）产业结构在经济结构中的特殊性与相对独立性

尽管产业结构具有经济结构的一般性特征，规定了产业领域社会再生产中的生产关系，但产业结构还具有一定的特殊性和相对独立性，从而使得狭义上的经济结构专指产业结构。产业结构的特殊性和独立性表现在三个方面。第一，在社会再生产过程中，生产对分配、交换和消费具有决定性作用，因此生产领域内形成的生产关系在经济结构中具有首要地位。第二，在生产领域的生产关系内部，产业结构具有特殊地位。一方面，产业结构连接前向的所有制结构，并决定后续的分配结构和消费结构，故而在整个经济结构中发挥承上启下的重要作用，这与生产环节在社会再生产过程中的决定性地位是相称的；另一方面，产业内部各企业的生产不仅取决于自身的决策，同时必然受到产业结构的影响，因此产业结构还决定产业自身发展的高度。第三，产业结构对经济结构具有反作用，由于产业链和关联效应的存在，一个产业的发展会影响到其他相关产业的发展，同时随着产业间的差异性、互补性等因素的变化，产业结构会对经济增长、就业、收入分配等产业外各领域的生产关系产生不同程度的影响，从而最终推动或制约经济结构的演进。例如，制造业的发展首先会促进物流、贸易等相关产业的发展，然后进一步引致金融等服务业的发展，最终改变收入分配和消费结构；又如，在数字技术高速发展的新时代，数字经济的兴起对传统产业的冲击使得传统产业的比重相对下降，推动产业结构朝智能化、服务化、环保化等方向转变，最终使得经济结构更加创新和优化。不难发现，产业结构及其运动的相对独立性规律将反作用于经济结构的变迁过程，不同的产业结构会引导出不同的经济结构演进路径。

## 三、产业结构的本质探析

### （一）产业结构本质上反映人与人之间相互影响和制约的关系

前面已经提及，产业结构是狭义上的经济结构，故而产业结构本质上也是生产关系，它反映一定时期内经济生产与再生产过程中产业之间的联系，由于产业是具有一定相似性的人类劳动的产物，因此产业结构归根结底反映人与人之间相互影响和制约的关系。首先，产业结构直接体现不同产业间的生产力差距，而生产力的差距会进一步转化为产出和收入的差距，所以产业结构可在一定程度上反映从事不同产业的劳动者之间的关系。其次，产业结构表征各产业间的相互竞争关系，而产业竞争的焦点通常集中于要素领域，劳动力要素便是其中的重要组成部分，从这个意义上讲，产业结构也与劳动者的关系密切相关。最后，不同产业通常具有不同的所有制分布格局，考虑到所有制关系规定了生产资料由谁占有，而生产资料的占有方可以凭借生产资料的所有权要求相应的劳动和分配权力，故产业结构还可以反映劳动者在不同生产方式及劳动成果分配过程中的相对地位。归结起来可以看出，产业结构在本质上就是人与人之间形成的生产关系在产业领域的表现结果。

### （二）产业结构由生产活动决定并具有一定的历史惯性

产业结构表现了一定时期产业间的社会生产关系，其必然由相应的生产活动所决定，并且与经济结构相似的是，产业结构一旦形成，则在一定的历史时期内具有惯性，这种惯性在短期内很难受到新的生产活动的影响，而且会对新生产活动具有反作用。历史学派提出的“路径依赖”是对产业结构惯性十分贴切的表述。苏联在斯大林时期重点发展重工业，相对轻视轻工业，在这种高度集中的计划经济体制形成之后，苏联直至解体也未能扭转产业结构失衡的问题。自然资源丰富的国家和地区，一方面能够凭借丰富的自然资源储量和价格控制权实现财富的迅速积累，但另一方面也常常落入产业结构高度依赖原材料工业的“资源诅咒”陷阱，委内瑞拉、尼日利亚、印度尼西亚、刚果民主共和国等国，以及中国的鄂尔多斯、鹤岗、个旧等城市都是典型的例证。

### （三）产业结构蕴含矛盾

“结构”一词是指不同性质对象的相似性组成的体系或者相同性质对象的比例关系，因此结构内部的矛盾是必然存在的，鉴于产业结构是不同产业或者同一产业内部不同企业之间构成的有机整体，其中也必然蕴含矛盾。产业结构内部的矛盾运动决定了产业结构本身的变迁。20 世纪 80 年代，随着中国社会主义市场经济的确立和完善，资源占有的公有制和资源配置的市场化的矛盾较计划经济时期得到大幅纠正，推动了以市场为主要导向的金融、房地产、旅游等产业快速兴起，服务业在国民经济中的比重不断提升，三次产业的比例不断调整，从而最终推动中国产业结构的升级。忽视产业结构内部的矛盾运动规律极易导致经济运行的低效，并对社会再生产过程产生巨大冲击。在“大跃进”时期，中国试图通过大炼钢铁的方式迅速实现工业化目标，此举造成农业和轻工业生产受到严重挤压，产业结构比例大规模失调，农业、轻工业和重工业的生产秩序出现极大混乱，再叠加自然灾害的客观影响，最终导致中国国民经济在 1959—1961 年发生严重困难。巴西、墨西哥、智利、阿根廷等拉美国家在转型过程中曾大力发展第三产业，试图通过第三产业带动经济实现转型升级，但过早的去工业化和第三产业的过度超前发展对拉美国家造成了不可估量的严重影响，导致其普遍落入中等收入陷阱而转型失败。

由此可见，产业结构发展的内在矛盾运动规律是不以人的意志为转移的，尊重产业结构的矛盾运动规律通常能够带来经济的持续增长和人民生活水平的不断提升，违背产业结构矛盾运动规律的发展方案注定是失败的。因此本章接下来将以产业结构为主要研究对象，探讨产业结构与产业政策的内在逻辑联系。

## 第二节　中国产业结构与产业政策的理论与实践

### 一、引入：林张之争

谈到产业政策，那便不得不提及林毅夫和张维迎两位学者关于国企改革、经济增长、产业政策等中国市场经济体制改革核心问题长达近 30 年的学术交锋。两位学者最近一次公开辩论发生在 2016 年，此次辩论的重点围绕产业政策的存废等议题展开。考虑到产业政策具有历史沿革性，因此本章认为有必要对两位学者近 30 年的学术对话脉络进行简单地回顾（表 15-1），从而更好地理解他们关于产业政策的立场和观点。

表 15-1　林毅夫和张维迎学术对话 30 年脉络

| 时间 | 事件 | 中心论题 | 林毅夫观点 | 张维迎观点 |
|---|---|---|---|---|
| 1995 年 6 月 6 日 | 北京大学 CCER 经济理论和经济政策双周研讨会（“北大交火事件”） | 国企改革 | 大型企业存在“委托—代理”问题，私有化会导致寻租，国企改革应剥离国企社会性负担，营造公平竞争环境 | 企业的经营决策者应享有企业剩余索取权和控制权，国企改革应改变国有制产权 |
| 2004 年 9 月 16—17 日 | 北京大学 CCER 十周年庆祝活动之“中国经济展望——机遇和挑战”国际研讨会 | 中国经济发展预期 | 按中国当前的道路前进，2030 年中国 GDP 能够超越美国 | 未来 20 年中国经济增长源泉将发生重大转变，这会对中国企业造成巨大冲击和挑战 |
| 2014 年 7 月 5—6 日 | 复旦大学“杨小凯逝世十周年”追思会 | 政府定位与后发优势 | 政府扶持企业的比较优势是后发经济体崛起的重要原因，否则就是无效市场 | 没有政府的市场或许能变得更好，政府不及时退出市场的结果是后发优势转变为后发劣势 |
| 2014 年 11 月 14 日 | 《中国的奇迹：发展战略与经济改革》出版 20 周年研讨会 | — | 中国改革的成功是因为遵循了比较优势，同时充分发挥了技术创新、产业升级的后发优势 | 市场是发挥比较优势最有效的制度，并且技术进步源于企业家精神，产业政策将制约企业家精神 |
| 2016 年 8 月 21—22 日 | 复旦大学“产业政策：总结、反思与展望”研讨会 | — | 只要产业政策扶持私营企业按照比较优势发展，则后发国家都能有潜力实现高速增长 | — |
| 2016 年 8 月 25 日 | 亚布力中国企业家论坛 2016 年夏季峰会，随后《为什么产业政策注定会失败》一文发表 | — | — | 产业政策失败的根本原因是人类认知的局限和激励机制的扭曲，故任何形式的产业政策都应废除 |
| 2016 年 9 月 13 日 | 《一味反对产业政策就是不负责》一文发表 | — | 经济发展需要产业政策才能成功，产业政策失败是执行力问题和扶持违背比较优势的产业，经济学家的责任是阐明产业政策成功和失败的道理 | — |
| 2016 年 9 月 17 日 | 《林毅夫在产业政策问题上的四个错误》一文发表 | — | — | 后发国家持续经济增长难称奇迹，发挥比较优势和发挥政府作用是矛盾的，发挥企业家精神和实施产业政策是矛盾的，不能为了战略而扭曲体制 |
| 2016 年 9 月 20 日 | 《人类认知局限和激励机制扭曲无人能解决》一文发表 | — | — | 产业政策会导致寻租、套利、误导企业家选择和不公平竞争 |

（续表）

| 时间 | 事件 | 中心论题 | 林毅夫观点 | 张维迎观点 |
| --- | --- | --- | --- | --- |
| 2016 年 9 月 21 日 | 企业家精神与中国新商道论坛 | — | — | 强调企业家精神的重要性，中国改革开放成功是因为企业家精神崛起 |
| 2016 年 9 月 23 日 | 《米塞斯大传》发布会暨米塞斯思想研讨会 | — | — | 市场最重要的功能不是配置资源，而是发现和传递信息，这一过程的实现者是企业家 |
| 2016 年 9 月 25 日 | 南南合作机制与中国企业机遇论坛 | — | 一个国家的经济发展既需要遵循比较优势，同时需要有效市场和有为政府的配合 | — |
| 2016 年 10 月 15 日 | 《照搬西方主流经济理论是行不通的》一文发表 | — | 产业政策重要性在于发挥各产业比较优势，改善本国要素禀赋，促进产业结构升级 | — |
| 2016 年 11 月 9 日 | 北京大学国家发展研究院产业政策思辨会 | 产业政策 | 产业政策是经济发展的重要推动力，是“有为政府”的重要表现；<br>产业政策不是“要不要”，而是要制定“什么样”的问题 | 产业政策是穿着马甲的计划经济，阻碍企业家精神的发挥；<br>类似观点也出现在计划经济的评价中，计划经济不是本身不好，而是没有搞好 |

自 1995 年起，林毅夫和张维迎针对产业政策展开了数次公开对话，就最近一次关于产业政策的探讨而言，林毅夫认为从历史进程和发达国家的国际经验来看，产业政策是后发国家崛起的重要因素，如果不实施产业政策，后发国家将无法发挥比较优势来与发达国家竞争，因而无法缩小与发达国家之间的差距。林毅夫的观点秉承新结构经济学一贯的叙事逻辑，始终强调合理的产业政策是“有为政府”的重要体现，产业政策的失败不是政府的失败，而是没有遵循一定社会发展阶段的经济比较优势。相反，张维迎针锋相对地认为经济发展不是由产业政策带来的，而是市场化的结果，中国经济改革的成效不是因为执行了什么好的产业政策，而是市场化改革纠正了扭曲的市场机制，从而激发出企业家精神及其创新活力。因此中国现阶段遇到的发展问题，不是市场化过度引起的，而恰恰是市场化程度不足导致的，市场化不足的重要原因是产业政策的存在阻碍了市场机制的建立，未来欲使市场能在更多领域内发挥作用则必须放弃一切形式的产业政策。

林毅夫和张维迎关于产业政策的辩论引发了社会各方的极大关注，不少知名学者和机构也对此发表了见解。国家发改委认为产业政策对中国发展起到至关重要的作用且不同国家和地区也都在不同程度上使用产业政策，而田国强、黄益平等学者则进一步指出产业政策的局限与矛盾。此外，也有学者持有相对中立的观点，例如，吴敬琏认为两位学者的观点更多地是关注现象层面的问题，而对现象背后的本质问题阐述较少，中国在改革开放之后自日本引进产业政策，并且林毅夫和张维迎探讨的产业政策实际上是日本在二战后高速增长时期的“选择性产业政策”，这和现阶段中国需要的“设计得当的产业政策”不是等同的，但遗憾的是学术界对后者的基础研究还比较欠缺。① 李稻葵也认为两位学者的辩论未能触及经济问题的根本，也没有准确总结出中国经济发展的经验，中国改革开放后经济发展成功的根本特征在于政府帮助企业培育、做大市场，而现阶段经济运行的问题需要政企关系以及政府监管质量和水平的升级才能最终解决。② 王小鲁认为产业政策应适应新时期转型，从选择性和政府主导式的模式转向普惠性和竞争性模式，并且应作为市场调节的补充。③

由此可见，林张之争引起的关于产业政策的广泛讨论与如何理解中国市场化改革的实践经验紧密相关，认为产业政策发挥了重要作用的学者一般将目光聚焦于产业政策的实施与评价，而认为产业政策扭曲了市场机制的学者则通常将矛头直指产业政策存在的合理性，因此有调侃的观点评价林毅夫更像专家而张维迎更像学者。结合两位学者的观点并基于中国产业政策的现状，本章接下来将探讨什么样的产业政策才是合理的。

## 二、再谈产业政策的意义

诚然，林毅夫和张维迎两位学者的最近一次学术交锋围绕产业政策展开，但必须指出的是，二者关于产业政策的定义本身存在一定的差距，抛开定义来比较他们关于产业政策的主张多少是以偏概全和不负责任的。林毅夫主张的产业政策是指政府为了促进某种产业或者该地区的发展而采取的政策措施，而张维迎认为的产业政策则是指政府出于经济发展或其他目的，对私人产品生产领域进行的选择性干预和歧视性对

① 资料来源：吴敬琏：“第三届大梅沙中国创新论坛视频演讲”，2016 年 11 月 4—5 日。
② 资料来源：李稻葵：《讲好中国故事，更要讲出中国道理》，《新财富》2018 年 10 月 8 日。
③ 资料来源：王小鲁：《产业政策需要有　但只能是市场调节的补充》，新浪财经专栏，2016 年 11 月 1 日。

待。[①] 在林毅夫的定义下，关税、税收、研发补贴等都属于产业政策的范畴，而张维迎的定义范围则非常明确，产业政策就是指针对私人产品的选择性和歧视性干预政策，具体包括市场准入规则、信贷资金配给、财政补贴等，本质上就是政府为扶植部分企业而推出的政策，而不包括政府在公共品领域，以及普遍性政策、地区政策等方面采取的措施。由此可以明显看出，虽然二者同指产业政策，但各自包含的理论内涵是有显著差别的，它们就像在同一个天平的两端，林毅夫的产业政策定义范围较为宽泛，而张维迎的定义较为具体和集中。

事实证明，一方面，张维迎强调的政府在私人生产领域干预越多则市场机制扭曲就越突出的观点是正确的，在市场和政府都可以配置资源的情况下，市场竞争的力量在行政命令面前无疑是弱势的，尤其是在选择性和歧视性政策下，被扶植的企业先天拥有更优质的生产资源，无论市场机制如何发挥作用都不可能改变不平等竞争的格局。另一方面，林毅夫强调产业政策遵循比较优势能够促进经济发展也具有合理性，最典型的例证便是20世纪60—80年代中国推行的三线建设政策。1964年，三线建设拉开序幕，大批沿海工厂内迁至广大中西部内陆地区，在特定历史时期和特殊历史背景下，三线建设极大地缓解了战争风险对中国工业生产体系造成的威胁，因而对中国国民经济的安全和稳定具有重要意义，并且在客观上减轻了区域间的发展差距。但同时也需要看到，就产业本身的发展规律而言，三线建设是违背产业比较优势的，作为一项全国性产业政策，三线建设没有将工业生产资源配置到生产效率最高的东部沿海地区，而是配置到生产效率相对较低的中西部地区。随着国内改革开放的开始与国际形势的缓和，20世纪80年代三线建设企业调整改造的工作也陆续展开，产业政策朝着顺应产业比较优势的方向过渡，从而有效地激发了工业生产的活力。

综合两位学者的观点，本章将产业政策定义为政府制定的针对产业整体发展的相关措施，这一定义的范围处于林毅夫和张维迎的定义之间，并且强调普遍性产业政策对发挥产业整体比较优势以及克服市场失灵的作用。产业生产过程必然存在矛盾，这些矛盾会逐渐堆积成为产业结构矛盾，产业结构矛盾一旦成型，则仅依靠产业自身演进或市场力量很难解决，此时就需要通过产业结构外部的政策力量进行调整，这也就是产业政策存在的重要意义。举例而言，中国东西部地区的生产效率具有显著差异是

① 资料来源：北京大学国家发展研究院产业政策思辨会，2016年11月9日，https://news.pku.edu.cn/xwzh/129-295756.htm。

不争的事实，如果通过市场配置资源，则很难将资源配置到西部地区，从而使得西部地区与东部地区的发展差距进一步拉大，如此形成恶性循环，也是市场配置资源带来的“马太效应”，此时需要相应的产业政策对这一趋势进行遏制，从而平衡东西部发展。当经济中存在垄断时，市场只能将资源配置到垄断企业手中，其他企业因被垄断而很难从市场获取相应资源，此时亦需要产业政策对其进行纠正。再比如，对于具有高附加值，但同时具有高风险的新兴产业，企业单靠自身力量很难顺利成长，一旦遭遇细小的冲击，结果就可能造成企业破产，因此产业政策对这类产业进行扶持以增强新兴企业风险抵御能力，从而提高企业创新的容错率，无论是对新兴产业自身的发展而言，还是对经济整体的平稳运行而言，都具有不可忽视的重要意义。

## 三、作为资源的产业政策之取舍与侧重

既然产业政策如此重要，那什么样的产业政策才是合理的呢？在新时期，中国大规模强刺激性的传统产业政策自然难以为继，但作为产业结构领域的“资源”，产业政策在各产业之间的“配置”又会对产业结构产生至关重要的影响，如何在先进制造业和现代服务业之间进行平衡，应是中国未来产业政策的思考方向。

先进制造业作为科技、信息、数字、生物等前沿技术产业化的重要载体，引领中国社会生产力的发展方向，现代服务业则是建立在现代科技之上的新商业模式、服务和管理方式，也代表着第三产业的演进方向，二者相对于传统制造业和传统服务业而言都具有相对比较优势，但二者互相之间的比较优势尚不明显，因此对于中国产业结构升级的进程而言，任何产业政策都有可能改变先进制造业与现代服务业之间的相对力量对比，使两个产业面临不同的政策起点而最终形成不同的发展路径。考虑到先进制造业和现代服务业的发展都离不开科技的发展，因此一个合理的产业政策首先应聚焦中国的基础研究领域，从而为先进制造业和现代服务业夯实基础科技实力，可谓一举两得。在此基础上，产业政策还需因地制宜，结合各地产业结构的实际情况在培育先进制造业还是发展现代服务业之间进行取舍，对于传统制造业实力较强的地区，应优先考虑通过引导先进制造业发展带动产业结构升级，相反，对于接近后工业化程度的地区，则应重点发展现代服务业。没有放之四海皆准的发展经验，因而也不应有全国统一的产业政策模板，这本身就是遵循各地区比较优势的表现。

与此同时，产业政策归根结底是政府制定的，则其必然带有人为性和主观性，任

何影响政府对于产业结构主要矛盾的判断都会对产业政策的方向产生影响，如果判断偏差较大甚至与产业结构的主要矛盾完全相同，则极有可能加剧产业结构矛盾的激化。正如张维迎指出的一样，产业政策失败的根源在于人类的“无知”，因此即使事前合理的产业政策在执行过程中也应十分谨慎，并且政府更需要在产业政策的实践过程中不断总结经验和教训以深化对产业政策的认知。同时回到本章关于产业政策的定义上，合理的产业政策需站在先进制造业和现代服务业的整体角度去制定，而不能只为部分市场主体服务。

## 第三节　产业结构升级的国际经验

通过国际对比可以发现，产业政策在产业间的配置是影响产业结构升级成功与否的关键因素，顺应产业比较优势和演进趋势的产业政策往往对产业结构调整起到推动作用，反之，背离产业比较优势的产业政策则会阻碍产业结构的调整和优化。

### 一、德国的经验

19 世纪初，德意志各邦为抵御英国工业品的进口冲击成立了关税同盟，通过关税手段保护国内的新型工业。① 显然，这一阶段德国的产业政策主要扶持的是各工业产业，并且也让德国逐渐形成重视工业生产的政策传统。两次世界大战期间德国工业机器展现出的强大生产实力与二战后两德经济的快速恢复，莫不与产业政策长期侧重工业的历史路径相关。2019 年 11 月 29 日，德国的《国家工业战略 2030》正式公布，其核心包括改善德国作为工业中心的政策环境、加强新技术研发并调动私人资本、维护德国科技主权。② 由此可见，为应对全球竞争，德国的产业政策正逐步从扶持工业转向扶持科技创新，产业政策的重心也逐步向完善市场机制过渡以适应产业结构的变迁。

### 二、日本的经验

日本自 19 世纪 60 年代开始明治维新，在产业领域推行“殖产兴业”政策，大力引进西方先进技术，鼓励和推动工商业发展，从而使得日本在 19 世纪末 20 世纪初跃

---

① 资料来源：于雯杰：《德国产业政策的路径变迁与启示——基于〈国家工业战略 2030〉的分析》，《财政科学》2021 年第 7 期，第 125—137 页。

② 资料来源：同上。

升为世界强国。二战后日本通过实施“重工业化”等产业政策，建立起较为完备的工业体系。产业政策向重工业的倾斜帮助日本实现20世纪60年代的持续高速增长。进入20世纪70年代之后，日本的产业政策方向逐渐从政府主导过渡到加强对市场机制的利用，产业政策的形式也从选择性纵向政策转变为关注环境、中小企业等的横向政策，产业政策在产业之间的配置关系较好地适应了日本后工业化阶段的经济特征。在现阶段，日本的产业政策已经演变为以创新和市场竞争为中心的“多极型”政策，推动产业结构向知识密集型和创新密集型结构演进。①

## 三、韩国的经验

韩国历史上共有两段时期被称为“汉江奇迹”，分别是20世纪60—80年代以及20世纪90年代至今。在第一个“汉江奇迹”阶段，韩国制定并实施连续六个五年经济计划，政府全方位介入产业、项目、技术、金融等微观经济活动，重点引导重化工业发展并积极实施出口导向的发展战略，稳步提升产业结构的现代化水平与产业的国际竞争力，最终在汽车、半导体和核电等产业达到世界一流实力，从而实现从韩国成立之初的落后农业国向资本主义强国的跃升，1988年汉城（首尔）奥运会的举办向世界宣布韩国的正式崛起。在“汉江奇迹”的光鲜背后，财阀垄断、腐败、产业结构失衡等经济发展问题也在不断累积，促使韩国产业政策进行转型。20世纪90年代之后，韩国逐渐加强竞争政策和科技政策对经济发展的推动作用，政府从全面介入经济运行转向由民间主导，政府角色也向优化公共服务转变，助力韩国第二个“汉江奇迹”的到来。②

## 四、拉美地区的教训

以上列举了德国、日本和韩国在经济增长方面取得的成功经验，作为产业发展的重要因素，产业政策的制定和实施直接影响上述国家的工业化和产业结构升级的路径。但同时需要注意的是，仍有不少国家和地区执行不得当的产业政策而导致产业结构升

① 资料来源：于潇宇、刘小鸽：《新常态下中国产业政策的转型——日本工业化后期产业政策演变的经验启示》，《现代经济探讨》2019年第3期，第108—115页。

② 资料来源：冯立果：《韩国的产业政策：形成、转型及启示》，《经济研究参考》2019年第5期，第27—47页、第57页。

级失败，其中最典型的便是拉美地区。拉美地区在二战后普遍实行进口替代的工业化增长方式，产业政策大力引导本国制造业发展以代替制成品进口，并主导基础设施建设和投资，最终带动国内需求的持续增长。但到了20世纪60年代，智利、阿根廷等国在国内制造业发展尚不成熟的阶段将产业政策的中心直接转向耐用消费品和资本品，从而导致贸易失衡、产业升级困难等一系列经济结构性问题的出现。进入70年代之后，进口替代型产业政策逐渐走向衰竭，拉美地区未能及时转变进口替代策略，并且因大规模举债反而引发债务危机等新问题。① 可见，不恰当的产业政策不仅无法引导产业结构进行优化，而且极有可能导致该国或地区错失宝贵的发展机遇，从而导致实现经济增长目标将付出巨大的社会成本。

## 第四节　新时期中国产业政策的取向与思考

### 一、新时期政府在市场中的角色转换

#### （一）政府的立场："裁判员"和"运动员"问题

新时期政府角色应顺应社会主义市场经济的发展进行积极转变，其中最关键的便是政府的立场。一方面，在公有制经济下，国家代表人民占有资源，而国家行使资源占有是通过政府完成的，因此实际上政府作为市场主体直接参与了市场经济运行，并且也有作为市场主体的权利要求。但是，另一方面，政府又是市场规则的制定者和市场秩序的维护者，因此不可避免地存在政府既当"裁判员"又当"运动员"的问题，而且这个问题也是新时期中国社会主义市场经济发展面临的尖锐问题。对于这一问题，一方面需要加快国有企业的公司制股份制改革，强化国有企业的市场主体身份；另一方面更需要明确国有企业约束，让各类市场主体能够在事实上更加平等地参与市场竞争。

无论是林毅夫主张的"有为政府"，还是张维迎主张的放弃产业政策，二者在这一点上分歧的核心源于政府在中国特色社会主义市场经济体制中的立场问题。一方面，政府是市场的"裁判员"，为市场制定运行规则以引导企业有序竞争和产业逐步升级，并且政府还对市场行为进行监督，但另一方面，国有企业背后也有政府的身影，因此政府又隐形地参与市场竞争，可被视为市场的"运动员"。这种双重立场的弊端随着改

① 资料来源：苏振兴、张勇：《拉美经济增长方式转变与现代化进程的曲折性》，《拉丁美洲研究》2011年第5期，第3—12页、第33、79页。

革的不断深化而愈加凸显，并且制约合理产业政策的落地与实施。这与国企改革是紧密相连的，有为政府要制定更合理有效的产业政策，应更多地退出市场的直接竞争过程，为保护国有企业的市场竞争力而出台的产业政策难免是有失公允的。

### （二）政府的职能：授人以鱼不如授人以渔

加快转变政府职能是中国特色社会主义市场经济的基本要求之一。在传统的产业政策下，政府对产业发展的方向和模式具有较强的影响力，为发展产业或弥补产业短板，政府可以对该产业甚至少数企业进行直接的政策扶持，故各产业在产业结构中的力量对比主要跟随产业政策而不是市场机制进行演进，市场机制的作用受到掣肘。因此，推行正确合理的产业政策是管理型政府最重要的任务，一旦产业政策出现偏颇，则国民经济几乎不可能通过自身的力量对其进行纠正，最终使得激励机制严重扭曲。事实证明，由于经验性政策通常具有滞后性，而前瞻性政策往往又充满不确定性，所以实施合理产业政策的目标要求管理型政府时刻准确地掌握国民经济运行的现状、企业的实际需要、居民的消费愿望等信息，这便在无形之中极大地增加了政府运行的成本。

党的十八届三中全会首次正式提出要使市场在资源配置中起决定性作用和更好地发挥政府作用，因此在新时期，为更好地保障市场在资源配置中的决定性作用，政府应当遵循“授人以鱼不如授人以渔”的原则，相应产业政策的选取应从直接干预逐渐转变为规则制定，从管理型政府向服务型政府转型，后者区别于前者的重要特征在于政府应逐渐摒弃选择性、倾向性的产业政策思维，放弃对资源配置机制的直接干预，降低对市场秩序的阻碍和干扰，维护市场规则的权威性，同时思考如何更有效地完善市场机制，如何平等地保护各种所有制企业的合法权益，让市场根据竞争原则进行优胜劣汰，让市场规律引导产业结构调整，从而进一步提升资源配置的总体效率。

## 二、未来产业政策的优化方向

### （一）从选择性产业政策到功能性、竞争性产业政策

基于经济发展的现有基础，中国新时期的产业政策应着重从选择性、针对性的产业政策逐步过渡至功能性、竞争性的产业政策。产业政策作为影响产业结构升级的重要资源，其本身暗含产业公平原则。随着新时期中国社会主义市场经济的发展完善，选择性、针对性的产业政策可能会对市场秩序产生严重破坏，扭曲产业结构升级的激

励信号。政府应避免为了扶植某些低效率产业而置市场规则于不顾，并允许市场通过竞争机制淘汰部分落后产能，提高国有企业的经济运行效率。具体措施包括以下两个方面：第一，政府应逐步减少对特定产业和企业的补贴和优惠政策并加强反垄断监管，此举可以减少政府对市场的直接干预，降低因政策而产生的实际垄断，使市场机制在更大范围内建立并发挥作用；第二，政策还应鼓励企业自主创新和加强知识产权保护，创新的活力越明显、知识产权的保护制度越完善，经济发展和改革的动力必将更加充沛，从而带动作为“存量”的低效率产业优化升级。

### （二）新发展格局下促进高质量发展的产业政策

为实现经济的高质量发展，中国新时期的产业政策需要以保障和增强国内大循环为基础、以促进国内国际双循环为主要目标，更好利用国内国际两个市场和两种资源，不断培育和完善新发展格局。欲增强国内大循环的活力，政府首先需要推动供给侧结构性改革，鼓励技术创新、产业数字化智能化转型并大力加强人才培养；其次应完善市场规则，包括市场定价机制、资源配置机制与成果分配机制，使市场成为国内大循环的基础制度保障；最后还应打破市场分割壁垒，破除产业关联的体制机制障碍，畅通生产的各个环节，增强产业链上下游的分工协作与互联互通，增强国内大循环的韧性。在促进国内国际双循环方面，政府则应大力鼓励企业通过创新增强自身的国际竞争力，加强国际合作，优化外商投资环境，从而推动完善国际产业分工格局，实现高水平对外开放。

### （三）产业政策的配套：竞争性要素市场、资本市场

由于社会主义市场经济具有广泛的关联性，因此产业政策还需要其他政策配套，才能更好地实现推动产业结构转型升级的目标。要素市场的改革便是其中重要的一环，竞争性要素市场的构建主要解决企业在生产前端的要素配置问题，当企业可以更好地获取生产要素时，其整体的生产运营效率将显著提升，从而可以为产业的发展变迁提供源动力，此时再辅以合理的产业政策，则产业升级的目标将更容易达成。资本市场的改革亦不可少，降低资本准入门槛可为众多小微企业提供更好的融资环境，从而更好地激发小微企业的创新活力，最终推动产业结构调整的进一步深化。

# 第十六章　中国特色的中央与地方关系研究

作为一项特殊的制度安排，中国的中央与地方关系在社会主义市场经济改革与发展中发挥着重要作用，是中国特色社会主义政治经济学的一个重要研究对象。然而，中国的中央与地方关系也面临诸多困境与挑战。从“土地财政”的视角来看，“土地财政”不仅是一个财政学问题，其背后更蕴藏中央与地方关系的结构性矛盾。那么，这一结构性矛盾在“土地财政”中有怎样的具体表现形式？其一般表现形式是什么？如何通过中央对地方的有效治理来克服这一结构性矛盾？这些问题均是本章重点讨论的对象。

## 第一节　一般与特殊：中国特色的中央与地方关系

### 一、一般意义上的中央与地方关系及其核心问题

中央与地方关系问题，自古以来都是人口数量和领土规模达到一定程度的国家在其建构与治理过程中必须考虑的一个关键问题。在世界进入近代以后，生产力的进步带来人口的激增与经济社会的全面发展，也倒逼国家不断提升其治理能力，以承担数量和种类更多、内容更复杂且更精细化的职能。在这一背景下，处理好中央与地方关系问题的重要意义日益凸显。

从一般意义上看，中央与地方关系的核心问题是国家权力在中央与地方政府之间分配的问题。一方面，国家权力是一种特殊的资源，因此央地关系问题也是一种特殊类型的“资源配置”问题。另一方面，在现代市场经济中，国家权力又是除市场之外影响各类经济社会资源配置的重要力量。所以，国家权力在中央与地方政府之间的分配，也会直接影响各类经济社会资源配置的状况，从而影响整体经济社会运行与发展的状况。在中央与地方之间分配的权力主要涉及立法权、财权、事权和人事权四个维度。本章将侧重于分析财权与事权的分配问题。

权力资源在中央与地方之间的配置主要包括两种形态：一是集权，即将权力从地

方向中央上收，使中央一统性占据主导地位；二是分权，即将权力从中央向地方下放，使地方自主性占据主导地位。实际上，在绝大多数的国家治理实践中，过度倾向于集权或分权都会造成消极影响。一方面，集权是国家政治稳定、确保中央权威的基石，但过度集权必然会对地方的积极性与国家治理的整体效能产生消极影响；另一方面，分权是充分发挥地方自主性与积极性，并提升整体国家治理能力的必要条件，但过度分权也必然会威胁政治稳定与中央权威。① 所以，如何根据具体情况调节集权与分权的程度，是中央与地方关系中的重要问题。

## 二、中国中央与地方关系的特殊性

中国中央与地方关系的特殊性可以从两个方面来理解：一是相对于西方资本主义国家的中央与地方关系的特殊性；二是相对于苏联的中央与地方关系的特殊性。

### （一）西方资本主义国家与中国的中央与地方关系的比较

不同国家的中央与地方关系均有其自身的特殊性，而这又很大程度上决定于这些国家的结构形式。当代国家结构形式主要包括单一制与复合制两种，前者可进一步分为中央集权型单一制与地方分权型单一制，后者可进一步分为联邦制与邦联制。很多西方国家在国家结构形式上采用的都是复合制与地方分权型单一制。作为典型的联邦制国家，美国以地方分权为基础，地方拥有高度的自主权，中央政府（联邦政府）发挥各地方政府（州政府）之间的必要整合作用。即使是同样采用中央集权型单一制的西方国家（如法国），由于其以资本主义私有制为基础，其国家权力在经济社会运行发展中的作用的广度与深度也较为有限。相比之下，中国是典型的中央集权型单一制国家，以中央集权为主要特征，并在此基础上进行地方分权。而且，中国的中央政府是中央与地方关系的最终调节者，对权力资源在中央与地方之间的配置过程发挥决定性作用。实际上，在西方国家，相对于国家内部的中央与地方关系问题，其理论界与政策界往往更倾向于关注国家与社会的关系问题。而在中国，由于国家在经济社会发展中的作用广泛而深入，中央与地方关系问题是理论界与政策界更为关注的焦点问题。

### （二）苏联与中国的中央与地方关系的比较

还可以进一步将中国与同为社会主义国家的苏联就中央与地方关系进行比较。作为

① 吕冰洋：《央地关系：寓活力于秩序》，商务印书馆2022年版，第46—47页。

一个名义上的邦联制国家，苏联在经济和政治体制上其实是高度中央集权的。苏联的中央对地方拥有极强的控制力，留给地方政府与企业的自主权极其有限。相比之下，中国的中央与地方关系却有着显著区别。早在 1956 年，毛泽东在《论十大关系》中就明确提出要“在巩固中央统一领导的前提下，扩大一点地方的权力，给地方更多的独立性，让地方办更多的事情”，即发挥“中央和地方两个积极性”①。所以，尽管中国在名义上也实行与苏联相同的高度中央集权的计划经济体制，但在新中国成立至改革开放前的 30 年中，在上述思路的影响下，中国的中央从未停止过关于地方政府和地方企业扩大自主权的探索。钱颖一、许成钢进一步从学理上讨论了这一问题。他们将苏联与改革前的中国的国家层级制组织结构分别概括为 U 型和 M 型层级制结构。前者是一种以职能化和“条条”原则为基础的单一结构，后者则是中共八大以来就存在的以区域“块块”原则为基础的多层次、多地区结构。得益于 M 型层级制结构，中国的中央与地方关系更具有弹性，并间接地为改革开放后中国的非国有经济部门的发展提供了条件。②

概言之，与西方发达国家相比，中国是典型的中央集权型单一制国家。而且，国家权力在各类经济社会资源配置中也发挥更全面、更深入的作用。而与苏联相比，在中央集权的基础上，中国的中央政府始终为地方自主性与积极性的发挥保留一定的余地。这样，中国形成了既不同于西方资本主义国家，也不同于苏联的特殊的中央与地方关系。这一关系也在很大程度上影响中国改革与发展的历史进程。

## 三、中央与地方关系在中国特色社会主义政治经济学理论体系中的重要意义

作为一项极具特色的制度安排，中国的中央与地方关系直接关系国家在经济发展中的作用问题。在现代市场经济中，即使是在以“小政府”著称的美国，国家在经济社会发展的特定环节中也发挥着举足轻重的作用。而在中国特色社会主义市场经济中，国家则发挥着更加全面、更深入的作用。处理好中央与地方关系，直接关系国家各项相关制度的建构与完善过程，以及国家各项相关政策的制定与执行过程，从而关系国家在经济社会治理中的效能，即国家在多大程度上能发挥其应有的作用。

而且，中国的中央与地方关系与政府与市场关系、区域协调发展、宏观经济调控

① 毛泽东：《论十大关系》，人民出版社 1976 年版，第 11 页。

② 钱颖一、许成钢：《中国的经济改革为什么与众不同》，载张军、周黎安编：《为增长而竞争：中国增长的政治经济学》，格致出版社、上海人民出版社 2008 年版，第 1—22 页。

等问题都有深刻的联系。首先，传统的马克思主义政治经济学理论中的政府与市场关系理论应进一步将中央与地方关系问题纳入进来，以提升这一理论对于中国特色社会主义市场经济的解释力。其次，中央将财权与事权在各地各级地方政府之间配置的变动，将会直接影响区域协调发展战略的推进。最后，宏观经济调控目标的实现，离不开地方对中央相关经济政策的贯彻，因此也会受到中央与地方关系的影响。

然而，中国的中央与地方关系在社会主义市场经济的改革与发展中发挥重要作用的同时，其自身也面临诸多困境与挑战。所以，深入总结中国的中央与地方关系的主要特征，分析相应困境与挑战的具体表现形式与形成原因，并据此提出相应的治理对策，理应成为中国特色社会主义政治经济学研究的一个重要问题。第二节将以“土地财政”这一典型的财政学问题为主线，初步探索中国中央与地方关系的主要特征及其结构性矛盾。

## 第二节　中央与地方关系视角下的“土地财政”问题探析

### 一、“土地财政”的形成原因与影响

#### （一）“土地财政”的溯源与形成原因

“土地财政”问题可以追溯到改革开放初期的财政体制改革。改革伊始，为激发地方政府与地方国有企业发展的积极性，中央于 1980 年开始逐步将财权下放到地方，地方财政包干制度由此拉开序幕。这一制度的形成主要经历了两个阶段。第一阶段是 1980 年开始的“划分收支、分级包干”改革。根据这一改革的要求，一方面，中央清晰划分出中央与地方的财政收支范围；另一方面，根据各地方的财政盈余与赤字状况，中央确定地方财政上缴比例，或确定调剂与中央补助金额。各地方在此基础上自行安排预算，并保持收支平衡。1988 年，“划分收支、分级包干”进一步发展为正式的，并在全国范围内推行的“财政包干体制”，此即地方财政包干制度形成的第二阶段。

地方财政包干制度在一定程度上调动了地方发展的积极性，促进了地方（尤其是有较多财政盈余的地方）的发展。[①] 然而，这一制度也带来一定的消极影响。首先，很

① Jean Oi, 1992, “Fiscal Reform and the Economic Foundations of Local State Corporatism in China”, *World Politics*, vol.45, no.1, pp.99—126; Lin Yifu and Liu Zhiqiang, 2000, “Fiscal Decentralization and Economic Growth in China”, *Economic Development and Cultural Change*, vol.49, no.1, pp.1—21; Qian Yingyi, 2003, “How Reform Worked in China”, in Dani Rodrik, ed., In *Search of Prosperity: Analytic Narratives on Economic Growth*, Princeton, N.J.: Princeton University Press, pp.297—333.

多地方政府过度保护地方企业，形成“地方保护主义”、市场割据等弊端。其中，最大的消极影响是对中央与地方财政关系的稳定性造成挑战。各级地方政府为了自身发展需要，往往倾向于将地方财政收入少缴多留，导致中央财政占全国财政总收入的比重自 1986 年之后持续下降。到 1993 年，中央财政占比仅有 20% 左右。对此，王绍光、胡鞍钢提出中国财政汲取能力下降的观点。①

地方财政包干制带来的各类弊端日益突出，推动了央地财政关系的进一步改革。1993 年底的十四届三中全会正式确立财政体制改革的方向——“分税制”改革。具体来说，分税制是“在国家各级政府间合理划分事权的基础上，结合税种的特性，划分中央与地方的税收管理权限和税收收入，并辅之以转移支付的预算管理体制”②。“分税制”改革以“事权与财权相结合”的原则，主要涉及以支出责任为依据的中央与地方事权的重新划分，以及以不同税种的特征为依据的中央与地方财权的重新划分，并带来政府间责权关系的明晰化、中央财政占比的增加与中央转移支付能力的提升、全国统一市场的逐步形成等积极影响。③

然而，“分税制”改革在一定程度上是不彻底的。这种不彻底性突出地表现为事权改革的不到位。④地方政府，尤其是基层政府，承担了过多的全国性事权，尤其涉及义务教育、公共医疗卫生、社会保险与社会福利等各项公共服务。这就导致地方政府财权与事权不匹配的问题，即地方政府仅凭借地方财政往往难以担负起足够质量与数量的公共服务。而随着经济的不断发展，地方政府势必会承担更多更复杂的事权责任。与此同时，在分税制改革后，地方的很多财政收入来源（如企业向地方政府缴纳的行政费用等）也大幅减少了。⑤尽管中央有针对地方的转移支付与税收返还，但这对于地方政府财政压力的缓解作用往往十分有限。因而，在“财权层层上收，事权层层下压”的背景下，中央常常会默许地方政府通过预算外收入和非预算收入的渠道增加地方财政收入的行为，以缓解地方政府不断加重的财政压力。自 20 世纪 90 年代中期以来，除了增加对企业或居民的各项税费征管，在基于住房与土地制度改革的土地使用

① 王绍光、胡鞍钢：《中国政府汲取能力的下降及其后果》，载张静：《国家与社会》，浙江人民出版社 1998 年版。

② 吴敬琏：《当代中国经济改革》，中信出版社 2017 年版，第 331 页。

③ 同上书，第 333—335、341—344 页。

④ 楼继伟：《中国政府间财政关系再思考》，中国财政经济出版社 2013 年版。

⑤ 兰小欢：《置身事内：中国政府与经济发展》，上海人民出版社 2021 年版，第 61—62 页。

权市场化的背景下，“土地财政”——地方政府通过出让地方政府辖区内特定土地地块的使用权，以获得土地出让收入——成为增加地方财政收入的主要手段。概言之，由分税制改革的不彻底造成的地方事权与财权的不匹配，以及由此导致的地方财政压力，是“土地财政”的一个重要形成原因。①

分税制改革的不彻底是形成“土地财政”的“被动原因”。“土地财政”的形成还有一个重要的“主动原因”，即中国特色的基于地方政府间竞争的经济发展模式。这一发展模式形成于财政包干制时期，并一直延续至今。而且，这一模式还是中国特色社会主义市场经济区别于西方资本主义市场经济的一个独特方面。有学者将其概括为“三维市场经济”，即“中央政府—地方政府—市场”②。关于地方政府竞争所围绕的目标，不同学者给出了不同解释。其中，最有代表性的解释分别是“中国特色的维护市场的财政联邦主义”理论③与“地方政府官员晋升锦标赛”理论④。二者分别认为地方政府竞争目标是地方财政收入最大化与地方官员晋升。围绕这两种理论，中国理论界展开了长达十几年的争论。不少学者还提出一些支持或反对这两种理论的经验证据。⑤

然而，无论如何，由于地方政府间竞争模式的存在，经济发展成为各级地方政府的重要工作目标。地方政府发展经济需要招商引资。在中国土地使用权逐步市场化资本化的基础上，很多地方政府主动探索商住用地和工业用地的“价格剪刀差”，以及农地非农流转的“价格剪刀差”办法。就前者而言，一方面，地方政府尽可能高价出让商住用地价格（尤其是居住用地），以获得高额的土地出让收入；另一方面，地方政府用商住用地的土地出让收入补贴工业用地，以尽可能压低工业用地价格，从而降低外

① 孔善广：《分税制后地方政府财事权非对称性及约束激励机制变化研究》，《经济社会体制比较》2007年第1期；陶然等：《地区竞争格局演变下的中国转轨：财政激励和发展模式反思》，《经济研究》2009年第7期。

② 史正富：《超常增长：1979—2049年的中国经济》，上海人民出版社2016年版，第35—57页；孟捷：《农民工、竞争性地方政府和社会主义政党—国家——改革开放以来中国的经济制度和经济学话语》，《东方学刊》2019年第1期。

③ Qian Yingyi and Barry Weingast, 1995, “Federalism as a Commitment to Preserving Market Incentives”. *Journal of Economic Perspectives*, vol.11, no.4, pp.83—92.

④ 周黎安：《中国地方官员的晋升锦标赛模式研究》，《经济研究》2007年第7期。

⑤ Zhang Tao and Zou Hengfu, 1998, “Fiscal Decentralization, Public Spending and Economic Growth in China”. *Journal of Public Economics*, vol.67, no.2, pp.221—240；王永钦等：《中国的大国发展道路——论分权式改革的得失》，《经济研究》2007年第1期；陶然等：《经济增长能够带来晋升吗？——对晋升锦标竞赛理论的逻辑挑战与省级实证重估》，《管理世界》2010年第12期；吕冰洋：《央地关系：寓活力于秩序》，商务印书馆2022年版，第226—230页。

来企业投资成本，增加招商引资，进而促进地方经济发展，并为地方政府各类税收的增长提供基础。而且，由于各地方政府间的竞争关系，企业的用地成本往往会被进一步压低。就后者而言，地方政府会在对土地一级市场垄断的基础上，从村集体那里低价征用农业用地，并对这些土地进行平整和配置相关基础设施，以用作非农开发用途，并获得土地出让金。① 这样，地方政府得以同时推进本地区的工业化与城市化，从而推动本地区的经济发展。

### （二）"土地财政"的影响

概言之，在上述"被动"与"主动"原因的影响下，地方政府基于"土地财政"的发展模式逐渐确立起来。② 一些学者认为，在"土地财政"的实践过程中，地方政府通过对土地出让收入的生产性使用（尤其是商住用地和工业用地的"价格剪刀差"），大幅降低非公有制企业的投资成本，从而创造出远高于常规市场经济下的投资水平，最终推动中国的工业化与城市化进程，促进中国经济的长期增长。③

然而，不可否认的是，基于"土地财政"发展模式的诸多消极影响日益凸显，这一模式无法满足高质量发展与构建"新发展格局"的要求，亟待转型。在这些消极影响中，最重要的是三个方面的影响。一是居民住房价格快速上涨。④ 高企的居民住房价格会对经济社会发展产生诸多负面影响，最终会阻碍"新发展格局"的构建和高质量发展的推进。二是间接推动高污染高能耗的"粗放型"经济发展模式，并造成地方产能过剩问题。⑤ 三是日益严峻的"地方政府债务风险"问题。这也是接下来将要进一步讨论的重要问题。

地方政府债务最早出现于20世纪80年代末，但其规模的迅速膨胀则直接肇始

① 周飞舟：《生财有道：土地开发和转让中的政府和农民》，《社会学研究》2007年第1期；陶然等：《地区竞争格局演变下的中国转轨：财政激励和发展模式反思》，《经济研究》2009年第7期；吴群、李永乐：《财政分权、地方政府竞争与土地财政》，《财贸经济》2010年第7期。

② 吴群、李永乐：《财政分权、地方政府竞争与土地财政》，《财贸经济》2010年第7期。

③ 史正富：《超常增长：1979—2049年的中国经济》，上海人民出版社2016年版，第35—57页；刘守英：《土地制度变革与经济结构转型——对中国40年发展经验的一个经济解释》，《中国土地科学》2018年第1期；孟捷：《农民工、竞争性地方政府和社会主义政党—国家——改革开放以来中国的经济制度和经济学话语》，《东方学刊》2019年第1期；赵燕菁：《为什么说"土地财政"是"伟大的制度创新"》，《城市发展研究》2019年第4期。

④ 宫汝凯：《分税制改革、土地财政和房价水平》，《世界经济文汇》2012年第4期；徐璐、周健雯、施雨欣：《地方政府财政压力、土地财政与房价》，《政治经济学评论》2020年第4期。

⑤ 陶然等：《地区竞争格局演变下的中国转轨：财政激励和发展模式反思》，《经济研究》2009年第7期。

于2008年金融危机。为缓解金融危机对中国的影响，对抗经济下行的压力，中央发布“四万亿”政府投资计划。同时，中央对地方政府融资的限制也有所松动。具体来说，在“土地财政”的基础上，地方政府可以以土地出让收入为担保，或者以已征收但尚未出让的城市建设储备作为抵押，依托地方融资平台，获得金融贷款，以支持城市建设。① 结果，在短短几年内，各级地方政府就积累了巨额的债务，“土地金融”由此形成。“土地金融”本质上是城市土地未来收益的资本化。在“土地金融”的基础上，一种“地方政府获得土地出让收入并增加土地储备—通过融资平台公司进行融资—贷款用于城市建设与经济增长—土地价格上涨—地方政府获得更多土地出让收入以偿还债务，并征收、储备更多土地”的循环发展模式逐渐确立起来。② 这一发展模式得以维持的关键在于土地价格的不断上涨。只有这样，地方政府才能偿还土地抵押贷款的债务。

然而，由于土地市场的波动，土地价格，从而土地出让收入必然也会持续波动。这就使得地方债务风险逐渐积累。更重要的是，对于广大中西部地区，以及四线以下的小城市而言，由于其总体经济发展水平相对落后，土地出让收入并不高，这些地区的地方政府债务风险更为突出。有学者估算，截至2018年末，地方政府隐性债务余额已达30.88万亿元。概言之，地方政府债务风险已经成为诱发财政风险与金融风险，并影响宏观经济稳定的重要因素。③

## 二、“土地财政”问题背后的中央与地方关系问题

在现实的社会主义市场经济发展过程中，造成“土地财政”的客观原因与主观原因交织在一起。更重要的是，二者从不同方面与中央与地方关系相联系。

先来看地方政府竞争模式背后的中央与地方关系。地方政府竞争模式本质上是发挥中央与地方两个积极性的一种策略安排。中央要考虑的是全国层面的整体、长远发展，以及包括经济、政治、社会、文化和生态在内的“五位一体”发展，其发展目标具体体现为各项国家重大战略目标，包括构建“新发展格局”、推动高质量发展、推动

① 周飞舟：《大兴土木：土地财政与地方政府行为》，《经济社会体制比较》2010年第3期；沈坤荣、赵倩：《土地功能异化与我国经济增长的可持续性》，《经济学家》2019年第5期。

② 郑思齐等：《“以地生财，以财养地”——中国特色城市建设投融资模式研究》，《经济研究》2014年第8期。

③ 周世愚：《地方政府债务风险：理论分析与经验事实》，《管理世界》2021年第10期。

共同富裕、乡村振兴战略、区域发展战略等。地方则侧重于当地的发展，尤其是当地经济增长和财政收入增长速度。基于地方政府竞争模式，中央旨在通过推动地方发展来推动全国发展。

然而，自改革开放初期财政包干制开始推行后，地方政府不再是计划经济时期纯粹的受中央调控与治理的对象，而逐渐成为相对独立的利益主体，即会主动地争取地方自身的利益，以求在与其他地方政府的竞争中占据优势。在财政包干制中，地方分成比例多以与中央讨价还价的方式实现。① 这也是计划经济时期中央与地方的权力配置往往被称为“收权”和“放权”，而改革开放后多被称为“集权”和“分权”的原因。②

地方政府财政压力背后又体现中央与地方关系的哪些特点？分税制改革将地方的财权大幅向中央集中，往往被认为是典型的“集权”式改革。然而，地方政府的财政压力反而进一步强化地方相对独立的利益主体意识，并进一步产生从预算外收入的渠道缓解财政压力的动机。③ 从这一角度看，分税制改革反而助推了“分权”的趋势。而后来中央出于保证地方发展活力的动机而对地方“土地财政”乃至“土地金融”的默许，也是这种“分权”趋势的延续。

在这样的背景下，地方政府选择“土地财政”与“土地金融”的发展模式，并形成相应的“路径依赖”，这是地方政府作为相对独立的利益主体的具体体现。上面的分析已经表明，由于地方的发展离不开资金，“土地财政”与“土地金融”确实是一种能快速为地方政府融资的手段。然而，地方政府可能不会将这些资金用于生产性用途（尤其是用于鼓励引导各类资本进行创新），以推动高质量发展，而是将其用于过度或重复的基础设施建设、“形象工程”等非生产性用途中。更严重的是，“土地金融”还带来“地方债务风险”的问题。所以，基于“土地财政”与“土地金融”的发展模式亟待转型。

从央地关系的视角来看，“土地财政”与“土地金融”转型的背后也是中央对地方治理的进一步优化。中央既非在分权的基础上继续实行“土地财政”制度，放任地方追求自身利益最大化，也非通过大力强化集权削弱地方发展积极性，从而影响全国发展与各项战略目标的实现。中央需要用一套更好的制度安排来治理地方，尽可能地减

① 周飞舟、谭明智：《当代中国的中央地方关系》，中国社会科学出版社2014年版，第37页。
② 同上书，第18页。
③ 同上书，第63页。

少“土地财政”与“土地金融”的负面影响，同时发挥中央与地方两个积极性，将地方自身利益与国家整体、长远的发展目标统一起来。

## 第三节　中国特色中央与地方关系的结构性矛盾及其治理

### 一、中国中央与地方关系的结构性矛盾及其成因

这一节将会从具体的“土地财政”问题上升至更一般性的中央与地方关系的结构性矛盾问题。在中国古代与近代的央地关系中，存在一种“一统就死、一放就乱”的治乱循环。当中央集权过度，会压缩地方的自主性，抑制地方发展的活力，从而不利于全国发展，此即“一统就死”；然而，由于中央难以拿捏集权与分权的程度，中央向地方的分权也有可能会过度，从而对中央权威与整体上的政治稳定产生不利影响，此即“一放就乱”。在“一放就乱”时，中央会选择重新集权。于是，央地关系往往又进入新一轮的“一统就死、一放就乱”周期。这一循环的特征也部分地影响了当代中国的中央与地方关系。

在新中国成立后的计划经济时期，中央与地方之间就经历过两次“收权”与“放权”的交替周期。改革开放后，随着市场经济的发展，以及“分权”思路的拓展（即从“向地方政府分权”转向“向企业分权”），中央与地方之间的“集权”与“分权”的交替现象已经没有计划经济时期那样明显。然而，这并不意味着原来的“一统就死、一放就乱”问题消失了。这一问题只是改变了其作用形式，即演化为社会主义市场经济条件下中央与地方的“集权”与“分权”之间的矛盾。这一矛盾的具体表现是：一方面，中央在总体上倾向于选择适度分权的策略，以保障地方发展的积极性，从而使得地方政府竞争发展模式充分发挥作用；另一方面，在适度分权的背景下，地方政府的自主性不一定会导向助力地方经济发展的“援助之手”，而是导向通过创租获得收入，从而阻碍地方经济发展的“攫取之手”；或者，即使导向“援助之手”的结果，往往也会伴随产能过剩、生态环境破坏、民生与社会建设投入减少等负面影响——仅重视经济增长单一目标的“趋坏的竞争”（race to the bottom），而非经济社会全面发展的“趋好的竞争”（race to the top），[①] 从而不符合高质量发展的要求。然而，对于后一种情况，中央又无法通过大规模强化集权来治理地方，因为集权虽然会抑制地方的“攫取

① 张军：《为〈为增长而竞争〉而写》，载张军，周黎安编：《为增长而竞争：中国增长的政治经济学》，格致出版社、上海人民出版社 2008 年版，第 1—22 页。

之手”或“趋坏的竞争”，但也必然会影响地方发展的活力。所以，中央既不能过度集权，也不能过度分权，这种中央在治理地方时面临的“集权”与“分权”策略选择上的矛盾，即“集权”与“分权”的矛盾。

正如第二节所述，地方政府一方面是中央治理、调控的对象，因此地方要服务于全国大局；另一方面也是相对独立的利益主体，因此也会在一定程度上追求自身利益。这种地方政府的二重特征使得中央在治理地方、发挥中央与地方两个积极性，以推动地方与全国同步发展时，往往面临相当复杂的状况。在具体的经济社会发展过程中，中央与地方之间往往存在目标上的冲突。

要通过中央与地方关系改革，发挥地方政府“援助之手”的作用，并实现“趋好的竞争”，从而助力推动高质量发展，主要包括两大总体思路。首先，要把握好集权与分权的平衡。陈抗等认为，“攫取之手”的直接成因是分税制带来的财政压力。因此，将“攫取之手”转化为“援助之手”的关键在于财政集权与分权的平衡。① 此外，还需要在财权、事权、立法权、人事权等不同领域，根据改革的需要，同时推进这些领域的集权或分权。②

然而，根据对上述“集权”与“分权”的矛盾的分析可以发现，陈抗等人的观点也有一定的局限性。正如张军所指出的，“财政分权并不解释政府的目标”。所以，要解释地方政府的“攫取之手”和“趋坏的竞争”，乃至探索“集权”与“分权”之间矛盾的成因，还是要从地方政府的二重特性来入手。③ 这就引出中央与地方关系进一步改革的第二条思路，即中央还需要完善相关的制度安排以规范引导地方政府行为，使地方政府自身的利益与国家整体、长远的利益尽可能耦合起来，以尽可能地减少中央与地方之间的目标冲突。所以，只有在把握好集权与分权的平衡，以及中央对地方进行有效治理的双重基础上，才能实现“援助之手”和“趋好的竞争”，以缓解中央与地方之间“集权”与“分权”的矛盾。后一方面是下面要重点论述的内容。

---

① 陈抗、A. L. 希尔曼、顾清扬：《财政集权与地方政府行为变化从援助之手到攫取之手》，《经济学（季刊）》2002 年第 1 期。

② 朱旭峰、吴冠生：《中国特色的央地关系：演变与特点》，《治理研究》2018 年第 2 期。

③ 张军：《为〈为增长而竞争〉而写》，载张军，周黎安编：《为增长而竞争：中国增长的政治经济学》，格致出版社、上海人民出版社 2008 年版，第 1—22 页。

## 二、中央与地方关系结构性矛盾的治理：中央对地方的有效治理及其制度安排

### （一）根本保障：坚持党的领导

构建中央有效治理地方的相关制度安排必须以党的领导为根本保障。党的十九大报告提出要“增强政治意识、大局意识、核心意识、看齐意识，坚决维护党中央权威和集中统一领导”（即“四个意识”“两个维护”）。党的十九届四中全会通过的《中共中央关于坚持和完善中国特色社会主义制度　推进国家治理体系和治理能力现代化若干重大问题的决定》进一步提出，要“健全维护党的集中统一的组织制度，形成党的中央组织、地方组织、基层组织上下贯通、执行有力的严密体系，实现党的组织和党的工作全覆盖”。党的二十大报告再次强调，要“坚决维护党中央权威和集中统一领导，把党的领导落实到党和国家事业各领域各方面各环节……确保我国社会主义现代化建设正确方向”。中央有效治理地方，规范地方政府行为，要全面贯彻党在组织和意识形态上的领导地位，以确保中央与地方关系的改革发展的总体推进路线遵循全面建设社会主义现代化国家，尤其是推进国家治理体系与治理能力现代化的大方向。

### （二）基本方向：中央与地方关系的规范化和法治化

构建中央有效治理地方的相关制度，进一步深化中央与地方关系改革，要把握从过去的策略性、非制度性向规范化、法治化转化的基本方向，具体包括三个方面。

第一，基于“大事中央管，小事地方管”的基本思路，根据各类不同事权在性质、特征上的差异，将不同类型的事权责任，以及相对应的权力范围，更科学、更精细地在中央与地方之间，以及地方的各层级政府之间配置。其中，尤其要重视“中央管大事”的作用。这意味着很多应由中央承担的事权（尤其是提供全国性的公共服务）将逐步从地方上收至中央。在这一基本思路下，还要缩减由中央和地方（各级政府）共同管理的事权。

第二，建立中央治理地方，并且中央和地方都要遵守的规范化、法治化治理规则，包括中央与地方之间责权分类的规则。在此基础上，中央对地方的权力行使和权力配置都要逐步走向法治化轨道。相比之下，这一点是前一点的基础，也是目前改革的薄弱环节。①

① 宣晓伟：《治理现代化视角下的中国中央和地方关系——从泛化治理到分化治理》，《管理世界》2018年第11期。

第三，在完善地方政府的“地方税体系”建设的思路下，适当扩大地方政府的财权，尤其是要基于立法授权，适当扩大地方的财政收入管理权限，以更好地发挥地方推动当地发展的积极性。①

### （三）配套改革：中央对地方干部的考核制度改革

作为一种重要的激励办法，中央对地方的考核制度改革能有效引导地方政府的行为，以实现中央有效治理地方的目标。首先，中央要针对不同地区和层级地方政府的不同情况，制定符合该地方特殊情况的考核指标体系。更重要的是，在新的时代条件下，考核制度改革应促成“援助之手”和“趋好的竞争”。具体来说，一方面，要加大对于各类形式的腐败，以及地方政府在当地市场经济发展中各类违规行为的惩罚力度；另一方面，在构建“服务型政府”的理念指引下，促使地方政府在推动地方经济发展的同时，也承担起更多关于公共服务、社会保障、社会管理、环境生态等方面的责任。②2013 年中央组织部印发的《关于改进地方党政领导班子和领导干部政绩考核工作的通知》强调，要“更加重视科技创新、教育文化、劳动就业、居民收入、社会保障、人民健康状况的考核”③。考核制度改革，要在这一方向的基础上进一步深化、具体化。例如，可以增加充分反应民意的“群众对政策的满意度”等指标，以更真实地体现地方政府行为的效果。

### （四）技术支持：数字化治理及其相应的体制机制构建

从中央与地方关系改革的角度看，数字化治理的重要意义在于，为中央与地方关系的规范化、法治化，以及配套的考核制度改革的推进提供了具体实现路径，并且有望解决这些改革中的很多难点问题。例如，数字化治理能有助于更科学、更精细地在中央与地方之间配置不同类型的事权责任。在大数据的基础上，“大事中央管”的进一步实现将获得技术保障。再例如，在考核制度改革中，对于以前很多难以统计的指标与数据，借助大数据技术都能很好地进行统计。2023 年 3 月，中央决定组建国家数据局。这是在顶层设计层面推进数字化治理战略的重要举措，具有重要的现实意义。在不久的将来，覆盖所有职能部门的、从中央到地方的数字化治理体系也将会逐步建立和完善。届时，数字化治理将为构建中央有效治理地方的制度安排，进而推进国家治理体系与治理能力现代化提供根本性技术保障。

---

① 张斌：《新发展阶段与地方税体系建设》，《税务研究》2021 年第 10 期。

② 高帆：《“资本吮吸理论”及其对中国经济发展的启示》，《人文杂志》2017 年第 10 期。

③ 吕冰洋：《央地关系：寓活力于秩序》，商务印书馆 2022 年版，第 219 页。

# 第十七章　中国区域与城乡协调发展理论研究

关于资源的配置关系问题，一个不容忽视的方面就是要关注如何实现要素资源在不同空间的优化配置，由此衍生出区域协调发展的问题。特别是对于中国这样一个地理和人口大国，各地区自然资源和要素禀赋存在较大差异，区域空间的异质性和区域发展不平衡的特征显著存在。不断完善要素的空间配置关系，提高要素资源空间配置效率，推动区域协调发展，既是中国特色社会主义政治经济学理论体系的重要内容，作为重要的理论问题，需要在认识上的不断深化，也是中国现代化经济体系的重要组成部分，具有迫切的现实需求，对中国社会主义现代化建设具有重要意义。本章将从要素的空间属性和流动配置规律出发，系统阐释分析区域协调发展的理论内涵和核心要义，在此基础上梳理和总结中国区域和城乡协调发展的实践历程和特征，并结合当前新的发展阶段与中国式现代化推进建设新的趋势和背景，分析区域和城乡协调发展所面临的新的要求。

## 第一节　资源空间配置与区域协调发展

本节重点从理论层面对资源要素的空间配置属性进行分析，论述资源空间配置、经济活动空间布局和区域经济发展的客观规律，提出推动区域协调发展的内在涵义和核心要义。

### 一、资源要素的空间配置属性分析

空间是资源要素和经济活动的一个重要属性。经济学研究聚焦于资源的优化配置，重点关注“生产什么”“如何生产”。但这并不是一个完全抽象的问题，在现实中经济活动无论是生产、消费、流通、分配，都需要在一定的空间上开展，呈现出一定的空间形态和分布特征，同时不同的空间会具有不同的配置效率和生产方式。如何实现资源要素在不同空间的优化配置（即回答“在哪里生产”的问题）也是需要着重考虑的方面。从传统政治经济学理论来看，马克思主义政治经济学重点遵循时间逻辑，从时间维度来阐释劳动价值论，在此基础上，列斐伏尔、大卫·哈维等学者阐述了空间和地理的重要性，发展形成历史地理唯物主义，建构了资本主义生产的空间逻辑，分析了“空间生产”“空间修复”“空间正义”等问题，也在一定程度上解释了城市化和全球化等进程。而在传统西方经济学的理论体系中，空间最初也是较少考虑的一个因素，在分析和建模时往往假设空间同质且不存在运输成本，忽略其影响，随着学科理论、技术方法的成熟和区域发展实践的演进，空间的作用日益凸显，逐渐被纳入主流经济学的分析中。

区域的发展实质体现自然地理空间与经济社会空间的融合。前者即“第一自然地理”主要是指地区先天的自然地理条件，后者则可以视为“第二自然地理”，主要反映人类活动对自然地理空间的改造所形成的建筑设施、经济布局以及相伴随的经济社会关系结构等，二者共同形成空间的异质性特征。从此出发，可以来对资源要素与经济活动的空间属性进行理解和分析。一方面，先天的自然禀赋如土地、矿产资源、地形地貌、气候条件以及是否沿河沿海等是由地理区位所决定的，一般不具有空间的流动性。另一方面，人类在地理空间中开展经济活动并由此形成特定的经济社会空间，在此过程中除了自然资源，还需要劳动力和资本等的投入，而劳动力和资本等要素则具有空间上的流动性特征。其流动方向就决定“在哪里生产”，这也是需要重点关注分析的问题。

要素的报酬是影响资本和劳动力在不同区域进行流动并最终实现空间均衡的最为主要的因素，特别是对资本要素来说，其流动方向主要受到收益率的影响。而对于劳动力要素，则需要进一步基于人的多层次需求来考虑不同空间所带来的综合效用。决定效用水平的因素，除了要素报酬也即收入水平外，也要考虑生活的成本如房价、物价等因素，从而关注实际收入。此外，地区的便利性水平（amenity）也是现有研究在分析劳动力空间流动均衡时较多考虑的因素。这种便利性具有较为广泛的内涵，既包括一些自然条件如气候环境等，更重要的是伴随地区经济社会发展所形成的要素，典型的如地区的拥堵和污染情况，再者如城市的消费多样性和文化设施水平，是否具有多样化的商场、餐饮店、咖啡店及丰富多样的商品和服务来满足人们的物质消费需求，具有图书馆、体育馆、剧院、历史建筑、公园绿地及各类文娱活动等满足人们多样性的文化精神需求。另外，教育、医疗等公共服务也是地区便利性的重要体现。

基于资本和劳动力要素的空间流动和配置来看经济活动的空间布局。首先，自然地理禀赋无疑是影响生产生活的重要因素，如果一个地区具有较为丰富的自然资源，相应会具有较低的原材料投入成本，或者邻近河流或海洋的地区天然地会具有更好的运输条件，享有更低的运输和交易成本，有利于开展贸易活动，这都会带来更高的要素报酬和收益。在此基础上，人类活动会对地区发展条件产生一定的改变，例如，在地区开发建设中对基础设施特别是交通基础设施的建造，是增强流动性、降低运输成本的重要举措。更重要的是，要素投入和经济活动及其形成的经济空间也会形成一种自身循环累积的影响，要素的空间布局和区域经济发展存在报酬递增和规模经济效应，从而产生更高的效益，这反过来会吸引更多的要素集中，也会进一步推动经济活动在空间上不均衡分布的态势，使得集聚成为塑造经济地理的重要因素。

这种规模报酬递增也即集聚经济效应的来源包括中间品共享、知识溢出、劳动力池、本地市场、消费外部性等方面的作用，当要素和经济活动在一定空间形成规模时，能够通过共享、匹配、技术溢出等方面的机制形成一种正的外部性作用。① 其中，共享既包括对中间投入品的共享，也包括对一些不可分割的设施的共享，从而经济活动的集中分布能够有效地节约成本；匹配机制则主要反映集聚所带来的企业资本与劳动力匹配效率的提高，企业能够通过更大的劳动力池雇佣到适合岗位的劳动力，劳动力也能够寻找到适合自身能力的企业；另外，企业和人口在空间上的集聚也有利于推动信息和技术的溢出，从而提高人力资本水平和技术创新能力。由此，经济主体能够以较低的流通和搜寻成本享受更多的中间投入品、更大的劳动力市场和需求市场、更多的技术信息，从而促进经济绩效和要素报酬的提升。除了生产的外部性，从生活和消费视角来看，一些综合性消费设施和高端的消费商品与服务往往也具有一定的规模门槛。但同时也需要考虑的是，空间的承载能力会具有一定的限度，当要素过度集聚时，也可能产生拥堵、污染、地价过高等负的外部性。

## 二、资源空间配置与区域发展演进

要素资源的空间流动与配置遵循一定的规律，从而经济活动的空间分布和区域发展也遵循一定的演进路径。相关理论最早可以追溯到 20 世纪初期的古典区位论，杜能

① Duranton, G., Puga, D., 2004, "Micro-foundations of Urban Agglomeration Economies", *Handbook of Regional and Urban Economics*, No.4.

（Thünen）的农业区位论和韦伯（Weber）的工业区位论分别揭示了农业和工业在空间上的分布规律，后者重点考虑原材料运输成本，而克里斯塔勒（Christaller）提出的中心地理论较早地对城市体系的形成作了描述，廖什（Lösch）的市场区位论则认为利润最大化应该是企业区位选择的主要目标，将生产区位和需求市场区域结合起来，得到正六边形的最优空间模式。20 世纪 50 年代以来，现代空间发展理论逐渐发展，艾萨德（Isard）将区域经济结构所形成的空间系统作为研究对象，分析了区位问题和空间相互作用的关系，乌尔曼（Ullman）提出的空间相互作用理论强调了区域间的交流和联系，弗里德曼（Friedmann）则对工业化不同阶段区域空间的演化过程进行了详细论述。此外，以佩鲁的增长极理论、缪尔达尔（Myrdal）的循环累积增长理论等为代表的区域经济非均衡增长理论也论证了在经济增长过程中，区域间完全的平衡发展是难以实现的，这一理论重点分析了中心城市与外围边缘城市的极化效应和扩散效应。

城市经济学的相关理论也讨论了城市空间向城市体系的演化，认为城市发展同时具有集聚经济和集聚不经济效应，存在最优规模，从事不同部门生产的城市会具有不同的最优规模，由此形成一种规模等级结构。① 引入范围经济的思想，城市体系中不仅存在专业化城市，也存在进行多样化生产的综合性城市，当制成品的交易成本比较低时，城市会变得更加专业化，而当中间服务的交易成本更低时，综合性城市会更为有效。② 新经济地理学则将空间经济的分析进一步深入和系统化，特别是在垄断竞争和报酬递增的框架下将空间因素和运输成本纳入模型分析之中，对“中心—外围”空间体系的形成进行了较为系统的阐述，分析了邻近中间品提供商和消费者所带来的交易成本降低和市场需求提升，厂商的增加也会以更低的价格提供更加多样化的产品，吸引更多的消费者同时也意味着劳动力的进一步集聚，但过度集聚也会产生更大的竞争和拥挤成本，且由于存在土地等一些不可流动的生产要素，经济活动会呈现出离散趋势，在空间上形成新的中心，而在此过程中运输成本发挥着十分重要的作用。③

结合相关理论来分析经济活动特定的空间配置和分布规律。在经济发展早期，生

① Henderson, J. V., 1974, “The Sizes and Types of Cities”, *American Economic Review*, Vol.64, No.4.

② Anas, A., Xiong, K., 2003, “Intercity Trade and the Industrial Diversification of Cities”, *Journal of Urban Economics*, Vol.54, No.2.

③ Krugman, P., 1991, “Increasing Returns and Economic Geography”, *Journal of Political Economy*, Vol.99, No.3; Fujita, M., Krugman, P. and Venables, A., 1999, *The Spatial Economy: Cities, Regions and International Trade*, MIT Press.

产技术较为落后，产业也较为单一，经济活动在空间上呈现出一种无序分布的特征，各个地区之间基本处于自给自足的状态，没有形成规模等级和产业功能的分异。随着城市化和工业化的推进，某个地方依托自身的自然地理优势或者受到外部的刺激而获得发展的动力，由于集聚经济效应的存在，初始的集聚会通过循环累积过程进行自我加强，进一步吸引周边的劳动、资本等生产要素在此集中，从而演变成为中心城市和增长极，打破了初始的低水平均衡状态，此时区域空间主要由单个相对强大的经济中心与落后的外围地区所组成。然而，单中心区域的规模并不会无限扩张，一方面，经济活动的过度集聚也会产生拥挤效应，带来如地价上涨、交通拥堵、环境污染、成本上升等负的外部性，形成一种向外的推力；另一方面，城市化的深入也会提高外围地区的市场需求，从而原有中心区域的部分企业和经济部门为寻求发展可能会主动到周边地区建立新厂，进而产生一种拉力。

基于此，要素和产业会从中心城市沿着主要交通轴线向外围地区进行扩散，从而在其他地方产生新的经济中心，这些新的经济中心与原来的经济中心在发展上和空间上相互联系组合，形成一种多中心的空间体系，而同时每个经济中心又都会形成与其规模和功能相适应的外围地区，进而产生若干规模不等的“中心—外围”体系，形成多中心多外围的复合式空间结构。① 这一过程也伴随着区域产业分工的演进，各地区基于自身的禀赋特征生产具有比较优势的产品，随着技术的进步和产业的升级，劳动分工在空间上的优化重构也会形成不同规模城市间基于产业链不同环节的功能分工。由此，区域发展会逐渐形成较为完善的空间体系结构，既有特大城市和中心区域来发挥辐射引领作用，也有一定的中小城市和外围区域作为发展腹地，接受辐射并形成互补效应，不同地区和不同城市基于自身发展特征和属性都参与分工体系中，围绕不同产业或者同一产业的不同环节展开横向或纵向分工，各自承担不同的功能，在此基础上形成市场化和网络化的联系，形成人流、物流、资本流以及信息流的有效流动。

集聚和扩散是区域发展演进最为重要的推动力量，二者相互作用导致经济活动在空间上趋于相对均衡，而集聚和扩散的相对力量则可能会受到经济全球化、技术创新、产业升级、交通发展等因素的影响，并作用于产业分工和区域一体化的进程。在全球化日益深入的背景下，生产和消费的参与空间大幅扩展，城市和区域间的联系不断增

---

① 李培鑫：《城市群的演进规律和一体化发展特征分析》，《上海城市管理》2019 年第 5 期。

强。而技术革新及由此带来的产业升级也是区域发展的重要因素，生产生活方式和产业分工结构都发生了巨大的变化，生产和分工也得以突破行政区的界限从而在更大的范围内实现，区域内不同城市的功能也不断分化。此外，交通基础设施则为区域经济发展提供最为直接的动力和支撑，在缩短要素和商品流通时间的同时扩大其流动空间，从而促进城市空间形态和区域城市体系的变化。

## 三、区域协调发展的内涵与要义

经济活动在空间上的分布遵循一定的规律，由此形成特定的区域发展布局和空间结构形态。由于先天的自然地理条件存在差异，叠加集聚与扩散的作用机制，区域经济发展存在客观上的差异性。特别是中国幅员辽阔、人口众多，具有多样化的自然地理、人文地理和经济地理，区域发展不平衡的特征更加凸显。推动区域协调发展，不是追求资源的平均分配与发展的绝对均衡，而是要充分尊重资源要素空间流动和布局的经济规律以及区域发展不均衡的客观特征事实，按照客观经济规律调整并完善区域政策体系，发挥各地区的资源禀赋和比较优势，推动合理分工和优化发展，加强要素的合理流动与高效集聚，构建强有力的发展动力源，打造中心辐射与功能协同的多层次空间体系，推动形成优势互补、高质量发展的区域经济布局，在发展中促进区域发展的相对和动态平衡。①

对于区域协调发展，可以从四个方面来把握其要义。一是要发挥区域比较优势，实现有效分工基础上的协调联动。区域协调发展要尊重地区之间在地理条件方面的差异，根据自身禀赋进行分工与合作，通过合理分工构建区域经济的比较竞争优势，在发挥比较优势的基础上促进各地区发展水平的相对平衡。二是要促进要素自由流动，实现高效集聚基础上的优化配置。区域协调发展要遵循资源流动与分布的客观规律，消除阻碍要素流动的自然和制度壁垒，营造竞争有序的统一市场，促进各类生产要素的自由流动与优化配置，在充分发挥集聚经济活力的基础上释放高质量发展新动能，推动区域协调和相对平衡。三是要完善城镇空间体系，优化区域发展的空间布局和结构。高效的区域协调需要依托合理的空间布局和结构，建立起以点带线、以线带面的多层次网络化区域空间体系，特别地，要具有若干高质量发展的增长极和动力源来发

① 习近平：《推动形成优势互补高质量发展的区域经济布局》，《求是》2019 年第 24 期。

挥引领带动作用，对此要着力提高中心城市和城市群的综合承载与资源配置能力，同时有效协调不同规模城市的发展特点，加强相互之间的功能协同。四是要推动城乡融合发展，不断消除城乡之间的二元结构。城乡之间的协调发展也是构造现代化区域发展体系中的重要内容，要进一步推动城乡各类要素双向流动、平等交换、合理配置，创造平等的就业和生活机会，实现城乡之间收入差距的不断缩小和公共服务的不断均等化。

区域协调发展是一项系统工程，促进其向更高水平和更高质量迈进，要以辩证的视角处理好市场与政府、效率与公平、短期与长期、局部与全局的关系。首先，区域协调发展需要有效市场与有为政府的充分结合，坚持市场在资源配置中的决定性作用，遵循产业分工、要素流动与经济空间布局的客观规律，同时也要更好发挥政府作用，不断优化完善区域政策体系和协调发展的体制机制，减少地区分割与行政壁垒，打造统一开放、竞争有序的商品和要素市场，加强基础设施建设，创造良好的发展环境和机会。其次，区域协调发展也蕴含效率与公平的辩证统一，区域协调并不是牺牲效率来追求发展的绝对平等，而是要在高质量发展中实现地区间的相对均衡，既通过合理分工来突出地区比较优势，也通过要素的自由流动来发挥集聚经济的优势与扩散带动作用，在促进效率提升的同时带动收入的增加与分配的优化，在此基础上进行合理的政策调控，重点推进公共服务等的均等化水平。最后，区域协调发展也是一种动态均衡，随着发展阶段和发展环境的变化以及技术和产业的创新，地区的相对比较优势可能会有所改变，区域协调发展的空间格局与存在的主要问题也会有所不同，区域协调发展的目标也可能会适时调整。此外，区域协调发展也要处理好整体与局部的关系，要立足现代化建设全局，将其与对内对外开放、产业转型升级、绿色低碳发展、社会民生保障以及政治安全稳定有机结合，在推进中既要统筹谋划，也要充分调动地方发展的积极性和能动性。

## 第二节　中国区域协调发展的推进和实践

构建优势互补、协调联动的区域城乡发展体系是中国现代化经济体系建设的重要内容，推动区域协调发展也是实现高质量发展、构建新发展格局的重要支撑。党的二十大报告指出，要“深入实施区域协调发展战略、区域重大战略、主体功能区战略、新型城镇化战略，优化重大生产力布局，构建优势互补、高质量发展的区域经济布局和国土空间体系”。新中国成立特别是改革开放以来，中国立足地理和人口大国的现实，不断适应新的阶段和形势变化，走出一条既符合客观经济规律又具有鲜明中国特色的区域协调发展之路。相关研究也对此进行了总结和梳理。① 总的来看，中国区域发展战略和区域经济格局先后经历了重工业布局内陆的区域均衡发展阶段，东部地区率先发展的区域不均衡发展阶段，以西部大开发、中部崛起、东北老工业基地振兴为代表的区域协调发展阶段。党的十八大以来，四大板块间的区域协调发展总体战略进一步深化和完善，另外还实施了京津冀协同发展、长江经济带发展、粤港澳大湾区建设、长三角一体化发展、黄河流域生态保护和高质量发展、成渝地区双城经济圈发展等一系列具有全局性意义的区域重大战略，有效推动区域协调和高质量发展。随着城镇化的不断推进，城市体系也不断完善，逐渐形成以城市群和都市圈作为主要载体的城镇化推进路径。这共同构成中国区域协调发展多层次、多形式、全方位的推进和实践路径。

## 一、四大板块间的协调发展总体战略

中国地理和经济发展的不平衡，最为明显的就是东中西部之间的差异。“胡焕庸线”所显示的中国人口分布格局对此提供了一个直观显示，线以东地区地形多为平原和丘陵，水系发达、气候适宜、交通便利；线以西地区多为高原山地，气候条件一般、运输流动不便，在两边面积相近的情况下；线以东地区分布的人口占比达到96%。“胡焕庸线”最早提出于20世纪30年代，当时中国仍主要以农业生产为主。在新中国成立之初，基于中国计划经济体制、重工业优先以及“三线建设”等背景，东西部地区的发展呈现出相对均衡的态势。而改革开放以来，随着工业化、城镇化的不断推进，特别是伴随中国对外开放的进程，东部沿海地区的优势得到进一步强化。在全球贸易以海运为主的大环境下，东部地区凭借沿海的地理区位条件，成为对外开放的前沿，吸引并集聚大量外资和外贸企业，同时也享有更多的政策和市场改革红利，从而率先实现更快的经济发展，与中西部地区的差距也不断拉大。

面对发展的差距，21世纪初，中国相继实施西部大开发、中部崛起与振兴东北老

① 参见刘秉镰等:《中国区域经济发展70年回顾及未来展望》,《中国工业经济》2019年第9期；张军扩:《中国区域政策回顾与展望》,《管理世界》2022年第11期；陆铭、李鹏飞:《城乡和区域协调发展》,《经济研究》2022年第8期。

工业基地的发展战略，政策、项目与资金向中西部地区进行倾斜，不断完善基础设施、公共服务和各项发展条件，东部地区的带动作用也不断增强，使得中西部地区获得较快经济增长，逐渐形成东中西和东北地区板块间协调发展的格局。党的十八大以来，根据国内外发展环境的变化，东中西部地区发展和东北地区振兴的战略也不断调整和优化，四大板块间所形成的中国区域协调发展总体布局进一步走向深入和完善。特别地，在总体布局中，边疆地区、民族地区、革命老区、资源枯竭型地区、老工业城市和重点生态保护地区等特殊地区也形成针对性的发展战略和布局。值得指出的是，在此过程中，中国建立了具有鲜明特色的对口帮扶和对口合作机制，如东部与中西部地区省市间的对口帮扶以及东部重点城市与革命老区城市的对口合作等，通过资金支持、项目建设、产业合作、市场拓展、人员交流、公共服务合作等重点方面的工作，有效缩小了地区发展差距，推动了区域协调发展的进程。

在当前新的发展阶段，更加需要充分发挥东中西部和东北地区各自的比较优势，加强相互间的联系与合作，实现更高水平的协调发展，以此形成对社会主义现代化建设的有力支撑。党的二十大报告提出要“推动西部大开发形成新格局，推动东北全面振兴取得新突破，促进中部地区加快崛起，鼓励东部地区加快推进现代化”。对此，东部地区应该做到率先转型，在高质量发展方面形成先行示范和辐射带动作用，要顺应全球产业技术前沿趋势，推动产业调整升级，把握经济发展的新产业、新业态、新模式，前瞻布局战略新兴产业，提升现代服务业能级，促进数字化转型，增强创新能力和水平，解决重点领域和关键环节“卡脖子”的技术难题。另外，在社会主义市场经济的体制机制改革方面，也要发挥更有效的创新示范效应。中西部和东北地区的发展，一方面在优化调整中承接传统产业，另一方面依托已有基础积极发展布局先进制造业和数字经济产业，形成重点产业集群，同时发挥自身自然资源、生态旅游和特色农产品优势，打造自身特色优势产业。需要强调的是，推进区域协调发展，不仅是产业和硬件设施方面，更要注重在软环境如加强民营企业活力和国企改革、优化营商环境和政商关系、提高政务服务效能、建立更为开放的发展观念和灵活的体制机制等方面的对标，特别是近年来出现的南北发展差距的扩大，更加凸显其重要性。

## 二、区域重大战略及其协调发展

地理和经济空间的多样性决定中国区域发展不会呈现“遍地开花”的特征，在推进大的区域板块之间协调发展的同时，对于重点发展地区，也应该不断优化其发展格局，增强其对区域整体发展的带动和支撑作用。对此，党的十八大以来，国家相继实施一系列区域重大战略。京津冀、粤港澳和长三角一直是中国发展的三大增长极，推进京津冀协同发展重点以北京非首都功能疏解为抓手，着力增强北京的溢出效应，其中高标准、高质量建设雄安新区作为一项重要的举措发挥着关键作用；粤港澳大湾区建设聚焦制度改革与开放创新，重点加强内地与港澳地区深度合作示范，推动香港、澳门更好融入国家发展大局；长三角作为中国发育最为成熟的城市群，在推动一体化发展方面具有坚实的基础，随着长三角一体化上升为国家战略，要立足“一体化”和“高质量”两个关键词，进一步加强功能分工、要素流通和政策协同，形成合力以共同推动高质量发展，率先形成新发展格局，勇当科技和产业创新开路先锋，加快打造改革开放新高地。与此同时，成渝地区双城经济圈作为中国西部地区的主要增长极，要增强成都和重庆两个国家中心城市的融合发展，依托良好基础打造形成具有影响力的产业集群和完善的市场体系，发挥区域性引领带动作用。此外，长江流域和黄河流域构成中国区域发展的主要轴线，其沿线地区的发展要加强上中下游地区的协同，特别要实现流域生态保护和经济高质量发展的有机统一。

区域重大战略的实施，不仅要优化和完善主要战略地区自身的发展，也要加强相互之间的协调联动，以此优化重大生产力的空间布局。这些战略地区构成中国区域布局的主要点轴，依托日益完善的高铁等交通网络以及两大水道，以中心城市间的合作为基础，进一步带动战略区域间的联动，进而形成以点串线、由线及面的空间协同发展格局，也支撑起区域经济发展和国内大循环的整体框架。京津冀、长三角与粤港澳三大增长极相互串联，形成中国沿海经济带的重点布局，也是贯通中国南北发展的主轴，彼此之间要进一步增强和优化相互之间的分工布局、功能联动、创新合作与要素流动，共同推动产业链和价值链的提升，增强在关键领域和技术方面的创新能力和水平，使得引领带动作用能够充分发挥。长江经济带作为中国东西发展的主要轴线，串联了上中下游地区的成渝地区双城经济圈、长江中游城市群和长三角城市群，共同推动生态环保联动和经济高质量发展，也进一步带动东中西部地区的协调发展。此外，长江流域和黄河流域的联动也愈发明显，如中原—长三角走廊构成东中部地区连接两大流域发展的重要轴线，再如鄂豫陕三省交界区的空间发展不断优化，西安、郑州、武汉、重庆和成都等两大流域国家中心城市间的联动也不断增强，共同形成中西部地区发展的重要动力源。①

## 三、城市群和都市圈协调发展

改革开放以来，中国经历了一个快速城镇化的进程，城市数量和城市人口都有明显增加。在此进程中，对于选择什么样的城镇化道路以及发展什么样的城市，学术界存在一定争论。② 由于就地城镇化更加符合改革开放初期的国情，因此在20世纪80年代，城镇化主要以小城镇和中小城市发展为主。而自20世纪90年代末以来，大城市的集聚经济优势逐渐被释放，呈现出较快发展，但同时部分城市也出现交通拥挤、生态破坏、土地紧缺等“城市病”问题。随着城镇化的不断推进，将城市群作为主要载体以实现大中小城市和小城镇的协调发展逐渐成为一种被普遍认可的道路，中国的区域发展战略也逐渐向城市群拓展和延伸。国家“十一五”规划纲要首次提出“将城市群的发展将作为中国推进城市化的主体形态”，“十二五”“十三五”“十四五”规划都进一步强调城市群的主体地位，党的二十大报告也指出“以城市群、都市圈为依托构建大中小城市协调发展格局”，此外国家也出台多项有关城市群发展的专项规划，特别是近年来京津冀协同发展、粤港澳大湾区建设、长三角一体化发展上升为国家战略，更加凸显城市群在区域发展中的重要作用。

伴随着城市区域化和网络化的趋势，城市群成为城镇化和工业化发展到一定阶段的必然方向。其形成和演进是建立在要素跨城市配置日益增强和城市之间交流联系更加密切的基础之上的，也是城市体系不断协调优化的体现，合理的空间和产业结构、密切的经济和生态联系、有效的资源和公共服务共享是城市群发育的内在一体化特征。③ 在中心城市的带动作用下，不同规模城市之间形成产业功能的重新分工与配置，伴随城市间贸易成本的不断降低，区域逐渐建成统一市场，形成密切的经济联系，实现资源在更大范围城市体系内的集聚、流动与整合，各城市间的相互作用最终产生一

① 张学良、韩慧敏、许基兰：《省际交界区空间发展格局及优化路径研究——以鄂豫陕三省交界区为例》，《重庆大学学报（社会科学版）》2023年第1期。

② 参见赵新平、周一星：《改革以来中国城市化道路及城市化理论研究述评》，《中国社会科学》2002年第2期；陆铭、向宽虎、陈钊：《中国的城市化和城市体系调整：基于文献的评论》，《世界经济》2011年第6期。

③ 李培鑫：《城市群的演进规律和一体化发展特征分析》，《上海城市管理》2019年第5期。

种互为补充和溢出的正外部性。① 这是不同规模城市间协调多赢的实现，中心城市得以提升资源配置能力和产业创新发展能级，进一步优化空间和产业结构，而中小城市也能够有效借助大城市的功能来扩展自身发展空间，形成经济新动能，同时县城在推动城镇化和城乡融合方面的载体作用也不断得到强化。从城市到城市群，伴随着要素在市场规律下进行跨行政区的流动与配置，是行政区经济向功能区经济演进的重要体现。在此过程中，都市圈是不可逾越的重要阶段，发挥着连接中心城市与城市群的纽带作用。都市圈依托中心城市与周边毗邻中小城市的同城化发展形成，具有跨行政区的属性，而相比于城市群，其空间尺度更小，立足小尺度跨区联动，更加有利于打破城市间的行政壁垒。②

## 第三节　中国城乡关系演进与城乡协调发展

伴随经济社会的发展，中国的城乡关系也经历了一个逐步演进的历程，城乡协调发展不断走向深入。在计划经济时期，城乡间呈现出较为明显的二元结构，改革开放以来，城乡关系逐步从二元分割向统筹重塑调整，同时也形成新的二元结构特征，党的十八大以来，中国的城乡关系进入融合发展的新阶段。重塑新型城乡关系要切实发挥县城在城乡融合发展中的枢纽作用，促进城乡间人口双向流动，深化土地制度改革，推动城乡产业融合发展。

### 一、中国城乡关系的演进与特征

城乡关系是社会经济关系的重要内容，新中国成立以来，中国的城乡关系表现出明显的阶段性特征，经历了从二元分割、城乡统筹到融合发展的演进历程，③ 在此过程中，城乡发展不平衡不充分的矛盾突出，城乡关系表现出明显的二元结构特征。中国的城乡二元结构存在于经济、社会、文化、管理体系等多个方面。比如，从经济结构来看，城市的现代产业和农村的传统农业并存，从社会结构来看，城市和农村居民享受到的基本公共服务存在较大的差距。

---

① 李培鑫、张学良：《城市群集聚空间外部性与劳动力工资溢价》，《管理世界》2021 年第 11 期。

② 张学良、林永然：《都市圈建设：新时代区域协调发展的战略选择》，《改革》2019 年第 2 期。

③ 参见李兰冰、高雪莲、黄玖立：《“十四五”时期中国新型城镇化发展重大问题展望》，《管理世界》2020 年第 11 期；张晓旭、赵军洁、宋健：《我国城乡关系演进的阶段性特征》，《宏观经济研究》2021 年第 11 期。

### （一）城乡二元结构形成于计划经济时期

中国的城乡二元结构形成于改革开放前的计划经济时期。① 在新中国成立初期，党和国家工作的重心从农村转向城市，在重工业优先发展战略下，实施了一系列偏向城市、以城市为中心的制度安排，包括城乡分割的户籍制度以及一系列“以农补工”的制度安排，包括城乡二元社会福利制度、人民公社制度以及统购统销制度。通过设置农业户口和非农业户口、工农业产品“剪刀差”、农业生产资料的集体所有制以及生产要素的统一配置，严格限制城乡间的人口流动，从而汲取大量的农村剩余；但这些措施也抑制了农民的生产积极性，使得城乡产业部门之间产生严重的资源错配，造成农业生产力水平低下，城乡居民收入、消费差距拉大，经济领域的二元结构问题突出。同时，由于城乡二元体制的存在，在教育、医疗卫生、社会保障等基本公共服务领域，城乡之间也产生了明显的差距，形成较为严重的城乡二元社会结构问题。总之，新中国成立初期随着党和国家工作重心从农村、农业转向城市和工业，形成“城乡分治”“以农补工”“以乡支城”的城乡二元结构。②

### （二）改革开放以来城乡二元结构开始调整

改革开放以来，中国的城乡关系逐步从二元分割向城乡统筹重塑调整。1978 年党的十一届三中全会之后，计划经济体制逐步向市场经济体制转变，农村改革也不断推进，城乡二元结构开始转化。一方面，城乡二元体制逐步破除，实施以“包干制”为主要形式的家庭联产承包责任制，以宪法的形式确定中国农村的基层行政区域，彻底废除人民公社制度，农产品的统购统销制度也被自由市场交易所替代。另一方面，沿海地区的对外开放和发展极大地促进城乡间的人口流动，乡镇企业的大发展吸纳大量的农村剩余劳动力，并带动小城镇的快速发展。农村经济体制改革以及乡镇企业的发展使得中国的城乡关系进入一个新的发展阶段，激发了农民的生产积极性、促进了要素在城乡间的自由流动，农村居民收入显著提高，农村经济获得较大发展。随着城镇化的不断推进，大量农村劳动力涌向城市工作和生活，但由于户籍制度，农村劳动力无法享受与城市居民同等的公共服务和社会福利，在一定程度上也形成一种新的二元结构，并带来农民工、留守儿童等问题。在此背景下，城乡统筹发展的新型城乡关系也不断推动建立，加大户籍制度和农村土地制度改革，建

① 厉以宁：《论城乡二元体制改革》，《北京大学学报（哲学社会科学版）》2008 年第 2 期。

② 邓玲：《中国共产党引领城乡关系发展的逻辑理路及实践进路》，《理论导刊》2023 年第 1 期。

立农产品市场体制机制，完善农村基本公共服务，加快农业和农村发展、促进农民富裕。

### （三）党的十八大以来城乡关系走向融合发展新阶段

党的十八大以来，中国的城乡关系进入融合发展的新阶段。国家高度重视城乡协调发展，深入实施体制机制改革并给予有效的政策支持，加快推动城乡融合，着力解决城镇化过程中出现的一系列城乡矛盾和问题，包括农民工市民化进程滞后带来的城镇内部新的二元矛盾、农村留守儿童和老人问题日益凸显、人口城镇化滞后于土地城镇化、城乡发展不均衡不充分等。对此，一方面，持续推进以人为本的新型城镇化，不断提高城镇人口素质和生活质量，有序推进农业转移人口市民化，同时不断优化城镇化空间布局，强化中心城市和城市群的带动作用，以城市群为主体形态促进大中小城市和小城镇的合理分工和协同发展。另一方面，着力赋能农业农村现代化，脱贫攻坚工作不断向深向实，取得了脱贫攻坚战的全面胜利，同时与乡村振兴战略相结合，基于产业兴旺、生态宜居、乡风文明、治理有效、生活富裕等全面推进农业农村发展，提高农民收入水平。

在此基础上，中国新型城乡关系不断重塑，城乡融合发展走向深入，并取得显著成效。户籍制度不断完善，取消中小城市的落户限制，逐步放宽大城市落户条件，农业转移人口市民化取得显著成效，基本公共服务覆盖水平显著提高。党的十八大以来，在城镇落户的农业转移人口以及其他常住人口达到 1.3 亿，2021 年户籍人口城镇化率达到 46.7%。另外城乡居民收入相对差距持续缩小，2021 年城乡居民人均可支配收入之比为 2.50，比 2012 年下降 0.38。城乡基本公共服务均等化水平也不断提高，先后建立全国统一的城乡居民基本养老保险制度、城乡居民基本医疗保险制度，实现城乡公共服务均等化的体制机制也在不断完善。随着乡村振兴战略的实施，乡村面貌明显改善，农村基础设施不断完善，基本公共服务水平显著提升。农村改革不断推进，初步建立农村承包地“三权”分置制度体系，基本完成农村集体产权制度改革阶段性任务，新型农业经营体系加快构建，城乡融合发展体制机制不断完善。① 农民收入大幅提高，就业增收渠道不断拓展，农村居民年人均可支配收入由 2012 年的 8 389 元提高至 2021 年的 18 931 元。②

---

① 高鸣、郑庆宇：《党的十八大以来我国农村改革进展与深化方向》，《改革》2022 年第 6 期。

② 数据来源：国家统计局。

## 二、中国城乡协调发展的推进路径思考

深入推进城乡协调发展，关键是完善体制机制和政策体系，消除阻碍城乡要素双向流动、平等交换的体制机制壁垒，破除城乡二元经济结构和社会结构。要紧密统筹城镇发展与乡村振兴，利用好城镇发展释放的红利，加强城乡要素流动和社会融合，优化城乡间要素配置，畅通人口、土地、资本等各类要素在城乡间双向流动的渠道和路径，切实发挥县城在城乡协调发展中的枢纽作用，在城镇功能不断提升、产业不断升级、空间不断优化的过程中实现乡村全面振兴，形成工农互促、城乡互补、全面融合、共同繁荣的新型工农城乡关系。

### （一）畅通城乡人力资源有序双向流动的渠道和路径

促进城乡协调发展，要加快推动城乡人力资源双向流动，推进农业转移人口市民化，吸引各类人才返乡入乡。一方面，提升农业转移人口市民化质量，健全农业转移人口市民化体制机制及相关配套政策体系，推动农业转移人口全面融入城市。为此，持续深化户籍制度改革，切实发挥城市群和都市圈的辐射带动作用，以城市群和都市圈为载体促进大中小城市和小城镇协调发展。要分类施策，进一步降低落户门槛，优化超大城市的落户政策。切实保障农业转移人口的合法权益，建立完善的进城落户农民农村土地承包权、宅基地使用权、集体收益分配权市场化退出机制和配套政策。完善城镇基本公共服务供给制度，推动城镇基本公共服务均等化。另一方面，加快推动乡村人才振兴，加强对乡村人力资本的开发。建立健全返乡入乡人才引进、培养、管理、使用、评价、流动和激励等体制机制，建立健全城乡人才合作交流机制，鼓励各类人才定期服务乡村，强化人才振兴的各类保障措施，创造更多的机会吸引人才，营造良好的环境留住人才。

### （二）深化农村土地制度改革

深化农村土地制度改革，是推动城乡融合的关键。通过土地制度改革，让更多的农民分享改革的红利，尤其是分享土地增值收益，赋予农民更多的财产权益，这是拓宽农民增收致富渠道的重要一环。为此，需要在扎实做好土地承包到期后再延长 30 年试点工作的基础上，不断完善农村承包地“三权分置”制度，依法保护集体所有权和农户承包权，平等保护并放活土地经营权，合理利用土地资源，提高土地资源配置效应，激发从事农业活动的积极性。审慎推进农村宅基地制度改革，探索宅基地“三权

分置”改革，盘活农村闲置宅基地和闲置房屋，探索建立宅基地有偿退出制度。深化农村集体经营性建设用地入市试点，探索建立土地增值收益分享机制，同时依法保障进城农民的土地权益。

### （三）推动城乡产业融合发展

产业是乡村振兴的基础和关键，而推动城乡产业融合发展是实施乡村产业振兴以及破解城乡二元结构的重要抓手。为此，要不断完善现代农业产业体系、生产体系和经营体系，“强龙头、补链条、兴业态、树品牌”，健全产业链，推动乡村产业提质增效。搭建城乡产业融合发展平台，培育城乡产业协同发展先行区，建设国家农村产业融合发展示范园，以特色小镇为依托打造创新创业生态圈，切实发挥各级各类农业园区的引领和带动作用，推进农业现代化示范区建设。打造多元化农村经济体系，不断推动农村地区一二三产业的融合发展，做大做强农产品加工业，大力发展现代农村服务业，培育各类乡村新产业新业态，构建“以现代农业为基础、乡村新产业新业态为补充”的多元化乡村经济。

### （四）发挥县城在城乡协调发展中的枢纽作用

县城是中国城镇体系的重要组成部分，党的二十大报告强调要“推进以县城为重要载体的城镇化建设”。县城是农村劳动力就地城镇化以及外出农民工返乡创业的主要选择，发挥着联结城乡发展的桥梁和纽带作用，也是城乡融合发展的重要切入点，它最有条件率先破除城乡二元结构。推动城乡协调发展，要切实发挥县城的支撑和枢纽作用，推进空间布局、产业发展、基础设施、公共服务等在县域的统筹谋划，以县域经济发展赋能乡村振兴，坚持把强县和富民统一起来、把改革和发展结合起来、把城镇和乡村贯通起来。[①] 要以县域为中心，推动城镇公共设施和服务向乡村延伸，加快推动实现城乡基本公共服务均等化；打造县乡村融合产业布局，培育壮大县域富民产业，实施“一县一业”工程；建立县域专业人才统筹使用制度，推动县城和农村人力资源的双向流动。

## 第四节　面向新时代的区域与城乡协调发展

中国的区域和城乡协调发展具有丰富的实践，也取得显著成效。当前中国进入全

① 张学良、杨朝远：《全面推进城乡、区域协调发展，提高国内大循环覆盖面》，《光明日报》2023 年 3 月 17 日。

面建设社会主义现代化国家的新时代，经济社会发展呈现出新的趋势，也面临新的要求。党的二十大报告提出中国式现代化的内涵，中国式现代化是人口规模巨大的现代化、全体人民共同富裕的现代化、物质文明和精神文明相协调的现代化、人与自然和谐共生的现代化、走和平发展道路的现代化，同时二十大报告也从构建新发展格局、推动高质量发展、推动绿色发展、增进民生福祉等方面提出中国式现代化的具体要求和实现路径。在新时代的背景下，更加需要从现代化全局的角度，深刻把握区域和城乡协调发展的新趋势和新要求。

### 一、区域城乡协调发展与构建新发展格局

构建以国内大循环为主体、国内国际双循环相互促进的新发展格局，是根据中国所面临的新的发展阶段、新的历史任务和新的环境条件作出的重大战略决策，是推动高质量发展的战略基点，也是把握未来发展主动权的战略部署。而强化国内大循环的主体作用，更加需要全面推进城乡和区域协调发展，提高国内大循环的覆盖面，通过地区间的合作与联动来释放中国超大规模市场的发展优势和内需潜力。要充分发挥乡村作为消费市场和要素市场的重要作用，全面推进乡村振兴，推进以县城为重要载体的城镇化建设，畅通城乡经济循环，同时推动区域协调发展战略、区域重大战略、主体功能区战略的深度融合，促进各类要素合理流动和高效集聚。特别是要加强全国统一大市场建设，发挥市场在资源配置中的决定性作用，形成统一开放、竞争有序的市场体系，促进不同地区在市场准入、政策标准和市场监管方面的协调统一，有效破除地方保护、行业垄断和市场分割，打通国内经济循环中的各类制度堵点。与此同时，新发展格局的构建要利用好国内和国际两个市场，加强国内与国际大循环的联动。对此要持续推进更大范围、更宽领域、更深层次的对外开放，提升制度型开放和引进外资水平。同时不断优化开放布局，推动外资投向中西部和东北地区，而随着“一带一路”建设水平不断提升、西部陆海新通道建设不断推进、中欧班列建设运行不断完善，中国内陆和沿边开放不断增强，之前以海运为主的贸易格局逐渐向海陆并重转变，这也为中西部和东北地区发展提供了重要机遇，有利于推动区域协调发展。

### 二、区域城乡协调发展与打造现代化产业体系

打造自主可控、安全可靠、竞争力强的现代化产业体系，是推动实现中国式现代

化的重要基础。对此要顺应全球产业技术高端化、数字化、智能化、网络化的发展趋势，着力提升中国的产业链供应链水平，补齐产业短板，拉长产业长板，做好前瞻布局，加强自主创新，推动战略性新兴产业的融合集群发展，增强在信息技术、人工智能、生物技术、新能源、新材料、高端装备、绿色环保等领域的发展能力和水平。而现代化的产业体系，更加具有资本密集和技术密集的产业属性，对资源配置效率和技术创新水平提出更高的要求，这也会更加依赖于区域协调发展，内在地需要通过地区之间的分工与合作，形成发展的相互支撑与合力。聚焦战略新兴产业的发展，各地要理清产业链条，加强在资金、技术、人才等方面的合作，推动资源共享与产业链协同，在研发设计、配套加工、市场拓展等领域进行有效对接，积极打造“企业+资源”“研发+生产”“总部+基地”“市场+产品”等合作路径，共同培育具有竞争力的产业集群。同时围绕产业链补链强链，加强创新合作，共建新型科研机构和创新平台，开展创新资源共享、科技联合攻关、科技成果协同转化，在重点产业、重点领域、重点环节加强产业链与创新链的融合提升，共同解决关键核心技术“卡脖子”的问题。特别地，打造现代化产业体系要促进数字经济和实体经济的深度融合，而数字经济的发展有利于进一步打破地理空间的距离感，数字乡村建设等也有利于城乡的融合发展，反过来数字化转型也需要区域和城乡的协调发展来作为支撑。

## 三、区域城乡协调发展与绿色低碳转型

推动绿色发展和双碳转型、加强生态环境保护是中国式现代化的重要方面。这本质上体现了地理空间与经济空间、自然要素与经济要素、生态系统与经济社会系统的有机融合，一方面要加强对生态系统的维护，保持地理空间的稳定，另一方面要提高资源配置效率和经济生产效率，增强一定资源环境下的产出能力，从而进一步扩展经济空间，从理论上，这也正是区域和城乡协调发展的应有之义。近年来，随着主体功能区战略的深入实施，中国国土空间发展格局不断优化，优化开发区域、重点开发区域与重点生态功能区相得益彰，人口、经济和资源环境相协调的开发格局逐步形成和完善。同时，要通过区域间的分工与协同发展，充分发挥地区比较优势，推动产业结构与能源结构的调整优化，促进资源的流动、共享与优化配置，改善绿色生产技术与生产方式，加强生产的集约化程度，提高能源生产和资源利用效率，着力推进绿色低碳转型，探索“绿水青山就是金山银山”的实现路径，实现空间生态价值与经济价值

的协调统一。此外，环境污染本身具有空间外部性的属性，不仅需要采取本地化举措，而且需要加强区域间的合作来协同谋划减污降碳，完善生态保护的合作机制与生态补偿机制，共同推动在大气污染、水污染等方面的联防联治，增强综合治理效能。

## 四、区域城乡协调发展与推进共同富裕

中国式现代化是全体人民共同富裕的现代化，共同富裕是中国特色社会主义的本质要求。长期以来，区域和城乡之间的发展差距是中国收入差距的主要来源，推动效率与公平的统筹，在提升效率的同时缩小收入差距、促进共同富裕，也是推进区域和城乡协调发展的主要落脚点。要通过区域协调发展来优化要素资源的空间布局和产业功能的空间分工，提高资源配置效率和经济产出能力。既要做大“蛋糕”，也要分好“蛋糕”，以更高质量的发展来推动区域间的相对平衡。在要素充分流动和集聚经济优势充分发挥的基础上，增强东部和主要中心城市、城市群等先发地区对中西部和中小城镇等后发地区的扩散和溢出效应，促进功能、产业、创新的合作对接与辐射带动，同时发挥后发地区的禀赋条件和比较优势，立足特色产业提高自身竞争力和发展水平，协同推动居民收入水平的不断提升。此外，要加强城乡要素流动和社会融合，在城镇功能不断提升、产业不断升级、空间不断优化的过程中实现乡村全面振兴，实现巩固拓展脱贫攻坚成果同乡村振兴有效衔接，有效拓展农民增收途径，持续缩小城乡收入差距。在此进程中，不断完善土地、户籍、转移支付等配套政策和体制机制，切实提升基础设施通达程度和基本公共服务均等化水平，推动城镇公共设施向乡村覆盖、城镇公共服务向乡村延伸，为区域和城乡发展创造均衡有效的机会和环境，保障好民生底线。

# 第十八章　推进中国高水平对外开放研究

社会主义国家经济不是封闭的经济，而是开放的、与其他国家形成合作的经济。改革开放以来，中国经济与社会发展取得的举世瞩目的成就，是建立在开放的基础之上的。对外开放不仅提高了我国资源的利用效率，而且促进了社会发展。接下来，中国应当提高对外开放的水平与层次，促进高水平对外开放，形成制度型对外开放。中国对外开放一方面要引进先进的技术、管理方法和资本，另一方面要对国外资本确立规范性与约束性规则，使之服务于中国建设社会主义现代化强国的需求，服务于提高中国人民生活水平的要求。

## 第一节　社会主义国家对外经济关系的理论与实践

社会主义国家的对外经济关系具有相当丰富的理论渊源。马克思与恩格斯对于未来国家的对外经济关系进行了较为深入的理论探索。在社会主义国家建立之后，对外经济关系成为国家经济与社会发展的重要方面，对社会主义国家的发展与壮大具有深刻影响。因此，社会主义国家较为注重对外经济关系，在对外经济关系的理论与实践模式上进行了不断探索。

### 一、马克思和恩格斯的对外经济开放思想

马克思主义政治经济学对于社会主义国家对外经济开放具有较为深入的论述与研究。马克思认为，资本生产方式一开始就是世界性的。在资本逻辑下，追逐利润的要求驱动资本家奔走于世界各地。因此，资本主义既是地方性的，也是世界性的。李滨认为，资本主义的生产优势是国际化的，社会化生产和追求积累的特点是其国际化的动力。① 从历史发展进程来看，社会主义国家是资本主义社会形态之后的社会形态，具

① 李滨：《百年政治思潮与世界秩序变革》，光明网，https://m.gmw.cn/baijia/2021-03/16/34427376.html。

有对外经济开放特征。马克思、恩格斯认为，对外经济开放是一种历史现象，是生产力发展到一定阶段的产物，是在一定阶段各民族普遍交往的必然结果。它不仅是资本主义来到世间并推动世界各民族交往发展的结果，也是大工业发展的产物，具有历史必然性。“资产阶级，由于一切生产工具的迅速改进，由于交通的极其便利，把一切民族甚至最野蛮的民族都卷到文明中来了。它的商品的低廉价格，是它用来摧毁一切万里长城、征服野蛮人最顽强的仇外心理的重炮。它迫使一切民族——如果它们不想灭亡的话——采用资产阶级的生产方式；它迫使它们在自己那里推行所谓的文明，即变为资产者。一句话，它按照自己的面貌为自己创造出一个世界。”①马克思、恩格斯认为：“新的工业的建立已经成为一切文明民族的生命攸关的问题；这些工业所加工的，已经不是本地的原料，而是来自极其遥远的地区的原料；它们的产品不仅供本国消费，而且同时供世界各地消费。旧的、靠本国产品来满足的需要，被新的、要靠极其遥远的国家和地带的产品来满足的需要所代替了。过去那种地方的和民族的自给自足和闭关自守的状态，被各民族的各方面的互相往来和各方面的互相依赖所代替了。物质的生产如此，精神的生产也是如此。”②

世界交往的发展，不仅为资本主义发展创造了必要条件，而且为未来共产主义社会的产生创造了物质前提与阶级基础。马克思、恩格斯对未来社会进行过设想。在这些设想里，他们提出，社会主义国家不能完全否定资本主义生产方式，而应该扬弃资本主义生产方式中不合理的因素。现代化经济包括资本主义经济，都是开放型经济。随着时间推移，现代化社会大生产的分工与协作会不断走向细化、深化与扩大化，即在分工上不断深入，在地域范围上不断扩大。就对外开放而言，在世界生产体系形成之后，各民族闭关锁国的状态已然成为不可恢复的过去与历史，未来社会是现代社会化大生产，对外经济开放仍然是经济与社会发展的必要条件，不同国家结成各种各样的经济联系。这种联系是未来社会与国家发展的内在特征。

因此，社会主义国家必须注重对外经济开放，在对外经济开放中发展经济与繁荣社会。同时，由于社会主义国家在世界上少数国家实现，它们在一定时期内会同资本主义国家共同存在。社会主义国家在对外经济开放上，要注意资本主义发展阶段的影

---

① 《马克思恩格斯选集》(第一卷)，人民出版社 2012 年版，第 404 页。

② 同上。

响，注重内外平衡，充分利用国内外两种资源与两个市场，推动社会主义经济与社会更好更快地发展。

## 二、中国共产党对外经济开放实践及其思想的发展

在新中国成立之后，中国共产党以马克思主义政治经济学为指导，认识到在“一穷二白”的基础之上建设社会主义，不仅要自力更生，而且要借助于外国资本、管理经验与先进技术，因此要对外开放。中国共产党意识到，社会主义建设，不仅缺少经验，而且缺少知识；所以，要建设好社会主义，就必须走对外开放并与外国经济合作的道路。1956 年，毛泽东在《论十大关系》的讲话中，明确提出“向外国学习”的思想。毛泽东认为，在社会主义建设时期要立足于自力更生，在学习与引进的基础上，同时也要向先进国家学习，学习它们的经验，而且，“将来我们国家富强了，我们一定还要坚持革命立场，还要谦虚谨慎，还要向人家学习，不要把尾巴翘起来。不但在第一个五年计划要向人家学习，一万年都要学习嘛！这有什么不好的呢”。① 当然，我们的学习是在实践中借鉴、消化、吸收、改造和提高。他认为，要坚持批判地借鉴与吸收的方针，既要去其糟粕，又要吸收其精华。他认为，外国既有好的东西，也有坏的东西，我们需要加以识别，才能吸收到好的东西，为中国社会主义建设所用。

党的十一届三中全会之后，党的政策实现向改革开放的根本性转变。对外开放是中国政府 40 多年来坚持的基本国策。在经济对外开放的条件下，中国社会主义经济才有如此巨大的发展机遇和广阔的市场空间，中国社会主义建设取得举世瞩目的成就。

以邓小平同志为代表的中国共产党第二代领导人就对外经济开放进行了探索与坚持。党的十一届三中全会提出，在自力更生的基础上积极发展同世界各国平等互利的经济合作，努力采用世界先进技术和先进设备。在 1978 年 12 月的中央工作会议闭幕会上，邓小平提出，自己不懂就要向懂行的人学习。向外国学习其先进管理方法。党的十一届三中全会之后，坚持对外开放成为“一个中心，两个基本点”的重要内容。对外开放成为促进中国经济发展的重要途径。通过对外经济开放，积极参与国际经济交换与国际经济竞争，可以获得管理经验与先进技术，推进中国经济体制改革，促进

---

① 《毛泽东著作选读》(下册)，人民出版社 1986 年版，第 712 页。

中国经济与社会发展。

由此，中国国家对外政策实现了从封闭向开放的转变，对外开放成为指导中国经济与社会发展的战略方针与基本国策。邓小平在对世界局势作出和平与发展判断的基础之上，指出中国与外部世界相互依存的现实。1982 年，党的十二大把对外开放作为中国坚定不移的战略方针。党的十二大报告提出："我们要促进国内产品进入国际市场，大力扩展对外贸易。要尽可能地多利用一些可以利用的外国资金进行建设……要积极引进一些适合我国情况的先进技术，特别是有助于企业技术改造的先进技术，努力加以消化和发展，以促进我国的生产建设事业。"①1984 年 10 月，邓小平再次明确指出，关起门来搞建设是不能成功的，中国的发展离不开世界。"总结历史经验，我国长期处于停滞和落后状态的一个重要原因是闭关自守。经验证明，关起门搞建设是不能成功的，我国的发展离不开世界。当然，像我国这样大的国家搞建设，不靠自己不行，主要靠自己，这叫做自力更生。但是，在坚持自力更生的基础上，还需要对外开放，吸收外国的资金和技术来帮助我们发展。"② "对内经济搞活，对外经济开放，这不是短期的政策，是个长期的政策，最少五十年到七十年不会变。"③

1987 年，党的十三大进一步把改革开放作为党在社会主义初级阶段基本路线的重要内容。党的十三大报告提出，必须坚持对外开放。当代国际经济关系越来越密切，任何国家都不可能在封闭状态下求得发展。在落后基础上建设社会主义，尤其要发展对外经济技术交流和合作，努力吸收世界文明成果，逐步缩小同发达国家的差距。闭关自守只能越来越落后。

1992 年，邓小平南方谈话深刻回答了长期束缚人们思想的许多重大认识问题，把中国改革开放和现代化建设推进到新阶段，回答在 1989 年政治风波之后中国是否继续坚持对外开放的政策。邓小平南方谈话把中国社会主义建设事业推到一个新高度。

在 1992 年党的十四大报告中，强调实行对外开放是改革和建设必不可少的，应当吸收和利用世界各国包括资本主义发达国家所创造的一切先进文明成果来发展社会主义，封闭只能导致落后，并把实行对外开放作为建设有中国特色社会主义理论的主要

① 胡耀邦：《全面开创社会主义现代化建设的新局面——我国共产党第十二次全国代表大会上的报告》，《人民日报》1982 年 9 月 8 日。

② 《邓小平文选》（第三卷），人民出版社 1993 年版，第 77—78 页。

③ 同上书，第 78 页。

内容之一。江泽民指出，从党的十一届三中全会到1992年的14年间，“新时期最鲜明的特点是改革开放。改革开放从十一届三中全会起步，十二大以后全面展开。它经历了从农村改革到城市改革，从经济体制的改革到各方面体制的改革，从对内搞活到对外开放的波澜壮阔的历史进程”，他认为“兴办深圳、珠海、汕头、厦门四个经济特区是对外开放的重大步骤，是利用国外资金、技术、管理经验来发展社会主义经济的崭新试验，取得了很大成就”。党的十四大报告提出，“必须把改革开放同四项基本原则统一起来。有中国特色的社会主义所以具有蓬勃的生命力，就在于它是实行改革开放的社会主义。我们的改革开放所以能够健康发展，就在于它是有利于巩固和发展社会主义的改革开放”。①

1997年党的十五大报告再次强调，“全党要毫不动摇地坚持党在社会主义初级阶段的基本路线，把以经济建设为中心同四项基本原则、改革开放这两个基本点统一于建设有中国特色社会主义的伟大实践”“对外开放是一项长期的基本国策。面对经济、科技全球化趋势，我们要以更加积极的姿态走向世界，完善全方位、多层次、宽领域的对外开放格局，发展开放型经济，增强国际竞争力，促进经济结构优化和国民经济素质提高”“以提高效益为中心，努力扩大商品和服务的对外贸易，优化进出口结构”。②党的十五大报告首次提出必须注意经济安全问题、服务业开放问题以及外资的国民待遇问题。这也说明党对对外开放问题的认识提高到一个新的水平。

进入21世纪，中国对外经济开放迈上新台阶。2000年8月25日第九届全国人大常委会第十七次会议通过关于中国加入世界贸易组织的决定。2001年11月10日，世界贸易组织第四届部长级会议审议通过了中国加入世界贸易组织的申请。2001年12月11日，中国正式成为世界贸易组织成员。加入世界贸易组织标志着中国对外开放进入新的阶段。

党的十六大进一步强调必须坚持“引进来”和“走出去”相结合，全面提高对外开放水平的方针。中国要适应经济全球化和加入世界贸易组织的新形势，在更大范围、更广领域和更高层次上参与国际经济技术合作和竞争，充分利用国内国际两个市场，

---

① 江泽民:《加快改革开放和现代化建设步伐夺取有中国特色社会主义事业的更大胜利——在中国共产党第十四次全国代表大会上的报告》,《人民日报》1992年10月12日。

② 江泽民:《高举邓小平理论伟大旗帜 把建设有中国特色社会主义事业全面推向二十一世纪——在中国共产党第十五次全国代表大会上的报告》,《人民日报》1997年9月12日。

优化资源配置、拓宽发展空间，以开放促改革促发展。要进一步扩大商品和服务贸易。实施市场多元化战略，发挥中国的比较优势，巩固传统市场，开拓新兴市场，努力扩大出口。坚持以质取胜，提高出口商品和服务的竞争力。优化进口结构，着重引进先进技术和关键设备。深化对外经贸体制改革，推进外贸主体多元化，完善有关税收制度和贸易融资机制。①

党的十七大继续坚持与强调对外开放的国策。党的十七大报告指出，要拓展对外开放广度和深度，提高开放型经济水平。坚持对外开放的基本国策，把“引进来”和“走出去”更好结合起来，扩大开放领域，优化开放结构，提高开放质量，完善内外联动、互利共赢、安全高效的开放型经济体系，形成经济全球化条件下参与国际经济合作和竞争的新优势。深化沿海开放，加快内地开放，提升沿边开放，实现对内对外开放相互促进。创新对外投资和合作方式，支持企业在研发、生产、销售等方面开展国际化经营，加快培育中国的跨国公司和国际知名品牌。实施自由贸易区战略，加强双边多边经贸合作。采取综合措施促进国际收支基本平衡。②

党的十八大报告指出，要全面提高开放型经济水平。适应经济全球化新形势，必须实行更加积极主动的开放战略，完善互利共赢、多元平衡、安全高效的开放型经济体系。要加快转变对外经济发展方式，推动开放朝着优化结构、拓展深度、提高效益方向转变。创新开放模式，促进沿海内陆沿边开放优势互补，形成引领国际经济合作和竞争的开放区域，培育带动区域发展的开放高地。坚持出口和进口并重，强化贸易政策和产业政策协调，形成以技术、品牌、质量、服务为核心的出口竞争新优势，促进加工贸易转型升级，发展服务贸易，推动对外贸易平衡发展。提高利用外资的综合优势和总体效益，推动引资、引技、引智有机结合。加快“走出去”步伐，增强企业国际化经营能力，培育一批世界水平的跨国公司。统筹双边、多边、区域、次区域开放合作，加快实施自由贸易区战略，推动同周边国家互联互通。提高抵御国际经济风险能力。③

---

① 江泽民：《全面建设小康社会 开创我国特色社会主义事业新局面——在中国共产党第十六次全国代表大会上的报告》，《人民日报》2002年11月17日。

② 胡锦涛：《高举中国特色社会主义伟大旗帜 为夺取全面建设小康社会新胜利而奋斗——在中国共产党第十七次全国代表大会上的报告》，《人民日报》2007年10月15日。

③ 胡锦涛：《坚定不移沿着中国特色社会主义道路前进为全面建成小康社会而奋斗——在中国共产党第十八次全国代表大会上的报告》，《人民日报》2012年11月8日。

2017年党的十九大报告强调中国坚持对外开放的基本国策，坚持打开国门搞建设，积极促进“一带一路”国际合作，努力实现政策沟通、设施联通、贸易畅通、资金融通、民心相通，打造国际合作新平台，增添共同发展新动力。强调中国开放的大门不会关闭，只会越开越大。以“一带一路”建设为重点，坚持“引进来”和“走出去”并重，遵循共商、共建、共享原则，加强创新能力开放合作，形成陆海内外联动、东西双向互济的开放格局；大幅度放宽市场准入，扩大服务业对外开放。①党的十九大报告指出要推动形成全面开放新格局，这表明中国要在更高水平上对外开放，培育竞争新优势，有利于中国更多地参与国际规则制订。2020年党的十九届五中全会强调要坚定不移地推进改革，坚定不移地扩大开放，立足国内大循环，吸引全球资源要素，充分利用国内国际两个市场两种资源，促进国内国际的双循环；要建设更高水平开放型经济新体制，推动贸易和投资自由化便利化，增强对外贸易综合竞争力，推动“一带一路”高质量发展，积极参与全球经济治理体系改革，到2035年形成对外开放新格局。②

2022年党的二十大报告指出，在和平共处五项原则基础上同各国发展友好合作，推动构建新型国际关系，深化拓展平等、开放、合作的全球伙伴关系，致力于扩大同各国利益的汇合点。秉持真实亲诚理念和正确义利观加强同发展中国家的团结合作，维护发展中国家共同利益。坚持真正的多边主义，推进国际关系民主化，推动全球治理朝着更加公正合理的方向发展。二十大报告继续强调，要实行更加积极主动的开放战略，共建“一带一路”成为深受欢迎的国际公共产品和国际合作平台，形成更大范围、更宽领域、更深层次对外开放格局。坚持高水平对外开放，加快构建以国内大循环为主体、国内国际双循环相互促进的新发展格局。推进高水平对外开放，稳步扩大规则、规制、管理、标准等制度型开放，加快建设贸易强国，推动共建“一带一路”高质量发展，维护多元稳定的国际经济格局和经贸关系。中国坚持经济全球化的正确方向，共同营造有利于发展的国际环境，共同培育全球发展新动能。③

---

① 习近平：《决胜全面建成小康社会　夺取新时代中国特色社会主义伟大胜利——在中国共产党第十九次全国代表大会上的报告》，《人民日报》2017年10月28日。

② 《中共中央关于制定国民经济和社会发展第十四个五年规划和二〇三五年远景目标的建议》，《人民日报》2020年11月4日。

③ 习近平：《高举中国特色社会主义伟大旗帜　为全面建设社会主义现代化国家而团结奋斗——在中国共产党第二十次全国代表大会上的报告》，《人民日报》2022年10月16日。

## 三、对外开放是中国经济融入世界经济体系的必然选择

### （一）对外开放是顺应经济全球化趋势的必然要求

中国自 20 世纪 70 年代末实行对外开放，是顺应经济全球化趋势的必然选择。快速发展的经济全球化，使得市场范围扩大到全球层面，从而使得经济生产分工进一步细化，也促进国际产业不断转移，最终构成全球经济生产体系。经济全球化是生产社会化发展的结果。生产社会化的根本特点是分工和交换的扩大，迅速从一国的范围扩展到国际范围。全球大市场促进了全球资源要素优化配置，也提高了全球生产能力和生产效率。资本国际化是从资本主义时期社会化大生产的扩展开始形成的。社会主义国家的经济也是建立在社会化大生产基础上的，它不仅不会割断已形成的世界各国间的经济联系，而是会在新的条件下更加扩大这种联系。

参与国际经济分工协作是一个国家经济进一步发展的必要条件。中国必须利用国际产业转移带来的机会，参与国际经济生产分工与协作，从而更加有效地利用中国的比较优势和要素禀赋，最终形成中国的经济竞争优势。中国可以利用全球商品价值链，逐步加强与其他经济体的关系，进而在全球商品价值链上攀升。虽然中国总体上仍处于全球商品价值链中低端的加工制造环节，但是由于产业的集群效应以及国内巨大的市场需求，中国不仅可以逐渐吸引中端乃至高端产业转移过来，而且通过利润积累与技术创新作用，可以不断提升中国在全球商品价值链中的节点位置。

实践证明与国际市场和国外资源相互隔绝必然不利于中国社会主义建设事业，必须充分利用国外的资金、技术与管理经验，借助国外较为先进的生产技术及其组织方式，促进中国社会主义建设事业不断进步。中国经济融入世界经济体系后，可以有效利用国外的市场与资源，利用中国的劳动力比较优势，利用中国的资源比较优势与要素禀赋，特别是利用中华民族勤劳刻苦、勇于创新的品质，为中国建设中国特色社会主义服务。

### （二）对外开放是社会主义市场经济的内在要求

对外开放符合扩大市场、深化分工、发挥优势、推动经济发展的规律。市场经济本质上是开放型与交换型经济。各个地区与国家互通有无，基于比较优势与要素禀赋，开展经济生产分工与协作，提高经济生产效率，可以促进经济可持续增长。以邓小平同志为核心的党的第二代中央领导集体，充分洞察国际经济局势，把对外经济开放确定为中

国的基本国策。对外开放政策在历届党的代表大会上得到坚持与确认。这对于促进中国扩大开放、加强与其他国家的经济往来具有重要作用，也促使中国经济不断融入世界经济体系，促进中国经济增长与社会发展，进而把中国社会主义建设事业向前推进。

从本质来看，社会主义国家超越本国的地域范围同不同国家开展合作，运用市场交换机制，利用国外市场扩大商品销售，再利用商品销售的收入获得国外的资源，可以有力促进中国经济效率的提高，这也是社会主义市场经济发展的内在要求。社会主义市场经济不仅要求国内各地区开放，形成国内统一市场，而且要求突破国家和民族的限制，扩展到全世界，形成各国开放的世界市场。同时，市场经济作为社会资源配置方式，不仅要求国内资源自由流动和合理配置，以提高国内资源的利用效率，而且要求社会资源在国际范围内流动、优化配置。国际贸易、国际投资、国际信息、技术合作的双向流动与合作共赢，有利于提高资源配置效率，促进本国经济和世界经济发展。因此，社会主义市场经济体制必然是对内对外充分开放的经济体制。

### （三）对外开放是实现社会主义现代化的必由之路

邓小平指出："总结历史经验，我国长期处于停滞和落后状态的一个重要原因是闭关自守。经验证明，关起门来搞建设是不能成功的，我国的发展离不开世界……对内经济搞活，对外经济开放，这不是短期的政策，是个长期的政策，最少五十年到七十年不会变。"① 开放发展是习近平总书记提出的五大理念之一，也是社会主义市场经济的内涵之一。实行对外开放，积极参与经济全球化，是发展生产力、实现社会主义现代化的必由之路。习近平总书记指出"各国经济相通则共进，相闭则各退"，这深刻揭示出世界经济的发展规律。

中国的社会主义建设应当立足于自力更生，依靠本国人民的辛勤劳动，充分利用本国资源来发展经济。进一步地，在经济全球化趋势下，中国必须在自力更生的基础上，积极发展对外经济关系，利用国际上的一切积极因素发展自己，充分利用国际上的先进技术、资源、资金和人才，才能节省时间，实现快速的跨越式发展。对外经济开放是一个国家实现跨越式发展的必由之路。开放发展是认识发展规律的科学理念。通过扩大开放，中国顺利实现了从贫穷落后大国到世界第二大经济体和第一大货物贸易国的飞跃。

---

① 《邓小平文选》（第三卷），人民出版社 1993 年版，第 78—79 页。

## 第二节　中国对外经济开放格局的形成与成就

### 一、中国对外开放新格局的形成

经过 40 多年的实践，中国在对外开放上不断总结经验和完善政策，形成由南到北、由东到西，以“经济特区—沿海开放城市—沿海经济开放区—沿江和内陆开放城市—沿边开放城市”为框架的宽领域、多层次、点线面结合的全方面对外开放新格局。目前，中国的对外开放城市已遍布全国所有省区市。2001 年中国加入世界贸易组织，标志着中国多层次、多渠道、多领域对外开放新格局形成。

#### （一）创办经济特区

在改革开放初始阶段，中国通过渐进的和试验的方式，不断扩大和加深对外开放。首先是通过经济特区形式，使其成为中国与世界直接联系的桥梁。1979 年 7 月，党中央、国务院根据广东和福建两省靠近港澳与侨胞众多的优势，决定对两省的对外经济活动实行特殊政策，以便利用外资发展地方经济。1980 年 5 月，中央确定在深圳市、珠海市、汕头市、厦门市试办经济特区。四个特区经过一段时间的运行，在地方经济快速增长方面取得较为明显的效果。为此，在经济特区成功的基础之上，1983 年 4 月，党中央、国务院批转《加快海南岛开发建设问题讨论纪要》，决定对海南岛也实行经济特区的优惠政策。1988 年 4 月，第七届全国人大一次会议正式通过建立海南省和海南经济特区两项决定，至此海南岛成为中国最大的经济特区。经济特区一方面将国外先进的技术、知识和管理经验引进来加以消化吸收并传播给内地；另一方面又将国内商品和中国的政策介绍给国外，让世界了解中国。

#### （二）开放沿海港口城市

在深圳、厦门、汕头和珠海经济特区成功的基础之上，中国总结经验，决定扩大开放城市与区域。1984 年 5 月，党中央、国务院批转《沿海部分城市座谈会纪要》，决定全部开放中国沿海港口城市，包括大连、秦皇岛、天津、烟台、青岛、连云港、南通、上海、宁波、温州、福州、广州、湛江和北海，共 14 个大中港口城市。1990 年 4 月，在邓小平的提议下，党中央、国务院正式作出开发开放浦东的重大决策，充分利用上海的地理优势，把上海建设成为国际金融、贸易、经济中心。浦东开发开放，使得上海成为拉动长江三角洲经济增长的引擎，这对于促进上海这座中国最大的工业城市的发展起到重要作用。

### （三）建立沿海经济开放区

1985 年 2 月，党中央、国务院将长江三角洲、珠江三角洲和闽南三角区划为沿海经济开放区，这一举措对于中国对内搞活经济、对外实行开放具有重要战略意义。1988 年初，中央又决定将辽东半岛和山东半岛全部对外开放，同已经开放的大连、秦皇岛、天津、烟台、青岛等连成一片，形成环渤海开放区。这样，中国经济对外开放开始由城市走向区域，也使得先期开放的城市有了经济腹地的支撑。在 20 世纪 90 年代以后，中国对外开放的步伐逐步由沿海向沿江、内陆和沿边城市延伸，初步形成沿海开放格局。

### （四）开放沿江及内陆沿边城市

自 1992 年起，中国的对外开放从沿海到内陆全面铺开。1992 年 6 月，党中央、国务院决定开放长江沿岸的芜湖、九江、岳阳、武汉和重庆 5 个城市。沿江开放对于带动整个长江流域地区经济的迅速发展、对于中国全方位对外开放新格局的形成，起到巨大推动作用。不久，党中央、国务院又批准合肥、南昌、长沙、成都、郑州、太原、西安、兰州、银川、西宁、乌鲁木齐、贵阳、昆明、南宁、哈尔滨、长春、呼和浩特共 17 个省会城市成为内陆开放城市。同时，中国还逐步开放地处内陆边境的沿边城市，从东北地区、西北地区到西南地区，有黑河、绥芬河、珲春、满洲里、二连浩特、伊宁、博乐、塔城、普兰、樟木、瑞丽、畹町、河口、凭祥、东兴等沿边城市实行对外开放。沿江、内陆和沿边城市的开放，是中国对外开放迈出的第四步。

### （五）对外经济开放进入全方位阶段

2001 年 11 月 10 日，世界贸易组织第四届部长级会议审议通过中国加入世界贸易组织的申请。2001 年 12 月 11 日，中国正式成为世界贸易组织成员。加入世界贸易组织标志着中国对外开放进入新的阶段，中国在更大范围和更深程度上参与国际经济分工与合作。在加入世界贸易组织的条件下，中国进一步融入经济全球化的环境，国内市场的竞争与国际市场的竞争更加紧密地结合在一起，在更大范围、更广领域和更高层次上参与国际经济技术合作和竞争。中国的进出口贸易额开始长足增长，直至今天成为世界第一贸易大国。

## 二、对外开放与中国经济发展格局及其状况

中国的对外开放过程采取渐进式战略，率先在示范区试验改革与开放，总结其经

验教训，再推广和深化到全国范围。加入世界贸易组织后中国逐渐融入全球产业链，统筹对外开放与国内发展，把经济资源配置从国内延伸到国外，已经从封闭型经济走向开放型经济，对外开放已经从中国经济发展的外生变量发展成为内生变量。

对外开放的全球大市场既能促进全球资源要素的优化配置，也能提高全球生产能力和生产效率。参与国际经济分工协作是一个国家经济进一步发展的必要条件。中国区域发展不平衡问题突出，实行渐进式逐步对外开放可以充分利用不同地区的区位优势和资源禀赋，把握国际产业转移带来的发展机会，参与国际经济生产与分工，形成中国的经济竞争优势。在进入全球商品价值链后，中国逐步加强与其他经济体的关系，逐步适应并接轨国际经贸规则，加速在全球商品价值链上的攀升。

## 三、中国对外开放的经济与社会成就

### （一）对外贸易成为中国经济增长的重要引擎

自 1978 年实行改革开放以来，中国对外贸易取得重大成就。对外贸易愈来愈成为中国经济增长的重要引擎，成为解决地方就业的重要途径与增加国家税收的重要来源。1978 年，中国货物进出口总额仅为 355 亿元，2022 年，中国货物进出口总额已高达 42.07 万亿元。其中，出口额为 23.97 万亿元，进口额为 18.10 万亿元，货物进出口顺差为 5.86 万亿元；对“一带一路”沿线国家和地区的进出口总额为 13.83 万亿元，对《区域全面经济伙伴关系协定》（RCEP）其他成员国的进出口额为 12.95 亿元。在 2022 年新冠疫情趋缓的背景下，中国全年服务进出口总额达 5.98 万亿元，比上年增长 12.9%。服务进出口逆差达 0.28 万亿元。① 从全球范围来看，中国外贸增速明显高于全球的平均增速，外贸对中国经济增长的贡献突出。在国内经济下行压力加大的情况下，外贸对经济增长起到重要的支撑作用。对外贸易已经成为中国经济增长的重要引擎，对中国产业技术水平提高起到积极作用。如果与 2000 年比较，中国进出口已经有了较大的提高。机电产品、高技术产品出口都有大幅度增加。中国商品结构继续优化。装备制造业成为中国出口的重要增长点，铁路机车、通信设备出口增速均超过 10%，生物技术、航空航天技术、计算机集成制造技术等高新技术产品进口增速均在 15% 以上。

① 数据来源：《中华人民共和国 2022 年国民经济和社会发展统计公报》。

目前，中国的贸易伙伴更趋多元，外贸开拓新兴市场也取得新成效。在中国进出口的区域分布之中，中西部地区对外贸增量贡献首次过半。2020 年中国中西部地区出口占比达到 19.4%，较 2015 年提高 2.9%。出口产品向价值链上游攀升，机电产品出口占比达到 59.5%。同时，民营企业外贸出口成为稳增长的主力军，贸易新业态模式加快发展，跨境电商综合试验区增加 105 个，区内企业建成 1 800 多个海外仓。① 中国民营企业与西部地区企业正是抓住了经济全球化深入推进的历史性机遇，才逐渐成长起来。此外，优化区域开放布局、深入实施黄河流域生态保护、加快建设西部陆海新通道等一系列措施，也提高了中西部地区和东北地区的开放水平。中国对外贸易对于促进就业与提高税收具有积极作用。目前，中国出口加工类企业较多，成为国家与地方税收的重要来源，也成为解决就业问题的重要途径。据不完全估计，“十三五”时期外贸带动就业约 1.8 亿人，关税、进口环节增值税、消费税累计超过 8.9 万亿元。②2022 年关税和进口环节税占全国税收的比重近 15%。③

## （二）吸引外资规模不断扩大，对外投资发展迅速

中国对外开放 40 多年来，在吸引外资方面成绩斐然，利用外资规模不断扩大，水平也逐步提高。进入 21 世纪，中国吸引外资更是持续保持高水平，有力地促进了中国国民经济持续健康发展与产业技术水平的提高。外资流入量首次超过美国成为全球第一名，并连续多年居全球发展中国家首位。这充分证明中国是全球范围内对外国直接投资最具吸引力的经济体，世界与中国互动，共同推动世界经济的发展。2022 年全年外商直接投资（不含银行、证券、保险领域）新设立企业达 38 497 家，实际使用外商直接投资金额达 12 327 亿元，折合 1 891 亿美元。其中“一带一路”沿线国家和地区对华直接投资（含通过部分自由港对华投资）新设立企业达 4 519 家，对华直接投资金额达 891 亿元，折合 137 亿美元。全年高技术产业实际使用外资达 4 449 亿元，折合 683 亿美元。④

与此同时，中国对外投资不断增长，并在 2014 年与外商直接对中国投资在数据上

① 数据来源：国家发展和改革委员会规划司，《建设更高水平开放型经济新体制》。

② 数据来源：中共中央宣传部举行“打通内外贸，构建双循环”有关情况发布会图文实录（scio.gov.cn）。

③ 数据来源：根据《2015—2022 年我国统计年鉴》和《中华人民共和国 2021 年国民经济和社会发展统计公报》估算。

④ 数据来源：《中华人民共和国 2022 年国民经济和社会发展统计公报》。

取得平衡。2022 年中国全年对外非金融类直接投资额为 7 859 亿元，折合 1 136 亿美元，其中，对“一带一路”沿线国家和地区非金融类直接投资额为 1 410 亿元，折合 210 亿美元。[①] 此外，中国企业海外并购也取得突破，大型对外投资并购项目呈现多元趋势，这反映中国对外直接投资产业结构的继续优化，充分说明中国已经能有效地利用国外市场与资源，也反映中国对外开放的水平正在不断提高——“引进来”与“走出去”正在同步进行。

### （三）对外经济开放促进中国产业结构升级

中国通过对外经济开放实现自身产业结构的不断升级，从劳动密集型产业到目前具有较多自主知识产权的战略装备产业，都与对外经济开放具有紧密关系。通过“引进来”战略，引进外国的资金、技术与管理经验，不断提高企业自身素质、规范企业管理，使得企业技术水平提高；通过“走出去”战略，企业在国际市场中不断得到锻炼与提高。通过对外经济开放，中国产业结构不断升级，第三产业已经成为国民经济最主要的产业。生产者服务不断发展。中国金融业在机构设立、市场业务准入、战略投资者引进、客户和地域范围拓宽等方面，实施多层次、宽领域的开放措施，使得金融业不断壮大。通过对外开放，中国国内银行不断提高服务质量与能力，明显改善了公司治理水平、风险管理水平和服务意识等，其实力不断增强。

### （四）对外经济开放推进经济社会相关领域发展

对外开放使中国全面融入国际经济体系，在国际事务和国际经济体系中的话语权增强，国际地位不断提升。外资的大量引入使得中国许多领域开始按照国际通行规则运行，这促进了中国法治社会的发展。对外投资与引进投资既带来规范的公司治理结构、先进的管理模式和一流的经营理念，也带来国际通行的法律规范、会计准则和质量标准，为中国经济改革提供了参照标准，从而促进改革不断深化。

## 四、中国经济对外开放的风险与挑战

### （一）经济增长不确定性亟须降低

自 20 世纪 90 年代中期以来，中国实施的以扩大出口为基础的对外经济发展战略，使中国经济增长表现为出口拉动型，其外贸依存度不断攀升，许多地区与城市的外贸

① 数据来源：《中华人民共和国 2022 年国民经济和社会发展统计公报》。

依存度高达160%，受国际经济波动影响较大。中国以外商直接投资与加工贸易为特征的出口拉动型经济在产业技术水平上亟待提高。许多外商直接投资与加工贸易对当地经济而言是“嵌入式”的，除税收隶属于地方并对地方经济作贡献之外，如果其工人主要是流动人口，那么这些企业同地方的要素禀赋联系不大，并不能体现地方比较优势，且会加剧中国“二元化”经济特征。在中国进出口总额不断提高的情况下，中国受世界经济的影响也在不断加大。例如，中国经济快速增长再加上粗放型经济占支配地位，使能源的消耗不断上升且进口量在不断增加。如果全球经济发生波动或能源危机，中国经济必将受到较大冲击。当前中国进出口过多地集中在少数发达国家与地区，容易产生卖方与买方相对垄断问题，这也是中国不能不防范的问题之一。

据此，中国有必要立足本国的比较优势，发展面向中国民众的消费需求，建立相对完整及外贸依存度较合理的国民经济体系，有效且合理利用国外市场与资源，把国外市场与国外资源作为中国市场与资源的补充部分，而不是作为经济增长的主要拉动力量。必须适当降低中国外贸依存度，在充分利用外贸带动经济发展的同时，努力达到就业平稳化、风险最小化、利益最大化、贸易结构最优化和贸易主体合理化，既要保证国家经济安全和国内经济的良性循环，又要有利于优化产业结构和国内经济的协调发展。

### （二）国内外经济平衡性亟待提高

过大的对外贸易量，使得中国与外国的贸易摩擦在近些年呈现不断攀升的态势。中国对外贸易不断上升，使得中国不可避免地与其他国家发生贸易摩擦，包括反倾销、人民币币值估计问题、知识产权保护等在内的各种贸易争端在不断增多。中国与其他国家的贸易摩擦方式已经由过去的关税、配额许可证等，向反倾销、反补贴、绿色壁垒、技术壁垒以及社会和劳工标准转变，新贸易壁垒将困扰中国的外贸发展。此外，在国内，政府为鼓励外商直接投资而实施一系列优惠措施，政策差别导致在引进外商直接投资的过程中，对本土企业产生越来越多的挤出效应。

同时，对外开放成为拉大地区之间经济发展水平差距的一个重要因素。过大的对外贸易量，使得生产要素过多地集中于出口部门，而且会扩大资本与劳动力之间的收入差距。在进口与出口都大幅度增加的条件下，不同产品部门由于生产要素专用性的不同而产生分化效应。极高的外贸进出口度拉大了居民的收入差距，加剧了资本之间的竞争，扩大了社会财富差距。中国经济增长的“二元化”特征变得更为明显，经济发展的“嵌入式”特征突出。资源与生产要素主要流向出口制造部门，并抬高了生产要素价格，对其他产业发展起到一定程度的抑制作用。

#### （三）可持续发展问题亟待解决

目前中国对外加工出口有大量的中低端加工与环境高污染产业。这些产业技术水平低，不仅需要大量的原材料与能源，而且需要相对较为密集的人力劳动，同时这些产品需要大量运输，耗费了大量的能源与资源，这些均对环境造成破坏。随着中国出口加工型产业的不断发展，中国能源、土地和水这三种基础资源的供需矛盾也变得越来越突出，土地资源不断退化，森林资源不断减少，耕地面积不断缩小，水资源供应也变得越来越没有保障。由于这些低端产品的大量生产与运输，中国的生态与环境正在面临越来越严重的威胁。中国的可持续发展问题与多头对外的加工贸易生产状况有紧密关系。

## 第三节　推进高水平对外开放与制度型开放

### 一、形成对外经济竞争新优势

党的二十大报告指出，推进高水平对外开放，稳步扩大规则、规制、管理、标准等制度型开放，实行更加积极主动的开放战略，构建面向全球的高标准自由贸易区网络，共建“一带一路”成为深受欢迎的国际公共产品和国际合作平台。①

经济全球化对中国来说，既是一个重大的机遇，也是一个严峻的挑战。中国经济融入世界经济体系具有必然性，在对外经济开发过程中，中国应坚持统筹国内发展和参与全球治理相互促进，坚持把握开放主动权和维护国家安全，建立基于中国居民需求的、更加合理的对外贸易体系，形成更加合理的对外开放新体制，坚持与世界融合和保持中国特色相统一，进一步构建合理的对外开放体系与格局。目前中国对外开放还存在较多问题，如产业技术水平不高，服务贸易占比不高，外贸依存度过高以及内需不振等问题。

#### （一）提高产业技术水平

随着中国土地和劳动力成本的提高，中国原有的低成本加工贸易行业正在逐步衰退，劳动密集型产业的市场空间已经受到较大压缩。中国必须加紧培育与发展以创新驱动为主的产业，培育具有较高技术含量与附加值的产品生产；必须从过去主要依靠

① 习近平：《高举中国特色社会主义伟大旗帜　为全面建设社会主义现代化国家而团结奋斗——在中国共产党第二十次全国代表大会上的报告》，《人民日报》2022 年 10 月 16 日。

物质资源要素的投入来推动经济社会发展，转变为主要依靠人力和知识资本的投入及开发来推动经济社会发展，提高中国对外开放的实力水平和竞争能力，形成中国国际合作竞争新优势。需要提高中国产业技术水平，以高新技术产业不断取代中低端产业，提升高科技新材料、新工艺和新技术产业的比重，促进中国从中低技术水平的加工生产出口走向高技术产品出口，使中国产品出口从长、大、重、厚转变为短、小、轻、薄，加快培育以技术、品牌、服务为核心竞争力的新优势，走低耗能的可持续发展道路，减少对中国生态环境的污染与破坏。

### （二）改变服务贸易状况

要形成对外经济合作竞争新优势，需要提高中国服务业比重，特别是扭转服务贸易逆差过大的局面，提高中国服务业的服务能力，同时加快金融、会计、法律以及专业服务业发展，发展知识经济与服务经济，加快服务品牌的培育与发展。当代世界发达经济国家产业结构演进的一个重要特征，是高附加值环节逐渐向服务部门集中，贸易增值主要靠前端的研发设计和后端的营销服务，组装制造环节利润比例越来越小。要使得中国出口之中的服务产品比重不断增加，提升相应的知识含量，增强服务产品竞争力，改变中国服务贸易逆差过大的状况。

## 二、形成对外开放新体制

### （一）努力营造良好的市场环境

在中国经济进入新常态时期，需要建立统一开放与竞争有序的市场体系，给予所有市场主体国民待遇，全面实行准入前国民待遇加负面清单管理制度，促进内外资企业一视同仁、公平竞争，对外商投资企业既不能歧视，又不能过于优惠，以免损害中国企业的利益。要营造平等的法治环境，加强对政府行为的法治化、经济行为的市场化约束，建立健全企业履行主体责任、政府依法监管和社会广泛参与的现代经济管理机制，运用法律手段解决问题，使开放有法可依和有法可循，使中国的管理法规与国际通用规则相协调。在健全对外投资促进政策和服务体系上，中国要清理并取消束缚对外投资的各种不合理限制，让企业放开手脚到境外投资；需要不断强化涉外法律服务，推动同更多国家签署司法协助协定，维护中国公民、法人在海外的正当权益。①

① 王一鸣：《形成对外开放新体制》，《经济日报》2015 年 11 月 24 日。

### （二）促进制度型开放

当前，在全球化进程停滞和地缘政治抬头的态势下，中国构建更高水平的制度型开放进入新的发展阶段。中国从南到北、从东到西和从点到面的渐进式开放进程，促进了经济的高速增长与社会发展。然而，中国长期面临对外依存度高、多头对外、产业同构化以及在全球价值链处于低端位置等问题，中国亟须探索更高水平的对外开放制度，促进中国从要素开放到更高水平的制度型开放，在保证公平正义的前提下探索与国际通行规则相互兼容的高水平制度型开放，以使中国对外开放服务于中国社会主义现代化国家建设大局。

因此，中国应当不断深化制度改革，立足中国超大市场规模和国内需求潜力，提高对外开放水平，加强全球资源配置作用，推进要素流动自由化和便利化，转变被动参与全球化生产的模式，促进中国生产环节从低端向高端转移。同时，提高科技创新能力，加强和完善一批科研基础设施建设，提高科技创新要素利用效率，吸引具有创新力的人才。还有，应该加强制度系统的集成式创新，深化商事制度改革，促进金融领域有序开放，用更高水平的制度型开发引领中国经济进一步发展。

## 三、构建内外均衡的对外贸易新体系

### （一）立足内需的对外贸易体系

2020 年 5 月 14 日，中共中央政治局首次提出：深化供给侧结构性改革，充分发挥中国超大规模市场优势和内需潜力，构建国内国际双循环相互促进的新发展格局。2022 年 10 月 16 日，习近平总书记在二十大报告中再次指出，要“依托中国超大规模市场优势，以国内大循环吸引全球资源要素，增强国内国际两个市场两种资源联动效应，提升贸易投资合作质量和水平”①。实践证明，在国际竞争环境明显恶化和世界经济不景气的大背景下，坚持以国内大循环为主体的发展战略是符合客观条件的明智选择，是坚持以自力更生为主的对外开放政策的必然要求。

在经济全球化的新形势下，中国统筹国内发展和对外开放，使二者相互促进，共同提高。中国应当注重内需和外需平衡、进口和出口平衡、引进外资和对外投资平衡，保障中国经济安全。自加入世界贸易组织以来，中国经济增长的主要特征是外需强而

① 习近平：《高举中国特色社会主义伟大旗帜　为全面建设社会主义现代化国家而团结奋斗——在中国共产党第二十次全国代表大会上的报告》，《人民日报》2022 年 10 月 16 日。

内需不足，外汇储备不断创出新高。因此，中国必须立足内需主导型的经济发展战略，努力开拓国内市场，不断促进其发展，不仅为本国企业建立稳固的后方市场，而且也为本国发展对外贸易创造条件。

只有国内的最终需求上去了，才能使国内的市场需求大于国外的市场需求，从而降低中国的对外依存度，减少国际经济动荡对中国经济的冲击力和破坏力。只有建立和完善国内统一的大市场，才能打破区域分割和行业壁垒，促进生产要素和产品的自由流动，推动区域经济的优势发挥和相关产业的兼并重组，使国内统一市场不断发展和壮大。近年来，西方发达国家在高新技术领域对中国实施封锁和打压，因此中国只有不断提高自主创新能力，才能突破它们的限制，把核心技术牢牢掌握在自己手里。国内循环越顺利，越能形成对全球资源要素的引力场，越有利于在国际合作和竞争中建立优势，在全球产业链供应链中拥有更多的话语权。

### （二）促进中国国际收支均衡化

当前，中国外汇储备规模较大，利用效率较低，美元国债占比较大。随着中国外汇储备不断增长，国际收支平衡问题更加重要，中国要注重货物进出口与资金进出均衡化发展，不仅要利用中国劳动密集型经济的出口优势，也要利用好外汇储备，充分利用进口提高中国产业技术水平，满足人民生活的多样化需要。要在比较优势的基础上，运用中国的竞争优势获得利润与盈余。要运用外汇储备不断提高对外投资的水平和质量，促进主权基金对外投资多元化，不断提高投资利润率。要有序推进人民币国际化，加大人民币结算规模与结算国数量，深度参与全球产业分工和合作，维护多元稳定的国际经济格局和经贸关系。

### （三）推动国际区域经济合作进一步发展

在经济全球化条件下，国际区域经济合作在不断发展。一方面，国际区域经济合作可以构建一定区域内的利益共同体，以此抵御经济全球化的冲击；另一方面，它也能促进经济全球化发展。中国一直致力于推动世界贸易组织、亚太经合组织等多边机制更好发挥作用，扩大金砖国家、上海合作组织等合作机制的影响力，增强新兴市场国家和发展中国家在全球事务中的代表性。事实上，许多国家参与经济全球化是以一个国家与其他国家结成区域化经济实体的方式进行的。中国必须不断加强与周边邻国和经济体的区域经济合作，建立区域经济合作伙伴关系，包括与东盟、日本、韩国以及南亚国家的经济联系。

## 四、积极参与全球经济治理，构建国际经济新秩序

当前经济全球化的非均衡机制有利于发达国家而不利于发展中国家，经济全球化实际上加剧而非缩小了世界贫富之间的差距。发达国家从全球化中获得较大利益，而发展中国家与不发达国家只是赚取较少的利润、获得相对较低的附加值。因此，如果不注意开放程度与保护国家经济安全，发展中国家和不发达国家在参与国际经济生产分工与协作之中会受到利益损害，导致自身的经济与社会陷入危机。因此，在实行对外经济开放的同时，中国应更加积极主动参与国际经济生产分工与协作，参与全球经济治理。当前国际经济秩序仍然是以美国为主导的资本主义国家的经济秩序，西方资本主义国家在其中是既得利益者。西方资本主义国家意欲强化国际规则制定主导权，从而继续获取更大利益。因此，中国要更加积极主动地参与国际规则制定，维护发展中国家的权益。随着中国经济总量和对外贸易额的不断增长，中国政府必须积极参与全球治理，构建国际经济新秩序，以获得平等、对等与合理的收益。中国必须提高对国际贸易规则制定的参与能力，更加注重从接受既定规则向更多主动地参与制订规则转变。中国需要努力推动建立普惠与共赢的多边贸易体制，推动全球货币改革，推动人民币成为全球硬通货，推动国际货币基金组织与世界银行进行改革，参与贸易规则和金融规则的修订，等等。这些都是中国在今后扩大开放需要着手的工作和亟待解决的问题。

中国要参与国际经贸规则的制定，推进国际经济新秩序的形成。在重要的国际政治问题上，应发挥中国的影响力，推动全球经济向平等互利、绿色开放的方向发展。自 2013 年以来，中国提出“一带一路”倡议，参与成立金砖国家新开发银行和亚洲基础设施投资银行，这些都是中国深度参与全球治理、加强双边与多边合作伙伴关系、助力全球经济复苏的重要举措。自 2013 年提出的 10 年来，“一带一路”建设得到越来越多国家和地区的支持和参与，与沿线国家和地区的贸易额逐年增加，中国通过投资和建设基础设施等方式为这些国家和地区提供援助和支持，促进了当地的经济发展和民生改善。该倡议以共商、共建、共享为核心原则，即各国政府之间进行商洽和协商，亚欧非各国共同制定规划、政策和措施。许多沿线国家和地区在发展经济、改善民生等方面，同中国有着共同利益。“一带一路”建设，既是中国扩大对外开放的重大战略举措，又是积极参与全球经济治理的伟大实践，具有极其深远的意义。

随着南北差距的缩小，世界经济的长期稳定发展要求新兴国家和发达国家之间必须协调合作，在全球治理结构中处于相对均等的地位。但是，在世界进入深度全球化后矛盾逐渐激化，现有以美元为核心的国际货币体系容易在金融危机中导致国际金融市场资金大幅波动，新兴国家和发展中国家的币值稳定难以得到保证。因此，在中国国际收支与外汇储备结构之中，要降低对美元、欧元的依赖程度，保证中国的经济安全，在合作国面临危机时提供短期流动性支持，促进全球治理体系公平化。金砖银行秉持“平等、互利、创新”的精神创建，初始认缴资本由五国平等出资，完全共享投票权（20%），任何一国都不具备一票否决权。① 金砖银行借鉴国际货币基金组织（IMF）特别提款权的经验，致力于为成员国提供资金和金融服务，提出包括采用本币（如人民币）作为区域流通的结算货币，构建人民币国际化的战略框架，以抵御来自贸易双方的外部风险，相关措施包括开展绿色贷款、支持可持续发展等。随着金砖国家贸易体量的逐渐扩大，金砖国家全球资本流出中的占比在不断增加，金砖国家在 IMF 中所占的特别提款权份额（SDR）也在逐渐提高。据估算，2021 年金砖五国的经济总量约占世界的 25.24%，贸易总额占世界的 17.9%。2022 年，金砖五国在世界银行的投票权为 14.06%，在 IMF 的份额总量为 14.15%。②

总之，中国应当推进高水平与制度型对外开放，在国际竞争中争取话语权，推动构建人类命运共同体。中国推动金砖银行建设，基于的是为发展中国家的基础设施和可持续发展提供支持的宗旨，其作为对西方主导下的国际货币体系的挑战者，有助于促进全球经济发展和国际货币体系稳定，并致力于实现深度参与全球治理体系、构建公平正义的国际经济新秩序的远景目标。

---

① 徐凡、陈晶：《新型大国协调视角下金砖银行未来机遇与挑战》，《国际贸易》2018 年第 11 期，第 55—61 页。

② 数据来源：中华人民共和国外交部，《金砖国家概况》。

# 第四篇
# **理论创新**

# 第十九章 从初级阶段理论到新发展阶段理论

经济研究的开展必然以对历史方位的客观科学准确判断为重要起点，在中国特色社会主义建设的历史上，正是社会主义初级阶段理论的提出，科学回答了关于经济落后的国家如何开展经济建设的问题，使得中国共产党在制定和执行正确的路线上有了可以遵从的科学依据。2022年，习近平总书记提出新发展阶段理论，不仅明确了中国发展的历史方位，为当前和今后一个时期中国社会主义现代化建设标注了战略基点，而且也进一步丰富和发展了中国特色社会主义政治经济学，实现了马克思主义中国化的创新飞跃。本章将对新发展阶段理论进行探讨。首先考察从初级阶段理论到新发展阶段理论的创新背景，主要从理论逻辑、历史逻辑和现实逻辑三个层面展开论述。接着考察新发展阶段理论的创新内涵，主要从其科学界定以及和初级阶段理论的关系进行分析。再接着考察新发展阶段理论的创新特征，强调其坚持以人民为中心、坚持全面深化改革、坚持中国式现代化，以推动实现共同富裕、高质量发展和中华民族伟大复兴的属性。最后考察新发展阶段理论的创新意义，指出该理论在概括中国特色社会主义政治经济学的现实基础、深化中国特色社会主义政治经济学的理论内涵、开拓马克思主义政治经济学的理论境界三方面的价值与贡献。

## 第一节 从初级阶段理论到新发展阶段理论的创立背景

### 一、马克思主义中国化的不断推进

中国共产党始终坚持马克思主义。在马克思看来，共产主义并非一蹴而就的、孤立的状态，社会的发展存在阶段性，不仅带有上一阶段所保留的特征和印记，也将在对过去的扬弃中，伴随历史的发展而不断演进。马克思指出，“社会主义社会，不是一种一成不变的东西，而应当和其他任何社会制度一样，把它看成是经常变化和改革的社会”。[①] 以上论述，一方面反映出马克思和恩格斯根据历史事实和当时所处社会背景

---

① 《马克思恩格斯全集》(第三十七卷)，人民出版社1963年版，第443页。

而对未来社会图景提出的设想；另一方面也反映出，马克思和恩格斯并未对未来社会作出固定的、单一的模式规定，而是需要根据具体的实践不断探索，此即为中国找准历史方位与发展路线提供了基本的理论逻辑。

中国共产党始终高举马克思主义伟大旗帜，自成立以来，就始终以马克思主义作为中国共产党指导思想的理论基础，并展开马克思主义中国化的长期探索。1938 年，毛泽东指出："使马克思主义在中国具体化，使之在其每一表现中带着必须有的中国的特性，即是说，按照中国的特点去应用它，成为全党亟待了解并亟须解决的问题"。① 这样的重要认识，使中国共产党走出一条农村包围城市、武装夺取政权的革命道路，并取得新民主主义革命的胜利，使中华民族摆脱半殖民地半封建社会的泥潭，实现民族独立和人民解放。

改革开放以来，马克思主义中国化迎来又一次大发展。在党的十一届三中全会后，中国共产党通过总结中国社会主义建设的正反两方面经验，创立邓小平理论，提出社会主义初级阶段理论，由此开创有中国特色的社会主义建设。党的十三大报告正式提出社会主义初级阶段的内涵，指出："我国正处在社会主义的初级阶段。这个论断，包括两层含义。第一，我国社会已经是社会主义社会。我们必须坚持而不能离开社会主义。第二，我国的社会主义社会还处在初级阶段。我们必须从这个实际出发，而不能超越这个阶段。"② 这为中国特色社会主义建设提供了依据和方向。

党的十一届三中全会以来，以江泽民同志为主要代表的中国共产党人形成"三个代表"重要思想，基于中国共产党的性质、历史实践和现实需要，回答了在新的历史条件下应该建设一个怎样的党和怎样建设党的基本问题。党的十六大以来，以胡锦涛同志为主要代表的中国共产党人，高举中国特色社会主义伟大旗帜，总结中国发展实践，借鉴国外发展经验，适应中国发展要求，提出科学发展观，实现中国共产党对经济社会发展规律的认识的升华。

党的十八大以来，以习近平同志为核心的党中央，坚持解放思想、实事求是、与时俱进、求真务实，面对新时代党和国家所面临的一系列重大理论与现实问题，提出治国理政的新理念和新思路，形成对世界所处百年未有之大变局、中国经济进入新常态、中国特色社会主义进入新时代、中国社会主要矛盾发生转化等一系列重大判

① 《毛泽东选集》(第二卷)，人民出版社 1991 年版，第 534 页。
② 《十三大以来重要文献选编》(上)，人民出版社 1991 年版，第 9 页。

断，形成习近平新时代中国特色社会主义思想。这一思想是马克思主义中国化的最新成果。以上中国共产党人对马克思主义中国化的历程反映出，将马克思主义同中国的实践相结合，就会不断创造具有时代性和创新性的理论，也只有坚持将马克思主义与中国实践相结合，才能形成适应中国国情、反映中国需要、指导中国不断发展的理论形态。

## 二、建设社会主义现代化国家的开启全面

近代以来，鸦片战争使得中国几千年封闭的传统农业经济社会被打破，中国沦为半殖民地半封建社会，虽有诸多有志之士积极探索中华民族救亡图存的道路，但都壮志未酬，直到马克思主义传入中国，1921 年中国共产党应运而生。中国共产党领导中国人民实现民族独立和人民解放，建立人民民主专政的中华人民共和国，这成为中华民族历史上的伟大转折点。在新中国成立后，中国共产党领导中国人民积极开展建设。特别是在党的十一届三中全会以后，中国共产党确立解放思想、实事求是的工作路线，开启改革开放的篇章，启动中国特色社会主义事业，使得中国在政治、经济、文化、社会等方面获得全方位的发展，形成一系列重要的理论认识，并开展中国特色社会主义基本经济制度建设。同时，也形成关于现代化的战略设想。1987 年党的十三大提出“三步走”战略，为中国的现代化建设提供了基本的时间步骤。1997 年在前两步目标都已完成的情况下，党的十五大提出：展望下世纪，我们的目标是，第一个十年实现国民生产总值比 2000 年翻一番，使人民的小康生活更加宽裕，形成比较完善的社会主义市场经济体制；再经过十年的努力，到建党一百年时，使国民经济更加发展，各项制度更加完善；到世纪中叶建国一百年时，基本实现现代化，建成富强民主文明的社会主义国家。①

党的十八大，尤其是党的十八届三中全会以来，中国共产党领导中国人民围绕“两个一百年”展开积极奋斗。2017 年党的十九大报告作出具有重大历史与政治意义的论述，对中国特色社会主义的前途和命运提出具有纲领性、前瞻性的分析和筹划。十九大报告指出：“经过长期努力，中国特色社会主义进入了新时代，这是我国发展新的历史方位。”在此基础上，十九大报告提出，在党的十九大到二十大这一“两个一百

---

① 《十五大以来重要文献选编》(上)，人民出版社 2000 年版，第 4 页。

年”奋斗目标的历史交汇期，“我们既要全面建成小康社会、实现第一个百年奋斗目标，又要乘势而上开启全面建设社会主义现代化国家新征程，向第二个百年奋斗目标进军”。由此，十九大报告对2020年到21世纪中叶作出“两个阶段来安排”：第一个阶段，从2020年到2035年，在全面建成小康社会的基础上，再奋斗15年，基本实现社会主义现代化；第二个阶段，从2035年到21世纪中叶，在基本实现现代化的基础上，再奋斗15年，把中国建成富强民主文明和谐美丽的社会主义现代化强国。① 以上重要论述，一方面对以往的中国特色社会主义事业建设成就作了总结，即在中国共产党领导中国人民的不断努力奋斗下，中国特色社会主义的道路、理论、制度不断完善，中国在国际中的地位和影响力不断提升，中华民族伟大复兴迎来了光明前景；另一方面也为未来发展谋划了清晰方向，因为“两个一百年”奋斗目标是一脉相承、连续前行的关系，第一个百年目标的实现，也必然将决定中国的社会主义事业要迈向下一个阶段。换言之，正是历史进程的不断推进，决定了新的历史篇章的随即开启。

## 三、“百年未有之大变局”的深刻影响

2018年6月，习近平总书记在中央外事工作会议上发表重要讲话时指出：“当前，我国处于近代以来最好的发展时期，世界处于百年未有之大变局，两者同步交织、相互激荡。做好当前和今后一个时期对外工作具备很多国际有利条件。”② 这一重要论述，深刻揭示了中国当前所处的宏观局势背景，也从客观上将中国的社会主义建设引向新发展阶段。具体而言，首先，科学技术快速发展，迎来新一轮产业革命。历史证明，每一次科学技术的革新都将带来产业革命，从而在世界广泛领域带来经济、文化、基本格局的革新，这极大地变更了人类社会演进的轨迹。近年来，随着互联网、人工智能、通信技术等的不断发展，技术革新和产业革命的趋势愈加明显。能否在此过程中充分把握机遇，将在很大程度上决定中国在未来发展中的表现。其次，经济全球化深化发展，世界多极化格局日益显著。近年来，新兴经济体和发展中国家在加强国际合作的过程中也日渐在世界经济体系中扮演更为积极的角色，发展道路和模式呈现出多

① 习近平：《决胜全面建成小康社会　夺取新时代中国特色社会主义伟大胜利——在中国共产党第十九次全国代表大会上的报告》，《人民日报》2017年10月28日。

② 《坚持以新时代中国特色社会主义外交思想为指导　努力开创中国特色大国外交新局面》，《人民日报》2018年6月24日。

样化的形势，推动了以往单极化的世界格局发生改变。而与此同时，该过程也面临全球经济增长放缓、气候变化、贸易摩擦和保护主义抬头等问题。在这样的挑战和背景下，中国也必须把握时代潮流，积极作为，为自身争取未来发展主动权，也为世界和平发展贡献中国力量。

与此同时，在以习近平同志为核心的党中央坚强领导下，2020 年中国全面建成小康社会目标已基本实现。特别是通过脱贫攻坚战，中国顺利完成现行标准下农村贫困人口全部脱贫任务，历史性解决绝对贫困问题，创造了人类历史的伟大奇迹。习近平总书记在 2021 年全国脱贫攻坚总结表彰大会上发表重要讲话，指出："经过全党全国各族人民共同努力，在迎来中国共产党成立一百周年的重要时刻，我国脱贫攻坚战取得了全面胜利，现行标准下 9 899 万农村贫困人口全部脱贫，832 个贫困县全部摘帽，12.8 万个贫困村全部出列，区域性整体贫困得到解决，完成了消除绝对贫困的艰巨任务，创造了又一个彪炳史册的人间奇迹！这是中国人民的伟大光荣，是中国共产党的伟大光荣，是中华民族的伟大光荣！"① 中国减贫工作的成功实现，极大改善了中国贫困地区的生产生活条件，为第一个百年奋斗目标的实现提供了必要条件。此外，中国在基本设施建设、文化建设、基本公共服务、生态文明建设等方面都取得积极进展，尤其是新冠疫情的防控工作及其成效，极大地凸显了中国显著的制度优势和治理效能。以上论证反映出，全面建设小康社会目标的实现，已经使得中国在客观基础上立足于一个新的历史起点，中国已经迎来从站起来到富起来，再到强起来的历史性飞越，这也必然要求中国迈向下一个发展阶段。

## 第二节　新发展阶段理论的创新内涵

### 一、新发展阶段理论的科学界定

从本质属性来看，新发展阶段是中国社会主义发展进程中的一个重要阶段，并且，新发展阶段具有一系列更丰富的内涵：从社会主义建设所处的方位来看，新发展阶段是社会主义初级阶段中的一个新阶段。从社会主义建设的阶段安排来看，新发展阶段是实现第一个百年奋斗目标后，向第二个百年奋斗目标进军的新阶段。从中华民族伟大复兴来看，新发展阶段是中国共产党带领人民迎来从站起来、富起来到强起来历史

---

① 习近平：《在全国脱贫攻坚总结表彰大会上的讲话》，《人民日报》2021 年 2 月 26 日。

性跨越的新阶段，也是中国共产党完成伟大历史宏愿的新阶段。从社会主义根本目标的实现来看，新发展阶段是全国人民接续团结奋斗、不断创造美好生活、逐步实现共同富裕的新阶段。从改革和发展来看，新发展阶段是全面深化改革开放迈上更高水平的新阶段，是实现高速发展向高质量发展转型提升的新阶段。从中国特色社会主义的发展来看，新发展阶段是中国特色社会主义展现出更强大生命力、不断为人类作出更大贡献的新阶段。

因此，新发展阶段之所以“新”，不仅在于新发展阶段具有新的发展基础和发展任务，更在于新发展阶段具有新的发展目标和发展要求。新发展阶段是更加注重高质量发展、更加注重不断满足人民美好生活需要、更加注重共同富裕、更加注重人的全面发展、更加注重制度完善、更加注重全面应对世界大变局、更加注重统筹国际国内两个大局、更加注重为全球治理贡献中国智慧和中国方案的新阶段。①

## 二、新发展阶段理论与初级阶段理论的逻辑关联

新发展阶段是社会主义初级阶段中的一个阶段，换言之，社会主义初级阶段对于新发展阶段，是包含与被包含的关系。关于社会主义初级阶段，如前文所述，这一重要论断是在党的十三大报告中正式提出的。社会主义初级阶段，从其本质来看，不是泛指任何国家进入社会主义都会经历的起始阶段，而是特指中国在生产力落后、商品经济不发达条件下建设社会主义必然要经历的特定阶段。换言之，一方面中国是社会主义社会，要始终坚持社会主义；另一方面中国落后的社会生产力决定中国处于社会主义社会，而且依据十三大的判断，“至少需要上百年时间，都属于社会主义初级阶段”②。中国处于并将长期处于社会主义初级阶段，是一个基本国情。

但是，中国长期处于社会主义初级阶段，并不意味着社会主义初级阶段在长期中一成不变。习近平总书记指出：“社会主义初级阶段不是一个静态、一成不变、停滞不前的阶段，也不是一个自发、被动、不用费多大气力自然而然就可以跨过的阶段，而是一个动态、积极有为、始终洋溢着蓬勃生机活力的过程，是一个阶梯式递进、不断发展进步、日益接近质的飞跃的量的积累和发展变化的过程。”③中国在确立社会主义初

---

① 习近平：《把握新发展阶段，贯彻新发展理念，构建新发展格局》，《求是》2021 年第 9 期。

② 《十三大以来重要文献选编》（上），人民出版社 1991 年版，第 12 页。

③ 习近平：《把握新发展阶段，贯彻新发展理念，构建新发展格局》，《求是》2021 年第 9 期。

级阶段后经过几十年的积累，对中国特色社会主义建设的理论认识不断提升，中国共产党带领人民迎来从站起来、富起来到强起来的历史性跨越，而且通过中国共产党领导中国人民进行不懈奋斗，中国已经具备实现更高目标的物质基础、制度基础，这推动中国进入社会主义初级阶段的一个新阶段，即新发展阶段。

## 第三节　新发展阶段理论的创新特征

### 一、以人民为中心推动共同富裕

新发展阶段是全面建成小康社会之后的社会主义初级阶段，要求扎实推进共同富裕，且伴随建设成果实现不断积累，“人民”的因素不断得到凸显。在新中国成立之初与改革开放早期的共同富裕，主要解决的是人民群众的温饱问题，反映的是工业化建设与落后农业国之间的社会矛盾主线。随着改革开放的深入推进，共同富裕进入以建设小康社会为标志的历史阶段，这是由人民生活水平显著提高所决定的，反映的是人民群众物质文化需要与落后的社会生产力之间的社会矛盾主线。进入新发展阶段后，“十大历史性成就”已经取代“落后生产力”，人民对生活的期望和需求更加丰富、更加多元，共同富裕的内涵不再仅局限于物质生活，更要在民主、法治、公平、正义、安全、环境等方面统筹推进，不断深化和拓展。特别是，党的十九届五中全会将新发展阶段的共同富裕目标明确指向为“全体人民共同富裕取得更为明显的实质性进展”。其中，“更为明显”强调的是要提升民众对社会主义经济建设的感受，提升人民群众对改革发展成果的获得感，提升人民群众对公共服务的幸福感，提升人民群众对重要保障的安全感。“实质性进展”则是指推动民生建设成果从“量的积累”到“质的飞跃”的转变，即在脱贫扶贫方面推动实现缩小区域、城乡、收入差距上的实质性进展，以及在民生保障方面推动实现更公平、更广泛、更普惠的实质性进展。党领导下的社会主义现代化建设体现出鲜明的阶段性特征——从“四个现代化”“两步走”“三步走”到“两个百年”奋斗目标，恰好对应着共同富裕目标逐步清晰、不断落实的过程。同时，现代化建设路径只有不断与人民对高品质生活的期盼相对标、相调适，才能推动共同富裕取得实质性进展。而这也正是社会主义的本质要求，是社会主义与资本主义相区别的根本性特征。

新发展阶段所要求的共同富裕，和坚持以人民为中心是相辅相成的。这包含两个层次。第一，共同富裕思想的演变与中国共产党人民观的进步交相呼应。从新中国成立初期毛泽东提出“全体农村人民”是建设共同富裕的主要对象，到改革开放进程中涌现出的企业家、管理者、个体经营者等，再到当前的“新社会阶层”(如外企从业人员、自由职业者、中介组织从业人员等)，党和国家对“人民”范畴的界定持续向更广的范围拓展，时至今日已经覆盖绝大多数职业领域和从业方式。可以说，共同富裕主体的扩大和“人的全面发展”的提出，正是党和国家对人民的本质认识，以及“以人为本”的价值观不断深化的过程。第二，以人民为中心的发展思想与中国特色社会主义公平公正原则的基本出发点交相呼应。在党的十七大以前，“共同富裕”建设的重点在“富裕”，鼓励一部分人、一部分地区先富起来并带动后富的群体和地区；在此之后，尤其是党的十八大以后更加强调“共同”，通过公平分配途径推动改革发展成果更加广泛地惠泽人民群众。共同富裕在建设基础、建设方式、建设目标上都体现了中国特色社会主义对公平公正的阐释：共同富裕的建设基础是高度发达的社会生产力，同时坚持在推动社会生产力提升的过程中改善收入分配的公平度；共同富裕的建设方式是渐进的、累积的，而社会公平改善也是一个逐步推进、不能一蹴而就的长期过程；共同富裕的建设目标是满足人民在物质和文化上多层次、多元化的动态增长需求，而社会主义公平同样旨在保障人民享有平等建设经济和生态文明并共享建设成果的权利，二者本质上均是追求人的全面发展。

## 二、全面深化改革为高质量发展注入动力

新发展阶段是实现高速发展向高质量发展转型提升的新阶段，并且以坚持全面深化改革为重要实现途径。传统的高速度增长的突出特点是粗放型的要素投入，附以低水平的产出扩张，是在短缺经济下供不应求的背景下形成的以经济体量或规模为导向的经济增长方式。与高速度增长相对应的经济体制，体现为重激励机制而轻约束机制，强调通过财税优惠等经济刺激手段鼓励企业扩大生产规模、追求经济效益，但与此同时，企业社会责任或环境约束政策长期缺位。随着可分配资源短缺的逐渐消失，市场供求基本平衡甚至供大于求成为普遍状态，无论是出于扩展收益边际的目的，还是为了应对政府环境测评与监管，企业作为微观生产主体正在愈来愈重视采用绿色清洁的生产技术和能源，形成集约高质的生产方式，甚至将污染防治和质量把控纳入企业绩效发展目标。与之相对应，强调激励机制与责任约束并重的高质量发展的市场经济体制正在不断健全和完善。总的来说，无论是追求高速度的经济增长，还是突出高质量

的经济发展，都是不同历史阶段中市场主体行为方式和相对应的经济或市场体制互相作用的最终表现。所以，从高速度经济增长方式向高质量经济增长方式的演进，也是企业、消费者等市场主体素质不断提高、优化调整自身行为方式，以及政府等监管者不断适应市场经济发展需求的综合结果，它体现了中国特色社会主义市场经济体制不断向成熟发展的趋势。

从这个意义上，推动中国特色社会主义市场经济体制发展，推进全面深化改革，正是加快经济增长方式转变、实现高质量发展的重要途径和题中应有之意。党的十八届三中全会通过的《中共中央关于全面深化改革若干重大问题的决定》明确指出，全面深化改革的总目标是完善和发展中国特色社会主义制度、推进国家治理体系和治理能力现代化，并在坚持和完善基本经济制度、加快完善现代市场体系、加快转变政府职能等 15 个领域提出重大改革举措。习近平总书记对此指出："1978 年，中共十一届三中全会开启了中国改革开放进程，至今已经 35 年多了，取得了举世瞩目的成就。但是，我们还要继续前进。我们提出了'两个一百年'的奋斗目标。当前，经济全球化快速发展，综合国力竞争更加激烈，国际形势复杂多变，我们认为，中国要抓住机遇、迎接挑战，实现新的更大发展，从根本上还要靠改革开放。"① 全面深化改革重在构建高水平的社会主义市场经济体制，强化公平竞争机制，让市场对资源和要素配置发挥决定性作用，而政府目标则更多转向公共服务、信息引导、秩序维护、基础设施等领域，减少各级政府对资源特别是生产要素的直接配置。同时，深化国企改革，推进部分公用行业的市场化改革，推动要素市场化配置。建立现代财税金融体制也是改革的重要内容，政府要完善现代税收制度，深化预算改革，明确央地之间的财权与事权。此外，须加快利率市场化改革和证券市场改革，提高企业直接融资比重，推进双向开放，完善现代金融监管体系。

正是全面深化改革的推进，从制度和体制机制层面优化了中国经济的运行，从而为新发展阶段的高质量发展注入重要动力。2023 年 4 月习近平总书记在主持召开二十届中央全面深化改革委员会第一次会议时指出，"党的十八大以来，我们以巨大的政治勇气全面深化改革，坚持目标引领，突出问题导向，敢于突进深水区，敢于啃硬骨头，敢于涉险滩，敢于面对新矛盾新挑战，坚决破除各方面体制机制弊端，以前所未有的

① 《习近平谈治国理政》(第一卷)，外文出版社 2018 年版，第 100 页。

力度打开了崭新局面”，而在未来，“要抓好重大改革任务攻坚克难，统筹全局、把握重点，聚焦全面建设社会主义现代化国家中的重大问题谋划推进改革，用好机构改革创造的有利条件，努力在破除各方面体制机制弊端、调整深层次利益格局上再攻下一些难点”①。

## 三、坚持中国式现代化下的民族伟大复兴

新发展阶段是实现第一个百年奋斗目标后，向第二个百年奋斗目标进军的新阶段，是中国共产党带领人民迎来从站起来、富起来到强起来历史性跨越的新阶段。这内在地决定了新发展阶段是中华民族实现伟大复兴的一个必要过程，是以鲜明的中国特色、鲜明的社会主义特征实现现代化的过程，是与中国式现代化内在统一的过程。

具体而言，新发展阶段的现代化，是以人口规模巨大作为重要特征的。14 亿中国人口整体迈入现代化社会，将会超过现有发达国家的人口总和，有 500 年历史的社会主义主张在世界上人口最多的国家取得成功，将彻底改写现代化的世界体系。同时，新发展阶段将进一步普及高等教育，延长人均预期寿命，完善世界上规模最大的社会保障体系。新发展阶段的现代化是全体人民共同富裕的现代化。共同富裕是中国特色社会主义的本质要求。中国现代化坚持以人民为中心的发展思想，自觉主动地解决地区差距、城乡差距、收入分配差距，促进社会公平正义，逐步实现全体人民共同富裕，坚决防止两极分化。物质文明和精神文明协调发展是新发展阶段现代化道路的应有之义。社会主义不但要提高物质生产力、也要提高精神生产力，建成社会主义文化强国是中国社会主义新发展阶段的重要目标。新发展阶段倡导社会主义核心价值观，加强理想信念教育，弘扬中华优秀传统文化，增强人民精神力量，促进物的全面丰富和人的全面发展。同时，新发展阶段强调人与自然和谐共生的现代化，开创生产发展、生活富裕、生态良好的文明发展道路。中国的现代化模式坚决抛弃轻视自然、支配自然、破坏自然的现代化模式，绝不走西方现代化的老路，而是坚定不移走生态优先、绿色发展之路，建设生态和谐新格局。新发展阶段强调和平发展道路的现代化。面对百年未有之大变局，中国积极倡导构建人类命运共同体，坚持相互尊重、平等协商，坚持走对话而不对抗、结伴而不结盟的新路，打破“国强必霸”的大国崛起传统模式，以

① 习近平：《守正创新真抓实干　在新征程上谱写改革开放新篇章》，《人民日报》2022 年 4 月 22 日。

合作共赢为目标，实现共同发展，提供通向现代化的新选择。

正因如此，中国式现代化将在新发展阶段得到延续和发展。习近平总书记指出："走自己的路，是党的全部理论和实践立足点，更是党百年奋斗得出的历史结论。中国特色社会主义是党和人民历经千辛万苦、付出巨大代价取得的根本成就，是实现中华民族伟大复兴的正确道路。"① 新发展阶段，是中国共产党领导中国人民站在更高的历史起点，面向全面实现中华民族伟大复兴的宏伟目标而开启新征程的阶段，其间实践与理论探索的独特性、丰富性和成功性，必然需要坚持推进中国式现代化"走自己的路"，要发挥社会主义制度的优越性，更好地发挥发展中国特色社会主义制度的优势，才能在全面建设社会主义现代化国家的过程中实现中华民族伟大复兴。与此同时，新发展阶段过场中的实践与理论探索，也将为中国式现代化提供更多有利的素材，并且在新发展阶段和新发展格局开放包容的环境下，与不同文明取长补短、共同进步，从而使得中国式现代化不断完善升华，为人类社会进步提供中国样本和中国方案。

## 第四节　新发展阶段理论的创新意义

### 一、凝练了中国特色社会主义政治经济学的现实基础

中国特色社会主义政治经济学始终坚持辩证唯物主义和历史唯物主义的方法论，以对中国经济现实和历史方位的科学准确判断作为基础和起点。新发展阶段重大判断的提出，提炼概括了党的十八大以来以习近平同志为核心的党中央对中国社会主义初级阶段的战略判断。早在 2014 年 5 月，习近平总书记就作出中国经济进入新常态的判断，指出中国经济的成长进入蜕变时期，经济发展的含义主要不再是经济规模的扩大、经济总量的增加、短缺问题的解决，而将是经济质量的提高、资源配置的优化、整体均衡的实现。2017 年 7 月 26 日，习近平总书记在省部级主要领导干部专题研讨班上的重要讲话中指出："党的十八大以来，在新中国成立特别是改革开放以来我国发展取得的重大成就基础上，党和国家事业发生历史性变革，我国发展站到了新的历史起点上，中国特色社会主义进入了新的发展阶段。"这一准确的政治判断郑重宣告中国特色社会主义开始"强起来"的新的伟大征程。2017 年 12 月召开的中央经济工作会议明确提出习近平新时代中国特色社会主义经济思想，其中包括新发展阶段所应当包含的七项原

① 习近平：《在庆祝中国共产党成立 100 周年大会上的讲话》，《人民日报》2021 年 7 月 2 日。

则。2020年8月24日，习近平总书记在经济社会领域专家座谈会上，从理论和实际、历史和现实、国内和国际相结合的高度，分析了中国进入新发展阶段的理论依据、历史依据、现实依据，阐述了深入贯彻新发展理念的新要求，阐明了加快构建新发展格局的主攻方向，对于全党进一步统一思想、提高站位、开阔视野，全面贯彻党的十九大和十九届二中、三中、四中、五中全会精神，确保全面建设社会主义现代化国家开好局、起好步，具有重大而深远的指导意义。

由此可见，新发展阶段理论为中国特色社会主义政治经济学提供了一系列重要现实基础。首先，新发展阶段理论明确了中国发展的历史方位，即中国在全面建成小康社会、实现第一个百年奋斗目标后，开启了全面建设社会主义现代化国家新征程、向第二个百年奋斗目标进军的新发展阶段。其次，新发展阶段高度概括了中华民族伟大复兴的战略全局——在中国特色社会主义道路上，通过从全面建成小康社会到基本实现现代化，再到全面建成社会主义现代化强国，实现中华民族以更加昂扬的姿态屹立于世界民族之林的战略全局。新发展阶段凝结了中国共产党领导人民从站起来、富起来到强起来的跃升逻辑。新发展阶段意味着需要全党在进行伟大斗争、建设伟大工程、推进伟大事业、实现伟大梦想中付出更为艰巨和更为艰苦的努力。再次，新发展阶段要求放在“两个大局”中准确把握，即把中华民族伟大复兴的战略全局与世界百年未有之大变局，作为谋划工作的基本出发点。中国社会主要矛盾变化带来新特征新要求，错综复杂的国际环境带来新矛盾新挑战，要增强机遇意识和风险意识，立足社会主义初级阶段基本国情，保持战略定力，要善于在危机中育先机、于变局中开新局。新发展阶段在中国发展进程中具有里程碑意义，这是中华民族伟大复兴历史进程的大跨越。最后，新发展阶段也确立了新发展理念的实践基础和新发展格局的服务大局。①

## 二、深化了中国特色社会主义政治经济学的理论内涵

新发展阶段深化了社会主义本质论和初级阶段理论的内涵。新发展阶段体现社会主义本质的实现过程。社会主义的本质论是解放生产力，发展生产力，消灭剥削，消除两极分化，最终达到共同富裕。新发展阶段是促进全体人民共同富裕的重要阶段，是以人民为中心的社会主义发展重要阶段，是实现社会经济充分、平衡发展的重要阶段，是中

① 习近平：《把握新发展阶段，贯彻新发展理念，构建新发展格局》，《求是》2021年第9期。

国共产党深刻把握社会主义本质之后的重要思想创造。同时，新发展阶段也是中国共产党深刻把握21世纪社会主义发展新局面所作出的重大判断，它为社会主义初级阶段论提供了更具体的理论划分，是对社会主义初级阶段论的再创造。更进一步讲，新发展阶段是社会主义初级阶段的稳定性与发展性、连续性与跨越性的辩证统一。党的十三大首次系统论述了社会主义初级阶段，并指出中国的初级阶段是一个很长的阶段。如今，中国共产党带领人民进行改革开放的新的伟大革命，极大激发出广大人民群众的积极性、主动性、创造性，经过几十年积累，中国已站到新的起点上。在过去的几十年中，由量变到质变，中国发生了翻天覆地的变化，而中国特色社会主义政治经济学也在认识世界和改造世界的过程中，不断完善、不断实践、不断创新。

新发展阶段深化了全面建设社会主义现代化的理论内涵。马克思主义政治经济学认为发展生产力是社会主义现代化的核心，只有促进生产力的发展，才能推动上层建筑和其他社会发展领域的现代化。经济发展仍然是全面建设社会主义现代化的主要动力。同时，中国的现代化是经济建设、政治建设、文化建设、社会建设、生态文明建设共同推进的现代化，全面性特征是中国社会主义现代化战略的鲜明标志。因此，现代化与全面小康相比，不是简单的数量评价指标上的改变，而是质的提升、结构性提升。以人民为中心的发展观要求新发展阶段不仅是现代增长阶段，还包括科学技术、经济结构、人的现代化等。根据“两步走”现代化方案，基本实现现代化是要使人民生活更为宽裕，城乡区域发展差距和居民生活水平差距显著缩小，而到全面现代化时，全体人民共同富裕基本实现，人民生活更加幸福安康。为此，中国共产党依据新发展理念建立适合新发展阶段的社会主义现代化理论：强调共享发展理念，研究现代化目标；突出创新发展理念，研究现代化战略；依据“绿色”发展理念，研究现代化道路；落实“协调”理念，研究二元结构现代化；坚持“开放”理念，研究对外开放理论。①

中国新发展阶段深化了社会主义基本经济制度的理论内涵。在新发展阶段的诸多新内涵中，改革开放日益面对深层次体制机制问题，国家顶层设计对改革的系统性、整体性、协同性要求更强，制度建设和体系构建的重要性更为突出。②在新发展阶段，

① 参见洪银兴：《进入新时代的中国特色社会主义政治经济学》，《管理世界》2020年第9期。

② 《习近平关于〈中共中央关于坚持和完善中国特色社会主义制度　推进国家治理体系和治理能力现代化若干重大问题的决定〉的说明》，《人民日报》2019年11月6日。

坚持和完善中国特色社会主义制度、推进国家治理体系和治理能力现代化，是全党和全国的一项重大战略任务。基本经济制度是反映一个国家生产关系的基本制度规定，在整个经济制度体系中具有基础性地位。新发展阶段坚持公有制为主体、多种所有制经济共同发展，核心要义是坚持“两个毫不动摇”。把握好这种辩证关系，有利于更好坚持和完善基本经济制度中的所有制结构，有利于调动各类市场主体的活力和创造力，更好地解放和发展中国生产力。新发展阶段坚持按劳分配为主体、多种分配方式并存的分配制度，既有利于鼓励先进，促进效率，最大限度地激发活力，又有利于防止两极分化，逐步实现共同富裕，使人民群众共享改革发展成果。社会主义制度和市场经济的结合是一个伟大创造，能够充分发挥市场在资源配置中的决定性作用，更好发挥政府作用，很好地把“看不见的手”和“看得见的手”结合起来，对政府和市场关系的认识实现重大突破。

## 三、开拓了马克思主义政治经济学的理论境界

在新发展阶段，当代中国社会主义政治经济学是中国经济学理论的主流。当代中国政治经济学的根本只能是马克思主义政治经济学，而不是其他经济理论。面对错综复杂的国内外经济形势，面对形形色色的经济现象，学习领会马克思主义政治经济学基本原理和方法论，“有利于我们掌握科学的经济分析方法，认识经济运动过程，把握经济发展规律，提高驾驭社会主义市场经济能力，准确回答我国经济发展的理论和实践问题”①。

中国特色社会主义政治经济学始终以历史唯物主义和辩证唯物主义作为根本方法论。习近平总书记指出，要坚持和运用马克思主义立场、观点、方法，坚持和运用马克思主义关于世界的物质性及其发展规律，关于人类社会发展的自然性、历史性及其相关规律，关于人的解放和自由全面发展的规律，关于认识的本质及其发展规律等原理，坚持和运用马克思主义的实践观、群众观、阶级观、发展观、矛盾观，真正把马克思主义这个看家本领学精悟透用好。② 马克思主义是不断发展的、开放的、实践的理论，始终站在时代前沿。理论源于实践，又用于指导实践。马克思主义理论不是教条，而是行动指南，必须随着实践的变化而发展。实践证明，马克思主义为中国革命、建

① 习近平：《不断开拓当代中国马克思主义政治经济学新境界》，《求是》2020 年第 16 期。

② 《习近平在纪念马克思诞辰 200 周年大会上的讲话》，《人民日报》2018 年 5 月 5 日。

设、改革提供了强大思想武器，使中国这个古老的东方大国创造出人类历史上前所未有的发展奇迹。新发展阶段的重大判断坚持用联系的发展的眼光看问题，增强战略性、系统性思维，分清本质和现象、主流和支流，既看存在的问题又看其发展趋势，既看局部又看全局，提出的观点、作出的结论要客观准确，经得起检验，在全面客观分析的基础上，努力揭示中国社会发展和人类社会发展的大逻辑、大趋势。

习近平新时代中国特色社会主义思想进一步发展、运用马克思主义的辩证方法和战略思维，成为新发展阶段政治经济学理论升华的显著标识。准确把握新发展阶段，在根本上就是掌握马克思主义的科学经济分析方法和已有的社会主义经济发展规律，进一步研究经济运行过程。比如，中国经济长周期和短期波动之间的关系；社会主义市场经济中公平与效率的关系；如何实现政府宏观调控与市场自我调节的有效结合，推动经济健康平稳运行；地方政府在社会主义市场经济体制下的科学定位；如何构建以国内大循环为主体、国内国际双循环相互促进的新发展格局；等等。

中国改革开放的伟大实践为马克思主义政治经济学的发展与创新带来前所未有的机遇和挑战。新发展阶段具体彰显了中国在实践层面对 21 世纪马克思主义政治经济学的实践引领。而新发展阶段最大的实践就是全面建设社会主义现代化国家、实现中华民族伟大复兴。中国特色社会主义现代化是新发展阶段开辟出的具有高度现实性、可行性的正确道路，使科学社会主义在 21 世纪焕发出新的蓬勃生机。21 世纪的马克思主义将继续在中国得到发展，成为引领中国、影响世界的当代中国马克思主义。在新发展阶段，中国坚持和发展中国特色社会主义，推动物质文明、政治文明、精神文明、社会文明、生态文明协调发展，创造了中国式现代化新道路，创造了人类文明新形态，为发展中国家走向现代化、为解决当今世界经济的难题贡献了中国智慧和中国方案。与此同时，中国特色社会主义政治经济学对马克思主义作出原创性、时代性贡献，使人们对共产党执政规律、社会主义建设规律、人类社会发展规律的认识达到更新的历史高度。尤其是在党和国家事业不断取得历史性成就的过程中，新时代的伟大斗争锻造了与时俱进的马克思主义理论，使科学社会主义释放出具有强大的说服力和感召力。[①]

① 参见《求是》杂志编辑部：《以史鉴今　砥砺前行》，《求是》2021 年第 12 期。

# 第二十章　从科学发展观到新发展理念理论

2015 年 10 月，习近平总书记在关于《中共中央关于制定国民经济和社会发展第十三个五年规划的建议》的说明中指出：发展理念是发展行动的先导，是管全局、管根本、管方向、管长远的东西，是发展思路、发展方向、发展着力点的集中体现。2015 年 10 月 29 日，习近平总书记在党的十八届五中全会第二次全体会议的讲话中鲜明提出创新、协调、绿色、开放、共享的发展理念。新发展理念符合中国国情、顺应时代要求，对破解发展难题、增强发展动力、厚植发展优势具有重大指导意义。

事实上，党中央在 2003 年就提出过“坚持以人为本，树立全面、协调、可持续的发展观，促进经济社会和人的全面发展”，按照“统筹城乡发展、统筹区域发展、统筹经济社会发展、统筹人与自然和谐发展、统筹国内发展和对外开放”的要求推进各项事业的改革和发展的方法论——科学发展观。从科学发展观到新发展理念的提出，其背后的理论逻辑与现实逻辑究竟有哪些？新发展理念相较于科学发展观而言，在理论内涵上又有何进一步的创新与发展？厘清上述问题，对于完整准确全面贯彻新发展理念，进而更好地服务和推动中国式现代化建设，具有重要理论与现实意义。

本章首先对科学发展观提出的时代背景、科学内涵和时代意义进行梳理分析，然后从理论和现实层面分析新发展理念提出的内外部现实逻辑，以及新发展理念相较于科学发展观的新内涵和理论创新，然后基于上述分析内容，进一步总结从科学发展观到新发展理念的理论与实践意义。

## 第一节　科学发展观的科学内涵与时代意义

### 一、科学发展观提出的时代背景

#### （一）加入世界贸易组织伊始，中国融入世界经济体系面临的外部不确定性风险增多

在 21 世纪初，尽管和平与发展仍然是世界的主题，但是由于国际环境的复杂多

变，其阻挠和平与发展的各类负面因素仍然存在且不断增多。当时，中国正处于改革开放的加速期，社会主义市场经济体制不断发展完善，亟须一个良好的国际发展环境。考虑到当时的世界经济全球化、一体化水平正在不断加速，且中国已经顺利加入世界贸易组织，在加快融入世界经济体系的过程中，中国必须看到当时的国际环境对中国发展带来的各类机遇和挑战。要想在错综复杂的国际环境以及日趋激烈的国际竞争过程中把握自身发展的主动权，就必须趋利避害，立足自身发展需求，充分利用国际国内各项有利条件，坚定不移走科学发展与和平发展之路。

### （二）和平与发展是时代主题，抢抓发展机遇期对中国至关重要

在21世纪初，党和国家领导集体作出重大战略判断，即认为当时时代的主题仍然是和平与发展，世界走向多极化的趋势显著，全球经济一体化水平将不断提高，加之全球科技革命方兴未艾，全球经济增长与发展动能充足。在此背景下，全球各国之间开展区域经济合作的意愿十分强烈，这必将有利于维护世界和平与发展，确保在可预见的时期内不会爆发世界性战争，对中国来说将是一个难得的发展机遇期。党和国家领导人注意到，纵观全球众多国家的发展历程，当一个国家的人均GDP处于1 000美元至3 000美元区间时，该国的经济社会发展往往处于高速发展与结构性矛盾凸显交织时期。在这一时期背景下，一方面需要抢抓各类内部外机遇加快推动经济快速发展；另一方面则需要妥善处理国内的各项结构性矛盾，比如收入分配差距拉大、阶层分化、社会矛盾计划等问题。处理好这一特殊时期的发展与矛盾问题，对于中国避免社会动荡、推动国内各阶层力量同心同德谋发展具有重要意义。21世纪初的中国，正处在全面建设小康社会时期，经济发展水平已经进入1 000美元到3 000美元的区间，这就要求中国必须在重视经济发展的同时，以科学发展观为指引处理好经济社会发展过程中的各项矛盾问题，努力构建社会主义和谐社会。

### （三）中国社会主义初级阶段的基本国情是提出科学发展观的根本依据

在21世纪初，尽管中国已经处于社会主义社会，但当时的社会主义仍然是低水平的社会主义，是初级阶段的社会主义。就社会生产力而言，中国的社会生产力水平远低于西方发达国家，这就要求中国必须通过大力发展生产力来改善中国居民生活水平。在这一背景下，党的十六大提出要全面建设小康社会，即经过20年努力，建设一个能够惠及10多亿人口的更高水平的小康社会。自1979年改革开放以来，经过20多年的努力，中国已经进入小康社会。但是，在21世纪初，中国的小康社会仍然是一个低水

平的小康社会，经济社会发展多项指标仍然与西方发达国家存在较大差距。此外，进入21世纪，中国农民收入增长率在2000—2002年连续下降，城乡之间的收入差距进一步扩大。因此，中国在当时存在城乡发展失衡、经济社会发展不全面、不充分等突出问题。正因如此，党在十六届三中全会上提出要树立和落实科学发展观，要加快推进全面、协调、可持续发展，以此作为中国全面建设小康社会的指导方针。从中可见，科学发展观的提出与中国在21世纪初的基本国情，以及全面建设小康社会的目标有着紧密的内在联系。

### （四）中国在21世纪新阶段的阶段性特征是提出科学发展观的现实基础

进入21世纪，在历经20多年的改革开放后，中国经济社会发展开始呈现出很多新的阶段性特征。从外部的国际环境来看，伴随着经济全球化的不断深化，国与国之间综合国力的竞争日趋激烈，全球经济分工的深化与固化程度进一步提高。也正在此时，中国加入世界贸易组织，开始真正融入世界经济体系，随之而来的是中国经济对外依存度的大幅度提升，世界经济对中国经济社会的影响持续加大。从国内改革发展的形势来看，中国体制机制改革进入攻坚深水区，伴随工业化与城镇化进程的不断加快，全国范围内的农村冗余劳动力开始大规模向城镇转移，衍生出一系列新问题亟待解决。此外，经济长期快速发展带来的一系列副作用开始显现，比如城乡发展差距加大、环境污染、社会保障问题等，凸显中国经济社会发展不够全面。综上所述，21世纪初，对于中国来说是一个发展动力、潜力与发展困难、风险并存的特殊阶段，是一个不进则退、无需则乱的特殊阶段，在这一阶段，中国共产党必须提高执政能力与水平，通过科学发展观的指引，更好解决改革发展关键问题，进而全面推进中国特色社会主义事业向前发展。

### （五）当代世界的发展实践和发展理念是提出科学发展观的重要借鉴

党中央在领导推进中国改革开放和全面建设小康社会的进程中，敏锐地观察到，世界上很多国家在推动经济社会发展的过程中，若纯粹追求经济增长，忽略资源节约与环境保护，不注重完善社会保障服务体系，不重视收入分配的公平正义问题，会使得本国经济社会发展产生非常严重的不利后果。此外，党中央还注意到，随着生产力的不断进步，人类社会的发展观念与早期工业化时期相比发生了很大变化。工业革命早期的发展观单纯追求以工业总产值为代表的物质资料的生产与财富的积累。然而，自20世纪六七十年代以来，上述陈旧发展观念的弊端开始显现，因而社会各界开始普遍意识到，单纯依靠经济增长，无法解决人类社会发展过程中的全部问题。最具代表性的观点是1972年罗马俱乐部发布的研究报告——《增长的极限》，该报告将经济增长、城市化同人口和资源等环境问题联系起来，提出全球性的生态、人口、环境、资源等问题。其论点之悲观，足以警醒人类社会重新审视过去较长一段时间秉承的发展观念。在此之后，全球各国都更加注重经济社会的可持续发展问题，统筹考虑经济增长、人口规模、生态环境、社会保障等多维度发展目标。在这一背景下，科学发展观提出要可持续发展，就是要求不仅要重视经济发展，还要重视人的发展，并把人与自然的协调以及子孙后代的发展都作为发展观的问题来考虑。

## 二、科学发展观的内涵分析

科学发展观是指要坚持以人为本，全面、协调、可持续的发展观。科学发展观以历史唯物主义为指导，坚持重点论与均衡论相结合，针对中国当时发展面临的主要矛盾，为中国经济社会发展指明科学方向和道路。

### （一）以人为本：秉承历史唯物主义理论，更加注重人的全面发展

以人为本，本质上明确了为谁发展这一问题的答案。无论是追求经济增长还是推进中国经济社会的全面发展，其最根本目标都是将人民的利益作为根本出发点和落脚点，以满足最广大人民的需求和促进人的全面发展为根本目标。科学发展观提出“以人为本”，在理论上秉承马克思主义的历史唯物主义理论观点，即必须坚持和承认人民群众是历史的主体和历史的创造者，人民群众是推动历史进步的最重要力量。只有坚持“以人为本”，才能够为中国的经济社会发展打造源源不断的发展动能，也只有如此才能够确保中国经济社会发展成果为人民群众所享有，进而夯实中国经济社会发展与历史进步的基础动力源泉，形成良性发展循环。然而，中国在早期现代化建设进程中过于注重追求经济增长，而忽略了人的全面发展问题。进入21世纪，必须更新优化人们的发展观念，将经济社会发展与人的发展紧密联系与统一起来，将人的发展和进步作为衡量中国经济社会发展与否的重要标准之一，这是中国共产党对经济社会发展认识的进一步深化，也是对经济社会发展理论的进一步创新。

### （二）全面发展：实现经济发展和社会全面进步

全面发展，就是要在推动经济增长过程中，同步加快推进政治文明、精神文明与生态文明建设，形成多种文明建设成果同时迸发的多赢局面与良好发展格局。科学发

展观提出要“全面发展”，其核心要义就是要在坚持以经济建设为中心的同时，全面推进政治、文化、生态、社会等多方面的建设进程，实现经济社会的全面发展。马克思主义唯物史观指出，社会结构包括经济生产方式、政治上层建筑、社会意识、人口因素与自然环境这五大要素，上述五大要素之间联系紧密、相辅相成、互为条件、互相制约，必须以全面视角统筹考虑其内在关系，形成良性发展格局。科学发展观提出的“全面发展”，就是要推动上述社会构成要素有机协调与全面发展。在中国加快建设小康社会以及加速推进社会主义现代化建设进程中，上述各要素的全面协调发展能够确保中国各项事业发展目标都得以顺利实现。

### （三）协调发展：坚持“重点论”与“均衡论”相结合

所谓协调发展，就是要在空间维度和社会主体维度统筹各方发展关系，确保中国经济社会发展能够避免头重脚轻、厚此薄彼等问题。就空间维度而言，中国在 21 世纪初面临城乡发展不协调、东中西部发展不协调等问题，与此同时，还需要在融入世界经济体系的背景下，重新统筹考虑如何推动中国国内经济发展与对外开放相协调的问题。就社会主体维度而言，中国不同居民之间的收入差距问题以及不同所有制企业之间的公平竞争问题同样需要通过体制机制改革与优化调整予以加快解决。对此，科学发展观提出“协调发展”，为解决上述问题指明方向。所谓“协调发展”，就是要坚持重点论与均衡论的高度统一，马克思主义认识论强调，社会是一个巨大的多变量、多因素系统。坚持“重点论”就是要抓重点、抓主要矛盾，坚持“均衡论”就是要在抓重点的同时，重视非重点，并带动非重点的发展。

### （四）可持续发展：人与自然、当下与未来的再平衡

可持续发展旨在解决人与自然、当下与未来发展的再平衡问题。所谓可持续发展，就是要促进人与自然的和谐共存，争取实现当下经济发展与人口、资源、环境的高度协调，确保当下的经济发展不会危及下一代乃至未来各代子孙的发展，能够确保经济社会永续发展。由此可见可持续发展是用长周期和历史眼光来看待当下的发展问题，能够确保中国经济社会发展既“利在当代”，又“功在千秋”，进而实现人与自然相协调、当下与未来再平衡。

## 三、科学发展观的时代意义

科学发展观是党中央从 21 世纪新阶段党和国家事业发展全局出发，着眼于丰富发

展内涵、创新发展理念、开拓发展思路、破解发展难题而提出来的，是对中国共产党关于发展的理论的继承、丰富和发展。科学发展观是中国共产党在21世纪初指导中国经济社会发展的世界观和方法论，是对发展这一重大问题的本质探索与全新阐述。科学发展观系统阐述了发展的内涵、发展的目标、发展的手段和路径，是对马克思主义发展观的再次升华与持续创新。科学发展观在总结中国经济社会发展客观规律的基础上，提出中国未来一段时间内推动经济社会发展的总体方向和具体方法论，有利于中国全面建成小康社会目标的顺利实现，也是中国共产党执政理念的进一步完善与提升。

## 第二节　新发展理念提出的现实逻辑

### 一、现实逻辑一：外部环境的新变化与新要求

#### （一）中国所处的"战略机遇期"发生重大变化，亟需强化自身发展内生动力

2002年，党的十六大报告提出："综观全局，二十一世纪头二十年，对我国来说，是一个必须紧紧抓住并且可以大有作为的重要战略机遇期。"经过10年发展，2012年，党的十八大报告再次指出："综观国际国内大势，我国发展仍处于可以大有作为的重要战略机遇期。"2017年，党的十九大报告指出："国内外形势正在发生深刻复杂变化，我国发展仍处于重要战略机遇期，前景十分光明，挑战也十分严峻。"紧随其后，党的十九届五中全会再次作出上述判断。与2002年相比，中国目前所处的外部环境以及对"战略机遇期"的判断已经出现重大变化。外部环境错综复杂，挑战和风险因素不断增多，这就要求中国必须强化自身经济社会发展的内生动力，以自身强劲发展抵御各类外部不确定性风险和负面因素，在发展中解决外部风险与内部矛盾。因此，有必要对指引中国未来发展的发展理念根据最新形势变化与任务要求进行完善革新，以期能够正确科学指导中国未来经济社会发展。新发展理念对科学发展观既是继承，也是创新，其理论内涵更加符合当下中国国情与发展需求，是强化中国自身发展内生动力的重要指引。

#### （二）国际经济格局出现深刻调整，大国博弈日趋激烈

当前，世界百年未有之大变局加速演进，世界之变、时代之变、历史之变的特征更加明显。随着中国发展成为全球第二大经济体，中美大国之间的博弈变得日趋激烈，随之导致国际环境更加错综复杂，各种不确定性风险明显增加。比如，全球范围内的局部战争和武装冲突日渐增多；经济全球化遭遇阻碍，全球产业链、供应链断链风险

增加；国与国之间的经济合作趋于区域化，等等。可以预见，全球政治、经济格局以及治理体系正处于深刻变革期。因此，只有加快贯彻落实新发展理念，才能够通过夯实中国内生发展动力、提高发展质量，以自身发展提升中国的国际竞争力，进而能够在发展中应对并解决各类外部风险因素和不确定性。

## （三）新技术革命迅猛推进，各国技术竞争日趋激烈

根据康德拉季耶夫周期理论，只有在经济萧条期（即康德拉季耶夫长周期的下降阶段），新技术才会高密度出现，并且会在下一个大的上升阶段被大规模产业化应用，而下一个上升阶段往往是新一轮产业革命爆发阶段。2018 年前后的全球经济正处于康德拉季耶夫周期的下降阶段（图 20-1），且各种新技术如雨后春笋般层出不穷，信息技术飞速发展，人工智能方兴未艾，5G 技术正从实验室走向产业化，生物科技、新材料与新能源技术成为各国角逐的重点。但是根据康德拉季耶夫周期理论，新技术从产生到大规模产业化运用，中间往往需要一段过渡时期，2018 年前后的全球经济就是处于这样一个过渡时期，即新一轮产业革命爆发前夜。新一轮产业革命的到来将有利扫除于中国发展不利的很多因素，塑造全新和平发展的国际环境。一方面，新一轮产业革命的到来将助推全球经济步入新一轮快速增长通道，缓解当前由经济发展动力、路径不明确所导致的全球紧张局势（逆全球化、中美贸易摩擦等），为中国未来的和平发展塑造全新的国际发展环境。另一方面，新一轮产业革命的到来为中国国际分工地位的

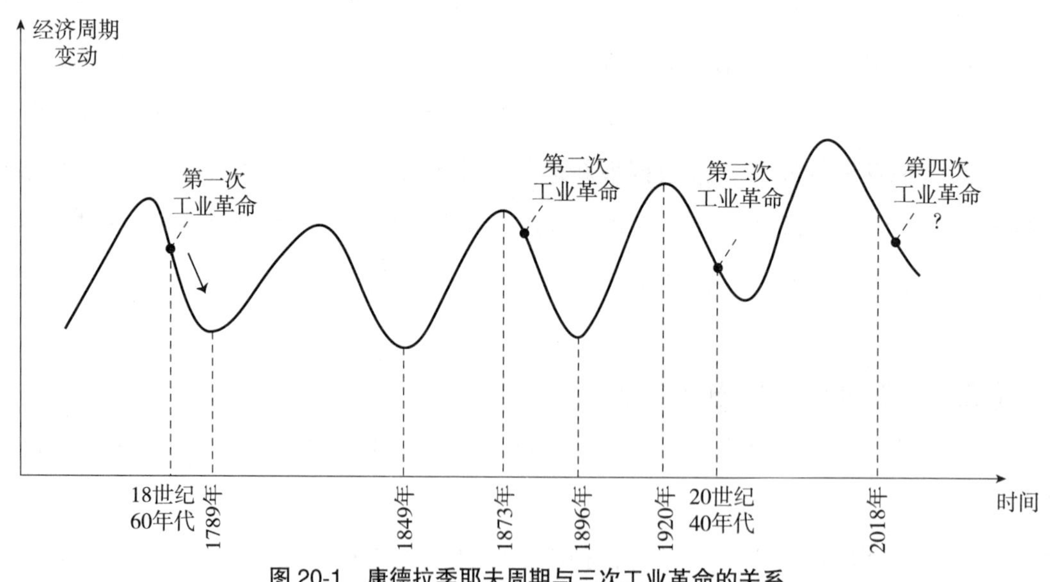


**图 20-1　康德拉季耶夫周期与三次工业革命的关系**

资料来源：作者根据相关资料整理绘制所得。

提高提供了机遇。在这一背景下，只有加快贯彻新发展理念，以创新发展理念，更加重视科技创新，增强中国自主创新能力，才能以自身科技硬实力更好把握机遇、应对挑战，有效化解外部冲击和外需下降带来的影响，在各种可以预见和难以预见的狂风暴雨、惊涛骇浪中，增强国家的生存力、竞争力、发展力、持续力。

## 二、现实逻辑二：内部发展的新变化与新要求

### （一）中国经济社会发展主要矛盾发生重大变化

党的十九大报告指出，中国社会主要矛盾已经由“人民日益增长的物质文化需要同落后的社会生产之间的矛盾”转化为“人民日益增长的美好生活需要和不平衡不充分的发展之间的矛盾”。这就表明中国当前社会生产方面的矛盾已经得到基本解决，社会生产力水平大幅度提升，人均 GDP 已经超过 1 万美元，居民人均可支配收入达到 3.69 万元人民币。① 人民对美好生活的需要日趋旺盛，对中国经济社会发展提出更高要求。这就使得中国在未来经济社会发展过程中必须改变过去追求经济高增速的传统做法，根据中国社会主要矛盾所提出的新要求，将更多精力放在解决“不平衡不充分”问题上。新发展理念当中的创新、协调、绿色、开放、共享发展理念全面对标中国社会主要矛盾，以及经济社会发展的新问题与新要求，为指导中国未来经济社会发展提供明确指引。

### （二）中国经济社会发展的内生动力发生重大变化

中国经济增长模式逐渐由生产要素粗放投入型增长，转化为全要素增长率驱动型增长。人口、土地等传统比较优势逐渐消失，新优势亟待确立。经济增速由高速增长路径向中低速增长路径转变。在未来很长一段时间内，科技创新都将成为驱动中国经济增长的核心动力源，因此，有必要在科学发展观提出的全面、协调、可持续发展基础上，进一步明确科技创新的重要性，以科技创新塑造经济增长新动能与国际竞争新优势。

### （三）中国经济由高速增长阶段向转型增长阶段转变

截至 2016 年，中国人均 GDP 已经超过 8 000 美元，正式进入中等偏上收入水平国家行列。② 根据全球其他国家的普遍发展规律，当一国人均 GDP 进入中等偏上水平

① 数据来源：中经网，https://ceidata.cei.cn/jsps/Default。

② 数据来源：新华网，http://www.xinhuanet.com//politics/2016-03/14/c_128798135.htm?from=timeline&isappinstalled=0。

时，也意味着该国的经济增长方式将发生转变，大多由过去的粗放型增长方式转变为集约型增长方式，国内产业结构也将进一步转型升级，国民财富的分配格局也将由过去的“哑铃型”向“橄榄型”转变。总体来看，中国即将进入经济社会发展的全面转型时期。上述各类转型若能够成功实现，那么中国将成功跨越“中等收入陷阱”，进入高收入水平下的高质量发展通道，若转型失败，则有可能陷入“中等收入陷阱”当中。基于上述现实逻辑，中国必须以创新发展理念巩固科技创新在驱动经济增长过程中的重要地位，推动经济增长路径向全要素生产率驱动型转变；以协调发展理念处理好中国多维度、多主体之间的发展平衡和利益关系，确保中国经济社会发展多维目标顺利实现；以绿色发展理念处理好经济增长与环境保护之间的关系，确保中国经济增长与发展成果是环境友好的、可持续的；以共享发展理念构建起公平正义的收入分配制度，确保中国经济增长的成果能够惠及最广大人民。以开放发展理念运用好国际国内两个市场、两种资源，为国内经济结构转型升级提供更多可选项。

## 第三节　新发展理念的理论创新分析

### 一、新发展理念的科学内涵解析

创新、协调、绿色、开放、共享的发展理念，指明了“十三五”乃至更长时期中国的发展思路、发展方向和发展着力点，要深入理解、准确把握其科学内涵和实践要求。创新发展注重的是解决中国经济社会发展动力问题。即通过强化中国科技创新能力和水平，强化科技对中国经济社会发展的支撑作用。协调发展注重的是解决中国经济社会发展不平衡问题。中国经济社会发展的不平衡体现在多个维度当中，比如城乡之间、区域之间、行业之间、物质文明与精神文明之间、经济增长与生态保护之间等。协调发展理念就是要通过统筹协调多类重大关系，强化中国发展整体效能，避免“木桶效应”带来的负面影响，以此有效解决中国的社会矛盾问题。绿色发展理念注重解决经济增长与环境保护之间的和谐关系问题。规避经济增长带来的环境负面效应，是解决中国社会主要矛盾的必然要求，人民群众对清新空气、干净饮水、安全食品和优美环境的追求，也是人民群众对美好生活向往的重要体现，绿色发展理念与中国当前社会主要矛盾紧密相连。开放发展理念注重解决中国当下如何实现内外联动的问题，考虑到中国当前在全球经贸规则方面的话语权不够、参与制定国际规则的能力不足等，目前中国对外开放水平仍需进一步提升，且需要在持续扩大对外开放和提升对外开放水平与深度的同时，更需进一步强化内外联动，以此来推动中国更好利用两个市场、两种资源。共享发展理念注重的是解决社会收入分配领域的公平正义问题。中国经济发展的“蛋糕”正在不断做大，但是如何确保经济社会发展成果以公平正义的形式实现最优分配，进而实现收入分配、城乡公共服务供给等领域差距的逐步缩小，是当下需要重点关注的突出问题。上述问题要想顺利解决，就必须基于共享发展理念强化顶层设计，完善相关制度建设。

## 二、新发展理念理论内涵的创新与发展

### （一）关于“创新”：更加注重科技创新的重要性

科学发展观在强调全面、协调、可持续发展的同时，并未强调科技创新的重要性，新发展理念则审时度势地明确指出“必须把创新摆在国家发展全局的核心位置”。新发展理念对科技创新格外重视，主要是基于新一轮科技革命与产业革命即将到来的历史背景，国内经济处于“新常态”的现实情况，以及中国在全球经济格局中经历深刻变革与大国博弈日趋激烈所提出的新要求。习近平总书记指出：“科学技术从来没有像今天这样深刻影响着国家前途命运，从来没有像今天这样深刻影响着人民生活福祉。”其本质就是强调科学技术在当下中国经济社会发展中的重要地位。新发展理念当中明确提出创新发展理念，为中国当下和未来一段时间内的经济社会发展指明动力来源。

### （二）关于“开放”：更加注重“走出去”强化秩序建设

科学发展观强调要统筹国内发展和对外开放，处理好内需与外需、利用外资与利用内资的关系，充分利用国内外两个市场、两种资源。从中可见，科学发展观当中所提出的“开放”，更多的是注重如何更好地“引进来”，是在既有世界经济政治秩序的前提下，充分利用规则为自身发展争取更为广阔的空间。而新发展理念所提到的“开放”，则更多是强调要“走出去”，且“走出去”的主体不仅仅是中国自有的资本和本土企业，还包括一些制度和规则方面的“走出去”，争取将中国经济社会发展的有益经验分享给其他发展中国家和新兴经济体，同时争取在国际经贸规则和政治秩序领域能够有更多话语权。

### （三）关于“共享”：更加注重民生导向

新发展理念最大的特点是民生导向、公平导向，并且注重落实机制问题，如大规模开展“脱贫攻坚”行动。所谓民生导向，是说中国在追求经济增长的时候，其根本

落脚点仍然是改善人民生活质量和提高人民生活水平，确保经济增长和社会发展的各项成果能够最大程度地惠及广大人民。此外，“共享”理念蕴含收入分配的公平正义理念，即致力于通过构建公平合理的收入分配机制来实现上述共享发展目标，该理念内涵与中国扎实推进共同富裕的工作目标紧密相连，与社会主义解放生产力，发展生产力，消灭剥削，消除两极分化，最终达到共同富裕的本质相一致。

#### （四）关于“协调”：更加注重宽领域的多重协调

科学发展观更多是经济领域的协调。比如，一是坚持城乡协调发展，其提出要站在国民经济发展全局的高度研究解决“三农”问题，实行以城带乡、以工促农、城乡互动、协调发展，逐步改变城乡二元经济结构。二是坚持区域协调发展。并在此基础上加快推进西部大开发，振兴东北地区等老工业基地，促进中部地区崛起，鼓励东部地区加快发展，形成东中西互动、优势互补、相互促进、共同发展的新格局。新发展理念也突破经济领域来看待协调发展，其协调的范围更加广泛，不仅包括经济领域，还包括物质文明和精神文明协调发展、经济建设和国防建设融合发展，这才是真正的“全面协调”与“整体协调”。

#### （五）关于“绿色”：更加注重挖掘生态领域的深层价值

科学发展观更加强调如何通过节能环保和生态治理来推动可持续发展，而新发展理念除上述内涵之外，还进一步提出要“坚持绿色富国、绿色惠民，为人民提供更多优质生态产品，推动形成绿色发展方式和生活方式，协同推进人民富裕、国家富强、中国美丽”。即新发展理念进一步看到绿色生态所蕴含的经济价值与社会价值，在此发展理念指引下，全国各地开始践行“绿水青山就是金山银山”理念，在此基础上进一步提出“双碳”目标并加快推动经济社会发展的绿色低碳转型，绿色经济、低碳经济开始成为中国经济的全新增长点。

## 第四节　从科学发展观到新发展理念的理论贡献

### 一、从科学发展观到新发展理念的理论意义

由科学发展观到新发展理念，是马克思主义政治经济学在当代中国、21 世纪世界的最新理论成果，对马克思主义政治经济学和中国特色社会主义政治经济学的创新发展作出重要的原创性贡献。

### （一）创新发展理念丰富发展了生产力发展理论和科学技术是第一生产力理论

马克思主义政治经济学认为生产力决定生产关系，经济基础决定上层建筑，明确指出生产力水平在经济社会发展中的基础地位和决定性作用。中国特色社会主义政治经济学则明确强调科学技术是第一生产力，在现代经济社会发展中具有举足轻重的地位和作用。新发展理念当中的创新发展理念再次丰富创新的理论内涵，进一步明确和强调科技创新对经济社会发展的驱动作用，并且首次提出要将创新摆在国家发展全局的核心地位加以重视，让创新发展理念贯穿党和政府工作以及经济社会发展的全过程，坚持以创新驱动推动中国经济社会转型发展，从而创造性地揭示出当代生产力和社会发展的根本驱动力和新机制。

### （二）协调发展理念丰富发展了社会再生产理论和发展整体性协调性理论

马克思主义政治经济学揭示了社会生产各部类之间必须保持合适的比例关系，以此来确保社会再生产活动的可持续性。中国特色社会主义政治经济学科学揭示了必须统筹处理好经济社会发展中的若干重大关系，强调必须保持发展的整体性、协调性。新发展理念当中的协调发展理念，明确指出中国在面临城乡之间发展不平衡、人与自然之间关系不协调、物质文明与精神文明之间不平衡，以及国内经济循环与对外经济开放之间矛盾关系时，如何通过正确分析和理解其内在辩证关系进而能够予以合理解决，使得协调发展理念能够极大地丰富和拓展马克思主义政治经济学传统的社会再生产理论和中国特色社会主义政治经济学关于要坚持提高中国经济社会发展整体性、协调性的理论内涵。

### （三）绿色发展理念丰富发展了人与自然关系的理论和可持续发展理念

马克思主义政治经济学从人与自然的对立统一关系出发，深刻揭露出资本主义生产方式对于自然资源和生态环境的掠夺与破坏，为实现人与自然的和谐共生和人类社会的永续发展奠定了科学的理论基础。中国特色社会主义政治经济学揭示了保护资源和生态环境对于人类永续发展的重要性。绿色发展理念顺应历史发展规律，尊重马克思主义与中国特色社会主义理论指引，其所提出的“绿水青山就是金山银山”理念，一方面为中国强化生态保护与资源节约利用指明了方向，同时又为中国挖掘生态环境当中的经济社会价值提供了重要遵循，为中国经济社会发展提供了全新机遇，进一步强调了经济发展与生态保护之间的高度辩证统一关系，推动人与自然关系的理论和可持续发展理念在新时代得到高度统一与全面践行。

### （四）开放发展理念丰富发展了世界市场理论和对外开放理论

马克思主义政治经济学认为资本的本质是逐利、剥削与扩张，是在历史发展一定阶段中产生的，是在物的外壳掩盖下的一种社会生产关系，是资本家剥削雇佣工人劳动的关系。[①] 资本的不断扩张本质使其在追逐超额利润的动力驱使下突破国家行政边界走向全球市场。中国特色社会主义政治经济学则认为，中国要发展的社会主义市场经济必须坚持对外开放与独立自主原则。开放发展理念顺应资本运行规律，结合中国特色社会主义发展的现实要求，明确提出必须主动顺应经济全球化潮流，坚持高水平对外开放，通过积极参加全球经济治理体系，尽最大努力打造有利于中国经济社会发展的外部环境，同时释放资本要素活力，充分利用资本活力为建设中国特色社会主义添砖加瓦，为解决发展内外联动问题提供重要思路。

### （五）共享发展理念丰富发展了关于人的全面发展理论和共同富裕理论

马克思主义政治经济学明确提出，在共产主义社会里，由于生产力的极大发展和劳动生产率的提高，物质财富不断涌流，社会产品极大丰富，达到可以满足整个社会及其成员需要的程度，在这一社会条件下，将顺利实现人的全面发展。中国特色社会主义政治经济学则明确指出，社会主义的本质要求是实现共同富裕。新发展理念中的共享发展理念是马克思主义政治经济学以及中国特色社会主义政治经济学上述思想的重要体现。此外，共享发展理念还进一步揭示发展和共享之间的辩证关系，秉承人民是历史创造者的唯物史观，同时也继承马克思主义政治经济学关于以人民为中心的根本政治立场，是对人的全面发展理论和共同富裕理论的丰富和发展。

## 二、从科学发展观到新发展理念的实践意义

完整、准确、全面贯彻新发展理念是“十四五”时期中国经济社会发展的指导思想和必须坚持的重大原则。

### （一）创新发展理念有利于全面塑造中国经济社会发展新优势

只有进一步深入贯彻创新发展理念，深化经济体制改革，破除制约高质量发展、高品质生活的体制机制障碍，强化有利于提高资源配置效率的相关措施，才能够持续增强经济社会发展动力和活力。此外，在当前国际经济格局深刻变革、新一轮科技与

① 《马克思恩格斯全集》（第三十卷），人民出版社 1995 年版。

产业革命即将到来之际，只有坚持创新发展理念，才能够确保中国以更强的自主创新能力抵御外部环境不确定性带来的负向冲击，才能够确保中国在全新竞争格局中抢占优势地位，才能够确保中国在新一轮科技革命大潮中不被淘汰，才能推动经济发展质量变革、效率变革、动力变革，增强经济竞争力、创新力、抗风险能力，全面塑造发展新优势。

### （二）协调发展理念是破解不平衡不充分发展矛盾的重要途径

只有进一步深化贯彻协调发展理念，才能够推进更高质量的区域协调发展，才能够客观认识中国不同地区之间的发展差距，稳妥解决不同地区间的发展不平衡不充分问题。只有深化贯彻协调发展理念，才能够确保在持续增强不同区域发展动力的基础上缩小彼此之间的发展差距，通过提高落后地区自身发展能力来最终实现不同地区间的相对平衡。只有深化贯彻协调发展理念，才能够充分发挥不同地区比较优势从而实现合理分工，以先进地区的发展辐射带动落后地区，发挥市场机制的作用促进要素自由流动，实现有序竞争，最终实现全面增强发展的整体性和协调性。

### （三）绿色发展理念是经济社会发展全面绿色转型的必然要求

只有进一步深入贯彻绿色发展理念，科学平衡经济发展与生态保护之间的内在关系，明确经济增长与生态安全的行为边界，才能够确保中国在经济社会发展过程中推动物质文明与生态文明一起进步。也只有进一步深入贯彻绿色发展理念，才能够促使我们重新审视生态保护的多重价值，深刻理解绿水青山就是金山银山的理论内涵，进而有利于通过提高资源利用效率、挖掘生态经济价值、转变生产生活方式，推动中国经济社会发展的全面绿色转型，助力人与自然和谐共生的中国式现代化建设目标顺利实现。

### （四）开放发展理念是发挥两个市场两种资源的必然选择

只有坚持开放发展理念，才能够充分发挥国内国际两个市场、两种资源，不断深化对外合作空间从而实现共赢发展，同时能够利用外部有利条件与资源推动中国国内发展，在发展中顺势解决中国经济社会的各项结构性矛盾与问题。特别是自 2018 年开始，在中美贸易摩擦愈演愈烈、全球大国之间博弈日趋激烈的背景下，中国更应该继续高举开放旗帜，不断深入推进高水平对外开放，尤其要加快推进各项制度型对外开放。通过坚持开放发展理念，以国内超大规模市场优势吸引全球经济社会发展核心要素来华集聚，同时对冲国外各类不利和风险因素。在开放发展理念指引下，中国正在加快构建“双循环”新发展格局，这是立足中国当前经济社会发展面临的新形势与新变化、结合中国当前参与国际竞争的比较优势新变化所作出的重大战略决策，必将对中国在当前纷繁复杂的全球政治经济环境背景下抢占发展制高点和主动权，实现更高质量、更有效率、更大范围的发展，具有重要现实意义。

### （五）共享发展理念是以人民根本利益作为发展出发点和落脚点的必然要求

当前中国已经成为全球第二大经济体，社会主要矛盾也转为人民日益增长的美好生活需要和不平衡不充分的发展之间的矛盾。从中可见，中国主要矛盾已经由生产端向分配端转移。在这一现实背景下，只有全面贯彻共享发展理念，将人民根本利益作为一些工作的出发点和落脚点，才能够以此为基点，通过健全公共服务体系、社会保障体系，以及进一步完善财政转移支付等二次分配制度和以社会慈善捐赠为主的三次分配制度等，确保中国收入分配差距保持在合理区间内，进而保证中国经济社会发展成果能够被全体国民所共享。

# 第二十一章　以双循环为核心的新发展格局理论

2020年10月29日党的十九届五中全会通过《中共中央关于制定国民经济和社会发展第十四个五年规划和二〇三五年远景目标的建议》，正式提出以双循环为核心的新发展格局理论，2021年3月11日十三届全国人大四次会议通过《中华人民共和国国民经济和社会发展第十四个五年规划和2035年远景目标纲要》，对构建新发展格局进行规划和部署。作为指导中国从外向型发展战略演化到高质量动态均衡发展战略的纲领性指南，以双循环为核心的新发展格局理论是当代中国马克思主义政治经济学的新发展。

## 第一节　以双循环为核心的新发展格局理论的来源

2021年1月11日习近平总书记在省部级主要领导干部学习贯彻党的十九届五中全会精神专题研讨班开班式上发表重要讲话时强调，进入新发展阶段、贯彻新发展理念、构建新发展格局，是由中国经济社会发展的理论逻辑、历史逻辑、现实逻辑所决定的。以双循环为核心的新发展格局的经济发展新思路，既符合经济发展的基本规律，也是适应中国经济发展变化的必然选择。[①]

### 一、社会主义建设的历史性变化

自中华人民共和国成立以来，中国的经济发展格局经历了五个阶段的演化，依次分别为新中国成立初期工业化阶段计划经济主导的内循环格局、改革开放初期市场经济发挥重要作用的内循环格局、1988—2006年发展外向型经济的双循环格局、2006—2020年调整外向型经济的双循环格局、2020年至今以国内大循环为主体和国内国际双

① 习近平：《深入学习坚决贯彻党的十九届五中全会精神　确保全面建设社会主义现代化国家开好局》，《人民日报》2021年1月12日。

循环相互促进的新发展格局。① 这与70多年来中国经济发展的内部条件与外部环境的调整，以及经济发展水平的自然演化一脉相承。

自改革开放发展外向型经济以来，在初始和追赶阶段，一方面中国缺乏资本、核心技术、人才等关键要素，另一方面为实现持续快速的外向型经济增长也必须进行大范围的外循环，于是，中国优先选择以国际大循环为主体的国内国际双循环发展模式，② 在此期间中国对外贸易依存度和对外国市场的依赖不断攀升。40多年来，伴随中国产业的升级与内外部市场的拓展，中国作为世界第一贸易大国经济体的超大规模市场容量及其优势已经形成，且拥有世界最大数量的中等收入群体，其经济发展的内外部环境已发生变化。从劳动力要素来看，中国已经脱离早期对一般人力资本的依赖，高水平人力资本的占比不断提高；从资本要素来看，中国已经摆脱资本稀缺，并逐渐转变到相对过剩的状态；从技术要素来看，中国的技术创新水平及其基础正在不断提升，已具有一定的竞争力。这不仅为下一阶段的发展提供了更好的起点，也表明新形势下中国的经济发展格局即将发生变化。正如习近平总书记所言："经过新中国成立以来特别是改革开放40多年的不懈奋斗，我们已经拥有开启新征程、实现新的更高目标的雄厚物质基础。" ③

2020年十九届五中全会提出全面建成小康社会、实现第一个百年奋斗目标，中国乘势而上开启全面建设社会主义现代化国家新征程，向第二个百年奋斗目标进军，这标志着中国进入一个新发展阶段。新的蓝图已经绘就：一是在2025年前后跨越"中等收入陷阱"成为高收入国家，二是2035年基本实现现代化成为一个中等发达国家，三是在2050年建成富强民主文明和谐美丽的现代化强国。处在新时代百年未有之大变局下，回望中国社会主义建设的历史性转变和演进，新的历史阶段和新的发展目标呼唤着新的发展格局，以形成新的竞争优势，实现更高质量的发展。

① 董志勇、李成明：《国内国际双循环新发展格局：历史溯源、逻辑阐释与政策导向》，《中共中央党校（国家行政学院）学报》2020年第5期。

② 方兴起：《构建以国内循环为主体、国内国际双循环相互促进的新发展格局》，《马克思主义与现实》2021年第2期。刘世锦：《读懂"十四五"：新发展格局下的改革议程》，中信出版社2021年版，第117页。

③ 习近平：《深入学习坚决贯彻党的十九届五中全会精神　确保全面建设社会主义现代化国家开好局》，《人民日报》2021年1月12日。

## 二、社会主义建设实践的新局面

21 世纪以来中国经济增长迅速，国内市场容量和发展水平逐步提高，推动国内经济大循环的条件和基础日趋完善。中国在 2006 年发布的“十一五”规划中即提出，促使经济增长由主要依靠投资和出口拉动向消费与投资、内需与外需协调拉动转变，以适应形势变化。在 2008 年国际金融危机后，外部经济对中国经济的影响逐渐减弱。与此同时，全球市场趋于收缩，世界经济一度陷入持续低迷的状态，国际经济大循环的动能正在弱化。2010—2020 年，中国最终消费和资本形成占 GDP 的比重平均达到 97.4%，其中最终消费所占比重的均值约为 53.5%，经济循环的国内主体性已经显现。2022 年，中国全年社会消费品零售总额达到 43.97 万亿元，最终消费占 GDP 的比重为 54.5%。2021 年，中国的最终消费占 GDP 的比重为 54.3%，同期经济合作与发展组织国家的平均水平为 77.3%，发展中国家墨西哥、俄罗斯、印度的最终消费支出占比也分别达到 77.9%、67.8% 和 70.7%，与世界主要经济体相比，中国消费占 GDP 的比重偏低，特别是居民消费支出比重偏低。①2022 年中国人均 GDP 达 85 698 元，按年平均汇率折算，人均 GDP 连续两年保持在 1.2 万美元以上。

中国经济总量和人均水平持续提高，一方面意味着综合国力、社会生产力、国际影响力、人民生活水平的进一步提升，另一方面也表示国内市场的潜力正在进一步增长。中国已经形成全球最大且最有潜力的市场和 4 亿多中等收入群体，已经完成现行标准下全部农村贫困人口脱贫，劳动年龄人口保持在 9 亿人左右。中国是世界上唯一拥有联合国产业分类中全部工业门类的国家，产业基础、产业链现代化水平、科技创新能力不断提高。如此雄厚的物质基础、丰富的人力资源、强大的科技实力、完善的产业体系②——这些以前不具备或不完全具备的条件，为经济发展格局调整提供了新的动能。

与此同时，世界经济整体上呈现衰退的趋势，国际贸易和投资呈现下降的迹象，世界产业链和供应链出现新的调整，一些国家更加重视本国产业链的配套完整度和自给能力，一些国家甚至提出制造业回流的要求和鼓励措施，使得全球性的经济大循环格局面临更多挑战。在全球产业链出现本地化和区域化倾向之际，以往中国主要依靠

① 刘洪愧：《为什么消费在 GDP 中的占比不高》，《中国经济评论》2023 年第 37 期。

② 何毅亭：《谈谈我国新发展阶段》，《学习时报》2021 年 1 月 4 日。

出口导向的外向型发展战略以及由此形成的发展格局，面临较大的风险和困难。此外，伴随国际经济发展的低迷，一些发达国家推行保护主义、单边主义、霸权主义，使得中国经济外循环面临日趋复杂而严峻的环境，尤其是中美贸易摩擦已升级至贸易、科技、金融、外交、地缘政治、国际舆论、国际规则等多个领域。复杂的外部环境要求我们“深刻认识错综复杂的国际环境带来的新矛盾新挑战”，积极构建以国内大循环为主体的新发展格局。①

以双循环为核心的新发展格局的提出，是中国内部经济发展阶段变化和外部经济环境调整相互作用的结果和要求。

## 三、大国经济发展道路的新探索

与小国或中等国家经济体不同，大国不仅在自然资源、劳动力、土地等生产要素上更具有规模优势，更有利于专业化生产，而且能够提供巨大的国内市场和供给能力。一方面，大国有利于规模经济、空间集聚、发展外溢等效应的形成，有利于在开放条件下获得更高水平的比较优势；另一方面，大国也可以在内部经济大循环的基础上带动外部大循环，实现内外经济双循环的良性发展。

自中华人民共和国成立以来，尤其是改革开放以来中国积累了比较雄厚的物质基础，综合国力已位居世界前列，形成了一个超大规模的大国经济基础。无论是从生产能力和产品供给的角度，还是从 14 亿人口巨大的市场潜力来看，中国已经具备大国经济体所需的国内经济大循环的基本条件。据测算，2019 年中国的工业化水平综合指数达到 95，已经处于工业化后期的后半阶段，正在从工业化后期的后半阶段向后工业化阶段过渡，预计在 2035 年全面实现工业化后进入后工业化社会。② 习近平总书记指出：“从国际比较看，大国经济的特征都是内需为主导、内部可循环。” ③ 这是对调整国内与国际经济循环关系的客观要求，也是对巨大人口所释放出的巨大需求以及国内市场所形成的强大生产力的回应。

同时，作为大国经济体，在特定的发展阶段，中国需要考虑国家经济独立和发展

① 习近平：《在经济社会领域专家座谈会上的讲话》，《人民日报》2020 年 8 月 25 日。

② 黄群慧、李芳芳等：《中国工业化蓝皮书（1995—2020）——十三五”回顾与“十四五”展望》，社会科学文献出版社 2020 年版。

③ 习近平：《论把握新发展阶段、贯彻新发展理念、构建新发展格局》，中央文献出版社 2021 年版，第 12 页。

安全问题。2020 年 7 月 21 日，习近平总书记在主持召开企业家座谈会时分析了国内外形势的变化，他认为当今世界正在经历百年未有之大变局，新一轮科技革命和产业变革蓬勃兴起。以前，在经济全球化深入发展的外部环境下，市场和资源“两头在外”对中国快速发展发挥了重要作用。在当前保护主义上升、世界经济低迷、全球市场萎缩的外部环境下，中国必须充分发挥国内超大规模市场的优势，通过繁荣国内经济、畅通国内大循环为中国经济发展增添动力，带动世界经济复苏。① 在当前的新发展阶段，中国经济循环必须以国内经济循环为主体和主导，经济增长不能过于依靠出口推动，供给必须以满足内需为主，经济的持续稳定发展必须主要依靠国内市场。

中国要基于大国经济发展道路的特征和基本规律以及中国经济发展的阶段性变化和外部环境变化，着眼于经济中长期高质量发展，立足实现第二个百年奋斗目标，统筹发展和安全的战略决策，推动经济发展格局的调整。从某种意义上看，双循环新发展格局不仅是应对百年未有之大变局的重要举措，也是重塑中国国际竞争优势的有效路径，更是充分发挥国内超大规模市场的战略抉择。② 高度重视新发展阶段的大国优势，顺势而为构建新发展格局，将为中国特色现代化发展注入新活力。

## 第二节　以双循环为核心的新发展格局理论的科学内涵

以双循环为核心的新发展格局具有丰富的科学内涵，不能简单化为“双循环”格局或中国与国际“脱钩”计划的一部分。③ 加快构建以国内大循环为主体、国内国际双循环相互促进的新发展格局，是“十四五”规划和 2035 年远景目标建议中提出的一项关系中国发展全局的重大战略任务。新发展格局理论是一项系统性工程和纲领性指南，所涉及的内容繁多，可以被归纳入以下六个方面以及六个方面所组成的三组关系中，其中“发展”“改革”和“开放”已经取得广泛共识，“安全”“创新”和“循环”则是新的目标，这六个方面形成系统性合力，为新时代新发展目标提供理论支持和行动指南，需要从全局的高度准确认识其科学内涵。

---

① 习近平：《在企业家座谈会上的讲话》，《人民日报》2020 年 7 月 22 日。

② 黄群慧、倪红福：《新发展格局的理论逻辑、战略内涵与政策体系——基于经济现代化的视角》，《经济研究》2021 年第 4 期。

③ 黄群慧、倪红福：《新发展格局的理论逻辑、战略内涵与政策体系——基于经济现代化的视角》，《经济研究》2021 年第 4 期。Blanchette, J., Andrew, P., 2020, “Dual Circulation and China’s New Hedged Integration Strategy”, http://ishare.ifeng.com/c/s/7zQ7fdThEiD。

## 一、新发展格局理论中的发展与安全

新发展格局理论明确提出“统筹发展和安全”，经济发展与安全保障是一个问题的两个方面，彼此构成互补和互促关系。就发展的目标而言，是形成更高质量、更可持续、更安全有效的发展。就发展的安全保障而言，表现在掌握核心技术、提升产业链和供应链的现代化水平等方面，二者共同构成新发展格局中更高质量更安全的发展。

### （一）更高质量的发展

2021年3月发布的“十四五”规划和2035年远景目标纲要，确立2035年实现人均GDP达到中等发达国家水平的目标，① 这意味着2021—2035年中国的经济增长率需保持在年均5%左右，以双循环为核心新发展格局的目标仍然需要追求一个中高速的经济增长率。

当前中国正处在工业化的后段，一方面拥有较为完整的制造业体系，另一方面受制于创新能力在高端产业和价值链的高端环节不足，以至于关键装备、核心零部件和基础原材料等还是依赖进口和外资企业。根据ICC的数据，2021年在芯片国产化率方面，2.5 G及以下速率超过95%，10 G约为60%，25 G约为20%，25 G以上约为5%。②

新发展格局理论着眼于提升全产业链的竞争优势，目前中国产业链仍存在不稳和不强的现象。就不稳而言，未来几年东南亚等国家有可能依托代工型龙头企业，吸引上游和配套企业跟进转移，逐步建立起部分替代中国的出口型中低端产业链，这可能会影响中国产业链的完整性及其整体竞争优势。就不强而言，中国总体仍处于全球价值链的中低端，拥有的不可替代的技术、装备和产品的数量较少，在全球产业链价值链中的话语权仍不足，制造业增加值率偏低。③

为了提升中国在全球产业链和价值链的位置，需要加快国内产业升级，加强对全球产业链价值链上游核心技术和产品的研发与基础研究投入。国内不同地区和部门，按照资源、人才等优势形成不同的国内分工，在国内形成完备的产业链。特别是一些

① 《中华人民共和国国民经济和社会发展第十四个五年规划和2035年远景目标纲要》，《人民日报》2021年3月13日。

② 龚六堂：《以深化供给侧结构性改革加快建设现代化产业体系》，《人民论坛》2023年第6期。

③ 盛朝迅：《新发展格局下推动产业链供应链安全稳定发展的思路与策略》，《改革》2021年第2期。

关键行业，要形成从原材料和能源资源到零配件、组装生产，再到制成品的完整产业链，形成国内产业循环，推动产业升级，提升产业链现代化水平。优先通过在国内供给端形成较为完备的产业链，建立起内需驱动型循环体系，不断推动本土产业链与全球产业链的良性循环，不断提高中国产业链的竞争水平。①

## （二）发展的安全保障

党的二十大报告中提出“以新安全格局保障新发展格局”。2023 年 1 月 31 日习近平总书记在二十届中央政治局第二次集体学习的讲话中强调，中国 14 亿多人口整体迈进现代化社会，其规模超过现有发达国家人口的总和，其中的艰巨性和复杂性前所未有，必须把发展的主导权牢牢掌握在自己手中，才能夯实中国经济发展的根基、增强发展的安全性和稳定性，才能在各种可以预见和难以预见的狂风暴雨、惊涛骇浪中增强中国的生存力、竞争力、发展力、持续力。②

在 2018 年中美贸易摩擦加剧、2020 年新冠肺炎疫情冲击以及经济全球化强势逆流背景下，加速突破对一些关键核心技术“依附性”的必要性和急迫性更加凸显出来。中国产业链不安全突出表现为关键零部件和核心技术受制于人，根据《科技日报》的梳理，对于 35 项“卡脖子”技术清单中的技术中国基本依赖进口。③根据《工业“四基”发展目录》（2016 年版），中国在 11 个先进制造领域中，共有 287 项核心零部件（元器件）、268 项关键基础原材料、81 项先进基础工艺、46 项行业技术基础亟待突破，这关系中国产业链供应链的安全性和稳定性。④

在统筹发展和安全中构建新发展格局，需要统筹好市场主体发展和安全以及财政发展和安全，市场主体安全是经济安全中最具基础意义的安全，财政安全是最具底线意义的安全。⑤中国的贸易发展模式正在从“两头在外”逐步转向“两头内外并重”，从以输出商品、引进外资为主转向扩大进口与对外投资并重。⑥

习近平总书记指出：新发展格局必须更强调自主创新。构建新发展格局是中国基

---

① 郭晴：《“双循环”新发展格局的现实逻辑与实现路径》，《求索》2020 年第 6 期；程恩富、张峰：《“双循环”新发展格局的政治经济学分析》，《求索》2021 年第 1 期。

② 习近平：《加快构建新发展格局，把握未来发展主动权》，《求是》2023 年第 8 期。

③ 盛朝迅：《新发展格局下推动产业链供应链安全稳定发展的思路与策略》，《改革》2021 年第 2 期。

④ 中国社会科学院经济研究所《中国经济报告（2020）》总报告组：《全球经济大变局、中国潜在增长率与后疫情时期高质量发展》，《经济研究》2020 年第 8 期。

⑤ 高培勇：《构建新发展格局：在统筹发展和安全中前行》，《经济研究》2021 年第 3 期。

⑥ 裴长洪、刘洪愧：《构建新发展格局科学内涵研究》，《中国工业经济》2021 年第 6 期。

于自身资源禀赋和发展路径的探索，是一种立足于畅通国内经济大循环为主，以自立自强为本质特征的、突破关键核心技术“依附性”、形成“替代性”的经济现代化模式。①

## 二、新发展格局理论中的改革与创新

新发展格局理论明确提出“以改革创新为根本动力”，改革与创新构成条件和递进关系。就改革的指向而言，是如何创新性地深化改革。就深化改革的创新性表现而言，首先表现在科技层面的创新，实现科技创新掌握核心技术；其次表现在制度和国家层面的创新，不断获得竞争新优势。

### （一）面向创新的深化改革

新发展格局理论要求“以推动高质量发展为主题，以深化供给侧结构性改革为主线，以改革创新为根本动力”②。面向创新的深化改革，是通过深化改革破除制约经济循环的制度障碍，反过来又通过创新突破推动改革的进一步深化，形成良性循环的。

首先，面向创新的深化改革，是以创新作为改革着力点。中国构建新发展格局是以科技自立自强和自主创新为本质特征，是一项基于创新驱动的经济循环畅通无阻的经济现代化战略。从以前基于低成本劳动力的比较优势，转向基于高水平科技创新能力的竞争优势。面向未来，中国将大力推进科技创新及其他配套各方面的制度创新，加快推进数字经济、智能制造、生命健康、人工智能等战略性新兴产业发展，营造更好的发展环境，推动改革的进一步深化，打通国内生产、分配、流通、消费等环节的制度壁垒，形成新的国际竞争优势。此外，预期以智能终端为载体，以云计算平台为支撑，推动“互联网 +”行动，将数字经济与各行业相融合，培育数字经济新产业、新业态和新模式，以此构建双循环新格局下现代化产业体系，推动中国经济高质量发展。③

其次，面向创新的深化改革，是通过制度改革的力量促进创新。面对技术创新的

---

① 黄群慧：《新发展格局的理论逻辑、战略内涵与政策体系——基于经济现代化的视角》，《经济研究》2021 年第 4 期。

② 《中共中央关于制定国民经济和社会发展第十四个五年规划和二〇三五年远景目标的建议》，人民出版社 2020 年版，第 6 页。

③ 钱学锋、裴婷：《国内国际双循环新发展格局：理论逻辑与内生动力》，《重庆大学学报（社会科学版）》2021 年第 1 期。

目标和任务，中国可以充分发挥集中力量办大事的制度优势，集中优势资源和力量，攻克数字经济、生命经济和智能经济等领先技术领域的难题，实现创新突破。这不仅有助于提高制造业全要素生产率、增强制造业整体创新能力，还能推动制造业服务化，为中国产业结构优化升级提供重要推力。此外，中国可以借助国家的力量培育创新性产业集群。重点依托长三角、京津冀和粤港澳大湾区培育和发展一批具有全球影响力的战略性新兴产业集群和先进制造业集群，依托集群内龙头企业和上下游关键零部件供应企业、科研机构、产学研合作服务机构等，集中力量攻克系统性强、复杂性高、替代难度大的短板产品和技术，逐步形成国产化能力。①

### （二）深化改革中的创新突破

习近平总书记指出："新一轮科技革命和产业变革正在重构全球创新版图，重塑全球经济结构。"② 科技创新是构建新发展格局的关键之策，形成科技创新的制度保障是力量之源。

首先，从技术创新的角度看，关键在于实现技术突破和自主创新。近年来，虽然中国的科技创新能力不断提升，但以"工业四基"为代表的产业基础能力高级化和产业链现代化水平亟待提升，在一些核心、前沿、关键技术上仍依靠外部供应，受制于人，面临被"卡脖子"的局面。2022 年中国出口保持较快增长，但高新技术产品的出口增长只有 0.3%，必须把高新技术产品供给作为现代化产业体系构建的重中之重。③ 高精尖的科学技术难以引进，关键核心技术的掌握和长期的科技进步必须主要依靠自主创新，这种关键核心技术的"依存性"不能快速有效突破，会直接制约中国新发展阶段的经济高质量发展和中国现代化进程的推进。要以科技创新催生新发展动能，推进产业基础高级化、产业链现代化，维护中国产业链供应链的稳定性、安全性和竞争力。

其次，从制度创新的角度看，关键在于形成创新驱动型发展机制。2021 年 1 月 11 日习近平总书记在省部级主要领导干部学习贯彻党的十九届五中全会精神专题研讨班开班式上发表重要讲话强调，必须更强调自主创新，全面加强对科技创新的部署，集合优势资源，有力有序推进创新攻关的"揭榜挂帅"体制机制，加强创新链和产业链

① 李金华：《我国创新型产业集群的分布及其培育策略》，《改革》2020 年第 3 期。

② 习近平：《瞄准世界科技前沿引领科技发展方向抢占先机迎难而上建设世界科技强国》，《人民日报》2018 年 5 月。

③ 龚六堂：《以深化供给侧结构性改革加快建设现代化产业体系》，《人民论坛》2023 年第 6 期。

对接。① 当前，需要以“新型举国体制”攻关支持推进高精尖技术领域的突破。新发展格局理论提出，“要继续深化供给侧结构性改革，持续推动科技创新、制度创新，突破供给约束堵点、卡点、脆弱点，增强产业链供应链的竞争力和安全性，以自主可控、高质量的供给适应满足现有需求，创造引领新的需求”，并在深化改革中实现创新突破，“全面深化改革，推进实践创新、制度创新，不断扬优势、补短板、强弱项。”②

## 三、新发展格局理论中的开放与循环

新发展格局理论以“双循环”为核心，让开放与循环构成承接和递进关系。就开放的目标而言，是在贸易保护升级的背景下提高开放水平。就国家内外市场循环而言，是通过对国内市场尤其是国内市场潜力的发掘和对内对外高水平开放，提升市场的原生力。一方面发掘国内大循环的内生力和可靠性，另一方面提升国际循环的质量和水平。

### （一）更高水平对外开放

当前全球生产分工的内化趋势明显，全球价值链在一定程度上呈现出区域性和本土化趋势，国际环境的不定确定性、中美贸易摩擦、贸易保护主义等外部冲击正在重塑全球产业链。全球产业链一方面在纵向分工上趋于缩短，另一方面在横向分工上趋于区域化集聚，各国更多开始关注对外经济的自主可控，影响全球经济大循环的规模、水平和层次。正值全球产业链价值链面临高度重构风险之际，中国更需要积极推进高水平对外开放，增强在国际大循环中的主动权和竞争力。

2020 年 5 月 11 日，中共中央国务院出台《中共中央国务院关于新时代加快完善社会主义市场经济体制的意见》，提出“推动由商品和要素流动型开放向规则等制度型开放转变，吸收借鉴国际成熟市场经济制度经验和人类文明有益成果，加快国内制度规则与国际接轨，以高水平开放促进深层次市场化改革”。③ 通过高水平对外开放，积极参与外部经济大循环，更好地对接国内经济循环，提升经济大循环的能量和层级。

构建新发展格局是一种充分利用大国经济优势，围绕自主创新驱动经济大循环畅

① 习近平：《深入学习坚决贯彻党的十九届五中全会精神　确保全面建设社会主义现代化国家开好局》，《人民日报》2021 年 1 月 12 日。

② 习近平：《加快构建新发展格局　把握未来发展主动权》，《求是》2023 年第 8 期。

③ 资料来源：http://www.gov.cn/zhengce/2020-05/18/content_5512696.htm。

通无阻的经济现代化战略。就更高水平对外开放的深度而言，建设高质量高标准建设自贸试验区（港），对接国际高水平经贸规则，建设国际化、法制化、便利化的营商环境，不断深入推动贸易和投资自由便利改革和制度建设，积极打造战略新兴产业、先进设备制造等国际前沿产业集群，以制度型开放推动国内大循环“补短板”。就更高水平对外开放的广度而言，不断积累自贸试验区（港）建设经验，以自贸试验区（港）制度体系为基础，不断探索改进，适时推广成熟可行的经验模式，实现更大范围、更宽领域的对外开放。

2021 年 1 月 11 日习近平总书记在省部级主要领导干部学习贯彻党的十九届五中全会精神专题研讨班开班式上发表重要讲话强调，构建新发展格局的关键在于经济循环的畅通无阻。要塑造中国参与国际合作和竞争新优势，重视以国际循环提升国内大循环效率和水平，改善中国生产要素质量和配置水平，推动中国产业转型升级。①

### （二）以内循环驱动双循环

一个国家经济发展到一定阶段，必然从外向型经济转向内需增长型经济，需要积极推进国内产业转型升级，挖掘内需潜力，从而实现经济高质量发展。国内统一大市场能够充分释放国内市场的内生动能，因此成为新发展格局的重要动力来源。在当前全球化遭遇强势逆流的背景下，在经济安全与经济发展同等重要的前提下，这种转变十分必要。

自 2010 年开始，中国成为世界上制造业规模最大的国家，2022 年中国制造业的世界占比超过 30%。2022 年中国 GDP 总值达 121.02 万亿元，人均 GDP 达 85 698 元，按年平均汇率折算，人均 GDP 连续两年保持在 1.2 万美元以上。此外，中国还具有 4 亿多中等收入群体。从消费规模来看，2022 年中国消费总量达到 43.9 万亿元，已经成为世界第二大消费国家。从进出口贸易规模来看，2013 年中国开始成为全球第一大贸易国，2022 年中国进出口总量超过 40 万亿元。从进出口贸易结构来看，中国进出口贸易总额占 GDP 的比重从 2005 年的 64.24% 开始下降，直到 2022 年下降到 34% 左右；出口额占 GDP 的比重也从 2006 年的 35.4% 下降到 2022 年的 19.8%；净出口占 GDP 的比重从 2007 年的 7.52% 下降到 2022 年的 4% 左右。② 在这样的供需条件下，构建以国

① 习近平：《深入学习坚决贯彻党的十九届五中全会精神　确保全面建设社会主义现代化国家开好局》，《人民日报》2021 年 1 月 12 日。

② 龚六堂：《以深化供给侧结构性改革加快建设现代化产业体系》，《人民论坛》2023 年第 6 期。

内大循环为主、以高水平的自强自立型科技创新为驱动的新发展格局就十分合乎逻辑。以扩大内需为基点的发展模式，可以充分发挥国内超大规模市场优势，通过繁荣国内经济、畅通国内大循环为中国经济发展增添动力。

构建新发展格局的关键在于经济循环的畅通无阻。“十四五”规划和2035年远景目标纲要中的第五部分写明要“形成强大国内市场，构建新发展格局”。2021年1月11日习近平总书记在省部级主要领导干部学习贯彻党的十九届五中全会精神专题研讨班开班式上发表重要讲话强调，构建新发展格局，实行高水平对外开放，必须具备强大的国内经济循环体系和稳固的基本盘。① 只有以国内大循环为主体，才能不断提升核心自主创新能力，降低技术的对外依存度，在国际竞争中占据主导地位；只有通过国内大循环的发展，实现国内产业链的安全稳定，才能把关键性产业链供应链掌握在自己手里；只有强化国内经济大循环，才能增强国内经济发展韧性，以此带动国际经济循环，实现国内循环和国际循环相互促进。②

## 第三节　以双循环为核心的新发展格局理论的意义与指向

以双循环为核心的新发展格局理论所描绘的图景，系中国百年未有之大变局下构建新竞争优势的理论依据和实践指南。作为指导中国从外向型发展战略演化到高质量动态均衡发展战略的纲领性文件，新发展格局理论是当代中国马克思主义政治经济学的新发展；作为新发展阶段新发展理念下中国经济现代化的路径选择，新发展格局理论是应对和实现中国经济高质量发展的新指南。

### 一、新发展格局理论及其意义

#### （一）新发展格局理论的三重发现

1. 从要素禀赋的角度，发现从“互补型”向“竞争型”的位移

改革开放以来，中国利用要素禀赋优势与其他经济体（主要是发达国家和地区）形成互补型合作模式，让中国逐步嵌入全球价值链。伴随中国经济的发展，原有的互

① 习近平：《深入学习坚决贯彻党的十九届五中全会精神　确保全面建设社会主义现代化国家开好局》，《人民日报》2021年1月12日。

② 张永亮：《“双循环”新发展格局：事关全局的系统性深层次变革》，《价格理论与实践》2020年第7期。

补型合作模式的基础条件已经改变。一方面，中国产业网络体系逐步完善、水平逐步提高，制造业规模居全球第一位，与一些国家和地区的合作模式发生了变化，原来的相对成本优势逐步消失。另一方面，世界政治经济格局进入深度调整与重构期，世界经济相对低迷且贸易保护主义兴起，国际大循环主导型的经济增长面临诸多不稳定性与不确定性。面对国内外发展条件和环境的动态变化，中国需要新的发展格局理论加以指引。

2. 从比较优势的角度，发现从比较静态要素优势向动态集成能力优势的重置

首先，从要素比较优势来看，虽然 2010 年中国劳动年龄人口增长由正转负，但人口素质的提升加速了人力资本积累，在 2020 年新增劳动力中受过高等教育的占比达 53.5%，“人口红利”内涵升级。其次，中国拥有全部工业门类，生产配套体系化优势明显，规模经济与范围经济的叠加优势塑造了强大且有弹性的供给体系，集聚全球优质资源的能力不断增强，从“中国离不开国际市场”转变为“国际市场离不了中国”。最后，改革开放 40 多年来中国各级政府积累了较为扎实的因时因地的适应性制度创新经验，实现了出口导向型发展、扩大内需、供给侧与需求侧主动调整相结合等战略的迭代升级。①

3. 从发展模式的角度，发现从“外向型”向“自主型”的转换

在经济追赶阶段选择国际循环主导型发展模式，有其必然性与历史使然。目前中国净出口占 GDP 的比重由 2007 年的 7.52% 下降为 2022 年的 4% 左右，② 出口带动效应持续下降，出口导向型经济扩张过程持续减弱，进入以国内消费为主导的经济发展阶段。在追赶阶段，由资本、技术等关键资源稀缺主导，对“国内循环”自主性的重视度不够。在保持产品国际竞争力的同时，也制约国内市场规模扩张，使得国内循环较长时期不畅。“以国内大循环为主”的市场结构，是发展模式顺应阶段转换的内在要求。这并不是对原有发展路径的抛弃，而是在前一轮发展基础上的迭代升级。③

## （二）新发展格局理论的学理意义

马克思在吸收古典政治经济学成果的基础上，提出资本主义社会再生产理论，新

---

① 高丽娜、蒋伏心：《“双循环”新发展格局与经济发展模式演进：承接与创新》，《经济学家》2021 年第 10 期。

② 龚六堂：《以深化供给侧结构性改革加快建设现代化产业体系》，《人民论坛》2023 年第 6 期。

③ 高丽娜、蒋伏心：《“双循环”新发展格局与经济发展模式演进：承接与创新》，《经济学家》2021 年第 10 期。

发展格局理论回应了技术大变革之下全球价值链分工的动态演变和深化，是对马克思主义再生产理论的创新发展。

1. 经济发展动力的内生化

在大国经济的思维下，“以国内大循环为主”的内生化特征，将主导以双循环为核心的新发展格局的自主性。经济发展模式实现从规模思维向质量思维的提升，走向强调创新驱动的内生发展过程。从微观角度来看，伴随综合经济实力的提升，各要素相对丰裕度在不断发生变化，突出表现为资本形成能力与研发投入规模的提升，这成为驱动经济发展与结构演化的基本要素。从宏观层面来看，国内超大规模市场优势的发现，不仅表现在经济体量方面，还与经济质量紧密相关。新发展格局理论所展示的是经济发展动力的内生化，应从内生角度来看待其变化逻辑和应对策略。

2. 经济发展进程的系统化

经济发展进程不是单一要素的演化，而是一个系统的整体演进。2020 年 12 月中央政治局会议提出，“形成需求牵引供给、供给创造需求的更高水平动态平衡，提升国民经济体系整体效能”。在系统发展观下，供需、国内与国际、城乡、区际等多维关系之间的平衡性和联动性非常重要。要将扩大内需战略和新型城镇化战略、乡村振兴战略、区域协调发展战略等相互融合，使开放型大国经济体的“内”“外”循环应形成联动、协调发展关系，促成内需主导型增长体系和高水平对外开放的互动。新发展格局理论所揭示的是经济发展进程的系统化，应从系统角度对待发展战略和路径选择。

3. 经济发展战略的自主化

就国内经济循环而言，强化“以我为主”实现经济发展的自我主体性，强调对经济发展的核心主控力而非控制全部和全过程，即实现更高层次开放基础上的主动性强化。伴随自主可控性的逐步提高，在向价值链中高端攀升的同时，对价值链的控制能力也逐渐形成与强化。就国际经济循环而言，强化“以我为主”推动经济结构的导向作用。通过产业资本“走出去”与贸易升级形成联动促成高水平的对外开放，提升与国际市场的主动融合度，形成更高开放层次的发展格局。①

① 高丽娜、蒋伏心：《“双循环”新发展格局与经济发展模式演进：承接与创新》，《经济学家》2021 年第 10 期。

## 二、新发展格局理论的实践指向

### （一）新发展格局理论的实现路径

2021 年 1 月 11 日习近平在省部级主要领导干部学习贯彻党的十九届五中全会精神专题研讨班开班式上发表重要讲话强调，构建新发展格局明确了中国经济现代化的路径选择。①

1. 在高水平自立自强基础上的高质量发展

新发展格局理论的目标是推动高质量发展，就政策实现路径的重点而言，新发展格局理论着眼于重塑新产业链，提升全产业链的竞争优势，实现高水平的自立自强。“构建新发展格局最本质的特征是实现高水平的自立自强。”② 具体而言，在关系国计民生的产业链的重要环节，以及事关国家安全的重要产业领域，加强前瞻性战略布局，深化实施以重大需求为导向的产业升级和产业链安全战略。加强对重点产业发展的统筹布局，集中优势力量突破关键核心技术领域，通过国家层面战略牵引形成强大市场需求，带动产业转型升级，提高产业链的安全保障。③

2. 以改革和创新推动技术进步和产业升级

一方面，发挥新型举国体制优势，尽快在关键核心技术领域实现突破。发挥公立高校、国有研究机构的优势，着力提升发展的科技含量，尽快掌握核心技术，解决“卡脖子”问题，推动高质量发展。在人工智能、集成电路、生物制药、航空航天等领域，进行必要的国际协同、集中攻关，争取尽快在关系国计民生的关键领域实现突破。④ 另一方面，增强产业链供应链自主可控能力，实现能源、粮食、金融等重要领域和国防军工等战略产业安全可控。改变出口导向战略下中国长期处于价值链中低端的国际分工地位，着力提高产业附加值和全球价值链分工地位。

3. 以国内大循环驱动高水平经济双循环

首先，从扩大内需这一战略基点出发，加快培育完整内需体系，使生产、分配、流通、消费各环节更多依托国内市场实现良性循环，将供给和需求结合起来，让供给

① 习近平：《深入学习坚决贯彻党的十九届五中全会精神　确保全面建设社会主义现代化国家开好局》，《人民日报》2021 年 1 月 12 日。

② 习近平：《把握新发展阶段，贯彻新发展理念，构建新发展格局》，《求是》2021 年第 9 期。

③ 尹训飞：《制造业产业链安全现状与对策》，《中国工业和信息化》2019 年第 7 期。

④ 程恩富、张峰：《“双循环”新发展格局的政治经济学分析》，《求索》2021 年第 1 期。

体系和国内需求更加适配，形成需求牵引供给、供给创造需求的更高水平动态平衡。① 其次，以国内大循环的畅通和升级重塑中国国际合作和竞争新优势，统筹国内与国际、发展与安全，实现国内国际双循环的相互促进，在提高经济循环能力的同时，在不稳定、不确定的世界中推进中国经济高质量发展。

### （二）新发展格局理论的实践意义

构建新发展格局的宗旨应以人民为中心，构建新发展格局的本质特征是实现高水平的自立自强和高质量发展，构建新发展格局的关键问题是畅通经济循环，三者共同构成新发展格局理论的实施战略和政策体系。

1. 解决中国主要社会矛盾的指南

以双循环为核心的新发展格局理论“以满足人民日益增长的美好生活需要为根本目的”②，提高人民生活品质是畅通国内大循环的出发点和落脚点，③ 因而新发展格局理论体现了“以人民为中心”的宗旨。新发展格局理论立足内需，着眼于解决人民日益增长的美好生活需要和不平衡不充分发展之间的矛盾，为人民群众提供多层次、多方面、多样化的需求满足途径。建设现代化的产业体系、市场体系、分配体系、区域发展体系、绿色发展体系、开放体系和经济体制等。④ 优化分配结构，发展壮大中等收入群体，扩大居民消费能力，加强基础设施建设，强化社会保障与公共服务体系，增强人民群众的获得感、幸福感、安全感。

2. 实现新发展阶段新发展理念下高质量发展的纲领

以双循环为核心的新发展格局理论“以推动高质量发展为主题”⑤，构建新发展格局强调深化改革、创新发展与畅通循环。加快科技强国、质量强国、数字强国建设，加快实现高水平科技自立自强，推进产业升级和产业链价值链延伸，挖掘高质量发展的关键力量，新发展格局理论从供需两侧深化改革以助力中国经济高质量发展。同时，

---

① 张永亮：《“双循环”新发展格局：事关全局的系统性深层次变革》，《价格理论与实践》2020 年第 7 期。

② 《中共中央关于制定国民经济和社会发展第十四个五年规划和二〇三五年远景目标的建议》，人民出版社 2020 年版，第 6 页。

③ 习近平：《论把握新发展阶段、贯彻新发展理念、构建新发展格局》，中央文献出版社 2021 年版，第 16 页。

④ 刘志彪、凌永辉：《双循环新发展格局的研究视角、逻辑主线和总体框架》，《浙江工商大学学报》2021 年第 2 期。

⑤ 《中共中央关于制定国民经济和社会发展第十四个五年规划和二〇三五年远景目标的建议》，人民出版社 2020 年版，第 6 页。

新发展格局理论也强调，要利用中国强大生产力与强大国内市场，盘活中国经济高质量发展潜力。此外，推动高质量发展，最为关键的一点是提升全要素生产率，发挥技术创新在促进经济增长中的关键作用，增强企业竞争力，提升产业链水平，畅通国民经济循环。①

3. 推动世界经济复苏的“中国方案”

市场是全球最稀缺的资源之一，2008 年以来世界经济至今一直处在战略调整期。中国构建新发展格局，将扩大内需作为发展的基本立足点，通过畅通国内循环实现经济平稳较快发展，释放巨大而持久的动能，推动中国和全球经济的稳步复苏与增长。首先，中国积极发掘国内市场，通过全面深化改革，推进制度创新，调整产业结构，实现中国经济高质量发展。其次，中国将更大规模、更高水平的市场分享给其他国家，通过新发展格局向世界其他国家分享更多发展机遇，推动全球贸易、投资、技术的交流和合作。由此，中国回答了“对外开放向何处去”的世界之问和世界之惑，为“经济全球化向何处去”提供了“中国方案”。

① 李福岩、李月男：《构建新发展格局：生成逻辑、核心内容与战略意义》，《经济学家》2022 年第 4 期。

# 第二十二章　从高速增长到高质量发展理论

进入高质量发展阶段是新时代中国经济发展的基本特征，高质量发展是中国经济的发展目标和努力方向，是全面建设社会主义现代化国家的首要任务。党的十八大以来，面对国内外风险挑战明显增多的复杂局面，以习近平同志为核心的党中央统揽大局、高瞻远瞩，结合经济社会发展的实际情况，深刻总结成功经验，直面新目标和新问题，提出一系列新思想、新理论，形成和发展习近平经济思想，为新时代经济工作提供科学指引和战略方向。

进入“十四五”时期，中国已踏上实现第二个百年奋斗目标的新征程，经济社会发展需要全面贯彻习近平新时代中国特色社会主义思想，立足新发展阶段，贯彻新发展理念，构建新发展格局，推动高质量发展，为全面建设社会主义现代化国家开好局、起好步。推动高质量发展是应对百年未有之大变局的战略部署，是适应新发展阶段的现实选择，是解决社会主要矛盾的必然要求。本章将从中国经济高速增长到高质量发展的现实变化出发，研究高质量发展的理论逻辑和本质内涵，提出高质量发展的实现路径。

## 第一节　中国经济从高速增长到高质量发展

### 一、各阶段经济发展的特征

改革开放 40 多年以来，中国经济进入高速发展阶段，经济发展方式和经济结构调整取得重大进展。中国国内生产总值从 1978 年的 3 678.7 亿元增长到 2022 年的 121.02 万亿元。人均国内生产总值从 1978 年的 385 元增长到 2022 年的 85 698 元，成功由低收入国家跨入中等偏上收入国家行列，实现全面建成小康社会的目标。

中国经济规模的显著扩大和人均收入水平的提高得益于中国工业化、城镇化的快速发展。国家统计局相关数据显示，这 40 多年来，工业增加值从 1978 年的 1 621.4 亿元增加到 2022 年的 40.16 万亿元，工业经济发生翻天覆地的变化，工业产品产量增长数百倍。2021 年，钢材产量达 13.37 亿吨，水泥产量达 23.78 亿吨，汽车产量达 2 625.70 万辆，集成电路产量达 3 594.35 亿块，彩色电视机产量达 18 496.53 万台，制造业连续多年稳居世界第一位，“中国制造”已经成为享誉全球的名片。中国的城镇化率从 1978 年的 17.92% 增长到 2022 年的 65.22%，实现跨越式发展。中国的城镇化发展进程与社会经济发展和工业化水平息息相关，城镇化率的不断提升也带动区域经济社会的发展。

改革开放以来，中国经济从高速增长到高质量发展的过程可以分为四个阶段：1978—1992 年的探索发展阶段、1993—2001 年的快速发展阶段、2002—2011 年的赶超发展阶段和 2012 年至今的高质量发展阶段。

1978—1992 年是探索发展阶段。1978 年，党的十一届三中全会召开，标志着中国的改革开放拉开帷幕。在这个阶段，中国特色社会主义市场经济从初期的“计划为主、市场为辅”发展到 1984 年的“有计划的商品经济”，然后，1987 年提出“计划调控市场，市场引导企业”，再到 1992 年确立“社会主义市场经济”的目标模式，前后经历 14 年。可以看到，在这个阶段，中国经济发展模式主要处于探索阶段。国家统计局相关数据显示，1992 年，中国国内生产总值达到 27 194.5 亿元，第一、二、三产业增加值比重分别是 21.3%、43.1% 和 35.6%。在此期间，城镇化进程也从恢复启动并进入快速发展期。在十一届三中全会召开以后，农村改革取得成功，但是城市改革处于滞后状态。在 1984 年的全国人大六届二次会议通过的政府工作报告中提到，“城市改革的步子要加快”，随后“七五”计划将“城乡居民的人均实际消费水平每年递增 4% 到 5%”作为奋斗目标。国家统计局相关数据显示，到 1992 年末，中国城镇化率达到 27.46%，比 1978 年提高 9.5 个百分点。

1993—2001 年是快速发展阶段。1993 年，党的十四届三中全会通过《中共中央关于建立社会主义市场经济体制若干问题的决定》，确立了社会主义市场经济体制改革的目标，把社会主义基本制度和市场经济结合起来，这是中国共产党的一个伟大创举，从此，改革开放的步伐进一步加快。1993 年，提出要建立产权清晰、权责明确、政企分开、管理科学的现代企业制度，当年，金融体制改革的目标也被提出，从 1994 年起实行汇率并轨。1994 年，《关于进一步深化对外贸易体制改革的决定》提出中国对外贸易体制改革的目标。依据《国务院关于改革和调整进口税政策的通知》( 国发〔1995〕34 号 )，1996 年 4 月，中国对 4 000 多种商品进口关税实行大幅削减政策，关税总水平降至23%。1996年12月，中国实现人民币在经常项目下的可兑换。在这个阶段，城镇化进程加快，住房市场化的改革也加快推进，1994年7月，国务院作出《关于深化城镇住房制度改革的决定》，标志着住房市场化改革的确立，并开启城镇住房商品化进程。2001年，中国正式加入世界贸易组织，标志着中国对外开放进入新的发展阶段。

2002—2011年是赶超发展阶段。2002年，党的十六大立足中国已经解决温饱、人民生活总体达到小康水平的基础，进一步提出全面建设小康社会的构想。随后，2004年，推进资本市场发展的“国九条”颁布，国有商业银行进行股份制改革，保护私有财产入宪，进一步深化经济体制改革，有利于调动各主体的积极性和创造性。2005年，股权分置改革试点启动，推动资本市场的机制转换。在这10年间，中国国内生产总值从12.17万亿元增长到48.79万亿元，人均国内生产总值从9 506元增长到36 277元，实现跨越式发展。在这期间，城镇化发展空前活跃，2002年11月，党的十六大明确提出“要逐步提高城市化水平，坚持大中小城市和小城镇协调发展，走中国特色的城市化道路”，到2011年底，中国城镇化率达到51.30%，在这10年间，中国城镇化率以平均每年1.35个百分点的速度发展。

2012年至今是高质量发展阶段。党的十八大以来，以习近平同志为核心的党中央准确判断中国发展新的历史方位，不断推进马克思主义政治经济学中国化、时代化，形成习近平经济思想，实现马克思主义中国化时代化的飞跃。2015年10月，“十三五”规划提出创新、协调、绿色、开放、共享的五大发展理念。在新发展理念的指引下，中国经济实力、综合国力跃上新台阶。在这10年间，全球贫困状况依然严峻，一些国家贫富分化不断加剧，中国历史性地消除绝对贫困，提前实现《联合国2030年可持续发展议程》的减贫目标。2021年7月，在中国共产党成立100周年大会上，习近平总书记宣告中国“全面建成了小康社会”。立足全面建成小康社会，党的二十大提出全面建成社会主义现代化强国的目标，以中国式现代化全面推进中华民族伟大复兴。

## 二、经济发展进程中的结构变化

改革开放以来，中国经济社会经历了从高速增长到高质量发展的过程，从探索恢复演变到快速发展，再到新时代的高质量发展阶段。在这期间，中国经济呈现出经济结构的变化，主要概括为三个特点。

一是中国经济呈现由内向外又转而内向化的发展特点。从加入世界贸易组织开始，中国经济进入快速腾飞阶段，这个阶段主要依靠投资和出口拉动经济。其中，中国进出口总额从 2001 年的 5 096.51 亿美元增长到 2007 年的 21 761.75 亿美元，连续 6 年保持在 20% 以上的增长速度。而 2008 年的全球金融危机爆发并引发全球经济危机，中国的外贸依存度和出口依存度自此开始下降，“出口、投资、消费”三驾马车对经济增长的作用发生变化，其中进出口对中国经济增长的贡献和拉动作用降低，具体表现为：自 2008 年起，随着经济危机的出现，中国进出口总额的增长速度放缓，从 2008 年的 17.8% 降到 2009 年的 –13.9%，随后 10 多年增长速度大多在 10% 以内。而内需对经济增长的贡献在逐渐增加，国家统计局数据显示，2022 年，内需对经济增长的贡献率达到 82.9%，比上年提高 4.8 个百分点。

二是消费逐渐成为经济增长的主要拉动力。从第二产业、第三产业对 GDP 增长的贡献率来看，2013 年以前，第二产业对 GDP 增长的贡献持续超过第三产业，但在 2013 年以后，第三产业对 GDP 增长的贡献超过第二产业。从国民经济核算中也可以看到，2013 年以前，最终消费支出和资本形成总额对经济增长的贡献是交替变化的，而 2013 年以后，最终消费支出对 GDP 增长的贡献持续超过资本形成总额。可以这样说，2013 年成为消费对中国经济增长贡献和拉动的转折点。进入新常态后，中国经济增长转变到以消费为主要拉动力的路径上。2020 年 10 月，人民日报发表《消费成为中国经济增长主引擎》一文，指出“十三五”期间，中国进入消费需求持续增长、消费结构加快升级、消费拉动经济作用明显增强的重要阶段。① 消费已成为中国经济增长的重要引擎，2022 年，中国社会消费品零售总额达到 43.97 万亿元，2012—2021 年，中国社会消费品零售总额年均增长率近 8.8%，为经济发展发挥了重要的支撑作用。

三是经济增长方式从粗放型向集约型转变。自改革开放到 2011 年，中国经历了经济高速增长阶段，这一阶段的经济增长方式主要是在技术水平不高的前提下，依靠生产要素的大量投入实现经济增长，生产要素的增加主要指通过增加投资、扩大生产、增加劳动力投入等来增加产量。在这一过程中，高速增长造成环境污染、生态破坏、资源短缺等问题，这是不可持续的发展。2012 年，中国 GDP 增长率为 7.9%，首次低于 8%，2012 年以后，GDP 增长率逐年下降。2015 年 10 月，在党的十八届五中全会上习近平总书记提出新发展理念，即创新、协调、绿色、开放、共享的发展理

① 《消费成为中国经济增长主引擎》,《人民日报》2020 年 10 月 8 日。

念。科技创新和技术水平的提升逐渐成为经济增长的源动力，国家统计局的《中国创新指数（CII）研究》报告显示，中国的创新指数从2012年的148.2增长到2021年的264.4，中国的创新能力稳步提升。2020年9月，国家主席习近平在第七十五届联合国大会一般性辩论上明确提出中国将在2030年实现“碳达峰”和2060年实现“碳中和”的目标，随后全国各地政府积极推进“双碳”工作。据生态环境部数据，2017—2022年，中国万元国内生产总值二氧化碳排放量连续6年下降，节能降耗减排持续稳步推进。

## 第二节　高质量发展的理论逻辑

### 一、从高速增长到高质量发展的理论含义

高质量发展是中国经济发展的鲜明主题，进入新发展阶段是当前中国经济发展的历史方位。当前，中国基本已进入工业化的中后期，从国内生产总值的结构来看，2012年，第一、二、三产业增加值占国内生产总值的比重分别是9.1%、45.4%和45.5%，第三产业增加值比重首次高于第二产业增加值比重，第一产业增加值比重小于10%，基本符合“后工业化阶段”的特征。2022年，第一、二、三产业增加值比重分别是7.3%、39.9%和52.8%，可以看到，第三产业增加值比重不断升高，第一产业和第二产业增加值比重不断降低。高速增长是工业革命产生后才出现的，但高速增长并不能永远持续下去，经历高速增长后，对经济增长的追求将逐渐转变成对经济发展高质量的追求，需要不断满足人民对美好生活的向往。因此，以习近平同志为主要代表的中国共产党人实事求是，基于经济发展规律和中国经济社会发展的实际情况，创造性地提出“高质量发展是新发展阶段的鲜明主题”这一重大论断。

党的十八大以来，以习近平同志为核心的党中央着眼于中国发展阶段、发展环境、发展条件的变化，针对发展不平衡、不协调、不可持续的问题，指出中国经济发展进入新常态，已由高速增长阶段转向高质量发展阶段，面临增长速度换挡期、结构调整阵痛期、前期刺激政策消化期“三期叠加”的复杂局面，强调不能简单以生产总值增长率论英雄，必须推动高质量发展、深化供给侧结构性改革。①

① 中共中央宣传部、国家发展和改革委员会：《习近平经济思想学习纲要》，人民出版社、学习出版社2022年版，第61页。

新常态是一个客观状态，是中国经济发展到一定阶段必然会出现的一种状态。[①]2014 年 5 月，习近平在河南考察时首次提出“新常态”，“我国发展仍处于重要战略机遇期，我们要增强信心，从当前我国经济发展的阶段性特征出发，适应新常态，保持战略上的平常心态”[②]。“新常态”一词由美国风险投资人罗杰・麦克纳米（Roger McNamee）在 2004 年出版的《新常态——大风险时代的无限可能》一书中首次提出的“new normal”翻译而来。2010 年，安联首席经济学家、奥巴马经济顾问穆罕默德・埃里安（Mohamed EI-Erian）提出用“new normal”一词描述 2008 年世界金融危机之后世界经济恢复缓慢而痛苦的过程，这一过程表现为“一低两高”，即“低增长、高失业、高债务”。在中国，新常态是指不同以往的、相对稳定的状态，是一种动态的系统性目标，而非静态的目标。这是一种趋势性、不可逆的发展状态，意味着中国经济已进入一个与过去 30 多年高速增长期不同的新阶段，即从高速增长转向中高速增长，经济结构调整从以增量扩能为主转向调整存量、做优增量并举，发展动力从主要依靠资源和低成本劳动力等要素投入转向创新驱动。[③]

所谓“增长速度换挡期”，指的是中国经济由过去年均 10% 左右的高速增长阶段逐渐向年均 6% 左右的中高速增长阶段过渡。依据经济发展的客观规律，过去两位数的增长速度不可能永久性地保持下去。截至 2022 年底，中国经济总量迈上 121 万亿元大关，两位数的经济增长所要求的经济增量是巨大的，而国家统计局相关数据显示，2023 年上半年国内生产总值达 593 034 亿元，同比增长 5.5%。按照 2023 年初“两会”制定的 GDP 预期目标增速是 5% 左右，2023 年中国全年经济的增量将超过 6 万亿元，与 1995 年的全年经济总量相当；因此，在如此巨大的经济总量基础上追求经济的高速增长是不现实的。“结构调整阵痛期”指的是经济多重结构调整过程中出现的多种阵痛相互交织、相互叠加、相互影响的时期。经济多重结构包括产业结构的升级、区域结构的平衡、增长动力的转换、财富分配的调节、要素投入结构的调整、污染排放结构的优化等各个方面，经济多重结构均在高速增长到高质量发展转换的过程中发生调整，相互叠加、相互影响，从时间上衡量便是“阵痛”，从程度上衡量则是“剧痛”。“前期

① 《习近平在省部级主要领导干部学习贯彻党的十八届五中全会精神专题研讨班上的讲话》，中国共产党新闻网，2016 年 1 月 18 日。

② 2014 年 5 月 9 日至 10 日，习近平在河南考察时的重要讲话。

③ 中共中央宣传部、国家发展和改革委员会：《习近平经济思想学习纲要》，人民出版社、学习出版社 2022 年版，第 62 页。

刺激政策消化期”指的是为应对 2008 年国际金融危机带来的巨大冲击，中国推出 4 万亿经济刺激计划。一方面，这一计划能拉动内需、振兴产业，从而推动经济增长迅速回升；但另一方面，通胀压力增大，一些工业行业出现产能过剩，产业结构调整的压力进一步增加，地方债务问题等凸显。前期刺激政策消化期是化解多年来积累的深层次矛盾的必经阶段。中国经济增长速度换挡期、结构调整阵痛期、前期刺激政策消化期同时集中出现，形成“三期叠加”的复杂局面，这成为中国经济发展的阶段性特征。

“三期叠加”是对中国当前和今后一段时间经济结构转型的阶段性特征准确而形象的总结，增长速度换挡期主要针对经济发展的总体而言，结构调整阵痛期主要针对经济发展的质量和结构而言，前期刺激政策消化期主要针对经济发展的宏观调控方向和政策而言。因此，面对“三期叠加”的复杂局面，传统追求经济增长的发展模式难以为继，必须坚持以推动高质量发展为主题，以深化供给侧结构性改革为主线，建设现代化经济体系，推动质量变革、效率变革、动力变革。

## 二、高质量发展的本质内涵和目标要求

科学认识高质量发展的本质内涵和目标要求，有助于当前和今后一段时间确定经济发展的思路、制定经济政策的方向。高质量发展，就是从“有没有”转向“好不好”。习近平总书记指出：“高质量发展，就是能够很好满足人民日益增长的美好生活需要的发展，是体现新发展理念的发展，是创新成为第一动力、协调成为内生特点、绿色成为普遍形态、开放成为必由之路、共享成为根本目的的发展。”①

高质量发展的目标要求是更好满足人民日益增长的美好生活需要。高质量发展就是以满足人民日益增长的美好生活需要为目标的高效率、公平和绿色可持续的发展。随着中国社会生产力水平的不断提高，人民的需要不再仅仅局限于物质方面，而是有了更高的要求；不再局限于吃穿住行等基本生存需求，而是包括更好的教育、更高的收入、更健全的社会保障、更高水平的医疗卫生服务、更舒适的居住环境等。2022 年，中国居民人均可支配收入达到 36 883 元，与上年相比增长 5.0%，中等收入群体超过 4 亿人，中国已进入中等收入国家行列。2022 年，九年义务教育巩固率为 95.5%，高等教育进入普及化阶段，基本公共服务均等化水平不断提高。中国已建成世界上最大的

① 习近平：《习近平谈治国理政》（第三卷），外文出版社 2020 年版，第 238 页。

社会保障网，截至2022年底，全国参加城乡居民基本养老保险人数达到5.5亿人，基本医疗保险参保人数达到13.5亿人。人民美好生活是一个多层次、多维度的结构体系，是物质文明、政治文明、精神文明、社会文明、生态文明协调发展的全面美好生活。

高质量发展的理念是创新、协调、绿色、开放、共享的新发展理念。高质量发展是要以提升经济发展的质量和效益为立足点，深入实施创新驱动的发展。2022年，全社会研发投入经费支出为3.09万亿元，比上年增长10.4%，与国内生产总值之比从2012年的1.91%提高到2.55%，其中基础研究经费达到1 951亿元，科技实力正在从量的积累迈向质的飞跃，从点的突破迈向系统能力提升，中国的全球创新指数排名从2012年的第34位上升至2022年的第11位。基础研究和原始创新不断加强，一些关键核心技术取得突破，中国在中微子振荡、铁基超导、脑科学等前沿方向取得重大原创成果，“嫦娥五号”首次实现地外天体采样返回，“天问一号”探测器成功着陆火星，等等。协调是高质量发展的内生特点，产业结构升级步伐加快，经济结构持续优化，发展协调性明显增强，城乡区域协调发展稳步推进。绿色转型发展是高质量发展的普遍形态，绿水青山是永续发展的必要条件和人民对美好生活追求的重要体现，2022年全年，空气质量达标的城市占62.8%。高水平开放是实现高质量发展的必由之路，发展成果共享是高质量发展的根本目的。

高质量发展的主要矛盾是供给侧结构的问题。习近平总书记在2015年12月的中央工作会议上的重要讲话中指出：“供给侧结构性改革，说到底最终目的是满足需求，主攻方向是提高供给质量，根本途径是深化改革。”供给和需求是市场经济内在关系的两个基本方面，是既对立又统一的辩证关系。没有需求，供给就无从实现，新的需求可以催生新的供给；没有供给，需求就无法满足，新的供给可以创造新的需求。需求侧管理和供给侧管理是宏观经济调控的两个基本手段。自1998年亚洲金融危机以来，中国宏观调控总体上以需求侧管理为主，即不断通过行政手段刺激需求，加大投资、消费和出口“三驾马车”的速度，这也促成中国经济长达10年的繁荣和高速增长。但随着时间的推移，需求侧管理的副作用也日渐显现，特别是2008年全球金融危机之后，中国经济进入下行通道，增长速度趋缓，出现了有效供给不足、产能过剩的局面。以习近平同志为核心的党中央深刻认识中国经济“结构性问题最突出，矛盾的主要方面在供给侧”的情况，审时度势地提出“供给侧结构性改革”的对策。因此，高质量发展的宏观经济政策主线是供给侧结构性改革。

供给侧结构性改革，重在解决结构性问题，注重激发经济增长的动力，主要通过优化要素配置和调整生产结构来提高供给体系质量和效率，进而推动经济增长。推进供给侧结构性改革，主要从生产端入手，重点是促进产能过剩有效化解，促进产业优化，降低成本，其主要任务是“三去一降一补”，即去产能、去库存、去杠杆、降成本、补短板。在供给侧结构性改革中，必须处理好需求与供给的关系。从政治经济学角度来看，放弃需求侧谈供给侧或放弃供给侧谈需求侧都是片面的，二者不是非此即彼、一去一存的替代关系，而是要相互配合、协调推进。供给侧结构性改革，既要强调供给又要关注需求，把实施扩大内需战略同深化供给侧结构性改革有机结合起来；既要突出发展社会生产力又要注重完善生产关系；既要发挥市场在资源配置中的决定性作用又要更好发挥政府作用，完善市场在资源配置中起决定性作用的体制机制，深化行政管理体制改革，打破垄断，健全要素市场，使价格机制真正引导资源配置；既要着眼当前又要立足长远。改革的核心是增强供给结构对需求变化的适应性和灵活性，不断让新的需求催生新的供给，让新的供给创造新的需求，在互相推动中实现经济发展，形成国民经济的良性循环。

## 第三节　高质量发展的必要性和重要意义

### 一、中国经济发展的不平衡不协调不可持续问题

党的十八大以来，中国经济结构性体制性矛盾突出，发展面临不平衡、不协调、不可持续等问题，传统发展模式难以为继，以习近平同志为核心的党中央指出中国经济发展进入新常态，已由高速增长阶段转向高质量发展阶段。本节从中国经济发展深层次的三“不”问题讨论高质量发展理论提出的必要性。

发展不平衡问题。在党的十九大报告中指出：“中国特色社会主义进入新时代，我国社会主要矛盾已经转化为人民日益增长的美好生活需要和不平衡不充分的发展之间的矛盾。”这里提到的“不平衡”具有丰富的含义，主要是指经济社会发展过程中出现的结构性问题，主要表现为实体经济结构性供需失衡、金融和实体经济失衡、房地产和实体经济失衡，还有区域发展不平衡、城乡发展不平衡和收入分配不平衡。2022 年，中国金融业增加值达到 96 811 亿元，占 GDP 的比重达到 8%，大量资金仍然在金融系统内部循环，“脱实向虚”现象比较突出。在区域发展不平衡方面，2022 年，广东、江苏两省的 GDP 均超过 12 万亿元，占全国 GDP 的比重均在 10% 以上，而海南、宁

夏、青海、西藏这四个地区的 GDP 不到万亿元，四个地区合计 GDP 占全国 GDP 不到 1.5%，发达地区与欠发达地区的差距较为明显。在城乡发展不平衡方面，中国城乡居民收入差距仍然较大，2022 年，城乡居民人均可支配收入比为 2.45，城乡基础设施建设和公共服务配套还存在显著差异。在收入分配不平衡方面，目前中国的基尼系数为 0.466，仍处于较高水平，若考虑财富存量的差距，分配不平衡的问题会更加突出。

发展不协调问题，主要有经济与社会发展的不协调、经济与生态发展的不协调、社会主义市场经济与精神文明建设不协调等。经济与社会发展不协调主要表现为经济发展速度快，但是社会发展较为滞后，如教育、科技、医疗卫生等方面发展滞缓，群众在就业、教育、医疗、托育、养老、住房等方面面临不少困难。在经济与生态发展的不协调方面，党的二十大报告指出："尊重自然、顺应自然、保护自然，是全面建设社会主义现代化国家的内在要求。必须牢固树立和践行绿水青山就是金山银山的理念，站在人与自然和谐共生的高度谋划发展。"人民群众对美好生态环境的需求日益增长，需要继续加快绿色转型发展的步伐。在经济发展与精神文明建设不协调方面，中国社会主义还处于初级阶段，在过去社会主义市场经济快速发展的过程中，其本身的弱点和消极因素反映到人民群众的精神文明中，给社会主义精神文明建设带来显著的负面影响，形成发展过程中的不协调问题，例如，市场经济条件下利益主体的多元化导致的极端个人主义、拜金主义、享乐主义等错误思潮不时出现，网络舆论乱象丛生，严重影响人们的思想和社会舆论环境。

发展不可持续问题，主要指传统经济增长方式是粗放型的，造成资源浪费和生态环境破坏严重。粗放型经济增长方式依赖于资源、资本、劳动力等生产要素数量的增加，而忽视技术创新和效率的提升，导致生产成本上升、环境恶化、资源耗竭等问题，无法实现可持续发展。不可持续发展的问题本质上是由人类经济活动过程中的生产关系形成的，经济主体把转嫁为生态损耗的成本外部化作为实现剩余价值的本质手段，现代资本经济运行中的资本积累矛盾和经济危机，最终都转化为生态环境问题，由当代人类整体及后人承担。① 在中国能源消耗的结构中煤炭占比最高，从 2011 年的 70.2% 下降到 2022 年的 56.2%，中国经济发展对于煤炭的依赖仍然较为显著。但是，中国的煤炭生产供应却无法跟上经济发展所需要的能源消耗。因此，探索一条资源节约、环境友好、创新驱动的高质量发展道路是非常必要的。

① 钟茂初：《"不可持续发展"的政治经济学分析》，《学术月刊》2010 年第 9 期，第 73—80 页。

## 二、高质量发展理论的重要意义

实现高质量发展是保持经济持续健康发展的必然要求，是适应中国社会主要矛盾变化的必然要求。“高质量发展”在2017年中国共产党第十九次全国代表大会上首次提出，表明中国经济已由高速增长阶段转向高质量发展阶段。党的十九大报告提出，建立健全绿色低碳循环发展的经济体系，为新时代高质量发展指明方向。2020年10月，党的十九届五中全会提出，“十四五”时期经济社会发展要以推动高质量发展为主题，这是根据中国发展阶段、发展环境、发展条件变化作出的科学判断。2022年10月，党的二十大报告提出，高质量发展是全面建设社会主义现代化国家的首要任务，发展是党执政兴国的第一要务。

高质量发展理论是遵循经济发展规律的理论创新。经济发展是一个螺旋式上升的过程，是一个供给与需求相互影响、不断上升的过程，是一个“量的积累”到一定阶段必须转向“质的提升”的过程，中国的经济发展也必定遵循发展这一规律。具体而言，改革开放以来，尽管中国社会生产力水平在总体上显著提高，但发展的不平衡不充分问题仍十分突出。近年来，劳动力成本上升、资源环境约束增大、粗放型发展方式难以为继，中国经济发展已经走到主要由要素驱动的粗放式发展模式转向主要由创新驱动的高质量发展阶段。20世纪60年代以来，全球一百多个中等收入经济体中只有十几个成功进入高收入经济体行列，取得成功的国家就是在经历高速增长阶段后实现经济发展从量的扩张转向质的提升，而那些徘徊不前甚至倒退的国家就没有实现质的根本性转变。高质量发展理论是习近平新时代中国特色社会主义经济思想的重要组成部分，是党的经济发展理论的重大创新。

高质量发展理论是适应中国社会主要矛盾变化的必然要求。社会主义的生产目的是最大限度地满足人民群众日益增长的物质文化需要，而不是资本主义追逐利润最大化，最大限度地追逐剩余价值。但在整个社会主义初级阶段，社会生产力发展水平仍然是满足人民群众物质文化需要的关键制约因素，这意味着解放和发展生产力仍然是解决中国在社会主义初级阶段中一切问题的基础和关键。中国特色社会主义进入新时代，仍然属于社会主义的初级阶段，但中国社会的主要矛盾发生了转变，已经转化为人民日益增长的美好生活需要和不平衡不充分的发展之间的矛盾。人民美好生活需要是人民群众从事生产劳动创造美好生活的动力，也是人民获得感、幸福感、安全感的源泉，而发展不平衡不充分的问题就是发展质量不高的表现。因此，解决新时代的主要矛盾，必须坚持推动高质量发展，以改革创新为根本动力，以深化供给侧结构性改革为主攻方向，推动中国经济发展的质量变革、效率变革、动力变革，更好地满足人民多样化、个性化、不断升级的美好生活需要。

高质量发展理论是适应经济发展新常态的主动选择。在经历长期的高速增长后，中国经济发展进入新常态，从高速增长转向中高速增长，正处于转变发展方式的关键阶段，发展不平衡、不协调、不可持续的问题十分突出。进入21世纪，世界新一轮科技革命和产业变革方兴未艾，正深刻影响经济社会运行方式、国际竞争范式和世界格局发展走势。在国际形势复杂多变和国内经济结构调整的复杂背景下，以习近平同志为核心的党中央遵循经济发展的规律特征，立足中国经济现实情况，着眼未来趋势，主动适应并把握经济新常态，提出高质量发展理论。推动高质量发展，坚持以推进供给侧结构性改革为主线，形成优质高效多样化的供给体系，以适应科技新变化和人民新需要，从而应对世界科技革命和产业变革潮流，最终实现中国经济的持续健康发展。

## 第四节　高质量发展的实现路径

实现高质量发展，不能再延续过去高投入、高耗能、高污染的低效益粗放式发展方式，需要深入贯彻创新、协调、绿色、开放、共享的新发展理念，推动经济发展质量变革、效率变革、动力变革。推动高质量发展，要以习近平新时代中国特色社会主义思想为指导，坚持社会主义市场经济改革方向，坚持高水平对外开放，把实施扩大内需战略同深化供给侧结构性改革有机结合，着力提高全要素生产率，推动经济实现质的有效提升和量的合理增长。

### 一、供给侧结构性改革是实现高质量发展的主线和抓手

改革开放40多年来，发达国家的产业国际转移成就了中国“世界工厂”的地位，使得中国在经济增长上跑出加速度，成为世界第二大经济体、第一工业大国。当前，中国经济面临的主要问题不是需求不足，而是需求变了，国内生产的产品无法满足变化多端的需求，有效供给能力不足带来大量的“需求外溢”，消费能力严重外流。随着中国经济社会发展面临交织叠加的矛盾，需要大力发展先进制造业，力争从制造大国迈向制造强国，加快发展现代化经济体系，发展数字经济。从供给侧和结构性改革方

面想办法、定政策，提高供给结构的适应性和灵活性，实现由低水平供需平衡向高水平供需平衡跃升。

数字经济发展引发的供给创新已超越传统经济学的有限供给规律。随着人工智能、大数据、云计算等新一代信息技术的发展，数字经济正在经历高速增长，并渗透到经济社会的各个领域，深刻改变经济发展模式，重塑社会治理格局。随着大量新的供给被创造，人们的生产生活正在加速变革，经济生产、流通、交换、消费各个环节正在被全方位重构。数字经济利用互联网、云计算、区块链、物联网等信息技术，激发传统产业的生产活力，提高生产效率；优化资源配置，助力传统产业化解产能过剩；虚拟企业的边界，推动传统产业降低供给成本，从而推动供给侧结构性改革。因此，需要大力推动供给侧数字化转型，推动新一代信息技术与传统产业深度融合，建立企业、行业、产业的多层联动一体化发展格局，实现产业数字化转型。

## 二、科技创新是实现高质量发展的第一动力

党的十八大以来，中国明确提出科技创新是提高社会生产力和国家综合国力的战略支撑，一直强调要坚持实施创新驱动发展战略，把科技自立自强作为国家的强盛之基、安全之要。党的二十大报告将科技创新战略意义提升到新的高度，指出必须坚持科技是第一生产力、人才是第一资源、创新是第一动力，深入实施科教兴国战略、人才强国战略、创新驱动发展战略，开辟发展新领域新赛道，不断塑造发展新动能新优势。

加快实施创新驱动发展战略是中国应对发展环境变化、增强发展动力、把握发展主动权的根本之策。瞄准世界前沿科技，加快推动前瞻性基础研究、引领性原创成果的重大突破，加快实现高水平科技自立自强。完善国家创新体系，强化国际战略科技力量，提升企业技术创新能力，激发人才创新活力，完善科技创新体制机制，实现科技成果转移转化，促进科技与经济的深度融合。高素质人才是科技创新力和社会创造力的来源和基础，发挥人才引领驱动创新发展的作用，激发各类人才的创新活力。坚持原始创新、集成创新、开放创新一体设计，实现有效贯通；坚持创新链、产业链、人才链一体部署，推动深度融合。①

① 习近平:《加快构建新发展格局　把握未来发展主动权》,《求是》2023 年第 8 期。

## 三、绿色是实现高质量发展的普遍形态

实现碳达峰、碳中和目标，是以习近平同志为核心的党中央统筹国内国际两个大局作出的重大战略决策，是着力解决资源环境约束突出问题、实现中华民族永续发展的必然选择，是构建人类命运共同体的庄严承诺。在“十四五”规划和2035年远景目标中指出，明确推进能源革命，建设清洁低碳、安全高效的能源体系，提高能源供给保障能力，并将碳达峰、碳中和写入“十四五”规划目标中。“双碳”目标的提出，是中国积极应对气候变化的国家战略；“双碳”目标的提出和落实，必将加快推进整个经济社会的绿色低碳转型和高质量发展。

立足新发展阶段，需要以经济社会发展全面绿色转型为引领，加快形成资源节约和环境保护的生产方式和生活方式，从而实现绿色低碳的高质量发展道路。当前，以绿色能源变革和数字科技浪潮为基本特征的新一轮工业革命正加速到来，以低碳、高效、清洁、智能、可持续等为核心的人类社会发展新模式正成为现实，绿色能源发展必将改变全球能源格局。2021年，全国统一的碳排放权交易市场成功建成运行，使得碳排放权交易市场成为实现碳达峰和、碳中和目标的核心政策工具之一。需要不断完善碳排放权市场交易机制，优化资源配置，管理气候风险，推动经济绿色化转型。加快发展绿色环保、新能源、新材料等战略性新兴产业，带动整个经济社会能源结构优化和绿色低碳发展。

## 四、开放是实现高质量发展的必由之路

改革开放以来，中国始终坚持对外开放的基本国策，实现40多年的高速发展，对外开放的深度和广度不断拓展。随着《区域全面经济伙伴关系协定》（RCEP）的签订和共建“一带一路”的深入，中国构建出面向全球的高标准自由贸易区网络，并加快推进上海自贸试验区、海南自由贸易港等的建设。目前，中国已经成为140多个国家和地区的主要贸易伙伴，2022年全年，中国货物和服务进出口总额分别为42万亿元和6万亿元，位居全球第一位。加快推进制度型开放，2020年中国实施新的《外商投资法》，标志着新的外商投资管理体制开启。2021年，中国在海南推出第一张跨境服务贸易负面清单，标志着制度型开放水平的进一步提高。

党的二十大指出，坚持高水平对外开放，加快构建以国内大循环为主体、国内国

际双循环相互促进的新发展格局。进入新发展阶段，中国将站在更高的起点上进行改革开放，依托国内超大规模的市场优势，发挥好开放对拓展循环空间的作用，深度参与全球产业分工合作，以国内大循环吸引全球的资源要素，提升贸易投资合作质量和水平。推动货物贸易优化升级，创新服务贸易发展机制，发展数字贸易，加快建设贸易强国。坚持实施更大范围、更宽领域、更深层次的对外开放，建设更高水平开放型经济新体制，形成国际合作与竞争的新优势。

第五篇

# 理论探索

# 第二十三章　中国民营经济发展的理论探索与思考

中国民营经济的发展始于改革开放战略的全面实施，是中国全面实施经济体制改革背景下出现的一种具有鲜明时代特色、烙有深刻的中国特色社会主义印记的社会生产关系和经济组织形式。民营经济是中国共产党创造性地推进马克思主义中国化的一项重大理论和实践成果。回顾民营经济理论发展的历程，对相关的理论争论进行回应，不仅有助于理解民营经济作为马克思主义中国化的理论与实践成果的重要价值，也有助于在新的历史时期继续坚持“两个毫不动摇”和“三个没有变”，推动民营经济以“自己人”的心态和姿态在实现中国式现代化的历史进程中作出更大的贡献。

改革开放以来，理论界和思想界对民营经济的认知伴随其实践发展的深入而不断深化。对民营企业和民营企业家社会地位和功能的认识也不断演化。从对民营经济相关理论认识和争论的梳理中，能够清晰地看到改革开放以来中国特色社会主义关于所有制、经济体制改革、基本经济制度等诸多理论问题的认识在不断深化，也能够深刻体会到思想解放的重要性。

在反复的争论与思想解放、理论升华中曲折前行，这一极富中国特色的发展路径正是中国民营经济发展的一大特色，也是中国特色社会主义市场经济理论的一大特色。民营经济每一次的快速发展，都与思想的解放、与民营经济理论及中国特色社会主义市场经济理论的创新、与相关的政策推动密切相关。民营经济发展过程中的每一次波折甚至停顿，都与落后甚至错误的思想观念和理论认知相关。中国民营经济的发展及其理论创新是马克思主义政治经济学的中国化实践，也是马克思主义政治经济学理论体系拓展的重要内容。

## 第一节　改革开放以来民营经济发展的理论探索

改革开放以来的实践反复证明，思想的解放和理论的突破，尤其是民营经济发展理论的突破与创新，深刻地影响甚至决定了民营经济的生存与发展。在民营经济从无到有、从弱到强、从小到大的发展过程中，其理论上的认知经历了从社会主义的“异己力量”到“必要的和有益补充”，到社会主义市场经济的“重要组成部分”，再到经济社会发展“重要基础”，进而民营企业和民营企业家都是“自己人”这样一个不断深化、不断完善的演进过程。

## 一、关于民营经济社会地位和功能的理论探索

民营经济的产生及发展源于改革开放战略的确立，源于改革开放实践的不断深化。非公有制经济是“改革开放以来在中国共产党的方针政策指引下发展起来的，是在中国共产党领导下开辟出来的一条道路”[①]。

### （一）提出“必要的”和“有益的”补充作用

1978年，党的十一届三中全会作出工作重心转移以及改革开放的重大决策。会议指出，“社员自留地、家庭副业和集市贸易是社会主义经济的必要补充部分，任何人不得乱加干涉”。虽然这里的“必要补充部分”还仅仅局限于“社员自留地、家庭副业和集市贸易”，但它标志着实事求是思想路线的重大胜利，从而为私营经济和个体经济的发展在理论和实践上创造了空间。

在1979年国庆30周年庆祝大会上，叶剑英代表党中央发表重要讲话，他指出在当时中国社会主义经济和文化都不发达的条件下，“在有限范围内继续存在的城乡劳动者的个体经济，是社会主义公有制经济的附属和补充”。[②]1984年，党的十二届三中全会进一步肯定个体经济所具有的“必要的”补充作用，并且强调其“有益的”补充作用，认为个体经济具有“从属于社会主义经济”的社会属性，不仅要“给予法律保护”，还“应该大力发展”。

“必要和有益补充”的提法虽然主要针对的是个体经济，但它释放出的积极政策信号、创造出的宽松舆论环境都为其后民营经济的发展奠定了基础。随后，以乡镇企业为代表的集体经济迅速发展，但是却出现戴“红帽子”的现象，即企业本质上为私人所有且由私人经营，而村镇集体和政府只是名义上的所有者，不参与具体的经营活动，

---

① 《毫不动摇坚持我国基本经济制度，推动各种所有制经济健康发展》，中国共产党新闻网，2016年3月4日。

② 中共中央文献研究室：《三中全会以来重要文献选编》（上），中央文献出版社2011年版，第211—212页。

旨在为企业的发展提供相关政策支持和保护。“红帽子”现象的出现从一个侧面说明当时对私营经济应如何发展仍然存在理论上的模糊。如何正确认识、理解和对待私营企业，成为当时民营经济理论研究和政策实践的焦点，甚至出现要求取消私营企业的论调。

针对这一现象及其引发的否定甚至限制私营经济发展的社会争议，1987 年党的十三大报告明确指出，“社会主义初级阶段的所有制结构应以公有制为主体”，但“目前全民所有制以外的其他经济成分，不是发展得太多了，而是还很不够”，因而“对于城乡合作经济、个体经济和私营经济，都要继续鼓励它们发展”。这一系列重要思想的明确，从理论上为与私营经济雇佣劳动相关的争论画上句号，为民营经济下一阶段的快速发展扫清思想障碍。

### （二）强调“多种经济成分共同发展”

经过一段时期的快速发展，20 世纪 90 年代初，面对改革开放“姓资还是姓社”的争论以及国民经济大幅下滑的挑战，邓小平进行了南方谈话，他强调社会主义的本质是解放和发展生产力，社会主义要消灭剥削消除两极分化，最终达到共同富裕。进一步解放思想的帷幕由此拉开。

邓小平南方谈话之后，党和国家强调政策要长期保持稳定，要用“三个有利于”标准评判改革和发展。坚持“发展才是硬道理”成为全社会的普遍共识。1992 年，党的十四大正式将“建立社会主义市场经济体制”确立为中国经济体制改革的目标，达成关于所有制结构的理论和政策共识，即“以公有制包括全民所有制和集体所有制经济为主体，个体经济、私营经济、外资经济为补充，多种经济成分长期共同发展”“不同经济成分还可以自愿实行多种形式的联合经营”。至此，“多种经济成分长期共同发展”成为进一步完善所有制理论、推进所有制结构改革的重要思想基础。民营经济由此再次启动快速发展。

### （三）明确非公有制经济是“社会主义市场经济的重要组成部分”

经过一段时期的创新实践，在总结并思考多种经济成分共同发展的相关经验后，1997 年党的十五大进一步将“公有制为主体、多种所有制经济共同发展”上升到中国基本经济制度的高度，并且明确指出“非公有制经济是我国社会主义市场经济的重要组成部分”，“一切符合‘三个有利于’的所有制形式都可以而且应该用来为社会主义服务”。

党的十五大召开前的一段时期，思想界和理论界关于公有制经济和非公有制经济之间的关系存在较多争论。针对相关的认识误区，十五大报告强调，“公有资产占优势，要有量的优势，更要注重质的提高”“公有制实现形式可以而且应当多样化。一切反映社会化生产规律的经营方式和组织形式都可以大胆利用”。十五大明确指出公有制经济与非公有制经济的关系，对股份制及多种形式的股份合作制经济给予充分肯定，是从根本上推动民营经济快速发展的一次重要会议。

### （四）不断重申“毫不动摇鼓励、支持、引导非公有制经济发展”

思想的解放、理论的创新、政策的落实，是民营经济在改革开放和中国特色社会主义建设事业中屡创佳绩的重要前提。民营经济的贡献也更坚定了党中央支持和鼓励民营经济发展的信心和决心。2002 年，党的十六大报告中首次提到必须长期坚持“两个毫不动摇”原则，即“毫不动摇巩固和发展公有制经济，毫不动摇鼓励、支持和引导非公有制经济发展”。“两个毫不动摇”进一步消除对公有制经济与非公有制经济的对立理解，更重要的是从基本经济制度的高度为民营经济的长期持续健康快速发展提供政治保障。2004 年党的十六届三中全会一方面进一步拓宽公有制经济与非公有制经济共同发展的空间，另一方面根据“法无禁止皆可为”的基本法理，首次明确提出要“清理和修订限制非公有制经济发展的法律法规和政策，消除体制性障碍”。此次会议还特别强调要进一步放宽市场准入，在促进各类市场主体平等参与市场竞争、公平市场准入等方面迈出重要一步。

2005 年，被称为“非公经济 36 条”的政策性文件正式颁布。该文件指出，个体和私营等民营经济具有与国有经济、外资经济相同的法律地位，并被赋予国民待遇。①“非公经济 36 条”的颁布实施开启中国民营经济理论发展和实践创新的又一个新起点。民营经济发展理论的关注重点由此从早期的“要不要发展民营经济”逐步转变为“如何更好地发展民营经济”。对于如何更好地发展民营经济，2007 年党的十七大的回答是，要“形成多种所有制经济平等竞争、相互促进的新格局”。

但是受 2008 年全球金融危机的影响，民营经济的发展遭遇前所未有的冲击，“国进民退”的呼声一度甚嚣尘上。为回应相关争论，也为给困境中的民营经济树立信心，理论界对“国进民退”思想的实质、危害进行深入分析，不断呼吁越是困难时期越是

① 2005 年 2 月 24 日，国务院颁布《关于鼓励支持和引导个体私营等非公有制经济发展的若干意见》。该意见是新中国成立以来第一部全面促进非公有制经济发展的政策性文件。

需要多种所有制经济的共同发展。对此，党中央也适时地释放信号，指明方向，不断重申要坚持“两个毫不动摇”原则。2012年，党的十八大报告强调要“毫不动摇鼓励、支持、引导非公有制经济发展，保证各种所有制经济依法平等使用生产要素、公平参与市场竞争、同等受到法律保护”。2018年11月召开的民营企业家座谈会不仅重申了“两个毫不动摇”原则，还进一步强调“三个没有变”①，极大地提振了民营企业家的信心。

2022年，为回应社会重大关切和民营企业的期盼，党的二十大再次强调，构建高水平社会主义市场经济体制要“毫不动摇巩固和发展公有制经济，毫不动摇鼓励、支持、引导非公有制经济发展”。同年12月召开的中央经济工作会议进一步要求切实落实“两个毫不动摇”原则，从政策和舆论上不遗余力地鼓励支持民营经济发展壮大。

## 二、关于民营企业家社会地位和功能的理论探索

### （一）承认个体工商户的社会地位和作用

在中国，对民营经济地位和作用的认识是从个体经济开始的。同样，对民营企业家地位和作用的认识也开始于个体工商户。早在1979年1月，邓小平在与工商界领导人谈话时指出，“要发挥原工商业者的作用，有真才实学的人应该使用起来”②。中央高层对工商业者在社会主义建设中作用的肯定极大地促进了个体工商业的发展。1980年12月，全国第一份个体工商户的营业执照在温州颁发，标志着个体工商户正式成为中国的一个新经济成分。以此为起点，全国各地的个体工商户如雨后春笋般地涌现。

20世纪80年代初，邓小平关于“傻子瓜子”的两次意见对个体工商户地位和作用的确立具有重要意义。③高层的表态以及随后的政策跟进让许多视“傻子瓜子”为风向标的个体工商户安下心来，从此个体经济的发展进入快车道。

### （二）明确私营企业主是“中国特色社会主义事业的建设者”

对个体工商户地位和作用的肯定只是一个开始。由于理论上对私营经济雇佣劳动、

---

① 在2016年全国两会期间，习近平总书记在民建、工商联界委员联组会上最早明确提出“三个没有变”，即“非公有制经济在我国经济社会发展中的地位和作用没有变。我们毫不动摇鼓励、支持、引导非公有制经济发展的方针政策没有变。我们致力于为非公有制经济发展营造良好环境和提供更多机会的方针政策没有变！”。

② 参见《邓小平文选》（第二卷），人民出版社1994年版，第156页。

③ 对年广久的“傻子瓜子”，1982年4月，邓小平批示说“不要动，先放一放，看一看”。1984年10月，邓小平又谈道：“让傻子瓜子经营一段，怕什么，伤害了社会主义吗？”

雇工人数多少等问题的认识模糊不清，私营企业主的社会地位与作用最初不仅没有被社会承认，而且往往还承担巨大的政治风险。为规避相关的政策风险，一些地方的私营企业以戴“红帽子”的方式进行自我保护，以集体经济、乡镇企业的形式参与市场经营活动。

1988 年 6 月，《中华人民共和国私营企业暂行条例》正式颁布，明确“私营企业是指企业资产属于私人所有、雇工 8 人以上的营利性的经济组织”，“私营经济是社会主义公有制经济的补充”。自此，私营企业的社会地位有了法律支持，“红帽子”现象也逐渐消失。曾经活跃于城乡市场中的乡镇企业转型为真正意义上的私营企业。私营企业主的社会地位和作用也逐渐被人们所肯定。

邓小平南方谈话之后的十余年里，随着各种形式非公有制经济的发展快速，非公有制经济人士的数量不断增长。早在 2000 年，中国共产党就曾提出过“非公有制经济健康发展和非公有制经济人士健康成长”的“两个健康”要求。①2001 年又进一步强调，“民营科技企业的创业人员和技术人员……个体户、私营企业主……也是中国特色社会主义事业的建设者”②。这是中国共产党从“三个代表”的高度第一次将民营经济人士纳入“中国特色社会主义建设者”队伍，从理论上消除了对民营企业主的对立理解。在此基础上，2002 年党的十六大报告正式将包括个体户、私营企业主在内的相关社会群体列为“中国特色社会主义事业的建设者”。

### （三）强调民营企业家是自己人

2008 年全球金融危机爆发后的数年间，中国民营经济的发展一度面临较多困难。这其中既有民营经济自身转型发展的困难，也有国外经济形势冲击的影响，还有国内思想和舆论环境的不利影响。正是在一次次关于民营经济发展命运与使命的思考中，中国共产党关于民营企业和民营企业家都是“自己人”的思想逐渐形成。

2018 年 11 月，中央召开民营企业家座谈会，对事关民营经济发展的诸多错误认识和言论进行回应和澄清，着重强调“三个没有变”，指出“民营经济是我国经济制度的内在要素”，并且提出“民营企业和民营企业家是我们自己人”的重要思想。事实

---

① 2000 年 12 月 4—6 日，全国统战工作会议在北京召开。时任中共中央总书记江泽民发表重要讲话，他强调要“着眼于非公有制经济健康发展和非公有制经济人士健康成长，帮助他们树立在党的领导下走建设有中国特色社会主义道路的信念”。

② 参见江泽民：《在庆祝中国共产党成立八十周年大会上的讲话》，载《江泽民文选》（第三卷），人民出版社 2006 年版。

上，早在浙江工作期间，习近平就曾根据浙江实践指出“民营经济是浙江经济的重要支柱”“民营经济是老百姓经济”[①]。“自己人”思想本质上是对“老百姓经济”观点的进一步深化与发展。

起步于改革开放战略、迅速成长于市场化取向改革、在新的历史时期承担促进共同富裕与现代化建设的民营经济，是名副其实的老百姓经济，是民生经济，是中国社会主义市场经济体系中最具中国特色的经济形态。首先，民营经济是最关乎民生问题的经济形态。民营经济对社会就业的贡献无须多言。解决了人民群众的就业问题，就是解决了最大的民生问题。其次，民营经济能促进劳动者最大限度地分享经济发展成果。当前，越来越多的劳动者就业于民营经济体系，劳动的议价权也在不断提高，越来越多的劳动者能够以越来越高的份额分享经济发展的成果。不仅如此，民营企业对税收的巨大贡献最终也成为提高劳动者公共福利水平的源泉。再者，民营经济能更全面快捷、更高质量地为人民群众提供生产生活服务。在中国，国有经济在提供水、电、交通、能源、通信等基本服务方面发挥着基础性作用。而更加灵活多变的多样化、个性化的生产生活服务则需要依靠数量众多且分布广泛的民营经济。这些都表明，民营企业和民营企业家是毋庸置疑的“自己人”。

## 三、民营经济功能定位演进逻辑的理论探索

作为一种经济组织形态，民营经济在中国经历了从无到有、从弱到强、从小到大的历史过程，其发展与演进逻辑内在于中国市场化取向的改革与开放实践中。民营经济的发展与演进是中国特色社会主义建设事业的内在组成部分。

### （一）民营经济是改革开放战略的内生产物

改革开放战略的确立与全面实施是中国民营经济发展的历史起点和逻辑起点，是理解其社会属性的根本前提。因其特殊的历史起点和逻辑起点，民营经济不同于旧时代的民族资本主义工商业经济，也不同于资本主义私有制条件下的私人经济。

民营经济是中国改革开放后出现的一种经济组织形式。基于农村实践而确立的改革开放战略，极大地促进了农村生产力水平的发展。农业内部剩余产品的出现以及农村集市贸易的放开，使得农户农民开始卷入市场化的进程中。农业生产力水平的提

① 习近平：《干在实处，走在前列：推进浙江新发展的思考与实践》，中共中央党校出版社2006年版，第81—82页。

高使得原本一些人地矛盾相对突出的地区出现更多的农村剩余劳动力。为解决农村剩余劳动力的就业问题，各地在不断放开的政策空间中自发实践，出现诸如“苏南模式”“温州模式”等多种形式的探索路径。劳动力要素的流动出现“离土不离乡”“离土又离乡”等多种形式。无论是哪种形式的劳动力要素流动与转移，乡镇企业、乡村民营企业的蓬勃发展都是其重要基础。

可见，民营经济的发展内在于改革开放战略。没有改革开放，就没有农村生产力水平的提高以及农村集市贸易的出现，就没有为解决农村剩余劳动力等问题的乡镇企业和乡村私营企业的大力发展。中国民营企业从诞生之日起，其所承担的历史使命就不同于旧时代的资本主义工商业，也根本不同于资本主义私有制条件下的私人经济。其诞生之初的主要目标是促进农村集体经济的进一步发展，是提高农民的收入水平。随着民营经济的不断发展壮大，随着其越来越深入地参与市场化的改革实践，民营经济开始承担越来越重要的经济社会职责。

因此，民营经济本质上是“改革开放以来，在中国共产党的方针政策指引下发展起来的，是在中国共产党领导下开辟出来的一条道路”。这是一条发展社会主义生产力、消除贫困、消除两极分化，最终促进共同富裕的道路。民营经济是内生于中国改革开放战略、实现先富带动后富，最终促进共同富裕的一种经济组织形式。

### （二）民营经济是市场化取向改革的内在选择

发端于家庭联产承包责任制的改革开放战略确立后，发展民营经济成为人民群众的自发选择，体现了市场力量的自然演化，是中国市场化改革的内在选择。对于广大农村居民而言，“交够了国家的，留够了集体的，剩下都是自己的”。清晰而明确的市场激励使得以家庭为单位的经营主体——农户——最早成为市场主体。民营经济也在各种农业剩余产品的自由交易中逐渐萌芽。

民营经济是天生的市场派。民营经济的发展一开始就具有鲜明的市场导向特点。当年温州的百万销售大军“走遍千山万水，想尽千方百计，说尽千言万语，吃尽千辛万苦”，在全国全世界跑市场。市场打开了，以市场为导向的投资和生产也随之快速发展起来。早期“苏南模式”中的乡镇企业也在一次次市场化改革的洗礼中实现向产权清晰的现代企业的转型。可见，民营经济的不断发展和壮大是市场化取向改革的产物。

在民营经济实力较强的浙江，民营经济被亲切地称为“老百姓经济”。“民”和

"营"二字从根本上揭示了民营经济的实质。"民"意味着发展主体在民，发展宗旨为民。"营"意味着要自主经营、立足市场。理解民营经济的重点就在于"民"和"营"二字，而不是其外在所采取的资源配置手段和方式。"民"指出发展的路径和目标，即依靠人民和为了人民。"营"则指出发展的手段，即立足市场、自主经营。这不仅是民营经济的根本内涵，也是市场化取向改革的重要内涵。

### （三）民营经济是中国特色社会主义建设事业的内在组成部分

在确立市场化改革方向的初期，民营经济在促使僵化的计划经济体制逐步转变为社会主义市场经济体制中发挥了重要作用。民营经济因此被看成相对于计划经济体制的"体制外"力量，发展民营经济被学者们称为所谓的"增量改革"。

随着计划经济体制的逐渐消亡以及社会主义市场经济体制的根本确立，作为原本的"体制外"力量，即计划经济体制外的力量，民营经济自然而然地成为当下体制——社会主义市场经济——的内在力量，成为中国特色社会主义建设事业的内在组成部分。众所周知，"民营经济贡献了50%以上的税收，60%以上的国内生产总值，70%以上的技术创新成果，80%以上的城镇劳动就业，90%以上的企业数量"①。2020年末，中国实现脱贫攻坚战的全面胜利，成功走出一条以"精准扶贫"为重要特色的扶贫开发道路，创造了又一个中国奇迹。这其中，民营经济的贡献不容置疑。事实上，早在20世纪80年代，遍布全国的以乡镇企业形式存在的民营企业，就已经在促进城乡共同发展、以先富带后富的历史实践中发挥过重要作用。正如习近平总书记所指出的，"万企帮万村、万企兴万村，从扶贫到振兴，城乡一体化、工农一体化，民营企业在这方面的潜力是巨大的"②。不仅如此，民营经济还是"中国共产党长期执政、团结带领全国人民实现'两个一百年'奋斗目标和中华民族伟大复兴中国梦的重要力量"③。

改革开放以来的理论和实践证明，在社会主义条件下，民营经济的发展目标不是取代公有制经济，也不可能取代公有制经济。民营经济发展的根本目标在于促进市场在资源配置中的决定性作用，更好地满足人民群众对美好生活的向往，更好地解决不平衡不充分发展的难题，最终实现共同富裕。民营经济的发展目标从根本上决定了它是中国社会主义建设事业的内在组成部分。

---

① 习近平：《在民营企业座谈会上的讲话》，2018年11月1日。

② 2023年3月6日，习近平在全国政协会议民建、工商联界联组会上的发言。

③ 习近平：《在民营企业座谈会上的讲话》，2018年11月1日。

## 第二节　民营经济相关争论的理论辨析

如何看待民营经济是中国改革开放进程中思想解放的一个独特样本。改革开放以来有关民营经济的各种争论，从根本上看与思想的解放、观念的更新以及理论的突破程度有关。在理论上对这些争论所涉及的问题进行回应，剖析其背后的理论难题，不仅是中国民营经济进一步高水平高质量发展所必须正视的，也是在新的历史时期全面迈向中国式现代化必须扫清的理论障碍。

### 一、“民营经济离场论”理论谬误：对民营经济社会地位的进一步认识

近年来，以“民营经济离场论”为代表的相关言论曾引发热议，在一定程度上混淆了对民营经济社会地位的理论认知。“民营经济离场论”宣称，民营经济只在生产力水平较低的时期存在；当生产力水平达到一定程度时，就应该在全社会逐步取消民营经济；民营经济只存在于社会主义初级阶段，当社会的发展达到比较高级的阶段时，民营经济就应当废除。事实上，这些言论并不符合马克思主义政治经济学的基本原理。

#### （一）民营经济不是应废除的资产阶级所有制经济

《共产党宣言》明确提出：“共产主义的特征并不是要废除一般的所有制，而是要废除资产阶级的所有制。”对于“资产阶级的所有制”和“一般的所有制”这两种不同的私有制，《共产党宣言》认为前者应废除，后者则不应废除。也就是说，即使是共产主义社会，也必须保留并发展“一般的所有制”。那么，作为共产主义发展初级阶段的社会主义，以及社会主义的初级阶段，就更不应该废除这种“一般的所有制”。资产阶级的所有制是无偿占有他人劳动剩余价值、以剥削他人劳动为基础的所有制。与之相对的是，所谓一般的所有制则是以劳动者自己的劳动为基础的所有制。

废除资产阶级所有制的根本目的在于发展社会生产力，进而促进人的全面发展。抽象地议论公有制，不加区分地反对私有制，并不符合科学社会主义的初衷。《共产党宣言》的确曾指出，“共产党人可以把自己的理论概括为一句话：消灭私有制”。但是这一论断的前提条件是，“共产主义的特征并不是要废除一般的所有制，而是要废除资产阶级的所有制”。

在中国，民营经济是改革开放战略确立之后，在中国特色社会主义建设事业中发

展起来的一种经济组织形式。这种经济组织形式以城乡劳动者多种形态的自主劳动为基础，显然不是《共产党宣言》所要废除的那种资产阶级私人所有制经济。作为一种社会经济形态，民营经济具有正当性、合法性和不可侵犯性，理应得到国家宪法和法律的保护。

### （二）民营经济仍需进一步发展壮大

在中国40多年的改革开放实践中，“三个有利于”和“三个没有变”思想科学地回答了当前中国是否需要发展民营经济、如何发展民营经济的问题。坚持毫不动摇地发展民营经济，不仅不是对“消灭私有制”论断的否定，反而是在中国具体历史条件下对马克思主义政治经济学的丰富和发展。

以“民营经济离场论”为代表的相关言论，本质上都是认为民营经济只能在一定时期一定范围内存在，认为民营经济是中国发展社会主义市场经济的工具，民营经济最终要走向消亡。事实上，若论及“工具”，任何形态的所有制都可以说是工具，都是最终实现共同富裕、实现人的全面发展的工具。发展得好都可以为这一最终目标服务，发展得不好都可能成为实现这一目标的障碍。

在国家这种组织形态消亡之前，甚至在国家消亡之后，作为一种资源配置的组织形式，只要“民”仍存在，只要仍然需要一定形式的“营”，民营经济就不可能最终消亡。民营经济不仅不会消亡，还必须进一步发展壮大，才能从根本上更好地发挥其“工具”作用，为实现“民”或者说人的全面发展创造条件。

## 二、“贫富分化论”理论误区：对民营经济社会功能的进一步认识

民营经济发展过程中的收入分配问题，以及发展民营经济是否会导致贫富分化，也曾引发社会各界的广泛关注。不可否认，民营经济发展过程中确实存在一些可能引发收入分配不公甚至贫富分化的因素。但是在社会主义市场经济条件下，民营经济本身并不必然导致收入分配差距过大和贫富分化。内外部的制度体系不健全，其他所有制经济也可能存在导致贫富分化的内在因素。认为民营经济的发展会导致贫富分化因而需要加以限制的观点在理论上是错误的。相反，民营经济更高水平更高质量的发展恰恰是消除两极分化、走向共同富裕的必要前提。

### （一）缩小收入差距应更多关注相关制度体系的建设

在中国社会主义市场经济发展过程中，由于生产力水平欠发达、政府宏观调控能

力不足、法治环境受限等因素的影响，确实出现过不同人群的收入差距过大、收入分配不公的现象。但是这一现象并非民营经济所特有，也并不是所有的民营企业都会出现收入分配不公的现象。在中国现阶段仍不发达的市场经济背景下，即使是公有制经济也可能存在导致收入分配不公的内在因素。在国有企业历次的大规模改革实践中，一些国有企业负责人与普通员工之间的收入分配差距也曾多次引发社会关注。具体到民营经济，它是中国以公有制为主导、多种所有制共同发展条件下的一种经济组织形式。以公有制为主导的经济制度必然会对民营经济发展过程中可能的不利后果形成制约，从而缓解诸如收入差距过大等现象的不良影响。这表明，在现阶段的社会主义市场经济条件下，包括政府治理能力、公共服务体系、法治水平等在内的相关制度建设是否完善，是与收入分配更加密切相关的因素。

因此，促进收入分配更加公平，消除两极分化，更需要强化的是相关制度建设，不能笼统地断言某种形态的经济会产生某种问题。如果法治水平低下、权力得不到有效制约、治理机制不完善，任何所有制形态都可能出现问题。当前民营经济发展过程中出现的种种问题，都可以通过相关制度的进一步完善及其自身的进一步发展而解决。也就是说，这些问题是发展中的问题，不是民营经济本身作为一种经济形态必然会产生的问题。

### （二）民营经济更高水平的发展是实现共同富裕的必要前提

改革开放实践表明，大力支持民营经济发展并非出于功利目的而被迫采取的策略。它是人民群众出于对美好生活的向往、对共同富裕的向往而主动作出的历史性选择。

在市场经济条件下，追求利润是企业经营的天然目标，也是其实现其他社会目标的基础。只有实现利润目标，企业才能进一步再投资，才能继续存在和发展，企业中的劳动者才能继续依靠自身劳动和企业这一平台获取更高的收入，实现自身更高水平的发展，最终促使全社会更快地走向共同富裕。这表明在中国社会主义市场经济条件下，民营企业家能否实现其利润目标与全社会能否实现共同富裕的目标密切相关。

实践表明，弘扬企业家精神、创造条件促进民营经济的高质量发展，不仅不会导致贫富分化，还有利于破除垄断、消除社会不公，有利于通过市场化的手段和方式解决诸多社会难题、促进共同富裕。在中国，人民群众收入较高、生活较富裕的地区往往是民营经济发展比较好的地区。民营经济发展较好的地区同时也是政府服务意识较强、务实创新精神较突出的地区。在政府强烈的服务意识和务实创新精神引领下，民营经济的发展与实现共同富裕之间必然存在一致性。这种一致性具体体现在以人民为中心的社会主义现代化建设实践中。坚持以人民为中心，以民为本，大力发展民营经济，依靠人民发展，发展为了人民，才能不断夯实共同富裕的社会经济基础，不断扩大共同富裕的人群覆盖面，实现全社会的共同富裕。

## 第三节　新时代民营经济高质量发展的理论思考

在中国，民营经济发展理论的所有创新，都是党领导中国人民进行经济社会变革、坚持和践行实事求是根本思想路线的结果，是不断解放思想的伟大成果。在新的历史时期，促进民营经济的高质量发展还需要在三个理论维度有所突破。

### 一、把握“自己人”定位，切实落实“自己人”思想

从理论与实践相结合的角度动态认识和理解民营经济，是改革开放以来社会各阶层各领域思想解放的生动样本。将这一动态认知过程中的思想结晶融入中国特色社会主义政治经济学理论体系，将是中国实践对马克思主义政治经济学的一大贡献与提升。在新的历史时期，将“民营企业和民营企业家是我们自己人”的重要思想和精神进一步融入中国特色社会主义市场经济理论体系，并在实践中切实落实“自己人”思想，是当前理论和实践创新的重要课题。

从社会基础和社会情感上讲，民营企业和民营企业家是“自己人”。从经济基础和理论认知上讲，民营经济是老百姓经济，是民生经济。进一步促进民营经济的高质量发展，需要从思想与理论支持的角度出发，在全社会真正形成大力发展民营经济的集体共识和社会氛围。形成思想和理论上的共识还只是第一步。在此基础上，还需要在各个相关领域，如政策制定、金融支持、社会服务、法治建设等的具体实践中切实落实这一思想，从根本上提振民营经济发展的信心，让民营企业和民营企业家能够安心投资、专心发展。

### 二、明确“竞争中性”的社会主义市场经济重要规律

“竞争中性”是市场经济国家普通遵循的规律。作为有中国特色的社会主义市场经济，在需要强调并依靠多种所有制共同发展来促进共同富裕的社会背景中，“竞争中性”原则尤其值得关注。

"竞争中性"意味着公有企业与私人企业面对同样的规则体系，任何一方与政府的任何接触都不会给任何市场参与者带来竞争优势。"竞争中性"的原则和标准能够确保"在政府重大商业活动中，政府不能凭借公共部门所有者的身份，利用立法或财政权力，获得优于其他私人部门竞争者的完全竞争优势"①。

溯源民营经济发展过程中的数次争论会发现，这些争论的一个重要理论指向就是要求实现"所有制中性"。而从市场经济基本规律的高度强调"竞争中性"，是保障"所有制中性"真正实现的基础。平等对待各种所有制企业，不对不同所有制规定专门的限制措施，目的是让所有性质的企业都能公平地参与市场竞争，任何企业都不会因其与政府的任何接触而产生任何优势。只有这样，才能真正发挥市场在配置资源中的决定性作用。

构建中国特色社会主义市场经济体系，从微观层面上看需要建立起非人格化的竞争机制和交易秩序。"竞争中性"实质上就意味着非人格化交易，因而能从机制上确保公有制经济与民营经济主体的平等竞争，从机制上消除扭曲的政商关系对企业竞争的不利影响，无论这种扭曲的政商关系能够为公有制企业还是非公有制企业获取竞争优势地位。

保障"竞争中性"的一个重要前提条件是在更多领域确立开放准入秩序。与开放准入秩序相对，有限准入秩序最明显的特征是交易制度的人格化。②有限准入秩序与竞争非中性之间存在内在联系。构建现代化的市场经济体系必须打破有限准入秩序，从制度基础上为"竞争中性"的真正实现创造条件。

## 三、完善民营经济发展的社会主义初级阶段理论基础

社会主义初级阶段理论是中国特色社会主义政治经济学的重要创新。改革开放以来，在初级阶段理论指导下，包括民营经济在内的多种形态的非公有制经济蓬勃发展。但是必须正视的是，初级阶段理论本身仍存在一定的局限性。该理论强调社会主义初级阶段需要多种所有制共同发展，但是并没有回答整个社会主义历史时期所有制应该

---

① "竞争中性"(competitive neutrality)，最早在1993年澳大利亚国家竞争政策调查组的《希尔默报告》中提出。1995年，澳大利亚在《联邦竞争中性政策声明》中进一步明确"竞争中性"的具体概念、相关原则和制度安排。

② 卢现祥：《从三个制度维度探讨我国民营经济发展》，《学术界》2019年第8期。

怎么办的问题。改革开放进程中出现的一轮又一轮与所有制相关的争论，民营经济发展过程中出现的诸多困难和问题，归根结底都与所有制理论的不完善有关。

关于整个社会主义时期的所有制问题，中国共产党的具体改革开放实践给出了答案，即“在全面建成小康社会，进而全面建设社会主义现代化国家的新征程中，我国民营经济只能壮大、不能弱化，不仅不能‘离场’，而且要走向更加广阔的舞台”①。这就突破了“非公有制经济只能存在于社会主义初级阶段”的狭隘理解，明确在基本实现社会主义现代化之后还要继续壮大民营经济。这些从实践经验中得出的符合中国经济社会发展规律的科学结论，从根本上符合马克思主义政治经济学的基本原理。构建中国特色的所有制理论需要进一步吸收这些实践中来的宝贵思想结晶，实现马克思主义政治经济学在中国情境下的进一步深化。

巩固和发展社会主义制度是一个长期过程，这一过程不可能没有民营经济。甚至即使在国家自行消亡的长远未来，只要整个社会仍然需要生产资料，仍然需要社会资源的配置活动，民营经济作为一种配置资源的组织形态就仍然有可能存在。私有制的消灭不等于民营经济的消亡。因此，有必要进一步完善社会主义初级阶段理论，对民营经济的社会地位和功能作出更加清晰准确的界定。

民营经济波澜壮阔的发展历史是中国40多年改革开放实践的重要组成部分。民营经济是中国改革开放重要成果的贡献者和体现者。在未来全面迈向中国式现代化的新征程中，民营经济更高水平更高质量的发展将不仅是其重要组成部分，也是其重要的贡献者和体现者。

---

①　习近平，《在民营企业座谈会上的讲话》，2018年11月1日。

# 第二十四章　中国特色社会主义政治经济学的体系拓展与创新深化

中国具有不同于西方国家的经济与社会发展历史，在发展道路上具有中国特色。因此，当代中国政治经济学研究必然是从中国经济与社会发展的现实与历史出发，研究这些经济现象背后的客观规律，剖析其中的经济关系。当代中国政治经济学立足于中国改革发展的成功实践，分析和揭示中国社会主义经济发展运行规律。当前，中国社会主义现代化建设进入新的发展阶段，需要当代中国政治经济理论的指导，自觉认识和遵循经济发展规律，破解发展难题，厚植发展优势，全面深化改革，不断推进中国改革开放事业前进。

## 第一节　中国特色社会主义政治经济学形成的实践与理论逻辑

当代中国政治经济学是指引当代中国不断解放和发展生产力的科学理论。一方面，其作为科学理论来源于中国改革开放的实践，40 多年来中国丰富多彩的社会主义现代化建设为当代中国政治经济学发展提供了社会科学研究不可多得的背景与素材；另一方面，当代中国政治经济学又是对中国社会主义现代化建设实践的提炼，其经济运行规律有利于我们认识和运用规律，保证中国社会主义现代化建设更加健康发展。同时，当代中国政治经济学从理论与学理方面注重逻辑严密性，它是马克思主义的中国化，彰显时代精神，形成科学的理论，从而指引中国社会主义现代化建设从一个胜利走向另一个胜利。

### 一、中国特色社会主义政治经济学形成的实践逻辑

在新民主主义革命时期，以毛泽东同志为主要代表的中国共产党人把马克思主义基本原理与中国具体国情相结合，取得革命的胜利，并形成毛泽东思想，最终成功建成社会主义国家。在社会主义现代化建设过程中，中国共产党领导全国各族人民不断

进行探索与实践，面对“什么是社会主义、怎样建设社会主义”这个问题，作出历史性回答，开辟出一条具有中国特色的社会主义道路，并取得举世瞩目的成就。从党的十一届三中全会开始，中国共产党人坚持以经济建设为中心，坚持改革开放，坚持四项基本原则，以实现共同富裕为最终目标，实践的初衷与目的在于以人民为中心，自此中国经济开始长达40多年的增长历程。特别是2020年全球新冠肺炎疫情暴发之后，全国各族人民在中国共产党的领导下，依靠中国制度优势，团结一致、众志成城，取得举世瞩目的成就。从新民主主义革命、社会主义革命与建设到改革开放的成功，中国社会主义建设事业取得一个又一个的成功，它们是中国繁荣复兴道路上的一座座里程碑，其中蕴含了形成当代中国政治经济学的实践逻辑。

新中国成立以后，中国在经济发展上借鉴“苏联模式”，采取高度集中的计划经济体制，遵循优先发展重工业的战略，中国政府通过指令性的计划对资源进行配置，构建独立的、比较完善的工业体系和国民经济体系，实现战后经济秩序的恢复与重建。但是，在中央政府计划调控下的经济体制导致资源无法实现高效率配置，出现商品短缺与人民生活贫困等问题。在新中国成立后的近30年实践中，高度集中的计划经济体制已经被证明不适合于解放和发展生产力。于是，在改革开放初期，党和国家决定将工作重心转移到经济建设上来，中国进入改革开放和社会主义现代化建设的新阶段。中国社会主义现代化建设过程是不断市场化的过程，也是不断社会化和激发民众积极性与创造性的过程。为了摆脱长期以来的经济低效率问题，实现经济总量的快速增长，中国逐步在经济体制中引入市场经济并逐步融入世界经济体系，注重解决经济效率问题。中国的经济体制，从计划经济体制到“计划经济为主、市场经济为辅”，经“有计划的商品经济”，到1992年确立社会主义市场经济体制的建设目标，社会主义市场经济在范围与程度上不断深化与拓展。中国的经济改革也经历了从增长改革到存量调整、从农村到城市、从民营经济到国有企业改革的历程。中国的经济对外开放之路也走过从点到面、从沿海到内地的逐步开放历程。经济市场化与开放化的过程是一个不断扩大、由外到内和由浅到深的过程。这是一条中国特色的改革开放之路，具有渐进式特征。它顺应中国国情，符合中国经济与社会的实际情况。但是，中国的社会主义建设过程也出现了不容忽视的问题和挑战。由于相关法律法规不健全、不完善，商品市场化和要素市场化不同步，中国经济增长呈现粗放式与外延型增长特征，社会不同群体的公平问题变得突出。现阶段，中国特色社会主义建设进入新时代，经济步入增速放缓的新常态。中国正处于历史的新起点，同时面临新的使命。为实现经济高质量发展，中国持续推进全面深化改革，贯彻新发展理念，坚持改革开放，促进产业结构优化调整，为实现共同富裕而努力奋斗。

改革开放取得举世瞩目的成就证明，中国的生产力解放与发展是中国共产党带领全国各族人民不断实践与探索的结果，从实践中不断提炼出经验与方法，作为进一步发展的指导思想。马克思主义政治经济学基本原理应当同中国实践相结合，这已经是在新中国成立后相当长一段时间被证明了的道理；同时，在强调马克思主义政治经济学不能教条化的时候，也不能倒向西方式新自由主义以私有制的圭臬之中。中国的改革开放实践表明，新自由主义经济学不适合中国国情。中国特色社会主义建设是基于中国国情的基础之上，中国正处于社会主义初级阶段，不能照搬西方国家的理论与经验。这是中国从实践之中得来的基本经验。

在建设中国特色社会主义和建设社会主义市场经济体制的过程中，中国遇到前所未有的、复杂的社会现象和矛盾。以毛泽东同志为主要代表的中国共产党人，从实践上对中国如何实现现代化、走中国特色的富强之路进行了实践，为开创新中国特色社会主义提供了宝贵经验与必要的实践准备。他们通过不断总结经验和发现中国经济与社会发展的具体情况，提出在社会主义革命与建设时期，必须进行马克思主义与中国实际的第二次结合，才能夺取社会主义建设的胜利。以邓小平同志为主要代表的中国共产党人不断地探索建设中国社会主义的经济规律，不断从纷繁芜杂的社会现象中提炼出规律性认识，如社会主义初级阶段生产关系和生产力的矛盾运动规律，积累了一系列宝贵的实践经验和科学观点，作出将党和国家的工作重心转移到经济建设上来和实行改革开放的重大战略转变，开创出建设有中国特色社会主义发展的新局面。以江泽民同志为主要代表的中国共产党人把中国改革开放的实践高度概括为“三个代表”重要思想，坚持改革开放，与时俱进，不断根据新时代的新情况调适中国改革开放的政策，把中国改革开放推到一个新的发展阶段。以胡锦涛同志为主要代表的中国共产党人根据中国经济发展的实际情况，不断深化改革开放，加快经济发展方式转变，从实践之中提炼出“科学发展观”，推进经济与社会全面协调可持续发展，致力于建设“社会主义和谐社会”。以习近平同志为主要代表的中国共产党人提出新的发展理念，丰富和发展了社会主义初级阶段理论，对中国今后社会主义建设具有重要的指导意义，并且作出中国特色社会主义进入新时代的重大判断。在中国特色社会主义进入新时代之际，中国社会主要矛盾已经转化为人民日益增长的美好生活需要和不平衡不充分的发展之间的矛盾。

党的十八以来，中国共产党人在实践中不断提炼、不断发展。习近平总书记强调，发展必须是遵遁经济规律的科学发展，必须是遵循自然规律的可持续发展，各级党委和政府要学好用好政治经济学，自觉认识和更好遵循经济规律，不断提高推进改革开放、领导经济社会发展、提高经济社会发展质量和效益的能力与水平。作为一门社会科学，发现经济规律是政治经济学的研究任务。当代中国政治经济学就要是发现和研究中国经济运行的内在规律，并提出相关预测与解决方案。中国特色社会主义建设的生动实践，为当代中国政治经济学的发展提供了丰富的研究背景与素材。因此，总结中国经济与社会实践的规律，把中国社会主义建设的实践经验上升为系统化的政治经济学理论，是当代中国政治经济学的研究任务。深刻认识中国社会主义建设规律并总结这些规律，把它们上升为系统化的理论，是中国政治经济学理论工作者的光荣使命。

## 二、中国特色社会主义政治经济学形成的理论逻辑

政治经济学是揭示经济运行规律的社会科学。近代西方国家的社会科学研究认为，要认识经济运行规律，就要对国家的经济、政治与社会进行总体性研究。西方古典政治经济学秉承这样的方法，取得较好的研究成就。然而，古典政治经济学到阿尔弗雷德·马歇尔之后出现政治学与经济学的学科分野，经济学专注于资源配置效率的研究，关心经济运行状况的分析而不关心资本配置背后的规律性研究。此后，资本主义国家的体制进入相对稳定的运行状态，经济学能够在不关心体制与制度的前提之下，专注于微观领域和经济现象的研究。由于制度相对稳定，这种经济学对于经济现象也有解释力。与此同时，自然科学在 19 世纪中晚期迅速发展，微积分的发展与应用对于经济模型的构建起到逻辑自洽的帮助，满足了经济学发展中对于“科学化”的内在需求。然而第二次世界大战之后特别是 20 世纪 70 年代以来，以严格的学科分界来研究一个国家经济现象的经济学正在失去解释力和预测力。西方资本主义国家的政治体制与经济体制遇到前所未有的挑战，政治与经济体制以及社会运行框架出现一系列问题。它们的经济问题已经超越传统上纯粹经济学的研究范围，因此只有在结合政治领域的研究之后，才能对其作出相应的解释。研究经济学而不关注政治学无法给出令人信服的解释。因此，从 20 世纪 70 年代开始，新政治经济学开始不断赢得学术界的重视，将

政治与经济进行一体化研究的方法重新获得重视。新政治经济学在20世纪80年代以后一度风靡西方学术界，这是由西方国家经济与社会发展需求推动的。西方国家的经济学家纷纷思考精致的数学模型背后的社会与政治问题、制度变迁及其对于经济活动的作用机制，这使得经济学界把宏观的社会政治问题重新引入经济学分析。同时，西方国家的经济学家注意到，在对经济活动放松管制和强调自由主义的背景下，社会不同群体之间的贫富差距不断加大，新自由主义指引下的社会公平与正义问题变得更加突出，还有对自然环境的破坏和生态环境压力等问题也越来越引发社会关注。这些现象不仅促进经济学家重新引入社会政治等宏观因素对经济与社会发展进行分析，促进马克思主义政治经济学的发展，也促进学者们从不同国家的具体制度与社会因素出发，批判性地思考在资本主义生产方处于世界性主导地位的背景下，如何走本国特色的建设之路。

中国经历了从计划经济体制到市场经济体制的转型，在生动丰富的实践过程中，用以指导经济活动的理论学说也在不断变化。基于中国社会主义的实践路径，当代中国政治经济学的发展有其自身蕴含的理论逻辑。中国基于不同于西方国家的社会政治结构及其特征，选择有中国特色的经济体制，建设有中国特色的社会主义市场经济体制，从而实现马克思主义政治经济学与中国具体实际的现代化结合，推进当代中国政治经济学的发展。当代中国政治经济学的构建既不是教条式的马克思主义政治经济学，也不是对新自由主义经济学的推崇，而是基于中国的实际情况构建的能够解决具体问题的理论学说，是中国对构建世界经济学说体系贡献的中国智慧，对于其他国家的经济发展具有借鉴意义。

在中国，传统的政治经济学需要进一步发展并开放地面对实践与社会科学的发展，其对于我们认识经济与社会发展的规律仍具有积极作用。传统政治经济学的方法论特别是二元矛盾分析法、科学抽象法以及中宏观相结合的研究方法值得现在的政治经济学借鉴，它们仍然是当代中国政治经济学的重要方法论。也就是说，传统的政治经济学需要基于中国的实际情况进行创造性发展，以对中国经济发展作出更契合的解释与引导。中国的社会主义市场经济体制正在建立与完善之中，在市场、社会与政府应该发挥的作用界限方面仍存在较多的模糊地方，导致经济运行的条件与宏观背景并不稳定。这就需要我们在研究中国经济规律之时，必须结合政治进行经济研究，即进行政治经济学研究，才能认识这些规律并遵循这些规律，从而指导中国改革开放事业向前发展。就目前中国而言，中国政府与市场关系、政府与企业关系、产权关系、产业结构关系、央地关系、公平与效率关系、生产要素关系、城乡关系、区域之间经济关系、对外经济关系以及土地制度等都存在亟须改进的地方。就中国社会主义市场经济体制而言，中国尚未形成总体性的且有效的宏观经济运作体制来保证微观领域经济运作具有稳定的基础。中国亟须根据中国经济与社会发展的规律建构起一套有效的经济运作机制。因此，必须“坚持全面建设社会主义现代化国家、全面深化改革、全面依法治国、全面从严治党的战略布局”，推进中国特色社会主义事业作出经济建设、政治建设、文化建设、社会建设、生态文明建设“五位一体”的总体布局。“四个全面”与“五位一体”恰当地表明中国正在建构社会主义市场经济运作的基础与框架体系，而这必须依赖于政治经济学理论的指导才能成功。政治经济学必须综合政治与经济一体化研究，揭示经济运行的规律，认识这些规律并运用这些规律，才能为社会主义经济进一步发展作出理论方面的贡献。习近平总书记强调加强当代中国政治经济学研究，不断开拓当代马克思主义政治经济学发展新境界，强调要通过深化对现实经济发展规律性的认识与理解，提高中国经济发展的水平与能力，强调要加强理论研究并提高理论研究水平，自觉地运用政治经济学规律更好地指导中国社会主义事业建设。[①]习近平总书记指出，我们工作的出发点要基于中华民族伟大复兴的战略全局与世界百年未有之大变局进行考量。当代中国政治经济学正是基于这两个大局的需要而正在不断发展，它基于中国国情实际与马克思主义基本理论，指引中国社会主义建设事业，促进中华民族伟大复兴。

## 第二节 中国特色社会主义政治经济学的创新发展

习近平总书记在党的二十大报告中强调，要不断谱写马克思主义中国化时代化新篇章，这是当代中国共产党人的庄严历史责任。[②]中国特色社会主义是马克思主义普遍真理同中国具体实际相结合的典范。这就要求中国特色社会主义政治经济学以问题为导向，既要坚持马克思主义基本原理和方法论，又要结合中国经济发展实际，不断形成新的理论成果，构建当代中国政治经济学的理论体系。

---

① 习近平：《不断开拓当代中国马克思主义政治经济学新境界》，《求是》2020 年第 16 期。

② 习近平：《高举中国特色社会主义伟大旗帜 为全面建设社会主义现代化国家而团结奋斗——在中国共产党第二十次全国代表大会上的报告》，《人民日报》2022 年 10 月 16 日。

## 一、贯彻新发展理念，坚持以人民为中心的发展思想

以人民为中心的发展理念，始终是中国共产党人的初衷与目标。增进人民的福祉、促进人的全面发展、朝着共同富裕方向稳步前进，深化了马克思主义关于人民群众创造历史的观点，体现了中国特色社会主义的本质特征和社会主义市场经济发展的根本目的。中国革命的胜利、新中国的成立以及改革开放事业取得的成功，无不以人民群众的福祉和实现共同富裕为最终目标，它们在全国人民群众的支持下获得胜利，必定以服务于全国人民群众的根本利益为基本支撑点。中国改革开放的事业是以人民群众共享成果为基本出发点的，必将在人民群众的支持之下继续胜利前进。

### （一）贯彻新发展理念，推动高质量发展

习近平总书记在党的二十大报告中提出，必须完整、准确、全面贯彻新发展理念，坚持社会主义市场经济改革方向，坚持高水平对外开放，加快构建以国内大循环为主体、国内国际双循环相互促进的新发展格局。①

党的十八届五中全会提出创新、协调、绿色、开放、共享的发展理念，新的发展理念是为了从思想上解决目前中国发展中出现的问题提供的总方针。这些新理念意味着中国正在改变目前的经济发展模式，变革发展路径。中国的经济增长模式从追求速度和数量的扩张模式，转换为以创新引领的稳定、均衡、效率的高质量发展模式。这种模式的转化不仅需要科技方面的创新，组织创新、文化创新和制度创新也同样重要，能够有效地从各个方面提高资源利用率，提高中国设计、生产与服务环节在全球价值链的地位与作用，提高中国产品和服务在这些环节的总价值的比重。党的二十大报告强调，创新是第一动力，要坚持创新驱动的发展战略，开辟新领域新赛道，不断塑造发展新动能、新优势。② 协调是指要处理好政府与市场、政府与企业、城市与乡村发展、区域经济协调等中国经济发展过程中的各类关系。政府与市场关系的协调是中国特色社会主义市场经济体制的特点，既要保证市场的活力，又要维护市场的稳定，防止资本的无序扩张。政府与企业的关系主要体现在国有企业、国资企业在往年进行的一系列改革中，国有企业管理形式的优化、国有资本与社会资本的协调，有助于进一

① 习近平：《高举中国特色社会主义伟大旗帜　为全面建设社会主义现代化国家而团结奋斗——在中国共产党第二十次全面代表大会上的报告》，《人民日报》2022 年 10 月 16 日。

② 同上。

步提高国有企业和国资企业的管理能力与生产效率。与资本主义下城市剥削乡村的关系不同，中国的城乡关系始终是一个有机整体，党的十九大后城乡关系开始朝着城市与乡村融合的方向演进，城市化进程和乡村振兴同时进行，为解决农村地区明显的发展不平衡不充分的现状提供动力。在区域经济协调发展方面，推进“一带一路”建设、京津冀地区协同发展以及长江经济带发展三大战略，并把这三大战略与西部开发、东北振兴、中部崛起和东部率先发展等区域发展战略结合起来，大力促进中国不同区域经济的协调发展。绿色发展也就是要保证可持续发展，“绿水青山就是金山银山”，发展模式的转化要求我们从以往不顾环境的粗放型发展转变为保护自然资源的可持续发展模式，发展经济的同时也要实现人与自然的和谐共生。经估计，中国生态产品的价值规模巨大，拥有巨大的潜力。生态调节产品对可持续发展而言意义重大。人类最基础的劳动就是利用自然力进行生产，将自然力作为劳动对象，或者将自然力转化为生产力。只有可持续发展，保护环境才能避免自然力浪费和生态产品的储量下降，为长期生产提供基础。开放意味着要充分利用好国内与国外的市场和资源，形成相互合作、互利共赢的格局，实现共同发展。改革开放成功地让中国剩余生产力参与国际生产，拉动需求的外循环，中国经济又一次进行爆发式增长。随着发展模式的转变，中国更需要加强开放在经济中的促进作用。因此，需要进一步优化中国的对外经济开放格局，形成对外开放新体制，不断加强同其他国家的互利合作。共享的发展理念，是坚持以人民为中心的发展轴心，维护社会公平正义，使得全体人民在共建共享发展中有更多获得感，从中国改革开放的进一步发展过程中受益，从而实现共同富裕的目标。

### （二）以人民为中心的发展思想

党的二十大报告指出：深入贯彻以人民为中心的发展思想，在幼有所育、学有所教、劳有所得、病有所医、老有所养、住有所居、弱有所扶上持续用力，人民生活全方位改善。人均预期寿命增长到78.2岁。居民人均可支配收入从16 500元增加到35 100元。建成世界上规模最大的教育体系、社会保障体系、医疗卫生体系，人民群众获得感、幸福感、安全感更加充实、更有保障、更可持续，共同富裕取得新成效。① 坚持以人民为中心的发展思想，是马克思主义政治经济学的根本立场。当代中国政治经济学的学术立场和研究宗旨是以人民为中心，即要构建以人民共享和共同富裕为目

① 习近平：《高举中国特色社会主义伟大旗帜　为全面建设社会主义现代化国家而团结奋斗——在中国共产党第二十次全面代表大会上的报告》，《人民日报》2022年10月16日。

标、以人民全面自由发展为动力的政治经济学理论体系。社会主义的本质是解放生产力，发展生产力，消灭剥削，消除两极分化，最终达到共同富裕。社会主义经济发展的根本目的是增进人民福祉、促进人的全面发展和朝着共同富裕方向努力。党的十八大以来中国取得的一系列经济社会发展成就，都得益于坚持以人民为中心的发展思想，全面调动人的积极性、主动性和创造性。当代中国政治经济学是以为人民为中心的学科。以为人民为中心的发展思想，是创新、协调、绿色、开放、共享的新发展理念的初衷与目的，也是贯穿五大发展理念的核心思想。这是当代中国政治经济学顺应时代新要求的重大创新。通过科技创新促进经济发展方式转变，可以发展生产力，从而获得更高的社会生产力，使得人民群众拥有更多的物质财富，达到更高的生活水平；通过协调经济发展存在的结构问题，正确处理发展中的重大关系，促进社会公平分配，增强人民群众的获得感与幸福感；通过绿色与可持续发展，促进人与自然和谐共生，提高人民群众的生活质量；通过开放发展，深化国际与区域经济合作，让更多的人民群众受益，使得更多的开放成果惠及民众；共享理念坚持发展为了人民，经济发展成果由人民共享，促进公平分配和共同富裕。五大发展理念的落脚点在于人民的共享和共同富裕。社会主义的本质是消除贫困、改善民生和逐步实现共同富裕。党的十八大以来，以人民为中心的发展思想在中国发展实践中进一步贯彻落实，中国经济增长更具有共享性和包容性。中国坚持把经济增长建立在就业基本稳定、收入同步增长的基础上，不断健全以基本公共服务为核心的民生保障制度，使发展成果更多更公平地惠及全体人民群众。中国经济保持中高速增长，消费成为经济增长主要推动力，人民群众获得感和幸福感显著增强，人民群众的物质和精神生活进一步丰富，社会保障的广度与深度大幅度增加。这些都是以人民为中心的社会主义建设实践的成果。同时，党的十八大以来，中国加强扶贫力度，党中央作出打好脱贫攻坚战，实施精准扶贫、精准脱贫的决策部署。“十三五”时期是中国确定的全面建成小康社会的时间节点，党和政府稳步推进扶贫开发工作，确保贫困人口在2020年如期脱贫。这些都充分体现了以人民为中心的发展思想，彰显了社会主义本质。同时，以此为初衷与目的的中国政治经济学研究也体现了当代中国政治经济学的根本立场。

## 二、明确不平衡不充分主要矛盾，丰富社会主义初级阶段理论

中国特色社会主义初级阶段理论的拓展，也是对当代中国特色社会主义政治经济

学理论的补充。中国在社会主义道路上的不断实践为把握中国特色社会主义经济规律、完善中国特色社会主义政治经济学理论提供了实践基础与理论指引。习近平总书记指出，“全党要牢牢把握社会主义初级阶段这个最大国情，牢牢立足社会主义初级阶段这个最大实际，更准确地把握中国社会主义初级阶段不断变化的特点。”① 当代中国的最大国情、最大实际就是中国仍处于社会主义初级阶段，同时又具有新时代特征。要更准确地把握中国社会主义初级阶段不断变化的特点，在继续推动经济发展的同时，更好解决中国社会出现的各种问题，从而丰富和拓展社会主义初级阶段理论。正是对中国所处的社会主义阶段的科学正确判断，构成对当代中国政治经济学研究的基础与总体判断，成为认识当下与规划未来的客观基点。中国改革开放事业已经进行 40 多年，中国的社会生产力和人民生活水平实现历史性跨越。在新的经济与社会发展基础之上，人民群众的需要呈现多样化特征，人民群众对教育质量、收入水平、社会保障、医疗卫生服务、居住环境以及精神文化提出更高的要求。在更高层次和多样化的需求之下，中国经济与社会发展必然呈现新的阶段性特征。习近平总书记指出：“要在坚持马克思主义基本原理的基础上，以更宽广的视野、更长远的眼光来思考和把握国家未来发展面临的一系列重大战略问题，在理论上不断拓展新视野、作出新概括。”当代中国政治经济学就是基于这样新的经济与社会基础，认识和把握阶段性特征，发现经济与社会发展规律，完成社会科学研究任务。党的十八大以来，以习近平同志为核心的党中央作出中国经济发展进入新常态的重大战略判断，明确指出认识新常态，适应新常态，引领新常态，是当前和今后一个时期中国经济发展的大趋势。

中国经济进入新常态，意味着经济增长已经不再像以往那样高速。中国经济将在较长一段时期内，保持中低速的发展势头。这是基于中国经济与世界经济发展历史与现实态势作出的科学判断，这也是今后中国经济与社会发展面临的国内外形势与战略态势。为此，中国需要全面深化改革，以改革释放经济增长动力，特别是加强中国供给侧结构性改革，这是中国经济进一步增长与发展的动力源泉。中国经济进入新常态，经济增长速度转缓，经济结构不断优化升级，服务业和消费需求逐步成为主体，经济增长动力从要素与投资驱动转向创新驱动。中国经济进入新常态之后，虽然经济增速放缓，但实际增量依然可观；经济增长更趋平稳，增长动力更为多元；经济结构优化

① 习近平：《决胜全面建成小康社会 夺取新时代中国特色社会主义伟大胜利——在中国共产党第十九次全国代表大会上的报告》，《人民日报》2017 年 10 月 28 日。

升级，发展前景更加稳定；政府大力简政放权，市场活力进一步释放。当然，经济新常态也伴随新问题与新矛盾，必须充分认识这些问题与矛盾的性质，找到正确的方法与途径加以解决。经济新常态是中国社会主义初级阶段建设的新特征，也是我们面临的新形势。因此，自觉地运用当代中国政治经济学理论，认清我们所处的历史阶段及其特征，自觉认识和更好地遵循经济发展规律，从而不断推进中国改革开放事业，提高中国经济社会发展质量和效益。经济发展的新常态是对中国当前经济发展阶段特征的概括性表达，它在一定程度上丰富和拓展了社会主义初级阶段理论，对于提高我们对当前中国经济发展的阶段性特征的总体认识具有指导性作用，并构成当代中国政治经济学的重要内容。经济新常态理论要求中国经济发展在结构上进行优化升级，在增长动力上进行转型。中国经济结构优化升级意味着中国的产业结构、区域经济以及对外经济关系需要采用同以往不同的发展战略。中国的产业结构在世界产业价值链上需要进一步提升，在农业、制造业和服务业三者比重上进一步优化组合。中国的制造业发展不能过多地依赖资源与劳动力要素的投入，而应该依靠创新来促进发展。长期依赖劳动力要素投入的制造业发展在中国人口红利不断减少的背景之下，正在遇到劳动力成本不断高企的难题，同时这对于社会整体收入的提高也是不利的。从需求角度来看，社会整体收入水平不能得到有效提高必然不利于中国产业结构升级发展，不利于服务业发展。中国不同区域之间的分工与协作有待进一步提升与优化。东部、中部和西部地区之间的区域分工与协作亟须进一步加强，建立起基于要素禀赋与比较优势的产业分工与协作关系，防止不同地区产业趋同现象的发生或加重。中国许多地区和城市之间的产业同构化、多头对外以及出口导向型经济是不利于经济与社会进一步发展的。结构调整与优化的动力在于创新，在于全面深化改革，提高经济与社会发展的质量与效益，对内优化产业布局，对外积极参与全球价值链重构。

当前，中国不平衡不充分最突出的仍是农村地区。党的二十大报告指出，全面建设社会主义现代化国家，最艰巨最繁重的任务仍然在农村。

## 三、完善社会主义市场经济体制，推动改革开放新发展

党的十八大以来，中国社会主义市场体制进入完善阶段。党的二十大指出未来五年的目标任务之一，即社会主义市场经济体制更加完善和更高水平开放型经济新体制基本形成。随着中国经济发展进入新常态，社会主义市场经济体制越来越完善，处理

好政府与市场之间的关系越发重要。毫不动摇地巩固和发展公有制经济，毫不动摇地鼓励、支持和引导非公有制经济发展，充分发挥市场在资源配置中的作用，更好发挥政府作用，①仍然是完善社会主义市场经济的主要方向。建立社会主义市场经济理论体系是当代中国政治经济学的重要组成部分。这些改革和理论概括都是当代中国政治经济学的创新与发展，构成新时期当代中国政治经济学的重要内容。

深化社会主义市场经济体制改革必须不断培育不同所有制成分的市场主体。其中，公有制经济与非公有制经济之间的关系是核心问题。对此，习近平总书记指出，“毫不动摇巩固和发展公有制经济，毫不动摇鼓励、支持、引导非公有制经济发展”②。这提高了我们对不同所有制经济的认识。公有制经济与非公有制经济并不是相互排斥的，而是可以取长补短、相互促进和共同发展的。二者共同推动中国社会主义经济向前发展。中国公有制经济主体地位不能动摇，国有经济主导作用不能动摇；同时坚持致力于为非公有制经济发展营造良好环境和提供更多机会的方针政策。在经济新常态之中，必须坚持社会主义基本经济制度，坚持公有制经济的主体地位，发挥国有经济的主导地位，鼓励、支持和引导非公有制经济发挥积极作用。中国是社会主义国家，必须坚持以公有制为主体和国有经济的主体地位，这对于维护社会主义发展而言具有重要的意义。同时，不能否认非公有制经济的活力，把握好非公有制经济与公有制经济的平衡，二者相互交融，形成公平又有效率的经济体制。可以采用混合所有制经济形式，使国有资本、集体资本、非公有资本等通过交叉持股与相互融合，充分发挥国家在发展过程中的战略引导关键作用，宏观有效的调控财政政策与货币政策的配合，同时完善产权保护等市场经济基础制度，有利于中国社会主义生产力的提高。

对外开放是中国经济发展的重要驱动力，也是深化中国社会主义市场体制改革的重要内容。应当进一步扩大对外开放，利用好国内国际两个市场与两种资源，发展更高层次的开放型经济。当前，中国对外开放已经进入扩大和深化的新阶段。目前，中国倡议并推进“一带一路”建设，它是中国构建全方位开放发展新格局的重要举措，也是中国为实现世界和平、稳定和繁荣作出的努力与贡献。在此过程中，中国需要统

---

① 习近平：《高举中国特色社会主义伟大旗帜　为全面建设社会主义现代化国家而团结奋斗——在中国共产党第二十次全国代表大会上的报告》，《人民日报》2022 年 10 月 16 日。

② 习近平：《决胜全面建成小康社会夺取新时代中国特色社会主义伟大胜利——在中国共产党第十九次全国代表大会上的报告》，《人民日报》2017 年 10 月 28 日。

筹国内国际两个大局，积极参与全球经济治理，积极防范各种风险，确保国家经济安全，维护中国发展利益。通过健全和完善社会主义市场经济体制，中国经济保持持续增长态势，社会不断发展。中国的改革开放事业取得新发展，中国改革的深度和开放的广度达到新的历史水平。同时，通过勇于推进以实践为基础的理论创新，立足中国国情和中国发展实践，揭示新特点、新规律，提炼和总结中国经济发展实践的规律性成果，把实践经验上升为系统化的经济学说，中国特色社会主义政治经济学的研究视野与范围得到拓展，研究内容得到丰富，研究成果获得创新和发展，这为推进当代中国建设事业更快更好地发展作出理论贡献。现阶段，中国已经成为世界第二大经济体，也是世界上对外直接投资的第二大国。中国经济已经成为世界上举足轻重的经济体。因此，构建对外开放新格局，形成对外经济开放新机制以及积极参与全球经济全球治理，成为经济新常态之下中国经济进一步发展的必要条件。要统筹国内国际两个大局，利用好国内国际两个市场、两种资源，发展更高层次的开放型经济，积极参与全球经济治理，促进国际经济秩序朝着平等公正、合作共赢的方向发展。同时，坚持独立自主，坚决维护中国发展利益，积极防范各种风险，确保国家经济安全。中国倡导成立的“金砖国家新开发银行”和“亚洲基础设施投资银行”是中国进一步参与全球经济治理的重要举措；同时，中国的人民币成为全球储备货币，对于促进中国经济与世界经济的进一步对接具有积极意义。

## 第三节　中国特色社会主义政治经济学的前沿性研究

### 一、中国特色社会主义政治经济学的传承与创新

党的十八大以来，国际形势多变，国内经济发展不断前进。这迫切需要我们将理论结合实际，把握经济发展规律，开辟马克思主义中国化时代化的新境界。马克思在《资本论》中揭示了资本剥削劳动者的本质，阐述了资本主义生产方式下面临的各类问题，并提出资本主义危机理论与一般利润率下降规律等开创性理论。中国共产党在马克思主义理论的基础上，依据中国实际情况和实践经验，形成中国特色社会主义理论。中国在中国特色社会主义理论指导下，在经济与社会建设上取得举世瞩目的成就。随着时代的进步，经济形势的改变，我们必须不断丰富中国特色社会主义政治经济学的内容，既要坚持马克思主义政治经济学的立场、方法与基本观点，传承马克思主义政治经济学的精髓，又要根据时代特征进行理论创新。

坚持、发展和创新中国特色社会主义政治经济学必须从实际出发，着眼于眼前的问题，把握住中国经济发展的规律，从而更好地指导中国实践。对于新的经济现象要怀揣不断拓展的研究态度，加深研究的深度与广度，敢于理论创新，从而以新的理论指导新的实践。实践与理论创新需要不断继续下去，结合新的实践、新的理论，吸收马克思主义发展的前沿经验，将更有效地促进马克思主义政治经济学在中国大地上大发展，使得马克思主义政治经济学在中国发挥出更强大的真理力量。

中国进入新时代后，习近平总书记带领党和国家对一系列新的问题进行科学、深入的研究。经过不断的实践、思考、总结，开创性地总结出“在新时代坚持和发展什么样的中国特色社会主义”“怎样坚持和发展中国特色社会主义”“建设什么样的社会主义现代化强国”“怎样建设社会主义现代化强国”“建设什么样的长期执政的马克思主义政党”“怎样建设长期执政的马克思主义政党”①等重大时代课题，并就这些问题进行深邃的思考和分析，这是中国特色社会主义在新时代的发展，对推动中国经济继续发展、推进中华民族伟大复兴具有重要的意义。

## 二、中国特色社会主义政治经济学的前沿性问题研究

### （一）中国资本发展的形式与逻辑变化分析

空间资本化的概念是伴随经济学中空间理论的流行基于马克思的理论发展而来的。相关学者从空间的角度对资本主义的经济发展过程进行分析，并借助马克思主义理论，主要从政治、资本和社会等多个角度对空间生产过程进行分析。列斐伏尔认为，资本的主要生产对象已经由空间中食物的生产过渡到空间本身的生产，资本通过对空间掌控可以获得更为直接和更高的利润额。②由于资本主义社会中资本对利润的永无休止追求，大都市区在城市内部区域空间分布上变得不平衡，这表现出资本逻辑本身的不合理性。由于资本的统治本性，以资本逻辑作为社会逻辑，势必导致资本对社会与个人的强制性和非人性。③

在中国城镇化、城市化的过程中，城市发展出现诸多问题，习近平总书记也指出

① 《深化对新时代党的创新理论的理解和掌握——论学习贯彻党的十九届六中全会精神》，《人民日报》2021年11月16日。

② 亨利·列斐伏尔：《后技术社会机制》，载《空间与政治》，上海人民出版社2015年版，第79页。

③ 陈建华：《国外马克思主义政治经济学研究的新方法与新维度》，《国外社会科学前沿》2019年第3期。

中国目前存在不少“城市病”问题。目前在中国的城市发展过程中，资本的逐利性质致使城市在空间发展过程中变得不顾效率和城市空间自身承载力而盲目扩张，城市自身的经济发展跟不上空间资本的迅速扩张，从而造成城市空间资源的浪费、财富的浪费。另外，空间本身的使用价值和人民属性随着空间资本化、资本的逐利行为出现异化现象，空间成为一种商品，并逐渐成为资本增殖的场所，这有悖于以人民为中心的思想，严重影响人民的生活质量。旅游空间、娱乐空间等能够为城市带来高额利润，高额利润吸引来资本的扩张，将不再以满足人们的生活需求为目的，而是为了追逐利润，但这种空间资本的盲目扩张往往是低效的，无论是何种空间，其自身最大的价值应当以满足人民的生活需求为出发点。要改变这一现象就必须结合中国的实际情况，淡化资本与空间的联系。

首先，要让缓解空间资本化的情况，强调空间本身的使用价值。城市空间不能被当作“商品”，从而成为资本扩张、获取利益的“工具”。它必须将自身的使用功能及人民的基本需要作为基本前提条件。①城市发展应当以人民为中心，以改善人民的居住环境为目标。因此政府需要以改善居住环境、维护人民的美好生活为目标，调整空间与资本的逻辑联系。在城市空间发展的过程中，坚持高质量建设，从以利益为主导的无序扩张转变为以切实提高城市环境居住水平、高质量、高标准的城市空间建设。

其次，要强调空间的人民属性。要坚持习近平总书记提出的“城市是人民的城市，人民城市为人民”的核心思想。只有以人民为中心，按照人民的需求出发进行高质量的城市空间扩张才是合理且有效的。避免“政治性”和“商业性”的空间发展，不要将城市空间发展过度向娱乐和旅游领域扩张，重新把城市发展的目的和中心放到人民的生活中去，放到提高人民的生活水平、改善生活环境中去，这才是城市空间发展的正确方向。

最后，空间的资本化是资本发展的必然，符合社会发展的规律，空间的资本化的确促进了城市空间的发展。因此，不能否定空间与资本的共存性，而是要结合利弊，趋利避害。在中国，空间的资本化主要表现在空间从人民活动的场所逐渐异化为瓜分剩余的资本。如何平衡空间资本化带来的益处，如何将空间资本化的好处用于人民才是关键。中国政府应当始终坚持以人民为中心，尽可能地将空间资本化带来的利益用

---

① 关锋：《资本空间化和空间资本化：理论进路和中国镜鉴》，《思想战线》2022 年第 2 期。

于改善人民的生活水平与居住环境，形成一个良性循环。

### （二）中国特色社会主义实践活动与国外相关理论的借鉴意义

任何一个国家的经济发展都离不开财富、资本的积累。中国发展至今，在经济领域取得的成就也离不开资本的积累，正是由于资本的快速积累，中国才从一个农业弱国变成现在的工业强国；从人口密集型为主的经济向技术密集型的经济体转变，并顺利迈入创新型国家行列。随着中国特色社会主义进入新时代，新的经济形态出现了，资本的积累也出现许多新变化、新形式，同时新的问题也产生了。正确把握经济新常态下资本积累的新规律、引导中国资本健康发展和积累，从而创造社会财富、丰富中国特色社会主义政治经济学理论成为中国政治经济学研究的新课题。法国调节学派或许能为当下的中国资本积累的新课题、中国特色社会主义的宏观调控提供丰富的理论资源。

法国调节学派关于积累体制的思想与中国特色社会主义政治经济学一样，都是从马克思政治经济学理论发展而来的，它主要继承马克思政治经济学的剩余价值理论及其中的扩大再生产理论。但是，该学派认为剩余价值理论中的积累理论过于抽象、不够具体，因而在继承马克思的基本理论的基础之上，开始从制度形式、调节模式和积累体制的角度进行分析。法国调节学派同马克思政治经济学有较为明显的区别。马克思的积累理论实际上是关于资本主义生产关系矛盾发展的理论，而法国调节学派发展积累体制理论的主要目的在于通过详细地分析制度形式对工资和收益间分配的影响，以及变现要求与增殖要求的兼容性，构建起经济发展动力并实现对马克思主义经济术语的再利用。①

马克思政治经济学理论已经阐述，积累是扩大再生产的核心，是扩大再生产的基本条件。这一点是法国调节学派对马克思政治经济学的延续。但法国调节学派强调，积累不是简单的过程，积累的时代背景、经济体制等因素都会影响积累的过程。该学派认为，积累制度是以整个社会、时代为背景的制度产物。

对资本积累过程的研究是法国调节学派研究的核心，该学派运用马克思政治经济学的基本原理，从动态和结构的角度对各类资本积累的过程进行分析，从历史的角度客观地表现积累的因果，从制度结构的变革角度分析资本积累过程中出现的动力及

---

① 段雨晨:《法国调节学派积累体制理论与中国积累体制变革》,《政治经济学》2023 年第 1 期。

阻力。

新中国的积累体制的演进过程可以分为四个阶段，每个阶段的积累体制都由当时的发展目标、制度体系与社会条件决定，因而形成四种不同的积累体制。新中国成立后的30年内属于不平衡的积累体制，这是由当时的发展目标和国家所处的特定时期所决定的，彼时中国需要大量的资本来恢复生产，但当时中国根本没有这么多的资本，也不可能利用市场来促进经济发展，只能通过国家的宏观调控来使得资本快速积累，因而中国开始实行重工业发展优先的战略。这样的积累是不平衡的，工业部门形成大量的剩余，这些剩余不进入消费部类，而是继续参与下一轮的生产，不断地扩大再生产，使得工业的规模越来越大，从而初步建立起自己的工业体系。从1978年起中国开始实行改革开放，中国的积累体制开始迈向第二个阶段，即外延型的积累体制阶段。在这个阶段国际资本进入中国，国家逐步解除对资本发展的限制成为该阶段积累体制的主要特征。此外，改革开放自然而然地调整了上一个阶段中与生产力发展不匹配的生产关系，开始成为通过市场和价值规律主导的经济体制。其中，家庭联产承包责任制成功地积累了农业资金剩余，为农业农村地区、轻工业的发展创造了条件。国内的剩余也由于国际贸易的出现，开始大量被国外吸收，从而加快了资本的循环速度与积累速度。但该阶段内需不足的问题仍然存在，市场机制仍不完善，市场的活力还没有完全被释放。随着社会主义市场经济体制的建立，中国的积累体制正式迈入第三个阶段，虽然这一阶段仍是外延型的积累体制，但其活力大大增强并伴随着大规模的出口。激烈的竞争成为该积累体制的主要特征。企业与企业之间的竞争、政府与政府之间的竞争都充满活力，极大地降低了国内的各类成本，促进了资本积累的效率，同时也带来一系列问题。一方面，资本在利润的分配中占据更高的比例，贫富差距开始变大，普通消费者的消费降低，内需不足的问题日渐严重；另一方面，财政竞争致使土地价格不断上涨，又进一步降低消费者的消费能力。此外，密集劳动力在国际贸易的过程中始终处于被不公平对待的一方，劳动价值在国际贸易中始终向国外转移。党的十八大以来，积累体制迈入第四阶段，即内涵型积累体制阶段。中国经济开始由高速增长阶段进入高质量发展新阶段。中国不再将积累的数量奉为第一目标，而是将积累数量、可持续发展、效率、公平等作为共同的目标。目前中国已经迈入创新型国家行列，以创新、人才、科技等作为动力的积累形式就被称为内涵型积累。

目前的积累体制主要面临四个方面的问题。第一个问题在于如何继续促进积累，从重工业的计划性积累到改革开放市场经济的竞争性积累，每个阶段都存在某种积累的动力，但目前积累的动力逐渐降低，靠出口成为积累动力的方式逐渐变弱。第二个问题在于竞争仍然存在，但企业积累资本的方式开始转向压榨劳动力，劳资关系受到破坏。第三个问题在于资本的无序扩张引发积累体制中的不平衡问题。领域之间的资本数量差异扩大，破坏了积累的平衡，加剧了积累的代价。第四个问题在于政府对市场的干预力度的调整，如何做到计划与市场之间的平衡是关键问题。要解决这四个积累体制面临的问题，要从四个方面着手。

第一，要毫不动摇地坚持党的领导，提高积累的动力。从当前党和国家的政策可以看出，积累动力不足的问题已经得到国家的重视。倡导创新成为国家近年来发展的主旋律，通过创新能够创造新的需求，从而提高积累的速度与效率。中国目前已经成功迈入创新型国家的行列，西方国家作为创新中心的地位开始动摇。把握机会，深刻理解创新是提高经济发展动力、提升资本积累效率最有效的方式，努力做到构建良好的创新氛围，构建有机协同的创新生态系统，促进科技成果转化为实际的生产力，完善人才育引留用体系。

第二，把控好政府与市场的关系，保证积累体制效率的同时也要保证质量。计划和市场是配置资源的两种方式。资本的逐利特性决定其在扩张过程中的无序性，这一点已经在本章的第一个部分阐述。政府应当做到既要控制资本的无序扩张并对资本进行合理引导，又要利用好资本的活力从而保证积累运行的效率和质量。

第三，构建和谐的劳资关系，完善收入分配政策，保障劳动者的基本权益。和谐的劳资关系能够提高生产力，促进资本循环，有助于资本积累体制的稳定性。应当继续坚持以按劳分配为主体，多种分配方式并存的制度，在分配过程中，完善企业的监管制度，坚决杜绝某些企业为了追逐利益而压榨劳动力的情况出现。

第四，平衡积累和消费的关系。积累是消费的基础，消费能够促进资本的循环，二者是相互促进的关系；但积累越多意味着消费越少，消费越多同样意味着积累越少，二者又存在你增我减的矛盾关系。因此，我们一定要发挥大国优势和制度优势，寻找合理的动态平衡，才能既保障消费能满足人民日益增长的需求，又满足资本积累体制的高效率。

# 第二十五章　理论体系发展中有待进一步思考的问题

中国特色社会主义政治经济学很大程度上是对社会主义市场经济改革与发展经验的总结、提炼及反思。改革只有进行时，没有完成时。相应地，中国特色社会主义政治经济学研究也要不断推进，以紧跟改革的步伐，满足社会主义市场经济发展的需要。目前，在新时代中国特色社会主义政治经济学的研究中，仍有很多尚未彻底解决的、需要进一步思考的问题。本章将从学科体系建设、理论体系本身，以及由现实问题引发的理论反思三个方面出发，选取具有代表性的七个具体问题进行阐述，以期为中国特色社会主义政治经济学的进一步研究提供参考。

## 第一节　中国特色社会主义政治经济学理论体系建设的问题

在中国特色社会主义政治经济学理论体系建设中，研究方法是一个十分重要，但又是已有相关研究关注不足的问题。其中，跨学派与跨学科研究方法和数学分析方法，是已有研究较少采用的方法。为此，有必要说明中国特色社会主义政治经济学研究中使用这两种方法的必要性或意义，并梳理相关观点（尤其是理论争议部分），并对这两种方法在未来研究中的进一步发展进行展望。

### 一、中国特色社会主义政治经济学的跨学派与跨学科研究方法问题

#### （一）跨学派与跨学科研究方法的必要性

一方面，从理论上看，作为中国特色社会主义政治经济学源头的马克思主义政治经济学，本身就具有鲜明的跨学派与跨学科研究特征。在《资本论》写作的准备中，马克思曾认真研究并批判过包括斯密、李嘉图、西斯蒙第（Sismondi）、马尔萨斯、萨伊、穆勒等在内的古典与庸俗经济学家们的著作。进一步地，作为马克思主义理论体系的有机组成部分，马克思主义政治经济学与马克思主义哲学、科学社会主义理论均有紧密的内在联系。这就意味着，后二者所涉及的哲学、政治学、法学、社会学的

很多内容，同样也在政治经济学的研究视野之内。所以，中国特色社会主义政治经济学，也应该继承跨学科与跨学派研究的优良传统，以更好地服务于自身的学科体系建设。

另一方面，从实践上看，跨学派和跨学科研究是解决现实问题的必然要求。在新时代新征程背景下，我们面临推动高质量发展、构建“新发展格局”、推进共同富裕、推动乡村振兴与区域协调发展等重大现实问题。这些问题尽管多为经济学的研究对象，但在实践中，绝非单纯的经济问题，而是复杂、多维的系统性问题。因此，只有通过多学科研究建立起“大局观”，才有望为解决这些问题提出相对全面、完善的对策思路。在此基础上，才能确立中国特色社会主义政治经济学的根本指导地位。

### （二）关于跨学派与跨学科方法的相关研究

在跨学派研究方面，有学者呼吁，中国特色社会主义政治经济学应主动吸收、借鉴其他经济学流派的有益成分。[①]一些学者进一步探索值得中国特色社会主义政治经济学借鉴的非马克思主义经济学流派，具体包括西方主流经济学（主要包括新古典经济学、新古典综合派[②]、新制度经济学[③]）、古典政治经济学[④]、国家主义（李斯特主义）经济学[⑤]、新制度主义经济学[⑥]、西方马克思主义经济学[⑦]、演化经济学、后凯恩斯主义经济学、斯拉法主义经济学等[⑧]。相比之下，跨学科研究则更缺乏关注。仅有少数学者指出中国特色社会主义政治经济学跨学科研究的重要意义。[⑨]此外，还有一些学者提出，

---

① 周文：《中国特色社会主义政治经济学的新发展与经济学的中国时代》，《社会科学研究》2016 年第 6 期；李晓、范欣：《中国特色社会主义政治经济学理论体系的构建与包容性发展》，《求是学刊》2019 年第 6 期。

② 丁冰：《〈资本论〉与西方经济学理论体系比较》，《社会科学研究》2008 年第 1 期。

③ 张桂文、张光辉：《马克思主义政治经济学与新制度经济学研究范式的比较分析》，《当代经济研究》2019 年第 11 期。

④ 胡怀国：《中国特色社会主义政治经济学国家主体性的历史逻辑与思想史基础》，《经济纵横》2019 年第 7 期。

⑤ 贾根良：《李斯特经济学的历史地位、性质与重大现实意义》，《学习与探索》2015 年第 1 期。

⑥ 贾根良：《我国应该加强西方政治经济学的教学与研究》，《政治经济学评论》2017 年第 1 期。

⑦ 颜鹏飞、王梦颖：《新时代中国特色政治经济学体系及其构建方法论研究》，《福建论坛（人文社会科学版）》2018 年第 6 期；杨博文、牟欣欣：《日本数理马克思主义经济学的发展、贡献同借鉴》，《河北经贸大学学报》2019 年第 6 期；刘充、姜力榕：《法国调节学派：概念体系、理论演进与启示》，《政治经济学评论》2022 年第 6 期。

⑧ 孟捷：《当代中国社会主义政治经济学的理论来源和基本特征》，《经济纵横》2016 年第 11 期。

⑨ 郭湛、王文兵：《构建和谐的社会有机体》，《中国人民大学学报》2006 年第 4 期；宫宁：《中国特色社会主义政治经济学：研究的议题与深化的方向》，《当代经济研究》2016 年第 5 期；王立胜、周绍东：《中国特色社会主义政治经济学的探索路径》，《南京财经大学学报》2017 年第 1 期。

中国特色社会主义政治经济学还应从中国传统经济思想中汲取理论资源。①

### （三）未来研究展望

总体来看，已有研究更大程度上停留于跨学派与跨学科方法的呼吁与倡导阶段，鲜有研究真正运用跨学派与跨学科方法来深入分析现实问题。所以，在未来的研究中，有必要先从学理层面，根据拟分析问题的要求，充分吸收、借鉴非马克思主义经济学各流派，以及社会学、政治学等学科的有益成果，实现初步的理论创新，为解释特定的现实问题提供一个新的理论框架。在此基础上，有望为更好地解决现实问题提供参考。

## 二、中国特色社会主义政治经济学的数学分析方法问题

### （一）数学分析方法的重要意义

马克思本人在研究政治经济学时十分重视并广泛采用数学方法。他指出："一种科学只有在成功地运用数学时，才算达到了真正完善的地步。"② 马克思的《数学手稿》表明，他对高等数学方法十分精通。尽管在《资本论》中，马克思多使用初等代数方法（如剩余价值率与利润率的计算、社会再生产两大部类平衡的图式等），但其中的数学分析依然属于同时代政治经济学研究中的典范。而西方马克思主义经济学学者，以及受马克思影响的非马克思主义经济学家，包括里昂惕夫（Leontief）、斯威齐、斯拉法、卡莱斯基（Kalecki）、韦斯科普夫（Weiskopf）、谢克（Shaikh）、罗默、森岛通夫、置盐信雄等，都是深入运用数学方法分析资本主义市场经济条件下现实问题的大师。所以，在中国特色社会主义政治经济学研究中运用数学方法，也可以视作对马克思与马克思主义经济学传统的继承。近年来，在国内理论界，越来越多的学者意识到数学方法的重要性。他们或将马克思主义经济学的模型数理化，或进一步用这些数理模型分析解释社会主义市场经济中的现实问题。③

---

① 缪德刚：《中国传统经济思想在近代的学科化建构》，《经济思想史学刊》2022 年第 1 期；陈旭东、程霖：《中国传统经济思想研究与新时期中国经济学构建》，《学术月刊》2023 年第 1 期；赵敏、王金秋：《中国特色社会主义政治经济学研究》，《政治经济学评论》2023 年第 2 期。

② 保尔·拉法格：《回忆马克思恩格斯》，人民出版社 1973 年版，第 73 页。

③ 吴易风：《马克思经济学数学模型研究》，中国人民大学出版社 2012 年版；孟捷：《价值和积累理论》，社会科学文献出版社 2018 年版；孟捷、冯金华：《劳动价值新论：理论和数理的研究》，中国人民大学出版社 2018 年版；白暴力：《论价格直接基础或价值转化形式》，西北工业大学出版社 2019 年版；冯金华：《马克思主义经济学：原理和应用》，上海财经大学出版社 2021 年版；李帮喜、赵奕菡、冯志轩：《价值循环、经济结构与新发展格局：一个政治经济学的理论框架与国际比较》，《经济研究》2021 年第 5 期；王艺明、刘一鸣：《马克思主义两大部类经济增长模型的理论与实证研究》，《经济研究》2018 年第 9 期。

### （二）关于数学分析方法本身的相关研究

理论界的相关研究主要集中于对待数学方法的态度上。一方面，应大力提倡数学方法在中国特色社会主义政治经济学中的应用。① 数学方法的优势在于其能使复杂问题简单化。而且，相对于文字描述，数学方法能更为直观地展现逻辑分析过程。② 另一方面，也要注意在运用数学方法的过程中应避免的各类问题，包括像西方主流经济学那样的“滥用数学”，过于追求数学形式而背离马克思主义经济学基本原理的“庸俗化”，等等。③ 换言之，中国特色社会主义政治经济学要在把握经济社会运行与发展规律的基础上，通过运用数学方法，更好地揭示这些规律，从而进一步发展与完善马克思主义经济学理论。④

### （三）未来研究展望

总的来看，已有研究较好地阐明了中国特色社会主义政治经济学中使用数学方法的一般原则问题。在未来的研究中，除了进一步拓展数学方法在中国特色社会主义政治经济学中的应用，还有必要进一步阐释的是，对于中国特色社会主义政治经济学中的各类具体问题，运用数学方法的边界在哪里，以及在应用中应注意哪些具体问题。

## 第二节　中国特色社会主义政治经济学理论体系本身的问题

中国特色社会主义政治经济学包含很多有待进一步研究的重要理论问题。这里围绕劳动价值论的发展与创新、中国特色社会主义收入分配理论，以及中国特色社会主义政治经济学的假设前提这三个代表性问题进行阐释。首先说明这三个问题的提出背景，接着梳理理论界关于这三个问题的主要观点及其争议，最后展望未来进一步研究的方向。

---

① 程恩富：《政治经济学现代化的四个学术方向》，《学术月刊》2011 年第 7 期；马艳、李韵：《现代马克思主义政治经济学理论创新的基本路径》，《学术月刊》2011 年第 7 期；大卫·科兹：《马克思主义政治经济学的历史及未来展望》，《学术月刊》2011 年第 7 期。

② 姜冰、黄立君：《白暴力教授经济学术思想述评》，《高校理论战线》2005 年第 3 期。

③ 丁晓钦、余斌：《马克思主义经济学研究中的数学应用问题》，《学习与探索》2008 年第 3 期；朱富强：《谨防马克思经济学数理化过程中的庸俗化》，《经济学动态》2012 年第 6 期；杨瑞龙：《中国特色社会主义经济理论的方法论与基本逻辑》，《政治经济学评论》2019 年第 6 期；陈宗胜、李瑞：《论数学方法在研究和发展马克思主义政治经济学中的作用》，《西安交通大学学报（社会科学版）》2022 年第 2 期。

④ 乔晓楠、何自力：《唯物史观、动态优化与经济增长——兼评马克思主义政治经济学的数学化》，《经济研究》2017 年第 8 期。

## 一、劳动价值论的发展与创新问题

### （一）问题的缘起

作为马克思主义政治经济学的基石，劳动价值论的重要意义不言而喻。而为了更好地解释社会主义市场经济中的现实问题，并以此为基础构建理论话语权，有必要推进劳动价值论的发展与创新。一方面，现代市场经济在生产、分配、交换、消费四个环节上的发展日新月异，这对传统劳动价值论的解释力提出越来越大的挑战。另一方面，不重视价值理论的现代西方主流经济学由于能更好地从现象层面解释现代市场经济的上述发展，反而在很大程度上掌握理论话语权。所以，发展和创新劳动价值论，以从根本上解释社会主义市场经济的发展，对于构建中国特色社会主义政治经济学理论体系及其话语权意义重大。这里以人工智能背景下劳动价值论的适用性，以及服务劳动是否创造价值这两个代表性问题为例进行阐述。

### （二）相关观点与理论争议的梳理

1. 人工智能背景下劳动价值论的适用性问题

大部分学者坚持传统的劳动价值论，认为人工智能不创造价值。作为一种更高级的不变资本，人工智能表面上的“价值创造”过程也只是旧价值的转移过程。① 作为一种“智能劳动”，从表面上看，人工智能与其他生产要素共同创造价值。但实际上，这里所创造的价值不是“新价值”，而仍然代表物化劳动的转移。② 换言之，人的活劳动依然是价值的唯一源泉。③ 近年来，有学者从“弱人工智能”“强人工智能”和“超人工智能”的角度，进一步讨论这一问题。在不具备全面自我学习能力的“弱人工智能”条件下，人工智能不创造价值，劳动价值论依然适用。④ 在具备自我学习和适应训练能力的“强人工智能”条件下，人工智能可以胜任人类的绝大多数劳动，但由于此时人工智能与人的关系依然是机器（物）与人的关系，而非人与人之间的社会关系，所以

---

① 张荣喜、陈应鹤：《机器人的使用和劳动价值论——对机器人能创造价值见解的异议》，《世界经济研究》1986 年第 6 期；胡钧：《“挑战”劳动价值论的新课题》，《高校理论战线》2001 年第 5 期；王永章：《马克思劳动价值在人工智能时代的指导意义》，《北方论丛》2018 年第 1 期。

② 何玉长、宗素娟：《人工智能、智能经济与智能劳动价值——基于马克思劳动价值论的思考》，《毛泽东邓小平理论研究》2017 年第 10 期；何玉长、方坤：《人工智能与实体经济融合的理论阐释》，《学术月刊》2018 年第 5 期。

③ 白永秀、刘盼：《人工智能背景下马克思劳动价值论的再认识》，《经济学家》2020 年第 6 期。

④ 吴雨星：《弱人工智能时代马克思劳动价值论的坚持与阐释》，《东南学术》2022 年第 1 期。

"强人工智能"依然不创造价值。到了全面超越人类智慧的"超人工智能"条件下，人工智能可以作为独立的市场主体存在，从而与人的关系上升到人与人的社会关系层面。此时，人工智能创造价值的时代到来了，劳动价值论也将会被扬弃。①

2. 服务劳动是否创造价值问题

在传统的劳动价值论中，只有生产实实在在的物质产品的物质劳动才创造价值。而在今天服务业的产值比重已经普遍超过第一和第二产业的背景下，以服务劳动为代表的非物质劳动是否创造价值，就成为理论界探讨的一个焦点问题。国内理论界对此形成两派观点。一派学者认为，由于时代的局限性，服务劳动没有受到马克思的重视。其实，服务劳动属于"非物质生产劳动"或"精神劳动"，这种劳动会生产虚拟的"服务商品"。所以，可以大胆地拓展传统的劳动价值论中"劳动"的边界，即认为服务劳动也创造价值。② 对此，另一派学者提出尖锐的批评，认为这种观点是对劳动价值论的歪曲。他们指出，除了一小部分劳动外，绝大多数服务劳动因其中耗费的服务劳动力商品和其他物质商品而具有价值，但其本身并不创造价值。③ 值得一提的是，日本学者渡边雅男也是后一派观点的支持者。④

### （三）未来研究展望

劳动价值论发展和创新的相关研究可以沿着"从抽象到具体"的思路进一步推进。具体来说，已有研究多从一般意义上的人工智能或服务劳动入手，讨论其是否创造价值。在未来的研究中，可以进一步深度探索不同类型的人工智能及其发展形态在价值创造中的作用，以及不同种类的服务劳动在价值创造中的作用，以丰富已有研究。

---

① 吴丰华、于家伟：《人工智能创造价值吗？——基于劳动三维分析框架的再考察》，《人文杂志》2020年第9期。

② 刘诗白：《论服务劳动》，《经济学家》2001年第6期；李江帆：《在第三产业崛起的背景下重新认识劳动价值论》，《经济学动态》2001年第7期；程恩富：《科学地认识和发展劳动价值论——兼立"新的活劳动价值一元论"》，《财经研究》2001年第11期；陈征：《论现代服务劳动》，《当代经济研究》2003年第10期；陈永志：《马克思服务劳动理论与当代服务劳动的变化》，《当代经济研究》2008年第5期。

③ 骆耕漠：《必须分清"第三产业"的大杂烩性质——发展"第三产业"（服务业）问题之一》，《经济学动态》1985年第8期；王峰明、牛变秀：《马克思劳动价值论视阈中的"服务产品"》，《学术界》2005年第6期；谭晓军、刘锋：《马克思主义经济理论中的一个重要命题——兼论我国现阶段服务劳动的生产性》，《马克思主义与现实》2008年第2期。

④ 渡边雅男：《"服务"业的政治经济学》，《当代经济研究》2018年第7期。

## 二、中国特色社会主义收入分配理论的创新发展问题

### （一）问题的缘起

生产领域的劳动价值论发展和创新问题自然引出分配领域的收入分配理论创新问题。一方面，在西方主流经济学的收入分配理论中，基于新古典经济学的功能性收入分配理论具有内在的理论缺陷，而规模性收入分配理论仅关注实证层面的收入分配结果。更重要的是，二者缺乏内在的逻辑联系。另一方面，尽管马克思在《资本论》中揭示了资本主义生产方式下收入分配问题的本质，但马克思本人对于这一问题的深入研究还远远没有展开。很显然，马克思更多地从资本积累理论的视角来考察收入分配问题，并且未能分析资本主义国家在收入分配中的作用，以及专门就具体的收入分配问题提出系统完整的理论框架。而在后来的西方马克思主义经济学的发展中，学者们更关心的是资本积累危机问题。收入分配问题则多作为危机形成的重要环节来研究。

在社会主义市场经济条件下，收入分配问题是关系高质量发展、构建“新发展格局”，乃至推动共同富裕的重大现实问题。鉴于功能性收入分配理论的局限性，中国特色社会主义政治经济学的收入分配理论有必要从马克思主义经济学中重新发掘理论资源，并借鉴主流收入分配理论的有益部分，在此基础上建构中国特色社会主义收入分配理论，以解释社会主义市场经济条件下的收入分配实践问题。

### （二）相关观点与理论争议的梳理

改革开放以来，国内理论界曾就社会主义条件下的收入分配问题进行过一些理论探索。其中，三个问题最具有代表性。

第一，社会主义市场经济条件下“按劳分配”的实现问题。理论界普遍认为，在社会主义初级阶段，按劳分配只能通过市场机制迂回地实现。在具体的实现方式上，主要包括“按劳动力价值分配”和“按劳动力产权分配”两种思路。前者认为，“按劳分配”可以通过按劳动力的价值分配来实现。① 后者则认为，“按劳分配”与“按劳动力价值分配”存在根本差异。“按劳分配”要通过“按劳动力产权分配”来实现，以体

---

① 何伟：《通过劳动力价值实现按劳分配》，《中国社会科学》1988 年第 2 期；周克任：《论按劳分配与按劳动力价值分配》，《当代财经》1995 年第 11 期；石建水：《混合所有制条件下按劳分配实现形式探析》，《当代经济研究》2015 年第 12 期。

现劳动力对生产的贡献。①

第二，按劳分配与按要素分配的关系问题。对于这一问题，理论界存在“包含与被包含”“内容与形式”两种看法。前者认为，按劳分配原则可以包含在按要素分配原则中；② 后者认为，按要素分配的实践是按劳分配原则的实现形式。③ 也有学者分别批评了上述两种观点。一方面，“包含与被包含”的观点没有体现社会主义条件下劳动者的主人翁地位；④ 另一方面，“按劳分配”与“按要素分配”不是同一概念，二者在承认非劳动要素参与分配、分配对象、决定因素等方面都存在根本差异。⑤

第三，“按劳分配为主体”的内涵问题。有学者指出，理论界对于“按劳分配为主体”缺乏具体深入的研究——在衡量上缺乏适当的标准，在实施上缺乏理论指导。这一研究可以沿以下五个方向进行拓展：参与按劳分配的劳动者、按劳分配的分配对象、“按劳分配为主体”的含义、“按劳分配为主体”的具体体现形式和基本分配制度的完善。⑥ 还有学者指出，只要复杂劳动能得到体现其劳动贡献的更高报酬，并且劳动生产率与劳动报酬保持同步增长，“按劳分配为主体”就算得到实现。⑦

### （三）未来研究展望

总的来看，尽管近年来理论界关于“按劳分配”与“按要素分配”的相关争论趋于消退，但对于这些争议问题，理论界至今都未能达成共识。对此，要构建中国特色社会主义收入分配理论，首要任务就是在学理上进一步推进关于“按劳分配”与“按要素分配”的研究，以澄清相关理论争议。此外，还需要思考大数据、人工智能和数字经济的迅速发展对“按劳分配”与“按要素分配”具体形式的影响。

---

① 姚先国、郭继强：《按劳分配新解：按劳动力产权分配》，《学术月刊》1997 年第 5 期；白书祥：《完善社会主义市场经济条件下的按劳分配》，《经济与管理研究》2005 年第 9 期；文洪朝：《中国特色社会主义按劳分配的理论和实践创新》，《毛泽东邓小平理论研究》2012 年第 11 期；杨玉华、党雪岩：《社会主义市场经济条件下的按劳分配：困境与出路》，《当代经济研究》2016 年第 6 期。

② 杨欢进：《马克思逻辑中的按生产要素分配　兼与周为民、陆宁商榷》，《当代经济科学》2004 年第 1 期。

③ 周为民、陆宁：《按劳分配与按要素分配——从马克思的逻辑来看》，《中国社会科学》2002 年第 4 期；李广信：《与时俱进地看待按劳分配原则》，《社会主义研究》2007 年第 4 期。

④ 卫兴华：《〈马克思主义政治经济学原理〉修订版的体系结构和理论构思》，《教学与研究》2003 年第 7 期。

⑤ 张卓元等：《中国经济学 60 年（1949—2009）》，中国社会科学出版社 2009 年版，第 409—410 页。

⑥ 王婷：《“按劳分配为主体”的含义辨析》，《经济学家》2013 年第 7 期。

⑦ 洪银兴：《十八大以来需要进一步研究的几个政治经济学重大理论问题》，《南京大学学报（哲学·人文科学·社会科学）》2016 年第 2 期。

## 三、中国特色社会主义政治经济学的假设前提问题

### （一）问题的缘起

根本性假设前提是任何经济学理论体系建构都要遵循的重要原则，中国特色社会主义政治经济学也不例外。从拉卡托斯的“硬核—保护带”理论来看，根本性假设前提位于特定理论体系的“硬核”层面，是该理论体系区别于其他同类理论体系的重要特征。在西方主流经济学中，最根本的假设前提就是“经济人”假设，即所有市场主体都会自发地追求自身经济利益最大化。那么，有必要探索中国特色社会主义政治经济学中相对应的假设前提，以便为构建其完善、严谨的理论体系奠定基础。

### （二）相关研究梳理

针对“经济人”假设的局限性，理论界从挖掘马克思本人的相关研究入手，探索中国特色社会主义政治经济学关于人的行为的假设前提问题。有学者从马克思主义哲学的角度出发，指出“经济人”是异化的、追逐私利的人，而马克思主义经济学中的人是以全面的方式占有自己全面本质的“完整的人”，即追求自身自由全面发展的人。①更多学者从政治经济学的角度考察这一问题。程恩富在批判“经济人”假设的基础上，首先提出接纳利他行为与非理性行为的“利己和利他经济人”假设。②然而，程恩富的上述观点也引起争议。③后来，一些学者在这一问题上进行进一步探索。马涛、龚剑飞指出，与“原子化”的经济人假设相比，基于马克思主义的“社会人”假设意味着要从具体的、历史的、社会的关系来分析经济现象和经济问题，因此比“经济人”假设更符合实际、更科学，也更具有历史观。④刘凤义在对新制度经济学和马克思主义经济学的企业理论进行比较研究时，也突出后者的“社会人”假设在理论体系建构上的优势。⑤常庆欣进一步提出，应确立作为中国特色社会主义政治经济学假设前提的“现实的人”。作为对“经济人”的超越，“现实的人”不仅突出了作为人的本质的人与人之

---

① 宫敬才：《论马克思政治经济学的人学前提》，《学术研究》2015 年第 9 期。

② 程恩富：《现代马克思主义政治经济学的四大理论假设》，《中国社会科学》2007 年第 1 期。

③ 许兴亚：《马克思主义经济学应如何看待“经济人假设”——与程恩富同志商榷》，《中国社会科学》2008 年第 2 期。

④ 马涛、龚剑飞：《马克思主义经济学研究范式创新的理论及现实意义》，《上海财经大学学报》2010 年第 6 期。

⑤ 刘凤义：《新自由主义企业理论方法论的政治经济学批判——新制度经济学与马克思主义经济学的比较》，《当代经济研究》2006 年第 3 期。

间的生产关系，还体现了人与人之间的生产关系的历史发展过程，更突出了作为一切人自由发展条件的人的全面发展。①

### （三）未来研究展望

第一，现有研究多停留于“经济人”假设与中国特色社会主义政治经济学关于人的行为的假设前提的比较层面。实际上，无论是“完整的人”“利己和利他经济人”“社会人”，还是“现实的人”，都是一种初步的、不够成熟的探索，无法作为中国特色社会主义政治经济学理论体系构建的坚实基础。所以，对于这一问题，有必要进行更深入的理论探索。

第二，要建构中国特色社会主义政治经济学的成熟的理论体系，还需要探索其他方面的假设前提，尤其是要将中国特色社会主义制度的实践（包括党的领导、基本经济制度、以人民为中心等）学理化。在此基础上，才能突出社会主义政治经济学的“中国特色”，并为构建中国特色社会主义政治经济学提供坚实的基础。此外，西方主流经济学的其他假设前提（如资源稀缺性）在多大程度上适用于中国特色社会主义政治经济学，也是值得探索的问题。

## 第三节 基于当代中国经济发展现实问题所引发的理论反思

当代中国经济发展过程中面临不少有待在理论中予以澄清和解释的重要现实问题。这里选取两个有代表性的问题：规范和引导资本健康发展问题、社会主义市场经济中的经济危机问题。首先说明这两个问题形成的背景，接着梳理理论界围绕这两个问题所形成的相关观点或争议，最后对未来研究进行展望。

### 一、规范和引导资本健康发展问题

### （一）问题形成背景

在近年来中国平台经济快速发展的过程中，出现基于数据控制的平台垄断、互联网平台过度金融化等不良现象。对此，2020 年底与 2021 年底的中央经济工作会议分别提出要防止资本“无序扩张”与“野蛮生长”。2022 年 4 月 29 日，习近平总书记在主持中共中央政治局第三十八次集体学习时强调，“在社会主义市场经济条件下规范和引导资本

① 常庆欣：《马克思“现实的人”的理论潜力研究——构建中国特色社会主义政治经济学话语体系的尝试》，《政治经济学评论》2020 年第 2 期。

发展，既是一个重大经济问题、也是一个重大政治问题，既是一个重大实践问题，也是一个重大理论问题，关系坚持社会主义基本经济制度，关系改革开放基本国策，关系高质量发展和共同富裕，关系国家安全和社会稳定。”为此，要“加强新的时代条件下资本理论研究”，通过“规范和引导资本健康发展”来“发挥资本作为生产要素的积极作用，同时有效控制其消极作用”。在这一背景下，理论界也展开对资本问题的研究。

### （二）相关研究梳理

第一，社会主义市场经济中的资本问题。资本既具有普遍性，也具有特殊性。前者为多种社会形态所共有，后者为特定社会形态所独有。在普遍性中，最根本的是资本在一切社会形态下都具有逐利性。①就特殊性而言，在资本主义市场经济中，资本是目的本身，而在社会主义市场经济中，资本是服务于人民日益增长的美好生活需要的手段。②而且，在社会主义市场经济中，公有资本与非公有资本也具有不同的性质与行为规律。公有资本也有逐利性，但其首要目标是将其积累的社会财富用于满足人民日益增长的美好生活需要。非公有资本则以自身利润最大化为首要目标，因而也是规范和引导的主要对象。③

第二，社会主义市场经济条件下规范引导资本健康发展问题的研究。理论界普遍同意，规范和引导资本健康发展的核心问题是既要发挥资本“有序扩张”推动高质量发展的积极作用，又要遏制资本“无序扩张”的消极作用。④就如何规范和引导资本健康发展的问题，学者们强调坚持党对经济工作的集中统一领导⑤、坚持基本经济制度⑥、构建高水平社会主义市场经济体制⑦、充分发挥公有制经济（尤其是国有经济）的作

① 简新华、余江：《社会主义市场经济的资本理论》，《经济研究》2022年第9期；邱海平：《关于社会主义利用资本的几个理论问题》，《经济学动态》2022年第7期。

② 鲁品越：《鲜活的资本论——从〈资本论〉到中国道路（第二版）》，上海人民出版社2016年版。

③ 顾海良：《马克思“资本一般”和“许多资本”理论与中国资本问题研究》，《马克思主义理论学科研究》，2022年第8期；刘凤义：《论社会主义市场经济中资本的特性和行为规律》，《马克思主义研究》2022年第9期。

④ 高帆：《“资本吮吸理论”及其对中国经济发展的启示》，《人文杂志》2017年第10期；董志勇、毕悦：《为资本设置“红绿灯”：理论基础、实践价值与路径选择》，《社会科学文摘》2022年第7期。

⑤ 刘凤义：《从四重维度看加强党对经济工作的全面领导的内在必然性》，《马克思主义研究》2021年第10期。

⑥ 权衡：《资本的逻辑批判及其发展：一个理论分析框架》，《复旦学报（社会科学版）》2022年第6期；赵峰、田佳禾：《规范和引导资本健康发展：资本二重性及其矛盾的视角》，《改革》2022年第8期。

⑦ 胡乐明：《规模、空间与权力：资本扩张的三重逻辑》，《经济学动态》2022年第3期；冒佩华、郎旭华：《社会主义条件下的资本：基于政治经济学视角的研究》，《上海经济研究》2022年第9期。

用[①]等方面。

### （三）未来研究展望

资本无序扩张是目前中国经济的主要特征之一，也是亟待解决的主要问题之一。党和国家对该经济现象高度重视，多次强调要把握资本的特性和行为规律，防止资本无序扩张，强化反垄断，维护市场制度，等等。如何防止资本无序扩张，如何利用好中国特色社会主义市场经济体制规范和引导资本健康发展，是当前需要研究的主要问题。

由于资本本身具有的逐利特性，资本会在各个领域向利润高的方向扩张。这样的扩张在短时间内能够为资本带来利润，但资本的扩张行为本身却可能对经济发展产生负面影响。从政治经济学的角度来说，利润就是剩余价值，资本的逐利过程就是在寻求更高剩余价值的过程。正常情况下资本的转移会影响剩余价值在各个环节的资本家之间的分配过程。但是，资本的逐利特性仍会为经济发展与社会公平带来负面影响，具体可以从三个方面来讨论。第一个方面在于，资本的逐利特性使得某些领域的资本扩张到可以获得垄断地位从而获得更多的剩余价值，这部分价值是基于垄断而产生的超额剩余价值，这部分剩余价值来自消费者的损失转移，这种损失转移降低了货币的购买力，降低了生活水平，减少了对其他产品的需求。第二个方面在于，资本的扩张可能使得该行业的资本有机构成上升，在利润平均化的过程中可以获得其他部门转移而来的剩余价值。第三个方面在于，资本的无序扩张极有可能产生资本的结构性矛盾，这是因为资本的无序扩张使得原本正常的产业结构变得畸形，产业链中某些部分或产品超过其均衡数量，各个部分的平衡被打破，致使整个行业缩水，显然这不是短期的超额利润可以弥补的。另外，若资本无序扩张带来的负面影响致使资本无法获得所预期的利润，资本家会延长劳动时间从而获得绝对剩余价值，这对劳动者而言无疑是不公平的。

上述三个方面从公平与效率的角度阐述了资本无序扩张对经济发展带来负面影响的政治经济学原理。同时，由于资本在不同领域的扩张方式不同，其造成的负面影响也各有特色。资本无序扩张主要出现在三个领域：商品流通领域的资本无序扩张、虚

① 杨春学：《社会主义政治经济学的“中国特色”问题》，《经济研究》2016 年第 8 期；顾海良：《马克思“资本章”对资本理论的开创性探索——兼论社会主义市场经济条件下的资本理论问题》，《学术界》2022 年第 10 期。

拟经济领域的资本无序扩张、劳动力再生产领域的资本无序扩张。

随着商品经济的发展和社会分工的不断深化，商品的流通逐渐成为一个独立的领域，它承担链接生产者与消费者的职能，加快了资本的周转与循环。随着互联网科技的发展，这一部门再细化，并出现以互联网平台为媒介的商业资本的聚集区，这一部分仍承担其原本的职能但完全不再具有生产部门的性质。这一环节成为资本无序扩张的主要发生地，资本在这一环节扎堆而形成垄断是商品流通领域资本无序扩张的主要表现。

该垄断的形成不仅对消费者，而且对生产者也会产生不利影响。对消费者而言，中间部门的垄断意味着它们可以随意收集消费者的数据并对其进行歧视性定价，通过获得消费者剩余来获取超额利润；对生产者而言，平台的垄断意味着它们可以随意对产品进行压价，即便利润微薄生产者也不得不卖，这打击了供给侧的生产积极性，通过打压供给侧的成本获得的利润自然也转移到垄断平台。

虚拟经济的概念由马克思提出的虚拟资本衍生而来。在政治经济学中，虚拟资本是指能够带来收入的以有价证券形式存在的资本。成思危将虚拟经济定义为与虚拟资本以金融系统为主要依托的循环运动有关的经济活动，简单地说，就是直接以钱生钱的活动。虚拟经济领域的资本无序扩张主要发生在金融领域，主要企业是从事贷款、理财产品等的企业。与商品流通领域发生的资本无序扩张的背景一样，互联网以及计算机算法迅速更新迭代，越来越多的网络科技公司开始涉及金融领域从事金融活动。习近平总书记指出资本向虚拟经济的无序扩张所产生的资产泡沫将增加金融风险，不利于资本循环。

金融领域资本无序扩张所带来的风险，主要表现在其对金融秩序的影响上。目前许多小额贷款金融平台的资金来源有九成以上都来自银行，一旦这些公司出现问题却没有合理的监管体系和处理体系加以监管和处理，极有可能给银行业带来系统性风险。另外，这些金融企业还可能与流通领域的平台勾结利用“监管套利”，形成垄断，影响市场的公平竞争以获得超额利润。再者，这些金融企业往往是以互联网与算法为基础的，这就意味着它们需要涵盖全国巨量的用户数据，如果出现转让、出售这些数据的情况，将严重损害消费者利益，严重的甚至危及国家安全。

习近平总书记指出，中国金融的发展需要回归本源，服务于社会经济的发展。金融要把实体经济服务作为出发点和落脚点，全面提升服务效率和水平，把更多金融资源配置到经济社会发展的重点领域和薄弱环节，更好满足人民群众和实体经济多样化的金融需求。① 如果一些金融企业背离以人民为中心，让资本成为攫取劳动人民利益的工具是不可取的。

劳动力再生产领域的资本无序扩张，是指资本维持劳动力再生产的必要生活资料领域的扩张，包括教育、医疗、养老等方面。目前中国大部分劳动再生产领域都有国家参与，这些都是具有普惠作用的公共服务，有助于提高社会整体的福利水平。这种以普惠为目的、具有一定公益性质的领域是不适合追逐利润的资本介入的，资本的基本性质决定资本的介入必定会影响劳动再生产领域的公平性，降低劳动者的其他消费，不利于国内大循环。

最明显的例子就是资本在教育领域的扩张。资本无序扩张无疑是不利于高质量发展的，也有悖于以人民为中心的思想，且不利于共同富裕。规范和引导资本发展就成为政治经济学的新课题。这一问题的关键在于调节资本要素取得合理的利润。② 资本无序扩张的根本原因在于资本的逐利特性，要对资本要素分配进行干预，调节各领域资本的利润从而控制资本的扩张行为，避免资本在不同生产领域的利率差距过大，以此保证产业链的稳定，进而保障经济发展。

在社会主义市场经济的基本经济制度与公有制为主体的经济体制下，政府应当发挥更大作用。习近平总书记强调："要坚持我们的制度优越性，有效防范资本主义市场经济的弊端。" ③ 政府应当努力成为市场秩序的维护者与规则的制定者等角色，以人民为中心维护人民的根本权益，规范和引导资本健康发展。

## 二、社会主义市场经济下的经济危机问题

### （一）问题形成背景

改革开放后至社会主义市场经济体制确立前，在中国的宏观经济运行中出现过四次较大的波动。④ 在社会主义市场经济体制确立后，尽管宏观经济层面未出现大幅波动，但也出现一些不良经济现象，包括部分产业的产能过剩、地方政府债务危机、部

---

① 习近平：《深化金融改革　促进经济和金融良性循环健康发展》，《人民日报》2017 年 7 月 16 日。

② 乔晓楠：《防止资本无序扩张的政治经济学分析》，《南开经济研究》2022 年第 5 期。

③ 中共中央党史和文献研究院：《十八大以来重要文献选编》（下），中央文献出版社 2018 年版，第 6 页。

④ 吴敬琏：《当代中国经济改革》，中信出版社 2017 年版，第 461—476 页。

分银行的坏账呆账、股票市场的波动等。那么，这就引出一个重要的理论问题，即社会主义市场经济条件下是否有发生类似于资本主义市场经济中的经济危机的理论可能性?

### (二)相关观点与理论争议的梳理

尽管有学者否认社会主义市场经济中存在周期性的经济危机的理论可能性，[①] 但大多数学者对这一问题持肯定态度。而且，社会主义市场经济中经济危机的发生主要包含三种理论机制。第一，在社会主义市场经济中，由于市场在资源配置中起决定性作用，私人劳动与社会劳动的矛盾关系（内部对立），以及由此决定的商品与货币的对立关系（外部对立）依然存在。这样，资本流通中的 W′ —G′ 阶段也会遭遇各类阻碍与困难。这一点在非公有制经济中表现得尤为明显。[②] 因而，尽管社会主义市场经济中的“产能过剩”不能直接等同于“生产过剩”，但前者确实会为后者提供潜在基础。第二，社会主义市场经济的发展离不开金融市场和信用制度的作用；然而，在缺乏有效监管的情况下，信用的无序扩张和金融市场的无序发展也会推动整体经济发展的“脱实向虚”趋势，并增加整体宏观经济运行的不稳定性。[③] 第三，社会主义市场经济体制中仍存在不够健全和完善之处，也会进一步增加经济危机发生的可能性。一个典型的例子是，在中央对地方的治理依然不够完善的背景下，地方政府或通过因地制宜式的地方制度创新推动地方发展，或走向与中央发展规划不一致的地方保护、过度竞争、重复投资或建设等方向，从而导致结构性的供求不平衡。后一方面很显然增加了经济危机发生的可能性。[④] 此外，也有学者指出，尽管社会主义市场经济也有可能发生经济危机，但其与资本主义市场经济的根本区别在于，前者能通过发挥公有制经济的作用有效避免经济危机，或减小经济危机的负面影响。[⑤]

---

① 李成勋:《两种市场经济异同辨析》,《毛泽东邓小平理论研究》2016 年第 11 期。

② 王伟光、程恩富、胡乐明:《西方国家金融和经济危机与中国对策研究（下）》,《马克思主义研究》2010 年第 8 期；刘吟霄、韩克勇:《马克思的经济危机理论及其对当代中国的启示》,《福建论坛（人文社会科学版）》2013 年第 1 期；王志伟:《马克思经济危机理论的有效性》,《贵州社会科学》2013 年第 2 期。

③ 胡莹、林烨:《社会主义市场经济视阈下马克思经济危机理论的当代性探讨》,《当代经济研究》2016 年第 2 期。

④ 冯继康:《马克思经济危机理论的逻辑蕴涵与时代价值》,《科学社会主义》2002 年第 4 期。

⑤ 王伟光:《运用马克思主义立场、观点和方法，科学认识美国金融危机的本质和原因——重读〈资本论〉和〈帝国主义论〉》,《马克思主义研究》2009 年第 2 期；吴宁、冯旺舟:《资本主义全球金融危机与马克思主义》,《马克思主义研究》2012 年第 1 期。

### （三）未来研究展望

总的来看，理论界深入讨论了社会主义市场经济条件下发生经济危机的理论可能性，并指出公有制经济对于防范经济危机的重要意义。未来的进一步研究可以从两个方面展开。第一，已有研究没有从学理上区分社会主义市场经济中的经济波动与经济危机。具体来说，如何找出经济危机区别于经济波动的典型特征，以更好地推进关于社会主义市场经济条件下经济危机的理论研究。在此基础上，也能为反击一些西方学者所谓的“中国崩溃论”提供理论支撑。第二，理论界有大量关于公有制经济在社会主义市场经济发展中的作用的相关研究；然而，鲜有研究涉及通过公有制经济防范经济危机的政治经济学作用机理分析。对于这一问题有待进一步的理论探索。

# 参考文献

[1]《党的二十大报告辅导读本》，人民出版社 2022 年版。

[2]《关于国有企业发展混合所有制经济的意见》(国发〔2015〕54 号)，2015 年 9 月 24 日。

[3]《坚持以新时代中国特色社会主义外交思想为指导　努力开创中国特色大国外交新局面》，《人民日报》2018 年 6 月 24 日。

[4]《马克思恩格斯全集》(第十三卷)，人民出版社 1962 年版。

[5]《马克思恩格斯全集》(第三十七卷)，人民出版社 1963 年版。

[6]《马克思恩格斯全集》(第四十六卷)，人民出版社 2003 年版。

[7]《马克思恩格斯文集》(全十卷)，人民出版社 2009 年版。

[8]《马克思恩格斯选集》(第一卷)，人民出版社 2012 年版。

[9]《毛泽东选集》(第二卷)，人民出版社 1991 年版。

[10]《毛泽东著作选读》(下册)，人民出版社 1986 年版。

[11]《求是》杂志编辑部:《以史鉴今　砥砺前行》，《求是》2021 年第 12 期。

[12]《十三大以来重要文献选编》(上)，人民出版社 1991 年版。

[13]《十五大以来重要文献选编》(上)，人民出版社 2000 年版。

[14]《习近平关于〈中共中央关于坚持和完善中国特色社会主义制度　推进国家治理体系和治理能力现代化若干重大问题的决定〉的说明》，《人民日报》2019 年 11 月 6 日。

[15]《习近平谈治国理政》(第一卷)，外文出版社 2014 年版。

[16]《习近平谈治国理政》(第二卷)，外文出版社 2017 年版。

[17]《习近平谈治国理政》(第三卷)，外文出版社 2020 年版。

[18]《习近平谈治国理政》(第四卷)，外文出版社 2022 年版。

[19]《习近平在纪念马克思诞辰 200 周年大会上的讲话》，《人民日报》2018 年 5

月 5 日。

［20］《中共中央关于全面深化改革若干重大问题的决定》,《人民日报》2013 年 11 月 16 日。

［21］《中共中央关于全面深化改革若干重大问题的决定》，人民出版社 2013 年版。

［22］《中共中央关于制定国民经济和社会发展第十四个五年规划和二〇三五年远景目标的建议》,《人民日报》2020 年 11 月 4 日。

［23］《中共中央关于制定国民经济和社会发展第十四个五年规划和二〇三五年远景目标的建议》，人民出版社 2020 年版。

［24］《中国共产党第十五次全国代表大会文件汇编》，人民出版社 1997 年版。

［25］《中国共产党中央委员会关于建国以来党的若干历史问题的决议》，人民出版社 2009 年版。

［26］R. 科斯:《财产权利与制度变迁——产权学派与新制度学派译文集》，上海三联书店 1991 年版。

［27］阿瑟・奥肯:《平等与效率——重大抉择》，王奔洲等译，华夏出版社 2010 年版。

［28］埃莉诺・奥斯特罗姆:《公共事物的治理之道——集体行动制度的演进》，余逊达、陈旭东译，上海三联书店出版社 2000 年版。

［29］白暴力:《论价格直接基础或价值转化形式》，西北工业大学出版社 2019 年版。

［30］白书祥:《完善社会主义市场经济条件下的按劳分配》,《经济与管理研究》2005 年第 9 期。

［31］白维军:《论精准扶贫的理论来源、实践基础与创新发展》,《内蒙古社会科学（汉文版）》2019 年第 1 期。

［32］白永秀、刘盼:《人工智能背景下马克思劳动价值论的再认识》,《经济学家》2020 年第 6 期。

［33］保尔・拉法格:《回忆马克思恩格斯》，人民出版社 1973 年版。

［34］保罗・斯威齐:《资本主义发展论——马克思主义政治经济学原理》，陈观烈、秦亚男译，商务印书馆出版社 1997 年版。

［35］蔡昉:《如何解除社会“中间群体”的后顾之忧》,《金融经济》2017 年第

13 期。

[36] 蔡继明、靳卫萍:《构建中国特色社会主义政治经济学的方法论原则》,《国家行政学院学报》2016 年第 2 期。

[37] 常庆欣:《马克思“现实的人”的理论潜力研究——构建中国特色社会主义政治经济学话语体系的尝试》,《政治经济学评论》2020 年第 2 期。

[38] 陈伯庚、陈承明、沈开艳:《中国特色社会主义政治经济学》,高等教育出版社 2016 年版。

[39] 陈建华:《国外马克思主义政治经济学研究的新方法与新维度》,《国外社会科学前沿》2019 年第 3 期。

[40] 陈抗、A. L. 希尔曼、顾清扬:《财政集权与地方政府行为变化从援助之手到攫取之手》,《经济学(季刊)》2002 年第 1 期。

[41] 陈旭东、程霖:《中国传统经济思想研究与新时期中国经济学构建》,《学术月刊》2023 年第 1 期。

[42] 陈永志:《马克思服务劳动理论与当代服务劳动的变化》,《当代经济研究》2008 年第 5 期。

[43] 陈征、黄家驹:《政治经济学》第 2 版,高等教育出版社 1992 年版。

[44] 陈征:《论现代服务劳动》,《当代经济研究》2003 年第 10 期。

[45] 陈宗胜、李瑞:《论数学方法在研究和发展马克思主义政治经济学中的作用》,《西安交通大学学报(社会科学版)》2022 年第 2 期。

[46] 程恩富:《现代政治经济学》,上海财经大学出版社 2000 年版。

[47] 程恩富:《科学地认识和发展劳动价值论——兼立“新的活劳动价值一元论”》,《财经研究》2001 年第 11 期。

[48] 程恩富:《现代马克思主义政治经济学的四大理论假设》,《中国社会科学》2007 年第 1 期。

[49] 程恩富:《政治经济学现代化的四个学术方向》,《学术月刊》2011 年第 7 期。

[50] 程恩富:《要坚持中国特色社会主义政治经济学的八大重大原则》,《经济纵横》2016 年第 3 期。

[51] 程恩富、张福军:《要注重研究社会主义基本经济制度》,《上海经济研究》2020 年第 10 期。

［52］程恩富、张峰：《“双循环”新发展格局的政治经济学分析》,《求索》2021 年第 1 期。

［53］大卫·科兹：《马克思主义政治经济学的历史及未来展望》,《学术月刊》2011 年第 7 期。

［54］戴维·哈维：《社会正义与城市》，叶超、张林、张顺生译，商务印书馆出版社 2022 年版。

［55］道格拉斯·C. 诺思：《经济史中的结构与变迁》，陈郁等译，上海三联书店、上海人民出版社 1994 年版。

［56］道格拉斯·C. 诺斯：《制度、制度变迁与经济绩效》，刘守英译，上海三联书店出版社 1994 年版。

［57］邓肯·弗里：《劳动价值论的最新发展》，高伟、张苏译,《政治经济学评论》2008 年第 1 期。

［58］邓玲：《中国共产党引领城乡关系发展的逻辑理路及实践进路》,《理论导刊》2023 年第 1 期。

［59］邸乘光：《论习近平新时代中国特色社会主义经济思想》,《新疆师范大学学报（哲学社会科学版）》2019 年第 1 期。

［60］丁冰：《〈资本论〉与西方经济学理论体系比较》,《社会科学研究》2008 年第 1 期。

［61］丁晓钦、余斌：《马克思主义经济学研究中的数学应用问题》,《学习与探索》2008 年第 3 期。

［62］董志勇、毕悦：《为资本设置“红绿灯”：理论基础、实践价值与路径选择》,《社会科学文摘》2022 年第 7 期。

［63］董志勇、李成明：《国内国际双循环新发展格局：历史溯源、逻辑阐释与政策导向》,《中共中央党校（国家行政学院）学报》2020 年第 5 期。

［64］渡边雅男：《“服务”业的政治经济学》,《当代经济研究》2018 年第 7 期。

［65］段雨晨：《法国调节学派积累体制理论与中国积累体制变革》,《政治经济学》2023 年第 1 期。

［66］方福前：《论建设中国特色社会主义政治经济学为何和如何借用西方经济学》,《经济研究》2019 年第 5 期。

[67] 费太安:《健康中国　百年求索——党领导下的我国医疗卫生事业发展历程及经验》,《管理世界》2021年第11期。

[68] 冯继康:《马克思经济危机理论的逻辑蕴涵与时代价值》,《科学社会主义》2002年第4期。

[69] 冯金华:《马克思主义经济学:原理和应用》,上海财经大学出版社2021年版。

[70] 冯立果:《韩国的产业政策:形成、转型及启示》,《经济研究参考》2019年第5期。

[71] 冯志峰:《供给侧结构性改革的理论逻辑和实践路径》,《经济问题》2016年第2期。

[72] 高帆:《"资本吮吸理论"及其对中国经济发展的启示》,《人文杂志》2017年第10期。

[73] 高丽娜、蒋伏心:《"双循环"新发展格局与经济发展模式演进:承接与创新》,《经济学家》2021年第10期。

[74] 高鸣、郑庆宇:《党的十八大以来我国农村改革进展与深化方向》,《改革》2022年第6期。

[75] 高培勇:《构建新发展格局:在统筹发展和安全中前行》,《经济研究》2021年第3期。

[76] 宫敬才:《论马克思政治经济学的人学前提》,《学术研究》2015年第9期。

[77] 宫宁:《中国特色社会主义政治经济学:研究的议题与深化的方向》,《当代经济研究》2016年第5期。

[78] 宫汝凯:《分税制改革、土地财政和房价水平》,《世界经济文汇》2012年第4期。

[79] 龚六堂:《以深化供给侧结构性改革加快建设现代化产业体系》,《人民论坛》2023年第6期。

[80] 谷亚光、谷牧青:《论"五大发展理念"的思想创新、理论内涵与贯彻重点》,《经济问题》2016年第3期。

[81] 顾海良:《从"第二次结合"到"系统化的经济学说"——新中国70年社会主义政治经济学"历史路标"论略》,《学习与探索》2019年第8期。

[ 82 ] 顾海良:《基本经济制度新概括与中国特色社会主义政治经济学新发展》,《毛泽东邓小平理论研究》2020 年第 1 期。

[ 83 ] 顾海良:《马克思“资本一般”和“许多资本”理论与中国资本问题研究》,《马克思主义理论学科研究》2022 年第 8 期。

[ 84 ] 顾海良:《马克思“资本章”对资本理论的开创性探索——兼论社会主义市场经济条件下的资本理论问题》,《学术界》2022 年第 10 期。

[ 85 ] 关锋、李雪:《资本空间化和空间资本化:理论进路和中国镜鉴》,《思想战线》2022 年第 2 期

[ 86 ] 郭冠清:《论习近平新时代中国特色社会主义经济思想》,《上海经济研究》2018 年第 10 期。

[ 87 ] 郭克莎:《中国经济发展进入新常态的理论根据——中国特色社会主义政治经济学的分析视角》,《经济研究》2016 年第 9 期。

[ 88 ] 郭湛、王文兵:《构建和谐的社会有机体》,《中国人民大学学报》2006 年第 4 期。

[ 89 ] 国家发展和改革委员会就业收入分配和消费司、北京师范大学中国收入分配研究院:《中国居民收入分配年度报告(2021)中国居民收入分配年度报告 2021》,社会科学文献出版社 2022 年版。

[ 90 ] 国家统计局国民经济综合统计司:《新中国六十年统计资料汇编》,中国统计出版社 2010 年版。

[ 91 ] 韩保江:《论习近平新时代中国特色社会主义经济思想》,《管理世界》2018 年第 1 期。

[ 92 ] 何立峰:《深入学习贯彻习近平经济思想》,《人民日报》2022 年 6 月 22 日。

[ 93 ] 何伟:《通过劳动力价值实现按劳分配》,《中国社会科学》1988 年第 2 期。

[ 94 ] 何玉长、宗素娟:《人工智能、智能经济与智能劳动价值——基于马克思劳动价值论的思考》,《毛泽东邓小平理论研究》2017 年第 10 期。

[ 95 ] 何玉长、方坤:《人工智能与实体经济融合的理论阐释》,《学术月刊》2018 年第 5 期。

[ 96 ] 亨利·列斐伏尔:《后技术社会机制》,《空间与政治》,上海人民出版社 2015 年版。

[97] 亨利·列斐伏尔:《空间的生产》,刘怀玉等译,商务印书馆出版社2022年版。

[98] 洪功翔:《关于社会主义初级阶段民营经济地位和作用的理论争论》,《当代经济研究》2020年第6期。

[99] 洪银兴:《以创新的理论构建中国特色社会主义政治经济学的理论体系》,《经济研究》2015年第4期。

[100] 洪银兴:《十八大以来需要进一步研究的几个政治经济学重大理论问题》,《南京大学学报(哲学·人文科学·社会科学)》2016年第2期。

[101] 洪银兴:《准确认识供给侧结构性改革的目标和任务》,《中国工业经济》2016年第6期。

[102] 洪银兴:《关于中国特色社会主义政治经济学理论体系建设的几个问题》,《人文杂志》2017年第12期。

[103] 洪银兴:《中国特色社会主义政治经济学发展的最新成果》,《中国社会科学》2018年第9期。

[104] 洪银兴:《进入新时代的中国特色社会主义政治经济学》,《管理世界》2020年第9期。

[105] 侯为民:《习近平新时代中国特色社会主义经济思想的历史维度和理论内涵》,《思想战线》2018年第2期。

[106] 胡鞍钢、周绍杰、任皓:《供给侧结构性改革——适应和引领中国经济新常态》,《清华大学学报(哲学社会科学版)》2016年第2期。

[107] 胡怀国:《中国特色社会主义政治经济学国家主体性的历史逻辑与思想史基础》,《经济纵横》2019年第7期。

[108] 胡锦涛:《高举中国特色社会主义伟大旗帜,为夺取全面建设小康社会新胜利而奋斗——在中国共产党第十七次全国代表大会上的报告》,《人民日报》2007年10月15日。

[109] 胡锦涛:《坚定不移沿着中国特色社会主义道路前进　为全面建成小康社会而奋斗——在中国共产党第十八次全国代表大会上的报告》,《人民日报》2012年11月8日。

[110] 胡钧:《"挑战"劳动价值论的新课题》,《高校理论战线》2001年第5期。

［111］胡钧：《以人民为中心的发展和中国特色社会主义政治经济学理论体系的构建》，《改革与战略》2017 年第 11 期。

［112］胡乐明：《规模、空间与权力：资本扩张的三重逻辑》，《经济学动态》2022 年第 3 期。

［113］胡耀邦：《全面开创社会主义现代化建设的新局面——在中国共产党第十二次全国代表大会上的报告》，《人民日报》1982 年 9 月 8 日。

［114］胡莹、林烨：《社会主义市场经济视阈下马克思经济危机理论的当代性探讨》，《当代经济研究》2016 年第 2 期。

［115］胡莹、郑礼肖：《改革开放以来中国政治经济学（社会主义部分）教材的发展沿革——兼论对构建中国特色社会主义政治经济学理论体系的启示》，《经济学家》2020 年第 2 期。

［116］黄承伟：《论中国新时代扶贫理论实践研究》，《华中农业大学学报（社会科学版）》2019 年第 1 期。

［117］黄承伟：《中国减贫理论新发展对马克思主义反贫困理论的原创性贡献及其历史世界意义》，《西安交通大学学报（社会科学版）》2020 年第 1 期。

［118］黄群慧：《新发展理念：一个关于发展的系统的理论体系》，《经济学动态》2022 年第 8 期。

［119］黄群慧、倪红福：《新发展格局的理论逻辑、战略内涵与政策体系——基于经济现代化的视角》，《经济研究》2021 年第 4 期。

［120］贾根良：《李斯特经济学的历史地位、性质与重大现实意义》，《学习与探索》2015 年第 1 期。

［121］贾根良：《我国应该加强西方政治经济学的教学与研究》，《政治经济学评论》2017 年第 1 期。

［122］简新华：《改革以来社会主义所有制结构理论的发展》，《学术月刊》2000 年第 3 期。

［123］简新华：《中国经济学学科体系、学术体系和话语体系构建的十年进展》，《当代经济研究》2023 年第 1 期。

［124］简新华、余江：《社会主义市场经济的资本理论》，《经济研究》2022 年第 9 期。

[ 125 ] 江泽民:《加快改革开放和现代化建设步伐夺取有中国特色社会主义事业的更大胜利——在中国共产党第十四次全国代表大会上的报告》,《人民日报》1992 年 10 月 12 日。

[ 126 ] 江泽民:《高举邓小平理论伟大旗帜，把建设有中国特色社会主义事业全面推向二十一世纪——在中国共产党第十五次全国代表大会上的报告》,《人民日报》1997 年 9 月 12 日。

[ 127 ] 江泽民:《全面建设小康社会，开创中国特色社会主义事业新局面——在中国共产党第十六次全国代表大会上的报告》,《人民日报》2002 年 11 月 17 日。

[ 128 ] 姜冰、黄立君:《白暴力教授经济学术思想述评》,《高校理论战线》2005 年第 3 期。

[ 129 ] 金碚:《关于“高质量发展”的经济学研究》,《中国工业经济》2018 年第 4 期。

[ 130 ] 荆文君、孙宝文:《数字经济促进经济高质量发展：一个理论分析框架》,《经济学家》2019 年第 2 期。

[ 131 ] 科斯:《变革中国》，中信出版社 2012 年版。

[ 132 ] 孔善广:《分税制后地方政府财事权非对称性及约束激励机制变化研究》,《经济社会体制比较》2007 年第 1 期。

[ 133 ] 库兹涅茨:《1919—1938 年的国民收入及其构成》，NBER 1941 年版。

[ 134 ] 兰小欢:《置身事内：中国政府与经济发展》，上海人民出版社 2021 年版。

[ 135 ] 李帮喜、赵奕菡、冯志轩:《价值循环、经济结构与新发展格局：一个政治经济学的理论框架与国际比较》,《经济研究》2021 年第 5 期。

[ 136 ] 李成勋:《两种市场经济异同辨析》,《毛泽东邓小平理论研究》2016 年第 11 期。

[ 137 ] 李福岩、李月男:《构建新发展格局：生成逻辑、核心内容与战略意义》,《经济学家》2022 年第 4 期。

[ 138 ] 李广信:《与时俱进地看待按劳分配原则》,《社会主义研究》2007 年第 4 期。

[ 139 ] 李江帆:《在第三产业崛起的背景下重新认识劳动价值论》,《经济学动态》2001 年第 7 期。

［140］李金昌、史龙梅、徐蔼婷:《高质量发展评价指标体系探讨》,《统计研究》2019 年第 1 期。

［141］李兰冰、高雪莲、黄玖立:《“十四五”时期中国新型城镇化发展重大问题展望》,《管理世界》2020 年第 11 期。

［142］李培鑫:《城市群的演进规律和一体化发展特征分析》,《上海城市管理》2019 年第 5 期。

［143］李培鑫、张学良:《城市群集聚空间外部性与劳动力工资溢价》,《管理世界》2021 年第 11 期。

［144］李实、朱梦冰:《推进收入分配制度改革　促进共同富裕实现》,《管理世界》2022 年第 1 期。

［145］李晓、范欣:《中国特色社会主义政治经济学理论体系的构建与包容性发展》,《求是学刊》2019 年第 6 期。

［146］李正图:《中国特色社会主义反贫困制度和道路论述》,《西川大学学报（哲学社会科学版）》2020 年第 1 期。

［147］厉以宁:《论城乡二元体制改革》,《北京大学学报（哲学社会科学版）》2008 年第 2 期。

［148］刘秉镰等:《中国区域经济发展 70 年回顾及未来展望》,《中国工业经济》2019 年第 9 期。

［149］刘灿:《深化学科认知与构建中国特色社会主义政治经济学理论体系》,《政治经济学评论》2021 年第 1 期。

［150］刘灿:《坚持问题导向，研究新时代中国特色社会主义政治经济学重大问题》,《经济学家》2022 年第 11 期。

［151］刘充、姜力榕:《法国调节学派：概念体系、理论演进与启示》,《政治经济学评论》2022 年第 6 期。

［152］刘凤义:《新自由主义企业理论方法论的政治经济学批判——新制度经济学与马克思主义经济学的比较》,《当代经济研究》2006 年第 3 期。

［153］刘凤义:《从四重维度看加强党对经济工作的全面领导的内在必然性》,《马克思主义研究》2021 年第 10 期。

［154］刘凤义:《论社会主义市场经济中资本的特性和行为规律》,《马克思主义研

究》2022 年第 9 期。

[ 155 ] 刘柯杰、袁恩桢:《对〈共产党宣言〉中“消灭私有制”论述的理解》,《毛泽东邓小平理论研究》2019 年第 1 期。

[ 156 ] 刘培林等:《共同富裕的内涵、实现路径与测度方法》,《管理世界》2021 年第 8 期。

[ 157 ] 刘谦、裴小革:《中国特色社会主义政治经济学理论体系构建若干问题研究》,《经济纵横》2021 年第 11 期。

[ 158 ] 刘清田、权利霞:《中国社会主义政治经济学教材的历史沿革》,《政治经济学评论》2017 年第 3 期。

[ 159 ] 刘清田:《中国特色社会主义政治经济学史建设中需侧重的几个问题》,《经济学家》2019 年第 10 期。

[ 160 ] 刘诗白:《论服务劳动》,《经济学家》2001 年第 6 期。

[ 161 ] 刘诗白:《社会主义产权理论研究》,四川人民出版社 2018 年版。

[ 162 ] 刘守英:《土地制度与中国发展》,中国人民大学出版社 2018 年版。

[ 163 ] 刘守英:《土地制度变革与经济结构转型——对中国 40 年发展经验的一个经济解释》,《中国土地科学》2018 年第 1 期。

[ 164 ] 刘伟、蔡志洲:《完善国民收入分配结构与深化供给侧结构性改革》,《经济研究》2017 年第 8 期。

[ 165 ] 刘伟:《中国特色社会主义基本经济制度是中国共产党领导中国人民的伟大创造》,《中国人民大学学报》2020 年第 1 期。

[ 166 ] 刘伟:《习近平“中国特色社会主义政治经济学”的学说体系和理论逻辑》,《学术月刊》2021 年第 5 期。

[ 167 ] 刘吟霄、韩克勇:《马克思的经济危机理论及其对当代中国的启示》,《福建论坛(人文社会科学版)》2013 年第 1 期。

[ 168 ] 刘志彪:《理解高质量发展:基本特征、支撑要素与当前重点问题》,《学术月刊》2018 年第 7 期。

[ 169 ] 刘志彪、凌永辉:《双循环新发展格局的研究视角、逻辑主线和总体框架》,《浙江工商大学学报》2021 年第 2 期。

[ 170 ] 楼继伟:《中国政府间财政关系再思考》,中国财政经济出版社 2013 年版。

［171］卢现祥：《从三个制度维度探讨我国民营经济发展》，《学术界》2019 年第 8 期

［172］鲁品越：《鲜活的资本论——从〈资本论〉到中国道路（第二版）》，上海人民出版社 2016 年版。

［173］陆岷峰：《新发展格局下数据要素赋能实体经济高质量发展路径研究》，《社会科学辑刊》2023 年第 2 期刊。

［174］陆铭、李鹏飞：《城乡和区域协调发展》，《经济研究》2022 年第 8 期。

［175］陆铭、向宽虎、陈钊：《中国的城市化和城市体系调整：基于文献的评论》，《世界经济》2011 年第 6 期。

［176］吕冰洋、李钊、马光荣：《激励与平衡：中国经济增长的财政动因》，《世界经济》2021 年第 9 期。

［177］吕冰洋：《央地关系：寓活力于秩序》，商务印书馆 2022 年版。

［178］骆耕漠：《必须分清"第三产业"的大杂烩性质——发展"第三产业"（服务业）问题之一》，《经济学动态》1985 年第 8 期。

［179］马建堂：《建设高标准市场体系与构建新发展格局》，《管理世界》2021 年第 5 期。

［180］马克思：《资本论》（全三卷），中共中央马克思恩格斯列宁斯大林著作编译局译，人民出版社 2004 年版。

［181］马涛、龚剑飞：《马克思主义经济学研究范式创新的理论及现实意义》，《上海财经大学学报》2010 年第 6 期。

［182］马艳、李韵：《现代马克思主义政治经济学理论创新的基本路径》，《学术月刊》2011 年第 7 期。

［183］曼瑟尔·奥尔森：《集体行动的逻辑》，陈郁、郭宇峰、李崇新译，上海三联书店、上海人民出版社 1995 年版。

［184］毛泽东：《论十大关系》，人民出版社 1976 年版。

［185］冒佩华、郎旭华：《社会主义条件下的资本：基于政治经济学视角的研究》，《上海经济研究》2022 年第 9 期。

［186］孟捷：《劳动价值论的"新解释"及其相关争论评述》，《中国人民大学学报》2011 年第 3 期。

［187］孟捷:《当代中国社会主义政治经济学的理论来源和基本特征》,《经济纵横》2016 年第 11 期。

［188］孟捷:《价值和积累理论》，社会科学文献出版社 2018 年版。

［189］孟捷、冯金华:《劳动价值新论：理论和数理的研究》，中国人民大学出版社 2018 年版。

［190］孟捷:《农民工、竞争性地方政府和社会主义政党—国家——改革开放以来中国的经济制度和经济学话语》,《东方学刊》2019 年第 1 期。

［191］缪德刚:《中国传统经济思想在近代的学科化建构》,《经济思想史学刊》2022 年第 1 期。

［192］莫里斯·道布:《政治经济学与资本主义》，松园、高行译，生活·读书·新知三联书店出版社 1962 年版。

［193］诺斯:《经济史上的结构和变革》，商务印书馆 1992 年版。

［194］逄锦聚:《经济发展新常态中的主要矛盾和供给侧结构性改革》,《政治经济学评论》2016 年第 2 期。

［195］逄锦聚:《中国特色社会主义政治经济学论纲》,《政治经济学评论》2016 年第 5 期。

［196］逄锦聚:《中国特色社会主义政治经济学的民族性与世界性》,《经济研究》2016 年第 10 期。

［197］逄锦聚:《构建和发展中国特色社会主义政治经济学的三个重大问题》,《经济研究》2018 年第 11 期。

［198］逄锦聚、何德旭、魏后凯:《深入学习贯彻习近平经济思想专题·深入学习贯彻习近平经济思想笔谈》,《经济学动态》2022 年第 9 期。

［199］逄锦聚:《习近平经济思想对马克思主义政治经济学的原创性贡献》,《马克思主义理论学科研究》2022 年第 10 期。

［200］逄锦聚、洪银兴、林岗、刘伟:《政治经济学》，高等教育出版社 2002 年版。

［201］裴长洪、李程骅:《习近平经济思想的理论创新与实践指导意义》,《南京社会科学》2015 年第 2 期。

［202］裴长洪、刘洪愧:《构建新发展格局科学内涵研究》,《中国工业经济》2021

年第 6 期。

［203］彭玉婷、李正图：《中国特色社会主义基本经济制度理论溯源和逻辑架构》，《江西社会科学》2020 年第 12 期。

［204］乔晓楠、何自力：《唯物史观、动态优化与经济增长——兼评马克思主义政治经济学的数学化》，《经济研究》2017 年第 8 期。

［205］乔晓楠：《防止资本无序扩张的政治经济学分析》，《南开经济研究》2022 年第 5 期。

［206］乔榛：《中国特色社会主义政治经济学的理论体系构想》，《学习与探索》2017 年第 2 期。

［207］青木昌彦：《比较制度分析》，周黎安译，上海远东出版社 2001 年版。

［208］邱海平：《供给侧结构性改革必须坚持以马克思主义政治经济学为指导》，《政治经济学评论》2016 年第 2 期。

［209］邱海平：《关于社会主义利用资本的几个理论问题》，《经济学动态》2022 年第 7 期。

［210］权衡：《资本的逻辑批判及其发展：一个理论分析框架》，《复旦学报（社会科学版）》2022 年第 6 期。

［211］让・巴蒂斯特・萨伊：《政治经济学概论》，赵康英等译，华夏出版社 2014 年版。

［212］任保平：《创新中国特色社会主义发展经济阐释新时代中国高质量的发展》，《天津社会科学》2018 年第 2 期。

［213］任保平：《新时代中国经济从高速增长转向高质量发展：理论阐释与实践取向》，《学术月刊》2018 年第 3 期。

［214］任保平、宋雪纯：《以新发展理念引领中国经济高质量发展的难点及实现路径》，《经济纵横》2020 年第 6 期。

［215］任保平：《从中国经济增长奇迹到经济高质量发展》，《政治经济学评论》2022 年第 6 期。

［216］任晓伟、保积红：《新中国成立以来中国共产党对社会主义政治经济学的重大原创性贡献》，《当代世界与社会主义》2020 年第 3 期。

［217］萨米尔・阿明：《不平等的发展——论外国资本主义的社会形态》，高铦译，

商务印书馆出版社 2000 年版。

[218] 沈开艳:《对马克思剩余价值理论的若干新思考》,《上海经济研究》2010 年第 12 期。

[219] 沈开艳:《财富经济学的当代意义》,《毛泽东邓小平理论研究》2012 年第 5 期。

[220] 沈开艳:《中国特色社会主义政治经济学的核心是处理政府与市场关系》,《上海商学院学报》2016 年第 5 期。

[221] 沈开艳等:《政治经济学国际理论前沿》,上海社会科学院出版社 2017 年版。

[222] 沈开艳:《建设中国特色社会主义政治经济学理论体系的构想》,《毛泽东邓小平理论研究》2017 年第 1 期。

[223] 沈开艳:《关于中国特色社会主义政治经济学几个特征的思考》,《毛泽东邓小平理论研究》2018 年第 5 期。

[224] 沈开艳等:《基于国际比较的现代化经济体系特征研究》,《上海经济研究》2018 年第 10 期。

[225] 沈开艳:《新时代中国政治经济学研究若干问题》,《上海经济研究》2019 年第 8 期。

[226] 沈开艳等:《基本经济制度和市场经济关系若干问题研究》,《上海经济研究》2020 年第 2 期。

[227] 沈开艳、陈建华:《当代中国政治经济学(第二版)》,上海社会科学院出版社 2021 年版。

[228] 沈坤荣、赵倩:《土地功能异化与我国经济增长的可持续性》,《经济学家》2019 年第 5 期。

[229] 沈立人、戴圆晨:《我国“诸侯经济”的形成及其弊端和根源》,《经济研究》1990 年第 3 期。

[230] 盛朝迅:《新发展格局下推动产业链供应链安全稳定发展的思路与策略》,《改革》2021 年第 2 期。

[231] 石建水:《混合所有制条件下按劳分配实现形式探析》,《当代经济研究》2015 年第 12 期。

［232］石良平等：《理论经济学理论前沿》，上海社会科学院出版社 2016 年版。

［233］石良平等：《社会主义初级阶段市场模式研究》，上海社会科学院出版社 2016 年版。

［234］史正富：《超常增长：1979—2049 年的中国经济》，上海人民出版社 2016 年版。

［235］宋冬林、孙尚斌：《论人民作为中国特色社会主义政治经济学的核心范畴》，《经济学动态》2023 年第 2 期。

［236］苏振兴、张勇：《拉美经济增长方式转变与现代化进程的曲折性》，《拉丁美洲研究》2011 年第 5 期。

［237］孙启泮：《劳动力要素市场化配置路径选择研究》，《江南论坛》2020 年第 6 期。

［238］孙冶方：《社会主义经济论稿》，人民出版社 1985 年版。

［239］谭晓军、刘锋：《马克思主义经济理论中的一个重要命题——兼论我国现阶段服务劳动的生产性》，《马克思主义与现实》2008 年第 2 期。

［240］陶然、汪晖：《中国土地制度改革：难点、突破与政策组合》，商务印书馆 2013 年版。

［241］陶然等：《地区竞争格局演变下的中国转轨：财政激励和发展模式反思》，《经济研究》2009 年第 7 期。

［242］陶然等：《经济增长能够带来晋升吗？——对晋升锦标竞赛理论的逻辑挑战与省级实证重估》，《管理世界》2010 年第 12 期。

［243］田坤：《习近平新时代中国特色社会主义思想十大前沿问题研究（2022）》，《马克思主义研究》2023 年第 1 期。

［244］王峰明、牛变秀：《马克思劳动价值论视阈中的“服务产品”》，《学术界》2005 年第 6 期。

［245］王立胜：《习近平经济思想的创新思维》，《当代世界与社会主义》2016 年第 5 期。

［246］王立胜：《中国特色社会主义政治经济学理论体系构建的历史演进》，《经济纵横》2017 年第 12 期。

［247］王立胜、郭冠清：《论中国特色社会主义政治经济学理论来源》，《经济学动

态》2016 年第 5 期。

[248] 王立胜、周绍东:《为何以及如何编写〈中国特色社会主义政治经济学思想史〉》,《经济理论与政策研究》2017 年第 10 辑。

[249] 王立胜、周绍东:《中国特色社会主义政治经济学的探索路径》,《南京财经大学学报》2017 年第 1 期。

[250] 王立胜:《中国特色社会主义政治经济学历史论纲》,《经济思想史研究》2020 年第 2 辑。

[251] 王婷:《"按劳分配为主体"的含义辨析》,《经济学家》2013 年第 7 期。

[252] 王伟光:《运用马克思主义立场、观点和方法,科学认识美国金融危机的本质和原因——重读〈资本论〉和〈帝国主义论〉》,《马克思主义研究》2009 年第 2 期。

[253] 王伟光、程恩富、胡乐明:《西方国家金融和经济危机与中国对策研究(下)》,《马克思主义研究》2010 年第 8 期。

[254] 王霞:《努力提高劳动报酬在初次分配中的比重》,《工人日报》2023 年 3 月 13 日。

[255] 王瑶、郭冠清:《论中国特色社会主义政治经济学的基本特征》,《上海经济研究》2017 年第 12 期。

[256] 王一鸣:《形成对外开放新体制》,《经济日报》2015 年 11 月 24 日。

[257] 王一鸣:《百年大变局、高质量发展与构建新发展格局》,《管理世界》2020 年第 12 期。

[258] 王义:《从〈胡锦涛文选〉出发理解科学发展观与新发展理念的关系》,《创造》2022 年第 6 期。

[259] 王艺明、刘一鸣:《马克思主义两大部类经济增长模型的理论与实证研究》,《经济研究》2018 年第 9 期。

[260] 王永钦等:《中国的大国发展道路——论分权式改革的得失》,《经济研究》2007 年第 1 期。

[261] 王永章:《马克思劳动价值在人工智能时代的指导意义》,《北方论丛》2018 年第 1 期。

[262] 王志伟:《马克思经济危机理论的有效性》,《贵州社会科学》2013 年第 2 期。

［263］卫兴华：《〈马克思主义政治经济学原理〉修订版的体系结构和理论构思》，《教学与研究》2003 年第 7 期。

［264］卫兴华、张宇：《社会主义经济理论》，高等教育出版社 2007 年版。

［265］文洪朝：《中国特色社会主义按劳分配的理论和实践创新》，《毛泽东邓小平理论研究》2012 年第 11 期。

［266］邬焜等：《自然辩证法新编》，西安交通大学出版社 2000 年版。

［267］吴丰华、于家伟：《人工智能创造价值吗？——基于劳动三维分析框架的再考察》，《人文杂志》2020 年第 9 期。

［268］吴敬琏、马国川：《重启改革议程——中国经济改革二十讲》，生活 · 读书 · 新知三联书店 2013 年版。

［269］吴敬琏：《当代中国经济改革》，中信出版社 2017 年版。

［270］吴敬琏：《中国经济改革进程》，中国大百科全书出版社 2023 年版。

［271］吴宁、冯旺舟：《资本主义全球金融危机与马克思主义》，《马克思主义研究》2012 年第 1 期。

［272］吴群、李永乐：《财政分权、地方政府竞争与土地财政》，《财贸经济》2010 年第 7 期。

［273］吴易风：《马克思经济学数学模型研究》，中国人民大学出版社 2012 年版。

［274］吴雨星：《弱人工智能时代马克思劳动价值论的坚持与阐释》，《东南学术》2022 年第 1 期。

［275］伍柏麟：《社会主义市场经济学教程》，复旦大学出版社 2003 年版。

［276］武力：《中国特色社会主义政治经济学和历史研究》，《经济导刊》2016 年第 8 期。

［277］习近平：《毫不动摇坚持中国基本经济制度　推动各种所有制经济健康发展》，《人民日报》2016 年 3 月 9 日第 2 版。

［278］习近平：《决胜全面建成小康社会　夺取新时代中国特色社会主义伟大胜利——在中国共产党第十九次全国代表大会上的报告》，人民出版社 2017 年版。

［279］习近平：《决胜全面建成小康社会　夺取新时代中国特色社会主义伟大胜利——在中国共产党第十九次全面代表大会上的报告》，《人民日报》2017 年 10 月 28 日。

[280] 习近平:《深化金融改革　促进经济和金融良性循环健康发展》,《人民日报》2017年7月16日。

[281] 习近平:《不断开拓当代中国马克思主义政治经济学新境界》,《求是》2020年第16期。

[282] 习近平:《在经济社会领域专家座谈会上的讲话》,《人民日报》2020年8月25日。

[283] 习近平:《在全国脱贫攻坚总结表彰大会上的讲话》,《人民日报》2021年2月26日。

[284] 习近平:《在庆祝中国共产党成立100周年大会上的讲话》,《人民日报》2021年7月2日。

[285] 习近平:《论把握新发展阶段、贯彻新发展理念、构建新发展格局》,中央文献出版社2021年版。

[286] 习近平:《深入学习坚决贯彻党的十九届五中全会精神　确保全面建设社会主义现代化国家开好局》,《人民日报》2021年1月12日。

[287] 习近平:《把握新发展阶段,贯彻新发展理念,构建新发展格局》,《求是》2021年第9期。

[288] 习近平:《高举中国特色社会主义伟大旗帜　为全面建设社会主义现代化国家而团结奋斗——在中国共产党第二十次全面代表大会上的报告》,《人民日报》2022年10月16日。

[289] 习近平:《加快构建新发展格局,把握未来发展主动权》,《求是》2023年第8期。

[290] 习近平:《守正创新真抓实干　在新征程上谱写改革开放新篇章》,《人民日报》2023年4月22日第1版。

[291] 谢富胜、匡晓璐:《人类文明新形态与中国特色社会主义》,《中国人民大学学报》2022年第5期。

[292] 徐凡、陈晶:《新型大国协调视角下金砖银行未来机遇与挑战》,《国际贸易》2018年第11期。

[293] 徐璐、周健雯、施雨欣:《地方政府财政压力、土地财政与房价》,《政治经济学评论》2020年第4期。

［294］许涤新：《论社会主义的生产、流通与分配》，人民出版社 1979 年版。

［295］许兴亚：《马克思主义经济学应如何看待“经济人假设”——与程恩富同志商榷》，《中国社会科学》2008 年第 2 期。

［296］宣晓伟：《治理现代化视角下的中国中央和地方关系——从泛化治理到分化治理》，《管理世界》2018 年第 11 期。

［297］薛莹、胡坚：《金融科技助推经济高质量发展：理论逻辑、实践基础与路径选择》，《改革》2020 年第 3 期。

［298］亚当·斯密：《国民财富的性质和原因的研究》，郭大力、王亚南译，商务印书馆 1974 年版。

［299］颜鹏飞、王梦颖：《新时代中国特色政治经济学体系及其构建方法论研究》，《福建论坛（人文社会科学版）》2018 年第 6 期。

［300］颜鹏飞：《中国特色社会主义政治经济学体系的整体性》，《政治经济学研究》2022 年第 3 期。

［301］杨博文、牟欣欣：《日本数理马克思主义经济学的发展、贡献同借鉴》，《河北经贸大学学报》2019 年第 6 期。

［302］杨承训：《中国特色社会主义政治经济学的理论溯源和生成背景》，《毛泽东邓小平理论研究》2016 年第 2 期。

［303］杨春学：《社会主义政治经济学的“中国特色”问题》，《经济研究》2016 年第 8 期。

［304］杨根乔：《论习近平以人民为中心的新发展理念》，《当代世界与社会主义》2019 年第 2 期。

［305］杨欢进：《马克思逻辑中的按生产要素分配——兼与周为民、陆宁商榷》，《当代经济科学》2004 年第 1 期。

［306］杨瑞龙：《中国特色社会主义经济理论的方法论与基本逻辑》，《政治经济学评论》2019 年第 6 期。

［307］杨团、朱建刚：《中国慈善发展报告（2022）》，社会科学文献出版社 2022 年版。

［308］杨玉华、党雪岩：《社会主义市场经济条件下的按劳分配：困境与出路》，《当代经济研究》2016 年第 6 期。

［309］姚先国、郭继强：《按劳分配新解：按劳动力产权分配》，《学术月刊》1997年第5期。

［310］雍文远：《社会必要产品论》，上海人民出版社1986年版。

［311］于光远：《开展马克思主义政治经济学社会主义部分的历史的研究》，《学术月刊》1983年第10期。

［312］于光远：《中国社会主义初级阶段的经济》，中国财政经济出版社1988年版。

［313］于光远：《政治经济学社会主义部分探索》，人民出版社1995年版。

［314］于金富、陈文龙：《论中国特色社会主义政治经济学国家主体性的特殊属性》，《政治经济学评论》2021年第1期。

［315］于立、王建林：《生产要素理论新论——兼论数据要素的共性和特性》，《经济与管理研究》2020年第4期。

［316］于良春：《政治经济学》，经济科学出版社2001年版。

［317］于雯杰：《德国产业政策的路径变迁与启示——基于〈国家工业战略2030〉的分析》，《财政科学》2021年第7期。

［318］于潇宇、刘小鸽：《新常态下中国产业政策的转型——日本工业化后期产业政策演变的经验启示》，《现代经济探讨》2019年第3期。

［319］约翰·贝拉米·福斯特：《马克思的生态学——唯物主义与自然》，刘仁胜、肖峰译，高等教育出版社2006年版。

［320］詹姆斯·奥康纳：《自然的理由——生态学马克思主义研究》，唐正东、臧佩洪译，南京大学出版社2003年版。

［321］张斌：《新发展阶段与地方税体系建设》，《税务研究》2021年第10期。

［322］张桂文、张光辉：《马克思主义政治经济学与新制度经济学研究范式的比较分析》，《当代经济研究》2019年第11期。

［323］张晖明、任瑞敏：《方法论的格式化与社会主义政治经济学的发展境遇——基于新中国成立以来政治经济学的发展历程的讨论》，《复旦学报（社会科学版）》2020年第1期。

［324］张晖明编：《国企改革：难点突破与路径选择》，格致出版社、上海人民出版社2019年版。

［325］张静编：《国家与社会》，浙江人民出版社 1998 年版。

［326］张军、周黎安：《为增长而竞争：中国增长的政治经济学》，格致出版社、上海人民出版社 2008 年版。

［327］张军扩：《中国区域政策回顾与展望》，《管理世界》2022 年第 11 期。

［328］张军扩等：《高质量发展的目标要求和战略路径》，《管理世界》2019 年第 7 期。

［329］张雷声：《论习近平经济思想中国特色社会主义经济思想的理论创新》，《马克思主义理论学科研究》2018 年第 2 期。

［330］张荣喜、陈应鹤：《机器人的使用和劳动价值论——对机器人能创造价值见解的异议》，《世界经济研究》1986 年第 6 期。

［331］张赛群：《习近平精准扶贫思想探析》，《马克思主义研究》2017 年第 8 期。

［332］张涛：《高质量发展的理论阐释及测度方法研究》，《数量经济技术经济研究》2020 年第 5 期。

［333］张菀洺、刘迎秋：《开拓政治经济学中国话语新境界——中国民营经济理论的创新发展》，《中国社会科学》2021 年第 6 期。

［334］张维达：《政治经济学》，高等教育出版社 2000 年版。

［335］张维迎：《理解公司：产权、激励与治理》，上海人民出版社 2014 年版。

［336］张晓旭、赵军洁、宋健：《我国城乡关系演进的阶段性特征》，《宏观经济研究》2021 年第 11 期。

［337］张学良、韩慧敏、许基兰：《省际交界区空间发展格局及优化路径研究——以鄂豫陕三省交界区为例》，《重庆大学学报（社会科学版）》2023 年第 1 期。

［338］张学良、林永然：《都市圈建设：新时代区域协调发展的战略选择》，《改革》2019 年第 2 期。

［339］张学良、杨朝远：《全面推进城乡、区域协调发展，提高国内大循环覆盖面》，《光明日报》2023 年 3 月 17 日。

［340］张永亮：《“双循环”新发展格局：事关全局的系统性深层次变革》，《价格理论与实践》2020 年第 7 期。

［341］张永忠、张宝山：《构建数据要素市场背景下数据确权与制度回应》，《上海政法学院学报（法治论丛）》2022 年第 4 期。

［342］张宇:《努力探索和完善中国特色社会主义政治经济学理论体系》,《政治经济学评论》2017 年第 2 期。

［343］张宇:《中国特色社会主义政治经济学的科学内涵》,《经济研究》2017 年第 5 期。

［344］张宇、孟捷、卢荻:《高级政治经济学》,中国人民大学出版社 2006 年版。

［345］张卓元:《积极发展混合所有制经济　促进各种资本优势互补共同发展》,《经济理论与经济管理》2014 年第 12 期。

［346］张卓元、张晓晶:《中国经济学 30 年（1978—2008）》,中国社会科学出版社 2019 年版。

［347］张卓元等:《中国经济学 60 年（1949—2009）》,中国社会科学出版社 2009 年版。

［348］赵峰、田佳禾:《规范和引导资本健康发展：资本二重性及其矛盾的视角》,《改革》2022 年第 8 期。

［349］赵敏、王金秋:《中国特色社会主义政治经济学研究》,《政治经济学评论》2023 年第 2 期。

［350］赵新平、周一星:《改革以来中国城市化道路及城市化理论研究述评》,《中国社会科学》2002 年第 2 期。

［351］赵燕菁:《为什么说“土地财政”是“伟大的制度创新”》,《城市发展研究》2019 年第 4 期。

［352］赵宇:《供给侧结构性改革的科学内涵和实践要求》,《党的文献》2017 年第 1 期。

［353］郑杭生:《改革开放三十年：社会发展理论和社会转型理论》,《中国社会科学》2009 年第 2 期。

［354］郑继承:《中国特色反贫困理论释析与新时代减贫战略展望》,《经济问题探索》2021 年第 1 期。

［355］郑珂、胡锴:《全国统一大市场背景下技术市场建设的问题、内涵与对策》,《科技导报》2022 年第 21 期。

［356］郑思齐等:《“以地生财，以财养地”——中国特色城市建设投融资模式研究》,《经济研究》2014 年第 8 期。

［357］中共中央党史和文献研究院、中央学习贯彻习近平新时代中国特色社会主义思想主题教育领导小组办公室：《习近平新时代中国特色社会主义思想专题摘编》，中央文献出版社、党建读物出版社 2023 年版。

［358］中共中央文献编辑委员会：《毛泽东选集》（第四卷），人民出版社 1991 年版。

［359］中共中央文献编辑委员会：《邓小平文选》（第二卷），人民出版社 1994 年版。

［360］中共中央文献编辑委员会：《邓小平文选》（第三卷），人民出版社 1993 年版。

［361］中共中央文献编辑委员会：《江泽民文选》（第一卷），人民出版社 2006 年版。

［362］中共中央文献研究室：《建国以来重要文献选编》（第 4 册），中央文献出版社 1993 年版。

［363］中共中央宣传部、国家发展和改革委员会：《习近平经济思想学习纲要》，人民出版社 2022 年版。

［364］中国财政科学研究院 2018 年地方财政经济运行调研课题组：《从转移支付透视区域分化——地方财政经济运行调研报告》，《财政科学》2019 年第 5 期。

［365］中国宏观经济研究院课题组：《中国特色社会主义政治经济学理论体系的几个基本问题》，《宏观经济研究》2018 年第 1 期。

［366］中国社会科学院当代中国研究所：《中国改革开放的历史经验》，当代中国出版社 2017 年版。

［367］钟茂初：《"不可持续发展"的政治经济学分析》，《学术月刊》2010 年第 9 期。

［368］周飞舟：《生财有道：土地开发和转让中的政府和农民》，《社会学研究》2007 年第 1 期。

［369］周飞舟：《大兴土木：土地财政与地方政府行为》，《经济社会体制比较》2010 年第 3 期。

［370］周飞舟、谭明智：《当代中国的中央地方关系》，中国社会科学出版社 2014 年版。

［371］周克任：《论按劳分配与按劳动力价值分配》，《当代财经》1995 年第 11 期。

［372］周黎安：《中国地方官员的晋升锦标赛模式研究》，《经济研究》2007 年第 7 期。

［373］周其仁：《产权与制度变迁：中国改革的经验研究》，北京大学出版社 2004 年版。

［374］周绍东、张宵：《政治经济学视野下的市场经济体制与社会主义基本经济制度》，《学习与探索》2020 年第 12 期。

［375］周世愚：《地方政府债务风险：理论分析与经验事实》，《管理世界》2021 年第 10 期。

［376］周为民、陆宁：《按劳分配与按要素分配——从马克思的逻辑来看》，《中国社会科学》2002 年第 4 期。

［377］周文：《中国特色社会主义政治经济学的新发展与经济学的中国时代》，《社会科学研究》2016 年第 6 期。

［378］周文、宁殿霞：《中国特色社会主义政治经济学：渊源、发展契机与构建路径》，《经济研究》2018 年第 12 期。

［379］周文：《新中国 70 年中国经济学的创新发展与新时代历史使命》，《中国高校社会科学》2019 年第 5 期。

［380］周文：《关于中国特色社会主义政治经济学理论体系的若干探讨》，《中国高校社会科学》2021 年第 3 期。

［381］周文、唐教成：《共同富裕的经济制度逻辑论纲》，《福建论坛（人文社会科学版）》2022 年第 5 期。

［382］周振华：《新时代：经济思想新飞跃》，格致出版社 2022 年版。

［383］朱富强：《谨防马克思经济学数理化过程中的庸俗化》，《经济学动态》2012 年第 6 期。

［384］朱旭峰、吴冠生：《中国特色的央地关系：演变与特点》，《治理研究》2018 年第 2 期。

［385］Anas, A., Xiong, K., 2003, “Intercity Trade and the Industrial Diversification of Cities”, *Journal of Urban Economics*, Vol.54, No.2.

［386］Bardhan, P. K., 1984, *The Political Economy of Development in India*, Blackwell

Oxford, New York.

[ 387 ] Duménil, Gérard, 1983, “Beyond the Transformation Riddle: A Labor Theory of Value”, *Science & Society*, Vol.47, No.4.

[ 388 ] Duménil, Gérard, Dominique Lévy, 2002, “The Profit Rate: Where and How Much Did It Fall? Did It Recover? (USA 1948—2000)”, *Review of Radical Political Economics*, Vol.34, No.4.

[ 389 ] Duranton, G., Puga, D., 2004, “Micro-foundations of Urban Agglomeration Economies”, *Handbook of Regional and Urban Economics*, No.4.

[ 390 ] Foley, D. K., 1982, “The Value of Money the Value of Labor Power and the Marxian Transformation Problem”, *Review of Radical Political Economics*, Vol.14, No.2.

[ 391 ] Fujita, M., Krugman, P. and Venables, A., 1999, *The Spatial Economy: Cities, Regions and International Trade*, MIT Press.

[ 392 ] Henderson, J. V., 1974, “The Sizes and Types of Cities”, *American Economic Review*, Vol.64, No.4.

[ 393 ] Jean, O., 1992, “Fiscal Reform and the Economic Foundations of Local State Corporatism in China”, *World Politics*, Vol.45, No.1.

[ 394 ] Johnson, C., 1982, *Miti and the Japanese Miracle: the Growth of Industrial Policy: 1925—1975*, Stanford University Press.

[ 395 ] Johnson, D. W., Johnson, R. T., 1975, Learning Together and Alone: Cooperation Competition and Individualization, Prentice-Hall.

[ 396 ] Krugman, P., 1991, “Increasing Returns and Economic Geography”, *Journal of Political Economy*, Vol.99, No.3.

[ 397 ] Kumar, Gopalakrishna, 1986, “Political Economy and Development Economics”, *Social Scientist*, Vol.14, No.11—12.

[ 398 ] Lin Yifu, Liu Zhiqiang, 2000, “Fiscal Decentralization and Economic Growth in China”, *Economic Development and Cultural Change*, Vol.49, No.1.

[ 399 ] Moseley, Fred, 1988, “The Rate of Surplus Value, the Organic Composition, and the General Rate of Profit in The US Economy, 1947—1967: A Critique and Update of Wolff’s Estimates”, *The American Economic Review*, Vol.78, No.1.

［400］Nalebuff, B. J., Stiglitz, J. E., 1983, "Prizes and Incentives: Towards a General Theory of Compensation and Competition", *Bell Journal of Economics*, Vol.14, No.1.

［401］Qian Yingyi, Barry Weingast, 1995, "Federalism as a Commitment to Preserving Market Incentives", *Journal of Economic Perspectives*, Vol.11, No.4.

［402］Rodrik, D., ed., 2003, *In Search of Prosperity: Analytic Narratives on Economic Growth*, Princeton University Press.

［403］Roemer, J. E., 1982, *A General Theory of Exploitation and Class*, Harvard University Press.

［404］Stiglitz, J. E., Weiss, A., 1983, "Incentive Effects of Terminations: Applications to the Credit and Labor Markets", *The American Economic Review*, 73, No.5: 912—927.

［405］Viner, J., 1952, *International Trade and Economic Development*, Lectures delivered at the National University of Brazil, Glencoe, 111., The Free Press.

［406］Viner, J., 1952, *International Trade and Economic Development*, Lectures delivered at the National University of Brazil, Glencoe, The Free Press.

［407］Wolff, E. N., 1979, "The Rate of Surplus Value, the Organic Composition, and the General Rate of Profit in the US Economy, 1947—1967", *The American Economic Review*, Vol.69, No.3.

［408］Wolff, E. N., 1986, "The Productivity Slowdown and the Fall in the US Rate of Profit, 1947—1976", *Review of Radical Political Economics*, Vol.18, No.1—2.

［409］Zhang Tao, Zou Hengfu, 1998, "Fiscal Decentralization, Public Spending and Economic Growth in China", *Journal of Public Economics*, Vol.67, No.2.

# 后　记

为贯彻落实习近平总书记关于加快构建中国特色哲学社会科学重要讲话精神和上海市委关于推动上海哲学社会科学大发展大繁荣的战略部署，我院党委提出以学科体系建设为抓手，发挥高端智库优势，加快推进中国特色哲学社会科学“三大体系”建设。

我们的基本设想是，坚持以习近平新时代中国特色社会主义思想为指导，按照习近平总书记在哲学社会科学工作座谈会上的重要讲话精神和上海市推动上海哲学社会科学大发展大繁荣建设目标要求，以我国经济与社会发展的实践经验和现实需求为起点，结合我院各研究所专业学科特色和重点研究方向，组织开展学科体系建设，注重从我国改革发展的实践工作中挖掘新材料、发现新问题、提出新观点、构建新理论，注重深化对党的创新理论研究阐释，注重总结实践中的新规律，提炼新理论，提出具有主体性、原创性的新观点，彰显我国哲学社会科学的特色和优势，为构建中国特色哲学社会科学学科体系、学术体系、话语体系作出上海社会科学院的贡献。

2023 年，我院结合主题教育，围绕科研工作、人才队伍建设、智库建设等开展大调研活动，在我院建院 65 周年院庆之际，组织全院 17 个研究所，开展集体研究和联合攻关，推出我院“中国特色哲学社会科学‘三大体系’研究丛书”学术成果，本书为丛书系列成果之一。

作为主编，本书是我多年来一直思考的所得，也是我和经济研究所政治经济学研究团队的科研人员长期从事研究的最终成果。在写作本书之前，有关中国特色社会主义政治经济学研究的前期成果、阶段性成果也发表或出版了不少。例如，出版了《政治经济学国际理论前沿》《社会主义初级阶段市场模式研究》等学术专著，出版了《中国特色社会主义政治经济学》（和陈伯庚教授、陈承明教授联合主编）、《当代中国政治经济学》（和陈建华研究员等合作）两部研究型教材，发表的相关论文更多，其中发表在《毛泽东邓小平理论研究》上的《建设中国特色社会主义政治经济学理论体系的构想》获得了上海市哲学社会科学优秀论文一等奖。但是，说实话，对于这些研究成果我自己都不是很满意，因为其中还有许多问题没有讲透，有许多问题没有想明白，还有许多问题没有涉及，而这些都是政治经济学研究所必须回答的，当然其中有一些问题是在我接下来的这几年研究中正在进一步深化研究的领域。

一直有雄心壮志想要完成一部对中国特色社会主义政治经济学从理论到实践全面深入研究的学术专著，但总觉得平时事务性工作太多，各类现实课题调研也很多，没有时间静下心来好好研究、思考和写作。只要你不想干，推脱和借口总是有的，而一旦外来压力逼迫着你必须要在某个特定时间内完成一项任务的时候，时间挤一挤总是有的，思维理一理也就顺了，咬一咬牙事情就干成了。本书作为上海社会科学院建院65周年的系列重要学术成果之一，就这么诞生了。

感谢本书的研究团队成员们一起凝心聚力、团结合作，共同完成了本书的撰写。本书从谋划构思到形成框架体系，再到篇章设计安排等主要工作由我完成，书中的理论观点和逻辑架构也是我多年来对政治经济学研究的交代，错误和疏漏一定不少，欢迎专家学者批评指正。本书的具体写作分工和负责人如下：

第一章　张晓娣

第二章　沈开艳

第三章　徐　昂

第四章　沈开艳

第五章　文　雯

第六章　徐　昂

第七章　张　申

第八章　刘朝煜

第九章　于　辉

第十章　李　卫

第十一章　文　雯

第十二章　詹宇波

第十三章　李　卫

第十四章　张晓娣

第十五章　刘朝煜

第十六章　谢　超

第十七章　李培鑫

第十八章　陈建华　吕　文

第十九章　张　申

第二十章　张伯超

第二十一章　方书生

第二十二章　谢婼青

第二十三章　李双金

第二十四章　陈建华　岑　鑫

第二十五章　沈开艳　谢　超

在本书研究和写作过程中，院主要领导全程予以关心和指导，先后组织多轮专题会和座谈会，听取经济研究所汇报并提出宝贵建议，在此谨表敬意和感谢!

最后，对上海人民出版社、格致出版社高效细致的出版工作一并致以谢意!

沈开艳

2023 年 8 月

**图书在版编目(CIP)数据**

中国特色社会主义政治经济学研究 / 沈开艳等著
. — 上海 ：格致出版社 ：上海人民出版社，2023.11
(中国特色哲学社会科学“三大体系”研究丛书)
ISBN 978 - 7 - 5432 - 3494 - 9

Ⅰ. ①中…　Ⅱ. ①沈…　Ⅲ. ①中国特色社会主义-社会主义政治经济学-研究　Ⅳ. ①F120.2

中国国家版本馆 CIP 数据核字(2023)第 155349 号

**责任编辑**　李　月
**装帧设计**　零创意文化

中国特色哲学社会科学“三大体系”研究丛书
**中国特色社会主义政治经济学研究**
沈开艳 等著

**出　版**　格致出版社
上海人民出版社
(201101　上海市闵行区号景路 159 弄 C 座)
**发　行**　上海人民出版社发行中心
**印　刷**　上海新华印刷有限公司
**开　本**　787×1092　1/16
**印　张**　30.5
**插　页**　3
**字　数**　519,000
**版　次**　2023 年 11 月第 1 版
**印　次**　2023 年 11 月第 1 次印刷
ISBN 978 - 7 - 5432 - 3494 - 9/F · 1529
**定　价**　138.00 元